Schnellübersicht

(ausführliches Inhaltsverzeichnis, siehe Seiten 7 bis 17)

Entgelttarifverträge

Rahmentarifverträge

Sozialkassentarifverträge

Gesetze, Verordnungen

Übersichten, Schaubilder

TARIFSAMMLUNG für die BAUWIRTSCHAFT

Gewerbliche Arbeitnehmer, Poliere und Angestellte

Lohn- und Gehaltstarife
Rahmentarife
Sozialkassentarife
Verfahrenstarife
Tabellenwerk

Herausgegeben von

Stefan Brettschneider

Rechtsanwalt

Geschäftsbereichsleiter Tarif- und Sozialpolitik, Fachkräfte

Hauptverband der Deutschen Bauindustrie e. V.

unter Mitarbeit von

Nadine Wulf

Rechtsanwältin

Hauptverband der Deutschen Bauindustrie e. V.

Stand: 15. Oktober 2020

Otto Elsner Verlagsgesellschaft

gegründet 1871 in Berlin

Otto Elsner Verlagsgesellschaft
mbH & Co. KG
Postfach 1362 – 64803 Dieburg – Bundesrepublik Deutschland
Telefon +49/6071/820940, Telefax +49/6071/820947
E-Mail redaktion@elsner.de
ISBN 978-3-87199-229-2
Verlagsnummer 18712020261

https://www.**elsner**.de

Vorwort

Zu Beginn des Jahres 2020 erreichte das Coronavirus Europa und Deutschland mit kaum vorstellbaren Auswirkungen: Menschen, Gesundheitswesen, Arbeitsmarkt sowie alle Branchen und somit auch die Politik, Finanzen und Sozialversicherung stehen unter massivem Pandemieeinfluss. Bis heute ist die weitere Entwicklung kaum vorherzusehen. Die Bauwirtschaft ist zwar bisher weniger stark betroffen als andere Branchen, bleibt aber von Einschränkungen durch krankheits- oder quarantänebedingte Ausfälle und gestörte Lieferketten sowie eine rückläufige Nachfrage nicht verschont. Die Entgeltverhandlungen konnten erst mit zwei Monaten Verspätung starten und führten angesichts hoher Erwartungen der Gewerkschaft bei deutlicher Zurückhaltung auf Arbeitgeberseite zu einer Tarifschlichtung.

Mit dem Schlichterspruch vom 3. September konnte ein stabilisierendes Paket gefunden werden: Eine vorübergehende Zuschlagskomponente für das noch zu lösende Arbeitnehmer-Thema der Wegezeitentschädigung, eine Corona-Prämie zur Anerkennung des persönlichen Beitrags jedes einzelnen Arbeitnehmers in der Baubranche und eine Entgelterhöhung 2021 von 2,1 % (West und Berlin) bzw. 2,2 % (Ost) sind in schwieriger Zeit angemessen. Ferner beinhaltet der Schlichterspruch die Verabredung zu moderierten Spitzengesprächen über ungelöste Themenfelder, nämlich die Wegezeitentschädigung, die Mindesturlaubsvergütung, einfach kontrollierbare Erschwerniszuschläge und eine zukunftsfähige Struktur der Mindestlöhne. Mit diesem neuen Format sollen Lösungen bis Mitte 2021 entwickelt werden.

Direkt vor der Schlichtung gelang es den Tarifpartnern, die Regelungen für die überbetriebliche Ausbildung an die Corona-Situation anzupassen und Mittel für Mehrausgaben in den Ausbildungszentren durch das Sozialkassenverfahren vorzusehen. Fast parallel endete mit einem Nichtannahmebeschluss des Bundesverfassungsgerichts vom 11. August 2020 der Streit um das Sozialkassenverfahrensicherungsgesetz (SokaSiG) im Interesse der Tarifpartner: Das Rettungsgesetz ist trotz seiner Rückwirkung verfassungskonform.

Die vorliegende Ausgabe der Tarifsammlung enthält die skizzierten Neuregelungen und – wie üblich – sämtliche geltenden Tarifverträge und Vereinbarungen für die Bauwirtschaft, wichtige Gesetze und Verordnungen sowie informative Kennzahlen, Tabellen und Übersichten.

J. Beeke

Dipl.-Kffr. Jutta Beeke

Vorsitzende des Sozialpolitischen Ausschusses
und Vizepräsidentin Sozialpolitik des
Hauptverbandes der Deutschen Bauindustrie e. V.

Geleitwort des Verlages

Das Tarifwerk der Bauwirtschaft erscheint in 41. Auflage – nicht gerechnet die Loseblatt-Ausgaben der Tarifsammlung vor 1945. Die „**Tarifsammlung für die Bauwirtschaft**“ wird vom Verlag in Zusammenarbeit mit dem Herausgeber textkritisch und akribisch unter Verwendung modernster Satz- und Layoutsysteme erarbeitet. Die „**Tarifsammlung für die Bauwirtschaft 2020/2021**“ erreicht einen Seitenumfang von 744 Seiten und enthält insgesamt 35 **Tarifverträge**, 16 Vereinbarungen, Protokollnotizen und Erklärungen sowie zahlreiche **Gesetze** und **Verordnungen**; dazu Übersichten, Schaubilder, Tabellen, Berechnungsschemata, Erläuterungen und Hinweise.

Hervorzuheben sind die neuen **Löhne**, **Gehälter** und **Ausbildungsvergütungen** ab 1. Januar 2021, die **Wegstreckenentschädigungen** ab 1. Oktober 2020 sowie die **Corona-Prämien** für den Zeitraum April bis November 2020.

Des Weiteren ist auf die umfangreichen Änderungen des Tarifvertrages über die **Berufsbildung im Baugewerbe** (BBTV) hinzuweisen.

Aber auch **grundlegende gesetzliche Änderungen**, die für die Bauwirtschaft von erheblicher Bedeutung sind, wurden umfassend berücksichtigt. Hierzu zählen die Elfte Bauarbeitsbedingungenverordnung (**11. BauArbbV**), das Gesetz zur Regelung eines allgemeinen Mindestlohns (**MiLoG**), das Arbeitnehmer-Entsendegesetz (**AEntG**), das Gesetz zur Bekämpfung der Schwarzarbeit und illegalen Beschäftigung (**SchwarzArbG**), das Tarifvertragsgesetz (**TVG**), das Betriebsverfassungsgesetz (**BetrVG**), das Arbeitnehmerüberlassungsgesetz (AÜG) sowie das Gesetz zur Verbesserung der betrieblichen Altersversorgung (**BetrAVG**).

Zielsetzung aller Bemühungen des Verlages sind Praxisbezug und Benutzerfreundlichkeit. Anregungen sowie inhaltliche Verbesserungsvorschläge nehmen Herausgeber und Verlag (redaktion@elsner.de) gerne und dankbar entgegen.

Da der Arbeitgeber nach § 8 Tarifvertragsgesetz (vgl. Seite 613) verpflichtet ist, die *„im Betrieb anwendbaren Tarifverträge (...) im Betrieb bekanntzumachen“*, fertigt der Verlag jährlich zwecks Erfüllung der **Bekanntgabepflicht** eine Sonderauflage, die mit Lochung und Aufhänger als Zweitexemplar für die Mitarbeiter bestellt werden kann.

Im Internet wird mit umfangreichen Inhaltsangaben auf für die Praxis wichtige Ergänzungen zur „**Tarifsammlung für die Bauwirtschaft**“ hingewiesen. Hierzu zählen das praxis- und anwendungsorientierte Erläuterungswerk „**Das Arbeitsverhältnis im Baugewerbe**“, 6. Auflage, das „**Handbuch des Personalrechts für den Baubetrieb**“, 13. Auflage, der „**Bundesrahmentarifvertrag für das Baugewerbe (BRTV)/Kommentar**“, 9. Auflage, sowie der Ratgeber „**Arbeitnehmerüberlassung in der Bauwirtschaft**“, 2. Auflage.

Prof. Dr. Franz G. Rudl

Inhaltsverzeichnis

K) Rahmentarifverträge – gewerbliche Arbeitnehmer

Q) Mindestlöhne und Entsenderecht

R) Bekämpfung der Schwarzarbeit und der illegalen Beschäftigung

S) Schlichtungsabkommen

T) Tarifvertrags- und Betriebsverfassungsrecht

Hinweise für den Leser

Unter Zuhilfenahme des systematischen **Inhaltsverzeichnisses** sowie des ausführlichen **Stichwortverzeichnisses** ist ein schnelles Auffinden von Tarifverträgen, Vereinbarungen, Gesetzen, Verordnungen und Informationen zu weitergehenden Fragestellungen / Problemfeldern bestmöglich gewährleistet. Einem schnellen Zugriff dienen zudem die **Kolumnentitel** auf jeder Seite.

Zum besseren Verständnis bringt die **Einführung** einen systematischen Überblick zum Tarifwerk der Bauwirtschaft; auf die tabellarische **Übersicht über den Geltungsbereich der Tarifverträge** (Seiten 44 bis 47) wird besonders hingewiesen. Zusätzliche Einführungen findet der Leser zum **Sozialkassensystem** (Seiten 407 bis 411), zu den **tariflichen Mindestlöhnen** (Seiten 469 und 470), zum **gesetzlichen Mindestlohn** (Seiten 500 und 501) sowie zum **Saison-Kurzarbeitergeld** (Seiten 645 bis 649). Hinzuweisen ist auch auf die **Erläuterungen** zu den **Entgelttarifverträgen** (Seiten 56 bis 59), den **Rahmentarifverträgen** (Seiten 224 und 225) und zum **Tarifvertrags- und Betriebsverfassungsrecht** (Seiten 607 und 608). Zu einzelnen Tarifverträgen sind jeweils am Ende Erläuterungen angefügt.

Wertvolle **Zusatzinformationen zur Tarifsammlung** bieten die zahlreichen Hinweise auf das praxis- und anwendungsorientierte Erläuterungswerk „**Das Arbeitsverhältnis im Baugewerbe**“ (6. Auflage), u. a. Arbeitsvertrag (Rechte / Pflichten), Geltung von Tarifverträgen, Lohn- und Gehaltsregelungen, Arbeitszeit / Urlaub, Kurzarbeitergeld / Saison-Kurzarbeitergeld, Sozialkassenverfahren / Zusatzrente, Befristung / Kündigung, Vertragsmuster.

Weiterführende praxis- und anwendungsorientierte Informationen können zudem den beiden Standardwerken „**Bundesrahmentarifvertrag für das Baugewerbe (BRTV) / Kommentar**“ (9. Auflage) und „**Handbuch des Personalrechts für den Baubetrieb**“ (13. Auflage) entnommen werden.

Die Inhaltsverzeichnisse dieser für den Praktiker wichtigen Informationsquellen sind im Internet unter **www.elsner.de** abrufbar.

Zu ergänzenden Informationen siehe auch folgende Quellen / Internet:

Hauptverband der Deutschen Bauindustrie e. V. (HDB)
www.bauindustrie.de → Themen → Tarif- und Sozialpolitik
→ Corona-Krise
→ Bildung → Akademische Ausbildung
→ Gewerbliche Ausbildung
→ Zahlen / Fakten → Bauwirtschaft im Zahlenbild

Zentralverband des Deutschen Baugewerbes e. V. (ZDB)
www.zdb.de → Themen → Sozialpolitik
→ Ausbildung / Berufsbildung
→ Der Verband → Zentralverband Deutsches Baugewerbe → Arbeitgeberverband

Industriegewerkschaft Bauen-Agrar-Umwelt (IG BAU)
www.igbau.de → Branchen → Bauhauptgewerbe
→ Themen → Arbeit
→ Bildung / Mitbestimmung
→ Über uns → Organisationsstruktur
→ Regionen und ihre Mitgliederbüros

SOKA-BAU (Service und Vorsorge für die Bauwirtschaft)
www.soka-bau.de → Arbeitgeber / Abeitnehmer →
Leistungen → Urlaubsverfahren
→ Berufsausbildung
→ Rente
→ Absicherung von Arbeitszeitkonten
→ Mindestlohn
Hilfe & Service → Häufig gestellte Fragen
→ Formulare & Downloads

Sozialkasse des Berliner Baugewerbes
www.sozialkasse-berlin.de → Arbeitgeber
→ Arbeitnehmer
→ Leitfäden

Gemeinnützige Urlaubskasse des Bayerischen Baugewerbes e.V. (UKB)
www.urlaubskasse-bayern.de → Tarifliche Leistungen
→ Verfahren und Finanzierung
→ Service → Informationsmaterial

Bundesministerium für Arbeit und Soziales (BMAS)
www.bmas.de → Themen → Arbeitsrecht → Mindestlohn
→ Teilzeit
→ Arbeitsschutz
→ Aus- und Weiterbildung
→ Rente

Bundesagentur für Arbeit
www.arbeitsagentur.de → Unternehmen → Finanzielle Hilfen und Unterstützung → Weitere finanzielle Hilfen →
Kurzarbeitergeldformen / Insolvenzgeld
(Informationen für Arbeitgeber / innen)

Bundesministerium der Justiz und für Verbraucherschutz (BMJV)
www.bmjv.de → Service → Gesetze im Internet

Zoll
www.zoll.de → Unternehmen → Fachthemen → Arbeit → Bekämpfung der Schwarzarbeit und illegalen Beschäftigung

Eckpunkte des Tarifabschlusses vom 17. September 2020

1. Zuschlag, Corona-Prämie und Entgelterhöhung

	West	Berlin	Ost
Zuschlag Wegstrecken-entschädigung (WE) auf Tariflohn (TL) bzw. Gehalt	+ 0,5 % ab 1. Oktober 2020	+ 0,5 % ab 1. Oktober 2020	+ 0,5 % ab 1. Oktober 2020
Corona-Prämie	500,— € mit Entgelt für November 2020	500,— € mit Entgelt für November 2020	500,— € mit Entgelt für November 2020
Entgelterhöhung	+ 2,1 % ab 1. Januar 2021	+ 2,1 % ab 1. Januar 2021	+ 2,2 % ab 1. Januar 2021
Laufzeit	1. Mai 2020 bis 30. Juni 2021 (14 Monate)		

[→ Seiten 61 bis 63, 66, 70 bis 72, 75 f., 78 bis 83, 103 bis 105, 108 bis 110 und 114 bis 116]

2. Corona-Prämie für Auszubildende und Erhöhung der Ausbildungsvergütungen

Auszubildende erhalten mit der Ausbildungsvergütung für November 2020 eine Corona-Prämie in Höhe von 250,— €.

[→ Seiten 66, 76, 83, 105, 110 und 116]

Die Ausbildungsvergütungen werden ab 1. Januar 2021 für das 1. Ausbildungsjahr um 40,— €, für das 2. Ausbildungsjahr um 30,— € und für das 3. Ausbildungsjahr um 20,— € erhöht.

[→ Seiten 65 f., 75, 79 f., 82 f., 104, 109 und 115]

3. Weiteres aus dem Schiedsspruch vom 3. September 2020

a) In moderierten Spitzengesprächen der Tarifvertragsparteien werden bis Mitte 2021 die Themen

- Wegstreckenentschädigung (§ 7 BRTV und RTV Angestellte),
- Mindesturlaubsvergütung (§ 8 BRTV),
- Anpassung der Erschwerniszuschläge (§ 6 BRTV) und
- Struktur der Mindestlöhne (TV Mindestlohn)

möglichst abschließend und mit nachfolgenden Anpassungen der entsprechenden Tarifverträge beraten.

[→ Seite 147 f.]

b) Die mit Blick auf den 1. Januar 2021 unmittelbar bevorstehenden Mindestlohnverhandlungen sollen ohne Änderung der aktuellen Struktur (ein Mindestlohn im Tarifgebiet Ost, zwei Mindestlöhne in den Tarifgebieten West und Berlin) abgeschlossen werden.

[→ Seite 148]

Eckpunkte des Tarifabschlusses vom 24. August 2020

1. Wesentliche Änderungen des BBTV

Die Pilotprojekte „Berufsstart Bau“ und in Berlin „Startklar für Ausbildung“ werden unbefristet fortgeführt (§ 18 Abs. 2 BBTV).

[→ Seite 377]

Die Erstattungssätze für die überbetriebliche Ausbildung werden angehoben und um neue Höchstbeträge für pandemiebedingte Kosten erweitert (§ 24 Abs. 1 und 2 BBTV).

[→ Seite 379 f.]

Ein Zugangsrecht der Tarifvertragsparteien zwecks Überprüfung der tarifvertraglichen Qualitätsanforderungen zu den überbetrieblichen Ausbildungszentren wurde aufgenommen (§ 25 Abs. 1 Satz 3 BBTV).

[→ Seite 381]

Die Tarifvertragsparteien empfehlen, gemeinsame Schulungen in der überbetrieblichen Ausbildung zu den Bau-Tarifverträgen und SOKA-BAU durchzuführen und dies zu evaluieren (§ 35 BBTV).

[→ Seite 388]

Die Allgemeinverbindlicherklärung wurde beantragt.

2. Neuabschluss der Tarifverträge über vermögenswirksame Leistungen

Beide Neuabschlüsse korrigieren jeweils einen Verweis auf die Rahmentarifverträge und integrieren eine Protokollnotiz aus dem Jahr 1984; sie weisen keine inhaltlichen Änderungen auf.

[→ Seiten 95 bis 98 und 143 bis 146]

Die Allgemeinverbindlicherklärung wurde beantragt.

Eckpunkte des Tarifabschlusses vom 17. Januar 2020

1. Mindestlöhne

	West	Berlin	Ost
Mindestlohn 1	12,20 € ab 1. Februar 2020	12,20 € ab 1. Februar 2020	12,20 € ab 1. Februar 2020
	12,55 € ab 1. April 2020	12,55 € ab 1. April 2020	12,55 € ab 1. April 2020
Mindestlohn 2	15,20 € ab 1. Februar 2020	15,05 € ab 1. Februar 2020	—
	15,40 € ab 1. April 2020	15,25 € ab 1. April 2020	
Laufzeit	1. Februar 2020 bis 31. Dezember 2020 (11 Monate)		

[→ Seite 85 f.]

2. Mindestlohnbescheinigungen und Baustellenlisten

Neu aufgenommen wurde eine Regelung, um die Weitergabe von Mindestlohnbescheinigungen und baustellenbezogenen Mitarbeiterlisten an Auftraggeber datenschutzrechtlich zu flankieren (§ 2 Abs. 7 TV Mindestlohn).

[→ Seite 86]

Zeitfolge wichtiger tarifvertraglicher Änderungen

ab Entgeltabrechnung für …	Tarifgebiet West (und Berlin)	Tarifgebiet Ost
Oktober 2020	**Zuschlag Wegstreckenentschädigung** (WE) 0,5 v. H. auf Tarifstundenlohn bzw. Gehalt	**Zuschlag Wegstreckenentschädigung** (WE) 0,5 v. H. auf Tarifstundenlohn bzw. Gehalt
November 2020	**Corona-Prämie** 500,— € (gewerbliche Arbeitnehmer und Angestellte); 250,— € (Auszubildende); gegebenenfalls anteilig	**Corona-Prämie** 500,— € (gewerbliche Arbeitnehmer und Angestellte); 250,— € (Auszubildende); gegebenenfalls anteilig
	13. Monatseinkommen 103 GTL (gewerbliche Arbeitnehmer); 60 v. H. (Angestellte); 330,— € (Auszubildende)	**13. Monatseinkommen** 18 GTL (gewerbliche Arbeitnehmer); 10 v. H. (Angestellte); 60,— € (Auszubildende)
Januar 2021	**Entgelterhöhung** + 2,1 v. H.	**Entgelterhöhung** + 2,2 v. H.
	Erhöhung Ausbildungsvergütung 1. Ausbildungsjahr: + 40,— €; 2. Ausbildungsjahr: + 30,— €; 3. Ausbildungsjahr: + 20,— €	**Erhöhung Ausbildungsvergütung** 1. Ausbildungsjahr: + 40,— €; 2. Ausbildungsjahr: + 30,— €; 3. Ausbildungsjahr: + 20,— €
	Mindestlöhne voraussichtliche Anpassung	**Mindestlöhne** voraussichtliche Anpassung
	Sozialkassenbeiträge Anhebung des Berufsbildungsbeitrags	**Sozialkassenbeiträge** Anhebung des Berufsbildungsbeitrags

ab Entgeltabrechnung für …	**Tarifgebiet West** (und **Berlin**)	**Tarifgebiet Ost**
Juli 2021	**Entgeltanpassung** Verhandlungen im 2. Quartal 2021	**Entgeltanpassung** Verhandlungen im 2. Quartal 2021
November 2021	**13. Monatseinkommen** 113 GTL (gewerbliche Arbeitnehmer); 66 v. H. (Angestellte); 360,— € (Auszubildende)	**13. Monatseinkommen** 36 GTL (gewerbliche Arbeitnehmer); 21 v. H. (Angestellte); 120,— € (Auszubildende)

Kennzahlen zur Bauwirtschaft

			2018	2019
I.	**Beschäftigte Bauhauptgewerbe**[1] insgesamt[2]		842.363	871.928
	davon Facharbeiter		365.693	373.972
	Fachwerker, Maschinisten		137.451	145.069
	Gewerbliche Auszubildende		32.908	34.458
	Poliere, Schachtmeister, Werkpoliere		81.196	82.848
	Kaufmännische und technische Arbeitnehmer[3]		171.779	181.240
	Inhaber und mithelfende Familienangehörige		53.336	54.341
II.	**Löhne und Gehälter im Bauhauptgewerbe**[1]			
	Bruttolohn- und -gehaltssumme[4]	Mio. €	27.430	29.156
	Durchschnittlicher Bruttostundenverdienst ohne Sonderzahlungen der vollzeitbeschäftigten Arbeitnehmer[5]	€	21,54	21,69
	Zahl der geleisteten Arbeitsstunden	Mio. Stunden	998	1.054

III. Betriebsstruktur des Bauhauptgewerbes[1] **2019**[2]

Betriebe mit … Beschäftigten	Zahl der Betriebe	Beschäftigte
1 – 9	55.059	193.517
10 – 19	12.566	170.412
20 – 49	6.509	194.549
50 – 99	1.732	117.263
100 – 199	678	92.114
200 und mehr	267	104.073
insgesamt	76.811	871.928

1) Bauhauptgewerbe im Sinne der Systematik der Wirtschaftszweige, Fassung für die Statistik des Produzierenden Gewerbes NACE Rev. 2 (WZ 2008). Dieser Begriff des Bauhauptgewerbes in der amtlichen Statistik deckt sich nicht ganz mit dem betrieblichen Geltungsbereich des Bautarifwerks, der u. a. die insgesamt rund 10.300 Betriebe des Dachdeckergewerbes nicht erfasst, hingegen ca. 5.100 Fliesenlegerbetriebe einschließt. Seit 2009 werden diese Daten nicht mehr getrennt nach West- und Ostdeutschland zur Verfügung gestellt.

2) Stand: Juni.

Fußnoten 3) bis 5) siehe nächste Seite.

IV. Baugewerblicher Umsatz (nach Beschäftigtengrößenklassen) **2018**[2)]

Betriebe mit … Beschäftigten	Zahl der Betriebe	Mio. €
1 – 4	53.660	6.926,8
5 – 9		11.300,8
10 – 19	12.285	19.074,1
20 – 49	6.345	27.745,7
50 – 99	1.678	20.181,8
100 – 199	609	17.257,4
200 und mehr	260	23.300,9
insgesamt	74.837	125.787,4

3) Auszubildende eingeschlossen.

4) in Abgrenzung der Sozialkassen der Bauwirtschaft (SOKA-BAU):
- Alte Bundesländer
  Bruttolohnsumme 2019: 15.498 Mio. € (ohne Berlin-West mit 295 Mio. €); 2018: 13.973 Mio. € (ohne Berlin-West mit 248 Mio. €)
- Neue Bundesländer
  Bruttolohnsumme 2019: 3.315 Mio. € (ohne Berlin-Ost mit 184 Mio. €); 2018: 3.062 Mio. € (ohne Berlin-Ost mit 151 Mio. €)
- Gesamt
  Bruttolohnsumme 2019: 18.813 Mio. € (ohne Berlin mit 479 Mio. €); 2018: 17.035 Mio. € (ohne Berlin mit 399 Mio. €)

5) Bauhauptgewerbe ohne vorbereitende Baustellenarbeiten, einschließlich Bauträger.

Beschäftigtenstruktur im Bauhauptgewerbe

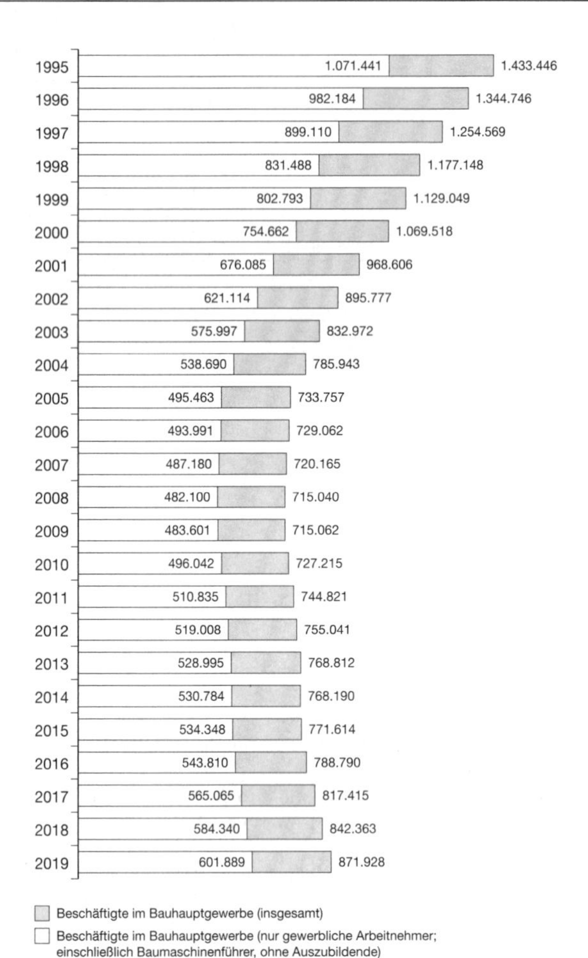

Quellen: Statistisches Bundesamt, Stand jeweils Juni.

Altersstruktur der Beschäftigten 2018/2019

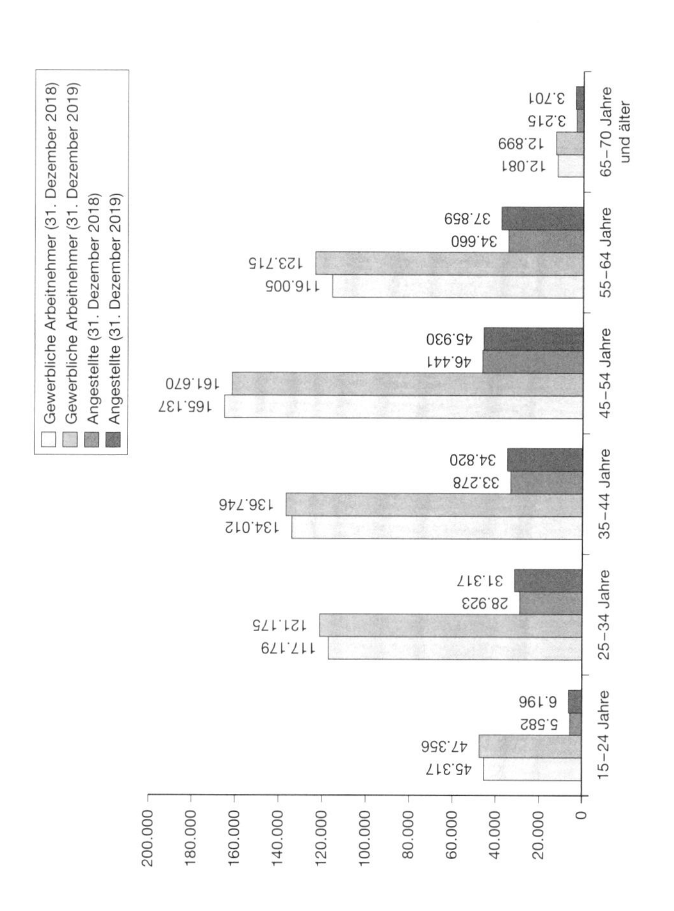

Quelle: SOKA-BAU.

Altersstruktur der Beschäftigten 2019*)

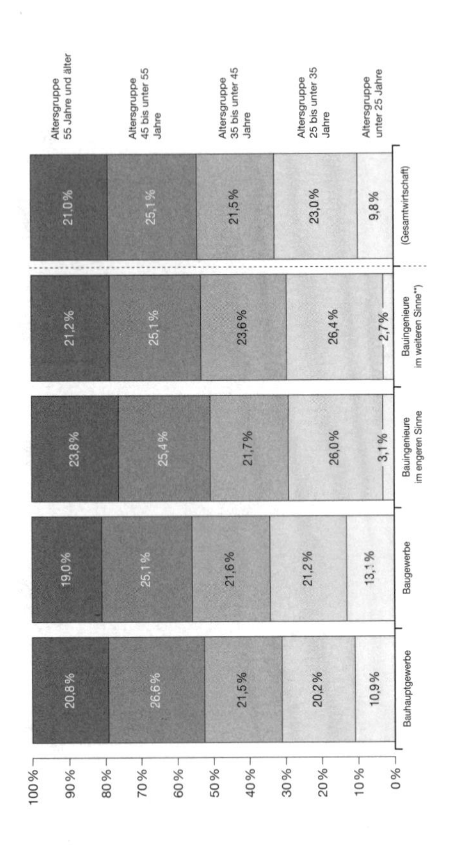

*) Stichtag: 30. Juni 2019.
**) einschließlich öffentlicher Verwaltung, Architekten und Bauunternehmer.

Quelle: Bundesagentur für Arbeit.

Zahl der Lehrlinge im Bauhauptgewerbe

Zahlen in 1.000

- Alte Bundesländer*)
- Neue Bundesländer (einschließlich Berlin)*)
- Deutschland (gesamt)*)

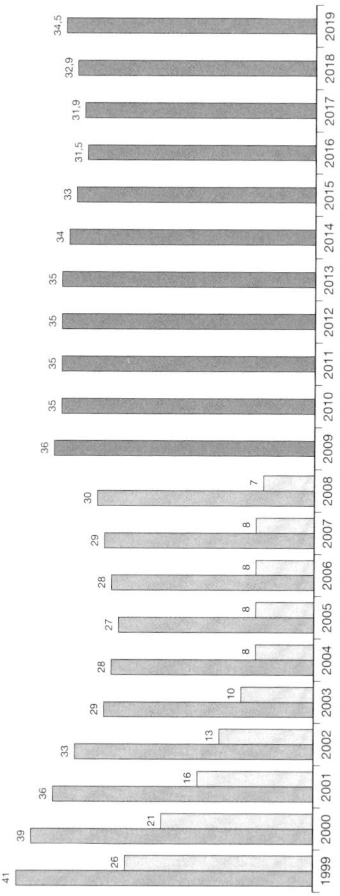

Auf 100 Baufacharbeiter (Facharbeiter einschließlich Poliere, ohne Baumaschinenführer) entfielen ... Lehrlinge

Gebiet	1999	2000	2001	2002	2003	2004	2005	2006	2007	2008	2009	2010	2011	2012	2013	2014	2015	2016	2017	2018	2019
ABL *)	11	11	11	11	10	10	11	11	12	12	12	11	10	10	10	9,5	9,2	8,7	8,4	8,4	8,6
NBL *)	15	14	13	11	9	8	9	9	9	9											

*) ab 2005: Alte Bundesländer/ABL ohne Berlin, Neue Bundesländer/NBL einschließlich Berlin; ab 2009: Deutschland.

Quellen: Statistisches Bundesamt, Fachserie 4 / Reihe 5.1, Stand jeweils Juni; Hauptverband der Deutschen Bauindustrie e.V.

Lehrberufe im Bauhauptgewerbe

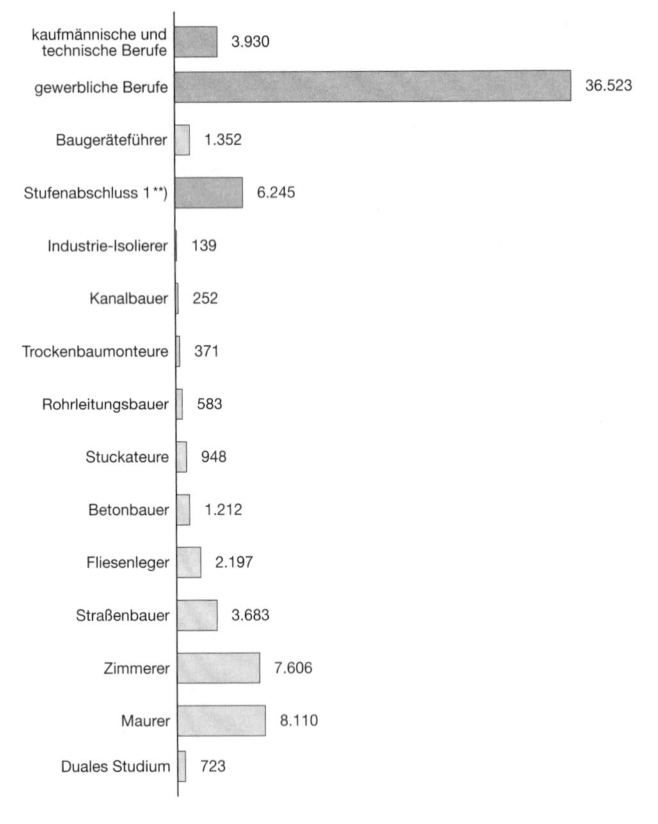

*) Summe = 40.458
**) Abschluss Stufenausbildung 1. Stufe (2 Jahre)

Quelle: SOKA-BAU, Sozialkasse des Berliner Baugewerbes, Stand 31. Dezember 2019.

Anteil weiblicher Arbeitskräfte in % im Bau- und Bauhauptgewerbe 2019*)

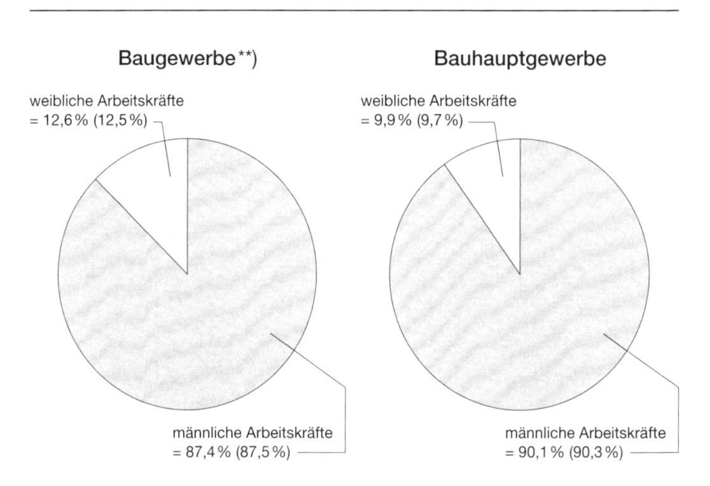

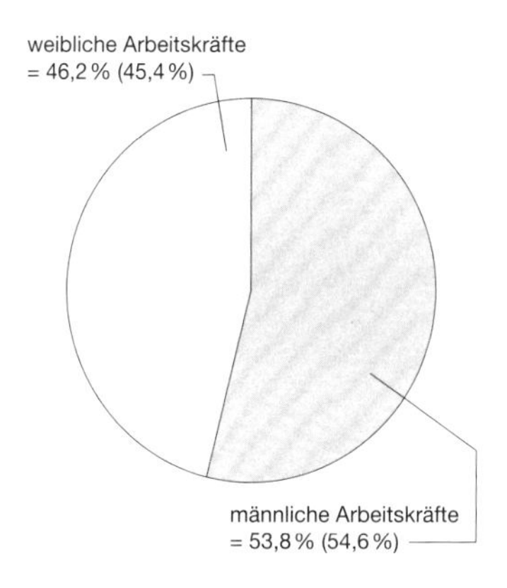

*) jeweils im Juni mit Werten von 2005 (in Klammern).
**) ohne Bauträger.

Quelle: Bundesagentur für Arbeit.

Anteil ausländischer Arbeitskräfte in % im Bau- und Bauhauptgewerbe 2019*)

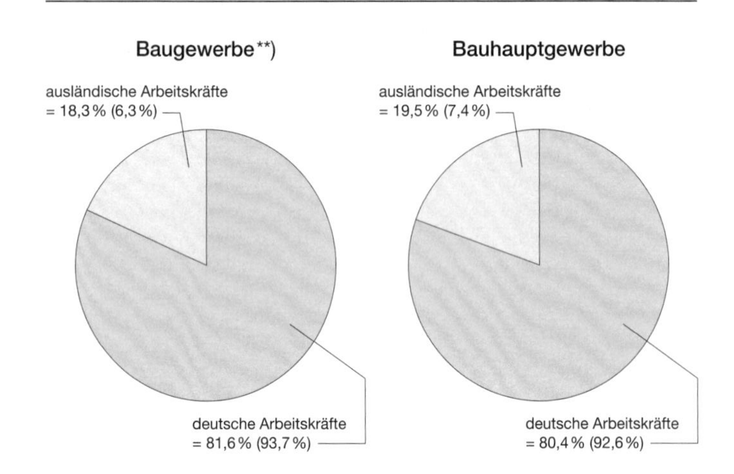

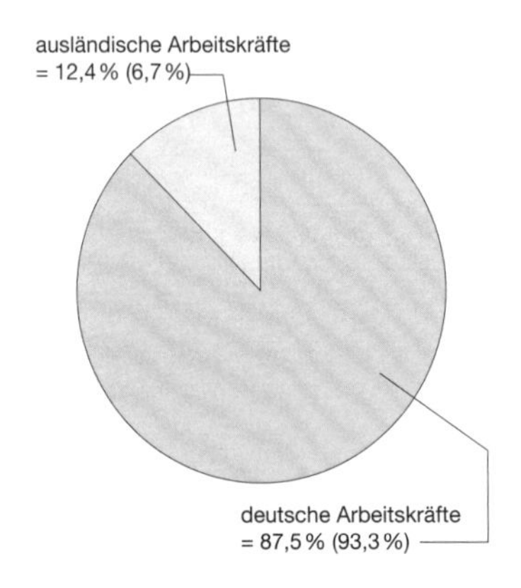

*) jeweils im Juni mit Werten von 2005 (in Klammern).
**) ohne Bauträger.

Quelle: Bundesagentur für Arbeit.

Durchschnittslöhne 2019*) nach Bundesländern / Tarifgebiet

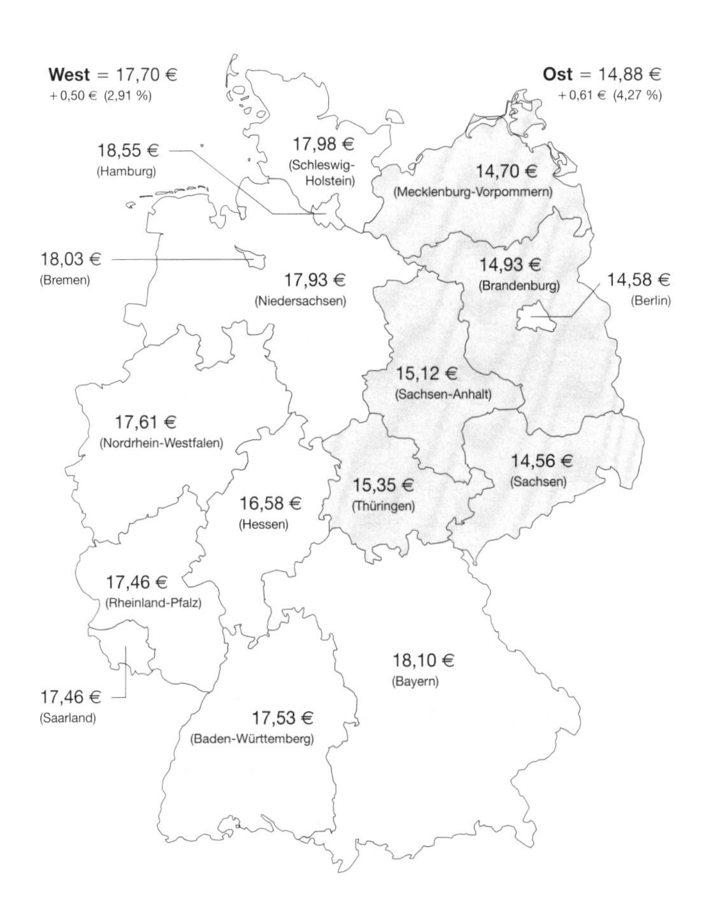

*) Stichtag: 31. Dezember 2019 (Zuordnung nach Betriebssitz, d. h. ohne Entsendebetriebe)

Quelle: Meldedaten SOKA-BAU und Soka-Berlin, Hauptverband der Deutschen Bauindustrie e. V.

Anteil der Personalkosten*) in % des Bruttoproduktionswertes 2017

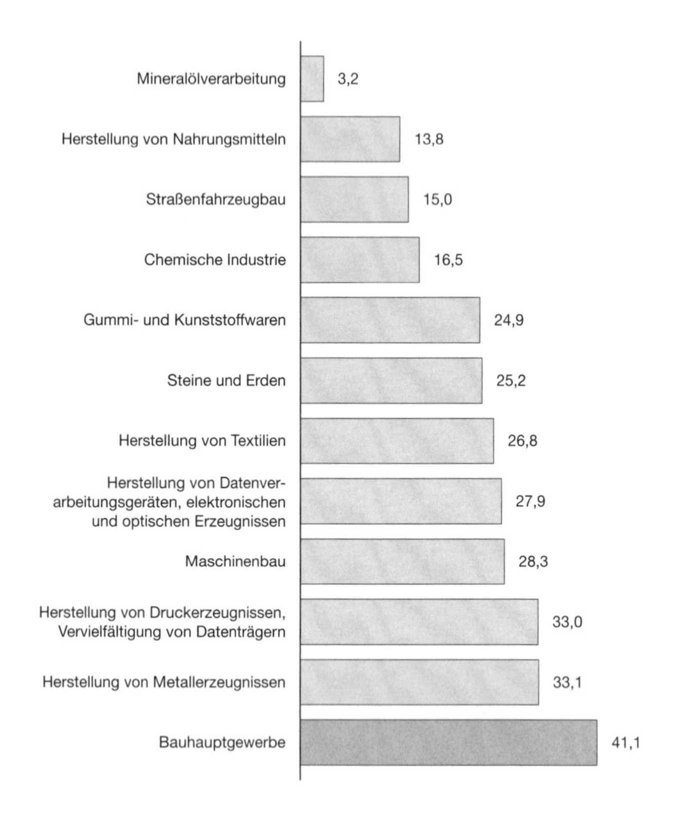

*) Einschließlich der Kosten für Lohnarbeiten; Bauhauptgewerbe: einschließlich der in Nachunternehmerleistungen enthaltenen Personalkosten.

Quelle: Statistisches Bundesamt.

Arbeitskosten*) in €
im Verarbeitenden Gewerbe 2019

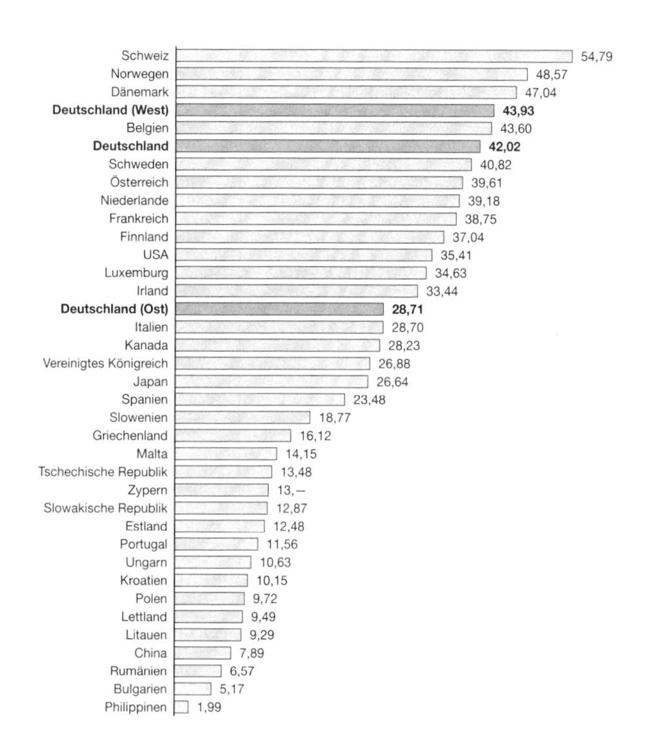

*) Arbeitnehmer (Arbeiter und Angestellte) je geleistete Stunde.
Deutschland (West) einschließlich Berlin, Deutschland (Ost) ohne Berlin.

Quellen: Deutsche Bundesbank; Eurostat; ILO; Statistisches Bundesamt; U.S. Department of Labor; Institut der deutschen Wirtschaft Köln.

Struktur der Arbeitskosten*) in €
im Verarbeitenden Gewerbe 2019

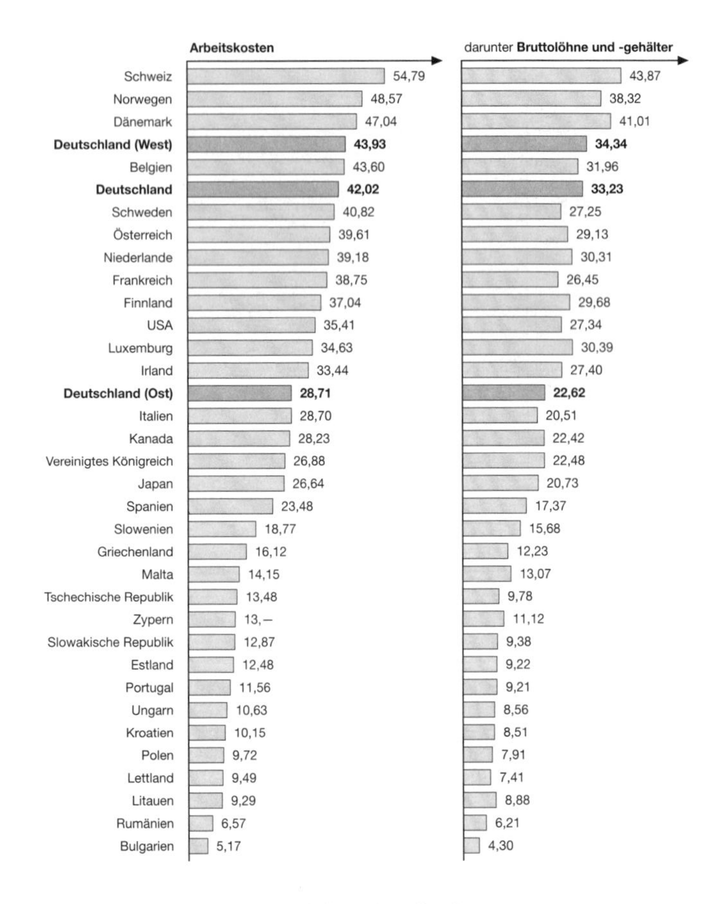

*) Arbeitnehmer (Arbeiter und Angestellte) je geleistete Stunde.
Deutschland (West) einschließlich Berlin, Deutschland (Ost) ohne Berlin.

Quellen: Deutsche Bundesbank; Eurostat; ILO; Statistisches Bundesamt; U.S. Department of Labor; Institut der deutschen Wirtschaft Köln.

darunter **Direktentgelt**	darunter **Personalzusatzkosten**	darunter **Sozialaufwendungen****)	
33,24	21,38	10,92	Schweiz
30,95	17,62	10,25	Norwegen
34,04	13,–	6,03	Dänemark
25,17	**18,76**	**9,59**	**Deutschland (West)**
24,14	19,46	11,64	Belgien
24,21	**17,81**	**8,79**	**Deutschland**
22,18	18,65	13,57	Schweden
20,06	19,54	10,48	Österreich
22,02	17,16	8,87	Niederlande
20,75	18,–	12,30	Frankreich
22,51	14,52	7,36	Finnland
23,68	11,72	8,07	USA
24,89	9,74	4,24	Luxemburg
22,13	11,31	6,04	Irland
17,59	**11,12**	**6,09**	**Deutschland (Ost)**
15,43	13,27	8,19	Italien
19,65	8,58	5,81	Kanada
18,89	7,99	4,40	Vereinigtes Königreich
14,41	12,23	5,91	Japan
12,59	10,89	6,11	Spanien
11,08	7,69	3,09	Slowenien
9,07	7,05	3,89	Griechenland
11,33	2,82	1,08	Malta
7,69	5,78	3,70	Tschechische Republik
9,11	3,89	1,88	Zypern
7,75	5,12	3,49	Slowakische Republik
8,15	4,33	3,26	Estland
6,96	4,60	2,35	Portugal
6,46	4,18	2,07	Ungarn
6,90	3,24	1,64	Kroatien
6,47	3,26	1,81	Polen
6,44	3,06	2,08	Lettland
7,36	1,92	0,41	Litauen
5,34	1,23	0,36	Rumänien
3,59	1,57	0,87	Bulgarien

**) Arbeitskosten abzüglich Bruttolöhne und -gehälter.

Zusammensetzung der Lohnzusatzkosten*) im Baugewerbe 2020

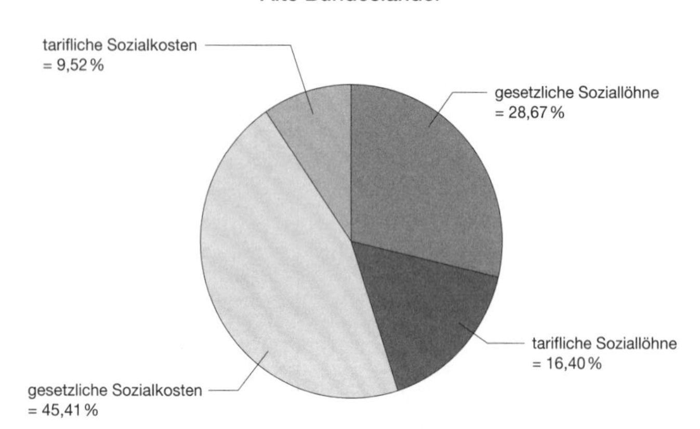

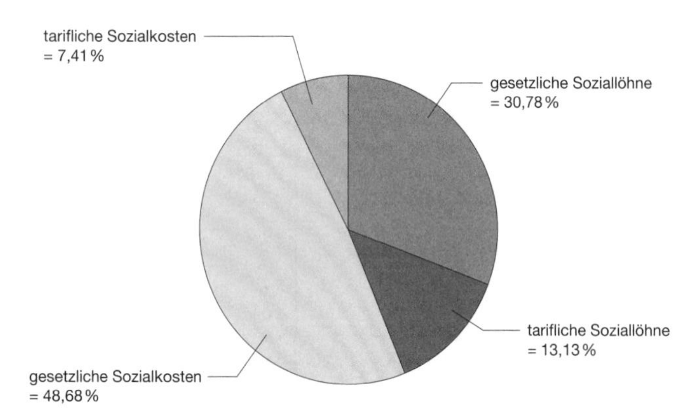

*) Detaillierte Berechnungen, siehe Seiten 194 bis 204 (alte Bundesländer) sowie Seiten 205 bis 215 (neue Bundesländer).

Quelle: Hauptverband der Deutschen Bauindustrie e. V.

Einführung

Die jährlich erscheinende **Tarifsammlung für die Bauwirtschaft** fasst die zahlreichen, zumeist bundesweit geltenden **Tarifverträge für das Baugewerbe** (**Bauindustrie** und **Bauhandwerk**) sowie ergänzende Vereinbarungen in einem Band zusammen.

1. Koalitionsfreiheit und Tarifautonomie

Seit langem werden in Deutschland Arbeitsbedingungen durch Tarifverträge geregelt. Das Grundgesetz von 1949 weist den Arbeitgebern und den Arbeitnehmern ausdrücklich das Recht zu, *„zur Wahrung und Förderung der Arbeits- und Wirtschaftsbedingungen Vereinigungen zu bilden“* (**Koalitionsfreiheit**), sowie den Koalitionen (Arbeitgeberverbände und Gewerkschaften) das Recht zu, Arbeits- und Wirtschaftsbedingungen kollektiv zu regeln (**Tarifautonomie**). Damit ist dem Staat die Regelung der Arbeitsbedingungen, abgesehen von der Schaffung eines gesetzlichen Rahmens (z. B. für die Arbeitszeit durch das Arbeitszeitgesetz) und von Schutzvorschriften zugunsten der Arbeitnehmer (z. B. Arbeitsschutzgesetz), entzogen. Insbesondere die Löhne, Gehälter und Ausbildungsvergütungen, aber auch alle übrigen Arbeitsbedingungen, werden weitestgehend durch Tarifverträge, also die Tarifvertragsparteien, festgelegt und finden damit nach den Regelungen des Tarifvertragsgesetzes (TVG, vgl. Seiten 609 bis 615) Anwendung auf die Arbeitsverhältnisse.

2. Flächen- und Branchentarifvertrag

Der Abschluss von Tarifverträgen erfolgt ganz überwiegend für die gesamte Fläche Deutschlands oder ein oder mehrere Bundesländer (**Flächentarifvertrag**) und dabei branchenweise, d. h. die Tarifverträge gelten grundsätzlich für alle Betriebe einer Branche, und damit für alle Arbeitnehmer in diesen Betrieben vom Auszubildenden bis zum Ingenieur (**Branchentarifvertrag**). Tarifvertragliche Regelungen nur für bestimmte Berufsgruppen sind in Deutschland unüblich, womit in einem Betrieb nur das Tarifwerk, d. h. die Gesamtheit der tarifvertraglichen Regelungen, einer Branche gilt. Dieses Prinzip hat sich bewährt.

Der **Hauptverband der Deutschen Bauindustrie** (HDB), der **Zentralverband des Deutschen Baugewerbes** (ZDB) und die **Industriegewerkschaft Bauen-Agrar-Umwelt** (IG BAU) sind die zentralen Tarifvertragsparteien des Baugewerbes. Mit den zwischen ihnen abgeschlossenen Tarifverträgen regeln sie die Arbeitsbedingungen für mehr als 800.000 inländische Arbeitnehmer in gut 75.000 deutschen Baubetrieben. Darüber hinaus finden wichtige tarifvertragliche Regelungen auch Anwendung für die nach Deutschland entsandten ausländischen Arbeitnehmer am Bau.

3. Historie

Das Bautarifwerk der Gegenwart geht auf eine lange Historie und Tradition zurück. Mit dem ersten im Jahre 1910 vereinbarten reichsweiten Bau-Tarifvertrag wurde eine machtvolle Entwicklung des Tarifwesens eingeleitet. Bis dahin stieß der Gedanke, Löhne und sonstige Arbeitsbedingungen durch Tarifverträge zu regeln, überwiegend auf Ablehnung. Während die Arbeitgeber dadurch die Freiheit der Lohnfindung beeinträchtigt sahen, fürchteten die Gewerkschaften eine Schwächung des Klassenkampfgedankens. Erst nach dem 1899 veranstalteten Kongress der freien Gewerkschaften akzeptierte die Arbeitnehmerseite Tarifverträge – anfänglich noch zögernd – als Beleg gleichberechtigter Beteiligung an der Gestaltung der Arbeitsbedingungen.

Dieser Hintergrund zeigt, dass die Bauarbeitergewerkschaft damals schon ebenso bereit war, Schrittmacherdienste zu leisten, wie nach dem Ende des Zweiten Weltkrieges, etwa mit der Schaffung gemeinsamer Einrichtungen der Tarifvertragsparteien (§ 4 Abs. 2 TVG), der ausdrücklichen Übernahme einer Ordnungsfunktion der Tarifverträge für die Baubranche – seit 1990 auch in den neuen Bundesländern –, dem Abschluss der ersten Vermögensbildungstarifverträge, der Einführung einer tariflichen Umlagefinanzierung der Berufsbildung und einer flexiblen Anpassung der Arbeitszeit an die besonderen Produktionsbedingungen in der Bauwirtschaft. Auch in den langen Krisenjahren (1995–2005) nach dem „Wiedervereinigungsboom“ hat die IG BAU Augenmaß in der Tarifpolitik bewiesen.

4. Aufbau des Bautarifwerkes

Das Bautarifwerk geht aber nicht nur auf historisch zu nennende Wurzeln zurück, sondern ist zugleich eines der vielfältigsten Tarifsysteme in Deutschland mit über 30 meist bundesweit geltenden Tarifverträgen.

Der Aufbau der Tarifsammlung für die Bauwirtschaft trägt dem Rechnung. Vier große Gruppen von Tarifverträgen sind zu nennen (siehe Übersicht über den Geltungsbereich der Tarifverträge, Seiten 44 bis 47):

- **Entgelttarifverträge**,
- **Rahmentarifverträge**,
- **Materielle Sozialkassentarifverträge** und
- **Verfahrenstarifverträge**.

Dabei wird in der Tarifsammlung weiter differenziert zwischen Tarifverträgen, die für gewerbliche Arbeitnehmer (Arbeiter), für Angestellte oder für Auszubildende gelten.

Hinzu kommen weitere tarifvertragliche Vorschriften zur Regelung spezieller Fragen wie der betrieblichen Altersvorsorge (Tarifliche Zusatzrente) oder der Bekämpfung der illegalen Beschäftigung.

a) Die **Entgelttarifverträge** (siehe auch Erläuterungen zu den Entgelttarifverträgen, Seiten 56 bis 59) regeln insbesondere die Lohn- und Gehaltssätze für die verschiedenen Lohn- und Gehaltsgruppen – solche „Tarife“ haben den Tarifverträgen überhaupt ihren Namen gegeben – aber auch sonstige Zahlungsansprüche der Arbeitnehmer wie die auf ein 13. Monatseinkommen oder auf vermögenswirksame Leistungen. Die Entgelttarifverträge für die gewerblichen Arbeitnehmer und die Auszubildenden für den Beruf des Arbeiters werden **Lohntarifverträge**, die Entgelttarifverträge für die Angestellten, die Poliere und die Auszubildenden für den Beruf des Angestellten werden **Gehaltstarifverträge** genannt.

Die Lohn- und Gehaltstarifverträge gelten typischerweise für eine Mindestlaufzeit zwischen einem Jahr und zwei Jahren und werden von der Arbeitnehmerseite in der Regel zum frühestmöglichen Zeitpunkt gekündigt. Da der Anteil der Personalkosten am Bruttoproduktionswert in der Bauwirtschaft mit rund 41 Prozent überdurchschnittlich hoch ist (vgl. Seite 36), gehören die Löhne und Gehälter zu den wichtigsten Kalkulationsfaktoren. Ferner gelten unterschiedliche Lohntarifverträge für die alten Bundesländer, für die neuen Bundesländer und für Berlin. Bei den Gehaltstarifverträgen existieren zusätzlich zu dieser Einteilung spezielle Regelungen für die Angestellten und Poliere in Bayern.

Als eine Besonderheit des Bautarifwerks sind die Tarifverträge über die Mindestlöhne im Baugewerbe zu nennen. Diese Tarifverträge sind mehrfach für alle in- und ausländischen gewerblichen Arbeitnehmer am Bau für zwingend anwendbar erklärt worden (siehe Ziffer 8 der Einführung).

b) Die **Rahmentarifverträge** (siehe auch Erläuterungen zu den Rahmentarifverträgen, Seiten 224 und 225), außerhalb der Bauwirtschaft vielfach „Manteltarifverträge" genannt, enthalten vor allem Bestimmungen über die werktägliche und wöchentliche Arbeitszeit, die flexible tarifliche Arbeitszeitgestaltung, Mehrarbeit, Nacht- und Feiertagszuschläge, Freistellungen aus familiären Gründen, die Definition der Lohn- und Gehaltsgruppen, Erschwernistatbestände, Auswärtsbeschäftigung, den Urlaub, Einsatz bei Arbeitsgemeinschaften, die Kündigung und die Ausschlussfristen.

Die Mindestlaufzeit beträgt mehrere Jahre, überwiegend mindestens drei oder vier, aufgrund von Verlängerungen durchaus auch einmal fünf und mehr Jahre. Für die einzelnen Arbeitnehmergruppen gelten wiederum verschiedene Rahmentarifverträge: der Bundesrahmentarifvertrag für das Baugewerbe (BRTV) für die gewerblichen Arbeitnehmer, der einheitliche Rahmentarifvertrag für die Angestellten und Poliere des Baugewerbes (RTV Angestellte) und der Tarifvertrag über die Berufsbildung im Baugewerbe (BBTV) für die Auszubildenden. Insbesondere auf Grund der spezifischen Regelungen für die gewerblichen Arbeitnehmer beim Urlaub, bei den Mindestlöhnen und auch beim Saison-Kurzarbeitergeld ist eine Vereinheitlichung der tarifvertraglichen Vorschriften für die gewerblichen Arbeitnehmer und die Angestellten und Poliere unterblieben. Der BRTV wird noch durch Spezialregelungen, beispielsweise für den Feuerungsbau und das Isoliergewerbe sowie für den Bereich der leistungsabhängigen Entlohnung, ergänzt.

c) Die **Materiellen Sozialkassentarifverträge** haben Ansprüche der Arbeitnehmer auf Leistungen und der Arbeitgeber auf Erstattungen durch die

Übersicht über den Geltungsbereich der Tarifverträge

▼ Geltungsbereich [Seite →]		▼ Entgelttarifverträge: TV Lohn/West 60	TV Lohn/Ost 69	TV Lohn/Berlin 77	TV Mindestlohn 84	TV 13. ME/Arb 89	TV Vermb/Arb 95	TV Standortsicherung/Berlin 99	TV Gehalt/West 101
gewerbliche Arbeitnehmer (Arbeiter)		■	■	■	■	■	■	■	
Angestellte								■	■
Poliere								■	■
Auszubildende (zum Beruf des Arbeiters)		■	■	■		■	■		
Auszubildende (zum Beruf des Angestellten)									■
ABL[1]	Baden-Württemberg	■			■	■	■		■
	Bayern	■			■	■	■		
	Bremen	■			■	■	■		■
	Hamburg	■			■	■	■		■
	Hessen	■			■	■	■		■
	Niedersachsen	■			■	■	■		■
	Nordrhein-Westfalen	■			■	■	■		■
	Rheinland-Pfalz	■			■	■	■		■
	Saarland	■			■	■	■		■
	Schleswig-Holstein	■			■	■	■		■
NBL[2]	Berlin[3]			■	■	■	■	■	
	Brandenburg		■		■	■			
	Mecklenburg-Vorpommern		■		■	■			
	Sachsen		■		■	■			
	Sachsen-Anhalt		■		■	■			
	Thüringen		■		■	■			
allgemeinverbindlich					■		■		
(nach Deutschland) **entsandte Arbeitnehmer**					■				

TV Gehalt/Ost	TV Gehalt/Berlin	TV Gehalt/Ang/Bayern	TV Gehalt/Pol/Bayern	TV 13. ME/Ang/Pol	TV Vermb/Ang/Pol
106	112	117	133	138	143
■	■	■		■	■
■	■		■	■	■
■	■	■		■	■
				■	■
		■	■	■	■
				■	■
				■	■
				■	■
				■	■
				■	■
				■	■
				■	■
				■	■
	■			■	(■)
■				■	
■				■	
■				■	
■				■	
■				■	
					■

▼ Rahmentarifverträge

BRTV	TV Urlaub/Bayern	TV Lohnstrukturen	Zusatz TV Eisenbahnoberbau	Zusatz TV Fertigbau	Zusatz TV Feuerungsbau	TV Feuerungsbauzuschläge	Zusatz TV Isoliergewerbe	RTV Leilo	RTV Angestellte	TV Gehaltsstrukturen	BBTV	TV Übernahme Auszubildende	TV Altersteilzeit	TV TZR
227	277	272	291	292	298	308	315	321	329	363	370	393	285	398
■	■	■	■	■	■	■	■	■					■	■
									■	■			■	■
									■	■			■	■
					■						■	■		■
									■		■	■		■
■		■	■	■	■	■	■	■	■	■	■	■	■	■
■	■	■	■	■	■	■	■	■	■	■	■	■	■	■
■		■	■	■	■	■	■	■	■	■	■	■	■	■
■		■	■	■	■	■	■	■	■	■	■	■	■	■
■		■	■	■	■	■	■	■	■	■	■	■	■	■
■		■	■	■	■	■	■	■	■	■	■	■	■	■
■		■	■	■	■	■	■	■	■	■	■	■	■	■
■		■	■	■	■	■	■	■	■	■	■	■	■	■
■		■	■	■	■	■	■	■	■	■	■	■	■	■
■		■	■	■	■	■	■	■	■	■	■	■	■	■
■		■	■	■	(■)	(■)	(■)	■	■	■	■	■	■	■
■		■	■	■				■	■	■	■	■	■	4)
■		■	■	■				■	■	■	■	■	■	4)
■		■	■	■				■	■	■	■	■	■	4)
■		■	■	■				■	■	■	■	■	■	4)
■		■	■	■				■	■	■	■	■	■	4)
■	■										■			
	■													

(Fortsetzung)

▼ Geltungsbereich		▼ Materielle Sozialkassentarifverträge				▼ Verfahrenstarifverträge		
		§ 8 BRTV	TV Urlaub / Bayern	Teile des BBTV	TZA Bau	VTV	TV Sozialaufwandserstattung / Berlin	Vereinbarung Sozialkassenbeiträge / Berlin
	[Seite →]	257	277	370	412	432	462	465
gewerbliche Arbeitnehmer (Arbeiter)		■	■		■	■	■	■
Angestellte					■	■		
Poliere					■	■		
Auszubildende (zum Beruf des Arbeiters)		■		■	■	■		
Auszubildende (zum Beruf des Angestellten)				■	■	■		
ABL [1]	Baden-Württemberg	■		■	■	■		
	Bayern		■	■	■	■		
	Bremen	■		■	■	■		
	Hamburg	■		■	■	■		
	Hessen	■		■	■	■		
	Niedersachsen	■		■	■	■		
	Nordrhein-Westfalen	■		■	■	■		
	Rheinland-Pfalz	■		■	■	■		
	Saarland	■		■	■	■		
	Schleswig-Holstein	■		■	■	■		
	Berlin [3]	■		■	■	■	■	■
NBL [2]	Brandenburg	■		■	■	■		
	Mecklenburg-Vorpommern	■		■	■	■		
	Sachsen	■		■	■	■		
	Sachsen-Anhalt	■		■	■	■		
	Thüringen	■		■	■	■		
allgemeinverbindlich		■	■	■	■	■	■	
(nach Deutschland) **entsandte Arbeitnehmer**		■	■			■		

	■						■											■	■				458	TV Berufsbildung/Berlin
	■						■															■	467	TV ZABB
	■	■	■	■	■	■	■	■	■	■	■	■	■	■	■	■	■	■	■				370	Teile des BBTV

1) ABL = Alte Bundesländer.
2) NBL = Neue Bundesländer.
3) (■) = Tarifvertrag gilt nur im Westen des Tarifgebietes Berlin.
4) Da der TV TZR nicht allgemeinverbindlich ist, gilt er nach § 13 Satz 1 in Verbindung mit § 2 Abs. 2 TV TZR nicht in den neuen Bundesländern.

Sozialkassen der Bauwirtschaft, d. h. der Zusatzversorgungskasse des Baugewerbes und der Urlaubs- und Lohnausgleichskasse der Bauwirtschaft in Wiesbaden sowie der Gemeinnützigen Urlaubskasse des Bayerischen Baugewerbes und der Sozialkasse des Berliner Baugewerbes, zum Gegenstand, die im Wege eines Solidarausgleichsverfahrens finanziert werden. Zu den Ansprüchen gehören u. a. die Rentenbeihilfen sowie das in § 8 BRTV geregelte Urlaubsentgelt und das zusätzliche Urlaubsgeld (Urlaubsvergütung) für gewerbliche Arbeitnehmer, ferner die Erstattung von Ausbildungsvergütungen, Kosten überbetrieblicher Unterweisung und von Fahrtkosten für den Besuch von Lehrbauhöfen, die ihre Grundlage im BBTV finden. Das System der Sozialkassen der Bauwirtschaft ist gesondert erläutert (siehe Seiten 407 bis 411).

Diese Tarifregelungen gelten in erster Linie für gewerbliche Arbeitnehmer. In die baugewerbliche Zusatzversorgung sind jedoch seit 1976 auch die Angestellten einbezogen, wie der Tarifvertrag über die Berufsbildung gleichermaßen die Erstattung von Leistungen für alle Auszubildenden vorsieht. Neben dem Tarifvertrag über Rentenbeihilfen im Baugewerbe (TVR), der zum 1. Januar 2016 durch den Tarifvertrag über eine zusätzliche Altersversorgung im Baugewerbe (TZA Bau) abgelöst wurde, stellen die Bestimmungen des § 8 BRTV ebenfalls materielle Sozialkassentarifverträge dar. Alle diese Tarife sind auf langfristige Geltung angelegt.

d) In den **Verfahrenstarifverträgen** sind insbesondere die Abgabe der laufenden Meldungen, die Erstattung der vorgelegten Leistungen, die Direktauszahlung an Arbeitnehmer im Rahmen der Zusatzversorgung und nicht zuletzt die Sozialkassenbeiträge geregelt (zur Höhe siehe Seiten 178 bis 193 sowie 465 und 466). Hervorzuheben ist der Tarifvertrag über das Sozialkassenverfahren im Baugewerbe (VTV) (vgl. Seiten 432 bis 456).

5. Die Allgemeinverbindlicherklärung (AVE)

Die Allgemeinverbindlicherklärung (AVE) bewirkt, dass die Rechtsnormen eines Tarifvertrages auch die bisher nicht tarifgebundenen Arbeitgeber und Arbeitnehmer erfassen (§ 5 Abs. 4 Satz 1 TVG). Nach § 5 Abs. 1 TVG kann das Bundesministerium für Arbeit und Soziales mit Zustimmung des Tarifausschusses einen Tarifvertrag für allgemeinverbindlich erklären, wenn die Allgemeinverbindlicherklärung im öffentlichen Interesse geboten erscheint. Die Allgemeinverbindlicherklärung von Tarifverträgen über eine gemeinsame Einrichtung kann zur Sicherung ihrer Funktionsfähigkeit nach § 5 Abs. 1 a TVG erfolgen. Außerdem ist eine Allgemeinverbindlicherklärung insbesondere von tarifvertraglichen Mindestentgeltsätzen nach § 7 AEntG (vgl. Seiten 538 und 539) durch Rechtsverordnung möglich.

Zum Sinn und Zweck der Allgemeinverbindlicherklärung hat das Bundesverwaltungsgericht mit Urteil vom 3. November 1988 – BVerwG – 7 C 115.86 – folgende wichtige Feststellungen getroffen:

„Mit dem Tarifvertrag regeln die Vertragspartner einverständlich die Arbeits- und Wirtschaftsbedingungen ihrer nach § 3 Abs. 1 TVG beiderseits an den Inhalt der Tarifnormen gebundenen Mitglieder. Dieser Regelung droht insbesondere in Zeiten nachlassender Konjunktur und eines Überangebots an Arbeitskräften dadurch Gefahr, dass nicht tarifgebundene Arbeitgeber und Arbeitnehmer untertarifliche Arbeitsbedingungen vereinbaren. Eine solche Tarifunterbietung kann zum einen dazu führen, dass nicht organisierte Arbeitnehmer die Mitglieder der tarifschließenden Gewerkschaft beim Wettbewerb um die knappgewordenen Arbeitsplätze verdrängen; zum anderen können sich auf diese Weise nicht organisierte Arbeitgeber gegenüber den Mitgliedern des tarifschließenden Arbeitgeberverbandes Konkurrenzvorteile verschaffen und diese so in ihrer wirtschaftlichen Existenz gefährden. Diesen Erscheinungen wirkt die Allgemeinverbindlicherklärung in der Weise entgegen, dass sie den persönlichen Geltungsbereich des Tarifvertrages auf die bisher nicht tarifgebundenen Arbeitgeber und Arbeitnehmer erstreckt. Haben die Tarifvertragsparteien im Tarifvertrag gemeinsame Einrichtungen vereinbart, sind diese häufig von vornherein auf die Einbeziehung aller Angehörigen des betreffenden Berufskreises angelegt. In solchen Fällen kann die Allgemeinverbindlicherklärung des Tarifvertrages zur Gewährleistung der Funktionsfähigkeit der Einrichtungen erforderlich sein (BVerfGE 55, 7, 23f.). Darüber hinaus – und nicht zuletzt – dient die Allgemeinverbindlicherklärung dem Ziel, den nicht tarifgebundenen Arbeitnehmern angemessene Arbeitsbedingungen zu sichern (BVerfGE 44, 322, 325, 324).

Alle genannten Ziele der Allgemeinverbindlicherklärung liegen im öffentlichen Interesse. Soweit mit ihr der soziale Schutz von Außenseitern bezweckt ist, bedarf dies keiner näheren Darlegung. Aber auch sonst zielt die Allgemeinverbindlicherklärung stets auf die Förderung des Gemeinwohls ab. Denn das Grundgesetz gewährleistet in Art. 9 Abs. 3 eine Ordnung des Arbeits- und Wirtschaftslebens, bei der der Staat seine Zuständigkeit zur Rechtsetzung weit zurückgenommen und die Bestimmung über die regelungsbedürftigen Einzelheiten des Arbeitsvertrags grundsätzlich den Koalitionen überlassen hat. Diesen ist durch Art. 9 Abs. 3 GG die im öffentlichen Interesse liegende Aufgabe zugewiesen, die Arbeits- und Wirtschaftsbedingungen in eigener Verantwortung und im wesentlichen ohne staatliche Einflussnahme zu gestalten. Dieser im öffentlichen Interesse liegenden Aufgabe der Koalitionen entspricht das öffentliche Interesse daran, die Effektivität der tarifvertraglichen Normsetzung zu sichern und einer Aushöhlung der Tarifverträge vorzubeugen.“

Die Sozialkassen- und die Verfahrenstarifverträge einschließlich des BRTV – vor allem wegen seines § 8 (Urlaub) – und des BBTV – vor allem wegen seiner §§ 19ff. (Erstattungsregelung) – sind neben den Vermögensbildungstarifverträgen und dem Tarifvertrag zur Regelung der Mindestlöhne im Baugewerbe allgemeinverbindlich, d. h. sie sind für alle Arbeitsverhältnisse innerhalb des tariflichen Geltungsbereichs bindend – sie erfassen organisierte wie nichtorganisierte Arbeitgeber und Arbeitnehmer gleichermaßen.

Zwar hat das Bundesarbeitsgericht (BAG) mit Beschlüssen vom 21. September 2016 – 10 ABR 33/15 und 10 ABR 48/15 – sowie vom 25. Januar 2017 – 10 ABR 43/15 – die Allgemeinverbindlicherklärungen für den Zeitraum 1. Oktober 2007 bis 31. Dezember 2014 aus formalen Gründen für unwirksam erachtet. Dies korrigiert jedoch der Gesetzgeber mit dem Gesetz zur Sicherung der Sozialkassenverfahren im Baugewerbe (Sozialkassenverfahrensicherungsgesetz – SokaSiG), hier abgedruckt auf den Seiten 686 bis 688.

Während das BAG das SokaSiG in ständiger Rechtsprechung bereits seit dem 20. November 2018 (Az. 10 AZR 121/18) als verfassungskonform erachtet, waren bis zuletzt mehrere Verfassungsbeschwerden in Karlsruhe anhängig. Diese hielten vor allem die „Rückwirkung" des SokaSiG für bedenklich. Mit Beschlüssen des Bundesverfassungsgerichts vom 11. August 2020 (Az. u. a. 1 BvR 2654/17) enden die Verfahren in der Vorprüfung; das **SokaSiG** ist **verfassungskonform**:

- Die Rückwirkung ist ausnahmsweise gerechtfertigt.
- Der weite Einschätzungs- und Prognosespielraum wurde nicht überschritten.
- Die Koalitionsfreiheit und der Gleichbehandlungsgrundsatz wurden nicht verletzt.

Das ist nicht nur für die Bau-Tarifvertragsparteien und SOKA-BAU erfreulich, sondern erweist sich zugleich als wohltuende Bestätigung für die ehemalige Bundesarbeitsministerin **Andrea Nahles**, die das „Rettungsgesetz" 2016/2017 in ihrem Ministerium erarbeiten ließ und beherzt sowie erfolgreich unterstützte.

Die ersten Allgemeinverbindlicherklärungen nach neuerer Rechtslage des Tarifautonomiestärkungsgesetzes hielten einer gerichtlichen Prüfung stand: Das BAG bestätigte mit Beschlüssen vom 21. März 2018 – 10 ABR 62/16 – und vom 20. November 2018 – 10 ABR 12/18 – die Wirksamkeit der Allgemeinverbindlicherklärungen von Bau-Tarifverträgen der Jahre 2015 und 2016.

Die nicht allgemeinverbindlichen Bautarifverträge hingegen gestalten die Arbeitsverhältnisse nur dann zwingend, wenn Tarifbindung vorliegt (§ 3 Abs. 1 TVG), d. h. wenn die Arbeitnehmer der Industriegewerkschaft Bauen-Agrar-Umwelt angehören und zudem bei einem Arbeitgeber beschäftigt sind, der (mittelbar) Mitglied des Hauptverbandes der Deutschen Bauindustrie oder des Zentralverbandes des Deutschen Baugewerbes ist. Die einmal entstandene Tarifbindung bleibt bestehen, bis der Tarifvertrag endet; sie kann auch durch einen vor diesem Zeitpunkt vollzogenen Verbandsaustritt nicht früher aufgehoben werden (sogenannte „Nachbindung", § 3 Abs. 3 TVG). Die zwingende Wirkung eines Tarifvertrages soll nicht durch einseitige Maßnahmen des Arbeitgebers oder Arbeitnehmers beendet werden können.

6. Anwendung des Bautarifwerkes

Bei Anwendung des Bautarifwerkes ist zu berücksichtigen, dass das einzelne Arbeitsverhältnis durch eine Vielzahl von Tarifverträgen gestaltet wird. Die Frage, welche tarifvertraglichen Regelungen für das Arbeitsverhältnis gelten, richtet sich vornehmlich nach dem Status des Arbeitnehmers (gewerblicher Arbeitnehmer, Angestellter, Polier oder Auszubildender zum Beruf des Arbeiters bzw. des Angestellten) und insbesondere bei den Entgelttarifverträgen auch nach dem Tarifgebiet (West, Ost, Berlin und für die Angestellten auch Bayern).

Ob etwa ein gewerblicher Arbeitnehmer in die Lohngruppe 4 (Spezialfacharbeiter) einzustufen ist, ergibt sich aus § 5 Nr. 3 Bundesrahmentarifvertrag für das Baugewerbe (BRTV). Der Anspruch auf Eingruppierung wiederum findet seine Grundlage in § 5 Nr. 2.1 BRTV. Der der Lohngruppe 4 entsprechende Lohn ist § 2 des Tarifvertrages zur Regelung der Löhne zu entnehmen. Wird der Arbeitnehmer auf einer auswärtigen Baustelle eingesetzt, so ist die Frage der Kosten- und Aufwandserstattung durch § 7 Nr. 4 BRTV zu beantworten. Ob der Arbeitnehmer bereits in Urlaub gehen kann, ist anhand des § 8 Nrn. 1 und 2 BRTV zu prüfen. Für den Antrag auf Erstattung des dem Arbeitnehmer ausgezahlten Urlaubsentgelts und zusätzlichen Urlaubsgeldes bei der Urlaubs- und Lohnausgleichskasse der Bauwirtschaft ist der Tarifvertrag über das Sozialkassenverfahren im Baugewerbe (VTV) zu beachten. Diese praktischen Beispiele zeigen, dass die Tarifregelungen in vielfältiger Weise aufeinander bezogen sind; erst aus ihrem Zusammenspiel erwächst der volle Inhalt des jeweiligen Arbeitsverhältnisses. Ergänzend wird insbesondere auf die praxis- und anwendungsorientierten Erläuterungen im Ratgeber „**Das Arbeitsverhältnis im Baugewerbe**" (6. Auflage), erschienen in der Otto Elsner Verlagsgesellschaft, hingewiesen.

7. Tarifgebiet Ost

In den neuen Bundesländern haben die Tarifvertragsparteien des Baugewerbes die bis zum 3. Oktober 1990 geltenden tariflichen Regelungen durch Vereinbarungen über die Anwendung („Überleitungstarifverträge") der Mehrzahl der in den alten Bundesländern geltenden Tarifverträge und durch den Abschluss eigenständiger Tarifverträge für das Gebiet der neuen Bundesländer (Lohn- und Gehaltstarifverträge) abgelöst. Von den für das gesamte Baugewerbe geltenden Tarifverträgen sind lediglich die Tarifverträge über die Gewährung vermögenswirksamer Leistungen sowie ehemals die tarifvertraglichen Regelungen über Rentenbeihilfen nicht auf das Gebiet der neuen Länder übergeleitet worden.

Was die Sozialkassentarifverträge anbelangt, so nehmen die Betriebe in den neuen Bundesländern am Urlaubs- und am Berufsbildungsverfahren sowie seit dem 1. Januar 2016 an der zusätzlichen Altersversorgung teil: Bereits nach der Tarifrunde 1992 wurde ab 1. Januar 1993 das Urlaubskassenverfahren im Beitrittsgebiet eingeführt. Dort erhöhte sich die Urlaubsdauer für alle gewerblichen Arbeitnehmer ab dem Urlaubsjahr 1995 auf 30 Arbeitstage.

Leider ist es aber noch nicht gelungen, das Tarifwerk für ganz Deutschland zu vereinheitlichen. Einen wichtigen Schritt stellt die Vereinbarung der Tarifvertragsparteien des Baugewerbes zur Vereinheitlichung des Tariflohnniveaus im deutschen Baugewerbe vom 3. Mai 2013 (vgl. Seite 149) dar: Hierin wird der gemeinsame Wille bekundet, ein bundeseinheitliches Tarifniveau im Kalenderjahr 2022 zu erreichen. Mit bundesweiter Geltung des neuen Tarifvertrages über eine zusätzliche Altersversorgung im Baugewerbe (TZA Bau) seit 1. Januar 2016 besteht auch im Tarifgebiet Ost eine zusätzliche Altersversorgung. Abschnitt III der Vereinbarung zur Festlegung der ZVK-Beiträge knüpft an die oben genannte Vereinbarung an und sieht vor, dass der ZVK-Beitrag im Tarifgebiet Ost bis zum Jahr 2028 an den im Tarifgebiet West geltenden ZVK-Beitragsanteil für die neue Tarifrente Bau angeglichen wird.

8. Mindestlohntarifvertrag

Mit dem Tarifvertrag zur Regelung eines Mindestlohnes im Baugewerbe vom 17. Juli 1997 (TV Mindestlohn) hatten die Tarifvertragsparteien des Baugewerbes eine der wesentlichen Voraussetzungen dafür geschaffen, dass das „Gesetz über zwingende Arbeitsbedingungen bei grenzüberschreitenden Dienstleistungen (Arbeitnehmer-Entsendegesetz – AEntG)“ vom 26. Februar 1996 (aktuell in der Fassung vom 10. Juli 2020) seine Wirkung entfaltete.

Seitdem sind mehrfach Mindestlohn-Tarifverträge abgeschlossen und für allgemeinverbindlich erklärt worden. In Verbindung mit dem Arbeitnehmer-Entsendegesetz sollen die Mindestlöhne insbesondere auch für Arbeitnehmer gelten, die von einem baugewerblichen Arbeitgeber mit Sitz im Ausland in das Gebiet der Bundesrepublik Deutschland entsandt werden. Die Wirksamkeit der Mindestlohnvereinbarung für nicht Verbandsangehörige, also auch für ausländische Baubetriebe, hängt davon ab, dass der TV Mindestlohn vom Bundesministerium für Arbeit und Soziales für allgemeinverbindlich erklärt wird. Dies ist zunächst mit Wirkung vom 1. Januar 1997 jeweils befristet und danach mehrfach auch durch Rechtsverordnung geschehen (siehe auch Erläuterungen zu den tariflichen Mindestlöhnen im Baugewerbe, Seiten 469 und 470, sowie Übersichten zur Entwicklung der Mindestlöhne im Baugewerbe, Seiten 495 bis 499).

Auch die **allgemeinverbindlichen Urlaubsregelungen** für gewerbliche Arbeitnehmer im Baugewerbe in der Bundesrepublik Deutschland finden aufgrund des Arbeitnehmer-Entsendegesetzes auf die Arbeitsverhältnisse der aus dem Ausland nach Deutschland entsandten gewerblichen Arbeitnehmer Anwendung. Seit dem 1. Januar 1999 gilt das ausdrücklich auch für die gewerblichen Arbeitnehmer, die aufgrund eines der bilateralen Werkvertragsarbeitnehmerabkommen der Bundesrepublik Deutschland mit MOE-Staaten aus diesen Staaten nach Deutschland entsandt werden.

9. Tarifliche Zusatzrente

Relativ neu im Tarifwerk des Baugewerbes ist der Tarifvertrag über eine Zusatzrente im Baugewerbe (TV TZR) vom 15. Mai 2001 in der Fassung vom 31. März 2005 (vgl. Seiten 398 bis 405). Der Tarifvertrag räumt allen Arbeitnehmern neben den Rentenbeihilfen oder der Tarifrente Bau (Zusatzversorgung, vgl. TZA Bau, Seiten 412 bis 426) einen Anspruch auf die Zusage einer betrieblichen Altersversorgung über einen der im Betriebsrentengesetz vorgesehenen Durchführungswege ein – in Ermangelung einer anderen Einigung zwischen Arbeitgeber und Arbeitnehmer auf den Abschluss eines Versorgungsvertrages mit der Pensionskasse bei der Zusatzversorgungskasse des Baugewerbes in Wiesbaden. Der Anspruch auf den Arbeitgeberbeitrag in Höhe von 30,68 € pro Monat setzt eine Eigenleistung des Arbeitnehmers in Höhe von 9,20 € im Wege der Entgeltumwandlung voraus. In den neuen Bundesländern tritt der Tarifvertrag erst und nur dann in Kraft, wenn die Allgemeinverbindlichkeit des Tarifvertrages erklärt wird.

10. Tarifrente Bau

Auf Grundlage des Diskussionspapiers zur Weiterentwicklung der tariflichen Rentenbeihilfen im Baugewerbe „Die neue Tarifrente des Baugewerbes (TRB)“ vom 28. Februar 2012 (siehe Tarifsammlung für die Bauwirtschaft 2013/2014, Seiten 444 bis 446) wurden mit dem Abschluss des Tarifvertrages über eine zusätzliche Altersversorgung im Baugewerbe vom 5. Juni 2014 (TZA Bau), der am 1. Januar 2016 in Kraft getreten ist, wichtige tarifpolitische Ziele erreicht: Erstens wurde das umlagefinanzierte und daher demographieanfällige Rentenbeihilfesystem (des früheren Tarifvertrags über Rentenbeihilfen im Baugewerbe – TVR) in den alten Bundesländern kostenneutral auf ein **kapitalgedecktes System mit deutlich höheren Rentenerwartungen** umgestellt. Zweitens gelang es, die von der IG BAU geforderte **Einführung in den neuen Bundesländern** mit einer für die Arbeitgeber vertretbaren Kostenbelastung festzulegen (siehe Vereinbarung zur Festlegung der ZVK-Beiträge vom 5. Juni 2014, Seite 428 f.). Die kostenneutrale Systemumstellung im Tarifgebiet West und die anfangs auch kostenneutrale Einführung im Tarifgebiet Ost konnte nur gelingen, weil auch die Arbeitnehmerseite durch Verzicht auf 1/5 ihres zusätzlichen Urlaubsgeldes für die Kalenderjahre 2016 und 2017 einen Beitrag für die neue Tarifrente geleistet hat. Besonders hervorzuheben ist, dass bereits für Auszubildende monatlich 20,— € Beitrag zusätzlich zu der ohnehin attraktiven Ausbildungsvergütung für die neue Rente bei SOKA-BAU angelegt werden. Dies trägt zur Fachkräftesicherung und Nachwuchsbindung bei.

11. Aktuelle Entwicklungen und Ausblick

Während kurzfristig Mindestlöhne bei unveränderter Struktur und die Höhe der Sozialkassenbeiträge im Jahr 2021 verhandelt werden, fordert die höchstrichterliche Rechtsprechung die Bau-Tarifvertragsparteien weiterhin heraus.

Auf eine Vorlage des Arbeitsgerichts Verden entschied der **Europäische Gerichtshof** (**EuGH**) mit Urteil vom 13. Dezember 2018 (Rs. C-385/17), dass für den **europäischen Mindesturlaub** von 20 Tagen pro Jahr die übliche Vergütung anzusetzen ist. In den allermeisten Fällen wird das zwar durch das Urlaubskassenverfahren für die gewerblichen Arbeitnehmer sichergestellt, bei besonders langen Kurzarbeitszeiten kann das Mindestniveau allerdings im Einzelfall verfehlt werden. Durch SOKA-BAU wird in Umsetzung des EuGH-Urteils auch in solchen Einzelfällen gewährleistet, dass der europäische Mindesturlaub ordnungsgemäß vergütet wird. Kleine diesbezügliche Anpassungen in § 8 BRTV werden voraussichtlich 2021 erfolgen.

Das **Arbeitszeitrecht** ist für die Sozialpartner, Betriebsräte und Arbeitsvertragsparteien gleichermaßen ein sensibles Thema, sodass ein EuGH-Urteil vom 14. Mai 2019 (Rs. C-55/18) zu **Arbeitszeitaufzeichnungen** große Beachtung fand. Zur Verwirklichung der europäischen Arbeitnehmerschutzrechte aus der EU-Arbeitszeitrichtlinie und Grundrechtecharta sei eine **objektive, verlässliche und allen Arbeitnehmern zugängliche Arbeitszeiterfassung erforderlich**. Es bleibt abzuwarten, ob und ggf. wie die deutschen Vorgaben (§ 19 Abs. 1 Satz 1 AEntG – siehe Seite 553 –, § 17 Abs. 1 MiLoG – siehe Seite 509 f. – und § 16 Abs. 2 Arbeitszeitgesetz) angepasst werden. Bis dahin wird das Urteil voraussichtlich keine praktischen Auswirkungen haben. Es bleibt abzuwarten, wann das Bundesministerium für Arbeit und Soziales die ehemals für das 4. Quartal 2019 angekündigten Vorschläge zur Anpassung der deutschen Regelungen vorlegt.

Tarifpolitisch stehen im 4. Quartal 2020 **Mindestlohnverhandlungen** und eine Entscheidung über die **Sozialkassenbeiträge**, jeweils mit Wirkung voraussichtlich ab Januar 2021, auf der Agenda. Es ist abzusehen, dass der Berufsbildungsbeitrag angehoben werden muss.

Inhaltlich haben sich die Sozialpartner vorgenommen, die **Rahmentarifverträge**, vor allem den BRTV und den RTV Angestellte, zu **modernisieren**. Die Gewerkschaft drängt seit der Tarifrunde 2018 auf eine Befassung mit dem Thema einer „**Honorierung von Wegezeiten**“, also über die bisherigen tarifvertraglichen Regelungen hinausgehend. Auch hier ist die Entwicklung der Rechtsprechung noch nicht abgeschlossen: Eine grundlegende Entscheidung des BAG vom 17. Oktober 2018 (Az. 5 AZR 553/18) zur Reisezeitvergütung für eine Auslandsdienstreise lässt sich mit § 7 Nr. 4 RTV Angestellte/BRTV zumindest in Einklang bringen. Für die in § 7 Nr. 3 RTV Angestellte/BRTV geregelten **Arbeitsstellen mit täglicher Heimfahrt** entschied das **Arbeitsgericht Karlsruhe** mit Urteil vom 2. April 2019 (Az. Ca 151/18), dass die Tarifregelungen wirksam sind und **keine zusätzlichen Reisezeitvergütungsansprüche** bestehen. Die weitere Entwicklung der Rechtsprechung für dienstliche Reisezeiten bleibt abzuwarten.

Mit dem Schiedsspruch zur Entgeltrunde 2020 vom 3. September 2020 (Auszug: siehe Seite 147 f.) steht das Thema der „Wegezeitentschädigung“ nun auf der Agenda „**moderierter Spitzengespräche**" **der Tarifvertragsparteien**. In diesem neuen Format **unter Moderation des Schlichters Prof. Dr. Rainer Schlegel**, Präsident des Bundessozialgerichts, sollen Vorschläge zu den Themenfeldern

- Wegezeitentschädigung (§ 7 BRTV und RTV Angestellte),
- europarechtskonforme Regelung der Mindesturlaubsvergütung (§ 8 Nr. 5 BRTV),
- Anpassung der Erschwerniszuschläge im Sinne einfach zu kontrollierender Regelungen (§ 6 BRTV) und
- zukunftsfähige Regelungen der Mindestlöhne (TV Mindestlohn)

bis Mitte des Jahres 2021 erarbeitet werden, die dann spätestens mit Wirkung ab 1. Januar 2022 umgesetzt werden könnten.

Angesichts der hier skizzierten kurz- und mittelfristigen Themenfelder kann es bereits für die beiden kommenden Neuauflagen der Tarifsammlung zu Änderungen kommen, welche von erheblicher Bedeutung für die Bauwirtschaft sind.

Erläuterungen zu den Entgelttarifverträgen

Die Lohn- und Gehaltstarifverträge (Entgelttarifverträge) regeln die Höhe der Lohn- und Gehaltssätze. Die Lohntarifverträge regeln die Löhne für die gewerblichen Arbeitnehmer (Arbeiter), während die Gehaltstarifverträge die Gehälter für die Angestellten und Poliere festlegen. Diese Festlegungen zum Lohn und Gehalt haben als „Tarife" den Tarifverträgen ihren Namen gegeben. Ferner regeln spezielle Entgelttarifverträge weitere Zahlungsansprüche der Arbeitnehmer, wie z. B. auf ein 13. Monatseinkommen oder vermögenswirksame Leistungen. Zahlungsansprüche finden sich aber auch in den Rahmentarifverträgen, so sind beispielsweise die Ansprüche auf ein zusätzliches Urlaubsgeld im Bundesrahmentarifvertrag (BRTV) für das Baugewerbe und im Rahmentarifvertrag für die Angestellten und Poliere des Baugewerbes (RTV Angestellte) geregelt (vgl. Seiten 258 und 259 bzw. 354).

Die Entgelttarifverträge im Baugewerbe sind sämtlich nach bestimmten Grundregeln aufgebaut, weisen aber je nach Regelungsgehalt teilweise auch Besonderheiten auf. Schon der textliche Aufbau sämtlicher Bautarifverträge ähnelt sich stark:

Aus dem vorangestellten Rubrum des Tarifvertrages ergeben sich der Name des Tarifvertrages, die Kurzform des Namens, das Abschlussdatum – ggf. mit dem Hinweis auf die letzte Fassung, d. h. das Datum der letzten Änderung dieses Tarifvertrages – und schließlich die Namen der vertragsschließenden Arbeitgeberverbände und Gewerkschaften. Die Tarifvertragsparteien des Baugewerbes sind der Zentralverband des Deutschen Baugewerbes e. V. (ZDB), der Hauptverband der Deutschen Bauindustrie e. V. (HDB) und die Industriegewerkschaft Bauen-Agrar-Umwelt (IG BAU).

In § 1 sämtlicher Tarifverträge für das Baugewerbe findet sich die Regelung des Geltungsbereichs, aus dem sich ergibt, für wen der Tarifvertrag gelten soll. Es wird stets zwischen dem **räumlichen**, dem **betrieblichen** und dem **persönlichen** Geltungsbereich unterschieden. Der räumliche Geltungsbereich bezeichnet die vom Tarifvertrag erfassten Gebiete Deutschlands. Das Baugewerbe kennt die Tarifgebiete West (alte Bundesländer), Ost (neue Bundesländer) und Berlin. Der betriebliche Geltungsbereich bezeichnet die erfassten Betriebe und benennt dazu diejenigen Tätigkeiten, die vom Bautarifwerk erfasst werden. Aus Vereinfachungsgründen wird in den Entgelttarifverträgen hinsichtlich des betrieblichen Geltungsbereiches auf den BRTV und den RTV Angestellte verwiesen. Schließlich nennt der persönliche Geltungsbereich die Gruppen von Arbeitnehmern, für den der jeweilige Tarifvertrag gilt, wobei die Formulierung *„die eine nach den Vorschriften des Sechsten Buches Sozialgesetzbuch – Gesetzliche Rentenversicherung – (SGB VI) versicherungspflichtige Tätigkeit ausüben"*, nur besagt, dass Arbeitnehmer erfasst werden, deren Tätigkeit – unabhängig von der im Einzelfall bestehenden Versicherungspflicht – grundsätzlich rentenversicherungspflichtig ist (Bundesarbeitsgericht, Urteil vom 28. September 1988).

In § 2, beispielsweise des TV Lohn/West, folgt das Kernstück des Tarifvertrages, die Lohnregelung, d.h. die Festlegung der Löhne für die Lohngruppen 2a bis 6 (seit 1. September 2009 im Tarifgebiet Ost auch Lohngruppe 2) sowie als Besonderheit von zwei Sonderlohngruppen in der Lohngruppe 4. Die Lohngruppen 1 (in den Tarifgebieten West, Ost und Berlin) und 2 (seit 1. September 2009 nur in den Tarifgebieten West und Berlin) werden im TV Mindestlohn festgelegt. Die Lohnregelung enthält zunächst Aussagen zur Höhe des Ecklohns zu Beginn der Laufzeit des Tarifvertrages und zu den während der Laufzeit vorgenommenen Erhöhungen. Ferner wird der Begriff des Bauzuschlages definiert; Tarifstundenlohn (TL) und Bauzuschlag (BZ) ergeben den sogenannten Gesamttarifstundenlohn (GTL). Dieser ist der Stundenlohn für gewerbliche Arbeitnehmer pro gearbeitete Stunde. Die Tariflöhne, Bauzuschläge und Gesamttarifstundenlöhne für die einzelnen Lohngruppen sind – bei mehrjährigen Abschlüssen zeitlich gestaffelt – in Tabellenform aufgeführt. Daher spricht man davon, dass sich die „Tabelle(nwerte)“ mit einem Tarifvertragsabschluss erhöht habe(n).

Exkurs zur Berechnung von Tariflohnerhöhungen

Werden die Tariflöhne durch einen neuen Abschluss prozentual erhöht – z.B. aktuell im Tarifgebiet West um 2,1 % zum 1. Januar 2021 – gehen die Sozialpartner bei der Neuberechnung wie folgt vor:

1. Schritt: Zunächst wird die Lohnänderung für den **Tarifstundenlohn** (TL) errechnet und das Ergebnis kaufmännisch auf zwei Nachkommastellen gerundet:

$$TL_{alt} \times (1 + 2{,}1\,\%) = TL_{alt} \times 1{,}021 \approx TL_{neu}$$

2. Schritt: Sodann wird der **Bauzuschlag** (BZ) von 5,9 % für den neuen (gerundeten) Tarifstundenlohn berechnet:

$$TL_{neu} \times 5{,}9\,\% = TL_{neu} \times 0{,}059 \approx BZ_{neu}$$

Falls der Tarifstundenlohn (TL_{neu}) im ersten Schritt aufgerundet wurde, wird das Ergebnis mit zwei Nachkommastellen ohne weitere Rundung als neuer Bauzuschlag (BZ_{neu}) ausgewiesen. Anderenfalls – es erfolgte keine Aufrundung im ersten Schritt – wird das Ergebnis kaufmännisch auf zwei Nachkommastellen gerundet und als neuer Bauzuschlag (BZ_{neu}) ausgewiesen. Somit erfolgt im zweiten Schritt (wenn die dritte Nachkommastelle ≥ 5 ist) nur dann eine Aufrundung, wenn im ersten Schritt nicht bereits aufgerundet wurde (Merkhilfe: keine zweite Aufrundung!).

3. Schritt: Der neue **Gesamttarifstundenlohn** (GTL) ist die Summe der zuvor (im ersten und zweiten Schritt) berechneten Werte:

$$TL_{neu} + BZ_{neu} = GTL_{neu}$$

Ferner findet sich im TV Lohn/West (§ 3) eine Regelung für Löhne für sogenannte stationär Beschäftigte. Das sind Arbeitnehmer, die die Erschwernisse, die den

Bauzuschlag rechtfertigen, in ihrer Tätigkeit nicht aufweisen und daher keinen Bauzuschlag erhalten. In den §§ 4 bis 6 führt der TV Lohn/West Sonderlöhne für die Stuck-, Putz- und Trockenarbeiten, das Holz- und Bautenschutzgewerbe sowie das feuerungstechnische Gewerbe auf. Schließlich können Entgelttarifverträge je nach dem Ergebnis einer Tarifrunde neben den Stundenlöhnen und monatlichen Gehältern sogenannte Festbeträge oder Einmalbeträge enthalten, die regelmäßig nicht die Basis für spätere, weitere prozentuale Erhöhungen der „Tabelle" bilden.

Die ab 1. Oktober 2020 neu vorgesehene **Wegstreckenentschädigung (WE)** von 0,5 % des Tariflohns (TL) bzw. des Gehalts stellt einen Zuschlag dar, der als eine eigenständige, grob pauschalierende Regelung allen gewerblichen Arbeitnehmern, Angestellten und Polieren zu zahlen ist, auch wenn sie ausschließlich stationär tätig sind. Er tritt neben den Gesamttarifstundenlohn (GTL) bzw. das Gehalt und fließt somit nicht in die Berechnung weiterer Zulagen oder Zuschläge mit ein. Der Zuschlag versteht sich als Einstiegs-/Übergangslösung und soll bei einer künftigen Neuregelung in den Rahmentarifverträgen (§ 7 BRTV und RTV Angestellte) wieder entfallen.

Darüber hinaus weisen die Entgelttarifverträge im Tarifgebiet Ost noch eine Beschäftigungssicherungsklausel auf, die es ermöglicht, betrieblich eine Absenkung der Löhne und Gehälter um bis zu 4 % mittels Betriebsvereinbarung oder – wenn kein Betriebsrat besteht – durch Einzelvereinbarung vorzunehmen.

Nach den Regelungen der Ansprüche der Arbeitnehmer enthalten die Lohntarifverträge Vorschriften zur Durchführung des Vertrages, d. h. in der Regel sogenannte schuldrechtliche Verpflichtungen der drei Tarifvertragsparteien gegeneinander. Schließlich enthält jeder Tarifvertrag eine Regelung zum Inkrafttreten und zur Laufdauer, d. h. zur Frage, ab wann der Tarifvertrag gilt und bis wann ein Tarifvertrag gekündigt werden kann oder wann er ohne Kündigung ausläuft.

Während die Lohntarifverträge Gesamttarifstundenlöhne festlegen, enthalten die Gehaltstarifverträge für die Angestellten und Poliere monatliche Gehaltssätze. Auch die Ausbildungsvergütungen – sowohl für die Auszubildenden für den Beruf eines gewerblichen Arbeitnehmers als auch für den Beruf eines Angestellten – sehen eine monatliche Vergütung vor.

Sonderformen von Entgelttarifverträgen sind die Tarifverträge zum 13. Monatseinkommen (vgl. Seiten 89 bis 94 und 138 bis 142) und zu den vermögenswirksamen Leistungen (vgl. Seiten 95 bis 98 und 143 bis 146). Die Tarifverträge über das 13. Monatseinkommen und die vermögenswirksamen Leistungen regeln damit besondere Vergütungsbestandteile.

Der Tarifvertrag zur Regelung der Mindestlöhne im Baugewerbe (TV Mindestlohn) regelt die Löhne für die gewerblichen Arbeitnehmer der Lohngruppen 1 und 2 (nur Tarifgebiet West und Berlin), die als Mindestlöhne nicht unterschritten werden dürfen, weil diese auf Grund einer Rechtsverordnung für allgemeinverbindlich erklärt worden sind (siehe hierzu die Erläuterungen zu den tariflichen Mindestlöhnen im Baugewerbe, Seiten 469 und 470).

Schließlich sieht der Tarifvertrag zur Sicherung des Standortes Berlin für das Baugewerbe eine besondere Form der Öffnungsklausel vor, die es erlaubt, von den in Berlin geltenden Löhnen und Gehältern durch Haustarifvertrag um bis zu 6 % abzuweichen (vgl. Seiten 99 und 100).

Festzuhalten ist, dass die Entgelttarifverträge zahlreiche Verweisungen, insbesondere zu den jeweiligen Rahmentarifverträgen, d. h. für die gewerblichen Arbeitnehmer der BRTV und für die Angestellten und Poliere der RTV Angestellte, aufweisen. Nicht nur hinsichtlich des betrieblichen Geltungsbereiches, sondern auch im Hinblick auf andere wichtige Regelungen, wird auf die Rahmentarifverträge verwiesen. Dazu zählen die Definitionen der Lohn- und Gehaltsgruppen, jeweils in § 5 BRTV bzw. RTV Angestellte. Auch die sogenannten Ausschlussfristen (vgl. Übersicht über die tariflichen Ausschlussfristen, Seite 715) sind in den Rahmentarifverträgen enthalten. Für die Auszubildenden ist darüber hinaus auch der Tarifvertrag über die Berufsbildung im Baugewerbe (BBTV) maßgeblich (vgl. Seiten 370 bis 389).

Tarifvertrag zur Regelung der Löhne und Ausbildungsvergütungen im Baugewerbe im Gebiet der Bundesrepublik Deutschland mit Ausnahme der fünf neuen Länder und des Landes Berlin (TV Lohn/West)

vom 17. September 2020

Zwischen

dem Zentralverband des Deutschen Baugewerbes e. V.,
Kronenstraße 55–58, 10117 Berlin,

dem Hauptverband der Deutschen Bauindustrie e. V.,
Kurfürstenstraße 129, 10785 Berlin,

und

der Industriegewerkschaft Bauen-Agrar-Umwelt,
Olof-Palme-Straße 19, 60439 Frankfurt a. M.,

wird folgender Tarifvertrag geschlossen:

§ 1 Geltungsbereich

(1) Räumlicher Geltungsbereich:

Das Gebiet der Bundesrepublik Deutschland mit Ausnahme der Länder Berlin, Brandenburg, Mecklenburg-Vorpommern, Sachsen, Sachsen-Anhalt und Thüringen.

(2) Betrieblicher Geltungsbereich:

Betriebe, die unter den betrieblichen Geltungsbereich des Bundesrahmentarifvertrages für das Baugewerbe (BRTV) in der jeweils geltenden Fassung fallen.

(3) Persönlicher Geltungsbereich:

Erfasst werden

1. gewerbliche Arbeitnehmer (Arbeiter),
2. zur Ausbildung für den Beruf eines Arbeiters Beschäftigte,

die eine nach den Vorschriften des Sechsten Buches Sozialgesetzbuch – Gesetzliche Rentenversicherung – (SGB VI) versicherungspflichtige Tätigkeit ausüben.

§ 2
Lohnregelung

(1) Ab dem 1. Mai 2020 beträgt der Ecklohn (Tarifstundenlohn der Lohngruppe 4 gemäß § 5 Nr. 1 BRTV) 19,48 €. Die am 31. Dezember 2020 geltenden Tarifstundenlöhne werden mit Wirkung vom 1. Januar 2021 um 2,1 v.H. erhöht. Ab dem 1. Januar 2021 beträgt der Ecklohn 19,89 €.

(2) Der Arbeitnehmer erhält einen zusätzlichen Betrag in Höhe von 5,9 v. H. seines Tarifstundenlohnes (Bauzuschlag). Der Bauzuschlag wird gewährt zum Ausgleich der besonderen Belastungen, denen der Arbeitnehmer insbesondere durch den ständigen Wechsel der Baustelle (2,5 v. H.) und die Abhängigkeit von der Witterung außerhalb der gesetzlichen Schlechtwetterzeit (2,9 v. H.) sowie durch Lohneinbußen in der gesetzlichen Schlechtwetterzeit (0,5 v. H.) ausgesetzt ist.

(2a) Der Arbeitnehmer erhält ab dem 1. Oktober 2020 zur weiteren Entschädigung von Wegezeiten/-strecken pauschal einen Zuschlag von 0,5 v.H. seines Tarifstundenlohnes (Wegstreckenentschädigung – WE).

(3) Der Bauzuschlag wird für jede lohnzahlungspflichtige Stunde, nicht jedoch für Leistungslohn-Mehrstunden (Plus-Stunden, Überschussstunden im Akkord) gewährt.

(4) Der Gesamttarifstundenlohn (GTL) setzt sich aus dem Tarifstundenlohn (TL) und dem Bauzuschlag (BZ) zusammen.

(5) Die Löhne der Lohngruppen 1 und 2 werden in dem Tarifvertrag zur Regelung der Mindestlöhne im Baugewerbe (TV Mindestlohn) festgelegt.

Die Lohngruppe 2a gilt für Arbeitnehmer, die bereits vor dem 1. September 2002 in der bisherigen Berufsgruppe V im Baugewerbe beschäftigt waren, unabhängig von einer Unterbrechung oder einem Wechsel ihres Arbeitsverhältnisses.

Die Lohngruppe 2b gilt für Arbeitnehmer nach dreimonatiger Beschäftigung in der Lohngruppe 2 im Baugewerbe.

(6) Mit Wirkung vom **1. Mai 2020** gelten, soweit sich aus den nach Maßgabe dieses Tarifvertrages zu erstellenden Bezirkslohntarifverträgen (Lohntabellen) nicht etwas anderes ergibt, nachstehende Löhne:

	TL (in €)	**BZ** (in €)	**GTL** (in €)
Lohngruppe 6	22,38	1,32	23,70
Lohngruppe 5	20,44	1,21	21,65
Lohngruppe 4	19,48	1,15	20,63
Lohngruppe 3	17,83	1,05	18,88
Lohngruppe 2a	17,37	1,02	18,39
Lohngruppe 2b	15,62	0,92	16,54

(Fortsetzung)	**TL** (in €)	**BZ** (in €)	**GTL** (in €)
Fliesen-, Platten- und Mosaikleger der Lohngruppe 4	20,10	1,19	21,29
Baumaschinenführer der Lohngruppe 4	19,79	1,16	20,95

(7) Mit Wirkung vom **1. Oktober 2020** gelten, soweit sich aus den nach Maßgabe dieses Tarifvertrages zu erstellenden Bezirkslohntarifverträgen (Lohntabellen) nicht etwas anderes ergibt, nachstehende Löhne:

	TL (in €)	**BZ** (in €)	**GTL** (in €)	**GTL + WE** (in €)
Lohngruppe 6	22,38	1,32	23,70	23,81
Lohngruppe 5	20,44	1,21	21,65	21,75
Lohngruppe 4	19,48	1,15	20,63	20,73
Lohngruppe 3	17,83	1,05	18,88	18,97
Lohngruppe 2 a	17,37	1,02	18,39	18,48
Lohngruppe 2 b	15,62	0,92	16,54	16,62
Fliesen-, Platten- und Mosaikleger der Lohngruppe 4	20,10	1,19	21,29	21,39
Baumaschinenführer der Lohngruppe 4	19,79	1,16	20,95	21,05

(8) Mit Wirkung vom **1. Januar 2021** gelten, soweit sich aus den nach Maßgabe dieses Tarifvertrages zu erstellenden Bezirkslohntarifverträgen (Lohntabellen) nicht etwas anderes ergibt, nachstehende Löhne:

	TL (in €)	**BZ** (in €)	**GTL** (in €)	**GTL + WE** (in €)
Lohngruppe 6	22,85	1,34	24,19	24,30
Lohngruppe 5	20,87	1,23	22,10	22,20
Lohngruppe 4	19,89	1,17	21,06	21,16
Lohngruppe 3	18,20	1,07	19,27	19,36
Lohngruppe 2 a	17,73	1,05	18,78	18,87
Lohngruppe 2 b	15,95	0,94	16,89	16,97
Fliesen-, Platten- und Mosaikleger der Lohngruppe 4	20,52	1,21	21,73	21,83
Baumaschinenführer der Lohngruppe 4	20,21	1,19	21,40	21,50

§ 3
Löhne für stationär beschäftigte Arbeitnehmer

(1) Arbeitnehmer, die in dem jeweiligen Lohnabrechnungszeitraum arbeitszeitlich überwiegend nicht auf Baustellen, sondern stationär, insbesondere in Bauhöfen und Werkstätten einschließlich Produktionsstätten für Fertigteile oder als Kraftfahrer der Bauhöfe und der Fahrdienste beschäftigt werden, erhalten den Tarifstundenlohn gemäß § 2 Abs. 6 bis 8 und die Wegstreckenentschädigung gemäß § 2 Abs. 2a, nicht jedoch den Bauzuschlag, soweit dadurch der jeweilige Mindestlohn nicht unterschritten wird. Für die auf Baustellen geleisteten Arbeitsstunden erhalten diese Arbeitnehmer den Tarifstundenlohn und den Bauzuschlag (Gesamttarifstundenlohn).

(2) Im Sonderlohngebiet Hamburg erhalten Arbeitnehmer in Fertigbaubetrieben einen jeweils um 0,04 € erhöhten Tarifstundenlohn bzw. Gesamttarifstundenlohn.

§ 4
Löhne für Stuck-, Putz- und Trockenbauarbeiten

(1) Stuckateure, die ihre Berufsausbildung in der Form der Stufenausbildung mit der obersten Stufe abgeschlossen haben, erhalten nach einjähriger Tätigkeit in ihrem Beruf den in Abs. 2 genannten Lohn der Stuckateure und Gipser, wenn sie überwiegend folgende Arbeiten ausführen:

- Ausführen von Stuckarbeiten, Anfertigen von Schablonen und Unterkonstruktionen sowie Ziehen und Ansetzen von Profilen;
- Aufreißen, Antragen und Modellieren von Antragestuck;
- Mischen, Schneiden, Antragen, Schleifen und Polieren von Stuckmarmor und Stuccolustro;
- Zeichnen, Aufreißen, Modellieren und Herstellen von Formen, Abgüssen, Architektur- und Geländemodellen sowie Dekorelementen.

(2) Der Lohn für die Stuckateure und Gipser der Lohngruppe 4 beträgt:

	TL (in €)	**BZ** (in €)	**GTL** (in €)	**GTL + WE** (in €)
ab **1. Mai 2020**	20,10	1,19	21,29	—
ab **1. Oktober 2020**	20,10	1,19	21,29	21,39
ab **1. Januar 2021**	20,52	1,21	21,73	21,83

(3) In Betrieben, die überwiegend Arbeiten nach § 1 Abschnitt V Nr. 34 oder Nr. 37 BRTV (Stuck-, Putz- und Trockenbauarbeiten) ausüben, haben Arbeitnehmer der Lohngruppen 3 und 4 für die Zeit der tatsächlichen Ausübung der folgenden Tätigkeiten

- Herstellen von Wänden und Decken im Trockenbau einschließlich Unterkonstruktionen,

- Herstellen und Sanieren von Innenputz (Trocken- und Nassputz),
- Sanieren von Außenputz,
- dünnlagige Beschichtungsarbeiten,
- Herstellen von Wärmedämmverbundsystemen,
- Anbringen von Innendämmungen an oberster und unterster Geschossdecke und an Wänden

abweichend von § 2 Anspruch auf die nachstehenden Löhne:

ab **1. Mai 2020**

		GTL (in €)
Lohngruppe 4		17,15
Lohngruppe 4	ab 10. Jahr der Tätigkeit	18,01
Lohngruppe 3		16,29

Die Betriebe teilen diesen Arbeitnehmern einmal im Jahr schriftlich mit, für welche Aufträge und für welchen Zeitraum die Tätigkeiten ausgeübt werden sollen.

Berechnungsgrundlage von Zuschlägen sind die vorstehenden Gesamttarifstundenlöhne, Berechnungsgrundlage des 13. Monatseinkommens dagegen die in § 2 ausgewiesenen Gesamttarifstundenlöhne.

§ 5
Löhne für das Holz- und Bautenschutzgewerbe

In Betrieben des Holz- und Bautenschutzgewerbes haben Arbeitnehmer der Lohngruppen 3 und 4 für die Zeit der tatsächlichen Ausübung der folgenden Tätigkeiten

- oberflächennahe Betonsanierungsarbeiten bei statisch nicht relevanter Schädigung,
- Abdichtungsarbeiten,
- Sanierputzarbeiten,
- Schimmelpilzbekämpfung

abweichend von § 2 Anspruch auf die nachstehenden Löhne:

ab **1. Mai 2020**

		GTL (in €)
Lohngruppe 4		17,15
Lohngruppe 4	ab 10. Jahr der Tätigkeit	18,01
Lohngruppe 3		16,29

Die Betriebe teilen diesen Arbeitnehmern einmal im Jahr schriftlich mit, für welche Aufträge und für welchen Zeitraum die Tätigkeiten ausgeübt werden sollen.

Berechnungsgrundlage von Zuschlägen sind die vorstehenden Gesamttarifstundenlöhne, Berechnungsgrundlage des 13. Monatseinkommens dagegen die in § 2 ausgewiesenen Gesamttarifstundenlöhne.

§ 6
Löhne für das feuerungstechnische Gewerbe

(1) Die Löhne für Arbeitnehmer im feuerungstechnischen Gewerbe ergeben sich aus § 2 sowie aus dem Tarifvertrag über Feuerungsbauzuschläge im feuerungstechnischen Gewerbe. § 3 findet keine Anwendung.

(2) Werker haben für die Zeit ihrer Tätigkeit auf dem Schornstein Anspruch auf den Lohn des Fachwerkers im Schornsteinbau.

§ 7
Ausbildungsvergütungen

(1) Mit Wirkung vom **1. Mai 2020** beträgt die monatliche Ausbildungsvergütung

– im ersten Ausbildungsjahr	850,— €
– im zweiten Ausbildungsjahr	1.200,— €
– im dritten Ausbildungsjahr	1.475,— €
– im vierten Ausbildungsjahr	1.580,— €

im feuerungstechnischen Gewerbe jedoch

– im ersten Ausbildungsjahr	850,— €
– im zweiten Ausbildungsjahr	1.243,— €
– im dritten Ausbildungsjahr	1.579,— €

(2) Mit Wirkung vom **1. Januar 2021** beträgt die monatliche Ausbildungsvergütung

– im ersten Ausbildungsjahr	890,— €
– im zweiten Ausbildungsjahr	1.230,— €
– im dritten Ausbildungsjahr	1.495,— €
– im vierten Ausbildungsjahr	1.580,— €

im feuerungstechnischen Gewerbe jedoch

– im ersten Ausbildungsjahr	890,— €

(Fortsetzung)	
– im zweiten Ausbildungsjahr	1.273,— €
– im dritten Ausbildungsjahr	1.599,— €

(3) Die monatliche Ausbildungsvergütung erhöht sich für Auszubildende, die eine Landes- oder Bundesfachklasse besuchen, im jeweiligen Ausbildungsjahr um 60,— €.

§ 8
Bezirkslohntarifverträge
(Lohntabellen)

Die Landes- bzw. Bezirksorganisationen der Tarifvertragsparteien sind verpflichtet, unverzüglich die Lohntarifverträge (Lohntabellen) ihres Gebietes nach Maßgabe dieses Tarifvertrages zu erstellen. In diese ist auch eine Sonderlohngruppe für Berufskraftfahrer aufzunehmen. Im Sonderlohngebiet Hamburg sind zudem Verhandlungen darüber zu führen, ob und wie die Lohnabstände, die sich aus den bisherigen Regelungen in den bisherigen Lohntarifverträgen für das Sonderlohngebiet Hamburg ergeben haben, erhalten bleiben.

§ 8a
Corona-Prämie

(1) Zur Anerkennung des persönlichen Beitrags, den jeder einzelne Arbeitnehmer der Baubranche während der Corona-Pandemie erbracht hat, zahlen Arbeitgeber den Arbeitnehmern, die einen Anspruch nach § 2 Abs. 6 bis 8 oder §§ 3 bis 6 haben, zusätzlich zum ohnehin geschuldeten Arbeitslohn spätestens mit dem Novemberlohn eine Corona-Prämie gemäß § 3 Nr. 11 a EStG und § 1 SvEV in Höhe von 500,— €.

(2) Ist die vereinbarte Arbeitszeit geringer als die tarifliche, so mindert sich die Corona-Prämie im Verhältnis der vereinbarten wöchentlichen Arbeitszeit zur tariflichen Arbeitszeit. Arbeitnehmer in Altersteilzeit erhalten unabhängig von der konkreten Verteilung der Arbeitszeit die Hälfte der jeweiligen Corona-Prämie.

(3) Für jeden Monat im Zeitraum April bis November 2020, in dem kein Lohnanspruch nach §§ 2, 3, 4, 5 oder 6 bestand, vermindert sich die Corona-Prämie um ein Achtel.

(4) Auszubildende, die einen Anspruch nach § 7 haben, erhalten zusätzlich zur ohnehin geschuldeten Ausbildungsvergütung spätestens mit der Novembervergütung eine Corona-Prämie gemäß § 3 Nr. 11 a EStG und § 1 SvEV in Höhe von 250,— €. Für jeden Monat im Zeitraum April bis November 2020, in dem kein Vergütungsanspruch nach § 7 bestand, vermindert sich die Corona-Prämie um ein Achtel.

§ 9
Durchführung des Vertrages

(1) Die Tarifvertragsparteien verpflichten sich, ihren Einfluss zur Durchführung und Aufrechterhaltung dieses Vertrages und der damit in Zusammenhang stehenden Lohn- und sonstigen Tarifverträge geltend zu machen.

(2) Die Tarifvertragsparteien verpflichten sich, bei Meinungsverschiedenheiten über die Auslegung dieses Tarifvertrages unverzüglich in Gespräche einzutreten.

(3)[1] Die vertragschließenden Parteien dürfen im Rahmen des Geltungsbereichs dieses Tarifvertrages keine inhaltlich davon abweichenden Bestimmungen mit anderen Organisationen oder einzelnen Arbeitgebern treffen.

Für die Laufzeit dieses Tarifvertrages können jedoch durch Firmentarifvertrag von den in den §§ 2 und 4 Abs. 2 geregelten Löhnen um bis zu 4 v.H. abweichende Löhne vereinbart werden, wobei der höchste geltende Mindestlohn nicht unterschritten werden darf. Diese Löhne treten an die Stelle der Gesamttarifstundenlöhne. Bei Beendigung des Arbeitsverhältnisses aus betriebsbedingten Gründen hat der Arbeitnehmer jedoch für die letzten zwölf Monate des Bestehens des Arbeitsverhältnisses Anspruch auf den Gesamttarifstundenlohn der §§ 2 und 4 Abs. 2. Der Differenzbetrag wird mit Beendigung des Arbeitsverhältnisses fällig.

---

1) **Protokollnotiz vom 17. September 2020 zu § 9 Abs. 3 TV Lohn/West**

Die Tarifvertragsparteien vereinbaren zu § 9 Abs. 3 TV Lohn/West vom 17. September 2020 Folgendes:

1. Erklärt ein tarifgebundener Arbeitgeber oder die IG BAU, dass er bzw. sie einen Firmentarifvertrag abschließen möchte, der gemäß § 9 Abs. 3 Unterabs. 2 und 3 TV Lohn/West von den Bestimmungen des TV Lohn/West abweichen soll, hat die erklärende Partei gegen die andere Partei den Anspruch, darüber in Verhandlungen einzutreten.
2. Erklärt eine Partei, dass die Verhandlungen gemäß Ziffer 1 gescheitert sind, so haben beide Parteien das Recht, den Gegenstand der Verhandlungen den jeweiligen regionalen Organisationen der zentralen Tarifvertragsparteien und der IG BAU vorzulegen. Diese haben zu versuchen, den Konflikt einer Lösung zuzuführen.
3. Weder die Aufnahme von Verhandlungen über den Abschluss eines Firmentarifvertrages gemäß § 9 Abs. 3 TV Lohn/West noch das Scheitern dieser Verhandlungen berühren die bestehende Friedenspflicht nach dem TV Lohn/West. Eine Schlichtung nach dem Schlichtungsabkommen für das Baugewerbe in der Bundesrepublik Deutschland vom 12. März 1979 in der Fassung vom 26. März 1993 findet nicht statt.

Berlin/Frankfurt a.M., den 17. September 2020

Die Löhne der stationär beschäftigten Arbeitnehmer gemäß § 3 Abs. 1 Satz 2 dürfen insgesamt nicht um mehr als 4 v. H. von dem Gesamttarifstundenlohn ihrer Lohngruppe gemäß § 2 Abs. 6 bis 8 abweichend vereinbart werden.

(4) Sobald im Maler- und Lackiererhandwerk Veränderungen der tariflichen Löhne erfolgen, werden die in § 4 Abs. 3 und § 5 geregelten Löhne entsprechend angepasst.

(5) In den Betrieben des Bauten- und Eisenschutzgewerbes behalten die Arbeitnehmer ihren sich aus dem Tarifvertrag zur Regelung der Löhne im Bauten- und Eisenschutzgewerbe vom 28. April 2011 ergebenden Lohnanspruch. Die sich aus dem vorgenannten Tarifvertrag ergebenden Löhne nehmen an tariflichen Lohnerhöhungen teil.

§ 10
Inkrafttreten und Laufdauer

(1) Dieser Tarifvertrag tritt am 1. Mai 2020 in Kraft und kann mit einer Frist von zwei Monaten zum Monatsende, erstmals zum 30. Juni 2021, schriftlich gekündigt werden.

(2) Eine Kündigung dieses Tarifvertrages gilt auch als Kündigung der aufgrund dieses Tarifvertrages erstellten Bezirkslohntarifverträge (Lohntabellen) der Landes- bzw. Bezirksorganisationen der Tarifvertragsparteien.

(3) Nach einer Kündigung haben die Tarifvertragsparteien innerhalb von zwei Wochen nach Zugang der Kündigung zu Verhandlungen zusammenzutreten und zu versuchen, zu einer Einigung zu gelangen.

Berlin/Frankfurt a. M., den 17. September 2020

▷ Siehe auch Leitfaden **Das Arbeitsverhältnis im Baugewerbe** (6. Auflage), Kapitel 1.6.1.1.3 *Tarifliche Öffnungsklauseln*.

Tarifvertrag zur Regelung der Löhne und Ausbildungsvergütungen im Baugewerbe im Beitrittsgebiet mit Ausnahme des Landes Berlin (TV Lohn/Ost)

vom 17. September 2020

Zwischen

dem Zentralverband des Deutschen Baugewerbes e. V.,
Kronenstraße 55–58, 10117 Berlin,

dem Hauptverband der Deutschen Bauindustrie e. V.,
Kurfürstenstraße 129, 10785 Berlin,

und

der Industriegewerkschaft Bauen-Agrar-Umwelt,
Olof-Palme-Straße 19, 60439 Frankfurt a. M.,

wird folgender Tarifvertrag geschlossen:

§ 1
Geltungsbereich

(1) Räumlicher Geltungsbereich:

Das Gebiet der Länder Brandenburg, Mecklenburg-Vorpommern, Sachsen, Sachsen-Anhalt und Thüringen.

(2) Betrieblicher Geltungsbereich:

Betriebe, die unter den betrieblichen Geltungsbereich des Bundesrahmentarifvertrages für das Baugewerbe (BRTV) in der jeweils geltenden Fassung fallen.

(3) Persönlicher Geltungsbereich:

Erfasst werden

1. gewerbliche Arbeitnehmer (Arbeiter),
2. zur Ausbildung für den Beruf eines Arbeiters Beschäftigte,

die eine nach den Vorschriften des Sechsten Buches Sozialgesetzbuch – Gesetzliche Rentenversicherung – (SGB VI) versicherungspflichtige Tätigkeit ausüben.

§ 2
Lohnregelung

(1) Ab dem 1. Mai 2020 beträgt der Ecklohn (Tarifstundenlohn der Lohngruppe 4 gemäß § 5 Nr. 1 BRTV) 18,42 €. Die am 31. Dezember 2020 geltenden Tarifstundenlöhne werden mit Wirkung vom 1. Januar 2021 um 2,2 v. H. erhöht. Ab dem 1. Januar 2021 beträgt der Ecklohn 18,83 €.

(2) Der Arbeitnehmer erhält einen zusätzlichen Betrag in Höhe von 5,9 v. H. seines Tarifstundenlohnes (Bauzuschlag). Der Bauzuschlag wird gewährt zum Ausgleich der besonderen Belastungen, denen der Arbeitnehmer insbesondere durch den ständigen Wechsel der Baustelle (2,5 v. H.) und die Abhängigkeit von der Witterung außerhalb der gesetzlichen Schlechtwetterzeit (2,9 v. H.) sowie durch Lohneinbußen in der gesetzlichen Schlechtwetterzeit (0,5 v. H.) ausgesetzt ist.

(2 a) Der Arbeitnehmer erhält ab dem 1. Oktober 2020 zur weiteren Entschädigung von Wegezeiten/-strecken pauschal einen Zuschlag von 0,5 v. H. seines Tarifstundenlohnes (Wegstreckenentschädigung – WE).

(3) Der Bauzuschlag wird für jede lohnzahlungspflichtige Stunde, nicht jedoch für Leistungslohn-Mehrstunden (Plus-Stunden, Überschussstunden im Akkord) gewährt.

(4) Der Gesamttarifstundenlohn (GTL) setzt sich aus dem Tarifstundenlohn (TL) und dem Bauzuschlag (BZ) zusammen.

(5) Der Lohn der Lohngruppe 1 wird in dem Tarifvertrag zur Regelung der Mindestlöhne im Baugewerbe (TV Mindestlohn) festgelegt.

Die Lohngruppe 2 a gilt für Arbeitnehmer, die bereits vor dem 1. September 2002 in der bisherigen Berufsgruppe V im Baugewerbe beschäftigt waren, unabhängig von einer Unterbrechung oder einem Wechsel ihres Arbeitsverhältnisses.

(6) Mit Wirkung vom **1. Mai 2020** gelten nachstehende Löhne:

	TL (in €)	**BZ** (in €)	**GTL** (in €)
Lohngruppe 6	21,17	1,24	22,41
Lohngruppe 5	19,37	1,14	20,51
Lohngruppe 4	18,42	1,08	19,50
Lohngruppe 3	16,90	1,—	17,90
Lohngruppe 2 a	16,44	0,97	17,41
Lohngruppe 2	13,—	0,77	13,77
Fliesen-, Platten- und Mosaikleger der Lohngruppe 4	19,02	1,12	20,14
Baumaschinenführer der Lohngruppe 4	18,73	1,10	19,83

(7) Mit Wirkung vom **1. Oktober 2020** gelten nachstehende Löhne:

	TL (in €)	**BZ** (in €)	**GTL** (in €)	**GTL + WE** (in €)
Lohngruppe 6	21,17	1,24	22,41	22,52
Lohngruppe 5	19,37	1,14	20,51	20,61
Lohngruppe 4	18,42	1,08	19,50	19,59
Lohngruppe 3	16,90	1,—	17,90	17,98
Lohngruppe 2 a	16,44	0,97	17,41	17,49
Lohngruppe 2	13,—	0,77	13,77	13,84
Fliesen-, Platten- und Mosaikleger der Lohngruppe 4	19,02	1,12	20,14	20,24
Baumaschinenführer der Lohngruppe 4	18,73	1,10	19,83	19,92

(8) Mit Wirkung vom **1. Januar 2021** gelten nachstehende Löhne:

	TL (in €)	**BZ** (in €)	**GTL** (in €)	**GTL + WE** (in €)
Lohngruppe 6	21,64	1,27	22,91	23,02
Lohngruppe 5	19,80	1,16	20,96	21,06
Lohngruppe 4	18,83	1,11	19,94	20,03
Lohngruppe 3	17,27	1,02	18,29	18,38
Lohngruppe 2 a	16,80	0,99	17,79	17,87
Lohngruppe 2	13,29	0,78	14,07	14,14
Fliesen-, Platten- und Mosaikleger der Lohngruppe 4	19,44	1,14	20,58	20,68
Baumaschinenführer der Lohngruppe 4	19,14	1,13	20,27	20,37

§ 3
Löhne für stationär beschäftigte Arbeitnehmer

Arbeitnehmer, die in dem jeweiligen Lohnabrechnungszeitraum arbeitszeitlich überwiegend nicht auf Baustellen, sondern stationär, insbesondere in Bauhöfen und Werkstätten einschließlich Produktionsstätten für Fertigteile oder als Kraftfahrer der Bauhöfe und der Fahrdienste beschäftigt werden, erhalten den Tarifstundenlohn gemäß § 2 Abs. 6 bis 8 und die Wegstreckenentschädigung gemäß § 2 Abs. 2 a, nicht jedoch den Bauzuschlag, soweit dadurch der jeweilige Mindestlohn nicht unterschritten wird. Für die auf Baustellen geleisteten Arbeitsstunden erhalten diese Arbeitnehmer den Tarifstundenlohn und den Bauzuschlag (Gesamttarifstundenlohn).

§ 4
Löhne für Stuck-, Putz- und Trockenbauarbeiten

(1) Stuckateure, die ihre Berufsausbildung in der Form der Stufenausbildung mit der obersten Stufe abgeschlossen haben, erhalten nach einjähriger Tätigkeit in ihrem Beruf den in Abs. 2 genannten Lohn der Stuckateure und Gipser, wenn sie überwiegend folgende Arbeiten ausführen:

- Ausführen von Stuckarbeiten, Anfertigen von Schablonen und Unterkonstruktionen sowie Ziehen und Ansetzen von Profilen;
- Aufreißen, Antragen und Modellieren von Antragestuck;
- Mischen, Schneiden, Antragen, Schleifen und Polieren von Stuckmarmor und Stuccolustro;
- Zeichnen, Aufreißen, Modellieren und Herstellen von Formen, Abgüssen, Architektur- und Geländemodellen sowie Dekorelementen.

(2) Der Lohn für die Stuckateure und Gipser der Lohngruppe 4 beträgt:

	TL (in €)	**BZ** (in €)	**GTL** (in €)	**GTL + WE** (in €)
ab **1. Mai 2020**	19,02	1,12	20,14	—
ab **1. Oktober 2020**	19,02	1,12	20,14	20,24
ab **1. Januar 2021**	19,44	1,14	20,58	20,68

(3) In Betrieben, die überwiegend Arbeiten nach § 1 Abschnitt V Nr. 34 oder Nr. 37 BRTV (Stuck-, Putz- und Trockenbauarbeiten) ausüben, haben Arbeitnehmer der Lohngruppen 3 und 4 für die Zeit der tatsächlichen Ausübung der folgenden Tätigkeiten

- Herstellen von Wänden und Decken im Trockenbau einschließlich Unterkonstruktionen,
- Herstellen und Sanieren von Innenputz (Trocken- und Nassputz),
- Sanieren von Außenputz,
- dünnlagige Beschichtungsarbeiten,
- Herstellen von Wärmedämmverbundsystemen,
- Anbringen von Innendämmungen an oberster und unterster Geschossdecke und an Wänden

abweichend von § 2 Anspruch auf die nachstehenden Löhne:

ab **1. Mai 2020**

	GTL (in €)
Lohngruppe 4	16,52

(Fortsetzung)	**GTL** (in €)
Lohngruppe 3	15,69

Die Betriebe teilen diesen Arbeitnehmern einmal im Jahr schriftlich mit, für welche Aufträge und für welchen Zeitraum die Tätigkeiten ausgeübt werden sollen.

Berechnungsgrundlage von Zuschlägen sind die vorstehenden Gesamttarifstundenlöhne, Berechnungsgrundlage für das 13. Monatseinkommen dagegen die in § 2 ausgewiesenen Gesamttarifstundenlöhne.

§ 5
Löhne für das Holz- und Bautenschutzgewerbe

In Betrieben des Holz- und Bautenschutzgewerbes haben Arbeitnehmer der Lohngruppen 3 und 4 für die Zeit der tatsächlichen Ausübung der folgenden Tätigkeiten

- oberflächennahe Betonsanierungsarbeiten bei statisch nicht relevanter Schädigung,
- Abdichtungsarbeiten,
- Sanierputzarbeiten,
- Schimmelpilzbekämpfung

abweichend von § 2 Anspruch auf die nachstehenden Löhne:

ab **1. Mai 2020**

	GTL (in €)
Lohngruppe 4	16,52
Lohngruppe 3	15,69

Die Betriebe teilen diesen Arbeitnehmern einmal im Jahr schriftlich mit, für welche Aufträge und für welchen Zeitraum die Tätigkeiten ausgeübt werden sollen.

Berechnungsgrundlage von Zuschlägen sind die vorstehenden Gesamttarifstundenlöhne, Berechnungsgrundlage für das 13. Monatseinkommen dagegen die in § 2 ausgewiesenen Gesamttarifstundenlöhne.

§ 6
Löhne für das feuerungstechnische Gewerbe

(1) Die Löhne für Arbeitnehmer im feuerungstechnischen Gewerbe ergeben sich aus § 2 sowie aus dem Tarifvertrag über Feuerungsbauzuschläge im feuerungstechnischen Gewerbe. § 3 findet keine Anwendung.

(2) Werker haben für die Zeit ihrer Tätigkeit auf dem Schornstein Anspruch auf den Lohn des Fachwerkers im Schornsteinbau.

§ 7
Beschäftigungssicherungsklausel

(1) Während der Laufzeit dieses Tarifvertrages können zur Sicherung der Beschäftigung der Arbeitnehmer, zur Verbesserung der Wettbewerbsfähigkeit der Betriebe sowie zur Stärkung des regionalen Baugewerbes durch freiwillige Betriebsvereinbarung oder, wenn kein Betriebsrat besteht, durch einzelvertragliche Vereinbarung von den in den §§ 2 und 4 Abs. 2 geregelten Löhnen um bis zu 4 v.H. abweichende Löhne vereinbart werden, wobei der höchste geltende Mindestlohn nicht unterschritten werden darf. Diese betrieblich vereinbarten Löhne treten an die Stelle der Gesamttarifstundenlöhne. Bei Beendigung des Arbeitsverhältnisses durch betriebsbedingte Kündigung des Arbeitgebers hat der Arbeitnehmer jedoch für die letzten 3 Monate des Bestehens des Arbeitsverhältnisses Anspruch auf den Gesamttarifstundenlohn der §§ 2 und 4 Abs. 2. Der Differenzbetrag wird mit Beendigung des Arbeitsverhältnisses fällig.

(2) Der Zielsetzung des Abs. 1 dienen insbesondere die Vermeidung von Kurzarbeit und von betriebsbedingten Kündigungen, die Übernahme von Auszubildenden und die Vermeidung der arbeitskostenbedingten Vergabe von Nachunternehmerleistungen.

(3) Über die Absicht, eine entsprechende Betriebsvereinbarung zu schließen, sollen die bezirklichen Organisationsvertreter der Tarifvertragsparteien rechtzeitig unterrichtet werden; über den Abschluss einer entsprechenden Betriebsvereinbarung sind sie zu unterrichten. Die Betriebsvereinbarung wird mit ihrem Zugang bei den bezirklichen Organisationsvertretern wirksam, wenn diese nicht innerhalb einer Woche unter Angabe der Gründe schriftlich Einspruch einlegen. Zur Wahrung der Frist genügt die rechtzeitige Absendung des Einspruchs. Ein Einspruch kann nur mit einem Verstoß gegen die Zielsetzung dieser Beschäftigungssicherungsklausel begründet werden. Nach einem Einspruch wird die Betriebsvereinbarung erst durch erneute Beschlussfassung des Betriebsrates, die mit mindestens einer Dreiviertelmehrheit der Mitglieder des Betriebsrates – bei einem dreiköpfigen Betriebsrat mit einer Zweidrittelmehrheit – erfolgen muss, wirksam.

(4) Einzelvertragliche Vereinbarungen werden erst wirksam, wenn sie vom Arbeitnehmer nicht binnen einer Frist von einer Woche schriftlich widerrufen werden. Zur Wahrung der Frist genügt die rechtzeitige Absendung des Widerspruches.

(5) Die Löhne der stationär beschäftigten Arbeitnehmer gemäß § 3 Satz 2 dürfen insgesamt nicht um mehr als 4 v.H. von dem Gesamttarifstundenlohn ihrer Lohngruppe gemäß § 2 Abs. 6 bis 8 abweichend vereinbart werden.

§ 8
Ausbildungsvergütungen

(1) Mit Wirkung vom **1. Mai 2020** beträgt die monatliche Ausbildungsvergütung

– im ersten Ausbildungsjahr	765,— €
– im zweiten Ausbildungsjahr	970,— €
– im dritten Ausbildungsjahr	1.190,— €
– im vierten Ausbildungsjahr	1.270,— €

im feuerungstechnischen Gewerbe jedoch

– im ersten Ausbildungsjahr	765,— €
– im zweiten Ausbildungsjahr	1.005,— €
– im dritten Ausbildungsjahr	1.277,— €

(2) Mit Wirkung vom **1. Januar 2021** beträgt die monatliche Ausbildungsvergütung

– im ersten Ausbildungsjahr	805,— €
– im zweiten Ausbildungsjahr	1.000,— €
– im dritten Ausbildungsjahr	1.210,— €
– im vierten Ausbildungsjahr	1.270,— €

im feuerungstechnischen Gewerbe jedoch

– im ersten Ausbildungsjahr	805,— €
– im zweiten Ausbildungsjahr	1.035,— €
– im dritten Ausbildungsjahr	1.297,— €

(3) Die monatliche Ausbildungsvergütung erhöht sich für Auszubildende, die eine Landes- oder Bundesfachklasse besuchen, im jeweiligen Ausbildungsjahr um 60,— €.

§ 8 a
Corona-Prämie

(1) Zur Anerkennung des persönlichen Beitrags, den jeder einzelne Arbeitnehmer der Baubranche während der Corona-Pandemie erbracht hat, zahlen Arbeitgeber den Arbeitnehmern, die einen Anspruch nach § 2 Abs. 6 bis 8 oder §§ 3 bis 6 haben, zusätzlich zum ohnehin geschuldeten Arbeitslohn spätestens mit dem Novemberlohn eine Corona-Prämie gemäß § 3 Nr. 11 a EStG und § 1 SvEV in Höhe von 500,— €.

(2) Ist die vereinbarte Arbeitszeit geringer als die tarifliche, so mindert sich die Corona-Prämie im Verhältnis der vereinbarten wöchentlichen Arbeitszeit zur tariflichen Arbeitszeit. Arbeitnehmer in Altersteilzeit erhalten unabhängig von der konkreten Verteilung der Arbeitszeit die Hälfte der jeweiligen Corona-Prämie.

(3) Für jeden Monat im Zeitraum April bis November 2020, in dem kein Lohnanspruch nach §§ 2, 3, 4, 5 oder 6 bestand, vermindert sich die Corona-Prämie um ein Achtel.

(4) Auszubildende, die einen Anspruch nach § 8 haben, erhalten zusätzlich zur ohnehin geschuldeten Ausbildungsvergütung spätestens mit der Novembervergütung eine Corona-Prämie gemäß § 3 Nr. 11 a EStG und § 1 SvEV in Höhe von 250,— €. Für jeden Monat im Zeitraum April bis November 2020, in dem kein Vergütungsanspruch nach § 8 bestand, vermindert sich die Corona-Prämie um ein Achtel.

§ 9
Durchführung des Vertrages

(1) Die Tarifvertragsparteien verpflichten sich, ihren Einfluss zur Durchführung und Aufrechterhaltung dieses Vertrages und der damit in Zusammenhang stehenden Lohn- und sonstigen Tarifverträge geltend zu machen.

(2) Die Tarifvertragsparteien verpflichten sich, bei Meinungsverschiedenheiten über die Auslegung dieses Tarifvertrages unverzüglich in Gespräche einzutreten.

(3) Die vertragschließenden Parteien dürfen im Rahmen des Geltungsbereichs dieses Tarifvertrages keine inhaltlich davon abweichenden Bestimmungen mit anderen Organisationen oder einzelnen Arbeitgebern treffen.

(4) Sobald im Maler- und Lackiererhandwerk Veränderungen der tariflichen Löhne erfolgen, werden die in § 4 Abs. 3 und § 5 geregelten Löhne entsprechend angepasst.

§ 10
Inkrafttreten und Laufdauer

(1) Dieser Tarifvertrag tritt am 1. Mai 2020 in Kraft und kann mit einer Frist von zwei Monaten zum Monatsende, erstmals zum 30. Juni 2021, schriftlich gekündigt werden.

(2) Nach einer Kündigung haben die Tarifvertragsparteien innerhalb von zwei Wochen nach Zugang der Kündigung zu Verhandlungen zusammenzutreten und zu versuchen, zu einer Einigung zu gelangen.

Berlin/Frankfurt a. M., den 17. September 2020

▷ Siehe auch Leitfaden **Das Arbeitsverhältnis im Baugewerbe** (6. Auflage), Kapitel 1.6.1.1.3 *Tarifliche Öffnungsklauseln.*

Tarifvertrag zur Regelung der Löhne und Ausbildungsvergütungen im Baugewerbe im Gebiet des Landes Berlin (TV Lohn/Berlin)

vom 17. September 2020

Zwischen

dem Bauindustrieverband Ost e. V.,
Karl-Marx-Straße 27, 14482 Potsdam,

dem Landesverband Bauhandwerk Brandenburg und Berlin e. V.,
Otto-Erich-Straße 11 – 13, 14482 Potsdam,

und

der Industriegewerkschaft Bauen-Agrar-Umwelt,
Olof-Palme-Straße 19, 60439 Frankfurt a. M.,

wird folgender Tarifvertrag geschlossen:

§ 1
Geltungsbereich

(1) Räumlicher Geltungsbereich:

Das Gebiet des Landes Berlin.

(2) Betrieblicher Geltungsbereich:

Betriebe, die unter den betrieblichen Geltungsbereich des Bundesrahmentarifvertrages für das Baugewerbe (BRTV) in der jeweils geltenden Fassung fallen.

(3) Persönlicher Geltungsbereich:

Erfasst werden

1. gewerbliche Arbeitnehmer (Arbeiter),
2. zur Ausbildung für den Beruf eines Arbeiters Beschäftigte,

die eine nach den Vorschriften des Sechsten Buches Sozialgesetzbuch – Gesetzliche Rentenversicherung – (SGB VI) versicherungspflichtige Tätigkeit ausüben.

§ 2
Lohnregelung

(1) Ab dem 1. Mai 2020 beträgt der Ecklohn (Tarifstundenlohn der Lohngruppe 4 gemäß § 5 Nr. 1 BRTV) 19,24 €. Die am 31. Dezember 2020 geltenden Tarif-

stundenlöhne werden mit Wirkung vom 1. Januar 2021 um 2,1 v. H. erhöht. Ab dem 1. Januar 2021 beträgt der Ecklohn 19,64 €.

(2) Der Arbeitnehmer erhält einen zusätzlichen Betrag in Höhe von 5,9 v. H. seines Tarifstundenlohnes (Bauzuschlag). Der Bauzuschlag wird gewährt zum Ausgleich der besonderen Belastungen, denen der Arbeitnehmer insbesondere durch den ständigen Wechsel der Baustelle (2,5 v. H.) und die Abhängigkeit von der Witterung außerhalb der gesetzlichen Schlechtwetterzeit (2,9 v. H.) sowie durch Lohneinbußen in der gesetzlichen Schlechtwetterzeit (0,5 v. H.) ausgesetzt ist.

(2 a) Der Arbeitnehmer erhält ab dem 1. Oktober 2020 zur weiteren Entschädigung von Wegezeiten/-strecken pauschal einen Zuschlag von 0,5 v. H. seines Tarifstundenlohnes (Wegstreckenentschädigung – WE).

(3) Der Bauzuschlag wird für jede lohnzahlungspflichtige Stunde, nicht jedoch für Leistungslohn-Mehrstunden (Plus-Stunden, Überschussstunden im Akkord) gewährt.

(4) Der Gesamttarifstundenlohn (GTL) setzt sich aus dem Tarifstundenlohn (TL) und dem Bauzuschlag (BZ) zusammen.

(5) Die Löhne der Lohngruppen 1 und 2 werden in dem Tarifvertrag zur Regelung der Mindestlöhne im Baugewerbe (TV Mindestlohn) festgelegt.

Die Lohngruppe 2 a gilt für Arbeitnehmer, die bereits vor dem 1. September 2002 in der bisherigen Berufsgruppe V im Baugewerbe beschäftigt waren, unabhängig von einer Unterbrechung oder einem Wechsel ihres Arbeitsverhältnisses.

Die Lohngruppe 2 b gilt für Arbeitnehmer nach dreimonatiger Beschäftigung in der Lohngruppe 2 im Baugewerbe.

(6) Mit Wirkung vom **1. Mai 2020** gelten nachstehende Löhne:

	TL (in €)	**BZ** (in €)	**GTL** (in €)
Lohngruppe 6	22,11	1,30	23,41
Lohngruppe 5	20,27	1,20	21,47
Lohngruppe 4	19,24	1,13	20,37
Lohngruppe 3	17,65	1,04	18,69
Lohngruppe 2 a	17,19	1,01	18,20
Lohngruppe 2 b	15,45	0,91	16,36
Fliesen-, Platten- und Mosaikleger der Lohngruppe 4	19,91	1,17	21,08
Putzer mit Facharbeiterausbildung der Lohngruppe 4	19,74	1,16	20,90
Baumaschinenführer der Lohngruppe 4	19,63	1,15	20,78

(7) Mit Wirkung vom **1. Oktober 2020** gelten nachstehende Löhne:

	TL (in €)	**BZ** (in €)	**GTL** (in €)	**GTL + WE** (in €)
Lohngruppe 6	22,11	1,30	23,41	23,52
Lohngruppe 5	20,27	1,20	21,47	21,57
Lohngruppe 4	19,24	1,13	20,37	20,47
Lohngruppe 3	17,65	1,04	18,69	18,78
Lohngruppe 2 a	17,19	1,01	18,20	18,29
Lohngruppe 2 b	15,45	0,91	16,36	16,44
Fliesen-, Platten- und Mosaikleger der Lohngruppe 4	19,91	1,17	21,08	21,18
Putzer mit Facharbeiterausbildung der Lohngruppe 4	19,74	1,16	20,90	21,—
Baumaschinenführer der Lohngruppe 4	19,63	1,15	20,78	20,88

(8) Mit Wirkung vom **1. Januar 2021** gelten nachstehende Löhne:

	TL (in €)	**BZ** (in €)	**GTL** (in €)	**GTL + WE** (in €)
Lohngruppe 6	22,57	1,33	23,90	24,01
Lohngruppe 5	20,70	1,22	21,92	22,02
Lohngruppe 4	19,64	1,16	20,80	20,90
Lohngruppe 3	18,02	1,06	19,08	19,17
Lohngruppe 2 a	17,55	1,04	18,59	18,68
Lohngruppe 2 b	15,77	0,93	16,70	16,78
Fliesen-, Platten- und Mosaikleger der Lohngruppe 4	20,33	1,19	21,52	21,62
Putzer mit Facharbeiterausbildung der Lohngruppe 4	20,15	1,19	21,34	21,44
Baumaschinenführer der Lohngruppe 4	20,04	1,18	21,22	21,32

(9) Auszubildende erhalten nachstehende monatliche **Ausbildungsvergütungen**. Mit Wirkung vom **1. Mai 2020** beträgt die monatliche Ausbildungsvergütung:

– im ersten Ausbildungsjahr	798,— €

(Fortsetzung)	
– im zweiten Ausbildungsjahr	1.072,— €
– im dritten Ausbildungsjahr	1.316,— €
– im vierten Ausbildungsjahr	1.406,— €

Mit Wirkung vom **1. Januar 2021** beträgt die monatliche Ausbildungsvergütung:

– im ersten Ausbildungsjahr	838,— €
– im zweiten Ausbildungsjahr	1.102,— €
– im dritten Ausbildungsjahr	1.336,— €
– im vierten Ausbildungsjahr	1.406,— €

Die monatliche Ausbildungsvergütung erhöht sich für Auszubildende, die eine Landes- oder Bundesfachklasse besuchen, im jeweiligen Ausbildungsjahr um 60,— €.

§ 3
Löhne für stationär beschäftigte Arbeitnehmer

Arbeitnehmer, die in dem jeweiligen Lohnabrechnungszeitraum arbeitszeitlich überwiegend nicht auf Baustellen, sondern stationär, insbesondere in Bauhöfen und Werkstätten einschließlich Produktionsstätten für Fertigteile oder als Kraftfahrer der Bauhöfe und der Fahrdienste beschäftigt werden, erhalten den Tarifstundenlohn gemäß § 2 Abs. 6 bis 8 und die Wegstreckenentschädigung gemäß § 2 Abs. 2 a, nicht jedoch den Bauzuschlag, soweit dadurch der jeweilige Mindestlohn nicht unterschritten wird. Für die auf Baustellen geleisteten Arbeitsstunden erhalten diese Arbeitnehmer den Tarifstundenlohn und den Bauzuschlag (Gesamttarifstundenlohn).

§ 4
Löhne für Stuck-, Putz- und Trockenbauarbeiten

(1) Stuckateure, die ihre Berufsausbildung in der Form der Stufenausbildung mit der obersten Stufe abgeschlossen haben, erhalten nach einjähriger Tätigkeit in ihrem Beruf den in Abs. 2 genannten Lohn der Stuckateure und Gipser, wenn sie überwiegend folgende Arbeiten ausführen:

- Ausführen von Stuckarbeiten, Anfertigen von Schablonen und Unterkonstruktionen sowie Ziehen und Ansetzen von Profilen;
- Aufreißen, Antragen und Modellieren von Antragestuck;
- Mischen, Schneiden, Antragen, Schleifen und Polieren von Stuckmarmor und Stuccolustro;
- Zeichnen, Aufreißen, Modellieren und Herstellen von Formen, Abgüssen, Architektur- und Geländemodellen sowie Dekorelementen.

(2) Der Lohn für die Stuckateure und Gipser der Lohngruppe 4 beträgt:

	TL (in €)	**BZ** (in €)	**GTL** (in €)	**GTL + WE** (in €)
ab **1. Mai 2020**	19,90	1,17	21,07	—
ab **1. Oktober 2020**	19,90	1,17	21,07	21,17
ab **1. Januar 2021**	20,32	1,19	21,51	21,61

(3) In Betrieben, die überwiegend Arbeiten nach § 1 Abschn. V Nr. 34 oder Nr. 37 BRTV (Stuck-, Putz- und Trockenbauarbeiten) ausüben, haben Arbeitnehmer der Lohngruppen 3 und 4 für die Zeit der tatsächlichen Ausübung der folgenden Tätigkeiten

- Herstellen von Wänden und Decken im Trockenbau einschließlich Unterkonstruktionen,
- Herstellen und Sanieren von Innenputz (Trocken- und Nassputz),
- Sanieren von Außenputz,
- dünnlagige Beschichtungsarbeiten,
- Herstellen von Wärmedämmverbundsystemen,
- Anbringen von Innendämmungen an oberster und unterster Geschossdecke und an Wänden,

abweichend von § 2 Anspruch auf die nachstehenden Löhne:

ab **1. Mai 2020**

	GTL (in €)
Lohngruppe 4	16,52
Lohngruppe 3	15,69

Die Betriebe teilen diesen Arbeitnehmern einmal im Jahr schriftlich mit, für welchen Auftrag und für welchen Zeitraum die Tätigkeiten ausgeübt werden sollen.

Berechnungsgrundlage von Zuschlägen sind die vorstehenden Gesamttarifstundenlöhne, Berechnungsgrundlage des 13. Monatseinkommens dagegen die in § 2 ausgewiesenen Gesamttarifstundenlöhne.

Sobald im Maler- und Lackiererhandwerk Veränderungen der tariflichen Löhne erfolgen, werden die in § 4 Abs. 3 geregelten Löhne entsprechend angepasst.

§ 5
Löhne für das Holz- und Bautenschutzgewerbe

In Betrieben des Holz- und Bautenschutzgewerbes haben Arbeitnehmer der Lohngruppen 3 und 4 für die Zeit der tatsächlichen Ausübung der folgenden Tätigkeiten

- oberflächennahe Betonsanierungsarbeiten bei statisch nicht relevanter Schädigung,

- Abdichtungsarbeiten,
- Sanierputzarbeiten,
- Schimmelpilzbekämpfung

abweichend von § 2 Anspruch auf die nachstehenden Löhne:

ab **1. Mai 2020**

	GTL (in €)
Lohngruppe 4	16,52
Lohngruppe 3	15,69

Die Betriebe teilen diesen Arbeitnehmern einmal im Jahr schriftlich mit, für welche Aufträge und für welchen Zeitraum die Tätigkeiten ausgeübt werden sollen.

Berechnungsgrundlage von Zuschlägen sind die vorstehenden Gesamttarifstundenlöhne, Berechnungsgrundlage des 13. Monatseinkommens dagegen die in § 2 ausgewiesenen Gesamttarifstundenlöhne.

Sobald im Maler- und Lackiererhandwerk Veränderungen der tariflichen Löhne erfolgen, werden die in § 5 geregelten Löhne entsprechend angepasst.

§ 6
Löhne für das feuerungstechnische Gewerbe

(1) Die Löhne für Arbeitnehmer im feuerungstechnischen Gewerbe ergeben sich aus § 2 sowie aus dem Tarifvertrag über Feuerungsbauzuschläge im feuerungstechnischen Gewerbe. § 3 findet keine Anwendung.

(2) Werker haben für die Zeit ihrer Tätigkeit auf dem Schornstein Anspruch auf den Lohn des Fachwerkers im Schornsteinbau.

(3) Auszubildende im feuerungstechnischen Gewerbe erhalten nachstehende monatliche **Ausbildungsvergütungen**.

Monatliche Ausbildungsvergütungen im feuerungstechnischen Gewerbe mit Wirkung vom **1. Mai 2020**:

– im ersten Ausbildungsjahr	798,— €
– im zweiten Ausbildungsjahr	1.110,— €
– im dritten Ausbildungsjahr	1.409,— €

Monatliche Ausbildungsvergütungen im feuerungstechnischen Gewerbe mit Wirkung vom **1. Januar 2021**:

– im ersten Ausbildungsjahr	838,— €
– im zweiten Ausbildungsjahr	1.140,— €
– im dritten Ausbildungsjahr	1.429,— €

Die monatliche Ausbildungsvergütung erhöht sich für Auszubildende, die eine Landes- oder Bundesfachklasse besuchen, im jeweiligen Ausbildungsjahr um 60,— €.

§ 7
Löhne für das Bauten- und Eisenschutzgewerbe

In den Betrieben des Bauten- und Eisenschutzgewerbes behalten die Arbeitnehmer ihren sich aus dem Tarifvertrag zur Regelung der Löhne im Bauten- und Eisenschutzgewerbe vom 28. April 2011 ergebenden Lohnanspruch. Die sich aus dem vorgenannten Tarifvertrag ergebenden Löhne nehmen an tariflichen Lohnerhöhungen teil.

§ 7 a
Corona-Prämie

(1) Zur Anerkennung des persönlichen Beitrags, den jeder einzelne Arbeitnehmer der Baubranche während der Corona-Pandemie erbracht hat, zahlen Arbeitgeber den Arbeitnehmern, die einen Anspruch nach § 2 Abs. 6 bis 8 oder §§ 3 bis 6 haben, zusätzlich zum ohnehin geschuldeten Arbeitslohn spätestens mit dem Novemberlohn eine Corona-Prämie gemäß § 3 Nr. 11 a EStG und § 1 SvEV in Höhe von 500,— €.

(2) Ist die vereinbarte Arbeitszeit geringer als die tarifliche, so mindert sich die Corona-Prämie im Verhältnis der vereinbarten wöchentlichen Arbeitszeit zur tariflichen Arbeitszeit. Arbeitnehmer in Altersteilzeit erhalten unabhängig von der konkreten Verteilung der Arbeitszeit die Hälfte der jeweiligen Corona-Prämie.

(3) Für jeden Monat im Zeitraum April bis November 2020, in dem kein Lohnanspruch nach §§ 2, 3, 4, 5 oder 6 bestand, vermindert sich die Corona-Prämie um ein Achtel.

(4) Auszubildende, die einen Anspruch nach § 2 Abs. 9 oder § 6 Abs. 3 haben, erhalten zusätzlich zur ohnehin geschuldeten Ausbildungsvergütung spätestens mit der Novembervergütung eine Corona-Prämie gemäß § 3 Nr. 11 a EStG und § 1 SvEV in Höhe von 250,— €. Für jeden Monat im Zeitraum April bis November 2020, in dem kein Vergütungsanspruch nach § 2 Abs. 9 oder § 6 Abs. 3 bestand, vermindert sich die Corona-Prämie um ein Achtel.

§ 8
Inkrafttreten und Laufdauer

Dieser Tarifvertrag tritt am 1. Mai 2020 in Kraft und kann mit einer Frist von zwei Monaten zum Monatsende, erstmals zum 30. Juni 2021, schriftlich gekündigt werden.

Potsdam/Frankfurt a. M., den 17. September 2020

Tarifvertrag zur Regelung der Mindestlöhne im Baugewerbe im Gebiet der Bundesrepublik Deutschland (TV Mindestlohn)

vom 17. Januar 2020[1)]

Zwischen

dem Zentralverband des Deutschen Baugewerbes e. V.,
Kronenstraße 55–58, 10117 Berlin,

dem Hauptverband der Deutschen Bauindustrie e. V.,
Kurfürstenstraße 129, 10785 Berlin,

und

der Industriegewerkschaft Bauen-Agrar-Umwelt,
Olof-Palme-Straße 19, 60439 Frankfurt a. M.,

wird folgender Tarifvertrag über ein einheitliches Mindestentgelt im Sinne des Gesetzes über zwingende Arbeitsbedingungen für grenzüberschreitend entsandte und für regelmäßig im Inland beschäftigte Arbeitnehmer und Arbeitnehmerinnen (Arbeitnehmer-Entsendegesetz – AEntG) geschlossen:

§ 1
Geltungsbereich

(1) Räumlicher Geltungsbereich:

Das Gebiet der Bundesrepublik Deutschland.

(2) Betrieblicher Geltungsbereich:

Betriebe, die unter den betrieblichen Geltungsbereich des Bundesrahmentarifvertrages für das Baugewerbe (BRTV) in der jeweils geltenden Fassung fallen.

(3) Persönlicher Geltungsbereich:

Gewerbliche Arbeitnehmer (Arbeiter), die eine nach den Vorschriften des Sechsten Buches Sozialgesetzbuch – Gesetzliche Rentenversicherung – (SGB VI) versicherungspflichtige Tätigkeit ausüben.

---

1) Ende 2020 ist ein Neuabschluss mit Wirkung ab 1. Januar 2021 zu erwarten. Nach Abschluss besteht die Möglichkeit, diesen unter https://www.elsner.de/downloads/978-3-87199-229-2.php abzurufen.

Nicht erfasst werden

1. Schüler an allgemeinbildenden Schulen mit Ausnahme der Schüler an Abendschulen und -kollegs,
2. Schulabgänger, die innerhalb von 12 Monaten nach Beendigung ihrer Schulausbildung bis zu einer Gesamtdauer von 50 Arbeitstagen beschäftigt werden,
3. Arbeitnehmer, soweit sie außerhalb ihrer Arbeitszeit Beförderungsleistungen nach § 5 Nr. 4.4 BRTV übernehmen,
4. gewerbliches Reinigungspersonal, das für Reinigungsarbeiten in Verwaltungs- und Sozialräumen des Betriebes beschäftigt wird.

§ 2
Löhne der Lohngruppen 1 und 2/Mindestlöhne

(1) Der Gesamttarifstundenlohn (GTL) der Lohngruppen 1 und 2 nach § 5 Nr. 3 BRTV setzt sich aus dem Tarifstundenlohn (TL) und dem Bauzuschlag (BZ) zusammen. Der Bauzuschlag beträgt 5,9 v. H. des Tarifstundenlohnes. Der Bauzuschlag wird gewährt zum Ausgleich der besonderen Belastungen, denen der Arbeitnehmer insbesondere durch den ständigen Wechsel der Baustelle (2,5 v. H.) und die Abhängigkeit von der Witterung außerhalb der gesetzlichen Schlechtwetterzeit (2,9 v. H.) sowie durch Lohneinbußen in der gesetzlichen Schlechtwetterzeit (0,5 v. H.) ausgesetzt ist. Der Bauzuschlag wird für jede lohnzahlungspflichtige Stunde, nicht jedoch für Leistungslohn-Mehrstunden (Plus-Stunden, Überschussstunden im Akkord), gewährt.

(2) Die Gesamttarifstundenlöhne der Lohngruppen 1 und 2, in dem in Abs. 3 Buchst. b) genannten Gebiet jedoch nur der Gesamttarifstundenlohn der Lohngruppe 1, sind zugleich Mindestlöhne im Sinne des § 2 Nr. 1 AEntG für alle von dem persönlichen Geltungsbereich dieses Tarifvertrages erfassten Arbeitnehmer. Höhere Lohnansprüche aufgrund anderer Tarifverträge oder einzelvertraglicher Vereinbarungen bleiben unberührt.

(3) Der Tarifstundenlohn, der Bauzuschlag und der Gesamttarifstundenlohn betragen

	TL (in €)	**BZ** (in €)	**GTL** (in €)
a) im Gebiet der Bundesrepublik Deutschland, ausgenommen die Gebiete der Länder Berlin, Brandenburg, Mecklenburg-Vorpommern, Sachsen, Sachsen-Anhalt und Thüringen			
mit Wirkung vom **1. Februar 2020**			
– Lohngruppe 1	11,52	0,68	12,20
– Lohngruppe 2	14,35	0,85	15,20

(Fortsetzung)	**TL** (in €)	**BZ** (in €)	**GTL** (in €)
mit Wirkung vom **1. April 2020**			
– Lohngruppe 1	11,85	0,70	12,55
– Lohngruppe 2	14,54	0,86	15,40
b) im Gebiet der Länder Brandenburg, Mecklenburg-Vorpommern, Sachsen, Sachsen-Anhalt und Thüringen			
mit Wirkung vom **1. Februar 2020**			
– Lohngruppe 1	11,52	0,68	12,20
mit Wirkung vom **1. April 2020**			
– Lohngruppe 1	11,85	0,70	12,55
c) im Gebiet des Landes Berlin			
mit Wirkung vom **1. Februar 2020**			
– Lohngruppe 1	11,52	0,68	12,20
– Lohngruppe 2	14,21	0,84	15,05
mit Wirkung vom **1. April 2020**			
– Lohngruppe 1	11,85	0,70	12,55
– Lohngruppe 2	14,40	0,85	15,25

(4) Der Anspruch auf Mindestlohn wird spätestens am 15. des Monats fällig, der auf den Monat folgt, für den er zu zahlen ist.

Dies gilt nicht für Betriebe, soweit diese nachweislich eine betriebliche Arbeitszeitflexibilisierung unter den Voraussetzungen des § 3 Nr. 1.4 BRTV durchführen.

Werden Arbeitnehmer auf Arbeitsstellen in verschiedenen Gebieten eingesetzt, für welche der Mindestlohn in unterschiedlicher Höhe zu zahlen ist, so ist die Arbeitszeit getrennt nach diesen Arbeitsstellen monatsbezogen aufzuzeichnen.

(5) Die Ansprüche auf den Mindestlohn verfallen, wenn sie nicht innerhalb von sechs Monaten nach ihrer Fälligkeit gerichtlich geltend gemacht werden.

(6) Für die Geltendmachung des Mindestlohnes, welcher nicht ausgezahlt worden ist, sondern dem Ausgleichskonto (§ 3 Nr. 1.43 BRTV) gutzuschreiben war, gilt die gesetzliche regelmäßige Verjährungsfrist.

(7) Arbeitgeber sind berechtigt, ihren Auftraggebern von Werkleistungen geeignete Nachweise zur Kontrolle der Einhaltung der tarifvertraglichen Mindeslöhne unter Beachtung der datenschutzrechtlichen Bestimmungen zur Verfügung zu stellen (insbesondere Mindestlohnbescheinigungen und baustellenbezogene Mitarbeiterlisten).

§ 3
Lohn der Baustelle und Lohn bei auswärtiger Beschäftigung

Es gilt der Mindestlohn der Arbeitsstelle. Auswärts beschäftigte Arbeitnehmer behalten jedoch den Anspruch auf den Mindestlohn ihres Einstellungsortes. Ist der Mindestlohn der auswärtigen Arbeitsstelle höher, so haben sie Anspruch auf diesen Mindestlohn, solange sie auf dieser Arbeitsstelle tätig sind.

§ 4
Geltung des Mindestlohnes

Der Mindestlohn gemäß § 2 findet ohne Aufnahme in die Bezirkslohntabellen Anwendung.

§ 5
Unterrichtungsrecht des Betriebsrates

(1) Der Arbeitgeber hat den Betriebsrat rechtzeitig über den Abschluss von Nachunternehmer-Verträgen und den Beginn der Ausführung der Nachunternehmer-Leistungen zu unterrichten. Der Betriebsrat ist über den Namen und die Anschrift des Nachunternehmers, den tatsächlichen Beginn und den Ort der Arbeitsleistungen sowie die auszuführenden Arbeiten zu unterrichten.

(2) Der Betriebsrat ist berechtigt, die Arbeitnehmer eines Nachunternehmers über ihre Rechte aus dem Arbeitnehmer-Entsendegesetz und aus diesem Tarifvertrag sowie über die Möglichkeiten der Durchsetzung dieser Rechte zu unterrichten.

§ 6
Allgemeinverbindlichkeit

Die Tarifvertragsparteien verpflichten sich, gemeinsam den Erlass einer Rechtsverordnung nach dem Arbeitnehmer-Entsendegesetz durch das Bundesministerium für Arbeit und Soziales zu beantragen.

§ 7
Inkrafttreten und Laufdauer

Dieser Tarifvertrag tritt am 1. Februar 2020 in Kraft. Er kann mit einer Frist von zwei Monaten zum Monatsende, erstmals zum 31. Dezember 2020, schriftlich gekündigt werden.

Mit Inkrafttreten dieses Tarifvertrages tritt der Tarifvertrag zur Regelung der Mindestlöhne im Baugewerbe vom 3. November 2017 außer Kraft.

Berlin/Frankfurt a. M., den 17. Januar 2020

Anhang zum Mindestlohntarifvertrag vom 17. Januar 2020

Lohngruppe 1 – Werker / Maschinenwerker –

. . .[2)]

Lohngruppe 2 – Fachwerker / Maschinisten / Kraftfahrer –

. . .[2)]

---

2) Der Text der Beschreibung der Lohngruppen 1 und 2 ist auch Bestandteil des BRTV (§ 5 Nr. 3) und auf den Seiten 244 bis 247 abgedruckt.

▷ Siehe auch Leitfaden **Das Arbeitsverhältnis im Baugewerbe** (6. Auflage), Kapitel 1.6.1.2 *Mindestlohn.*

Tarifvertrag über die Gewährung eines 13. Monatseinkommens im Baugewerbe

vom 21. Mai 1997

in der Fassung vom 26. Mai 1999, 4. Juli 2002, 29. Oktober 2003 und 1. Juni 2018

Zwischen

dem Zentralverband des Deutschen Baugewerbes e. V., Kronenstraße 55–58, 10117 Berlin,

dem Hauptverband der Deutschen Bauindustrie e. V., Kurfürstenstraße 129, 10785 Berlin,

und

der Industriegewerkschaft Bauen-Agrar-Umwelt, Olof-Palme-Straße 19, 60439 Frankfurt a. M.,

wird folgender Tarifvertrag geschlossen:

§ 1 Geltungsbereich

(1) Räumlicher Geltungsbereich:

Das Gebiet der Bundesrepublik Deutschland, bis zum Ablauf des 31. Dezember 2019 mit Ausnahme des Beitrittsgebiets.

(2) Betrieblicher Geltungsbereich:

Betriebe, die unter den betrieblichen Geltungsbereich des Bundesrahmentarifvertrages für das Baugewerbe in der jeweils geltenden Fassung fallen, bis zum 31. Dezember 2019 mit Ausnahme der Mitgliedsbetriebe des Baugewerbeverbandes Schleswig-Holstein und der Verbände baugewerblicher Unternehmer Niedersachsen, Hessen und im Lande Bremen.

(3) Persönlicher Geltungsbereich:

Erfasst werden

1. gewerbliche Arbeitnehmer (Arbeiter),
2. zur Ausbildung für den Beruf eines Arbeiters Beschäftigte,

die eine nach den Vorschriften des Sechsten Buches Sozialgesetzbuch – gesetzliche Rentenversicherung – (SGB VI) versicherungspflichtige Tätigkeit ausüben.

§ 2
13. Monatseinkommen

(1) Arbeitnehmer, deren Arbeitsverhältnis am 30. November des laufenden Kalenderjahres (Stichtag) mindestens zwölf Monate (Bezugszeitraum) ununterbrochen besteht, haben Anspruch auf ein 13. Monatseinkommen in folgender Höhe:

- ab dem Jahr 2018 das 93-fache,
- im Jahr 2020 das 103-fache,
- im Jahr 2021 das 113-fache und
- ab dem Jahr 2022 das 123-fache

ihres in der Lohntabelle ausgewiesenen Gesamttarifstundenlohnes.

Durch freiwillige Betriebsvereinbarung oder, wenn kein Betriebsrat besteht, durch einzelvertragliche Vereinbarung kann eine von Satz 1 abweichende Höhe des 13. Monatseinkommens vereinbart werden, wobei ein Betrag von 780,— € (Mindestbetrag) nicht unterschritten werden darf.

(2) Arbeitnehmer, deren Arbeitsverhältnis am Stichtag noch nicht zwölf, jedoch mindestens drei Monate ununterbrochen besteht, haben für jeden vollen Beschäftigungsmonat, den sie bis zum Stichtag ununterbrochen im Betrieb zurückgelegt haben, Anspruch auf ein Zwölftel des 13. Monatseinkommens gemäß Abs. 1.

(3) Arbeitnehmer, deren Arbeitsverhältnis vor dem Stichtag

a) durch ordentliche Kündigung des Arbeitgebers oder

b) durch Fristablauf oder

c) durch Kündigung des Arbeitnehmers nach Eintritt eines Insolvenzereignisses (§ 165 Abs. 1 SGB III) oder um die Voraussetzungen für den Bezug einer Rente aus der gesetzlichen Sozialversicherung zu schaffen oder

d) im gegenseitigen Einvernehmen

beendet wird und zum Zeitpunkt des Ausscheidens mindestens drei Monate bestanden hat, haben für jeden vollen Beschäftigungsmonat, den sie seit dem 1. Dezember des vergangenen Kalenderjahres ununterbrochen im Betrieb zurückgelegt haben, Anspruch auf ein Zwölftel des 13. Monatseinkommens gemäß Abs. 1. Stirbt ein Arbeitnehmer, so ist an den Ehegatten oder, falls der Arbeitnehmer nicht verheiratet war, an die Unterhaltsberechtigten ein anteiliges 13. Monatseinkommen nach Maßgabe des Satzes 1 zu zahlen.

(4) Ist die in den Abs. 2 und 3 vorausgesetzte ununterbrochene Beschäftigung von mindestens drei Monaten Dauer nicht erfüllt, so werden zum Erreichen dieser Anspruchsvoraussetzung Teilbeschäftigungszeiten innerhalb der letzten zwölf Monate vor dem 30. November des laufenden Kalenderjahres zusammengerechnet, wenn die jeweilige Unterbrechung nicht länger als sechs Monate gedauert hat.

(5) Anspruch auf ein 13. Monatseinkommen gemäß den Abs. 1 bis 3 haben nur diejenigen Arbeitnehmer, die im Bezugszeitraum eine Arbeitsleistung von mindestens 10 Arbeitstagen erbracht haben oder wegen witterungsbedingten Arbeitsausfalls, kurzarbeitsbedingten Arbeitsausfalls oder krankheitsbedingter Arbeits-

unfähigkeit, die auf einen Arbeitsunfall bei ihrer Tätigkeit zurückzuführen ist, nicht erbringen konnten.

(6) Ruht das Arbeitsverhältnis wegen der Inanspruchnahme des gesetzlichen Erziehungsurlaubs oder wegen der Vereinbarung unbezahlten Urlaubs im Bezugszeitraum, so verringert sich das 13. Monatseinkommen für jeden angefangenen Kalendermonat des Ruhens des Arbeitsverhältnisses um ein Zwölftel; das gilt jedoch nicht für den Monat, in dem die Arbeit wieder aufgenommen wird. Arbeitnehmer, deren Arbeitsverhältnis während des gesamten Bezugszeitraumes ruht, haben keinen Anspruch; § 3 bleibt unberührt. Satz 1 gilt nicht bei Vereinbarung unbezahlten Urlaubs zum Zweck einer betriebsbezogenen beruflichen Fortbildung.

§ 2 a

Für Arbeitnehmer in den Mitgliedsbetrieben des Baugewerbeverbandes Schleswig-Holstein und der Verbände baugewerblicher Unternehmer Niedersachsen, Hessen und im Lande Bremen sowie in allen Betrieben im Beitrittsgebiet gilt abweichend von § 2 Abs. 1 Satz 1

- im Jahr 2020 das 18-fache,
- im Jahr 2021 das 36-fache und
- ab dem Jahr 2022 das 54-fache

ihres in der Lohntabelle ausgewiesenen Gesamttarifstundenlohnes sowie abweichend von § 2 Abs. 1 Satz 2 ein Mindestbetrag von 390,— € im Jahr 2021 und von 500,— € ab dem Jahr 2022, der nicht unterschritten werden darf.

§ 3
Ansprüche während des Grundwehr- oder Zivildienstes und nach Wiederaufnahme der Arbeit

(1) Arbeitnehmer, die am Stichtag (§ 2 Abs. 1) Grundwehr- oder Zivildienst leisten, haben keinen Anspruch auf das 13. Monatseinkommen bzw. den Betrag gemäß § 5.

(2) Arbeitnehmer, die vor dem zweiten Stichtag nach ihrer Einberufung unverzüglich im Anschluss an den Grundwehr- oder Zivildienst die Arbeit in ihrem bisherigen Betrieb wiederaufgenommen haben und deren Arbeitsverhältnis bis zum zweiten Stichtag ununterbrochen besteht, haben Anspruch auf ein 13. Monatseinkommen gemäß § 2 Abs. 1. Endet das Arbeitsverhältnis vor dem zweiten Stichtag (Satz 1), so gilt § 2 Abs. 3 mit der Maßgabe, dass für jeden vollen Monat der Betriebszugehörigkeit seit dem 1. Dezember des Vorjahres Anspruch auf ein Zwölftel des Betrages gemäß § 2 Abs. 1 besteht.

(3) Arbeitnehmer, die am zweiten Stichtag nach ihrer Einberufung noch Grundwehr- oder Zivildienst leisten und unverzüglich im Anschluss an den Grundwehr- oder Zivildienst die Arbeit in ihrem bisherigen Betrieb wiederaufgenom-

men haben, haben Anspruch auf ein 13. Monatseinkommen gemäß § 2 Abs. 1. Der Anspruch setzt voraus, dass der Arbeitnehmer das Arbeitsverhältnis bis zum Ende des auf den Monat der Wiederaufnahme der Arbeit folgenden Monats nicht durch eigene Kündigung beendet hat. § 2 Abs. 3 bleibt unberührt.

(4) Arbeitnehmer, die vor dem ersten Stichtag nach ihrer Einberufung unverzüglich im Anschluss an den Grundwehr- oder Zivildienst die Arbeit in ihrem bisherigen Betrieb wiederaufgenommen haben und deren Arbeitsverhältnis bis zum Stichtag ununterbrochen besteht, haben Anspruch auf ein 13. Monatseinkommen gemäß § 2 Abs. 1. Dieser Anspruch wird für jeden Monat, in welchem der Arbeitnehmer Wehr- oder Zivildienst geleistet hat, um ein Zwölftel gekürzt. Die Kürzung erfolgt nicht für den Monat, in dem die Arbeit wieder aufgenommen wird. Endet das Arbeitsverhältnis vor dem Stichtag, so besteht nach Maßgabe des § 2 Abs. 3 für jeden vollen Monat seit dem 1. Dezember des Vorjahres, in dem das Arbeitsverhältnis nicht geruht hat, Anspruch auf ein Zwölftel des 13. Monatseinkommens.

§ 4
Teilzeitbeschäftigte

Ist die vereinbarte Arbeitszeit geringer als die tarifliche, so mindert sich die Höhe des 13. Monatseinkommens im Verhältnis der vereinbarten wöchentlichen Arbeitszeit zur tariflichen wöchentlichen Arbeitszeit. Ändert sich die vereinbarte Arbeitszeit innerhalb des Bezugszeitraumes, ist für die Höhe des 13. Monatseinkommens nicht die am Stichtag, sondern die in jedem einzelnen Kalendermonat vereinbarte Arbeitszeit anteilig zugrunde zu legen.

§ 5
Auszubildende

(1) Auszubildende haben nach Maßgabe des § 2 Anspruch auf ein 13. Monatseinkommen in folgender Höhe:

- ab dem Jahr 2018 301,66 €,
- im Jahr 2020 330,— €,
- im Jahr 2021 360,— € und
- ab dem Jahr 2022 390,— €.

Bei Abschluss einer Betriebsvereinbarung oder einer einzelvertraglichen Vereinbarung über das 13. Monatseinkommen darf ein Betrag von 170,— € nicht unterschritten werden.

(2) Endet das Ausbildungsverhältnis vor dem Stichtag, so besteht für jeden angefangenen Ausbildungsmonat nach dem letzten Stichtag Anspruch auf ein Zwölftel des in Abs. 1 Satz 1 genannten Betrages, wenn

a) im Anschluss an das Ausbildungsverhältnis ein Arbeitsverhältnis im Ausbildungsbetrieb aufgenommen und bis zum Stichtag fortgesetzt oder vor dem

Stichtag durch ordentliche Kündigung des Arbeitgebers, durch Fristablauf oder einvernehmlich beendet wird, oder

b) der Auszubildende im Anschluss an das Ausbildungsverhältnis nicht als Arbeitnehmer im Ausbildungsbetrieb eingestellt wird, obgleich er die Begründung eines Arbeitsverhältnisses angeboten hat.

§ 5 a

Abweichend von § 5 Abs. 1 Satz 1 gilt in Betrieben nach § 2 a ein 13. Monatseinkommen in folgender Höhe:

- im Jahr 2020 60,— €,
- im Jahr 2021 120,— € und
- ab dem Jahr 2022 170,— €.

§ 6
Fälligkeit

(1) Das 13. Monatseinkommen, das zum Stichtag berechnet wird, ist je zur Hälfte zusammen mit der Zahlung des Lohns bzw. der Ausbildungsvergütung für den Monat November und für den Monat April des Folgejahres auszuzahlen; das gilt auch für den Teilanspruch aus dem Ausbildungsverhältnis, wenn das sich an das Ausbildungsverhältnis anschließende Arbeitsverhältnis nicht vor dem Stichtag endet. Bei Abschluss einer Betriebsvereinbarung oder einer einzelvertraglichen Vereinbarung über das 13. Monatseinkommen erfolgt abweichend von Satz 1 die Auszahlung mit dem Lohn bzw. der Ausbildungsvergütung für den Monat November in Höhe von mindestens 520,— €, für Auszubildende mindestens 170,— €; dies gilt auch, wenn die beabsichtigte Vereinbarung am 30. November noch nicht abgeschlossen ist.

(2) Das bei Beendigung des Arbeitsverhältnisses bzw. Ausbildungsverhältnisses zu zahlende 13. Monatseinkommen wird am 15. des Monats fällig, der auf den Monat folgt, in dem das Arbeitsverhältnis bzw. Ausbildungsverhältnis beendet wurde; das gilt auch für den Teilanspruch aus dem Ausbildungsverhältnis (§ 5 Abs. 2 Buchst. a)).

(3) Das 13. Monatseinkommen gemäß § 3 Abs. 3 ist je zur Hälfte mit der Lohnzahlung für den Monat, welcher dem Monat der Wiederaufnahme der Arbeit folgt, und mit der Lohnzahlung für den darauffolgenden Monat April auszuzahlen.

§ 7
Anrechenbarkeit

Das 13. Monatseinkommen und der Betrag gemäß § 5 oder § 5 a können auf betrieblich gewährtes Weihnachtsgeld, 13. Monatseinkommen oder Zahlungen, die diesen Charakter haben, angerechnet werden.

§ 8
Inkrafttreten und Laufdauer

Dieser Tarifvertrag tritt am 1. Mai 1997 in Kraft. Er kann mit einer Frist von drei Monaten zum Monatsende, erstmals zum 31. Dezember 2022, schriftlich gekündigt werden.

Frankfurt a. M., den 21. Mai 1997/26. Mai 1999/4. Juli 2002/29. Oktober 2003/ 1. Juni 2018

▷ Siehe auch Leitfaden **Das Arbeitsverhältnis im Baugewerbe** (6. Auflage), Kapitel 1.6.1.4 *13. Monatseinkommen.*

Tarifvertrag über die Gewährung vermögenswirksamer Leistungen zugunsten der gewerblichen Arbeitnehmer im Baugewerbe

vom 24. August 2020

Zwischen

dem Zentralverband des Deutschen Baugewerbes e. V.,
Kronenstraße 55–58, 10117 Berlin,

dem Hauptverband der Deutschen Bauindustrie e. V.,
Kurfürstenstraße 129, 10785 Berlin,

und

der Industriegewerkschaft Bauen-Agrar-Umwelt,
Olof-Palme-Straße 19, 60439 Frankfurt a. M.,

wird folgender Tarifvertrag geschlossen:

§ 1
Geltungsbereich

(1) Räumlicher Geltungsbereich:

Das Gebiet derjenigen Länder der Bundesrepublik Deutschland und des Landes Berlin, in denen das Grundgesetz vor dem 3. Oktober 1990 galt.

(2) Betrieblicher Geltungsbereich:

Betriebe, die unter den betrieblichen Geltungsbereich des Bundesrahmentarifvertrages für das Baugewerbe in der jeweils geltenden Fassung fallen. Nicht erfasst werden Betriebe, die überwiegend Bauten- und Eisenschutzarbeiten verrichten.

(3) Persönlicher Geltungsbereich:

Erfasst werden

1. gewerbliche Arbeitnehmer (Arbeiter),
2. zur Ausbildung für den Beruf eines Arbeiters Beschäftigte,

die eine nach den Vorschriften des Sechsten Buches Sozialgesetzbuch – Gesetzliche Rentenversicherung – (SGB VI) versicherungspflichtige Tätigkeit ausüben.

§ 2
Voraussetzungen für die Gewährung vermögenswirksamer Leistungen

1. Der Arbeitgeber ist verpflichtet, dem Arbeitnehmer monatlich eine vermögenswirksame Leistung im Sinne des Gesetzes zur Förderung der Vermögensbildung der Arbeitnehmer in der jeweils geltenden Fassung in Höhe von 0,13 € je geleistete Arbeitsstunde (Arbeitgeberzulage) zu gewähren, wenn der Arbeitnehmer gleichzeitig 0,02 € je geleistete Arbeitsstunde aus seinem Arbeitslohn (Eigenleistung) im Wege der Umwandlung vom Arbeitgeber vermögenswirksam anlegen lässt.
2. Der Arbeitgeber ist verpflichtet, dem Auszubildenden monatlich eine vermögenswirksame Leistung im Sinne des Gesetzes zur Förderung der Vermögensbildung der Arbeitnehmer in der jeweils geltenden Fassung in Höhe von 23,52 € pro Monat (Arbeitgeberzulage) zu gewähren, wenn der Auszubildende gleichzeitig mindestens 3,07 € aus seiner monatlichen Ausbildungsvergütung im Wege der Umwandlung vom Arbeitgeber vermögenswirksam anlegen lässt.

   Mit der Gewährung der vermögenswirksamen Leistung des Arbeitgebers ist die auf Überstunden jeglicher Art entfallende vermögenswirksame Leistung pauschal abgegolten.

   Von der Monatspauschale sind für jeden Fehltag ohne Rücksicht auf dessen Ursache abzuziehen: Bei Aufteilung der tariflichen wöchentlichen Arbeitszeit

   auf 5 Arbeitstage 1,18 €,
   auf 6 Arbeitstage 1,02 €.

   Tage, an denen der Auszubildende in einer überbetrieblichen Ausbildungsstätte des Baugewerbes ausgebildet wird, sind keine Fehltage im Sinne von Satz 3.
3. Die vermögenswirksame Leistung des Arbeitgebers ist erstmalig vom Beginn des Lohnabrechnungszeitraumes an zu zahlen, der dem Lohnabrechnungszeitraum folgt, in dem der Arbeitnehmer alle Verfahrensvoraussetzungen gemäß § 5 Nr. 2 dieses Tarifvertrages erfüllt hat. Dies gilt für die Auszubildenden entsprechend.

§ 3
Wahlmöglichkeit

Die Verpflichtung des Arbeitgebers nach § 2 entfällt, wenn dem Arbeitnehmer nach Maßgabe der §§ 2 bis 11 des Tarifvertrages über eine Zusatzrente im Baugewerbe (TV TZR) eine Versorgungszusage erteilt wird.

§ 4
Anrechenbarkeit bisher gewährter vermögenswirksamer Leistungen des Arbeitgebers

Hat der Arbeitgeber aufgrund des Gesetzes zur Förderung der Vermögensbildung der Arbeitnehmer in der jeweils geltenden Fassung vermögenswirksame Leistungen im gleichen Kalenderjahr gewährt, so können diese Leistungen auf die nach diesem Tarifvertrag zu gewährenden Leistungen angerechnet werden.

§ 5
Verfahren

1. Die Eigenleistung des Arbeitnehmers bzw. des Auszubildenden und die vermögenswirksame Leistung des Arbeitgebers sind gemeinsam anzulegen.
2. Der Arbeitnehmer bzw. der Auszubildende hat dem Arbeitgeber die Art der gewählten Anlage und das Unternehmen oder Institut mit der Nummer des Kontos anzugeben, auf das die vermögenswirksamen Leistungen überwiesen werden sollen. Der Arbeitnehmer bzw. der Auszubildende hat diese Angaben auf Verlangen des Arbeitgebers schriftlich zu machen.
3. Für die Umwandlungserklärung ist die Erteilung einer Vollmacht ausgeschlossen.
4. Der Arbeitgeber hat die Eigenleistung und die Arbeitgeberzulage in der Lohnabrechnung (vgl. § 5 Nr. 7 – Lohnabrechnung – des Bundesrahmentarifvertrages für das Baugewerbe) gesondert auszuweisen und zugunsten des Arbeitnehmers an die von diesem bezeichnete Stelle monatlich abzuführen. Dies gilt für die Auszubildenden entsprechend.

§ 6
Verjährung

1. Der Anspruch auf die vermögenswirksame Leistung des Arbeitgebers verjährt in zwei Jahren. Die Verjährungsfrist beginnt mit dem Schluss des Kalenderjahres, in dem der Anspruch auf die vermögenswirksame Leistung des Arbeitgebers entstanden ist.
2. Die Bestimmungen des § 14 des Bundesrahmentarifvertrages für das Baugewerbe und des § 16 des Tarifvertrages über die Berufsbildung im Baugewerbe (Ausschlussfristen) gelten nicht für die Ansprüche aus diesem Tarifvertrag.

§ 7
Inkrafttreten und Laufdauer

1. Dieser Tarifvertrag tritt am 1. September 2020 in Kraft. Mit Inkrafttreten dieses Tarifvertrages tritt der Tarifvertrag über die Gewährung vermögenswirksamer Leistungen zugunsten der gewerblichen Arbeitnehmer im Baubewerbe vom 1. April 1971 in der Fassung vom 7. November 1974, 25. Juni 1980, 12. November 1984 und 15. Mai 2001 außer Kraft.
2. Der Tarifvertrag kann mit einer Frist von sechs Monaten zum Jahresende, erstmals zum 31. Dezember 2021 gekündigt werden.

Berlin / Frankfurt a. M., den 24. August 2020

▷ Siehe auch **Handbuch des Personalrechts für den Baubetrieb** (13. Auflage), Stichworte: *Vermögensbildung im Baugewerbe*, *Vermögensbeteiligung*.

Tarifvertrag zur Sicherung des Standortes Berlin für das Baugewerbe (TV Standortsicherung Berlin)

vom 17. September 2020

Zwischen

dem Bauindustrieverband Ost e. V.,
Karl-Marx-Straße 27, 14482 Potsdam,

dem Landesverband Bauhandwerk Brandenburg und Berlin e. V.,
Otto-Erich-Straße 11 – 13, 14482 Potsdam,

und

der Industriegewerkschaft Bauen-Agrar-Umwelt,
Olof-Palme-Straße 19, 60439 Frankfurt a. M.,

wird folgender Tarifvertrag geschlossen:

§ 1
Geltungsbereich

(1) Räumlicher Geltungsbereich:

Das Gebiet des Landes Berlin.

(2) Betrieblicher Geltungsbereich:

Betriebe, die unter den betrieblichen Geltungsbereich des Bundesrahmentarifvertrages für das Baugewerbe (BRTV) in der jeweils geltenden Fassung fallen.

(3) Persönlicher Geltungsbereich:

Erfasst werden

1. gewerbliche Arbeitnehmer (Arbeiter),
2. Angestellte,

die eine nach den Vorschriften des Sechsten Buches Sozialgesetzbuch – Gesetzliche Rentenversicherung – (SGB VI) versicherungspflichtige Tätigkeit ausüben.

§ 2
Wettbewerbs- und Beschäftigungssicherungsklausel

Für die Laufzeit der Lohn- und Gehaltstarifverträge für das Baugewerbe im Gebiet des Landes Berlin vom 17. September 2020 können aufgrund der besonderen Wettbewerbssituation in Berlin durch Haustarifverträge zwischen der Industriegewerkschaft Bauen-Agrar-Umwelt und Betrieben mit Betriebssitz in Berlin sowie mit in Berlin ansässigen Niederlassungen Löhne und Gehälter vereinbart werden, die von den in diesen Tarifverträgen geregelten Löhnen und Gehältern um bis zu 6 v.H. abweichen.

Diese Haustarifverträge bedürfen der Zustimmung desjenigen Mitgliedsverbandes der vertragschließenden Arbeitgeberverbände, dem der Betrieb bzw. die Niederlassung als Mitglied angehört. In diesen Haustarifverträgen sind Maßnahmen zur Beschäftigungssicherung und Regelungen zur Heranführung an die Tariflöhne und -gehälter zu vereinbaren. Weiterhin sind in diesen Haustarifverträgen Regelungen zu einem Nachteilsausgleich zu treffen.

§ 3
Laufdauer

Dieser Tarifvertrag tritt am 1. Mai 2020 in Kraft. Eine Kündigung des Tarifvertrages zur Regelung der Löhne und Ausbildungsvergütungen im Baugewerbe im Gebiet des Landes Berlin vom 17. September 2020 gilt auch als Kündigung dieses Tarifvertrages. Dieser Tarifvertrag tritt mit Ablauf der Kündigungsfrist ohne Nachwirkung außer Kraft.

Potsdam/Frankfurt a.M., den 17. September 2020

Tarifvertrag zur Regelung der Gehälter und Ausbildungsvergütungen für die Angestellten und Poliere des Baugewerbes im Gebiet der Bundesrepublik Deutschland mit Ausnahme der fünf neuen Länder, des Landes Berlin und des Freistaates Bayern (TV Gehalt/West)

vom 17. September 2020

Zwischen

dem Zentralverband des Deutschen Baugewerbes e. V.,
Kronenstraße 55–58, 10117 Berlin,

dem Hauptverband der Deutschen Bauindustrie e. V.,
Kurfürstenstraße 129, 10785 Berlin,

und

der Industriegewerkschaft Bauen-Agrar-Umwelt,
Olof-Palme-Straße 19, 60439 Frankfurt a. M.,

wird folgender Tarifvertrag geschlossen:

§ 1
Geltungsbereich

(1) Räumlicher Geltungsbereich:

Das Gebiet der Bundesrepublik Deutschland mit Ausnahme der Länder Bayern, Berlin, Brandenburg, Mecklenburg-Vorpommern, Sachsen, Sachsen-Anhalt und Thüringen.

(2) Betrieblicher Geltungsbereich:

Betriebe, die unter den betrieblichen Geltungsbereich des Rahmentarifvertrages für die Angestellten und Poliere des Baugewerbes in der jeweils geltenden Fassung fallen.

(3) Persönlicher Geltungsbereich:

Erfasst werden:

1. Angestellte,
2. Poliere sowie die in überbetrieblichen Ausbildungsstätten hauptberuflich als Ausbilder Beschäftigten, die unter den persönlichen Geltungsbereich des Rah-

mentarifvertrages für die Angestellten und Poliere des Baugewerbes in der jeweils geltenden Fassung fallen,

3. zur Ausbildung für den Beruf eines Angestellten Beschäftigte,

die eine nach den Vorschriften des Sechsten Buches Sozialgesetzbuch – Gesetzliche Rentenversicherung – (SGB VI) versicherungspflichtige Tätigkeit ausüben.

§ 2
Gehaltsgruppen

Für die Gruppeneinteilung gelten die Bestimmungen des § 5 Nr. 2 des Rahmentarifvertrages für die Angestellten und Poliere des Baugewerbes in der jeweils geltenden Fassung.

§ 3
Gehaltssätze

(1) Ab **1. Mai 2020** gelten für die einzelnen Gehaltsgruppen die nachstehenden Gehälter je Monat (in €):

	Gehalt
a) **Angestellte und Poliere**	
– Gruppe A I	2.298,—
– Gruppe A II	2.648,—
– Gruppe A III	3.036,—
– Gruppe A IV	3.439,—
– Gruppe A V	3.852,—
– Gruppe A VI	4.281,—
– Gruppe A VII	4.732,—
– Gruppe A VIII	5.198,—
– Gruppe A IX	5.798,—
– Gruppe A X	6.484,—
b) **Poliere im feuerungstechnischen Gewerbe**	
– Feuerungs- und Ofenbau-Poliere, Koksofen- und Gaswerksofenbau-Poliere sowie Ofenmeister	5.253,—
– in Hamburg	5.306,—
– Schornsteinbau-Poliere	5.477,—
– in Hamburg	5.525,—

(2) Angestellte und Poliere erhalten ab dem 1. Oktober 2020 zur weiteren Entschädigung von Wegezeiten/-strecken pauschal einen Zuschlag von 0,5 v. H. ihrer Gehälter (Wegstreckenentschädigung – WE).

(3) Ab **1. Oktober 2020** gelten für die einzelnen Gehaltsgruppen die nachstehenden Gehälter und Zuschläge je Monat (in €):

	Gehalt	Gehalt + WE
a) **Angestellte und Poliere**		
– Gruppe A I	2.298,—	2.309,49
– Gruppe A II	2.648,—	2.661,24
– Gruppe A III	3.036,—	3.051,18
– Gruppe A IV	3.439,—	3.456,20
– Gruppe A V	3.852,—	3.871,26
– Gruppe A VI	4.281,—	4.302,41
– Gruppe A VII	4.732,—	4.755,66
– Gruppe A VIII	5.198,—	5.223,99
– Gruppe A IX	5.798,—	5.826,99
– Gruppe A X	6.484,—	6.516,42
b) **Poliere im feuerungstechnischen Gewerbe**		
– Feuerungs- und Ofenbau-Poliere, Koksofen- und Gaswerksofenbau-Poliere sowie Ofenmeister	5.253,—	5.279,27
– in Hamburg	5.306,—	5.332,53
– Schornsteinbau-Poliere	5.477,—	5.504,39
– in Hamburg	5.525,—	5.552,63

(4) Ab **1. Januar 2021** gelten für die einzelnen Gehaltsgruppen die nachstehenden Gehälter und Zuschläge je Monat (in €):

	Gehalt	Gehalt + WE
a) **Angestellte und Poliere**		
– Gruppe A I	2.346,—	2.357,73
– Gruppe A II	2.704,—	2.717,52
– Gruppe A III	3.100,—	3.115,50
– Gruppe A IV	3.511,—	3.528,56
– Gruppe A V	3.933,—	3.952,67
– Gruppe A VI	4.371,—	4.392,86
– Gruppe A VII	4.831,—	4.855,16
– Gruppe A VIII	5.307,—	5.333,54
– Gruppe A IX	5.920,—	5.949,60
– Gruppe A X	6.620,—	6.653,10

(Fortsetzung)	Gehalt	Gehalt + WE
b) **Poliere im feuerungstechnischen Gewerbe**		
– Feuerungs- und Ofenbau-Poliere, Koksofen- und Gaswerksofenbau-Poliere sowie Ofenmeister	5.363,—	5.389,82
– in Hamburg	5.416,—	5.443,08
– Schornsteinbau-Poliere	5.592,—	5.619,96
– in Hamburg	5.640,—	5.668,20

§ 4
Ausbildungsvergütungen

(1) Ab **1. Mai 2020** gelten für Auszubildende die nachstehenden Ausbildungsvergütungen je Monat (in €):

– im 1. Ausbildungsjahr	845,—
– im 2. Ausbildungsjahr	1.078,—
– im 3. Ausbildungsjahr	1.364,—

(2) Ab **1. Januar 2021** gelten für Auszubildende die nachstehenden Ausbildungsvergütungen je Monat (in €):

– im 1. Ausbildungsjahr	885,—
– im 2. Ausbildungsjahr	1.108,—
– im 3. Ausbildungsjahr	1.384,—

(3) Die monatliche Ausbildungsvergütung erhöht sich für Auszubildende, die eine Landes- oder Bundesfachklasse besuchen, im jeweiligen Ausbildungsjahr um 60,— €.

§ 4 a
Corona-Prämie

(1) Zur Anerkennung des persönlichen Beitrags, den jeder einzelne Arbeitnehmer der Baubranche während der Corona-Pandemie erbracht hat, zahlen Arbeitgeber den Arbeitnehmern, die einen Anspruch nach § 3 haben, zusätzlich zum ohnehin geschuldeten Gehalt spätestens mit dem Novembergehalt eine Corona-Prämie gemäß § 3 Nr. 11 a EStG und § 1 SvEV in Höhe von 500,— €.

(2) Ist die vereinbarte Arbeitszeit geringer als die tarifliche, so mindert sich die Corona-Prämie im Verhältnis der vereinbarten wöchentlichen Arbeitszeit zur tariflichen Arbeitszeit. Arbeitnehmer in Altersteilzeit erhalten unabhängig von der konkreten Verteilung der Arbeitszeit die Hälfte der jeweiligen Corona-Prämie.

(3) Für jeden Monat im Zeitraum April bis November 2020, in dem kein Gehaltsanspruch nach § 3 bestand, vermindert sich die Corona-Prämie um ein Achtel.

(4) Auszubildende, die einen Anspruch nach § 4 haben, erhalten zusätzlich zur ohnehin geschuldeten Ausbildungsvergütung spätestens mit der Novembervergütung eine Corona-Prämie gemäß § 3 Nr. 11 a EStG und § 1 SvEV in Höhe von 250,— €. Für jeden Monat im Zeitraum April bis November 2020, in dem kein Vergütungsanspruch nach § 4 bestand, vermindert sich die Corona-Prämie um ein Achtel.

§ 5
Inkrafttreten und Laufdauer

Dieser Tarifvertrag tritt am 1. Mai 2020 in Kraft. Er kann mit einer Frist von zwei Monaten zum Monatsende, erstmals zum 30. Juni 2021, schriftlich gekündigt werden.

Berlin / Frankfurt a. M., den 17. September 2020

▷ Siehe auch **Handbuch des Personalrechts für den Baubetrieb** (13. Auflage), Stichwort: *Arbeitnehmer*, Formulare / Muster: *Arbeitsvertrag (Angestellte)*, *Kalendermäßig befristeter Arbeitsvertrag nach dem Teilzeit- und Befristungsgesetz (Angestellte)*.

Tarifvertrag zur Regelung der Gehälter und Ausbildungsvergütungen für die Angestellten und Poliere des Baugewerbes im Beitrittsgebiet mit Ausnahme des Landes Berlin (TV Gehalt/Ost)

vom 17. September 2020

Zwischen

dem Zentralverband des Deutschen Baugewerbes e. V.,
Kronenstraße 55–58, 10117 Berlin,

dem Hauptverband der Deutschen Bauindustrie e. V.,
Kurfürstenstraße 129, 10785 Berlin,

und

der Industriegewerkschaft Bauen-Agrar-Umwelt,
Olof-Palme-Straße 19, 60439 Frankfurt a. M.,

wird folgender Tarifvertrag geschlossen:

§ 1
Geltungsbereich

(1) Räumlicher Geltungsbereich:

Das Gebiet der Länder Brandenburg, Mecklenburg-Vorpommern, Sachsen, Sachsen-Anhalt und Thüringen.

(2) Betrieblicher Geltungsbereich:

Betriebe, die unter den betrieblichen Geltungsbereich des Rahmentarifvertrages für die Angestellten und Poliere des Baugewerbes in der jeweils geltenden Fassung fallen.

(3) Persönlicher Geltungsbereich:

Erfasst werden:

1. Angestellte,
2. Poliere sowie die in überbetrieblichen Ausbildungsstätten hauptberuflich als Ausbilder Beschäftigten, die unter den persönlichen Geltungsbereich des Rahmentarifvertrages für die Angestellten und Poliere des Baugewerbes in der jeweils geltenden Fassung fallen,
3. zur Ausbildung für den Beruf eines Angestellten Beschäftigte,

die eine nach den Vorschriften des Sechsten Buches Sozialgesetzbuch – Gesetzliche Rentenversicherung – (SGB VI) versicherungspflichtige Tätigkeit ausüben.

§ 2
Gehaltsgruppen

Für die Gruppeneinteilung gelten die Bestimmungen des § 5 Nr. 2 des Rahmentarifvertrages für die Angestellten und Poliere des Baugewerbes in der jeweils geltenden Fassung.

§ 3
Gehaltssätze

(1) Ab **1. Mai 2020** gelten für die einzelnen Gehaltsgruppen die nachstehenden Gehälter je Monat (in €):

	Gehalt
a) **Angestellte und Poliere**	
– Gruppe A I	2.174,—
– Gruppe A II	2.512,—
– Gruppe A III	2.876,—
– Gruppe A IV	3.254,—
– Gruppe A V	3.647,—
– Gruppe A VI	4.054,—
– Gruppe A VII	4.480,—
– Gruppe A VIII	4.921,—
– Gruppe A IX	5.487,—
– Gruppe A X	6.136,—
b) **Poliere im feuerungstechnischen Gewerbe**	
– Feuerungs- und Ofenbau-Poliere, Koksofen- und Gaswerksofenbau-Poliere sowie Ofenmeister	4.975,—
– Schornsteinbau-Poliere	5.183,—

(2) Angestellte und Poliere erhalten ab dem 1. Oktober 2020 zur weiteren Entschädigung von Wegezeiten/-strecken pauschal einen Zuschlag von 0,5 v. H. ihrer Gehälter (Wegstreckenentschädigung – WE).

(3) Ab **1. Oktober 2020** gelten für die einzelnen Gehaltsgruppen die nachstehenden Gehälter und Zuschläge je Monat (in €):

	Gehalt	Gehalt + WE
a) **Angestellte und Poliere**		
– Gruppe A I	2.174,—	2.184,87
– Gruppe A II	2.512,—	2.524,56
– Gruppe A III	2.876,—	2.890,38
– Gruppe A IV	3.254,—	3.270,27
– Gruppe A V	3.647,—	3.665,24
– Gruppe A VI	4.054,—	4.074,27
– Gruppe A VII	4.480,—	4.502,40
– Gruppe A VIII	4.921,—	4.945,61
– Gruppe A IX	5.487,—	5.514,44
– Gruppe A X	6.136,—	6.166,68
b) **Poliere im feuerungstechnischen Gewerbe**		
– Feuerungs- und Ofenbau-Poliere, Koksofen- und Gaswerksofenbau-Poliere sowie Ofenmeister	4.975,—	4.999,88
– Schornsteinbau-Poliere	5.183,—	5.208,92

(4) Ab **1. Januar 2021** gelten für die einzelnen Gehaltsgruppen die nachstehenden Gehälter und Zuschläge je Monat (in €):

	Gehalt	Gehalt + WE
a) **Angestellte und Poliere**		
– Gruppe A I	2.222,—	2.233,11
– Gruppe A II	2.567,—	2.579,84
– Gruppe A III	2.939,—	2.953,70
– Gruppe A IV	3.326,—	3.342,63
– Gruppe A V	3.727,—	3.745,64
– Gruppe A VI	4.143,—	4.163,72
– Gruppe A VII	4.579,—	4.601,90
– Gruppe A VIII	5.029,—	5.054,15
– Gruppe A IX	5.608,—	5.636,04
– Gruppe A X	6.271,—	6.302,36

(Fortsetzung)	Gehalt	Gehalt + WE
b) **Poliere im feuerungstechnischen Gewerbe**		
– Feuerungs- und Ofenbau-Poliere, Koksofen- und Gaswerksofenbau-Poliere sowie Ofenmeister	5.084,—	5.109,42
– Schornsteinbau-Poliere	5.297,—	5.323,49

§ 4
Ausbildungsvergütungen

(1) Ab **1. Mai 2020** gelten für Auszubildende die nachstehenden Ausbildungsvergütungen je Monat (in €):

– im 1. Ausbildungsjahr	758,—
– im 2. Ausbildungsjahr	875,—
– im 3. Ausbildungsjahr	1.104,—

(2) Ab **1. Januar 2021** gelten für Auszubildende die nachstehenden Ausbildungsvergütungen je Monat (in €):

– im 1. Ausbildungsjahr	798,—
– im 2. Ausbildungsjahr	905,—
– im 3. Ausbildungsjahr	1.124,—

(3) Die monatliche Ausbildungsvergütung erhöht sich für Auszubildende, die eine Landes- oder Bundesfachklasse besuchen, im jeweiligen Ausbildungsjahr um 60,— €.

§ 4a
Corona-Prämie

(1) Zur Anerkennung des persönlichen Beitrags, den jeder einzelne Arbeitnehmer der Baubranche während der Corona-Pandemie erbracht hat, zahlen Arbeitgeber den Arbeitnehmern, die einen Anspruch nach § 3 haben, zusätzlich zum ohnehin geschuldeten Gehalt spätestens mit dem Novembergehalt eine Corona-Prämie gemäß § 3 Nr. 11 a EStG und § 1 SvEV in Höhe von 500,— €.

(2) Ist die vereinbarte Arbeitszeit geringer als die tarifliche, so mindert sich die Corona-Prämie im Verhältnis der vereinbarten wöchentlichen Arbeitszeit zur tariflichen Arbeitszeit. Arbeitnehmer in Altersteilzeit erhalten unabhängig von der konkreten Verteilung der Arbeitszeit die Hälfte der jeweiligen Corona-Prämie.

(3) Für jeden Monat im Zeitraum April bis November 2020, in dem kein Gehaltsanspruch nach § 3 bestand, vermindert sich die Corona-Prämie um ein Achtel.

(4) Auszubildende, die einen Anspruch nach § 4 haben, erhalten zusätzlich zur ohnehin geschuldeten Ausbildungsvergütung spätestens mit der Novembervergütung eine Corona-Prämie gemäß § 3 Nr. 11 a EStG und § 1 SvEV in Höhe von 250,— €. Für jeden Monat im Zeitraum April bis November 2020, in dem kein Vergütungsanspruch nach § 4 bestand, vermindert sich die Corona-Prämie um ein Achtel.

§ 5
Beschäftigungs-
sicherungsklausel

(1) Während der Laufzeit dieses Tarifvertrages können zur Sicherung der Beschäftigung der Arbeitnehmer, zur Verbesserung der Wettbewerbsfähigkeit der Betriebe sowie zur Stärkung des regionalen Baugewerbes durch freiwillige Betriebsvereinbarung oder, wenn kein Betriebsrat besteht, durch einzelvertragliche Vereinbarung von den in § 3 geregelten Gehältern um bis zu 4 v. H. abweichende Gehälter vereinbart werden. Diese betrieblich vereinbarten Gehälter treten an die Stelle der Tarifgehälter. Der Ausgleichsbetrag nach § 3 Abs. 1 des Tarifvertrages über die Einführung neuer Gehaltsstrukturen für die Angestellten und Poliere des Baugewerbes vermindert sich entsprechend. Bei Beendigung des Arbeitsverhältnisses durch betriebsbedingte Kündigung des Arbeitgebers hat der Arbeitnehmer jedoch für die letzten drei Monate des Bestehens des Arbeitsverhältnisses Anspruch auf die in § 3 geregelten Gehälter und den unverminderten Ausgleichsbetrag. Der Differenzbetrag wird mit Beendigung des Arbeitsverhältnisses fällig.

(2) Der Zielsetzung des Abs. 1 dienen insbesondere die Vermeidung von Kurzarbeit und von betriebsbedingten Kündigungen, die Übernahme von Auszubildenden und die Vermeidung der arbeitskostenbedingten Vergabe von Nachunternehmerleistungen.

(3) Über die Absicht, eine entsprechende Betriebsvereinbarung zu schließen, sollen die bezirklichen Organisationsvertreter der Tarifvertragsparteien rechtzeitig unterrichtet werden; über den Abschluss einer entsprechenden Betriebsvereinbarung sind sie zu unterrichten. Die Betriebsvereinbarung wird mit ihrem Zugang bei den bezirklichen Organisationsvertretern wirksam, wenn diese nicht innerhalb einer Woche unter Angabe der Gründe schriftlich Einspruch einlegen. Zur Wahrung der Frist genügt die rechtzeitige Absendung des Einspruchs. Ein Einspruch kann nur mit einem Verstoß gegen die Zielsetzung dieser Beschäftigungssicherungsklausel begründet werden. Nach einem Einspruch wird die Betriebsvereinbarung erst durch erneute Beschlussfassung des Betriebsrates, die mit mindestens einer Dreiviertelmehrheit der Mitglieder des Betriebsrates – bei einem dreiköpfigen Betriebsrat mit einer Zweidrittelmehrheit – erfolgen muss, wirksam.

(4) Einzelvertragliche Vereinbarungen werden erst wirksam, wenn sie vom Arbeitnehmer nicht binnen einer Frist von einer Woche schriftlich widerrufen werden. Zur Wahrung der Frist genügt die rechtzeitige Absendung des Widerspruches.

§ 6
Inkrafttreten und Laufdauer

Dieser Tarifvertrag tritt am 1. Mai 2020 in Kraft. Er kann mit einer Frist von zwei Monaten zum Monatsende, erstmals zum 30. Juni 2021, schriftlich gekündigt werden.

Berlin/Frankfurt a. M., den 17. September 2020

▷ Siehe auch **Handbuch des Personalrechts für den Baubetrieb** (13. Auflage), Stichwort: *Arbeitnehmer*, Formulare/Muster: *Arbeitsvertrag (Angestellte)*, *Kalendermäßig befristeter Arbeitsvertrag nach dem Teilzeit- und Befristungsgesetz (Angestellte).*

Tarifvertrag zur Regelung der Gehälter und Ausbildungsvergütungen für die Angestellten und Poliere des Baugewerbes im Gebiet des Landes Berlin (TV Gehalt/Berlin)

vom 17. September 2020

Zwischen

dem Bauindustrieverband Ost e. V.,
Karl-Marx-Straße 27, 14482 Potsdam,

dem Landesverband Bauhandwerk Brandenburg und Berlin e. V.,
Otto-Erich-Straße 11 – 13, 14482 Potsdam,

und

der Industriegewerkschaft Bauen-Agrar-Umwelt,
Olof-Palme-Straße 19, 60439 Frankfurt a. M.,

wird folgender Tarifvertrag geschlossen:

§ 1
Geltungsbereich

(1) Räumlicher Geltungsbereich:

Das Gebiet des Landes Berlin.

(2) Betrieblicher Geltungsbereich:

Betriebe, die unter den betrieblichen Geltungsbereich des Rahmentarifvertrages für die Angestellten und Poliere des Baugewerbes in der jeweils geltenden Fassung fallen.

(3) Persönlicher Geltungsbereich:

Erfasst werden:

1. Angestellte,
2. Poliere sowie die in überbetrieblichen Ausbildungsstätten hauptberuflich als Ausbilder Beschäftigten, die unter den persönlichen Geltungsbereich des Rahmentarifvertrages für die Angestellten und Poliere des Baugewerbes in der jeweils geltenden Fassung fallen,
3. zur Ausbildung für den Beruf eines Angestellten Beschäftigte,

die eine nach den Vorschriften des Sechsten Buches Sozialgesetzbuch – Gesetzliche Rentenversicherung – (SGB VI) versicherungspflichtige Tätigkeit ausüben.

§ 2
Gehaltsgruppen

Für die Gruppeneinteilung gelten die Bestimmungen des § 5 Nr. 2 des Rahmentarifvertrages für die Angestellten und Poliere des Baugewerbes in der jeweils geltenden Fassung.

§ 3
Gehaltssätze

(1) Ab **1. Mai 2020** gelten für die einzelnen Gehaltsgruppen die nachstehenden Gehälter je Monat (in €):

	Gehalt
a) **Angestellte und Poliere**	
– Gruppe A I	2.271,—
– Gruppe A II	2.623,—
– Gruppe A III	3.008,—
– Gruppe A IV	3.405,—
– Gruppe A V	3.813,—
– Gruppe A VI	4.236,—
– Gruppe A VII	4.684,—
– Gruppe A VIII	5.145,—
– Gruppe A IX	5.740,—
– Gruppe A X	6.417,—
b) **Poliere im feuerungstechnischen Gewerbe**	
– Feuerungs- und Ofenbau-Poliere, Koksofen- und Gaswerksofenbau-Poliere sowie Ofenmeister	5.204,—
– Schornsteinbau-Poliere	5.423,—

(2) Angestellte und Poliere erhalten ab dem 1. Oktober 2020 zur weiteren Entschädigung von Wegezeiten/-strecken pauschal einen Zuschlag von 0,5 v. H. ihrer Gehälter (Wegstreckenentschädigung – WE).

(3) Ab **1. Oktober 2020** gelten für die einzelnen Gehaltsgruppen die nachstehenden Gehälter je Monat (in €):

	Gehalt	**Gehalt + WE**
a) **Angestellte und Poliere**		
– Gruppe A I	2.271,—	2.282,36
– Gruppe A II	2.623,—	2.636,12
– Gruppe A III	3.008,—	3.023,04
– Gruppe A IV	3.405,—	3.422,03
– Gruppe A V	3.813,—	3.832,07
– Gruppe A VI	4.236,—	4.257,18
– Gruppe A VII	4.684,—	4.407,42
– Gruppe A VIII	5.145,—	5.170,73
– Gruppe A IX	5.740,—	5.768,70
– Gruppe A X	6.417,—	6.449,09
b) **Poliere im feuerungstechnischen Gewerbe**		
– Feuerungs- und Ofenbau-Poliere, Koksofen- und Gaswerksofenbau-Poliere sowie Ofenmeister	5.204,—	5.230,02
– Schornsteinbau-Poliere	5.423,—	5.450,12

(4) Ab **1. Januar 2021** gelten für die einzelnen Gehaltsgruppen die nachstehenden Gehälter je Monat (in €):

	Gehalt	**Gehalt + WE**
a) **Angestellte und Poliere**		
– Gruppe A I	2.319,—	2.330,60
– Gruppe A II	2.678,—	2.691,39
– Gruppe A III	3.071,—	3.086,36
– Gruppe A IV	3.477,—	3.494,39
– Gruppe A V	3.893,—	3.912,47
– Gruppe A VI	4.325,—	4.346,63
– Gruppe A VII	4.782,—	4.805,91
– Gruppe A VIII	5.253,—	5.279,27
– Gruppe A IX	5.861,—	5.890,31
– Gruppe A X	6.552,—	6.584,76

(Fortsetzung)	**Gehalt**	**Gehalt + WE**
b) **Poliere im feuerungstechnischen Gewerbe**		
– Feuerungs- und Ofenbau-Poliere, Koksofen- und Gaswerksofenbau-Poliere sowie Ofenmeister	5.313,—	5.339,57
– Schornsteinbau-Poliere	5.537,—	5.564,69

§ 4
Ausbildungsvergütungen

Auszubildende erhalten nachstehende monatliche **Ausbildungsvergütungen**.

Mit Wirkung vom **1. Mai 2020** beträgt die monatliche Ausbildungsvergütung:

– im 1. Ausbildungsjahr	792,— €
– im 2. Ausbildungsjahr	966,— €
– im 3. Ausbildungsjahr	1.218,— €

Mit Wirkung vom **1. Januar 2021** beträgt die monatliche Ausbildungsvergütung:

– im 1. Ausbildungsjahr	832,— €
– im 2. Ausbildungsjahr	996,— €
– im 3. Ausbildungsjahr	1.238,— €

Die monatliche Ausbildungsvergütung erhöht sich für Auszubildende, die eine Landes- oder Bundesfachklasse besuchen, im jeweiligen Ausbildungsjahr um 60,— €.

§ 4 a
Corona-Prämie

(1) Zur Anerkennung des persönlichen Beitrags, den jeder einzelne Arbeitnehmer der Baubranche während der Corona-Pandemie erbracht hat, zahlen Arbeitgeber den Arbeitnehmern, die einen Anspruch nach § 3 haben, zusätzlich zum ohnehin geschuldeten Gehalt spätestens mit dem Novembergehalt eine Corona-Prämie gemäß § 3 Nr. 11 a EStG und § 1 SvEV in Höhe von 500,— €.

(2) Ist die vereinbarte Arbeitszeit geringer als die tarifliche, so mindert sich die Corona-Prämie im Verhältnis der vereinbarten wöchentlichen Arbeitszeit zur tariflichen Arbeitszeit. Arbeitnehmer in Altersteilzeit erhalten unabhängig von der konkreten Verteilung der Arbeitszeit die Hälfte der jeweiligen Corona-Prämie.

(3) Für jeden Monat im Zeitraum April bis November 2020, in dem kein Gehaltsanspruch nach § 3 bestand, vermindert sich die Corona-Prämie um ein Achtel.

(4) Auszubildende, die einen Anspruch nach § 4 haben, erhalten zusätzlich zur ohnehin geschuldeten Ausbildungsvergütung spätestens mit der Novembervergütung eine Corona-Prämie gemäß § 3 Nr. 11 a EStG und § 1 SvEV in Höhe von 250,— €. Für jeden Monat im Zeitraum April bis November 2020, in dem kein Vergütungsanspruch nach § 4 bestand, vermindert sich die Corona-Prämie um ein Achtel.

§ 5
Inkrafttreten und Laufdauer

Dieser Tarifvertrag tritt am 1. Mai 2020 in Kraft. Er kann mit einer Frist von zwei Monaten zum Monatsende, erstmals zum 30. Juni 2021, schriftlich gekündigt werden.

Potsdam/Frankfurt a. M., den 17. September 2020

Tarifvertrag zur Regelung der Gehälter und Ausbildungsvergütungen für die Angestellten des Baugewerbes in Bayern

vom 17. September 2020

Zwischen

dem Bayerischen Bauindustrieverband e. V.,
Oberanger 32, 80331 München,

dem Verband baugewerblicher Unternehmer Bayerns e. V.,
Bavariaring 31, 80336 München,

dem Verband der Zimmerer- und Holzbauunternehmer in Bayern e. V.,
Eisenacher Straße 17, 80804 München

einerseits

und

der Industriegewerkschaft Bauen-Agrar-Umwelt,
Olof-Palme-Straße 19, 60439 Frankfurt a. M.

andererseits

wird nachstehender Tarifvertrag abgeschlossen:

Er gilt in Verbindung mit dem Rahmentarifvertrag für die Angestellten und Poliere des Baugewerbes im Gebiet der Bundesrepublik Deutschland in der jeweils geltenden Fassung.

§ 1 Geltungsbereich

(1) Räumlicher Geltungsbereich:

Das Gebiet des Freistaates Bayern.

(2) Betrieblicher Geltungsbereich:

Die in § 1 Abs. 2 des Rahmentarifvertrages für die Angestellten und Poliere des Baugewerbes im Gebiet der Bundesrepublik Deutschland in der jeweils geltenden Fassung aufgeführten Baubetriebe.

(3) Persönlicher Geltungsbereich:

Erfasst werden:

1. Angestellte,
2. zur Ausbildung für den Beruf eines Angestellten Beschäftigte,

die eine nach den Vorschriften des Sechsten Buches Sozialgesetzbuch – gesetzliche Rentenversicherung – (SGB VI) versicherungspflichtige Tätigkeit ausüben.

§ 2
Gehaltsgruppen

Für die Gruppeneinteilung gelten die Bestimmungen des § 5 Nr. 2 des Rahmentarifvertrages für die Angestellten und Poliere des Baugewerbes in der jeweils geltenden Fassung.

§ 3
Gehaltssätze und Ausbildungsvergütungen

(1) Ab **1. Mai 2020** gelten für die einzelnen Gehaltsgruppen die nachstehenden Gehälter je Monat (in €):

– Gruppe A I	2.298,—
– Gruppe A II	2.648,—
– Gruppe A III	3.036,—
– Gruppe A IV	3.439,—
– Gruppe A V	3.852,—
– Gruppe A VI	4.281,—
– Gruppe A VII	4.732,—
– Gruppe A VIII	5.198,—
– Gruppe A IX	5.798,—
– Gruppe A X	6.484,—

(2) Angestellte und Poliere erhalten ab dem 1. Oktober 2020 zur weiteren Entschädigung von Wegezeiten/-strecken pauschal einen Zuschlag von 0,5 v. H. ihrer Gehälter (Wegstreckenentschädigung – WE).

(3) Ab **1. Oktober 2020** gelten für die einzelnen Gehaltsgruppen die nachstehenden Gehälter und Zuschläge je Monat (in €):

	Gehalt	**Gehalt + WE**
– Gruppe A I	2.298,—	2.309,49
– Gruppe A II	2.648,—	2.661,24
– Gruppe A III	3.036,—	3.051,18
– Gruppe A IV	3.439,—	3.456,20
– Gruppe A V	3.852,—	3.871,26
– Gruppe A VI	4.281,—	4.302,41

(Fortsetzung)	**Gehalt**	**Gehalt + WE**
– Gruppe A VII	4.732,—	4.755,66
– Gruppe A VIII	5.198,—	5.223,99
– Gruppe A IX	5.798,—	5.826,99
– Gruppe A X	6.484,—	6.516,42

(4) Ab **1. Januar 2021** gelten für die einzelnen Gehaltsgruppen die nachstehenden Gehälter und Zuschläge je Monat (in €):

	Gehalt	**Gehalt + WE**
– Gruppe A I	2.346,—	2.357,73
– Gruppe A II	2.704,—	2.717,52
– Gruppe A III	3.100,—	3.115,50
– Gruppe A IV	3.511,—	3.528,56
– Gruppe A V	3.933,—	3.952,67
– Gruppe A VI	4.371,—	4.392,86
– Gruppe A VII	4.831,—	4.855,16
– Gruppe A VIII	5.307,—	5.333,54
– Gruppe A IX	5.920,—	5.949,60
– Gruppe A X	6.620,—	6.653,10

(5) Für Auszubildende gelten die nachstehenden Ausbildungsvergütungen je Monat (in €):

ab **1. Mai 2020**

– im 1. Ausbildungsjahr	845,—
– im 2. Ausbildungsjahr	1.078,—
– im 3. Ausbildungsjahr	1.364,—

ab **1. Januar 2021**

– im 1. Ausbildungsjahr	885,—
– im 2. Ausbildungsjahr	1.108,—
– im 3. Ausbildungsjahr	1.384,—

Die monatliche Ausbildungsvergütung erhöht sich für Auszubildende, die eine Landes- oder Bundesfachklasse besuchen, im jeweiligen Ausbildungsjahr um 60,— €.

§ 4
Besitzstandsregelung

Für Angestellte, die vor dem 1. März 2002 eingestellt wurden, gilt Folgendes:

(1) Ist das sich nach dem Übergang in die neuen Gehaltsgruppen ergebende Tarifgehalt niedriger als das bisherige Tarifgehalt des Angestellten, so erhält dieser in Höhe der Differenz einen Ausgleichsbetrag. Die Höhe des jeweiligen Ausgleichsbetrages ergibt sich aus dem Anhang zu diesem Tarifvertrag. Dieser Ausgleichsbetrag nimmt nicht an tariflichen Gehaltserhöhungen teil und ist nur auf Gehaltserhöhungen infolge einer Höhergruppierung anrechenbar. Der Ausgleichsbetrag geht jedoch in die Berechnungsgrundlage für das tarifliche 13. Monatseinkommen ein.

(2) Ist das sich nach dem Übergang in die neuen Gehaltsgruppen ergebende Tarifgehalt höher als das bisherige Tarifgehalt des Angestellten, so erhält dieser vom Zeitpunkt der Einführung der neuen Gehaltsstruktur an das neue Tarifgehalt. Bei diesem Übergang können bisher freiwillig gewährte übertarifliche Zulagen nach den Grundsätzen der Rechtsprechung angerechnet werden.

§ 5
Corona-Prämie

(1) Zur Anerkennung des persönlichen Beitrags, den jeder einzelne Arbeitnehmer der Baubranche während der Corona-Pandemie erbracht hat, zahlen Arbeitgeber den Arbeitnehmern, die einen Anspruch nach § 3 haben, zusätzlich zum ohnehin geschuldeten Gehalt spätestens mit dem Novembergehalt eine Corona-Prämie gemäß § 3 Nr. 11 a EStG und § 1 SvEV in Höhe von 500,— €.

(2) Ist die vereinbarte Arbeitszeit geringer als die tarifliche, so mindert sich die Corona-Prämie im Verhältnis der vereinbarten wöchentlichen Arbeitszeit zur tariflichen Arbeitszeit. Arbeitnehmer in Altersteilzeit erhalten unabhängig von der konkreten Verteilung der Arbeitszeit die Hälfte der jeweiligen Corona-Prämie.

(3) Für jeden Monat im Zeitraum April bis November 2020, in dem kein Gehaltsanspruch nach § 3 bestand, vermindert sich die Corona-Prämie um ein Achtel.

(4) Auszubildende, die einen Anspruch nach § 3 Abs. 5 haben, erhalten zusätzlich zur ohnehin geschuldeten Ausbildungsvergütung spätestens mit der Novembervergütung eine Corona-Prämie gemäß § 3 Nr. 11 a EStG und § 1 SvEV in Höhe von 250,— €. Für jeden Monat im Zeitraum April bis November 2020, in dem kein Vergütungsanspruch nach § 3 Abs. 5 bestand, vermindert sich die Corona-Prämie um ein Achtel.

§ 6
Inkrafttreten und Vertragsdauer

Dieser Tarifvertrag tritt am 1. Mai 2020 in Kraft. Er kann mit einer Frist von zwei Monaten zum Monatsende, erstmals zum 30. Juni 2021, schriftlich gekündigt werden.

§ 7
Schlussbestimmung

Mit Inkrafttreten dieses Tarifvertrages tritt der Tarifvertrag zur Regelung der Gehälter und Ausbildungsvergütungen für die Angestellten des Baugewerbes in Bayern vom 1. Juni 2018 außer Kraft.

München/Frankfurt a. M., den 17. September 2020

Anhang zu § 4

Gehälter der **kaufmännischen** Angestellten des Baugewerbes in Bayern
ab 1. Mai 2020 (in €) – **Einstellung vor dem 1. April 1998**.

bisherige Gehalts-gruppe	**neue Gehalts-gruppe**	**neues Tarifgehalt**	**Ausgleichsbetrag** *)	**neues Tarifgehalt** einschließlich **Ausgleichsbetrag**
K 1/1	A I	2.298,—		2.298,—
K 1/3	A I	2.298,—	155,—	2.453,—
K 2/1	A I	2.298,—		2.298,—
K 2/3	A I	2.298,—	65,—	2.363,—
K 2/5	A II	2.648,—	146,—	2.794,—
K 3/1	A II	2.648,—		2.648,—
K 3/3	A II	2.648,—	124,—	2.772,—
K 3/5	A III	3.036,—	101,—	3.137,—
K 4/1	A III	3.036,—	124,—	3.160,—
K 4/3	A IV	3.439,—		3.439,—
K 4/5	A IV	3.439,—	180,—	3.619,—
K 5/1	A V	3.852,—	237,—	4.089,—
K 5/5	A VI	4.281,—	67,—	4.348,—
K 5/7	A VII	4.732,—	37,—	4.769,—
K 6	A VIII	5.198,—	272,—	5.470,—
K 7	A X	6.484,—		6.484,—

*) auf Grund des Gehaltstarifvertrages vom 28. Februar 2002

Gehälter der **technischen** Angestellten des Baugewerbes in Bayern
ab 1. Mai 2020 (in €) – **Einstellung vor dem 1. April 1998**.

bisherige Gehalts-gruppe	**neue Gehalts-gruppe**	**neues Tarifgehalt**	**Ausgleichsbetrag** *)	**neues Tarifgehalt** einschließlich **Ausgleichsbetrag**
T 1/1	A I	2.298,—		2.298,—
T 1/3	A I	2.298,—	269,—	2.567,—
T 2/1	A II	2.648,—	135,—	2.783,—

bisherige Gehalts-gruppe	**neue Gehalts-gruppe**	**neues Tarifgehalt**	**Ausgleichsbetrag** *)	**neues Tarifgehalt** einschließlich **Ausgleichsbetrag**
T 2/3	A III	3.036,—	62,—	3.098,—
T 2/5	A III	3.036,—	207,—	3.243,—
T 3/1	A IV	3.439,—	55,—	3.494,—
T 3/3	A V	3.852,—		3.852,—
T 3/5	A V	3.852,—	68,—	3.920,—
T 4/1	A VI	4.281,—	62,—	4.343,—
T 4/3	A VII	4.732,—		4.732,—
T 5/1	A VII	4.732,—	228,—	4.960,—
T 5/5	A VIII	5.198,—		5.198,—
T 5/7	A VIII	5.198,—	296,—	5.494,—
T 6	A IX	5.798,—	365,—	6.163,—
T 7	A X	6.484,—	133,—	6.617,—

*) auf Grund des Gehaltstarifvertrages vom 28. Februar 2002

Bisherige Gruppe TH

Für Angestellte, die vor dem 1. März 1998 eingestellt und vor dem 1. März 1998 in die bisherige Gehaltsgruppe TH 4. Berufsjahr eingestuft wurden, beträgt das Gehalt 6.237,33 €.

Gehälter der **kaufmännischen** Angestellten des Baugewerbes in Bayern **ab 1. Mai 2020** (in €) – **Einstellung nach dem 31. März 1998**.

bisherige Gehalts-gruppe	**neue Gehalts-gruppe**	**neues Tarifgehalt**	**Ausgleichsbetrag** *)	**neues Tarifgehalt** einschließlich **Ausgleichsbetrag**
K 1/1	A I	2.298,—		2.298,—
K 1/3	A I	2.298,—		2.298,—
K 2/1	A I	2.298,—		2.298,—
K 2/3	A I	2.298,—	56,—	2.354,—
K 2/5	A II	2.648,—		2.648,—

bisherige Gehalts-gruppe	**neue Gehalts-gruppe**	**neues Tarifgehalt**	**Ausgleichsbetrag** *)	**neues Tarifgehalt** einschließlich **Ausgleichsbetrag**
K 3/1	A II	2.648,—		2.648,—
K 3/3	A II	2.648,—	124,—	2.772,—
K 3/5	A III	3.036,—	101,—	3.137,—
K 4/1	A III	3.036,—	124,—	3.160,—
K 4/3	A IV	3.439,—		3.439,—
K 4/5	A IV	3.439,—	61,—	3.500,—
K 5/1	A V	3.852,—		3.852,—
K 5/3	A V	3.852,—	153,—	4.005,—
K 5/5	A VI	4.281,—	67,—	4.348,—
K 5/7	A VII	4.732,—		4.732,—
K 6/1	A VIII	5.198,—		5.198,—
K 6/3	A VIII	5.198,—	157,—	5.355,—
K 7/1	A IX	5.798,—		5.798,—
K 7/3	A X	6.484,—		6.484,—

*) auf Grund des Gehaltstarifvertrages vom 28. Februar 2002

Gehälter der **technischen** Angestellten des Baugewerbes in Bayern
ab 1. Mai 2020 (in €) – **Einstellung nach dem 31. März 1998**.

bisherige Gehalts-gruppe	**neue Gehalts-gruppe**	**neues Tarifgehalt**	**Ausgleichsbetrag** *)	**neues Tarifgehalt** einschließlich **Ausgleichsbetrag**
T 1/1	A I	2.298,—		2.298,—
T 1/3	A I	2.298,—	191,—	2.489,—
T 2/1	A II	2.648,—	135,—	2.783,—
T 2/3	A III	3.036,—		3.036,—
T 2/5	A III	3.036,—	175,—	3.211,—
T 3/1	A IV	3.439,—	55,—	3.494,—
T 3/3	A V	3.852,—		3.852,—
T 3/5	A V	3.852,—	68,—	3.920,—

bisherige Gehalts-gruppe	**neue Gehalts-gruppe**	**neues Tarifgehalt**	**Ausgleichsbetrag** *)	**neues Tarifgehalt** einschließlich **Ausgleichsbetrag**
T 4/1	A VI	4.281,—	62,—	4.343,—
T 4/3	A VII	4.732,—		4.732,—
T 5/1	A VII	4.732,—		4.732,—
T 5/3	A VII	4.732,—	62,—	4.794,—
T 5/5	A VIII	5.198,—		5.198,—
T 5/7	A VIII	5.198,—	112,—	5.310,—
T 6/1	A IX	5.798,—		5.798,—
T 6/3	A IX	5.798,—	192,—	5.990,—
T 7/1	A X	6.484,—		6.484,—
T 7/3	A X	6.484,—	25,—	6.509,—

*) auf Grund des Gehaltstarifvertrages vom 28. Februar 2002

Gehälter der **kaufmännischen** Angestellten des Baugewerbes in Bayern **ab 1. Oktober 2020** (in €) – **Einstellung vor dem 1. April 1998**.

bisherige Gehalts-gruppe	**neue Gehalts-gruppe**	**neues Tarifgehalt**	**Ausgleichsbetrag** *)	**neues Tarifgehalt** einschließlich **Ausgleichsbetrag**	**WE**
K 1/1	A I	2.298,—		2.298,—	11,49
K 1/3	A I	2.298,—	155,—	2.453,—	11,49
K 2/1	A I	2.298,—		2.298,—	11,49
K 2/3	A I	2.298,—	65,—	2.363,—	11,49
K 2/5	A II	2.648,—	146,—	2.794,—	13,24
K 3/1	A II	2.648,—		2.648,—	13,24
K 3/3	A II	2.648,—	124,—	2.772,—	13,24
K 3/5	A III	3.036,—	101,—	3.137,—	15,18
K 4/1	A III	3.036,—	124,—	3.160,—	15,18
K 4/3	A IV	3.439,—		3.439,—	17,20
K 4/5	A IV	3.439,—	180,—	3.619,—	17,20

bisherige Gehalts-gruppe	**neue Gehalts-gruppe**	**neues Tarifgehalt**	**Ausgleichsbetrag** *)	**neues Tarifgehalt** einschließlich **Ausgleichsbetrag**	**WE**
K 5/1	A V	3.852,—	237,—	4.089,—	19,26
K 5/5	A VI	4.281,—	67,—	4.348,—	21,41
K 5/7	A VII	4.732,—	37,—	4.769,—	23,66
K 6	A VIII	5.198,—	272,—	5.470,—	25,99
K 7	A X	6.484,—		6.484,—	32,42

*) auf Grund des Gehaltstarifvertrages vom 28. Februar 2002

Gehälter der **technischen** Angestellten des Baugewerbes in Bayern
ab 1. Oktober 2020 (in €) – **Einstellung vor dem 1. April 1998**.

bisherige Gehalts-gruppe	**neue Gehalts-gruppe**	**neues Tarifgehalt**	**Ausgleichsbetrag** *)	**neues Tarifgehalt** einschließlich **Ausgleichsbetrag**	**WE**
T 1/1	A I	2.298,—		2.298,—	11,49
T 1/3	A I	2.298,—	269,—	2.567,—	11,49
T 2/1	A II	2.648,—	135,—	2.783,—	13,24
T 2/3	A III	3.036,—	62,—	3.098,—	15,18
T 2/5	A III	3.036,—	207,—	3.243,—	15,18
T 3/1	A IV	3.439,—	55,—	3.494,—	17,20
T 3/3	A V	3.852,—		3.852,—	19,26
T 3/5	A V	3.852,—	68,—	3.920,—	19,26
T 4/1	A VI	4.281,—	62,—	4.343,—	21,41
T 4/3	A VII	4.732,—		4.732,—	23,66
T 5/1	A VII	4.732,—	228,—	4.960,—	23,66
T 5/5	A VIII	5.198,—		5.198,—	25,99
T 5/7	A VIII	5.198,—	296,—	5.494,—	25,99
T 6	A IX	5.798,—	365,—	6.163,—	28,99
T 7	A X	6.484,—	133,—	6.617,—	32,42

*) auf Grund des Gehaltstarifvertrages vom 28. Februar 2002

Bisherige Gruppe TH

Für Angestellte, die vor dem 1. März 1998 eingestellt und vor dem 1. März 1998 in die bisherige Gehaltsgruppe TH 4. Berufsjahr eingestuft wurden, beträgt das Gehalt 6.237,33 € und der Zuschlag (WE) 31,19 €.

Gehälter der **kaufmännischen** Angestellten des Baugewerbes in Bayern **ab 1. Oktober 2020** (in €) – **Einstellung nach dem 31. März 1998**.

bisherige Gehalts-gruppe	**neue Gehalts-gruppe**	**neues Tarifgehalt**	**Ausgleichsbetrag** *)	**neues Tarifgehalt** einschließlich **Ausgleichsbetrag**	**WE**
K 1/1	A I	2.298,—		2.298,—	11,49
K 1/3	A I	2.298,—		2.298,—	11,49
K 2/1	A I	2.298,—		2.298,—	11,49
K 2/3	A I	2.298,—	56,—	2.354,—	11,49
K 2/5	A II	2.648,—		2.648,—	13,24
K 3/1	A II	2.648,—		2.648,—	13,24
K 3/3	A II	2.648,—	124,—	2.772,—	13,24
K 3/5	A III	3.036,—	101,—	3.137,—	15,18
K 4/1	A III	3.036,—	124,—	3.160,—	15,18
K 4/3	A IV	3.439,—		3.439,—	17,20
K 4/5	A IV	3.439,—	61,—	3.500,—	17,20
K 5/1	A V	3.852,—		3.852,—	19,26
K 5/3	A V	3.852,—	153,—	4.005,—	19,26
K 5/5	A VI	4.281,—	67,—	4.348,—	21,41
K 5/7	A VII	4.732,—		4.732,—	23,66
K 6/1	A VIII	5.198,—		5.198,—	25,99
K 6/3	A VIII	5.198,—	157,—	5.355,—	25,99
K 7/1	A IX	5.798,—		5.798,—	28,99
K 7/3	A X	6.484,—		6.484,—	32,42

*) auf Grund des Gehaltstarifvertrages vom 28. Februar 2002

Gehälter der **technischen** Angestellten des Baugewerbes in Bayern
ab 1. Oktober 2020 (in €) – **Einstellung nach dem 31. März 1998**.

bisherige Gehalts-gruppe	**neue Gehalts-gruppe**	**neues Tarifgehalt**	**Ausgleichsbetrag** *)	**neues Tarifgehalt** einschließlich **Ausgleichsbetrag**	**WE**
T 1/1	A I	2.298,—		2.298,—	11,49
T 1/3	A I	2.298,—	191,—	2.489,—	11,49
T 2/1	A II	2.648,—	135,—	2.783,—	13,24
T 2/3	A III	3.036,—		3.036,—	15,18
T 2/5	A III	3.036,—	175,—	3.211,—	15,18
T 3/1	A IV	3.439,—	55,—	3.494,—	17,20
T 3/3	A V	3.852,—		3.852,—	19,26
T 3/5	A V	3.852,—	68,—	3.920,—	19,26
T 4/1	A VI	4.281,—	62,—	4.343,—	21,41
T 4/3	A VII	4.732,—		4.732,—	23,66
T 5/1	A VII	4.732,—		4.732,—	23,66
T 5/3	A VII	4.732,—	62,—	4.794,—	23,66
T 5/5	A VIII	5.198,—		5.198,—	25,99
T 5/7	A VIII	5.198,—	112,—	5.310,—	25,99
T 6/1	A IX	5.798,—		5.798,—	28,99
T 6/3	A IX	5.798,—	192,—	5.990,—	28,99
T 7/1	A X	6.484,—		6.484,—	32,42
T 7/3	A X	6.484,—	25,—	6.509,—	32,42

*) auf Grund des Gehaltstarifvertrages vom 28. Februar 2002

Gehälter der **kaufmännischen** Angestellten des Baugewerbes in Bayern
ab 1. Januar 2021 (in €) – **Einstellung vor dem 1. April 1998**.

bisherige Gehalts-gruppe	**neue Gehalts-gruppe**	**neues Tarifgehalt**	**Ausgleichsbetrag** *)	**neues Tarifgehalt** einschließlich **Ausgleichsbetrag**	**WE**
K 1/1	A I	2.346,—		2.346,—	11,73
K 1/3	A I	2.346,—	155,—	2.501,—	11,73

bisherige Gehalts-gruppe	**neue Gehalts-gruppe**	**neues Tarifgehalt**	**Ausgleichsbetrag** *)	**neues Tarifgehalt** einschließlich **Ausgleichsbetrag**	**WE**
K 2/1	A I	2.346,—		2.346,—	11,73
K 2/3	A I	2.346,—	65,—	2.411,—	11,73
K 2/5	A II	2.704,—	146,—	2.850,—	13,52
K 3/1	A II	2.704,—		2.704,—	13,52
K 3/3	A II	2.704,—	124,—	2.828,—	13,52
K 3/5	A III	3.100,—	101,—	3.201,—	15,50
K 4/1	A III	3.100,—	124,—	3.224,—	15,50
K 4/3	A IV	3.511,—		3.511,—	17,56
K 4/5	A IV	3.511,—	180,—	3.691,—	17,56
K 5/1	A V	3.933,—	237,—	4.170,—	19,67
K 5/5	A VI	4.371,—	67,—	4.438,—	21,86
K 5/7	A VII	4.831,—	37,—	4.868,—	24,16
K 6	A VIII	5.307,—	272,—	5.579,—	26,54
K 7	A X	6.620,—		6.620,—	33,10

*) auf Grund des Gehaltstarifvertrages vom 28. Februar 2002

Gehälter der **technischen** Angestellten des Baugewerbes in Bayern **ab 1. Januar 2021** (in €) – **Einstellung vor dem 1. April 1998**.

bisherige Gehalts-gruppe	**neue Gehalts-gruppe**	**neues Tarifgehalt**	**Ausgleichsbetrag** *)	**neues Tarifgehalt** einschließlich **Ausgleichsbetrag**	**WE**
T 1/1	A I	2.346,—		2.346,—	11,73
T 1/3	A I	2.346,—	269,—	2.615,—	11,73
T 2/1	A II	2.704,—	135,—	2.839,—	13,52
T 2/3	A III	3.100,—	62,—	3.162,—	15,50
T 2/5	A III	3.100,—	207,—	3.307,—	15,50
T 3/1	A IV	3.511,—	55,—	3.566,—	17,56
T 3/3	A V	3.933,—		3.933,—	19,67
T 3/5	A V	3.933,—	68,—	4.001,—	19,67

bisherige Gehalts-gruppe	**neue Gehalts-gruppe**	**neues Tarifgehalt**	**Ausgleichsbetrag** *)	**neues Tarifgehalt** einschließlich **Ausgleichsbetrag**	**WE**
T 4/1	A VI	4.371,—	62,—	4.433,—	21,86
T 4/3	A VII	4.831,—		4.831,—	24,16
T 5/1	A VII	4.831,—	228,—	5.059,—	24,16
T 5/5	A VIII	5.307,—		5.307,—	26,54
T 5/7	A VIII	5.307,—	296,—	5.603,—	26,54
T 6	A IX	5.920,—	365,—	6.285,—	29,60
T 7	A X	6.620,—	133,—	6.753,—	33,10

*) auf Grund des Gehaltstarifvertrages vom 28. Februar 2002

Bisherige Gruppe TH

Für Angestellte, die vor dem 1. März 1998 eingestellt und vor dem 1. März 1998 in die bisherige Gehaltsgruppe TH 4. Berufsjahr eingestuft wurden, beträgt das Gehalt 6.368,31 € und der Zuschlag (WE) 31,84 €.

Gehälter der **kaufmännischen** Angestellten des Baugewerbes in Bayern **ab 1. Januar 2021** (in €) – **Einstellung nach dem 31. März 1998**.

bisherige Gehalts-gruppe	**neue Gehalts-gruppe**	**neues Tarifgehalt**	**Ausgleichsbetrag** *)	**neues Tarifgehalt** einschließlich **Ausgleichsbetrag**	**WE**
K 1/1	A I	2.346,—		2.346,—	11,73
K 1/3	A I	2.346,—		2.346,—	11,73
K 2/1	A I	2.346,—		2.346,—	11,73
K 2/3	A I	2.346,—	56,—	2.402,—	11,73
K 2/5	A II	2.704,—		2.704,—	13,52
K 3/1	A II	2.704,—		2.704,—	13,52
K 3/3	A II	2.704,—	124,—	2.828,—	13,52
K 3/5	A III	3.100,—	101,—	3.201,—	15,50
K 4/1	A III	3.100,—	124,—	3.224,—	15,50
K 4/3	A IV	3.511,—		3.511,—	17,56
K 4/5	A IV	3.511,—	61,—	3.572,—	17,56

bisherige Gehalts-gruppe	**neue Gehalts-gruppe**	**neues Tarifgehalt**	**Ausgleichsbetrag** *)	**neues Tarifgehalt** einschließlich **Ausgleichsbetrag**	**WE**
K 5/1	A V	3.933,—		3.933,—	19,67
K 5/3	A V	3.933,—	153,—	4.086,—	19,67
K 5/5	A VI	4.371,—	67,—	4.438,—	21,86
K 5/7	A VII	4.831,—		4.831,—	24,16
K 6/1	A VIII	5.307,—		5.307,—	26,54
K 6/3	A VIII	5.307,—	157,—	5.464,—	26,54
K 7/1	A IX	5.920,—		5.920,—	29,60
K 7/3	A X	6.620,—		6.620,—	33,10

*) auf Grund des Gehaltstarifvertrages vom 28. Februar 2002

Gehälter der **technischen** Angestellten des Baugewerbes in Bayern **ab 1. Januar 2021** (in €) – **Einstellung nach dem 31. März 1998**.

bisherige Gehalts-gruppe	**neue Gehalts-gruppe**	**neues Tarifgehalt**	**Ausgleichsbetrag** *)	**neues Tarifgehalt** einschließlich **Ausgleichsbetrag**	**WE**
T 1/1	A I	2.346,—		2.346,—	11,73
T 1/3	A I	2.346,—	191,—	2.537,—	11,73
T 2/1	A II	2.704,—	135,—	2.839,—	13,52
T 2/3	A III	3.100,—		3.100,—	15,50
T 2/5	A III	3.100,—	175,—	3.275,—	15,50
T 3/1	A IV	3.511,—	55,—	3.566,—	17,56
T 3/3	A V	3.933,—		3.933,—	19,67
T 3/5	A V	3.933,—	68,—	4.001,—	19,67
T 4/1	A VI	4.371,—	62,—	4.433,—	21,86
T 4/3	A VII	4.831,—		4.831,—	24,16
T 5/1	A VII	4.831,—		4.831,—	24,16
T 5/3	A VII	4.831,—	62,—	4.893,—	24,16
T 5/5	A VIII	5.307,—		5.307,—	26,54
T 5/7	A VIII	5.307,—	112,—	5.419,—	26,54

bisherige Gehalts-gruppe	**neue Gehalts-gruppe**	**neues Tarifgehalt**	**Ausgleichsbetrag** *)	**neues Tarifgehalt** einschließlich **Ausgleichsbetrag**	**WE**
T 6/1	A IX	5.920,—		5.920,—	29,60
T 6/3	A IX	5.920,—	192,—	6.112,—	29,60
T 7/1	A X	6.620,—		6.620,—	33,10
T 7/3	A X	6.620,—	25,—	6.645,—	33,10

*) auf Grund des Gehaltstarifvertrages vom 28. Februar 2002

Tarifvereinbarung über die Gehaltsregelung für die Poliere des Baugewerbes in Bayern

vom 17. September 2020

Zwischen

dem Bayerischen Bauindustrieverband e. V.,
Oberanger 32, 80331 München,

dem Verband baugewerblicher Unternehmer Bayerns e. V.,
Bavariaring 31, 80336 München,

dem Verband der Zimmerer- und Holzbauunternehmer in Bayern e. V.,
Eisenacher Straße 17, 80804 München

einerseits

und

der Industriegewerkschaft Bauen-Agrar-Umwelt,
Olof-Palme-Straße 19, 60439 Frankfurt a. M.

andererseits

wird nachstehende Tarifvereinbarung abgeschlossen:

Sie gilt in Verbindung mit dem Rahmentarifvertrag für die Angestellten und Poliere des Baugewerbes im Gebiet der Bundesrepublik Deutschland in der jeweiligen Fassung:

§ 1
Geltungsbereich

(1) Räumlicher Geltungsbereich:

Das Gebiet des Freistaates Bayern.

(2) Betrieblicher Geltungsbereich:

Die in § 1 Abs. 2 des Rahmentarifvertrages für die Angestellten und Poliere des Baugewerbes im Gebiet der Bundesrepublik Deutschland in der jeweils geltenden Fassung aufgeführten Baubetriebe.

(3) Persönlicher Geltungsbereich:

Poliere, die unter den persönlichen Geltungsbereich des Rahmentarifvertrages für die Angestellten und Poliere des Baugewerbes der Bundesrepublik Deutschland in der jeweils geltenden Fassung fallen sowie Meister im Fertigbau.

§ 2
Gehaltssätze

(1) Poliere sind nach § 5 Nr. 2 des Rahmentarifvertrages für die Angestellten und Poliere des Baugewerbes in der jeweils geltenden Fassung einzustufen.

(2) Ab 1. April 2011 erhalten alle zum 31. März 2011 bereits beschäftigten Poliere einen Zuschlag von 85,— € monatlich als Festbetrag. Dieser Festbetrag wird bei zukünftigen Tariferhöhungen nicht berücksichtigt. Er zählt allerdings bei der Berechnung der sonstigen Leistungen nach dem Tarifvertrag. Ab 1. April 2011 neu eingestellte Poliere erhalten einen einheitlichen Zuschlag von 42,50 € monatlich als Festbetrag. Für diesen Festbetrag gilt Satz 2 singgemäß.

(3) Ab **1. Mai 2020** gelten für Poliere die nachstehenden Gehälter je Monat (in €):

a) Poliere – Einstellung vor dem 1. April 2011

Gehaltsgruppe	**Tarifgehalt**	**Festbetrag**	**Tarifgehalt** einschließlich **Festbetrag**
A VII	4.732,—	85,—	4.817,—
A VIII	5.198,—	85,—	5.283,—

b) Poliere – Einstellung nach dem 31. März 2011

Gehaltsgruppe	**Tarifgehalt**	**Festbetrag**	**Tarifgehalt** einschließlich **Festbetrag**
A VII	4.732,—	42,50	4.774,50
A VIII	5.198,—	42,50	5.240,50

c) Poliere im feuerungstechnischen Gewerbe

– Feuerungs- und Ofenbau-Poliere, Koksofen- und Gaswerksofenbau-Poliere sowie Ofenmeister	5.253,—
– Schornsteinbau-Poliere	5.477,—

(4) Poliere erhalten ab dem 1. Oktober 2020 zur weiteren Entschädigung von Wegezeiten/-strecken pauschal einen Zuschlag von 0,5 v. H. ihrer Gehälter (Wegstreckenentschädigung – WE).

(5) Ab **1. Oktober 2020** gelten für Poliere die nachstehenden Gehälter und Zuschläge je Monat (in €):

a) Poliere – Einstellung vor dem 1. April 2011

Gehaltsgruppe	**Tarifgehalt**	**Festbetrag**	**Tarifgehalt** einschließlich **Festbetrag**	**WE**
A VII	4.732,—	85,—	4.817,—	23,66
A VIII	5.198,—	85,—	5.283,—	25,99

b) Poliere – Einstellung nach dem 31. März 2011

Gehaltsgruppe	Tarifgehalt	Festbetrag	Tarifgehalt einschließlich Festbetrag	WE
A VII	4.732,—	42,50	4.774,50	23,66
A VIII	5.198,—	42,50	5.240,50	25,99

c) Poliere im feuerungstechnischen Gewerbe

	Tarifgehalt	WE
– Feuerungs- und Ofenbau-Poliere, Koksofen- und Gaswerksofenbau-Poliere sowie Ofenmeister	5.253,—	26,27
– Schornsteinbau-Poliere	5.477,—	27,39

(6) Ab **1. Januar 2021** gelten für Poliere die nachstehenden Gehälter und Zuschläge je Monat (in €):

a) Poliere – Einstellung vor dem 1. April 2011

Gehaltsgruppe	Tarifgehalt	Festbetrag	Tarifgehalt einschließlich Festbetrag	WE
A VII	4.831,—	85,—	4.916,—	24,16
A VIII	5.307,—	85,—	5.392,—	26,54

b) Poliere – Einstellung nach dem 31. März 2011

Gehaltsgruppe	Tarifgehalt	Festbetrag	Tarifgehalt einschließlich Festbetrag	WE
A VII	4.831,—	42,50	4.873,50	24,16
A VIII	5.307,—	42,50	5.349,50	26,54

c) Poliere im feuerungstechnischen Gewerbe

	Tarifgehalt	WE
– Feuerungs- und Ofenbau-Poliere, Koksofen- und Gaswerksofenbau-Poliere sowie Ofenmeister	5.253,—	26,27
– Schornsteinbau-Poliere	5.477,—	27,39

§ 3
Besitzstandsregelung

Für Poliere, nicht jedoch für Poliere im feuerungstechnischen Gewerbe, die bereits vor dem 1. März 2002 eingestellt wurden, gilt Folgendes:

(1) Poliere der bisherigen Gehaltsgruppe Poliere, 4. Berufsjahr, erhalten einen Ausgleichsbetrag, weil ihr Tarifgehalt bisher höher war. Im Übrigen gilt § 3 des Tarifvertrages zur Einführung neuer Gehaltsstrukturen für die Angestellten und Poliere des Baugewerbes vom 20. Dezember 2001.

(2) Ab **1. Mai 2020** gelten für diese Poliere die nachstehenden Gehälter je Monat (in €):

bisherige Gehalts-gruppe	**Gehalts-gruppe**	**Tarifgehalt**	**Festbetrag**	**Ausgleichs-betrag**	**Tarifgehalt** einschließlich **Festbetrag und Ausgleichsbetrag**
P/1	A VII	4.732,—	85,—		4.817,—
P/4	A VII	4.732,—	85,—	97,—	4.914,—
P/7	A VIII	5.198,—	85,—		5.283,—

(3) Ab **1. Oktober 2020** gelten für diese Poliere die nachstehenden Gehälter und Zuschläge je Monat (in €):

bisherige Gehalts-gruppe	**Gehalts-gruppe**	**Tarifgehalt**	**Festbetrag**	**Ausgleichs-betrag**	**Tarifgehalt** einschließlich **Festbetrag und Ausgleichsbetrag**	**WE**
P/1	A VII	4.732,—	85,—		4.817,—	23,66
P/4	A VII	4.732,—	85,—	97,—	4.914,—	23,66
P/7	A VIII	5.198,—	85,—		5.283,—	25,99

(4) Ab **1. Januar 2021** gelten für diese Poliere die nachstehenden Gehälter und Zuschläge je Monat (in €):

bisherige Gehalts-gruppe	**Gehalts-gruppe**	**Tarifgehalt**	**Festbetrag**	**Ausgleichs-betrag**	**Tarifgehalt** einschließlich **Festbetrag und Ausgleichsbetrag**	**WE**
P/1	A VII	4.831,—	85,—		4.916,—	24,16
P/4	A VII	4.831,—	85,—	97,—	5.013,—	24,16
P/7	A VIII	5.307,—	85,—		5.392,—	26,54

§ 4
Corona-Prämie

(1) Zur Anerkennung des persönlichen Beitrags, den jeder einzelne Arbeitnehmer der Baubranche während der Corona-Pandemie erbracht hat, zahlen Arbeitgeber den Arbeitnehmern, die einen Anspruch nach § 2 oder § 3 haben, zusätzlich zum ohnehin geschuldeten Gehalt spätestens mit dem Novembergehalt eine Corona-Prämie gemäß § 3 Nr. 11 a EStG und § 1 SvEV in Höhe von 500,— €.

(2) Ist die vereinbarte Arbeitszeit geringer als die tarifliche, so mindert sich die Corona-Prämie im Verhältnis der vereinbarten wöchentlichen Arbeitszeit zur tariflichen Arbeitszeit. Arbeitnehmer in Altersteilzeit erhalten unabhängig von der konkreten Verteilung der Arbeitszeit die Hälfte der jeweiligen Corona-Prämie.

(3) Für jeden Monat im Zeitraum April bis November 2020, in dem kein Gehaltsanspruch nach § 2 oder § 3 bestand, vermindert sich die Corona-Prämie um ein Achtel.

§ 5
Inkrafttreten und Vertragsdauer

Diese Tarifvereinbarung tritt am 1. Mai 2020 in Kraft. Sie kann mit einer Frist von zwei Monaten zum Monatsende, erstmals zum 30. Juni 2021, schriftlich gekündigt werden.

§ 6
Schlussbestimmung

Mit Inkrafttreten dieser Tarifvereinbarung tritt die Tarifvereinbarung über die Gehaltsregelung für die Poliere des Baugewerbes in Bayern vom 1. Juni 2018 außer Kraft.

München/Frankfurt a. M., den 17. September 2020

Tarifvertrag über die Gewährung eines 13. Monatseinkommens für die Angestellten des Baugewerbes

vom 21. Mai 1997

in der Fassung vom 26. Mai 1999, 27. Februar 2002,
4. Juli 2002, 29. Oktober 2003 und 1. Juni 2018

Zwischen

dem Zentralverband des Deutschen Baugewerbes e.V.,
Kronenstraße 55–58, 10117 Berlin,

dem Hauptverband der Deutschen Bauindustrie e.V.,
Kurfürstenstraße 129, 10785 Berlin,

und

der Industriegewerkschaft Bauen-Agrar-Umwelt,
Olof-Palme-Straße 19, 60439 Frankfurt a.M.,

wird folgender Tarifvertrag geschlossen:

§ 1
Geltungsbereich

(1) Räumlicher Geltungsbereich:

Das Gebiet der Bundesrepublik Deutschland, bis zum Ablauf des 31. Dezember 2019 mit Ausnahme des Beitrittsgebiets.

(2) Betrieblicher Geltungsbereich:

Betriebe, die unter den betrieblichen Geltungsbereich des Rahmentarifvertrages für die Angestellten und Poliere des Baugewerbes in der jeweils geltenden Fassung fallen, bis zum 31. Dezember 2019 mit Ausnahme der Mitgliedsbetriebe des Baugewerbeverbandes Schleswig-Holstein und der Verbände baugewerblicher Unternehmer Niedersachsen, Hessen und im Lande Bremen.

(3) Persönlicher Geltungsbereich:

Erfasst werden

1. Angestellte und Poliere,
2. zur Ausbildung für den Beruf eines Angestellten Beschäftigte,

die eine nach den Vorschriften des Sechsten Buches Sozialgesetzbuch – gesetzliche Rentenversicherung – (SGB VI) versicherungspflichtige Tätigkeit ausüben.

Nicht erfasst werden die unter § 5 Abs. 2 und 3 des Betriebsverfassungsgesetzes fallenden Personen.

§ 2
13. Monatseinkommen

(1) Arbeitnehmer, deren Arbeitsverhältnis am 30. November des laufenden Kalenderjahres (Stichtag) mindestens zwölf Monate (Bezugszeitraum) ununterbrochen besteht, haben Anspruch auf ein 13. Monatseinkommen in folgender Höhe:

- ab dem Jahr 2018 in Höhe von 55 v. H. ihres Tarifgehalts,
- im Jahr 2020 in Höhe von 60 v. H. ihres Tarifgehalts,
- im Jahr 2021 in Höhe von 66 v. H. ihres Tarifgehalts und
- ab dem Jahr 2022 in Höhe von 72 v. H. ihres Tarifgehalts.

Das 13. Monatseinkommen ist kaufmännisch auf den nächsten vollen Euro-Betrag auf- oder abzurunden.

Durch freiwillige Betriebsvereinbarung oder, wenn kein Betriebsrat besteht, durch einzelvertragliche Vereinbarung kann eine von Satz 1 abweichende Höhe des 13. Monatseinkommens vereinbart werden, wobei ein Betrag von 780,— € (Mindestbetrag) nicht unterschritten werden darf.

(2) Arbeitnehmer, deren Arbeitsverhältnis am Stichtag noch nicht zwölf Monate ununterbrochen besteht, haben für jeden vollen Beschäftigungsmonat, den sie bis zum Stichtag ununterbrochen im Betrieb zurückgelegt haben, Anspruch auf ein Zwölftel des 13. Monatseinkommens gemäß Abs. 1, wenn das Beschäftigungsverhältnis am Stichtag mindestens drei Monate ununterbrochen besteht.

(3) Arbeitnehmer, deren Arbeitsverhältnis vor dem Stichtag endet, haben für jeden vollen Beschäftigungsmonat, den sie seit dem letzten Stichtag ununterbrochen im Betrieb zurückgelegt haben, Anspruch auf ein Zwölftel des 13. Monatseinkommens gemäß Abs. 1, wenn das Beschäftigungsverhältnis im Zeitpunkt des Ausscheidens mindestens drei Monate ununterbrochen bestanden hat. Ein Anspruch besteht nicht, wenn das Arbeitsverhältnis durch außerordentliche Kündigung des Arbeitgebers beendet wurde oder wenn der Arbeitnehmer ohne wichtigen Grund ohne Einhaltung der Kündigungsfrist aus dem nicht einvernehmlich aufgehobenen Arbeitsverhältnis ausgeschieden ist. Stirbt ein Arbeitnehmer, so ist an den Ehegatten oder, falls der Arbeitnehmer nicht verheiratet war, an die Unterhaltsberechtigten ein anteiliges 13. Monatseinkommen nach Maßgabe des Satzes 1 zu zahlen.

(4) Anspruch auf ein 13. Monatseinkommen gemäß den Abs. 1 bis 3 haben nur diejenigen Arbeitnehmer, die im Bezugszeitraum eine Arbeitsleistung von mindestens 10 Arbeitstagen erbracht haben oder wegen kurzarbeitsbedingten Arbeitsausfalls und/oder krankheitsbedingter Arbeitsunfähigkeit, die auf einen Arbeitsunfall bei ihrer Tätigkeit zurückzuführen ist, nicht erbringen konnten.

(5) Ruht das Arbeitsverhältnis wegen der Inanspruchnahme des gesetzlichen Erziehungsurlaubs oder wegen der Vereinbarung unbezahlten Urlaubs im Bezugs-

zeitraum, so verringert sich das 13. Monatseinkommen für jeden angefangenen Kalendermonat des Ruhens des Arbeitsverhältnisses um ein Zwölftel; das gilt jedoch nicht für den Monat, in dem die Arbeit wieder aufgenommen wird. Arbeitnehmer, deren Arbeitsverhältnis während des gesamten Bezugszeitraumes ruht, haben keinen Anspruch; § 3 bleibt unberührt. Satz 1 gilt nicht bei Vereinbarung unbezahlten Urlaubs zum Zweck einer betriebsbezogenen beruflichen Fortbildung.

§ 2a

Arbeitnehmer in den Mitgliedsbetrieben des Baugewerbeverbandes Schleswig-Holstein und der Verbände baugewerblicher Unternehmer Niedersachsen, Hessen und im Lande Bremen sowie in allen Betrieben im Beitrittsgebiet erhalten abweichend von § 2 Abs. 1 Satz 1 ein 13. Monatseinkommen

- im Jahr 2020 in Höhe von 10 v. H. ihres Tarifgehalts,
- im Jahr 2021 in Höhe von 21 v. H. ihres Tarifgehalts und
- ab dem Jahr 2022 in Höhe von 32 v. H. ihres Tarifgehalts.

Abweichend von § 2 Abs. 1 Satz 3 gilt ein Mindestbetrag von 390,— € im Jahr 2021 und von 500,— € ab dem Jahr 2022, der nicht unterschritten werden darf.

§ 3
Ansprüche während des Grundwehr- oder Zivildienstes und nach Wiederaufnahme der Arbeit

(1) Arbeitnehmer, die am Stichtag (§ 2 Abs. 1 Satz 1) Grundwehr- oder Zivildienst leisten, haben keinen Anspruch auf das 13. Monatseinkommen bzw. den Betrag gemäß § 5.

(2) Arbeitnehmer, die vor dem zweiten Stichtag nach ihrer Einberufung unverzüglich im Anschluss an den Grundwehr- oder Zivildienst die Arbeit in ihrem bisherigen Betrieb wiederaufgenommen haben und deren Arbeitsverhältnis bis zum zweiten Stichtag ununterbrochen besteht, haben Anspruch auf ein 13. Monatseinkommen gemäß § 2 Abs. 1. Endet das Arbeitsverhältnis vor dem zweiten Stichtag (Satz 1), so besteht für jeden vollen Monat der Betriebszugehörigkeit seit dem 1. Dezember des Vorjahres Anspruch auf ein Zwölftel des 13. Monatseinkommens. § 2 Abs. 3 Satz 2 findet Anwendung.

(3) Arbeitnehmer, die am zweiten Stichtag nach ihrer Einberufung noch Grundwehr- oder Zivildienst leisten und unverzüglich im Anschluss an den Grundwehr- oder Zivildienst die Arbeit in ihrem bisherigen Betrieb wiederaufgenommen haben, haben Anspruch auf ein 13. Monatseinkommen gemäß § 2 Abs. 1. Der Anspruch setzt voraus, dass der Arbeitnehmer bis zum Ende des auf den Monat der Wiederaufnahme der Arbeit folgenden Monats das Arbeitsverhältnis nicht gekündigt hat. § 2 Abs. 3 bleibt unberührt.

(4) Arbeitnehmer, die vor dem ersten Stichtag nach ihrer Einberufung unverzüglich im Anschluss an den Grundwehr- oder Zivildienst die Arbeit in ihrem bishe-

rigen Betrieb wieder aufgenommen haben und deren Arbeitsverhältnis bis zum Stichtag ununterbrochen besteht, haben Anspruch auf ein 13. Monatseinkommen gemäß § 2 Abs. 1. Dieser Anspruch wird für jeden Monat, in welchem der Arbeitnehmer Wehr- oder Zivildienst geleistet hat, um ein Zwölftel gekürzt. Die Kürzung erfolgt nicht für den Monat, in dem die Arbeit wieder aufgenommen wird. Endet das Arbeitsverhältnis vor dem Stichtag, so besteht für jeden vollen Monat seit dem 1. Dezember des Vorjahres, in dem das Arbeitsverhältnis nicht geruht hat, Anspruch auf ein Zwölftel des 13. Monatseinkommens. § 2 Abs. 3 Satz 2 findet Anwendung.

§ 4
Teilzeitbeschäftigte

Ist die vereinbarte Arbeitszeit geringer als die tarifliche, so mindert sich die Höhe des 13. Monatseinkommens im Verhältnis der vereinbarten wöchentlichen Arbeitszeit zur tariflichen wöchentlichen Arbeitszeit. Ändert sich die vereinbarte Arbeitszeit innerhalb des Bezugszeitraumes, ist für die Höhe des 13. Monatseinkommens nicht die am Stichtag, sondern die in jedem einzelnen Kalendermonat vereinbarte Arbeitszeit anteilig zugrunde zu legen.

§ 5
Auszubildende

Auszubildende haben nach Maßgabe des § 2 Anspruch auf ein 13. Monatseinkommen in folgender Höhe:

- ab dem Jahr 2018 301,66 €,
- im Jahr 2020 330,— €,
- im Jahr 2021 360,— € und
- ab dem Jahr 2022 390,— €.

Bei Abschluss einer Betriebsvereinbarung oder einer einzelvertraglichen Vereinbarung über das 13. Monatseinkommen darf ein Betrag von 170,— € nicht unterschritten werden.

§ 5a

Abweichend von von § 5 Satz 1 gilt in Betrieben nach § 2a ein 13. Monatseinkommen in folgender Höhe:

- im Jahr 2020 60,— €,
- im Jahr 2021 120,— € und
- ab dem Jahr 2022 170,— €.

§ 6
Fälligkeit

(1) Das 13. Monatseinkommen, das zum Stichtag berechnet wird, ist je zur Hälfte zusammen mit der Zahlung des Gehalts bzw. der Ausbildungsvergütung für den

Monat November und für den Monat April des Folgejahres auszuzahlen. Bei Abschluss einer Betriebsvereinbarung oder einer einzelvertraglichen Vereinbarung über das 13. Monatseinkommen erfolgt abweichend von Satz 1 die Auszahlung mit dem Gehalt bzw. der Ausbildungsvergütung für den Monat November in Höhe von mindestens 520,— €, für Auszubildende mindestens 170,— €; dies gilt auch, wenn die beabsichtigte Vereinbarung am 30. November noch nicht abgeschlossen ist.

(2) Das bei Beendigung des Arbeitsverhältnisses bzw. Ausbildungsverhältnisses zu zahlende 13. Monatseinkommen wird am 15. des Monats fällig, der auf den Monat folgt, in dem das Arbeitsverhältnis bzw. Ausbildungsverhältnis beendet wurde.

(3) Das 13. Monatseinkommen gemäß § 3 Abs. 3 ist je zur Hälfte mit dem Gehalt für den Monat, welcher dem Monat der Wiederaufnahme der Arbeit folgt, und mit dem Gehalt für den darauffolgenden Monat April auszuzahlen.

§ 7
Anrechenbarkeit

Das 13. Monatseinkommen und der Betrag gemäß § 5 oder § 5 a können auf betrieblich gewährtes Weihnachtsgeld, 13. Monatseinkommen oder Zahlungen, die diesen Charakter haben, angerechnet werden.

§ 8
Inkrafttreten und Laufdauer

Dieser Tarifvertrag tritt am 1. Mai 1997 in Kraft. Er kann mit einer Frist von drei Monaten zum Monatsende, erstmals zum 31. Dezember 2022, schriftlich gekündigt werden.

Frankfurt a. M., den 21. Mai 1997/26. Mai 1999/27. Februar 2002/4. Juli 2002/ 29. Oktober 2003/1. Juni 2018

▷ Siehe auch Leitfaden **Das Arbeitsverhältnis im Baugewerbe** (6. Auflage), Kapitel 1.6.1.4 *13. Monatseinkommen*.

Tarifvertrag über die Gewährung vermögenswirksamer Leistungen für die Angestellten und Poliere des Baugewerbes

vom 24. August 2020

Zwischen

dem Zentralverband des Deutschen Baugewerbes e. V.,
Kronenstraße 55–58, 10117 Berlin,

dem Hauptverband der Deutschen Bauindustrie e. V.,
Kurfürstenstraße 129, 10785 Berlin,

und

der Industriegewerkschaft Bauen-Agrar-Umwelt,
Olof-Palme-Straße 19, 60439 Frankfurt a. M.,

wird folgender Tarifvertrag geschlossen:

§ 1
Geltungsbereich

(1) Räumlicher Geltungsbereich:

Das Gebiet derjenigen Länder der Bundesrepublik Deutschland und des Landes Berlin, in denen das Grundgesetz vor dem 3. Oktober 1990 galt.

(2) Betrieblicher Geltungsbereich:

Betriebe, die unter den betrieblichen Geltungsbereich des Rahmentarifvertrages für die technischen und kaufmännischen Angestellten und für die Poliere des Baugewerbes in der jeweils geltenden Fassung fallen.

(3) Persönlicher Geltungsbereich:

Angestellte, die eine nach den Vorschriften des Sechsten Buches Sozialgesetzbuch – Gesetzliche Rentenversicherung – (SGB VI) versicherungspflichtige Tätigkeit ausüben und

a) als technische oder kaufmännische Angestellte oder

b) zur Ausbildung für den Beruf eines Angestellten oder

c) als Polier beschäftigt sind.

Ausgenommen sind die unter § 5 Abs. 2 und 3 des Betriebsverfassungsgesetzes fallenden Angestellten.

§ 2
Voraussetzungen für die Gewährung vermögenswirksamer Leistungen

1. Der Arbeitgeber ist verpflichtet, dem Angestellten monatlich eine vermögenswirksame Leistung im Sinne des Gesetzes zur Förderung der Vermögensbildung der Arbeitnehmer in der jeweils geltenden Fassung in Höhe von 23,52 € pro Monat (Arbeitgeberzulage) zu gewähren, wenn der Angestellte gleichzeitig mindestens 3,07 € aus seinem Monatsgehalt (Eigenleistung) im Wege der Umwandlung vom Arbeitgeber vermögenswirksam anlegen lässt.

   Mit der Gewährung der vermögenswirksamen Leistung des Arbeitgebers ist die auf Überstunden jeglicher Art entfallende vermögenswirksame Leistung pauschal abgegolten.

   Von der Monatspauschale sind für jeden Fehltag ohne Rücksicht auf dessen Ursache abzuziehen: Bei Aufteilung der tariflichen wöchentlichen Arbeitszeit

   auf 5 Arbeitstage 1,18 €,
   auf 6 Arbeitstage 1,02 €.

2. Die vermögenswirksame Leistung des Arbeitgebers ist erstmalig vom Beginn des Monats an zu zahlen, der dem Monat folgt, in dem der Angestellte alle Verfahrensvoraussetzungen gemäß § 5 Nr. 2 dieses Tarifvertrages erfüllt hat.
3. Die Bestimmungen der Nrn. 1 und 2 gelten für die Auszubildenden entsprechend. Tage, an denen der Auszubildende in einer überbetrieblichen Ausbildungsstätte des Baugewerbes ausgebildet wird, sind keine Fehltage im Sinne von Nr. 1 Satz 3.

§ 3
Wahlmöglichkeit

Die Verpflichtung des Arbeitgebers nach § 2 entfällt, wenn dem Angestellten nach Maßgabe der §§ 2 bis 11 des Tarifvertrages über eine Zusatzrente im Baugewerbe (TV TZR) eine Versorgungszusage erteilt wird.

§ 4
Anrechenbarkeit bisher gewährter vermögenswirksamer Leistungen des Arbeitgebers

Hat der Arbeitgeber aufgrund des Gesetzes zur Förderung der Vermögensbildung der Arbeitnehmer in der jeweils geltenden Fassung vermögenswirksame Leistungen im gleichen Kalenderjahr gewährt, so können diese Leistungen auf die nach diesem Tarifvertrag zu gewährenden Leistungen angerechnet werden.

§ 5
Verfahren

1. Die Eigenleistung des Angestellten bzw. des Auszubildenden und die vermögenswirksame Leistung des Arbeitgebers sind gemeinsam anzulegen.
2. Der Angestellte bzw. der Auszubildende hat dem Arbeitgeber die Art der gewählten Anlage und das Unternehmen oder Institut mit der Nummer des Kontos anzugeben, auf das die vermögenswirksamen Leistungen überwiesen werden sollen. Der Angestellte bzw. der Auszubildende hat diese Angaben auf Verlangen des Arbeitgebers schriftlich zu machen.
3. Für die Umwandlungserklärung ist die Erteilung einer Vollmacht ausgeschlossen.
4. Der Arbeitgeber hat die Eigenleistung des Angestellten und die Arbeitgeberzulage in der Gehaltsabrechnung gesondert auszuweisen und zugunsten des Angestellten an die von diesem bezeichnete Stelle grundsätzlich monatlich abzuführen; Arbeitgeber und Angestellter können auch eine vierteljährliche Abführung vereinbaren.
5. Die Bestimmung der Nr. 4 gilt für die Auszubildenden entsprechend.
6. Über die Höhe der abgeführten Beträge ist bei Ausscheiden aus dem Arbeitsverhältnis, bei Fortdauer des Arbeitsverhältnisses über den 31. Dezember des Jahres hinaus nach Beendigung des Kalenderjahres eine Bescheinigung auszustellen und dem Angestellten bzw. dem Auszubildenden auszuhändigen.

§ 6
Verjährung

1. Der Anspruch auf die vermögenswirksame Leistung des Arbeitgebers verjährt in drei Jahren. Die Verjährungsfrist beginnt mit dem Schluss des Kalenderjahres, in dem der Anspruch auf die vermögenswirksame Leistung des Arbeitgebers entstanden ist.
2. Die Bestimmungen des § 13 des Rahmentarifvertrages für die technischen und kaufmännischen Angestellten und für die Poliere des Baugewerbes und des § 16 des Tarifvertrages über die Berufsbildung im Baugewerbe (Ausschlussfristen) gelten nicht für die Ansprüche aus diesem Tarifvertrag.

§ 7
Inkrafttreten und Laufdauer

1. Dieser Tarifvertrag tritt am 1. September 2020 in Kraft. Mit Inkrafttreten dieses Tarifvertrages tritt der Tarifvertrag über die Gewährung vermögenswirksamer Leistungen für die Angestellten und Poliere des Baubewerbes vom 1.

April 1971 in der Fassung vom 6. März 1975, 25. Juni 1980, 12. November 1984, 15. Mai 2001 und 19. März 2002 außer Kraft.

2. Der Tarifvertrag kann mit einer Frist von sechs Monaten zum Jahresende, erstmals zum 31. Dezember 2021 gekündigt werden.

Berlin/Frankfurt a. M., den 24. August 2020

Schiedsspruch der Zentralschlichtungsstelle des Baugewerbes

vom 3. September 2020

[…]

VI.

Die Tarifvertragsparteien verpflichten sich, ab sofort moderierte Spitzengespräche in folgendem Format durchzuführen:

1. Die Tarifvertragsparteien vereinbaren die Durchführung moderierter Spitzengespräche mit der Zielsetzung, bis zum Ende des 2. Quartals 2021 einvernehmliche Lösungen zu folgenden Themen erarbeitet zu haben:

  1.1 Abschließende Regelung der Entschädigung von Wegzeiten/-strecken über die bereits bestehenden Regelungen hinaus. Angestrebt wird eine bürokratiearme, pauschalierende Regelung im BRTV und RTV, die sich an realen Zeiten/Entfernungen orientiert.

  1.2 Europarechtskonforme Regelung der Mindesturlaubsvergütung im BRTV und RTV.

  1.3 Anpassung der Erschwerniszuschläge im Sinne einfach zu kontrollierender Regelungen.

  1.4 Zukunftsfähige Regelung der Mindestlöhne.

2. Die Moderation der Spitzengespräche erfolgt durch den unparteiischen Vorsitzenden der Zentralschlichtungsstelle für das Baugewerbe, der sich hierbei durch eine Person seiner Wahl unterstützen lassen kann.

3. Die Tarifvertragsparteien sind in den Gesprächen auf Arbeitgeber- und Arbeitnehmerseite mit je vier Personen (je zwei Spitzen und je zwei Berater) vertreten, darunter jeweils die für die Tarifpolitik zuständigen Spitzenvertreter von HDB, IG BAU und ZDB.

4. Zeit, Ort und Tagesordnung der moderierten Gipfelgespräche bestimmt der Moderator unter Berücksichtigung der Belange der Tarifvertragsparteien. Das erste Gespräch soll im Oktober 2020 stattfinden.

5. Der Moderator kann die Tarifvertragsparteien zur Vorbereitung der Sitzungen zur rechtzeitigen Vorlage von Unterlagen und zur Darlegung ihrer Positionen und Rechtsauffassungen auffordern und diese Unterlagen nach seinem Ermessen auch den jeweils anderen Tarifvertragsparteien zur Verfügung stellen.

6. Der Moderator kann zur Klärung von Einzelfragen nach seinem Ermessen externe Sachverständige zeitweise hinzuladen.

7. Aufgabe des Moderators ist es, den Sach- und Streitstand zu klären und auf eine gütliche Einigung der Tarifvertragsparteien spätestens bis Ende des 2. Quartals 2021 hinzuwirken.
8. Der Moderator kann in jeder Phase des Verfahrens autonom einen abschließenden Lösungsvorschlag unterbreiten und den Teilnehmern zur Abstimmung stellen oder die moderierten Spitzengespräche zu einzelnen oder zu allen Themen beenden.
9. Gesprächsergebnisse sind durch den Moderator bis spätestens 15. Juni 2021 in Textform – vorzugsweise zu besonders wichtigen Aspekten mit Formulierungsvorschlägen für eine Tarifregelung – festzuhalten und den Tarifvertragsparteien zur Verfügung zu stellen.

VII.

Die Tarifvertragsparteien verpflichten sich, die in den anstehenden Tarifverhandlungen über Mindestlöhne, die in den zuletzt abgeschlossenen Mindestlohn-Tarifverträgen vereinbarte Struktur (Beibehaltung des Mindestlohns 2 im Tarifgebiet West/Nichteinführung des Mindestlohns 2 im Tarifgebiet Ost) beizubehalten.

[…]

Kassel, den 3. September 2020

Vereinbarung der Tarifvertragsparteien des Baugewerbes zur Vereinheitlichung des Tariflohnniveaus im deutschen Baugewerbe[1)]

vom 3. Mai 2013

Die drei Tarifvertragsparteien des Baugewerbes bekunden ihren gemeinsamen Willen, die zurzeit noch unterschiedlichen Löhne, Gehälter und Ausbildungsvergütungen in den Tarifgebieten alte Bundesländer, neue Bundesländer und Berlin in einem überschaubaren Zeitraum schrittweise auf ein bundesweit einheitliches Niveau zusammenzuführen.

Den Tarifvertragsparteien ist bewusst, dass dabei der Umsatz- und Ertragssituation, der Produktivität und der jeweiligen Wettbewerbssituation der Betriebe in den Regionen einerseits sowie der Attraktivität der Arbeitsbedingungen und der notwendigen Fachkräftesicherung und -bindung andererseits Rechnung getragen werden muss.

Die Tarifvertragsparteien sind sich einig, dass das gemeinsame Ziel eines bundeseinheitlichen Tarifniveaus im Kalenderjahr 2022 erreicht werden soll.

Berlin/Frankfurt a. M., den 3. Mai 2013

---

1) Siehe ergänzend die Vereinbarung zur Festlegung der ZVK-Beiträge vom 5. Juni 2014, III., Seite 429.

Gegenüberstellung der tariflichen Bruttoarbeitsentgelte und der wesentlichen Abzüge (alte Bundesländer) im Jahr 2020

	Monatsentgelt brutto[1]	Sozialabgaben[2] (∅ 19,325 %)	Abzug an Monatssteuer (ohne Kirchensteuer) 2020[3]			
			Steuerkl. I = Steuerkl. IV/ ohne Kind	Steuerkl. III/ ohne Kind	Steuerkl. III/ 2 Kinder	Steuerkl. V/ ohne Kind
	€	€	€	€	€	€
A) Gewerbliche Arbeitnehmer[4]						
Lohngruppe 1	2.171,15	419,57	226,20	15,33	15,33	488,81
Lohngruppe 3	3.281,81	634,21	512,02	234,79	222,66	880,30
Lohngruppe 4	3.586,29	693,05	598,61	302,25	286,50	993,63
Lohngruppe 6	4.119,13	796,03	758,45	424,11	402,—	1.192,05
B) Angestellte und Poliere[5]						
Gehaltsgruppe A I	2.309,49	446,30	259,26	35,66	35,66	532,94
Gehaltsgruppe A III	3.051,18	589,64	448,90	178,20	175,50	794,41
Gehaltsgruppe A V	3.871,26	748,13	682,75	366,78	347,66	1.099,74
Gehaltsgruppe A VII	4.755,66	913,02	965,85	578,66	557,80	1.431,63
Gehaltsgruppe A X	6.516,42	1.097,90	1.669,17	1.091,74	1.070,07	2.153,78

Fußnoten 1) bis 5) siehe nächste Seite.

1) Bei den Bruttobezügen sind z. B. Erschwernis- und Nachtarbeitszuschläge, Überstundenbezahlungen, Erstattungspauschalen (Fahrtkosten, Verpflegungszuschüsse, Auslösungen), ein 13. Monatseinkommen sowie vermögenswirksame Leistungen und sonstige Zusatzleistungen, die nur unter besonderen Voraussetzungen anfallen und vielfach steuerfrei sind, außer Ansatz geblieben. Das gleiche gilt für das gewerblichen Arbeitnehmern zustehende Mehraufwands- und Zuschuss-Wintergeld.

2) Die Sozialabgaben setzen sich aus den Arbeitnehmeranteilen an den Beiträgen zur Renten- (9,3 %), Arbeitslosen- (1,2 %), Kranken- (7,3 %) und Pflegeversicherung (1,525 %) zusammen. Für die Berechnung der Krankenversicherungsbeiträge sowie der Beiträge zur Pflegeversicherung ist die ab 1. Januar 2020 geltende Bemessungshöchstgrenze von monatlich 4.687,50 €, für die Berechnung der Renten- und Arbeitslosenversicherung die vom gleichen Zeitpunkt an geltende Bemessungshöchstgrenze von monatlich 6.900,— € zu berücksichtigen. Der seit 1. Januar 2005 anfallende Zuschlag von 0,25 % für Kinderlose in der gesetzlichen Pflegeversicherung ist unberücksichtigt geblieben (maximal 11,72 €/Monat). Ebenfalls unberücksichtigt geblieben ist der krankenkassenbezogene Zusatzbeitrag zwischen 0,0 % und 2,2 % (maximal 103,13 €/Monat), die Arbeitgeber und Arbeitnehmer seit 2019 wieder hälftig tragen.

3) Die Steuerabzüge sind gerundet und können von den amtlichen Werten abweichen. Im Interesse der Übersichtlichkeit sind nur die Lohnsteuerabzüge in den wesentlichen Steuerklassen aufgeführt worden; aus dem gleichen Grund ist die Einarbeitung der Kirchensteuerabzüge unterblieben. Steuerklasse I gilt für ledige und geschiedene Arbeitnehmer; Steuerklasse III für verheiratete Arbeitnehmer, wenn der Ehegatte kein Arbeitseinkommen bezieht oder Arbeitsentgelt erhält und in die Steuerklasse V eingeordnet wird; Steuerklasse IV für verheiratete Arbeitnehmer, wenn beide Ehegatten Arbeitseinkommen beziehen; Steuerklasse V für verheiratete Arbeitnehmer anstelle der Steuerklasse IV, wenn der Ehegatte in die Steuerklasse III eingeordnet wird. Der Solidaritätszuschlag wurde eingearbeitet. Bemessungsgrundlage ist die jeweilige Lohnsteuer.

4) Es ist von den am 1. Oktober 2020 maßgeblichen Gesamttarifstundenlöhnen und (ab Lohngruppe 3) der Wegstreckenentschädigung bei 173 Arbeitsstunden ausgegangen worden.

5) Es ist von den am 1. Oktober 2020 maßgeblichen Gehältern und der Wegstreckenentschädigung ausgegangen worden.

Gegenüberstellung der tariflichen Bruttoarbeitsentgelte und der wesentlichen Abzüge (neue Bundesländer) im Jahr 2020

	Monatsentgelt brutto[1]	Sozialabgaben[2] (∅ 19,325 %)	Abzug an Monatssteuer (ohne Kirchensteuer) 2020[3]			
			Steuerkl. I = Steuerkl. IV/ ohne Kind	Steuerkl. III/ ohne Kind	Steuerkl. III/ 2 Kinder	Steuerkl. V/ ohne Kind
	€	€	€	€	€	€
A) Gewerbliche Arbeitnehmer[4]						
Lohngruppe 1	2.171,15	419,57	226,20	15,33	15,33	488,81
Lohngruppe 3	3.110,54	601,12	464,89	192,60	187,50	816,47
Lohngruppe 4	3.389,07	654,93	542,09	258,29	244,83	920,22
Lohngruppe 6	3.895,96	752,89	690,23	372,41	353,—	1.108,97
B) Angestellte und Poliere[5]						
Gehaltsgruppe A I	2.184,87	422,23	229,46	17,16	17,16	493,03
Gehaltsgruppe A III	2.890,38	558,57	405,99	142,50	142,50	734,80
Gehaltsgruppe A V	3.665,24	708,30	621,56	319,83	303,16	1.023,08
Gehaltsgruppe A VII	4.502,40	870,09	880,13	515,18	488,33	1.334,74
Gehaltsgruppe A X	6.166,68	1.061,17	1.525,69	984,13	963,06	2.010,38

Fußnoten 1) bis 5) siehe nächste Seite.

1) Bei den Bruttobezügen sind z. B. Erschwernis- und Nachtarbeitszuschläge, Überstundenbezahlungen, Erstattungspauschalen (Fahrtkosten, Verpflegungszuschüsse, Auslösungen), ein 13. Monatseinkommen sowie vermögenswirksame Leistungen und sonstige Zusatzleistungen, die nur unter besonderen Voraussetzungen anfallen und vielfach steuerfrei sind, außer Ansatz geblieben. Das gleiche gilt für das gewerblichen Arbeitnehmern zustehende Mehraufwands- und Zuschuss-Wintergeld.

2) Die Sozialabgaben setzen sich aus den Arbeitnehmeranteilen an den Beiträgen zur Renten- (9,3 %), Arbeitslosen- (1,2 %), Kranken- (7,3 %) und Pflegeversicherung (1,525 %) zusammen. Für die Berechnung der Krankenversicherungsbeiträge sowie der Beiträge zur Pflegeversicherung ist die ab 1. Januar 2020 geltende Bemessungshöchstgrenze von monatlich 4.687,50 €, für die Berechnung der Renten- und Arbeitslosenversicherung die vom gleichen Zeitpunkt an geltende Bemessungshöchstgrenze von monatlich 6.450,— € zu berücksichtigen. Der seit 1. Januar 2005 anfallende Zuschlag von 0,25 % für Kinderlose in der gesetzlichen Pflegeversicherung ist unberücksichtigt geblieben (maximal 11,72 €/Monat). Ebenfalls unberücksichtigt geblieben sind der krankenkassenbezogene Zusatzbeitrag zwischen 0,0 % und 2,2 % (maximal 103,13 €/Monat), die Arbeitgeber und Arbeitnehmer seit 2019 wieder gemeinsam tragen, sowie der in Sachsen auf Grund der Feiertagsregelung – hier wurde der Buß- und Bettag zur Finanzierung der Pflegeversicherung nicht abgeschafft – höhere Arbeitnehmeranteil bei der Pflegeversicherung (2,025 %).

3) Die Steuerabzüge sind gerundet und können von den amtlichen Werten abweichen. Im Interesse der Übersichtlichkeit sind nur die Lohnsteuerabzüge in den wesentlichen Steuerklassen aufgeführt worden; aus dem gleichen Grund ist die Einarbeitung der Kirchensteuerabzüge unterblieben. Steuerklasse I gilt für ledige und geschiedene Arbeitnehmer; Steuerklasse III für verheiratete Arbeitnehmer, wenn der Ehegatte kein Arbeitseinkommen bezieht oder Arbeitsentgelt erhält und in die Steuerklasse V eingeordnet wird; Steuerklasse IV für verheiratete Arbeitnehmer, wenn beide Ehegatten Arbeitseinkommen beziehen; Steuerklasse V für verheiratete Arbeitnehmer anstelle der Steuerklasse IV, wenn der Ehegatte in die Steuerklasse III eingeordnet wird. Der Solidaritätszuschlag wurde eingearbeitet. Bemessungsgrundlage ist die jeweilige Lohnsteuer.

4) Es ist von den am 1. Oktober 2020 maßgeblichen Gesamttarifstundenlöhnen und (ab Lohngruppe 3) der Wegstreckenentschädigung bei 173 Arbeitsstunden ausgegangen worden.

5) Es ist von den am 1. Oktober 2020 maßgeblichen Gehältern und der Wegstreckenentschädigung ausgegangen worden.

Übersicht über die Beitragssätze zur Sozialversicherung im Jahr 2020

Beitragssätze	alte Bundesländer	neue Bundesländer
– Rentenversicherung	18,6 %	18,6 %
– knappschaftliche Rentenversicherung	24,7 %	24,7 %
– Krankenversicherung	14,6 % [1]	14,6 % [1]
– Pflegeversicherung	3,05 % [2]	3,05 % [2]
– Arbeitslosenversicherung	2,40 %	2,40 %

1) Zusätzlich zu dem allgemeinen Beitragssatz in der gesetzlichen Krankenversicherung kann ein einkommensabhängiger Zusatzbeitrag von durchschnittlich 1,1 % erhoben werden; je nach Krankenkasse liegt dieser derzeit zwischen 0,0 % und 2,2 %. Seit 1. Januar 2019 werden die kassenindividuellen Zusatzbeiträge wieder je zur Hälfte von Arbeitgeber und Arbeitnehmer getragen.

2) Seit 1. Januar 2005 Zuschlag von 0,25 % für Kinderlose (vom Arbeitnehmer zusätzlich zu tragen).

Übersicht über die Bemessungs-, Einkommensgrenzen und Bezugsgrößen in der Renten-, Kranken-, Pflege- und Arbeitslosenversicherung (alte Bundesländer) im Jahr 2020

Für die Renten-, Kranken-, Pflege- und Arbeitslosenversicherung ergeben sich im Jahr 2020 die in der folgenden Übersicht zusammengefassten Bemessungs-, Einkommensgrenzen und Bezugsgrößen:

alte Bundesländer	jährlich (in €)	monatlich (in €)
Beitragsbemessungsgrenzen		
Rentenversicherung der Arbeiter und Angestellten (§ 159 SGB VI) und Arbeitslosenversicherung (§ 341 Abs. 4 SGB III)	82.800,—	6.900,—
Knappschaftliche Rentenversicherung	101.400,—	8.450,—
Krankenversicherung (§ 223 Abs. 3, § 6 Abs. 7 SGB V) und Pflegeversicherung (§ 55 Abs. 2 SGB XI)	56.250,—	4.687,50
Geringfügigkeitsgrenze		
Geringfügige Beschäftigung (§ 8 Abs. 1 Nr. 1 SGB IV) = versicherungsfrei in der Arbeitslosen-, Kranken- und Pflegeversicherung; Pflicht des Arbeitgebers gemäß § 249 b SGB V zur Zahlung eines Pauschalbeitrages in Höhe von 13 v. H. des aus der geringfügigen Beschäftigung erzielten Arbeitsentgelts zur gesetzlichen Krankenversicherung; Pflicht des Arbeitgebers gemäß § 172 Abs. 3 SGB VI zur Zahlung eines Pauschalbeitrages in Höhe von 15 v. H. des aus der geringfügigen Beschäftigung erzielten Arbeitsentgelts zur Rentenversicherung; 2 % Pauschalsteuer		450,—

(Fortsetzung) **alte Bundesländer**	jährlich (in €)	monatlich (in €)
Bezugsgröße (§ 18 SGB IV)		
Renten-, Arbeitslosen-, Kranken- und Pflegeversicherung	38.220,—	3.185,—
Beiträge zur Rentenversicherung		
Mindestbeitrag (§ 167 SGB VI) für freiwillige Versicherung		83,70
Höchstbeitrag (§ 157 SGB VI) für freiwillige Versicherung		1.283,40
Regelbeitrag für selbständige Handwerker (§ 165 SGB VI)		592,41
Beitragszuschuss des Arbeitgebers für die private Krankenversicherung (Höchstbeitrag)		367,97
Beitragszuschuss des Arbeitgebers für die private Pflegeversicherung		71,48

Übersicht über die Bemessungs-, Einkommensgrenzen und Bezugsgrößen in der Renten-, Kranken-, Pflege- und Arbeitslosenversicherung (neue Bundesländer) im Jahr 2020

Für die Renten-, Kranken-, Pflege- und Arbeitslosenversicherung ergeben sich im Jahr 2020 die in der folgenden Übersicht zusammengefassten Bemessungs-, Einkommensgrenzen und Bezugsgrößen:

neue Bundesländer	jährlich (in €)	monatlich (in €)
Beitragsbemessungsgrenzen		
Rentenversicherung der Arbeiter und Angestellten (§ 275 a SGB VI) und Arbeitslosenversicherung (§ 341 Abs. 4 SGB III)	77.400,—	6.450,—
Knappschaftliche Rentenversicherung	94.800,—	7.900,—
Krankenversicherung (§ 223 Abs. 3, § 6 Abs. 7 SGB V) und Pflegeversicherung (§ 55 Abs. 2 SGB XI)	56.250,—	4.687,50
Geringfügigkeitsgrenze		
Geringfügige Beschäftigung (§ 8 Abs. 1 Nr. 1 SGB IV) = versicherungsfrei in der Arbeitslosen-, Kranken- und Pflegeversicherung; Pflicht des Arbeitgebers gemäß § 249 b SGB V zur Zahlung eines Pauschalbeitrages in Höhe von 13 v. H. des aus der geringfügigen Beschäftigung erzielten Arbeitsentgelts zur gesetzlichen Krankenversicherung; Pflicht des Arbeitgebers gemäß § 172 Abs. 3 SGB VI zur Zahlung eines Pauschalbeitrages in Höhe von 15 v. H. des aus der geringfügigen Beschäftigung erzielten Arbeitsentgelts zur Rentenversicherung; 2 % Pauschalsteuer		450,—

(Fortsetzung) **neue Bundesländer**	jährlich (in €)	monatlich (in €)
Bezugsgröße (§ 18 SGB IV)		
Renten- und Arbeitslosenversicherung	36.120,—	3.010,—
Kranken- und Pflegeversicherung	38.220,—	3.185,—
Beiträge zur Rentenversicherung		
Mindestbeitrag (§ 167 SGB VI) für freiwillige Versicherung		83,70
Höchstbeitrag (§ 157 SGB VI) für freiwillige Versicherung		1.199,70
Regelpflichtbeitrag für selbständige Handwerker (§ 165 SGB VI)		559,86
Beitragszuschuss des Arbeitgebers für die private Krankenversicherung (Höchstbeitrag)		367,97
Beitragszuschuss des Arbeitgebers für die private Pflegeversicherung		71,48[1]

1) In Sachsen beträgt der Beitragszuschuss des Arbeitgebers für die private Pflegeversicherung aufgrund der Gegenfinazierung des Buß- und Bettags durch den niedrigeren Arbeitgeberanteil (monatlich) 48,05 €.

Übersicht über die Höhe des Erstattungsanspruches nach § 6 Entgeltfortzahlungsgesetz bei Forderungsübergang in Fällen der Dritthaftung

Wird die Arbeitsunfähigkeit eines Arbeitnehmers durch einen Dritten verursacht (z. B. bei einem Verkehrsunfall), so kann der Arbeitgeber den daraus entstandenen Schaden (fortzuzahlendes Entgelt zuzüglich Beiträge zur Sozialversicherung) vom Schädiger/Versicherer ersetzt verlangen. Rechtsgrundlage ist § 6 des Entgeltfortzahlungsgesetzes.

Danach kann ab Januar 2020 neben dem fortgezahlten Bruttolohn für die Lohnzusatzkosten ein Prozentsatz von

- 45,535 % in den **alten Bundesländern** und
- 39,955 % in den **neuen Bundesländern**

geltend gemacht werden.

Die Werte setzen sich entsprechend der nachfolgenden Tabelle zusammen:

	alte Bundesländer	neue Bundesländer
I. Gesetzliche Ansprüche		
1. Arbeitgeberanteil zur Krankenversicherung	7,30 % [1)]	7,30 % [1)]
2. Arbeitgeberanteil zur Pflegeversicherung	1,525 %	1,525 %
3. Arbeitgeberanteil zur Rentenversicherung	9,30 %	9,30 %
4. Arbeitgeberanteil zur Arbeitslosenversicherung	1,20 %	1,20 %
II. Tarifliche Ansprüche		
1. Sozialkassenbeitrag für		
a) Urlaub	15,40 %	15,40 %
b) Zusatzversorgung	3,00 %	1,10 %
2. Sozialaufwand für Urlaubsvergütung	2,98 %	2,98 %

(Fortsetzung)	**alte Bundesländer**	**neue Bundesländer**
3. 13. Monatseinkommen (einschließlich Sozialaufwand)	4,83 %	1,15 %
	45,535 %	39,955 %

1) Zusätzlich zu dem allgemeinen Beitragssatz in der gesetzlichen Krankenversicherung kann ein einkommensabhängiger Zusatzbeitrag von durchschnittlich 1,1 % erhoben werden; je nach Krankenkasse liegt dieser derzeit zwischen 0,0 % und 2,2 %. Seit 1. Januar 2019 werden die kassenindividuellen Zusatzbeiträge wieder je zur Hälfte von Arbeitgeber und Arbeitnehmer getragen.

Übersicht über die Entwicklung des Ecklohns, des Gesamttarifstundenlohns, der Tariflohnerhöhungen, der tariflichen Wochenarbeitszeit, des Sozialkassenbeitrags und der Winterbau-/Winterbeschäftigungs-Umlage (alte Bundesländer)

Zeitpunkt	Ecklohn[1]	Gesamt-tarifstunden-lohn Lohn-gruppe 4	Tariflohn-erhöhungen	Tarifliche Wochen-arbeitszeit	Zeitpunkt	Sozialkassen-beitrag[2]	Winterbau-Umlage[3]
23.04.1951	1,73 DM			48 Stunden			
15.06.1951	1,79 DM		+ 3,50 %				
01.12.1951	1,82 DM		+ 1,70 %				
01.04.1952	1,89 DM		+ 3,90 %				
01.04.1953	1,96 DM		+ 3,70 %				
15.05.1954	2,00 DM		+ 0,04 DM (= + 2,04 %)				
01.04.1955	2,12 DM		+ 6,00 %				
01.04.1956	2,20 DM		+ 3,80 %				
01.04.1957	2,42 DM		+ 10,00 %	45 Stunden			
01.05.1958	2,51 DM		+ 0,09 DM (= + 3,70 %)				
01.05.1959	2,61 DM		+ 4,00 %				
01.10.1959	2,67 DM		+ 2,30 %	44 Stunden			

Übersicht Löhne/Arbeitszeit/Beiträge/West

Zeitpunkt	Ecklohn[1]	Gesamt-tarifstunden-lohn Lohn-gruppe 4	Tariflohn-erhöhungen	Tarifliche Wochen-arbeitszeit
01.05.1960	2,82 DM		+ 5,60 %	
01.06.1961	3,11 DM		+ 10,28 %	
01.04.1962	3,30 DM		+ 6,11 %	
01.10.1962	3,40 DM		+ 3,03 %	43 Stunden
01.05.1963	3,57 DM		+ 4,90 %	
01.04.1964	3,90 DM		+ 9,20 %	42 Stunden
01.04.1965	4,23 DM		+ 8,40 %	42/ 40 Stunden[5]
01.04.1966	4,45 DM		+ 5,30 %	
01.07.1967	4,56 DM		+ 2,50 %	
01.09.1967	4,60 DM		+ 0,04 DM (= + 0,90 %)	
01.05.1968	4,76 DM		+ 3,50 %	
01.04.1969	5,07 DM		+ 6,50 %	
01.10.1969	5,19 DM		+ 2,40 %	40 Stunden
15.12.1969	5,50 DM		+ 5,90 %	
01.05.1970	5,91 DM[6]	6,06 DM	+ 7,50 %	

Zeitpunkt	Sozialkassen-beitrag[2]	Winterbau-Umlage[3]
01.01.1961[4]	11,30 %	

Zeitpunkt	Ecklohn[1]	Gesamt-tarifstunden-lohn Lohn-gruppe 4	Tariflohn-erhöhungen	Tarifliche Wochen-arbeitszeit
01.05.1971	6,38 DM[6]	6,54 DM	+ 7,90 %	
01.05.1972	6,79 DM[6]	6,96 DM	+ 6,40 %	
01.05.1973	7,39 DM[6]	7,57 DM	+ 8,80 %	
01.05.1974	8,22 DM[6]	8,43 DM	+ 11,20 %	
01.05.1975	8,76 DM[6]	8,98 DM	+ 6,60 %	
01.05.1976	9,22 DM[6]	9,45 DM	+ 5,30 %	
01.05.1977	9,81 DM[7]	10,20 DM	+ 6,40 %	
01.05.1978	10,36 DM	10,77 DM	+ 5,60 %	
01.07.1978	10,87 DM	11,30 DM	+ 4,92 %	
01.05.1979	11,63 DM[8]	12,26 DM	+ 4,50 %	
01.05.1980	12,69 DM	13,38 DM	+ 6,60 %	

Zeitpunkt	Sozialkassen-beitrag[2]	Winterbau-Umlage[3]
01.01.1972	15,00 %	
01.05.1972		4,00 %
01.01.1975	17,50 %	
01.05.1975		3,50 %
01.01.1976	18,50 %	
01.01.1977	18,00 %	
01.05.1977		3,00 %
01.01.1979	20,00 %	
01.01.1980	21,50 %	
01.01.1981	22,50 %	

Übersicht Löhne/Arbeitszeit/Beiträge/West

Zeitpunkt	Ecklohn[1]	Gesamt-tarifstunden-lohn Lohn-gruppe 4	Tariflohn-erhöhungen	Tarifliche Wochen-arbeitszeit
01.04.1981	13,20 DM	13,91 DM	+ 4,00 %	
01.04.1982	13,66 DM	14,40 DM	+ 3,50 %	
01.10.1982	13,75 DM	14,49 DM	+ 4,20 %	
		(ebenfalls auf der Basis der am 31. März 1982 gültigen Tarifstundenlöhne)		
01.04.1983	14,16 DM	14,92 DM	+ 3,00 %	
01.04.1984	14,63 DM	15,42 DM	+ 3,30 %	
01.08.1985	14,98 DM	15,79 DM	+ 2,40 %	
01.04.1986	15,43 DM	16,26 DM	+ 3,00 %	
01.04.1987	15,91 DM	16,76 DM	+ 3,10 %	
01.04.1988	16,48 DM	17,37 DM	+ 3,60 %	
01.04.1989	17,02 DM	17,94 DM	+ 3,30 %	

Zeitpunkt	Sozialkassen-beitrag[2]	Winterbau-Umlage[3]
01.01.1982	24,00 %	
01.01.1984	24,70 %	
01.01.1985	19,90 %	
01.01.1986	22,20 %	
01.01.1987	22,00 %	2,00 %
01.01.1989	21,10 %	

Zeitpunkt	Ecklohn[1]	Gesamt-tarifstunden-lohn Lohn-gruppe 4	Tariflohn-erhöhungen	Tarifliche Wochen-arbeitszeit
01.01.1990	17,46 DM	18,40 DM	+ 2,60 % (Ausgleich für Arbeitszeitverkürzung)	39 Stunden
01.04.1990	18,47 DM[9]	19,56 DM	+ 5,80 %	
01.04.1991	19,76 DM	20,93 DM	+ 7,00 %	
01.04.1992	20,91 DM	22,14 DM	+ 5,80 %	
01.04.1993	21,72 DM	23,00 DM	+ 3,85 %	
01.04.1994	22,27 DM[10]	23,58 DM	+ 2,40 %	
01.04.1995	23,12 DM	24,48 DM	+ 3,80 %[11]	
01.01.1996				37,5 / 40 Stunden[12]
01.04.1996	23,55 DM	24,94 DM	+ 1,85 %	
01.04.1997	23,86 DM	25,26 DM	+ 1,30 %	

Zeitpunkt	Sozialkassen-beitrag[2]	Winterbau-Umlage[3]
01.01.1991	20,50 %	
01.06.1992	20,00 %	
01.01.1995	20,15 %	
01.01.1996	20,50 %	1,70 %
01.01.1997	20,60 %	1,00 %
01.07.1997	20,10 %	

Übersicht Löhne/Arbeitszeit/Beiträge/West

Zeitpunkt	Ecklohn[1)]	Gesamttarifstundenlohn Lohngruppe 4	Tariflohnerhöhungen	Tarifliche Wochenarbeitszeit
01.04.1998	24,22 DM	25,64 DM	+ 1,50 %	
01.04.1999	24,92 DM	26,39 DM	+ 2,90 %	
01.04.2000	25,42 DM	26,91 DM	+ 2,00 %	
01.04.2001	25,83 DM	27,35 DM	+ 1,60 %	
01.09.2002	13,63 €	14,43 €	+ 3,20 %[13)]	
01.04.2003	13,96 €	14,78 €	+ 2,40 %	
01.01.2006[14)]	13,61 €	14,41 €	– 2,50 %	40 Stunden[15)]
01.04.2006	13,75 €	14,56 €	+ 1,00 %	

Zeitpunkt	Sozialkassenbeitrag[2)]	Winterbau-/Winterbeschäftigungs-Umlage[3)16)]
01.01.1998	19,90 %	1,70 %
01.01.1999	19,00 %	
01.07.1999	19,50 %	
01.07.2000		1,00 %
01.01.2001	19,40 %	
01.01.2002	20,60 %	
01.01.2004	20,00 %	
01.01.2005	19,50 %	
01.01.2006	19,20 %	
01.05.2006		2,00 %[16)]

Zeitpunkt	Ecklohn[1]	Gesamt-tarifstunden-lohn Lohn-gruppe 4	Tariflohn-erhöhungen	Tarifliche Wochen-arbeitszeit
01.06.2007[17]	14,18 €	15,01 €	+ 3,10 %	
01.04.2008[18]	14,39 €	15,24 €	+ 1,50 %	
01.09.2008	14,62 €	15,48 €	+ 1,60 %	
01.06.2009[19]	14,96 €	15,84 €	+ 2,30 %	
01.04.2010	15,30 €	16,20 €	+ 2,30 %	
01.05.2011	15,76 €	16,68 €	+ 3,00 %	
01.06.2012	16,12 €	17,07 €	+ 2,30 %	
01.05.2013	16,64 €	17,62 €	+ 3,20 %	
01.06.2014	17,16 €	18,17 €	+ 3,10 %	
01.06.2015	17,61 €	18,64 €	+ 2,60 %	
01.05.2016	18,03 €	19,09 €	+ 2,40 %	

Zeitpunkt	Sozialkassen-beitrag[2]	Winterbau-/Winter-beschäftigungs-Umlage[3][16]
01.01.2008	19,80 %	
01.01.2012	20,10 %	
01.01.2013	19,80 %	
01.01.2014	20,40 %	
01.01.2015	20,40 %	
01.01.2016	20,40 %	
01.01.2017	20,40 %	

Übersicht Löhne/Arbeitszeit/Beiträge/West

Zeitpunkt	Ecklohn[1]	Gesamt-tarifstunden-lohn Lohn-gruppe 4	Tariflohn-erhöhungen	Tarifliche Wochen-arbeitszeit
01.05.2017	18,43 €	19,51 €	+ 2,20 %	
01.05.2018[20]	19,48 €	20,63 €	+ 5,70 %	
01.01.2021[21]	19,89 €	21,06 €	+ 2,10 %	

Zeitpunkt	Sozialkassen-beitrag[2]	Winterbau-/Winter-beschäftigungs-Umlage[3][16]
01.01.2018	20,40 %	
01.01.2019	20,80 %	

Fußnoten 1) bis 21) siehe nächste Seite.

1) Bis 30. Juni 1978 der Tarifstundenlohn der Berufsgruppe III b, ab 1. Juli 1978 (neues Berufsgruppenschema) derjenige der Berufsgruppe III 2; ab 1. September 2002 derjenige der Lohngruppe 4 (neue Lohnstruktur).
2) Bemessungsgrundlage ist die Bruttolohnsumme nach näherer Maßgabe des § 15 Abs. 4 Tarifvertrag über das Sozialkassenverfahren im Baugewerbe (VTV).
3) Bemessungsgrundlage ist die Bruttolohnsumme.
4) Beginn des gemeinsamen Beitragseinzugsverfahrens.
5) Vom 1. April bis 30. Oktober jeweils 42 Stunden; vom 1. November bis 31. März jeweils 40 Stunden.
6) Ab 1. Mai 1970 zuzüglich Bauausgleichsbetrag (BAB) in Höhe von 2,5 %.
7) Ab 1. Mai 1977 zuzüglich Sommerlohnausgleichsbetrag (SLAB) in Höhe von 1,5 %.
8) Mit Wirkung vom 1. Mai 1979 wurden BAB und SLAB unter gleichzeitiger Erhöhung um 1,4 % des Tarifstundenlohnes zu einem einheitlichen Bauzuschlag (BZ) vereinheitlicht, der 5,4 % betrug.
9) Ab 1. April 1990 Erweiterung des BZ auf insgesamt 5,9 %.
10) Der ab 1. April 1994 geltende Bundesecklohn wurde zusätzlich um 0,03 DM erhöht.
11) Zusätzlich wurde ein einmaliger Festbetrag von 50,— DM (Auszubildende: 20,— DM) vereinbart, der mit dem Mai-Entgelt auszuzahlen ist.
12) Von der 1. bis zur 12. Kalenderwoche sowie von der 44. Kalenderwoche bis zum Jahresende jeweils 37,5 Stunden; in der Zeit von der 13. bis zur 43. Kalenderwoche jeweils 40 Stunden.
13) Zusätzlich wurde ein Festbetrag für die Monate Juni, Juli und August von je 75,— € (Auszubildende 37,50 €) vereinbart.
14) Zusätzlich wurde für die Monate September 2005 bis März 2006 ein Festbetrag in Höhe von monatlich 30,— € vereinbart.
15) In den Monaten Januar bis März und Dezember jeweils 38 Stunden (Winterarbeitszeit); in den Monaten April bis November jeweils 41 Stunden (Sommerarbeitszeit).
16) Ab 1. Mai 2006 beträgt die Winterbeschäftigungs-Umlage, die die Winterbau-Umlage ersetzt, 2,0 %. Der Arbeitgeberanteil beträgt 1,2 %, der Arbeitnehmeranteil 0,8 %.
17) Zusätzlich wird für die Monate Juni 2007 bis März 2008 ein monatlicher Festbetrag in unterschiedlicher Höhe (je nach Entgeltgruppe) gewährt.
18) Zusätzlich wird für die Monate April 2008 bis März 2009 ein monatlicher Festbetrag in unterschiedlicher Höhe (je nach Entgeltgruppe) gewährt.
19) Zusätzlich wird für den Monat Mai 2009 ein Festbetrag in Höhe von 60,— € gewährt, der mit dem Lohn für den Monat Juni 2009 zu zahlen ist.
20) Zusätzlich werden Festbeträge im November 2018 (250,— €), im Juni 2019 (600,— €) und im November 2019 (250,— €) gewährt.
21) Ab 1. Oktober 2020 wird ein Zuschlag in Höhe von 0,5 % des Tarifstundenlohns als pauschale Wegstreckenentschädigung gewährt.

Übersicht über die Entwicklung des Ecklohns, des Gesamttarifstundenlohns, der Tariflohnerhöhungen, der tariflichen Wochenarbeitszeit, des Sozialkassenbeitrags und der Winterbau-/Winterbeschäftigungs-Umlage (neue Bundesländer)

Zeitpunkt	Ecklohn [1]	Gesamttarifstundenlohn Lohngruppe 4	Tariflohnerhöhungen	Tarifliche Wochenarbeitszeit
01.01.1991	11,08 DM	11,73 DM		42 Stunden
01.04.1991 [4]	12,84 DM	13,60 DM		
01.10.1991	13,63 DM	14,43 DM	+ 6,10 %	
01.04.1992	16,10 DM	17,05 DM	+ 18,10 %	
01.10.1992	16,49 DM	17,46 DM	+ 2,42 %	41 Stunden
01.04.1993	18,02 DM	19,08 DM	+ 9,28 %	
01.10.1993	18,47 DM	19,56 DM	+ 2,50 %	40 Stunden
01.04.1994	18,94 DM	20,06 DM	+ 2,54 %	
01.09.1994	20,04 DM	21,22 DM	+ 1,06 %	37,5 / 40 Stunden [6]
01.04.1995	20,80 DM	22,03 DM	+ 3,79 %	

Zeitpunkt	Sozialkassenbeitrag [2]	Winterbau-Umlage [3]
01.04.1991	4,25 %	(Berlin-Ost [5])
01.01.1993	14,90 %	
01.01.1994	16,00 %	
01.01.1995	16,35 %	

Zeitpunkt	Ecklohn[1]	Gesamt-tarifstunden-lohn Lohn-gruppe 4	Tariflohn-erhöhungen	Tarifliche Wochen-arbeitszeit
01.10.1995	21,27 DM	22,52 DM	+ 2,26 %	
01.09.1996	21,66 DM	22,94 DM	+ 1,83 %	
01.10.1996	22,37 DM	23,69 DM	+ 3,28 %	
01.10.1998	22,71 DM	24,04 DM	+ 1,50 %	
01.04.2001	23,03 DM	24,38 DM	+ 1,40 %	
01.09.2002	12,16 €	12,87 €	+ 3,20 %	
01.04.2003	12,45 €	13,18 €	+ 2,40 %	

Zeitpunkt	Sozialkassen-beitrag[2]	Winterbau-Umlage[3]
01.01.1996	18,90 %	1,70 %
01.01.1997		1,00 %
01.07.1997	18,40 %	
01.01.1998	17,95 %	1,70 %
01.01.1999	17,35 %	
01.01.2000	17,40 %	
01.07.2000		1,00 %
01.01.2001	17,75 %	
01.01.2002	18,95 %	
01.01.2003	18,60 %	

Übersicht Löhne/Arbeitszeit/Beiträge/Ost

Zeitpunkt	Ecklohn[1]	Gesamt-tarifstunden-lohn Lohn-gruppe 4	Tariflohn-erhöhungen	Tarifliche Wochen-arbeitszeit
01.01.2006	12,14 €	12,85 €	– 2,50 %	40 Stunden[7]
01.04.2006	12,26 €	12,98 €	+ 1,00 %	
01.06.2007[9]	12,64 €	13,39 €	+ 3,10 %	
01.04.2008[10]	12,83 €	13,58 €	+ 1,50 %	
01.09.2008	13,04 €	13,80 €	+ 1,60 %	
01.06.2009[11]	13,37 €	14,16 €	+ 2,61 %	
01.04.2010	13,71 €	14,52 €	+ 2,54 %	
01.06.2011	14,18 €	15,01 €	+ 3,40 %	
01.08.2012	14,59 €	15,45 €	+ 2,90 %	
01.05.2013	15,17 €	16,07 €	+ 4,00 %	
01.06.2014	15,75 €	16,67 €	+ 3,80 %	
01.06.2015	16,27 €	17,22 €	+ 3,30 %	

Zeitpunkt	Sozialkassen-beitrag[2]	Winterbau-/Winter-beschäftigungs-Umlage[3][8]
01.01.2004	18,00 %	
01.01.2005	17,50 %	
01.01.2006	17,20 %	
01.05.2006		2,00 %[8]
01.01.2009	16,60 %	
01.01.2014	17,20 %	
01.01.2015	17,20 %	

Zeitpunkt	Ecklohn [1]	Gesamt-tarifstunden-lohn Lohn-gruppe 4	Tariflohn-erhöhungen	Tarifliche Wochen-arbeitszeit
01.05.2016	16,74 €	17,73 €	+ 2,90 %	
01.05.2017	17,14 €	18,15 €	+ 2,40 %	
01.05.2018 [12]	18,27 €	19,35 €	+ 6,60 %	
01.06.2019	18,42 €	19,50 €	+ 0,80 %	
01.01.2021 [13]	18,83 €	19,94 €	+ 2,20 %	

Zeitpunkt	Sozialkassen-beitrag [2]	Winterbau-/ Winter-beschäftigungs-Umlage [3][8]
01.01.2016	17,20 %	
01.01.2017	17,20 %	
01.01.2018	17,20 %	
01.01.2019	18,80 %	
01.01.2020	18,90 %	

Fußnoten 1) bis 13) siehe nächste Seite.

1) Tarifstundenlohn der Berufsgruppe III; ab 1. September 2002 derjenige der Lohngruppe 4 (neue Lohnstruktur).
2) Bemessungsgrundlage ist die Bruttolohnsumme nach näherer Maßgabe des § 15 Abs. 4 Tarifvertrag über das Sozialkassenverfahren im Baugewerbe (VTV).
3) Bemessungsgrundlage ist die Bruttolohnsumme.
4) Die Höhe der Löhne ergab sich aus der Vereinbarung für die künftige Regelung der Löhne, Gehälter und Ausbildungsvergütungen für die Beschäftigten im Baugewerbe in dem Gebiet der fünf neuen Bundesländer und des Ostteils des Landes Berlin vom 11. Februar 1991. Die Vereinbarung sah vor, dass die Löhne in den fünf neuen Bundesländern 65 v. H., im Ostteil des Landes Berlin jedoch 75 v. H. der ab dem 1. April 1991 in den alten Ländern geltenden Löhne betragen sollten. Dementsprechend wurde der Tarifvertrag zur Regelung der Löhne und Ausbildungsvergütungen im Baugewerbe im Beitrittsgebiet vom 15. April 1991 rückwirkend für den 1. April 1991 geschlossen.
5) Im Zeitraum 1. April 1992 bis 31. März 1997 galten für das Gebiet von Ost-Berlin weder die Lohntarifverträge der alten noch der neuen Bundesländer. Seit dem 1. April 1997 gilt der Lohntarifvertrag West auch im Osten Berlins.
6) Von der 1. bis zur 12. Kalenderwoche sowie von der 44. Kalenderwoche bis zum Jahresende jeweils 37,5 Stunden; in der Zeit von der 13. bis zur 43. Kalenderwoche jeweils 40 Stunden.
7) In den Monaten Januar bis März und Dezember jeweils 38 Stunden (Winterarbeitszeit); in den Monaten April bis November jeweils 41 Stunden (Sommerarbeitszeit).
8) Ab 1. Mai 2006 beträgt die Winterbeschäftigungs-Umlage, die die Winterbau-Umlage ersetzt, 2,0 %. Der Arbeitgeberanteil beträgt 1,2 %, der Arbeitnehmeranteil 0,8 %.
9) Zusätzlich wird für die Monate Juni 2007 bis März 2008 ein monatlicher Festbetrag in unterschiedlicher Höhe (je nach Entgeltgruppe) gewährt.
10) Zusätzlich wird für die Monate April 2008 bis März 2009 ein monatlicher Festbetrag in unterschiedlicher Höhe (je nach Entgeltgruppe) gewährt.
11) Zusätzlich wird für den Monat Mai 2009 ein Festbetrag in Höhe von 60,— € gewährt, der mit dem Lohn für den Monat Juni 2009 zu zahlen ist.
12) Zusätzlich wird im Monat November 2019 ein Festbetrag in Höhe von 250,— € gewährt.
13) Ab 1. Oktober 2020 wird ein Zuschlag in Höhe von 0,5 % des Tarifstundenlohns als pauschale Wegstreckenentschädigung gewährt.

Übersicht über die Entwicklung der Beiträge für die Rentenbeihilfe im Baugewerbe

Jahr	Tarifvertrag	in der Fassung vom	Beitrag/West[1]
1958	TV Verfahren	28. Oktober 1957	0,06 DM (0,03 €) /Stunde
1959	TV Verfahren	28. Oktober 1957	0,06 DM (0,03 €) /Stunde
1960	TV Verfahren	28. Oktober 1957	0,06 DM (0,03 €) /Stunde
1961	TV Verfahren	12. November 1960	10,— DM (5,11 €)
1962	TV Verfahren	12. November 1960	10,— DM (5,11 €)
1963	TV Verfahren	12. November 1960	10,— DM (5,11 €)
1964	TV Verfahren	12. November 1960	10,— DM (5,11 €)
1965	TV Verfahren	12. November 1960	10,— DM (5,11 €)
1966	TV Verfahren	9. September 1965	10,— DM (5,11 €)
1967	TV Verfahren	9. September 1965	10,— DM (5,11 €)
1968	TV Verfahren	9. September 1965	10,— DM (5,11 €)
1969	TV Verfahren	9. September 1965	10,— DM (5,11 €)
1970	TV Verfahren	20. Oktober 1969	10,— DM (5,11 €)
1971	TV Verfahren	20. Oktober 1969	10,— DM (5,11 €)
1972	TV Verfahren	20. Oktober 1971	10,— DM (5,11 €)[2]
1973	TV Verfahren	20. Oktober 1971	10,— DM (5,11 €)[3]
1974	TV Verfahren	20. Oktober 1971	10,— DM (5,11 €)
1975	TV Verfahren	24. September 1974	10,— DM (5,11 €)
1976	TV Verfahren	30. Oktober 1975	15,— DM (7,67 €)
1977	TV Verfahren	30. Oktober 1975	15,— DM (7,67 €)
1978	TV Verfahren	30. Oktober 1975	15,— DM (7,67 €)
1979	TV Verfahren	30. Oktober 1975	15,— DM (7,67 €)
1980	TV Verfahren	28. Dezember 1979	15,— DM (7,67 €)
1981	TV Verfahren	28. Dezember 1979	15,— DM (7,67 €)
1982	TV Verfahren	28. Dezember 1979	15,— DM (7,67 €)
1983	TV Verfahren	28. Dezember 1979	15,— DM (7,67 €)
1984	TV Verfahren	19. Dezember 1983	25,72 DM (13,15 €)
1985	TV Verfahren	26. September 1984	26,— DM (13,29 €)
1986	TV Verfahren	26. September 1984	26,— DM (13,29 €)
1987	TV Verfahren	20. Juni 1986	26,— DM (13,29 €)

1) Bis 1975 nur Poliere und Schachtmeister, ab 1976 einschließlich Angestellte.
2) Ab 1. Februar 1992.
3) Ab 1. April 1993.

Übersicht Beiträge/Zusatzversorgung/Ang/Pol

Jahr	Tarifvertrag	in der Fassung vom	Beitrag/West	
1988	TV Verfahren	20. Juni 1986	26,— DM (13,29 €)	
1989	TV Verfahren	14. Dezember 1988	26,— DM (13,29 €)	
1990	TV Verfahren	22. Dezember 1989	32,— DM (16,36 €)	
1991	VTV	11. Februar 1991	32,— DM (16,36 €)	
1992	VTV	6. März 1992	35,49 DM (18,15 €)	
1993	VTV	10. September 1992	52,29 DM (26,74 €)	
1994	VTV	15. Dezember 1993	52,29 DM (26,74 €)	
1995	VTV	12. Dezember 1994	52,29 DM (26,74 €)	
1996	VTV	30. November 1995	52,29 DM (26,74 €)	
1997	VTV	18. Dezember 1996	52,29 DM (26,74 €)	
1998	VTV	10. Dezember 1997	60,85 DM (31,11 €)	
1999	VTV	18. Dezember 1998	60,85 DM (31,11 €)	
2000	VTV	20. Dezember 1999	60,85 DM (31,11 €)	
2001	VTV	1. Dezember 2000	60,85 DM (31,11 €)	
2002	VTV	14. Dezember 2001	39,— €	
2003	VTV	10. Dezember 2002	39,— €	
2004	VTV	17. Dezember 2003	39,— €	
2005	VTV	14. Dezember 2004	39,— €	
2006	VTV	15. Dezember 2005	39,— €	
2007	VTV	15. Dezember 2005	39,— €	
2008	VTV	5. Dezember 2007	53,— €	
2009	VTV	5. Dezember 2007	67,— €	
2010	VTV	18. Dezember 2009	67,— €	
2011	VTV	18. Dezember 2009	67,— €	
2012	VTV	21. Dezember 2011	76,— €	
2013	VTV	21. Dezember 2011	76,— €	
2014	VTV	3. Dezember 2013	67,— €	
2015	VTV	10. Dezember 2014	67,— €	
			Beitrag/West	Beitrag/Ost
2016	VTV	24. November 2015	79,50 €	25,— €
2017	VTV	24. November 2015	79,50 €	25,— €
2018	VTV	24. November 2015	79,50 €	25,— €
2019	VTV	28. September 2018	63,— €	25,— €
2020	VTV	28. September 2018	63,— €	25,— €
2021	VTV	28. September 2018	63,— €	25,— €

			Beitrag/West	Beitrag/Ost
2022[4]	VTV	28. September 2018	67,— €	25,— €

4) Vorbehaltlich etwaiger Anpassungen im Tarifgebiet Ost.

Übersicht über die Beiträge der Sozialkassenverfahren Urlaub, Berufsbildung, Lohnausgleich, Zusatzversorgung, Vorruhestand und Winterausgleichszahlung (alte Bundesländer)

Jahr bzw. Zeitraum	Urlaub	Berufs-bildung	Lohn-ausgleich	Zusatz-versorgung	Vor-ruhestand	Winter-ausgleichs-zahlung	Gesamt
	%	%	%	%	%	%	%
01.01.1961 – 31.12.1964[1)2)]							11,30
01.01.1965 – 31.12.1965	6,95		2,70	1,65			11,30
01.01.1966 – 31.12.1966	7,45		2,25	1,60			11,30
01.01.1967 – 31.12.1967	7,70		2,25	1,35			11,30
01.01.1968 – 31.12.1968	7,30		2,75	1,25			11,30
01.01.1969 – 31.12.1969	7,30		2,75	1,25			11,30
01.01.1970 – 31.12.1970	7,68		2,70	0,92			11,30
01.01.1971 – 31.12.1971	7,68		2,70	0,92			11,30
01.01.1972 – 31.12.1972	11,35		2,85	0,80			15,00
01.01.1973 – 31.12.1973	11,30		3,00	0,70			15,00
01.01.1974 – 31.12.1974	11,30		3,00	0,70			15,00
01.01.1975 – 31.12.1975	12,60		4,20	0,70			17,50
01.01.1976 – 31.12.1976[3)]	17,80			0,70			18,50

Jahr bzw. Zeitraum	Urlaub	Berufs-bildung	Lohn-ausgleich	Zusatz-versorgung	Vor-ruhestand	Winter-ausgleichs-zahlung	Gesamt
	%	%	%	%	%	%	%
01.01.1977 – 31.12.1977[4)]	17,30			0,70			18,00
01.01.1978 – 31.12.1978[4)]	17,30			0,70			18,00
01.01.1979 – 31.12.1979	14,80	1,50	3,00	0,70			20,00
01.01.1980 – 31.12.1980	14,50	1,50	3,00	2,50			21,50
01.01.1981 – 31.12.1981	16,90	1,50	3,00	1,10			22,50
01.01.1982 – 31.12.1982	18,10	1,70	3,30	0,90			24,00
01.01.1983 – 31.12.1983	18,05	1,70	3,30	0,95			24,00
01.01.1984 – 31.12.1984	18,50	1,70	3,85	0,65			24,70
01.01.1985 – 31.12.1985	12,60	1,70	2,85	0,65	2,10		19,90
01.01.1986 – 31.12.1986	12,60	1,70	2,85	1,05	4,00		22,20
01.01.1987 – 31.12.1987	12,10	2,00	2,85	1,05	4,00		22,00
01.01.1988 – 31.12.1988	13,00	2,00	1,95	1,05	4,00		22,00
01.01.1989 – 31.12.1989	12,05	2,00	2,20	1,05	3,80		21,10
01.01.1990 – 31.12.1990	12,40	2,00	2,40	0,70	3,60		21,10
01.01.1991 – 31.12.1991	12,40	1,80	2,45	0,75	2,10	1,00	20,50
01.01.1992 – *31.05.1992*	12,40	1,80	2,45	0,75	2,10	1,00	20,50
01.06.1992 – 31.12.1992	12,65	1,60	2,45	1,15	0,90	1,25	20,00

Übersicht Beiträge/Sozialkassenverfahren/West

Jahr bzw. Zeitraum	Urlaub	Berufs-bildung	Lohn-ausgleich	Zusatz-versorgung	Vor-ruhestand	Winter-ausgleichs-zahlung	Gesamt
	%	%	%	%	%	%	%
01.01.1993 – 31.12.1993	13,75	1,75	2,15	1,15		1,20	20,00
01.01.1994 – 31.12.1994	14,00	2,10	1,90	1,00		1,00	20,00
01.01.1995 – 31.12.1995	14,15	2,80	1,55	0,95		0,70	20,15
01.01.1996 – 31.12.1996	14,95	2,80	1,40	1,10	0,25[5)]		20,50
01.01.1997 – *30.06.1997*	14,95	2,80	1,45	1,40			20,60
01.07.1997 – 31.12.1997	14,45	2,80	1,45	1,40			20,10
01.01.1998 – 31.12.1998	14,45	2,80	1,00	1,65			19,90
01.01.1999 – *30.06.1999*	14,45	2,40	0,50	1,65			19,00
01.07.1999 – 31.12.1999	14,95	2,40	0,50	1,65			19,50
01.01.2000 – 31.12.2000	14,25	2,40	1,20	1,65			19,50
01.01.2001 – 31.12.2001	14,25	2,10	1,40	1,65			19,40
01.01.2002 – 31.12.2002	15,05	2,20	1,70	1,65			20,60
01.01.2003 – 31.12.2003	15,80	1,20	1,60	2,00			20,60
01.01.2004 – 31.12.2004	15,60	1,60	0,80	2,00			20,00
01.01.2005 – 31.12.2005	15,10	2,00	0,40	2,00			19,50
01.01.2006 – 31.12.2006	14,70	2,50		2,00			19,20
01.01.2007 – 31.12.2007	14,70	2,50		2,00			19,20

Jahr bzw. Zeitraum	Urlaub	Berufsbildung	Lohnausgleich	Zusatzversorgung	Vorruhestand	Winterausgleichszahlung	Gesamt
	%	%	%	%	%	%	%
01.01.2008 – 31.12.2008	14,70	2,50		2,60			19,80
01.01.2009 – 31.12.2009	14,10	2,50		3,20			19,80
01.01.2010 – 31.12.2010	14,30	2,30		3,20			19,80
01.01.2011 – 31.12.2011	14,30	2,30		3,20			19,80
01.01.2012 – 31.12.2012	14,30	2,30		3,50			20,10
01.01.2013 – 31.12.2013	14,30	2,30		3,20			19,80
01.01.2014 – 31.12.2014	15,30	1,90		3,20			20,40
01.01.2015 – 31.12.2015	15,10	2,10		3,20			20,40
01.01.2016 – 31.12.2016	14,50	2,10		3,80			20,40
01.01.2017 – 31.12.2017	14,50	2,10		3,80			20,40
01.01.2018 – 31.12.2018	14,50	2,10		3,80			20,40
01.01.2019 – 31.12.2019	15,40	2,40		3,00			20,80
01.01.2020 – 31.12.2021[6)]	15,40	2,40		3,00			20,80
01.01.2022 – 31.12.2022[6)]	15,20	2,40		3,20			20,50

Fußnoten 1) bis 6) siehe nächste Seite.

Übersicht Beiträge / Sozialkassenverfahren / West

1) Beginn des gemeinsamen Beitragseinzugsverfahrens.
2) Gesamtsozialkassenbeitrag.
3) Urlaub und Lohnausgleich zusammengefasst.
4) Urlaub, Lohnausgleich und Berufsbildung zusammengefasst.
5) Überbrückungsgeld.
6) Vorbehaltlich weiterer Anpassungsbedarfe; Anhebung des Berufsbildungsbeitrags ab 2021 wahrscheinlich.

Übersicht über die Beiträge der Sozialkassenverfahren Urlaub, Berufsbildung, Lohnausgleich, Zusatzversorgung, Vorruhestand und Winterausgleichszahlung (neue Bundesländer)

Jahr bzw. Zeitraum	Urlaub	Berufs-bildung	Lohn-ausgleich	Zusatz-versorgung	Vor-ruhestand	Winter-ausgleichs-zahlung	Gesamt
	%	%	%	%	%	%	%
01.01.1993 – 31.12.1993	11,00	1,75	2,15				14,90
01.01.1994 – 31.12.1994	12,00	2,10	1,90				16,00
01.01.1995 – 31.12.1995	12,00	2,80	1,55				16,35
01.01.1996 – 31.12.1996	14,95	2,80	0,90	0,25[1]			18,90
01.01.1997 – *30.06.1997*	14,95	2,80	1,15				18,90
01.07.1997 – 31.12.1997	14,45	2,80	1,15				18,40
01.01.1998 – 31.12.1998	14,45	2,80	0,70				17,95
01.01.1999 – *30.06.1999*	14,45	2,40	0,50				17,35
01.07.1999 – 31.12.1999	14,45	2,40	0,50				17,35
01.01.2000 – 31.12.2000	13,80	2,40	1,20				17,40
01.01.2001 – 31.12.2001	14,25	2,10	1,40				17,75
01.01.2002 – 31.12.2002	15,05	2,20	1,70				18,95
01.01.2003 – 31.12.2003	15,80	1,20	1,60				18,60

Übersicht Beiträge/Sozialkassenverfahren/Ost

Jahr bzw. Zeitraum	Urlaub	Berufs-bildung	Lohn-ausgleich	Zusatz-versorgung	Vor-ruhestand	Winter-ausgleichs-zahlung	Gesamt
	%	%	%	%	%	%	%
01.01.2004 – 31.12.2004	15,60	1,60	0,80				18,00
01.01.2005 – 31.12.2005	15,10	2,00	0,40				17,50
01.01.2006 – 31.12.2006	14,70	2,50					17,20
01.01.2007 – 31.12.2007	14,70	2,50					17,20
01.01.2008 – 31.12.2008	14,70	2,50					17,20
01.01.2009 – 31.12.2009	14,10	2,50					16,60
01.01.2010 – 31.12.2010	14,30	2,30					16,60
01.01.2011 – 31.12.2011	14,30	2,30					16,60
01.01.2012 – 31.12.2012	14,30	2,30					16,60
01.01.2013 – 31.12.2013	14,30	2,30					16,60
01.01.2014 – 31.12.2014	15,30	1,90					17,20
01.01.2015 – 31.12.2015	15,10	2,10					17,20
01.01.2016 – 31.12.2016	14,50	2,10		0,60			17,20
01.01.2017 – 31.12.2017	14,50	2,10		0,60			17,20
01.01.2018 – 31.12.2018	14,50	2,10		0,60			17,20
01.01.2019 – 31.12.2019	15,40	2,40		1,00			18,80
01.01.2020 – 31.12.2021 [2)]	15,40	2,40		1,10			18,90

Jahr bzw. Zeitraum	Urlaub	Berufs-bildung	Lohn-ausgleich	Zusatz-versorgung	Vor-ruhestand	Winter-ausgleichs-zahlung	Gesamt
	%	%	%	%	%	%	%
01.01.2022 – 31.12.2022[2]	15,20	2,40		1,10			18,70

1) Überbrückungsgeld.
2) Vorbehaltlich weiterer Anpassungsbedarfe; Anhebung des Berufsbildungsbeitrags ab 2021 wahrscheinlich.

Übersicht über die Beiträge der Sozialkassenverfahren Urlaub, Sozialaufwand, Berufsbildung, Lohnausgleich, Zusatzversorgung, Vorruhestand und Winterausgleichszahlung (Berlin-West)

Jahr bzw. Zeitraum	Urlaub	Sozial-aufwand	Berufs-bildung	Lohn-ausgleich	Zusatz-versorgung	Vor-ruhestand	Winter-ausgleichs-zahlung	Gesamt
	%	%	%	%	%	%	%	%
01.01.1961 – 31.12.1961	5,60	–[1]		3,60	2,10			11,30
01.01.1962 – 31.12.1962	7,20	–[1]		2,00	2,10			11,30
01.01.1963 – 31.12.1963	7,20	–[1]		2,00	2,10			11,30
01.01.1964 – 31.12.1964	6,40	–[1]		3,70	1,20			11,30
01.01.1965 – 31.12.1965	7,40	–[1]		3,45	1,65			12,50
01.01.1966 – *31.05.1966*	7,40	–[1]		3,50	1,60			12,50
01.06.1966 – 31.12.1966	7,40	–[1]		3,00	1,60			12,00
01.01.1967 – 31.12.1967	7,70	–[1]		2,25	1,35			11,30
01.01.1968 – 31.12.1968	7,30	–[1]		2,75	1,25			11,30
01.01.1969 – 31.12.1969	7,30	–[1]		2,75	1,25			11,30
01.01.1970 – 31.12.1970	9,08	–[1]		3,30	0,92			13,30
01.01.1971 – 31.12.1971	9,08	–[1]		3,30	0,92			13,30
01.01.1972 – 31.12.1972	11,35	–[1]		2,85	0,80			15,00

Übersicht Beiträge / Sozialkassenverfahren / Berlin-West

Jahr bzw. Zeitraum	Urlaub	Sozial-aufwand	Berufs-bildung	Lohn-ausgleich	Zusatz-versorgung	Vor-ruhestand	Winter-ausgleichs-zahlung	Gesamt
	%	%	%	%	%	%	%	%
01.01.1973 – 31.12.1973	11,30	–[1]		3,00	0,70			15,00
01.01.1974 – 31.12.1974	11,30	–[1]		3,00	0,70			15,00
01.01.1975 – *30.04.1975*	12,60	–[1]		4,20	0,70			17,50
01.05.1975 – 31.12.1975	12,60	–[1]		4,20	0,70			17,50
01.01.1976 – 31.12.1976	13,80	–[1]		4,00	0,70			18,50
01.01.1977 – *30.04.1977*	13,80	–[1]	0,50	3,00	0,70			18,00
01.05.1977 – 31.12.1977	13,80	–[1]	0,50	3,00	0,70			18,00
01.01.1978 – 31.12.1978	13,80	–[1]	0,50	3,00	0,70			18,00
01.01.1979 – 31.12.1979	14,80	–[1]	1,50	3,00	0,70			20,00
01.01.1980 – 31.12.1980	14,90	–[1]	1,50	3,00	1,10			20,50
01.01.1981 – 31.12.1981	16,90	–[1]	1,50	3,00	1,10			22,50
01.01.1982 – 31.12.1982	18,10	–[1]	1,70	3,30	0,90			24,00
01.01.1983 – 31.12.1983	18,05	–[1]	1,70	3,30	0,95			24,00
01.01.1984 – 31.12.1984	18,50	–[1]	1,70	3,85	0,65			24,70
01.01.1985 – 31.12.1985	12,60	–[1]	1,70	2,85	0,65	2,10		19,90
01.01.1986 – 31.12.1986	12,60	–[1]	1,70	2,85	1,05	4,00		22,20
01.01.1987 – 31.12.1987	12,10	6,80	2,00	2,85	1,05	4,00		28,80

Übersicht Beiträge/Sozialkassenverfahren/Berlin-West

Jahr bzw. Zeitraum	Urlaub	Sozial-aufwand	Berufs-bildung	Lohn-ausgleich	Zusatz-versorgung	Vor-ruhestand	Winter-ausgleichs-zahlung	Gesamt
	%	%	%	%	%	%	%	%
01.01.1988 – 31.12.1988	13,00	6,80	2,00	1,95	1,05	4,00		28,80
01.01.1989 – 31.12.1989	12,05	6,80	2,00	2,20	1,05	3,80		27,90
01.01.1990 – *30.06.1990*	12,40	6,80	2,00	2,40	0,70	3,60		27,90
01.07.1990 – 31.12.1990	11,50	6,80	0,80	2,40	0,70	3,60	2,10	27,90
01.01.1991 – 31.12.1991	12,40	6,80	1,80	2,45	0,75	2,10	1,00	27,30
01.01.1992 – *31.03.1992*	12,40	6,80	1,80	2,45	0,75	2,10	1,00	27,30
01.04.1992 – 31.05.1992	12,40	6,80	1,80	2,25	1,15	2,10	0,80	27,30
01.06.1992 – 31.12.1992	12,65	6,80	1,60	2,45	1,15	0,90	1,25	26,80
01.01.1993 – 31.12.1993	15,00	7,85	1,60	2,45	1,15		1,25	29,30
01.01.1994 – 31.12.1994	15,00	7,85	1,60	2,45	1,00		1,25	29,15
01.01.1995 – 31.12.1995	15,15	7,95	1,60	2,45	0,95		1,25	29,35
01.01.1996 – 31.12.1996	14,95	7,80	2,15	1,40	1,10		1,00[2)]	28,40
01.01.1997 – *30.06.1997*	14,95	7,70	2,15	1,45	1,40		0,70[2)]	28,35
01.07.1997 – 31.12.1997	14,45	7,20	1,50	1,45	1,40			26,00
01.01.1998 – 31.12.1998	14,45	4,00	1,50	1,00	1,65			22,60
01.01.1999 – 31.12.1999	14,45	2,80	1,50	0,50	1,65			20,90
01.01.2000 – *30.06.2000*	14,45	4,55	1,50	1,20	1,65			23,35

Jahr bzw. Zeitraum	Urlaub	Sozial-aufwand	Berufs-bildung	Lohn-ausgleich	Zusatz-versorgung	Vor-ruhestand	Winter-ausgleichs-zahlung	Gesamt
	%	%	%	%	%	%	%	%
01.07.2000 – 31.12.2000	14,45	4,55	1,50	1,20	1,65			23,35
01.01.2001 – 31.12.2001	14,25	5,95	2,10	1,40	1,65			25,35
01.01.2002 – 31.12.2002	15,05	7,55	1,80	1,70	1,65			27,75
01.01.2003 – 31.12.2003	15,80	6,70	1,65	1,60	2,00			27,75
01.01.2004 – 31.12.2004	15,60	7,15	1,65	0,70	2,00			27,10
01.01.2005 – 31.12.2005	15,10	7,15	1,65	0,70	2,00			26,60
01.01.2006 – *30.04.2006*	14,70	7,05	1,65		2,00			25,40
01.05.2006 – 31.12.2006	14,70	7,05	1,65		2,00			25,40
01.01.2007 – 31.12.2007	14,70	7,05	1,65		2,00			25,40
01.01.2008 – 31.12.2008	14,70	6,85	1,65		2,60			25,80
01.01.2009 – 31.12.2009	14,10	6,85	1,65		3,20			25,80
01.01.2010 – 31.12.2010	14,30	6,65	1,65		3,20			25,80
01.01.2011 – 31.12.2011	14,30	6,65	1,65		3,20			25,80
01.01.2012 – 31.12.2012	14,30	6,65	1,65		3,50			26,10
01.01.2013 – 31.12.2013	14,30	6,65	1,65		3,20			25,80
01.01.2014 – 31.12.2014	15,30	6,40	1,65		3,20			26,55
01.01.2015 – 31.12.2015	15,10	6,60	1,65		3,20			26,55

Jahr bzw. Zeitraum	Urlaub	Sozial-aufwand	Berufs-bildung	Lohn-ausgleich	Zusatz-versorgung	Vor-ruhestand	Winter-ausgleichs-zahlung	Gesamt
	%	%	%	%	%	%	%	%
01.01.2016 – 31.12.2016	14,50	6,60	1,65		3,80			26,55
01.01.2017 – 31.12.2017	14,50	6,60	1,65		3,80			26,55
01.01.2018 – 31.12.2018	14,50	6,60	1,65		3,80			26,55
01.01.2019 – 31.12.2019	15,40	5,70	1,65		3,00			25,75
01.01.2020 – 31.12.2021 [3)]	15,40	5,70	1,65		3,00			25,75
01.01.2022 – 31.12.2022 [3)]	15,20	5,70	1,65		3,20			25,75

1) Im Urlaubsbeitrag enthalten.
2) Überbrückungsgeld.
3) Vorbehaltlich weiterer Anpassungsbedarfe.

Übersicht über die Beiträge der Sozialkassenverfahren Urlaub, Sozialaufwand, Berufsbildung, Lohnausgleich, Zusatzversorgung, Vorruhestand und Überbrückungsgeld (Berlin-Ost)

Jahr bzw. Zeitraum	Urlaub	Sozial-aufwand	Berufs-bildung	Lohn-ausgleich	Zusatz-versorgung	Vor-ruhestand	Über-brückungs-geld	Gesamt
	%	%	%	%	%	%	%	%
01.01.1993 – 31.12.1993	12,60	6,77	1,60	2,45				23,42
01.01.1994 – 31.12.1994	13,85	7,35	1,60	2,45				25,25
01.01.1995 – 31.12.1995	15,15	7,95	1,60	2,45				27,15
01.01.1996 – 31.12.1996	14,95	7,80	2,15	1,40			1,00	27,30
01.01.1997 – *30.06.1997*	14,95	7,70	2,15	1,45			0,70	26,95
01.07.1997 – 31.12.1997	14,45	7,20	1,50	1,45				24,60
01.01.1998 – 31.12.1998	14,45	4,00	1,50	1,00				20,95
01.01.1999 – 31.12.1999	14,45	2,80	1,50	0,50				19,25
01.01.2000 – *30.06.2000*	14,45	4,55	1,50	1,20				21,70
01.07.2000 – 31.12.2000	14,45	4,55	1,50	1,20				21,70
01.01.2001 – 31.12.2001	14,25	5,95	2,10	1,40				23,70
01.01.2002 – 31.12.2002	15,05	7,55	1,80	1,70				26,10
01.01.2003 – 31.12.2003	15,80	6,70	1,65	1,60				25,75

Übersicht Beiträge/Sozialkassenverfahren/Berlin-Ost

Jahr bzw. Zeitraum	Urlaub	Sozial-aufwand	Berufs-bildung	Lohn-ausgleich	Zusatz-versorgung	Vor-ruhestand	Winter-ausgleichs-zahlung	Gesamt
	%	%	%	%	%	%	%	%
01.01.2004 – 31.12.2004	15,60	7,15	1,65	0,70				25,10
01.01.2005 – 31.12.2005	15,10	7,15	1,65	0,70				24,60
01.01.2006 – *30.04.2006*	14,70	7,05	1,65					23,40
01.05.2006 – 31.12.2006	14,70	7,05	1,65					23,40
01.01.2007 – 31.12.2007	14,70	7,05	1,65					23,40
01.01.2008 – 31.12.2008	14,70	6,85	1,65					23,20
01.01.2009 – 31.12.2009	14,10	6,85	1,65					22,60
01.01.2010 – 31.12.2010	14,30	6,65	1,65					22,60
01.01.2011 – 31.12.2011	14,30	6,65	1,65					22,60
01.01.2012 – 31.12.2012	14,30	6,65	1,65					22,60
01.01.2013 – 31.12.2013	14,30	6,65	1,65					22,60
01.01.2014 – 31.12.2014	15,30	6,40	1,65					23,35
01.01.2015 – 31.12.2015	15,10	6,60	1,65					23,35
01.01.2016 – 31.12.2016	14,50	6,60	1,65		0,60			23,35
01.01.2017 – 31.12.2017	14,50	6,60	1,65		0,60			23,35
01.01.2018 – 31.12.2018	14,50	6,60	1,65		0,60			23,35
01.01.2019 – 31.12.2019	15,40	5,70	1,65		1,00			23,75

Jahr bzw. Zeitraum	Urlaub	Sozial-aufwand	Berufs-bildung	Lohn-ausgleich	Zusatz-versorgung	Vor-ruhestand	Winter-ausgleichs-zahlung	Gesamt
	%	%	%	%	%	%	%	%
01.01.2020 – 31.12.2021[1]	15,40	5,70	1,65		1,10			23,85
01.01.2022 – 31.12.2022[1]	15,20	5,70	1,65		1,10			23,65

1) Vorbehaltlich weiterer Anpassungsbedarfe.

Lohnzusatzkosten 2020 (West)

Muster für die Berechnung des Zuschlagsatzes für Lohnzusatzkosten in den alten Bundesländern

Stand: 1. Juli 2020

A. Ermittlung der tatsächlichen Arbeitstage

			Tage
1.	Samstage		52
2.	Sonntage		52
3.	Gesetzliche Feiertage, soweit nicht Samstage oder Sonntage[1)]		7
4.	Regionale Feiertage, soweit nicht Samstage oder Sonntage[2)]		1
5.	Urlaubstage (§ 8 BRTV)		30
6.	Tarifliche und gesetzliche Ausfalltage (§ 4 BRTV, Betriebsverfassungsgesetz, Sozialgesetzbuch III, Arbeitnehmerweiterbildungsgesetz sowie Unfallverhütungsvorschriften u. a.)		4
7.	Ausfalltage wegen Schlechtwetter[3)]	19	
	davon durch Flexibilisierung abgedeckt	–7	
	verbleibende Schlechtwettertage,	12	
	davon mit Anspruch auf Saison-Kurzarbeitergeld		12
8.	Ausfalltage durch Schlechtwetter außerhalb des Schlechtwetterzeitraumes		0
	davon durch Flexibilisierung abgedeckt		–0
9.	Ausfalltage wegen Kurzarbeit[4)]		2
	davon durch Flexibilisierung abgedeckt		–0
	Zwischensumme der Ausfalltage		160

---

1) Neujahr, Karfreitag, Ostermontag, Tag der Arbeit, Christi Himmelfahrt, Pfingstmontag, (Tag der Deutschen Einheit), 1. und (2.) Weihnachtsfeiertag; in Klammern gesetzte Feiertage fallen auf einen Samstag oder einen Sonntag.

2) z. B. Fronleichnam, (Allerheiligen); Anzahl der Feiertage regional unterschiedlich; siehe Seite 719.

3) Anzahl der Schlechtwettertage regional unterschiedlich. Soweit im Rahmen einer Arbeitszeitflexibilisierung (§ 3 Nr. 1.4 BRTV) ein Arbeitszeitguthaben im Schlechtwetterzeitraum vorliegt, ist dieses vor Inanspruchnahme von Saison-Kurzarbeitergeld aufzulösen.

4) Anzahl der Ausfalltage wegen Kurzarbeit firmenindividuell unterschiedlich.

		Tage
	Übertrag [Zwischensumme der Ausfalltage]	160
10.	Krankheitstage mit Entgeltfortzahlung[5]	10
11.	Krankheitstage ohne Entgeltfortzahlung[5]	2
	Summe der Ausfalltage	**172**
	Kalendertage	366
	Ausfalltage	–172
	Tatsächliche Arbeitstage	**194**

B. Berechnung des Zuschlagsatzes für Lohnzusatzkosten

		[%]	[%]	[%]
1.	**Grundlöhne**			**100,00**
2.	**Lohnzusatzkosten**			
2.1	**Soziallöhne**			
2.1.1	Gesetzliche und tarifliche Soziallöhne (bezahlte arbeitsfreie Tage)			
2.1.1.1	Feiertage (A., Ziffer 3 und Ziffer 4) $\frac{\text{Feiertage}}{\text{tatsächliche Arbeitstage}}$		4,12	
2.1.1.2	Ausfalltage (A., Ziffer 6) $= \frac{\text{Ausfalltage}}{\text{tatsächliche Arbeitstage}}$		2,06	
2.1.1.3	Krankheitstage mit Entgeltfortzahlungsanspruch (A., Ziffer 10) $= \frac{\text{Krankheitstage mit Anspruch auf Entgeltfortzahlung}}{\text{tatsächliche Arbeitstage}}$		5,15	

5) Anzahl der Krankheitstage firmenindividuell unterschiedlich.

(Fortsetzung)		[%]	[%]	[%]
2.1.1.4	13. Monatseinkommen[6] $= \frac{\text{75 Arbeitsstunden}}{\text{tatsächliche Arbeitstage} \times \text{Arbeitsstunden / Arbeitstag}}$		4,83	
2.1.2	Betriebliche Soziallöhne		1,00	
	Soziallöhne (Zwischensumme 1)		**17,16**	17,16
	Grund- und Soziallöhne			**117,16**
2.1.3	Urlaub, zusätzliches Urlaubsgeld[7] $= \frac{\left(\begin{array}{l}\text{Grund- und Soziallöhne} \\ \text{ohne Urlaubsvergütung} - \\ - \text{13. Monatseinkommen}\end{array}\right) \times \frac{14{,}25}{100}}{\frac{100 - 14{,}25}{100}}$		18,67	
	Soziallöhne (Zwischensumme 2)		**18,67**	18,67
	Soziallöhne insgesamt		**35,83**	
	Bruttolöhne (B., Ziffer 1 und Ziffer 2.1) als Basis für Sozialkosten und lohnbezogene Kosten			**135,83**

6) Durch den Tarifvertrag über die Gewährung des 13. Monatseinkommens im Baugewerbe vom 21. Mai 1997 in der Fassung vom 1. Juni 2018 besteht die Möglichkeit, das 13. Monatseinkommen auf bis zu 780,— € abzusenken. Dieser Berechnung liegt die Annahme zugrunde, dass die Regelung im Durchschnitt aller Betriebe zu einer Absenkung auf 75 Gesamttarifstundenlöhne führt.

7) Urlaubsentgelt und zusätzliches Urlaubsgeld sind, obwohl sie von den Sozialkassen rückvergütet werden, in die Berechnung der Löhne einzubeziehen, um hierdurch die Basis für die auf den Bruttolohn zu beziehenden Sozialkosten und lohnbezogenen Kosten zu ermitteln. Das 13. Monatseinkommen bleibt unberücksichtigt.

		[%]	[%]	[%]
	Übertrag [Soziallöhne (Zwischensumme 1)]			**17,16**
2.2	**Sozialkosten**			
2.2.1	**Gesetzliche Sozialkosten**			
2.2.1.1	Rentenversicherung			
	– allgemein	9,30		
	– für Kurzarbeiter		0,15	
2.2.1.2	Arbeitslosenversicherung	1,20		
2.2.1.3	Krankenversicherung			
	– allgemein	7,85		
	– für Kurzarbeiter		0,13	
2.2.1.4	Pflegeversicherung			
	– allgemein	1,53		
	– für Kurzarbeiter		0,03	
2.2.1.5	U2-Verfahren[8)]	0,39		
2.2.1.6	Unfallversicherung[9)]	5,39		
2.2.1.7	Insolvenzgeldumlage	0,06		
2.2.1.8	Schwerbehindertenausgleich		0,23	
2.2.1.9	Arbeitsschutz und -sicherheit		0,78	
2.2.1.10	Arbeitsmedizinisch-Sicherheits-technischer Dienst (ASD)	0,19		
2.2.1.11	Winterbeschäftigungs-Umlage[10)]	1,20		
	Gesetzliche Sozialkosten (Summe)	**27,11**		
2.2.2	**Tarifliche Sozialkosten**			
2.2.2.1	Urlaub	15,40		
2.2.2.2	Zusatzversorgung	3,00		
2.2.2.3	Tarifliche Zusatzrente	0,11		
2.2.2.4	Berufsbildung	2,40		
	Tarifliche Sozialkosten (Summe)	**20,91**		

8) Ausgleichsverfahren für die nach dem Mutterschutzgesetz zu zahlenden Bezüge.

9) Hierbei handelt es sich um einen Vorschuss, dessen Höhe je nach Bezirksverwaltung der Berufsgenossenschaft der Bauwirtschaft (BG BAU) und Gewerk unterschiedlich ist und rückwirkend im Folgejahr als Beitrag – gegebenenfalls abweichend – festgesetzt wird. Für den Unfallversicherungsbeitrag wurden die Hauptumlage, die Lastenverteilung nach Neurenten und der interne Lastenausgleich berücksichtigt.

10) Arbeitgeberanteil der Winterbeschäftigungs-Umlage.

(Fortsetzung)		[%]	[%]	[%]
2.2.3	**Betriebliche Sozialkosten**		0,70	
			2,02	
	Gesetzliche Sozialkosten (Summe Ziffer 2.2.1.1 bis Ziffer 2.2.1.11) auf Basis Grundlohn[11]	36,76	36,76	
	$=\frac{25,91}{100}\times\frac{135,83}{100}+\frac{1,20}{100}\times\frac{135,83-4,83}{100}$			
			38,78	
	Tarifliche Sozialkosten (Summe Ziffer 2.2.2.1 bis Ziffer 2.2.2.4) auf Basis Grundlohn	27,39	27,39	
	$=\frac{20,91}{100}\times\frac{135,83-4,83}{100}$			
			66,17	66,17
	Summe der lohngebundenen Kosten			**83,33**

		[%]	[%]	[%]
	Übertrag [Summe der lohngebundenen Kosten]			**83,33**
2.3	**Lohnbezogene Kosten**[12]	0,00		
		0,00		
	Zuschlagsatz für Lohnzusatzkosten[13]			**83,33**

11) Das 13. Monatseinkommen ist für die Winterbeschäftigungs-Umlage nicht Teil der Bemessungsgrundlage.

12) Die lohnbezogenen Kosten werden inzwischen üblicherweise in den allgemeinen Geschäftskosten erfasst und hier nicht mehr ausgewiesen (vgl. Formblatt 221 VHB-Bund, Zeile 1.2).

13) In 2019 betrug der Zuschlagsatz 87,07 %.

C. Angabe der berechnungsrelevanten Konstanten

2.1.1.4	**13. Monatseinkommen**	
	Anzahl der Tarifstundenlöhne	75,00
	Arbeitsstunden/Woche [Stunden/Woche]	40,00
	(hieraus ergibt sich) Arbeitsstunden/Tag [Stunden/Tag]	8,00
2.1.3	**Urlaub, zusätzliches Urlaubsgeld und Lohnausgleich**	
	Faktor für Urlaubsgeld (1,00 bedeutet kein zusätzliches Urlaubsgeld)	1,25
2.2.1.1	**Rentenversicherung**	
	Beitragssatz [%]	18,60
2.2.1.2	**Arbeitslosenversicherung**	
	Beitragssatz [%]	2,40
2.2.1.3	**Krankenversicherung**	
	Beitragssatz [%]	14,60
	Durchschnittlicher Zusatzbeitrag [%]	1,10
2.2.1.4	**Pflegeversicherung**	
	Beitragssatz [%]	3,05
2.2.1.5	**U2-Verfahren**	
	Beitragssatz [%]	0,39
2.2.1.6	**Unfallversicherung**	
	Gefahrklasse (Faktor)	12,58[14]
	Beitragsvorschuss je 100,— € Lohnsumme [€]	5,3925[15]
2.2.1.7	**Insolvenzgeldumlage, jetzt U3-Umlage**	
	Vorschuss je 100,— € Lohnsumme [€]	0,06
	Lohnermittlung	
	angenommener Mittellohn [€/Stunde]	20,63
	(hieraus ergibt sich) Jahreslohn [€/Jahr]	32.017,76
2.2.1.8	**Schwerbehindertenausgleich**	
	Besetzung der Arbeitsplätze (Pflichtquote) [%]	5,00
	Ausgleichsabgabe [€/Monat]	125,—
2.2.1.9	**Arbeitsschutz und -sicherheit**	
	Veranschlagung der Belastungen [€/Mann-Jahr]	250,—
2.2.1.10	**Arbeitsmedizinisch-Sicherheitstechnischer Dienst (ASD)** [%]	0,19

---

14) Gefahrklasse Bauwerksbau.

15) Beitragsvorschuss, z. B. Bezirksverwaltung Wuppertal der BG BAU.

2.2.2.3	**Tarifliche Zusatzrente** [€/Monat]	30,68
	(angenommener) Prozentsatz der Inanspruchnahme [%]	10,00

Erläuterungen zur Berechnung des Zuschlagsatzes für Lohnzusatzkosten (West)

Zu A.: **Ermittlung der tatsächlichen Arbeitstage**

Diese Berechnung ist auf das Jahr 2020 bezogen und, sofern erforderlich, regional und firmenindividuell zu modifizieren.

Zu B.: **Berechnung des Zuschlagsatzes für Lohnzusatzkosten**

Zu 1.: **Grundlöhne**

Diese Position umfasst:
- Tariflöhne und Bauzuschlag (Gesamttarifstundenlöhne);
- Leistungs- und Prämienlöhne;
- übertarifliche Bezahlung;
- Überstunden-, Nacht-, Sonn- und Feiertagsarbeitslöhne;
- Erschwerniszuschläge;
- vermögenswirksame Leistungen, soweit die Arbeitnehmer nicht die tarifliche Zusatzrente in Anspruch nehmen.

Zu 2.1: **Soziallöhne**

Diese Position beinhaltet gesetzlich und tariflich bedingte Lohnzahlungen ohne adäquate Arbeitsleistung.

Zu 2.1.1.4: **13. Monatseinkommen**

Im Tarifvertrag über die Gewährung des 13. Monatseinkommens im Baugewerbe in der Fassung vom 1. Juni 2018 wurde festgelegt, dass durch freiwillige betriebliche Vereinbarung oder durch Einzelvertrag dieser Betrag auf bis zu 780,— € reduziert werden kann. In der Berechnung wird angenommen, dass ein 13. Monatseinkommen in Höhe von 75 Tarifstundenlöhnen gezahlt wird. Hieraus ergibt sich:

$$\frac{75 \text{ Tarifstundenlöhne}}{\text{tatsächlich Arbeitsstunden / Jahr}} =$$

$$= 4{,}83\,\%$$

Zu 2.1.3: **Urlaub, zusätzliches Urlaubsgeld**

Gemäß § 8 Nr. 4 BRTV erhält der Arbeitnehmer eine Urlaubsvergütung von 14,25 % des Bruttolohnes. Die Urlaubsvergütung besteht aus dem Urlaubsentgelt (11,4 % des Bruttolohnes) sowie dem zusätzlichen Urlaubsgeld (25 % des Urlaubsentgeltes, § 8 Nr. 4.1 BRTV) abzüglich des 13. Monatseinkommens.

Zu 2.2: **Sozialkosten**

Diese Position umfasst die an die Lohnzahlung gebundenen gesetzlich, tariflich und betrieblich bedingten Belastungen.

Zu 2.2.1.1: **Rentenversicherung**

Der Beitragssatz zur gesetzlichen Rentenversicherung beträgt 2020 18,60 %. Der vom Arbeitgeber zu tragende Anteil beträgt:

$18{,}60\,\% \div 2 = 9{,}30\,\%$

für Kurzarbeiter:

Der Beitrag ist alleine vom Arbeitgeber zu tragen. Als Bemessungsgrundlage dient ein um 20 % gekürztes fiktives Arbeitsentgelt. Hieraus ergibt sich:

$$\frac{\text{Anzahl der Kurzarbeitstage} \times \text{Rentenversicherungsbeitragssatz} \times 80\,\%}{\text{tatsächliche Arbeitstage}} =$$

$= 0{,}15\,\%$

Zu 2.2.1.2: **Arbeitslosenversicherung**

Der Arbeitslosenversicherungsgesamtbeitrag beträgt 2,40 %. Der vom Arbeitgeber zu tragende Anteil beträgt:

$2{,}40\,\% \div 2 = 1{,}20\,\%$

Zu 2.2.1.3: **Krankenversicherung**

Der bundeseinheitliche Beitragssatz für alle Krankenkassen beträgt 2020 unverändert 14,60 %, der Zusatzbeitrag durchschnittlich 1,10 %. Seit 2019 ist der Gesamtbeitrag wieder von Arbeitgeber und Arbeitnehmer paritätisch zu tragen. Der vom Arbeitgeber zu tragende Anteil beträgt somit:

$(14{,}60\,\% + 1{,}10\,\%) \div 2 = 7{,}85\,\%$

für Kurzarbeiter:

Der Beitrag ist alleine vom Arbeitgeber zu tragen. Als Bemessungsgrundlage dient ein um 20 % gekürztes fiktives Arbeitsentgelt. Hieraus ergibt sich:

$$\frac{\text{Anzahl der Kurzarbeitstage} \times \text{Krankenversicherungsbeitragssatz} \times 80\,\%}{\text{tatsächliche Arbeitstage}} =$$

$= 0{,}13\,\%$

Zu 2.2.1.4: **Pflegeversicherung**

Der Beitragssatz zur Pflegeversicherung beträgt 3,05 %. Der vom Arbeitgeber zu tragende Anteil beträgt:

$3{,}05\,\% \div 2 = 1{,}525\,\% \approx 1{,}53\,\%$

für Kurzarbeiter:

Der Beitrag ist alleine vom Arbeitgeber zu tragen. Als Bemessungsgrundlage dient ein um 20 % gekürztes fiktives Arbeitsentgelt. Hieraus ergibt sich:

$$\frac{\text{Anzahl der Kurzarbeitstage} \times \text{Pflegeversicherungsbeitragssatz} \times 80\,\%}{\text{tatsächliche Arbeitstage}} =$$

$= 0{,}03\,\%$

Zu 2.2.1.5: **U2-Verfahren**

Seit 1. Januar 2006 sind alle Arbeitgeber – unabhängig von der Zahl der Arbeitnehmer – in das U2-Verfahren (Aufwendungsausgleich für Mutterschaftsleistungen) einbezogen. Die Umlagesätze sind je nach Kassenart unterschiedlich.
Es wird ein mittlerer Wert von 0,39 % angesetzt.

Zu 2.2.1.6: **Unfallversicherung**

Der Beitrag zur Unfallversicherung setzt sich nach der Neuregelung der Finanzierung der Berufsgenossenschaften aus der Hauptumlage, dem internen Lastenausgleich, den Beiträgen zum arbeitsmedizinischen und sicherheitstechnischen Dienst, der Lastenverteilung nach Arbeitsentgelten und Neurenten sowie dem Beitragsausgleichsverfahren zusammen.
In der Berechnung werden die Hauptumlage, die Lastenverteilung nach Neurenten und der interne Lastenausgleich berücksichtigt.

Zu 2.2.1.7: **Insolvenzgeldumlage**

2020 beträgt die Insolvenzgeldumlage 0,06 € pro 100,— € Lohnsumme.

Zu 2.2.1.8: **Schwerbehindertenausgleich**

In der Berechnung wird ein mittlerer Stundenlohn von 20,63 €/Stunde angenommen, woraus sich bei einer tariflich festgelegten Arbeitszeit von 40,00 Arbeitsstunden / Woche (= 8,00 Arbeitsstunden / Tag) folgender Jahreslohn ergibt:

tatsächliche Arbeitstage / Jahr × Arbeitsstunden / Tag ×
× mittlerer Stundenlohn =

= 32.017,76 € / Jahr

Der geltende Pflichtsatz für eine Schwerbehindertenbesetzung beträgt 5,00 % der Arbeitsplätze, die zu entrichtende Ausgleichsabgabe richtet sich nach dem Erfüllungsgrad und beträgt zwischen 125,— € / Monat und 320,— € / Monat. In der Berechnung wurde ein Wert von 125,— € / Monat angesetzt. Dies entspricht einer jahresdurchschnittlichen Beschäftigungsquote von 3 % bis weniger als 5 %. Hieraus ergibt sich:

$$\frac{\text{Pflichtsatz für die Schwerbehindertenbesetzung} \times \text{Ausgleichsabgabe} \times 12\ \text{Monate / Jahr}}{100\ \text{Arbeitnehmer} \times \text{Jahreslohn / Arbeitnehmer}} =$$

$= 0{,}23\,\%$

Zu 2.2.1.9: **Arbeitsschutz und -sicherheit**

Unter Arbeitsschutz und Arbeitssicherheit sind die durch das Gesetz für Betriebsärzte, Sicherheitsingenieure und andere Fachkräfte für Arbeitssicherheit sowie die Verordnung über besondere Arbeitsschutzanforderungen im Winter und die Unfallverhütungsvorschriften verursachten Belastungen zusammengefasst, für die 250,— €/Mann-Jahr veranschlagt werden können. Hieraus ergibt sich:

$$\frac{250,\text{— €/Mann-Jahr}}{\text{Jahreslohn}} =$$

$$= 0{,}78\,\%$$

Zu 2.2.1.10: **Arbeitsmedizinisch-Sicherheitstechnischer Dienst (ASD)**

Der Beitragssatz für Betriebe mit mehr als 10 Mitarbeitern beträgt in der Betreuungsgruppe I (u. a. auch Hochbaubetriebe) 0,19 %.

Zu 2.2.1.11: **Winterbeschäftigungs-Umlage**

Seit 1. Mai 2006 beträgt die Winterbeschäftigungs-Umlage 2,00 %; der Arbeitgeberanteil beträgt 1,20 %. Das tarifliche 13. Monatseinkommen bleibt bei der Bemessungsgrenze für die Sozialkassenbeiträge sowie für die Winterbeschäftigungs-Umlage unberücksichtigt.

Zu 2.2.2.1 bis 2.2.2.4: Das tarifliche 13. Monatseinkommen bleibt bei der Bemessungsgrenze für die Sozialkassenbeiträge sowie für die Winterbeschäftigungs-Umlage unberücksichtigt.

Zu 2.2.2.1: **Urlaub**

Der an die Urlaubs- und Lohnausgleichskasse (ULAK) zu leistende Beitragssatz beträgt 15,40 %.

Zu 2.2.2.2: **Zusatzversorgung**

Der an die Zusatzversorgungskasse (ZVK) zu leistende Beitragssatz beträgt 3,00 %.

Zu 2.2.2.3: **Tarifliche Zusatzrente**

Es wird davon ausgegangen, dass 10 % der Arbeitnehmer vom Anspruch auf die tarifliche Zusatzrente Gebrauch machen. Gemäß § 2 TV TZR hat jeder Arbeitnehmer Anspruch auf einen Betrag in Höhe von 30,68 €/Monat. Es ergibt sich:

$$\frac{30{,}68\text{ €/Monat} \times 12\text{ Monate/Jahr}}{\text{Jahreslohn}} \times 10\,\% =$$

$$= 0{,}11\,\%$$

Zu 2.2.2.4: **Berufsbildung**

Der an die Sozialkassen zu entrichtende Beitragssatz für die Erstattung von Kosten der Berufsausbildung beträgt 2,40 %.

Zu 2.2.3: **Betriebliche Sozialkosten**

Zu den Betrieblichen Sozialkosten zählen:

- Alters- und Zukunftssicherung (einschließlich Insolvenzsicherung);
- Jubiläums- und Treuegeld;
- Beihilfen bei Heirat, Geburt, Todesfall, Krankheit usw.;
- Zuschüsse für Aus- und Fortbildung;
- Zuschüsse zu Betriebsversammlungen und -festen;
- Zuschüsse zum Mittagessen.

Diese Sozialleistungen können eine Größenordnung von bis zu 2,00 % des Grundlohns ausmachen. In der Beispielrechnung sind sie mit einem unteren Wert von 0,70 % berücksichtigt.

Gesetzliche Sozialkosten (Σ 2.2.1) **auf Basis Grundlohn**

$$\left(\sum_{\text{Ziffer 2.2.1.1}}^{\text{Ziffer 2.2.1.10}} \ldots\right) \times \text{Bruttolöhne} + \text{Winterbeschäftigungs-Umlage} \times$$

$$\times \left(\text{Bruttolöhne} - 13.\ \text{Monatseinkommen}\right) =$$

$$= 36{,}76\,\%$$

Tarifliche Sozialkosten (Σ 2.2.2) **auf Basis Grundlohn**

$$\left(\sum_{\text{Ziffer 2.2.2.1}}^{\text{Ziffer 2.2.2.4}} \ldots\right) \times \left(\text{Bruttolöhne} - 13.\ \text{Monatseinkommen}\right) =$$

$$= 27{,}39\,\%$$

Zu 2.3: **Lohnbezogene Kosten**

Die lohnbezogenen Kosten wie Haftpflichtversicherung und Beiträge zu Berufsverbänden werden inzwischen überlicherweise in den allgemeinen Kosten erfasst und hier nicht mehr ausgewiesen.

Lohnzusatzkosten 2020 (Ost)

Muster für die Berechnung des Zuschlagsatzes für Lohnzusatzkosten in den neuen Bundesländern

Stand: 1. Juli 2020

A. Ermittlung der tatsächlichen Arbeitstage

			Tage
1.	Samstage		52
2.	Sonntage		52
3.	Gesetzliche Feiertage, soweit nicht Samstage oder Sonntage[1]		7
4.	Regionale Feiertage, soweit nicht Samstage oder Sonntage[2]		0
5.	Urlaubstage (§ 8 BRTV)		30
6.	Tarifliche und gesetzliche Ausfalltage (§ 4 BRTV, Betriebsverfassungsgesetz, Sozialgesetzbuch III, Arbeitnehmerweiterbildungsgesetz sowie Unfallverhütungsvorschriften u. a.)		4
7.	Ausfalltage wegen Schlechtwetter[3]	19	
	davon durch Flexibilisierung abgedeckt	–7	
	verbleibende Schlechtwettertage	12	12
8.	Ausfalltage durch Schlechtwetter außerhalb des Schlechtwetterzeitraumes		0
	davon durch Flexibilisierung abgedeckt		–0
9.	Ausfalltage wegen Kurzarbeit[4]		2
	davon durch Flexibilisierung abgedeckt		–0
	Zwischensumme der Ausfalltage		159

1) Neujahr, Karfreitag, Ostermontag, Tag der Arbeit, Christi Himmelfahrt, Pfingstmontag, (Tag der Deutschen Einheit), 1. und (2.) Weihnachtsfeiertag; in Klammern gesetzte Feiertage fallen auf einen Samstag oder einen Sonntag.

2) z. B. Fronleichnam, (Reformationstag); Anzahl der Feiertage regional unterschiedlich; siehe Seite 719.

3) Anzahl der Schlechtwettertage regional unterschiedlich. Soweit im Rahmen einer Arbeitszeitflexibilisierung (§ 3 Nr. 1.4 BRTV) ein Arbeitszeitguthaben im Schlechtwetterzeitraum vorliegt, ist dieses vor Inanspruchnahme von Saison-Kurzarbeitergeld aufzulösen.

4) Anzahl der Ausfalltage wegen Kurzarbeit firmenindividuell unterschiedlich.

		Tage
	Übertrag [Zwischensumme der Ausfalltage]	159
10.	Krankheitstage mit Entgeltfortzahlung[5]	10
11.	Krankheitstage ohne Entgeltfortzahlung[5]	2
	Summe der Ausfalltage	**171**
	Kalendertage	366
	Ausfalltage	–171
	Tatsächliche Arbeitstage	**195**

B. Berechnung des Zuschlagsatzes für Lohnzusatzkosten

		[%]	[%]	[%]
1.	**Grundlöhne**			**100,00**
2.	**Lohnzusatzkosten**			
2.1	**Soziallöhne**			
2.1.1	Gesetzliche und tarifliche Soziallöhne (bezahlte arbeitsfreie Tage)			
2.1.1.1	Feiertage (A., Ziffer 3 und Ziffer 4) $= \frac{\text{Feiertage}}{\text{tatsächliche Arbeitstage}}$		3,59	
2.1.1.2	Ausfalltage (A., Ziffer 6) $= \frac{\text{Ausfalltage}}{\text{tatsächliche Arbeitstage}}$		2,05	
2.1.1.3	Krankheitstage mit Entgeltfortzahlungsanspruch (A., Ziffer 10) $= \frac{\text{Krankheitstage mit Anspruch auf Entgeltfortzahlung}}{\text{tatsächliche Arbeitstage}}$		5,13	

5) Anzahl der Krankheitstage firmenindividuell unterschiedlich.

(Fortsetzung)		[%]	[%]	[%]
2.1.1.4	13. Monatseinkommen $= \dfrac{18 \text{ Arbeitsstunden}}{\text{tatsächliche Arbeitstage} \times \text{Arbeitsstunden/Arbeitstag}}$		1,15	
2.1.2	Betriebliche Soziallöhne		1,00	
	Soziallöhne (Zwischensumme 1)		**12,92**	12,92
	Grund- und Soziallöhne			**112,92**
2.1.3	Urlaub, zusätzliches Urlaubsgeld[6] $= \dfrac{\begin{pmatrix}\text{Grund- und Soziallöhne} \\ \text{ohne Urlaubsvergütung}\end{pmatrix} \times \dfrac{14,25}{100}}{\dfrac{100 - 14,25}{100}}$		18,77	
	Soziallöhne (Zwischensumme 2)		**18,77**	18,77
	Soziallöhne insgesamt		**31,69**	
	Bruttolöhne (B., Ziffer 1 und Ziffer 2.1) als Basis für Sozialkosten und lohnbezogene Kosten			**131,69**

6) Urlaubsentgelt und zusätzliches Urlaubsgeld sind, obwohl sie von den Sozialkassen rückvergütet werden, in die Berechnung der Löhne einzubeziehen, um hierdurch die Basis für die auf den Bruttolohn zu beziehenden Sozialkosten und lohnbezogenen Kosten zu ermitteln.

		[%]	[%]	[%]
	Übertrag [Soziallöhne (Zwischensumme 1)]			**12,92**
2.2	**Sozialkosten**			
2.2.1	**Gesetzliche Sozialkosten**			
2.2.1.1	Rentenversicherung			
	– allgemein	9,30		
	– für Kurzarbeiter		0,15	
2.2.1.2	Arbeitslosenversicherung	1,20		
2.2.1.3	Krankenversicherung			
	– allgemein	7,85		
	– für Kurzarbeiter		0,13	
2.2.1.4	Pflegeversicherung			
	– allgemein	1,53		
	– für Kurzarbeiter		0,03	
2.2.1.5	U2-Verfahren[7]	0,39		
2.2.1.6	Unfallversicherung[8]	5,39		
2.2.1.7	Insolvenzgeldumlage	0,06		
2.2.1.8	Schwerbehindertenausgleich		0,25	
2.2.1.9	Arbeitsschutz und -sicherheit		0,82	
2.2.1.10	Arbeitsmedizinisch-Sicherheitstechnischer Dienst (ASD)	0,19		
2.2.1.11	Winterbeschäftigungs-Umlage[9]	1,20		
	Gesetzliche Sozialkosten (Summe)	**27,11**		
2.2.2	**Tarifliche Sozialkosten**			
2.2.2.1	Urlaub	15,40		
2.2.2.2	Zusatzversorgung	1,10		
2.2.2.3	Tarifliche Zusatzrente	0,00		
2.2.2.4	Berufsbildung	2,40		
	Tarifliche Sozialkosten (Summe)	**18,90**		

7) Ausgleichsverfahren für die nach dem Mutterschutzgesetz zu zahlenden Bezüge.

8) Hierbei handelt es sich um einen Vorschuss, dessen Höhe je nach Bezirksverwaltung der Berufsgenossenschaft der Bauwirtschaft (BG BAU) und Gewerk unterschiedlich ist und rückwirkend im Folgejahr als Beitrag – gegebenenfalls abweichend – festgesetzt wird. Für den Unfallversicherungsbeitrag wurden die Hauptumlage, die Lastenverteilung nach Neurenten und der interne Lastenausgleich berücksichtigt.

9) Arbeitgeberanteil der Winterbeschäftigungs-Umlage.

(Fortsetzung)		[%]	[%]	[%]
2.2.3	**Betriebliche Sozialkosten**		1,00	
			2,38	
	Gesetzliche Sozialkosten (Summe Ziffer 2.2.1.1 bis Ziffer 2.2.1.11) auf Basis Grundlohn	35,68	35,68	
	$= \frac{25,91}{100} \times \frac{131,69}{100} + \frac{1,20}{100} \times \frac{131,69 - 1,15}{100}$			
			38,06	
	Tarifliche Sozialkosten (Summe Ziffer 2.2.2.1 bis Ziffer 2.2.2.4) auf Basis Grundlohn	24,67	24,67	
	$= \frac{18,90}{100} \times \frac{131,69 - 1,15}{100}$			
			62,73	62,73
	Summe der lohngebundenen Kosten			**75,65**

		[%]	[%]	[%]
	Übertrag [Summe der lohngebundenen Kosten]			**75,65**
2.3	**Lohnbezogene Kosten** [10]	0,00		
		0,00		
	Zuschlagsatz für Lohnzusatzkosten [11]			**75,65**

10) Die lohnbezogenen Kosten werden inzwischen überlicherweise in den allgemeinen Geschäftskosten erfasst und hier nicht mehr ausgewiesen (vgl. Formblatt 221, VHB-Bund, Zeile 1.2).

11) In 2019 betrug der Zuschlagsatz 78,18 %.

C. Angabe der berechnungsrelevanten Konstanten

2.1.1.4	**13. Monatseinkommen**	
	Anzahl der Tarifstundenlöhne	18,00
	Arbeitsstunden/Woche [Stunden/Woche]	40,00
	(hieraus ergibt sich) Arbeitsstunden/Tag [Stunden/Tag]	8,00
2.1.3	**Urlaub, zusätzliches Urlaubsgeld und Lohnausgleich**	
	Faktor für Urlaubsgeld (1,00 bedeutet kein zusätzliches Urlaubsgeld)	1,25
2.2.1.1	**Rentenversicherung**	
	Beitragssatz [%]	18,60
2.2.1.2	**Arbeitslosenversicherung**	
	Beitragssatz [%]	2,40
2.2.1.3	**Krankenversicherung**	
	Beitragssatz [%]	14,60
	Durchschnittlicher Zusatzbeitrag [%]	1,10
2.2.1.4	**Pflegeversicherung**	
	Beitragssatz [%]	3,05
2.2.1.5	**U2-Verfahren**	
	Beitragssatz [%]	0,39
2.2.1.6	**Unfallversicherung**	
	Gefahrklasse (Faktor)	12,58[12]
	Beitragsvorschuss je 100,— € Lohnsumme [€]	5,3925[13]
2.2.1.7	**Insolvenzgeldumlage, jetzt U3-Umlage**	
	Vorschuss je 100,— € Lohnsumme [€]	0,06
	Lohnermittlung	
	angenommener Mittellohn [€/Stunde]	19,50
	(hieraus ergibt sich) Jahreslohn [€/Jahr]	30.420,—
2.2.1.8	**Schwerbehindertenausgleich**	
	Besetzung der Arbeitsplätze (Pflichtquote) [%]	5,00
	Ausgleichsabgabe [€/Monat]	125,—
2.2.1.9	**Arbeitsschutz und -sicherheit**	
	Veranschlagung der Belastungen [€/Mann-Jahr]	250,—
2.2.1.10	**Arbeitsmedizinisch-Sicherheitstechnischer Dienst (ASD)** [%]	0,19
2.2.2.3	**Tarifliche Zusatzrente** [€/Monat]	0,—

12) Gefahrklasse Bauwerksbau.

13) Beitragsvorschuss.

Erläuterungen zur Berechnung des Zuschlagsatzes für Lohnzusatzkosten (Ost)

Zu A.: **Ermittlung der tatsächlichen Arbeitstage**
Diese Berechnung ist auf das Jahr 2020 bezogen und, sofern erforderlich, regional und firmenindividuell zu modifizieren.

Zu B.: **Berechnung des Zuschlagsatzes für Lohnzusatzkosten**

Zu 1.: **Grundlöhne**
Diese Position umfasst:
- Tariflöhne und Bauzuschlag (Gesamttarifstundenlöhne);
- Leistungs- und Prämienlöhne;
- übertarifliche Bezahlung;
- Überstunden-, Nacht-, Sonn- und Feiertagsarbeitslöhne;
- Erschwerniszuschläge.

Zu 2.1: **Soziallöhne**
Diese Position beinhaltet gesetzlich und tariflich bedingte Lohnzahlungen ohne adäquate Arbeitsleistung.

Zu 2.1.1.4: **13. Monatseinkommen**
Im Tarifvertrag über die Gewährung des 13. Monatseinkommens im Baugewerbe in der Fassung vom 1. Juni 2018 sind für das Tarifgebiet Ost im Jahr 2020 18 Gesamttarifstundenlöhne vorgesehen. Hieraus ergibt sich:

$$\frac{\text{18 Gesamttarifstundenlöhne}}{\text{tatsächlich Arbeitsstunden / Jahr}} =$$

$= 1{,}15\,\%$

Zu 2.1.3: **Urlaub, zusätzliches Urlaubsgeld**
Gemäß § 8 Nr. 4 BRTV erhält der Arbeitnehmer eine Urlaubsvergütung von 14,25 % des Bruttolohnes. Die Urlaubsvergütung besteht aus dem Urlaubsentgelt (11,4 % des Bruttolohnes) sowie dem zusätzlichen Urlaubsgeld (25 % des Urlaubsentgeltes, § 8 Nr. 4.1 BRTV).

Zu 2.2: **Sozialkosten**
Diese Position umfasst die an die Lohnzahlung gebundenen gesetzlich, tariflich und betrieblich bedingten Belastungen.

Zu 2.2.1.1: **Rentenversicherung**
Der Beitragssatz zur gesetzlichen Rentenversicherung beträgt 2020 18,60 %.
Der vom Arbeitgeber zu tragende Anteil beträgt:
$18{,}60\,\% \div 2 = 9{,}30\,\%$

für Kurzarbeiter:

Der Beitrag ist alleine vom Arbeitgeber zu tragen. Als Bemessungsgrundlage dient ein um 20 % gekürztes fiktives Arbeitsentgelt. Hieraus ergibt sich:

$$\frac{\text{Anzahl der Kurzarbeitstage} \times \text{Renten-versicherungsbeitragssatz} \times 80\,\%}{\text{tatsächliche Arbeitstage}} =$$

$= 0{,}15\,\%$

Zu 2.2.1.2: **Arbeitslosenversicherung**

Der Arbeitslosenversicherungsgesamtbeitrag beträgt 2,40 %. Der vom Arbeitgeber zu tragende Anteil beträgt:

$2{,}40\,\% \div 2 = 1{,}20\,\%$

Zu 2.2.1.3: **Krankenversicherung**

Der bundeseinheitliche Beitragssatz für alle Krankenkassen beträgt 2020 unverändert 14,60 %, der Zusatzbeitrag durchschnittlich 1,10 %. Seit 2019 ist der Gesamtbeitrag wieder von Arbeitgeber und Arbeitnehmer paritätisch zu tragen. Der vom Arbeitgeber zu tragende Anteil beträgt somit:

$(14{,}60\,\% + 1{,}10\,\%) \div 2 = 7{,}85\,\%$

für Kurzarbeiter:

Der Beitrag ist alleine vom Arbeitgeber zu tragen. Als Bemessungsgrundlage dient ein um 20 % gekürztes fiktives Arbeitsentgelt. Hieraus ergibt sich:

$$\frac{\text{Anzahl der Kurzarbeitstage} \times \text{Kranken-versicherungsbeitragssatz} \times 80\,\%}{\text{tatsächliche Arbeitstage}} =$$

$= 0{,}13\,\%$

Zu 2.2.1.4: **Pflegeversicherung**

Der Beitragssatz zur Pflegeversicherung beträgt 3,05 %. Der vom Arbeitgeber zu tragende Anteil beträgt:

$3{,}05\,\% \div 2 = 1{,}525\,\% \approx 1{,}53\,\%$

für Kurzarbeiter:

Der Beitrag ist alleine vom Arbeitgeber zu tragen. Als Bemessungsgrundlage dient ein um 20 % gekürztes fiktives Arbeitsentgelt. Hieraus ergibt sich:

$$\frac{\text{Anzahl der Kurzarbeitstage} \times \text{Pflege-versicherungsbeitragssatz} \times 80\,\%}{\text{tatsächliche Arbeitstage}} =$$

$= 0{,}03\,\%$

Zu 2.2.1.5: **U2-Verfahren**

Seit 1. Januar 2006 sind alle Arbeitgeber – unabhängig von der Zahl der Arbeitnehmer – in das U2-Verfahren (Aufwendungsausgleich für Mutterschaftsleistungen) einbezogen. Die Umlagesätze sind je nach Kassenart unterschiedlich.
Es wird ein mittlerer Wert von 0,39 % angesetzt.

Zu 2.2.1.6: **Unfallversicherung**

Der Beitrag zur Unfallversicherung setzt sich nach der Neuregelung der Finanzierung der Berufsgenossenschaften aus der Hauptumlage, dem internen Lastenausgleich, den Beiträgen zum arbeitsmedizinischen und sicherheitstechnischen Dienst, der Lastenverteilung nach Arbeitsentgelten und Neurenten sowie dem Beitragsausgleichsverfahren zusammen.
In der Berechnung werden die Hauptumlage, die Lastenverteilung nach Neurenten und der interne Lastenausgleich berücksichtigt.

Zu 2.2.1.7: **Insolvenzgeldumlage**

2020 beträgt die Insolvenzgeldumlage 0,06 € pro 100,— € Lohnsumme.

Zu 2.2.1.8: **Schwerbehindertenausgleich**

In der Berechnung wird ein mittlerer Stundenlohn von 19,35 €/Stunde angenommen, woraus sich bei einer tariflich festgelegten Arbeitszeit von 40,00 Arbeitsstunden / Woche (= 8,00 Arbeitsstunden / Tag) folgender Jahreslohn ergibt:

tatsächliche Arbeitstage / Jahr × Arbeitsstunden / Tag ×
× mittlerer Stundenlohn =

= 30.420,— € / Jahr

Der geltende Pflichtsatz für eine Schwerbehindertenbesetzung beträgt 5,00 % der Arbeitsplätze, die zu entrichtende Ausgleichsabgabe richtet sich nach dem Erfüllungsgrad und beträgt zwischen 125,— €/Monat und 320,— €/Monat. In der Berechnung wurde ein Wert von 125,— €/Monat angesetzt. Dies entspricht einer jahresdurchschnittlichen Beschäftigungsquote von 3 % bis weniger als 5 %. Hieraus ergibt sich:

$$\frac{\text{Pflichtsatz für die Schwerbehindertenbesetzung} \times \text{Ausgleichsabgabe} \times \text{12 Monate / Jahr}}{\text{100 Arbeitnehmer} \times \text{Jahreslohn / Arbeitnehmer}} =$$

= 0,25 %

Zu 2.2.1.9: **Arbeitsschutz und -sicherheit**

Unter Arbeitsschutz und Arbeitssicherheit sind die durch das Gesetz für Betriebsärzte, Sicherheitsingenieure und andere Fachkräfte für Arbeitssicherheit sowie die Verordnung über besondere Arbeitsschutzanforderungen im Winter und die Unfallverhütungsvorschriften verursachten Belastungen zusammengefasst, für die 250,— €/ Mann-Jahr veranschlagt werden können. Hieraus ergibt sich:

$$\frac{250,\text{— €/Mann-Jahr}}{\text{Jahreslohn}} =$$

$= 0{,}82\,\%$

Zu 2.2.1.10: **Arbeitsmedizinisch-Sicherheitstechnischer Dienst (ASD)**
Der Beitragssatz für Betriebe mit mehr als 10 Mitarbeitern beträgt in der Betreuungsgruppe I (u. a. auch Hochbaubetriebe) 0,19 %.

Zu 2.2.1.11: **Winterbeschäftigungs-Umlage**
Seit 1. Mai 2006 beträgt die Winterbeschäftigungs-Umlage 2,00 %; der Arbeitgeberanteil beträgt 1,20 %. Das tarifliche 13. Monatseinkommen bleibt bei der Bemessungsgrenze für die Sozialkassenbeiträge sowie für die Winterbeschäftigungs-Umlage unberücksichtigt.

Zu 2.2.2.1: **Urlaub**
Der an die Urlaubs- und Lohnausgleichskasse (ULAK) zu leistende Beitragssatz beträgt 15,40 %.

Zu 2.2.2.2: **Zusatzversorgung**
Der an die Zusatzversorgungskasse (ZVK) zu leistende Beitragssatz beträgt 1,10 %.

Zu 2.2.2.3: **Tarifliche Zusatzrente**
Der Tarifvertrag über eine Zusatzrente im Baugewerbe (TV TZR) vom 15. Mai 2001 ist mangels seiner Allgemeinverbindlichkeitserklärung in den fünf neuen Bundesländern nicht in Kraft getreten.

Zu 2.2.2.4: **Berufsbildung**
Der an die Sozialkassen zu entrichtende Beitragssatz für die Erstattung von Kosten der Berufsausbildung beträgt 2,40 %.

Zu 2.2.3: **Betriebliche Sozialkosten**
Zu den Betrieblichen Sozialkosten zählen:

- Alters- und Zukunftssicherung (einschließlich Insolvenzsicherung);
- Jubiläums- und Treuegeld;
- Beihilfen bei Heirat, Geburt, Todesfall, Krankheit usw.;
- Zuschüsse für Aus- und Fortbildung;
- Zuschüsse zu Betriebsversammlungen und -festen;
- Zuschüsse zum Mittagessen.

Diese Sozialleistungen können eine Größenordnung von bis zu 2,00 % des Grundlohns ausmachen. In der Beispielrechnung sind sie mit einem unteren Wert von 1,00 % berücksichtigt.

Gesetzliche Sozialkosten (Σ 2.2.1) **auf Basis Grundlohn**

$$\left(\sum_{\text{Ziffer 2.2.1.1}}^{\text{Ziffer 2.2.1.10}} \ldots\right) \times \text{Bruttolöhne} + \text{Winterbeschäftigungs-Umlage} \times$$

$$\times \left(\text{Bruttolöhne} - 13.\ \text{Monatseinkommen}\right) =$$

$$= 35{,}19\,\%$$

Tarifliche Sozialkosten (Σ 2.2.2) **auf Basis Grundlohn**

$$\left(\sum_{\text{Ziffer 2.2.2.1}}^{\text{Ziffer 2.2.2.4}} \ldots\right) \times \left(\text{Bruttolöhne} - 13.\ \text{Monatseinkommen}\right) =$$

$$= 24{,}63\,\%$$

Zu 2.3: **Lohnbezogene Kosten**

Die lohnbezogenen Kosten wie Haftpflichtversicherung und Beiträge zu Berufsverbänden werden inzwischen überlicherweise in den allgemeinen Kosten erfasst und hier nicht mehr ausgewiesen.

Übersicht über die Entwicklung der Lohnzusatzkosten

Jahr	im Monat	Lohnzusatzkosten / West	Lohnzusatzkosten / Ost
1981	Mai	91,03 %	
1982	Januar	95,07 %	
1983	Januar	95,93 %	
1984	Januar	95,49 %	
1985	Juni	98,80 %	
1986	Januar	102,61 %	
1987	Januar	100,28 %	
1988	Januar	100,98 %	
1989	Januar	100,07 %	
1990	April	104,98 %	
1991	April	105,55 %	
1992	Januar		84,82 %
	Juni	108,88 %	
1993	Januar	—[1]	—[1]
1994	Januar	113,80 %	84,04 %
1995	Januar	109,81 %	84,14 %
1996	Januar	112,83 %	92,44 %
1997	Juli	102,75 %	86,26 %
1998	Januar	101,70 %	84,92 %
1999	Juli	95,74 %	84,26 %
2000	Januar		85,50 %
	April	97,02 %	
2001	Januar	97,15 %	86,61 %
2002	Januar	101,02 %	88,64 %
2003	Januar	96,22 %	85,29 %
2004	Januar	90,79 %	81,62 %
2005	Januar	89,37 %	81,26 %
2006	Juni	89,56 %	81,40 %
2007	Januar	90,59 %	82,42 %
2008	Januar	86,93 %	79,10 %

1) Prozentsatz nicht ermittelbar.

Jahr	im Monat	Lohnzusatzkosten / West	Lohnzusatzkosten / Ost
2009	Januar	85,09 %	75,58 %
2010	Januar	83,42 %	73,09 %
2011	Januar	83,72 %	76,15 %
2012	Januar	88,04 %	77,95 %
2013	Januar	87,41 %	77,70 %
2014	Januar	86,92 %	78,18 %
2015	Januar	85,07 %	75,50 %
2016[2]	Januar	82,50 %	72,16 %
2017	Januar	85,97 %	73,44 %
2018	März	85,95 %	75,56 %
2019	März	87,07 %	78,18 %
2020	Juli	83,33 %	75,65 %

2) Die Werte sind ab 2016 ohne lohnbezogene Kosten, die 2015 weitere 2,83 Prozentpunkte (West) / 2,73 Prozentpunkte (Ost) ausmachten.

Übersicht über die Entwicklung der Gesamttarifstundenlöhne (alte Bundesländer)

Zeitpunkt[1]	Lohngruppe[2]									
	6	5	4	3	2a	2b	2	1	4 (Fliesenleger)	4 (Baumaschinenführer)
01.09.2002	16,58 €	15,19 €	14,43 €	13,23 €	12,87 €		12,47 €	10,12 €	14,91 €	14,70 €
01.04.2003	16,98 €	15,55 €	14,78 €	13,56 €	13,18 €		12,47 €	10,12 €	15,27 €	15,05 €
01.01.2006	16,56 €	15,15 €	14,41 €	13,22 €	12,85 €				14,88 €	14,67 €
01.04.2006	16,73 €	15,30 €	14,56 €	13,34 €	12,98 €				15,04 €	14,81 €
01.06.2007	17,25 €	15,77 €	15,01 €	13,76 €	13,39 €				15,50 €	15,27 €
01.04.2008	17,51 €	16,01 €	15,24 €	13,96 €	13,58 €				15,73 €	15,50 €
01.09.2008	17,78 €	16,27 €	15,48 €	14,18 €	13,80 €				15,99 €	15,75 €
01.06.2009	18,19 €	16,64 €	15,84 €	14,50 €	14,12 €				16,36 €	16,11 €
01.04.2010	18,61 €	17,02 €	16,20 €	14,84 €	14,45 €				16,74 €	16,47 €
01.05.2011	19,17 €	17,53 €	16,68 €	15,29 €	14,88 €				17,24 €	16,97 €
01.06.2012	19,62 €	17,93 €	17,07 €	15,64 €	15,23 €				17,63 €	17,36 €
01.05.2013	20,25 €	18,50 €	17,62 €	16,14 €	15,72 €	14,14 €[3]			18,19 €	17,92 €
01.06.2014	20,87 €	19,07 €	18,17 €	16,64 €	16,20 €	14,57 €			18,75 €	18,47 €
01.06.2015	21,41 €	19,57 €	18,64 €	17,07 €	16,62 €	14,95 €			19,24 €	18,95 €
01.05.2016	21,93 €	20,04 €	19,09 €	17,48 €	17,02 €	15,31 €			19,70 €	19,40 €
01.05.2017	22,41 €	20,48 €	19,51 €	17,87 €	17,40 €	15,65 €			20,14 €	19,82 €
01.05.2018	23,70 €	21,65 €	20,63 €	18,88 €	18,39 €	16,54 €			21,29 €	20,95 €
01.01.2021	24,19 €	22,10 €	21,06 €	19,27 €	18,78 €	16,89 €			21,73 €	21,40 €

1) Die Gesamttarifstundenlöhne der Jahre 1980 bis 2001 sind in der Tarifsammlung für die Bauwirtschaft 2013/2014, Seite 187, abgedruckt.
2) Lohngruppen für gewerbliche Arbeitnehmer – siehe § 5 Nr. 3 BRTV, Seiten 244 bis 248.
3) Ab 1. Januar 2014.

Übersicht über die Entwicklung der Gesamttarifstundenlöhne (neue Bundesländer)

Zeitpunkt[1]	Lohngruppe[2]								
	6	5	4	3	2a	2	1	4 (Fliesenleger)	4 (Baumaschinenführer)
01.09.2002	14,78 €	13,54 €	12,87 €	11,80 €	11,47 €	10,01 €	8,75 €	13,29 €	13,10 €
01.04.2003	15,14 €	13,87 €	13,18 €	12,09 €	11,75 €	10,01 €	8,75 €	13,61 €	13,41 €
01.01.2006	14,76 €	13,52 €	12,85 €	11,79 €	11,46 €			13,26 €	13,08 €
01.04.2006	14,91 €	13,66 €	12,98 €	11,90 €	11,57 €			13,40 €	13,21 €
01.06.2007	15,37 €	14,08 €	13,39 €	12,27 €	11,93 €			13,82 €	13,61 €
01.04.2008	15,60 €	14,29 €	13,58 €	12,45 €	12,11 €			14,03 €	13,82 €
01.09.2008	15,86 €	14,52 €	13,80 €	12,65 €	12,31 €			14,25 €	14,04 €
01.06.2009	16,27 €	14,89 €	14,16 €	12,97 €	12,63 €			14,62 €	14,40 €
01.04.2010	16,69 €	15,27 €	14,52 €	13,31 €	12,96 €	10,25 €		15,— €	14,76 €
01.06.2011	17,26 €	15,79 €	15,01 €	13,76 €	13,40 €	10,60 €		15,50 €	15,26 €
01.08.2012	17,76 €	16,25 €	15,45 €	14,16 €	13,79 €	10,91 €		15,95 €	15,70 €
01.05.2013	18,47 €	16,89 €	16,07 €	14,74 €	14,35 €	11,34 €		16,58 €	16,33 €
01.06.2014	19,17 €	17,53 €	16,67 €	15,30 €	14,89 €	11,77 €		17,21 €	16,95 €
01.06.2015	19,80 €	18,11 €	17,22 €	15,81 €	15,38 €	12,16 €		17,79 €	17,51 €
01.05.2016	20,38 €	18,64 €	17,73 €	16,27 €	15,82 €	12,52 €		18,31 €	18,02 €
01.05.2017	20,86 €	19,09 €	18,15 €	16,65 €	16,20 €	12,81 €		18,74 €	18,45 €
01.05.2018	22,24 €	20,35 €	19,35 €	17,75 €	17,27 €	13,66 €		19,98 €	19,68 €
01.06.2019	22,41 €	20,51 €	19,50 €	17,90 €	17,41 €	13,77 €		20,14 €	19,83 €
01.01.2021	22,91 €	20,96 €	19,94 €	18,29 €	17,79 €	14,07 €		20,58 €	20,27 €

1) Die Gesamttarifstundenlöhne der Jahre 1991 bis 2001 sind in der Tarifsammlung für die Bauwirtschaft 2013/2014, Seite 189, abgedruckt.
2) Lohngruppen für gewerbliche Arbeitnehmer – siehe § 5 Nr. 3 BRTV, Seiten 244 bis 248.

Übersicht über die Entwicklung der Gesamttarifstundenlöhne (Berlin)

Zeitpunkt[1]	Lohngruppe[2]										
	6	5	4	3	2a	2b	2	1	4 (Fliesenleger)	4 (Putzer)	4 (Baumaschinenführer)
01.09.2002	16,41 €	15,04 €	14,28 €	13,10 €	12,74 €		12,35 €	10,12 €	14,76 €	14,64 €	14,55 €
01.04.2003	16,81 €	15,40 €	14,62 €	13,41 €	13,04 €		12,35 €	10,12 €	15,11 €	15,— €	14,90 €
01.01.2006	16,38 €	15,01 €	14,25 €	13,08 €	12,72 €				14,73 €	14,62 €	14,52 €
01.04.2006	16,54 €	15,16 €	14,39 €	13,21 €	12,85 €				14,87 €	14,77 €	14,67 €
01.06.2007	17,05 €	15,63 €	14,74 €	13,61 €	13,24 €				15,34 €	15,23 €	15,13 €
01.04.2008	17,30 €	15,86 €	15,06 €	13,82 €	13,44 €				15,57 €	15,46 €	15,36 €
01.09.2008	17,58 €	16,11 €	15,30 €	14,04 €	13,66 €				15,83 €	15,70 €	15,60 €
01.06.2009	17,98 €	16,49 €	15,65 €	14,36 €	13,97 €				16,19 €	16,07 €	15,95 €
01.04.2010	18,39 €	16,86 €	16,01 €	14,69 €	14,30 €				16,56 €	16,43 €	16,32 €
01.05.2011	18,95 €	17,37 €	16,49 €	15,13 €	14,73 €				17,06 €	16,93 €	16,82 €
01.06.2012	19,38 €	17,78 €	16,86 €	15,48 €	15,06 €				17,45 €	17,32 €	17,20 €
01.05.2013	20,— €	18,35 €	17,40 €	15,98 €	15,55 €	13,98 €[3]			18,01 €	17,88 €	17,76 €
01.06.2014	20,62 €	18,92 €	17,95 €	16,47 €	16,04 €	14,42 €			18,57 €	18,43 €	18,31 €
01.06.2015	21,16 €	19,41 €	18,42 €	16,90 €	16,46 €	14,79 €			19,06 €	18,90 €	18,78 €
01.05.2016	21,67 €	19,87 €	18,86 €	17,30 €	16,85 €	15,15 €			19,52 €	19,35 €	19,24 €
01.05.2017	22,15 €	20,31 €	19,27 €	17,68 €	17,22 €	15,48 €			19,95 €	19,78 €	19,66 €
01.05.2018	23,41 €	21,47 €	20,37 €	18,69 €	18,20 €	16,36 €			21,08 €	20,90 €	20,78 €
01.01.2021	23,90 €	21,91 €	20,80 €	19,08 €	18,59 €	16,70 €			21,52 €	21,34 €	21,22 €

1) Die Gesamttarifstundenlöhne der Jahre 2000 und 2001 sind in der Tarifsammlung für die Bauwirtschaft 2013/2014, Seite 191, abgedruckt.
2) Lohngruppen für gewerbliche Arbeitnehmer – siehe § 5 Nr. 3 BRTV, Seiten 244 bis 248.
3) Ab 1. Januar 2014.

Übersicht über die Entwicklung der Gehälter (alte Bundesländer)

Zeitpunkt[1]	Gehaltsgruppe[2]									
	A I	A II	A III	A IV	A V	A VI	A VII	A VIII	A IX	A X
01.04.2002	1.519,— €	1.753,— €	2.009,— €	2.276,— €	2.548,— €	2.832,— €	3.131,— €	3.439,— €	3.835,— €	4.289,— €
01.09.2002	1.568,— €	1.809,— €	2.073,— €	2.349,— €	2.630,— €	2.923,— €	3.231,— €	3.549,— €	3.958,— €	4.426,— €
01.04.2003	1.606,— €	1.852,— €	2.123,— €	2.405,— €	2.693,— €	2.993,— €	3.309,— €	3.634,— €	4.053,— €	4.532,— €
01.04.2006	1.622,— €	1.871,— €	2.144,— €	2.429,— €	2.720,— €	3.023,— €	3.342,— €	3.670,— €	4.094,— €	4.577,— €
01.06.2007	1.672,— €	1.929,— €	2.210,— €	2.504,— €	2.804,— €	3.117,— €	3.446,— €	3.784,— €	4.221,— €	4.719,— €
01.04.2008	1.697,— €	1.958,— €	2.243,— €	2.542,— €	2.846,— €	3.164,— €	3.498,— €	3.841,— €	4.284,— €	4.790,— €
01.09.2008	1.724,— €	1.989,— €	2.279,— €	2.583,— €	2.892,— €	3.215,— €	3.554,— €	3.902,— €	4.353,— €	4.867,— €
01.06.2009	1.764,— €	2.035,— €	2.331,— €	2.642,— €	2.959,— €	3.289,— €	3.636,— €	3.992,— €	4.453,— €	4.979,— €
01.04.2010	1.805,— €	2.082,— €	2.385,— €	2.703,— €	3.027,— €	3.365,— €	3.720,— €	4.084,— €	4.555,— €	5.094,— €
01.05.2011	1.859,— €	2.144,— €	2.457,— €	2.784,— €	3.118,— €	3.466,— €	3.832,— €	4.207,— €	4.692,— €	5.247,— €
01.06.2012	1.902,— €	2.193,— €	2.514,— €	2.848,— €	3.190,— €	3.546,— €	3.920,— €	4.304,— €	4.800,— €	5.368,— €
01.05.2013	1.963,— €	2.263,— €	2.594,— €	2.939,— €	3.292,— €	3.659,— €	4.045,— €	4.442,— €	4.954,— €	5.540,— €
01.06.2014	2.024,— €	2.333,— €	2.674,— €	3.030,— €	3.394,— €	3.772,— €	4.170,— €	4.580,— €	5.108,— €	5.712,— €
01.06.2015	2.077,— €	2.394,— €	2.744,— €	3.109,— €	3.482,— €	3.870,— €	4.278,— €	4.699,— €	5.241,— €	5.861,— €
01.05.2016	2.127,— €	2.451,— €	2.810,— €	3.184,— €	3.566,— €	3.963,— €	4.381,— €	4.812,— €	5.367,— €	6.002,— €
01.05.2017	2.174,— €	2.505,— €	2.872,— €	3.254,— €	3.644,— €	4.050,— €	4.477,— €	4.918,— €	5.485,— €	6.134,— €
01.05.2018	2.298,— €	2.648,— €	3.036,— €	3.439,— €	3.852,— €	4.281,— €	4.732,— €	5.198,— €	5.798,— €	6.484,— €
01.01.2021	2.346,— €	2.704,— €	3.100,— €	3.511,— €	3.933,— €	4.371,— €	4.831,— €	5.307,— €	5.920,— €	6.620,— €

1) Die Gehälter der Jahre 1980 bis 2001 sind in der Tarifsammlung für die Bauwirtschaft 2013/2014, Seiten 192 bis 196, abgedruckt.
2) Gehaltsgruppen für Angestellte und Poliere – siehe § 5 Nr. 2 RTV Angestellte, Seiten 339 bis 346.

Übersicht über die Entwicklung der Gehälter (neue Bundesländer)

Zeitpunkt[1]	Gehaltsgruppe[2]									
	A I	A II	A III	A IV	A V	A VI	A VII	A VIII	A IX	A X
01.04.2002	1.355,— €	1.564,— €	1.793,— €	2.030,— €	2.273,— €	2.526,— €	2.793,— €	3.068,— €	3.421,— €	3.826,— €
01.09.2002	1.398,— €	1.614,— €	1.850,— €	2.095,— €	2.346,— €	2.607,— €	2.882,— €	3.166,— €	3.530,— €	3.948,— €
01.04.2003	1.432,— €	1.653,— €	1.894,— €	2.145,— €	2.402,— €	2.670,— €	2.951,— €	3.242,— €	3.615,— €	4.043,— €
01.04.2006	1.446,— €	1.670,— €	1.913,— €	2.166,— €	2.426,— €	2.697,— €	2.981,— €	3.274,— €	3.651,— €	4.083,— €
01.06.2007	1.491,— €	1.722,— €	1.972,— €	2.233,— €	2.501,— €	2.781,— €	3.073,— €	3.375,— €	3.764,— €	4.210,— €
01.04.2008	1.513,— €	1.748,— €	2.002,— €	2.266,— €	2.539,— €	2.823,— €	3.119,— €	3.426,— €	3.820,— €	4.273,— €
01.09.2008	1.537,— €	1.776,— €	2.034,— €	2.302,— €	2.580,— €	2.868,— €	3.169,— €	3.481,— €	3.881,— €	4.341,— €
01.06.2009	1.577,— €	1.822,— €	2.086,— €	2.361,— €	2.647,— €	2.942,— €	3.251,— €	3.571,— €	3.981,— €	4.453,— €
01.04.2010	1.618,— €	1.869,— €	2.140,— €	2.422,— €	2.715,— €	3.018,— €	3.335,— €	3.663,— €	4.083,— €	4.568,— €
01.06.2011	1.673,— €	1.933,— €	2.213,— €	2.504,— €	2.807,— €	3.121,— €	3.448,— €	3.788,— €	4.222,— €	4.723,— €
01.08.2012	1.722,— €	1.989,— €	2.277,— €	2.577,— €	2.888,— €	3.212,— €	3.548,— €	3.898,— €	4.344,— €	4.860,— €
01.05.2013	1.791,— €	2.069,— €	2.368,— €	2.680,— €	3.004,— €	3.340,— €	3.690,— €	4.054,— €	4.518,— €	5.054,— €
01.06.2014	1.859,— €	2.148,— €	2.458,— €	2.782,— €	3.118,— €	3.467,— €	3.830,— €	4.208,— €	4.690,— €	5.246,— €
01.06.2015	1.920,— €	2.219,— €	2.539,— €	2.874,— €	3.221,— €	3.581,— €	3.956,— €	4.347,— €	4.845,— €	5.419,— €
01.05.2016	1.976,— €	2.283,— €	2.613,— €	2.957,— €	3.314,— €	3.685,— €	4.071,— €	4.473,— €	4.986,— €	5.576,— €
01.05.2017	2.023,— €	2.338,— €	2.676,— €	3.028,— €	3.394,— €	3.773,— €	4.169,— €	4.580,— €	5.106,— €	5.710,— €
01.05.2018	2.157,— €	2.492,— €	2.853,— €	3.228,— €	3.618,— €	4.022,— €	4.444,— €	4.882,— €	5.443,— €	6.087,— €
01.06.2019	2.174,— €	2.512,— €	2.876,— €	3.254,— €	3.647,— €	4.054,— €	4.480,— €	4.921,— €	5.487,— €	6.136,— €
01.01.2021	2.222,— €	2.567,— €	2.939,— €	3.326,— €	3.727,— €	4.143,— €	4.579,— €	5.029,— €	5.608,— €	6.271,— €

1) Die Gehälter der Jahre 1991 bis 2001 sind in der Tarifsammlung für die Bauwirtschaft 2013/2014, Seiten 198 bis 202, abgedruckt.
2) Gehaltsgruppen für Angestellte und Poliere – siehe § 5 Nr. 2 RTV Angestellte, Seiten 339 bis 346.

Übersicht über die Entwicklung der Gehälter (Berlin)

Zeitpunkt[1]	Gehaltsgruppe[2]									
	A I	A II	A III	A IV	A V	A VI	A VII	A VIII	A IX	A X
01.04.2002	1.504,— €	1.736,— €	1.990,— €	2.254,— €	2.523,— €	2.804,— €	3.100,— €	3.405,— €	3.798,— €	4.247,— €
01.09.2002	1.552,— €	1.792,— €	2.054,— €	2.326,— €	2.604,— €	2.894,— €	3.199,— €	3.514,— €	3.920,— €	4.383,— €
01.04.2003	1.589,— €	1.835,— €	2.103,— €	2.382,— €	2.666,— €	2.963,— €	3.276,— €	3.598,— €	4.014,— €	4.488,— €
01.04.2006	1.605,— €	1.853,— €	2.124,— €	2.406,— €	2.693,— €	2.993,— €	3.309,— €	3.634,— €	4.054,— €	4.533,— €
01.06.2007	1.655,— €	1.910,— €	2.190,— €	2.481,— €	2.776,— €	3.086,— €	3.412,— €	3.747,— €	4.180,— €	4.674,— €
01.04.2008	1.680,— €	1.939,— €	2.223,— €	2.518,— €	2.818,— €	3.132,— €	3.463,— €	3.803,— €	4.243,— €	4.744,— €
01.09.2008	1.707,— €	1.970,— €	2.259,— €	2.558,— €	2.863,— €	3.182,— €	3.518,— €	3.864,— €	4.311,— €	4.820,— €
01.06.2009	1.746,— €	2.015,— €	2.311,— €	2.617,— €	2.929,— €	3.255,— €	3.599,— €	3.953,— €	4.410,— €	4.931,— €
01.04.2010	1.786,— €	2.061,— €	2.364,— €	2.677,— €	2.996,— €	3.330,— €	3.682,— €	4.044,— €	4.511,— €	5.044,— €
01.05.2011	1.840,— €	2.123,— €	2.435,— €	2.757,— €	3.086,— €	3.430,— €	3.792,— €	4.165,— €	4.646,— €	5.195,— €
01.06.2012	1.882,— €	2.172,— €	2.491,— €	2.820,— €	3.157,— €	3.509,— €	3.879,— €	4.261,— €	4.753,— €	5.314,— €
01.05.2013	1.942,— €	2.242,— €	2.571,— €	2.910,— €	3.258,— €	3.621,— €	4.003,— €	4.397,— €	4.905,— €	5.484,— €
01.06.2014	2.002,— €	2.312,— €	2.651,— €	3.000,— €	3.359,— €	3.733,— €	4.127,— €	4.533,— €	5.057,— €	5.654,— €
01.06.2015	2.054,— €	2.372,— €	2.720,— €	3.078,— €	3.446,— €	3.830,— €	4.234,— €	4.651,— €	5.188,— €	5.801,— €
01.05.2016	2.103,— €	2.429,— €	2.785,— €	3.152,— €	3.529,— €	3.922,— €	4.336,— €	4.763,— €	5.313,— €	5.940,— €
01.05.2017	2.149,— €	2.482,— €	2.846,— €	3.221,— €	3.607,— €	4.008,— €	4.431,— €	4.868,— €	5.430,— €	6.071,— €
01.05.2018	2.271,— €	2.623,— €	3.008,— €	3.405,— €	3.813,— €	4.236,— €	4.684,— €	5.145,— €	5.740,— €	6.417,— €
01.01.2021	2.319,— €	2.678,— €	3.071,— €	3.477,— €	3.893,— €	4.325,— €	4.782,— €	5.253,— €	5.861,— €	6.552,— €

1) Die Gehälter der Jahre 2000 und 2001 sind in der Tarifsammlung für die Bauwirtschaft 2013/2014, Seite 204, abgedruckt.
2) Gehaltsgruppen für Angestellte und Poliere – siehe § 5 Nr. 2 RTV Angestellte, Seiten 339 bis 346.

Erläuterungen zu den Rahmentarifverträgen

Rahmentarifverträge, außerhalb der Bauwirtschaft vielfach „Manteltarifverträge“ genannt, enthalten diejenigen tariflichen Regelungen, die neben den Entgeltregelungen (vgl. Erläuterungen zu den Entgelttarifverträgen, Seiten 56 bis 59) zur Regelung der Arbeitsverhältnisse von den Tarifvertragsparteien getroffen wurden.

Als Regelungsgegenstände sind die werktägliche und wöchentliche Arbeitszeit, die flexible tarifliche Arbeitszeitgestaltung, die Mehrarbeit, die Nacht- und Feiertagszuschläge, Freistellung aus familiären und anderen Gründen, die Definition der Lohn- und Gehaltsgruppen, Erschwernistatbestände, die Auswärtsbeschäftigung, der Urlaub, der Einsatz bei Arbeitsgemeinschaften, die Auflösung von Arbeitsverhältnissen, die Ausschlussfristen und vieles Weitere zu nennen.

Vom Aufbau her sehen auch die Rahmentarifverträge nach dem Rubrum die Bestimmung des räumlichen, betrieblichen und persönlichen Geltungsbereiches jeweils in § 1 vor. Schaut man den betrieblichen Geltungsbereich des Bundesrahmentarifvertrages für das Baugewerbe (BRTV, vgl. Seiten 228 bis 232) an, so wird dort in sieben Abschnitten definiert, welche Tätigkeiten zum Baugewerbe gehören. Dieses geschieht in den Abschnitten I bis III abstrakt und in den Abschnitten IV und V unter Aufzählung einzelner Tätigkeiten. In Abschnitt VII sind die Tätigkeiten genannt, die – negativ abgegrenzt – nicht unter den betrieblichen Geltungsbereich fallen. Kern des betrieblichen Geltungsbereichs ist die Aufzählung in Abschnitt V.

Nach dem Geltungsbereich finden sich dann in den folgenden Paragraphen jeweils gesondert einzelne Regelungsmaterien. Diese sind zum Teil sehr detailliert aufgeführt, wie z. B. die Arbeitszeit in § 3 BRTV. Dort finden sich zunächst allgemeine Regelungen zur durchschnittlichen Wochenarbeitszeit und zur tariflichen Arbeitszeit und sodann zu verschiedenen Arbeitszeitverteilungen. Ferner werden Beginn und Ende der täglichen Arbeitszeit, Arbeitsbefreiungen, spezielle Arbeitszeiten sowie die Überstunden- und Zuschlagsregelungen nacheinander aufgeführt. Ähnlich detailliert sind die Regelungen zu Arbeitsversäumnis und Arbeitsausfall in § 4 BRTV und zum Lohn in § 5 BRTV. Dieser Paragraph enthält die allgemeinen Lohngrundlagen, insbesondere die Definition der Lohngruppen. Auch die Regelung der Erschwerniszuschläge (§ 6 BRTV) nimmt einen breiten Raum ein. Gleiches gilt für die Fahrtkostenabgeltung, den Verpflegungszuschuss und die Unterkunft (§ 7 BRTV) sowie die Urlaubsregelungen (§ 8 BRTV). Schließlich finden sich Vorschriften zur Freistellung zu Arbeitsgemeinschaften, zum Sterbegeld, zur Beendigung des Arbeitsverhältnisses, zum Zutritt zu den Unterkünften und zu Arbeitssicherheit und Gesundheitsschutz (§§ 9 bis 13 BRTV). Neben den Ausschlussfristen (§ 14 BRTV) und dem Hinweis auf besondere Lohn- und Arbeitsbedingungen für Spezialgewerbezweige (§ 15 BRTV) finden sich wiederum Vorschriften zur Durchführung des Vertrages mit schuldrechtlichen Verpflichtungen der Tarifvertragsparteien gegeneinander sowie zum Inkrafttreten und der Laufdauer des Rahmentarifvertrages (§§ 16 und 17 BRTV).

Wiederum gibt es eine Differenzierung der tariflichen Vorschriften für die gewerblichen Arbeitnehmer, die Angestellten und Poliere sowie die Auszubildenden. Dieses konnte bisher noch nicht vereinheitlicht werden und resultiert aus den spezifischen Regelungen für die gewerblichen Arbeitnehmer beim Mindestlohn, beim Urlaub und beim Saison-Kurzarbeitergeld.

Neben dem BRTV gibt es einen Rahmentarifvertrag für die Angestellten und Poliere des Baugewerbes (RTV Angestellte, siehe Seiten 329 bis 356) und einen Rahmentarifvertrag für die Auszubildenden, den Tarifvertrag über die Berufsbildung im Baugewerbe (BBTV, siehe Seiten 370 bis 389).

Einen ähnlichen Aufbau wie der BRTV weisen der RTV Angestellte und der BBTV auf. Der BBTV verweist teilweise auf den BRTV und den RTV Angestellte – insbesondere dort, wo er selbst keine Sonderregelung für Auszubildende trifft.

Möchte man den Inhalt einer tariflichen Regelung einer bestimmten Materie eines Rahmentarifvertrages erfahren, ist zunächst zu prüfen, welcher der Rahmentarifverträge einschlägig ist, d.h. ob ein gewerblicher Arbeitnehmer, ein Angestellter und Polier oder ein Auszubildender betroffen ist. Dann ist der entsprechende Paragraph (z.B. zum Urlaub) heranzuziehen. Entsprechend des Tätigkeitsbildes der gewerblichen Arbeitnehmer auf der einen und der Angestellten und Poliere auf der anderen Seite sind die Regelungen des BRTV und des RTV Angestellte nicht völlig deckungsgleich und auch der Umfang der Regelungen bei den einzelnen Regelungsmaterien ist unterschiedlich. So sind beispielsweise die Erschwerniszuschläge der gewerblichen Arbeitnehmer in einem viel größeren Umfang geregelt (vgl. § 6 BRTV und § 3 Nr. 4 RTV Angestellte), während bei den Angestellten und Polieren der Verweis auf die gesetzlichen Urlaubsregelungen eine stark abgekürzte Form ermöglicht hat (vgl. § 8 BRTV und § 10 RTV Angestellte). Größtenteils bestehen aber keine Unterschiede in der Höhe der Ansprüche zwischen den gewerblichen Arbeitnehmern und den Angestellten und Polieren.

Bundesrahmentarifvertrag für das Baugewerbe (BRTV)

vom 28. September 2018

Zwischen

dem Zentralverband des Deutschen Baugewerbes e. V.,
Kronenstraße 55–58, 10117 Berlin,

dem Hauptverband der Deutschen Bauindustrie e. V.,
Kurfürstenstraße 129, 10785 Berlin,

und

der Industriegewerkschaft Bauen-Agrar-Umwelt,
Olof-Palme-Straße 19, 60439 Frankfurt a. M.,

wird folgender Tarifvertrag geschlossen:

Inhaltsverzeichnis

§ 1
Geltungsbereich

(1) Räumlicher Geltungsbereich:

Das Gebiet der Bundesrepublik Deutschland.

(2) Betrieblicher Geltungsbereich:

Betriebe des Baugewerbes. Das sind alle Betriebe, die unter einen der nachfolgenden Abschn. I bis IV fallen.

Abschnitt I

Betriebe, die nach ihrer durch die Art der betrieblichen Tätigkeiten geprägten Zweckbestimmung und nach ihrer betrieblichen Einrichtung gewerblich Bauten aller Art erstellen.

Abschnitt II

Betriebe, die, soweit nicht bereits unter Abschnitt I erfasst, nach ihrer durch die Art der betrieblichen Tätigkeiten geprägten Zweckbestimmung und nach ihrer betrieblichen Einrichtung gewerblich bauliche Leistungen erbringen, die – mit oder ohne Lieferung von Stoffen oder Bauteilen – der Erstellung, Instandsetzung, Instandhaltung, Änderung oder Beseitigung von Bauwerken dienen.

Abschnitt III

Betriebe, die, soweit nicht bereits unter Abschn. I oder II erfasst, nach ihrer durch die Art der betrieblichen Tätigkeiten geprägten Zweckbestimmung und nach ihrer betrieblichen Einrichtung – mit oder ohne Lieferung von Stoffen oder Bauteilen – gewerblich sonstige bauliche Leistungen erbringen.

Abschnitt IV

Betriebe, in denen die nachstehend aufgeführten Arbeiten ausgeführt werden:

1. Aufstellen von Gerüsten und Bauaufzügen;
2. Bauten- und Eisenschutzarbeiten;
3. technische Dämm-(Isolier-)Arbeiten, insbesondere solche an technischen Anlagen, soweit nicht unter Abschnitt II oder III erfasst, einschließlich von Dämm-(Isolier-)Arbeiten an und auf Land-, Luft- und Wasserfahrzeugen.
4. Erfasst werden auch solche Betriebe, die im Rahmen eines mit einem oder mehreren Betrieben des Baugewerbes bestehenden Zusammenschlusses – unbeschadet der gewählten Rechtsform – für die angeschlossenen Betriebe des Baugewerbes entweder ausschließlich oder überwiegend die kaufmännische Verwaltung, den Vertrieb, Planungsarbeiten, Laborarbeiten oder Prüfarbeiten übernehmen, oder ausschließlich oder in nicht unerheblichem Umfang (zumindest zu einem Viertel der betrieblichen Arbeitszeit) den Bauhof

und/oder die Werkstatt betreiben, soweit diese Betriebe nicht von einem spezielleren Tarifvertrag erfasst werden.

Abschnitt V

Zu den in den Abschn. I bis III genannten Betrieben gehören z. B. diejenigen, in denen Arbeiten der nachstehend aufgeführten Art ausgeführt werden:

1. Abdichtungsarbeiten gegen Feuchtigkeit;
2. Aptierungs- und Drainierungsarbeiten, wie das Entwässern von Grundstücken und urbar zu machenden Bodenflächen einschließlich der Grabenräumungs- und Faschinierungsarbeiten, des Verlegens von Drainagerohrleitungen sowie des Herstellens von Vorflut- und Schleusenanlagen;
3. Asbestsanierungsarbeiten an Bauwerken und Bauwerksteilen (z. B. Entfernen, Verfestigen, Beschichten von Asbestprodukten);
4. Bautrocknungsarbeiten, d. h. Arbeiten, die unter Einwirkung auf das Gefüge des Mauerwerks der Entfeuchtung dienen, auch unter Verwendung von Kunststoffen oder chemischen Mitteln sowie durch Einbau von Kondensatoren;
5. Beton- und Stahlbetonarbeiten einschließlich Betonschutz- und Betonsanierungsarbeiten sowie Armierungsarbeiten;
6. Bohrarbeiten;
7. Brunnenbauarbeiten;
8. chemische Bodenverfestigungen;
9. Dämm-(Isolier-)Arbeiten (z. B. Wärme-, Kälte-, Schallschutz-, Schallschluck-, Schallverbesserungs-, Schallveredelungsarbeiten) einschließlich Anbringung von Unterkonstruktionen;
10. Erdbewegungsarbeiten (Wegebau-, Meliorations-, Landgewinnungs-, Deichbauarbeiten, Wildbach- und Lawinenverbau, Sportanlagenbau sowie Errichtung von Schallschutzwällen und Seitenbefestigungen an Verkehrswegen);
11. Estricharbeiten (unter Verwendung von Zement, Asphalt, Anhydrit, Magnesit, Gips, Kunststoffen oder ähnlichen Stoffen);
12. Fassadenbauarbeiten;
13. Fertigbauarbeiten: Einbauen oder Zusammenfügen von Fertigbauteilen zur Erstellung, Instandsetzung, Instandhaltung oder Änderung von Bauwerken; ferner das Herstellen von Fertigbauteilen, wenn diese zum überwiegenden Teil durch den Betrieb, einen anderen Betrieb desselben Unternehmens oder innerhalb von Unternehmenszusammenschlüssen – unbeschadet der gewählten Rechtsform – durch den Betrieb mindestens eines beteiligten Gesellschafters zusammengefügt oder eingebaut werden;
14. Feuerungs- und Ofenbauarbeiten;
15. Fliesen-, Platten- und Mosaik-Ansetz- und Verlegearbeiten;
16. Fugarbeiten an Bauwerken, insbesondere Verfugung von Verblendmauerwerk und von Anschlüssen zwischen Einbauteilen und Mauerwerk sowie dauerelastische und dauerplastische Verfugungen aller Art;

17. Glasstahlbetonarbeiten sowie Vermauern und Verlegen von Glasbausteinen;
18. Gleisbauarbeiten;
19. Herstellen von nicht lagerfähigen Baustoffen, wie Beton- und Mörtelmischungen (Transportbeton und Fertigmörtel), wenn mit dem überwiegenden Teil der hergestellten Baustoffe die Baustellen des herstellenden Betriebes, eines anderen Betriebes desselben Unternehmens oder innerhalb von Unternehmenszusammenschlüssen – unbeschadet der gewählten Rechtsform – die Baustellen des Betriebes mindestens eines beteiligten Gesellschafters versorgt werden;
20. Hochbauarbeiten;
21. Holzschutzarbeiten an Bauteilen;
22. Kanalbau- (Sielbau-) Arbeiten;
23. Maurerarbeiten;
24. Rammarbeiten;
25. Rohrleitungsbau-, Rohrleitungstiefbau-, Kabelleitungstiefbauarbeiten und Bodendurchpressungen;
26. Schachtbau- und Tunnelbauarbeiten;
27. Schalungsarbeiten;
28. Schornsteinbauarbeiten;
29. Spreng-, Abbruch- und Enttrümmerungsarbeiten;
30. Stahlbiege- und -flechtarbeiten, soweit sie zur Erbringung anderer baulicher Leistungen des Betriebes ausgeführt werden;
31. Stakerarbeiten;
32. Straßenbauarbeiten (Stein-, Asphalt-, Beton-, Schwarzstraßenbauarbeiten, Fahrbahnmarkierungsarbeiten, ferner Herstellen und Aufbereiten des Mischgutes, sofern mit dem überwiegenden Teil des Mischgutes der Betrieb, ein anderer Betrieb desselben Unternehmens oder innerhalb von Unternehmenszusammenschlüssen – unbeschadet der gewählten Rechtsform – der Betrieb mindestens eines beteiligten Gesellschafters versorgt wird) sowie Pflasterarbeiten aller Art;
33. Straßenwalzarbeiten;
34. Stuck-, Putz-, Gips- und Rabitzarbeiten, einschließlich des Anbringens von Unterkonstruktionen und Putzträgern;
35. Terrazzoarbeiten;
36. Tiefbauarbeiten;
37. Trocken- und Montagebauarbeiten (z. B. Wand- und Deckeneinbau bzw. -verkleidungen, Montage von Baufertigteilen), einschließlich des Anbringens von Unterkonstruktionen und Putzträgern;
38. Verlegen von Bodenbelägen in Verbindung mit anderen baulichen Leistungen;
39. Vermieten von Baumaschinen mit Bedienungspersonal, wenn die Bauma-

schinen mit Bedienungspersonal zur Erbringung baulicher Leistungen eingesetzt werden;

40. Wärmedämmverbundsystemarbeiten;
41. Wasserwerksbauarbeiten, Wasserhaltungsarbeiten, Wasserbauarbeiten (z. B. Wasserstraßenbau, Wasserbeckenbau, Schleusenanlagenbau);
42. Zimmerarbeiten und Holzbauarbeiten, die im Rahmen des Zimmergewerbes ausgeführt werden.

Abschnitt VI

Betriebe, soweit in ihnen die unter den Abschn. I bis V genannten Leistungen überwiegend erbracht werden, fallen grundsätzlich als Ganzes unter diesen Tarifvertrag. Betrieb im Sinne dieses Tarifvertrages ist auch eine selbständige Betriebsabteilung. Als solche gilt auch eine Gesamtheit von Arbeitnehmern, die außerhalb der stationären Betriebsstätte eines nicht von den Abschn. I bis IV erfassten Betriebes baugewerbliche Arbeiten ausführt.

Werden in Betrieben des Baugewerbes in selbständigen Abteilungen andere Arbeiten ausgeführt, so werden diese Abteilungen dann nicht von diesem Tarifvertrag erfasst, wenn sie von einem spezielleren Tarifvertrag erfasst werden.

Abschnitt VII

Nicht erfasst werden Betriebe:

1. des Betonwaren und Terrazzowaren herstellenden Gewerbes,
2. des Dachdeckerhandwerks,
3. des Gerüstbaugewerbes, deren Tätigkeit sich überwiegend auf die gewerbliche Erstellung von Gerüsten erstreckt,
4. des Glaserhandwerks,
5. des Herd- und Ofensetzerhandwerks, soweit nicht Arbeiten der in Abschn. IV oder V aufgeführten Art ausgeführt werden,
6. des Maler- und Lackiererhandwerks, soweit nicht Arbeiten der in Abschn. IV oder V aufgeführten Art ausgeführt werden,
7. der Naturstein- und Naturwerksteinindustrie, soweit nicht Arbeiten der in Absch. I bis V aufgeführten Art ausgeführt werden,
8. der Nassbaggerei, die von dem Rahmentarifvertrag des Nassbaggergewerbes erfasst werden,
9. des Parkettlegerhandwerks,
10. der Säurebauindustrie,
11. des Schreinerhandwerks sowie der holzbe- und -verarbeitenden Industrie, soweit nicht Fertigbau-, Dämm- (Isolier-), Trockenbau- und Montagebauarbeiten oder Zimmerarbeiten ausgeführt werden,
12. des Klempnerhandwerks, des Gas- und Wasserinstallationsgewerbes, des Elektroinstallationsgewerbes, des Zentralheizungsbauer- und Lüftungsbauergewer-

bes sowie des Klimaanlagenbaues, soweit nicht Arbeiten der in Abschnitt IV oder V aufgeführten Art ausgeführt werden,

13. des Steinmetzhandwerks, soweit die in § 1 Nr. 2.1 des Tarifvertrages über eine überbetriebliche Alters- und Invalidenbeihilfe im Steinmetz- und Steinbildhauerhandwerk vom 1. Dezember 1986 in der Fassung vom 28. August 1992 aufgeführten Tätigkeiten überwiegend ausgeübt werden.

(3) Persönlicher Geltungsbereich:

Gewerbliche Arbeitnehmer (Arbeiter), die eine nach den Vorschriften des Sechsten Buches Sozialgesetzbuch – Gesetzliche Rentenversicherung – (SGB VI) versicherungspflichtige Tätigkeit ausüben.

§ 2
Einstellungsbedingungen

Der Arbeitgeber hat nach § 2 des Nachweisgesetzes die wesentlichen Arbeitsbedingungen schriftlich festzuhalten. Dafür ist der im Anhang[1] beigefügte Einstellungsbogen zu verwenden und dem Arbeitnehmer auszuhändigen.

§ 3
Arbeitszeit

1. Allgemeine Regelung

1.1 Durchschnittliche Wochenarbeitszeit

Die durchschnittliche regelmäßige Wochenarbeitszeit im Kalenderjahr beträgt 40 Stunden.

1.2 Tarifliche Arbeitszeit

In den Monaten Januar bis März und Dezember beträgt die regelmäßige werktägliche Arbeitszeit ausschließlich der Ruhepausen montags bis donnerstags 8 Stunden und freitags 6 Stunden, die wöchentliche Arbeitszeit 38 Stunden (Winterarbeitszeit). In den Monaten April bis November beträgt die regelmäßige werktägliche Arbeitszeit ausschließlich der Ruhepausen montags bis donnerstags 8,5 Stunden und freitags 7 Stunden, die wöchentliche Arbeitszeit 41 Stunden (Sommerarbeitszeit).

1.3 Arbeitszeitausgleich innerhalb von zwei Wochen

Die nach betrieblicher Regelung an einzelnen Werktagen ausfallende Arbeitszeit kann durch Verlängerung der Arbeitszeit ohne Mehrarbeitszuschlag an anderen Werktagen innerhalb von zwei Kalenderwochen ausgeglichen werden (zweiwöchiger Arbeitszeitausgleich). Die Wochenarbeitszeit kann somit nach den betrieblichen Erfordernissen und den

---

1) Anhang zu § 2 BRTV siehe Seiten 233 und 234.

Einstellungsbogen (gewerbliche Arbeitnehmer)

Arbeitgeber

Name und Anschrift: ______________________________

____

____

Arbeitnehmer

Name (Vor- und Zuname): ______________________________

Anschrift: ______________________________

Geburtsdatum: __/__/____ Geburtsort: ______________________________

Staatsangehörigkeit: ______________ Familienstand: ______________

Schwerbehindert:[1] ☐ ja ☐ nein

Erlernter Beruf: ______________________________

Vorgesehene Tätigkeit: ______________________________

Tag der Einstellung: __/__/____ Arbeitsbeginn: ______________________________

Bei befristeten Arbeitsverträgen

Dauer des Arbeitsverhältnisses: ______________________________

____

Ort der Einstellung:[2] ______________________________

Der Arbeitnehmer kann auf allen Bau- oder sonstigen Arbeitsstellen des Betriebes eingesetzt werden (§ 7 BRTV).

Lohngruppe ____

Tarifstundenlohn (brutto): ______ €

Gesamttarifstundenlohn (brutto): ______ €

Vereinbarter Lohn (brutto): ______ € (je Stunde)

Bankverbindung

Kreditinstitut: ______________________________

IBAN: ______________________________

BIC: ______________________________

Steuerliche Identifikationsnummer: ______________________________

Rentenversicherungsnummer: ______________________________

Der Arbeitnehmer wurde darauf hingewiesen, dass im Baugewerbe für alle Ansprüche aus dem Arbeitsverhältnis besondere tarifliche Ausschlussfristen gelten.

1) Zutreffendes bitte ankreuzen.
2) Damit erfolgt keine Zuordnung zu einer ersten Tätigkeitsstätte.

https://www.elsner.de/downloads/978-3-87199-229-2.php

Einstellungsbogen

Neben den für allgemeinverbindlich erklärten Tarifverträgen sind folgende Tarifverträge und Betriebsvereinbarungen in ihrer jeweils gültigen Fassung anzuwenden:

____

____

____

____

____

____

Arbeitspapiere und sonstige Bescheinigungen

- Meldeschein/Arbeitnehmerkontoauszug der ULAK ☐
- Unterlagen für vermögenswirksame Leistungen ☐
- Unterlagen für betriebliche Altersversorgung (z. B. Tarifliche Zusatzrente) ☐
- Nachweis über Krankenkassenzugehörigkeit ☐
- Schwerbehindertenausweis ☐
- Bescheinigungen über abgeschlossene Ausbildung/Fortbildung/Weiterbildung:

____

____

____

____

____

____

Aufenthaltstitel[3]/Arbeitsgenehmigung-EU ☐

______________________, den __/__/____

______________________ ______________________

Unterschrift des Arbeitgebers Unterschrift des Arbeitnehmers

3) Nur für ausländische Arbeitnehmer, die nicht die Staatsangehörigkeit eines EU-Mitgliedsstaates besitzen.

jahreszeitlichen Lichtverhältnissen im Einvernehmen zwischen Arbeitgeber und Betriebsrat oder, wenn kein Betriebsrat besteht, im Einvernehmen mit dem Arbeitnehmer auf die Werktage verteilt werden.

1.4 Betriebliche Arbeitszeitverteilung in einem zwölfmonatigen Ausgleichszeitraum

1.41 Durchführung

Durch Betriebsvereinbarung oder, wenn kein Betriebsrat besteht, durch einzelvertragliche Vereinbarung kann für einen Zeitraum von zwölf zusammenhängenden Lohnabrechnungszeiträumen (zwölfmonatiger Ausgleichszeitraum) eine von der tariflichen Arbeitszeitverteilung abweichende Verteilung der Arbeitszeit auf die einzelnen Werktage ohne Mehrarbeitszuschlag vereinbart werden, wenn gleichzeitig ein Monatslohn nach Nr. 1.42 gezahlt wird. Aus dieser Betriebsvereinbarung bzw. der einzelvertraglichen Vereinbarung muss sich ergeben, in welcher Form und mit welcher Ankündigungsfrist die jeweilige werktägliche Arbeitszeit festgelegt wird.

Der Arbeitgeber kann innerhalb von zwölf Kalendermonaten 150 Arbeitsstunden vor- und 30 Arbeitsstunden nacharbeiten lassen.

Die Lage und die Verteilung dieser Arbeitsstunden im Ausgleichszeitraum ist im Einvernehmen mit dem Betriebsrat oder, wenn kein Betriebsrat besteht, im Einvernehmen mit dem Arbeitnehmer festzulegen.

1.42 Monatslohn[2)]

Bei betrieblicher Arbeitszeitverteilung wird während des gesamten Ausgleichszeitraumes unabhängig von der jeweiligen monatlichen Arbeitszeit in den Monaten April bis November ein Monatslohn in Höhe von 178 Gesamttarifstundenlöhnen und in den Monaten Dezember bis März ein Monatslohn in Höhe von 164 Gesamttarifstundenlöhnen gezahlt.

Der Monatslohn mindert sich um den Gesamttarifstundenlohn für diejenigen Arbeitsstunden, welche infolge von Urlaub, Krankheit, Kurzarbeit, Zeiten ohne Entgeltfortzahlung, Zeiten unbezahlter Freistellung und Zeiten unentschuldigten Fehlens ausfallen; er mindert sich auch für diejenigen Ausfallstunden außerhalb der Schlechtwetterzeit, die infolge zwingender Witterungsgründe ausfallen, soweit kein Ausgleich über das Ausgleichskonto erfolgt. Soweit für diese Zeiten eine Vergütung oder Lohnersatzleistung erfolgt, wird diese neben dem verminderten Monatslohn ausgezahlt.

Fußnote 2) siehe nächste Seite.

Für die Vergütung von gesetzlichen Wochenfeiertagen und Freistellungstagen nach § 4 Nrn. 2 und 3 ist die tarifliche Arbeitszeitverteilung nach Nr. 1.2 maßgeblich; um diesen Betrag mindert sich der Monatslohn.

---

2)

Protokollnotiz zu § 3 Nr. 1.42 BRTV

(verstetigter Monatslohn bei Flexibilisierung der Arbeitszeit)

Der Bundesrahmentarifvertrag für das Baugewerbe sieht vor, dass die Arbeitnehmer bei flexibler Arbeitszeitgestaltung (betriebliche Arbeitszeitverteilung nach § 3 Nr. 1.41 BRTV in einem zwölfmonatigen Ausgleichszeitraum) unabhängig von der Zahl der in dem jeweiligen Kalendermonat geleisteten und lohnzahlungspflichtigen Arbeitsstunden einen verstetigten Monatslohn erhalten, um Einkommensschwankungen zu vermeiden.

In den darüber geführten Tarifverhandlungen wurde Einvernehmen erzielt, dass unter einem verstetigten Monatslohn im Sinne des § 3 Nr. 1.42 BRTV unter Berücksichtigung der in § 3 Nr. 1.2 BRTV geregelten tariflichen Arbeitszeit die folgenden betrieblichen Regelungen zu verstehen sind, bei denen das angesparte Arbeitszeitguthaben zur Aufstockung fehlender Entgeltansprüche auf den vereinbarten verstetigten Monatslohn genutzt werden kann:

1. Monatslohn in Höhe von (41 Stunden × 4,33 Wochen =) 178 Gesamttarifstundenlöhnen in den Monaten April bis November (Sommerarbeitszeit) und in Höhe von (38 Stunden × 4,33 Wochen =) 164 Gesamttarifstundenlöhnen in den Monaten Dezember bis März (Winterarbeitszeit),
2. während des gesamten Ausgleichszeitraumes gleichbleibender Monatslohn in Höhe von (40 Stunden durchschnittliche Wochenarbeitszeit × 4,33 Wochen =) 173 Gesamttarifstundenlöhnen,
3. Monatslohn für die auf der Grundlage der tariflichen Arbeitszeit nach § 3 Nr. 1.2 BRTV (wöchentliche Arbeitszeit von 38 Stunden = Winterarbeitszeit bzw. von 41 Stunden = Sommerarbeitszeit) für den jeweiligen Kalendermonat nach den Arbeitstagen errechneten lohnzahlungspflichtigen Stunden,
4. Monatslohn für die auf der Grundlage der werktäglichen Arbeitszeit von (durchschnittliche regelmäßige Wochenarbeitszeit im Kalenderjahr = 40 Stunden ÷ 5 Arbeitstage =) 8 Stunden für den jeweiligen Kalendermonat nach den Arbeitstagen errechneten lohnzahlungspflichtigen Stunden.

Alle vorgenannten Monatslohnvarianten entsprechen dem gewollten Mechanismus der tariflichen Regelungen und werden daher von den drei Tarifvertragsparteien nach dem Sinn und Zweck der Regelungen als tarifvertragsgerecht angesehen.

Berlin/Frankfurt a. M., den 30. April 2015

1.43 Arbeitszeit- und Entgeltkonto (Ausgleichskonto)

Für jeden Arbeitnehmer wird ein individuelles Ausgleichskonto eingerichtet. Auf diesem Ausgleichskonto ist die Differenz zwischen dem Lohn für die tatsächlich geleisteten Arbeitsstunden und dem nach Nr. 1.42 errechneten Monatslohn für jeden Arbeitnehmer gutzuschreiben bzw. zu belasten. Lohn für Leistungslohn-Mehrstunden darf nicht einbehalten und gutgeschrieben werden. Die Frage einer Verzinsung des Guthabens ist betrieblich zu regeln.

Das Arbeitszeitguthaben und der dafür einbehaltene Lohn dürfen zu keinem Zeitpunkt 150 Stunden, die Arbeitszeitschuld und der dafür bereits gezahlte Lohn dürfen zu keinem Zeitpunkt 30 Stunden überschreiten. Wird ein Guthaben für 150 Stunden erreicht, so ist der Lohn für die darüber hinausgehenden Stunden neben dem Monatslohn auszuzahlen.

Auf dem Ausgleichskonto gutgeschriebener Lohn darf nur zum Ausgleich für den Monatslohn, bei witterungsbedingtem Arbeitsausfall, am Ende eines Ausgleichszeitraumes nach Maßgabe des folgenden Absatzes, bei Ausscheiden des Arbeitnehmers oder im Todesfall ausgezahlt werden.

Das Ausgleichskonto soll nach zwölf Kalendermonaten ausgeglichen sein. Besteht am Ende des Ausgleichszeitraumes noch ein Guthaben, so sind die dem Guthaben zugrunde liegenden Vorarbeitsstunden und das dafür gutgeschriebene Arbeitsentgelt unter Anrechnung auf das zuschlagsfreie Vorarbeitsvolumen des neuen Ausgleichszeitraumes in diesen zu übertragen. Durch freiwillige Betriebsvereinbarung oder einzelvertragliche Vereinbarung kann abweichend vom vorherigen Satz eine Abgeltung des Guthabens am Ende des Ausgleichszeitraumes vereinbart werden; die Rechtsfolgen des § 101 Abs. 5 Satz 3 SGB III sind dabei zu beachten.

Besteht am Ende des Ausgleichszeitraumes eine Zeitschuld, so ist diese in den nächsten Ausgleichszeitraum zu übertragen und in diesem auszugleichen. Bei Ausscheiden des Arbeitnehmers sind etwaige Guthaben oder Schulden auszugleichen.

1.44 Absicherung des Ausgleichskontos

Durch den Arbeitgeber ist in geeigneter Weise auf seine Kosten sicherzustellen, dass das Guthaben jederzeit bestimmungsgemäß ausgezahlt werden kann, insbesondere durch Bankbürgschaft, Sperrkonto mit treuhänderischen Pfandrechten oder Hinterlegung bei der Urlaubs- und Lohnausgleichskasse der Bauwirtschaft. Die Absicherung des Guthabens muss, sofern der Betrag nicht nach Abführung von Steuern und Sozialaufwand als Nettolohn zurückgestellt wird, den Bruttolohn und 45 v. H. des Bruttolohnes für den Sozialaufwand umfassen. Auf Verlangen einer der Bezirks- oder Landesorganisationen der Tarifvertragsparteien ist dieser gegenüber die Absicherung des Ausgleichskontos nachzuweisen. Erfolgt dieser Nachweis nicht, so ist das Guthaben an den Arbeitnehmer auszuzahlen; die Vereinbarung über die betriebliche Arbeitszeitverteilung tritt zu diesem Zeitpunkt außer Kraft.

1.5 Beginn und Ende der täglichen Arbeitszeit

Beginn und Ende der täglichen Arbeitszeit einschließlich der Pausen werden vom Arbeitgeber im Einvernehmen mit dem Betriebsrat festgelegt.

1.6 Nachholen von Ausfallstunden

Durch Witterungseinflüsse ausgefallene Arbeitsstunden können in Betrieben, in denen keine betriebliche Arbeitszeitverteilung nach Nr. 1.4 vereinbart wurde, innerhalb der folgenden 24 Werktage im Einvernehmen mit dem Betriebsrat oder, wenn kein Betriebsrat besteht, im Einvernehmen mit dem Arbeitnehmer nachgeholt werden. Für jede Nachholstunde ist der Mehrarbeitszuschlag zu zahlen.

1.7 Arbeitsbefreiung am 24. und 31. Dezember

Der 24. und der 31. Dezember sind arbeitsfrei; der Lohnanspruch entfällt.[3)]

1.8 Hinzuziehung der Organisationsvertreter

Ist eine Einigung über die Verteilung der Arbeitszeit nach Nr. 1.3 und Nr. 1.4 nicht zu erzielen, so sind die Organisationsvertreter hinzuzuziehen, um eine Einigung herbeizuführen.

---

3) **Protokollnotiz zu § 3 Nr. 1.7 BRTV**

Die Tarifvertragsparteien des BRTV vereinbaren zu § 3 Nr. 1.7 BRTV in der Fassung vom 20. August 2007 folgendes:

Arbeitgeber und Arbeitnehmer können einvernehmlich für den 24. Dezember und/oder 31. Dezember jeweils einen Urlaubstag oder Arbeitszeitguthaben (entsprechend der tariflichen Arbeitszeit nach § 3 Nr. 1.2 BRTV) einbringen, um den aufgrund der arbeitsfreien Tage ohne Lohnanspruch verringerten Monatslohn entsprechend auszugleichen.

Berlin/Frankfurt a. M., den 2. November 2007

2. Wochenarbeitszeit für Maschinen- und Kraftwagenpersonal

Die regelmäßige Arbeitszeit für das Maschinenpersonal darf wöchentlich bis zu vier Stunden, diejenige für Kraftwagenfahrer und Beifahrer bis zu fünf Stunden über die nach Nr. 1.2 jeweils maßgebliche wöchentliche Arbeitszeit hinaus verlängert werden. Nr. 1.4 gilt entsprechend. Für Kraftwagenfahrer und Beifahrer darf der reine Dienst am Steuer acht Stunden täglich nicht überschreiten. Außerdem gelten die gesetzlichen Vorschriften.

3. Arbeitszeit in fachfremden Betrieben

Werden Bauarbeiten in einem fachfremden Betrieb, für den eine andere Arbeitszeitregelung als für das Baugewerbe gilt, durchgeführt, so kann die Arbeitszeit der des fachfremden Betriebes angepasst werden.

4. Beginn und Ende der Arbeitszeit an der Arbeitsstelle

Die Arbeitszeit beginnt und endet an der Arbeitsstelle, sofern zwischen Arbeitgeber und Arbeitnehmer keine andere Vereinbarung getroffen wird. Bei Baustellen von größerer Ausdehnung beginnt und endet die Arbeitszeit an der vom Arbeitgeber im Einvernehmen mit dem Betriebsrat zu bestimmenden Sammelstelle.

5. Überstunden (Mehrarbeit), Nachtarbeit, Sonn- und Feiertagsarbeit

5.1 Überstunden

Überstunden sind

5.11 bei tariflicher Arbeitszeitverteilung nach Nr. 1.2 die über die regelmäßige werktägliche Arbeitszeit hinaus geleisteten Arbeitsstunden; bei zweiwöchigem Arbeitszeitausgleich nach Nr. 1.3 die über die jeweils vereinbarte werktägliche Arbeitszeit hinaus geleisteten Arbeitsstunden;

für das Maschinen- und Kraftwagenpersonal auch diejenigen Arbeitsstunden, um welche die regelmäßige Arbeitszeit nach Nr. 2 verlängert wurde;

5.12 bei betrieblicher Arbeitszeitverteilung nach Nr. 1.4 die nach Nr. 1.43 Abs. 1 auf dem Ausgleichskonto gutgeschriebenen Arbeitsstunden; dabei bleiben die ersten 150 Überstunden innerhalb von zwölf Kalendermonaten zuschlagsfrei;

5.13 bei betrieblicher Arbeitszeitverteilung nach Nr. 1.4 die nach Nr. 1.43 Abs. 2 neben dem Monatslohn zu vergütenden Arbeitsstunden;

5.14 ferner die auf dem Ausgleichskonto zu folgenden Zeitpunkten noch bestehenden Guthabenstunden: Ende des Ausgleichszeitraumes, soweit die Guthabenstunden nicht nach Nr. 1.43 Abs. 4 in den neuen Ausgleichszeitraum übertragen werden, Ausscheiden des Arbeitnehmers aufgrund betriebsbedingter Kündigung oder Ablauf eines befristeten Arbeitsverhältnisses.

Soweit bereits ein Zuschlag nach Nr. 5.12 oder Nr. 5.13 gezahlt wurde, entfällt bei Ausscheiden des Arbeitnehmers oder am Ende des Ausgleichszeitraumes der Zuschlag nach Nr. 5.14.

5.2 Nachtarbeit

Als Nachtarbeit im Sinne der Zuschlagsbestimmungen (Nr. 6) gilt die in der Zeit von 20.00 Uhr bis 5.00 Uhr,

bei Zwei-Schichten-Arbeit die in der Zeit von 22.00 Uhr bis 6.00 Uhr,

bei Drei-Schichten-Arbeit die in der Zeit der Nachtschicht geleistete Arbeit.

5.3 Sonn- und Feiertagsarbeit

Sonn- und Feiertagsarbeit ist die an Sonn- und Feiertagen in der Zeit von 0.00 Uhr bis 24.00 Uhr geleistete Arbeit.

5.4 Anordnung von Mehr-, Nacht-, Sonn- und Feiertagsarbeit

Bei dringenden betrieblichen Erfordernissen kann Mehr-, Nacht-, Sonn- und Feiertagsarbeit im Einvernehmen mit dem Betriebsrat angeordnet werden. Dabei darf die tägliche Arbeitszeit zehn Stunden nicht überschreiten, wenn nicht die in § 15 Arbeitszeitgesetz vorgesehene Zustimmung der Aufsichtsbehörde vorliegt. Bei Arbeiten an Bahnanlagen im Gleisbereich von Eisenbahnen kann die tägliche Arbeitszeit im Einvernehmen mit dem Betriebsrat über zehn Stunden hinaus verlängert werden, wenn in die Arbeitszeit regelmäßig und in erheblichem Umfang Arbeitsbereitschaft oder Bereitschaftsdienst fällt. Die vorstehenden Bestimmungen dürfen nicht missbräuchlich ausgenutzt werden.

6. Zuschläge[4)]

Für Überstunden (Mehrarbeit), Nachtarbeit, Sonn- und Feiertagsarbeit sind die folgenden Zuschläge zu zahlen; sie betragen

6.1	für Überstunden	25 v. H.,
6.2	für Nachtarbeit	20 v. H.,
6.3	für Arbeit an Sonntagen sowie an gesetzlichen Feiertagen, sofern diese auf einen Sonntag fallen,	75 v. H.,
	für Arbeit am Oster- und Pfingstsonntag, ferner am 1. Mai und 1. Weihnachtsfeiertag, auch wenn sie auf einen Sonntag fallen,	200 v. H.,

4) Siehe die wochen- und feiertagsbezogene Zuschlagstabelle auf Seite 721.

für Arbeit an allen übrigen gesetzlichen Feiertagen, sofern sie nicht auf einen Sonntag fallen, 200 v. H.,

des Gesamttarifstundenlohnes.

Fallen mehrere Zuschläge an, sind alle Zuschläge nebeneinander zu zahlen.

§ 4
Arbeitsversäumnis und Arbeitsausfall

1. Grundsatz

Grundsätzlich wird in Abweichung von § 616 BGB der Lohn nur für die tatsächlich geleistete Arbeitszeit gezahlt. Hiervon gelten die folgenden abschließend aufgezählten Ausnahmen.

2. Freistellung aus familiären Gründen

Der Arbeitnehmer ist unter Fortzahlung seines Gesamttarifstundenlohnes bei folgenden Ereignissen von der Arbeit freizustellen, wobei für die Vergütung die tarifliche Arbeitszeitverteilung nach § 3 Nr. 1.2 maßgeblich ist:

2.1 eigene Eheschließung oder Eintragung einer Lebenspartnerschaft für 3 Arbeitstage,

2.2 Entbindung der Ehefrau oder der eingetragenen Lebenspartnerin für 2 Arbeitstage,

2.3 Tod von Eltern, Ehegatten, eingetragenen Lebenspartnern oder Kindern für 2 Arbeitstage,

2.4 schwere Erkrankungen der zur häuslichen Gemeinschaft gehörenden Familienmitglieder, sofern der Arzt bescheinigt, dass die Anwesenheit des Arbeitnehmers zur vorläufigen Pflege erforderlich ist für 1 Arbeitstag,

2.5 bei Wohnungswechsel mit eigenem Haushalt, jedoch nur einmal im Kalenderjahr und nicht während eines wirksam gekündigten Arbeitsverhältnisses für 2 Arbeitstage.

Darüber hinaus hat der Arbeitnehmer bei sonstigen besonderen familiären Ereignissen unter Verwendung eines bestehenden Arbeitszeitguthabens einen Anspruch auf Freistellung, wenn der Freistellung keine schwerwiegenden betrieblichen Gründe entgegenstehen.

3. Freistellung für Arztbesuche und Behördengänge

Der Arbeitnehmer ist für die tatsächlich zur Erledigung der Angelegenheit benötigte Zeit unter Fortzahlung seines Gesamttarifstundenlohnes, höchstens jedoch für die sich aus der tariflichen Arbeitszeitverteilung nach § 3 Nr. 1.2 ergebenden Stunden je Arbeitstag von der Arbeit freizustellen, wenn er

3.1 den Arzt aufsuchen muss und der Besuch nachweislich während der Arbeitszeit erforderlich ist und keine Dauerbehandlung vorliegt, oder wenn er

3.2 von einem Gericht oder einer sonstigen in Ausübung amtlicher Befugnisse tätig werdenden Behörde geladen wird, sofern er keinen Anspruch auf Entschädigung hat und nicht als Beschuldigter, Angeschuldigter, Angeklagter oder Betroffener oder als Partei im Zivilprozess oder im Verwaltungsverfahren geladen ist.

4. Freistellung zur Ausübung von Ehrenämtern

Bei Ausübung gesetzlich auferlegter Pflichten aus öffentlichen Ehrenämtern, für die Ausübung der Pflichten als Mitglied von Prüfungsausschüssen, für die Wahrnehmung von Mandatsverpflichtungen nach der Handwerksordnung und nach dem Berufsbildungsgesetz und für die Teilnahme an Tarifverhandlungen und deren vorbereitenden Sitzungen als gewähltes Mitglied der Verhandlungskommission auf Bundesebene ist der Arbeitnehmer für die notwendig ausfallende Arbeitszeit ohne Fortzahlung des Lohnes und ohne Anrechnung auf den Urlaub von der Arbeit freizustellen.

5. Beantragung der Freistellung

Ist eine vorherige Beantragung der Freistellung nicht möglich, so hat der Arbeitnehmer den Grund hierfür unverzüglich glaubhaft zu machen; anderenfalls entfällt der Lohnanspruch.

6. Arbeitsausfall aus Witterungs- oder wirtschaftlichen Gründen

6.1 Wird die Arbeitsleistung entweder aus zwingenden Witterungsgründen oder in der gesetzlichen Schlechtwetterzeit aus wirtschaftlichen Gründen unmöglich, so entfällt der Lohnanspruch. Soweit der Lohnausfall in der gesetzlichen Schlechtwetterzeit nicht durch die Auflösung von Arbeitszeitguthaben ausgeglichen werden kann, ist der Arbeitgeber verpflichtet, mit der nächsten Lohnabrechnung das Saison-Kurzarbeitergeld in der gesetzlichen Höhe zu zahlen.

Der Lohnausfall für gesetzliche Wochenfeiertage ist in voller Höhe zu vergüten, wenn die Arbeit an diesen Tagen aus zwingenden Witterungsgründen oder in der gesetzlichen Schlechtwetterzeit aus wirtschaftlichen Gründen ausgefallen wäre.

6.2 Zwingende Witterungsgründe im Sinne der Nr. 6.1 liegen vor, wenn atmosphärische Einwirkungen (insbesondere Regen, Schnee, Frost) oder deren Folgewirkungen so stark oder so nachhaltig sind, dass trotz einfacher Schutzvorkehrungen (insbesondere Tragen von Schutzkleidung, Abdichten der Fenster- und Türöffnungen, Abdecken von Baumaterialien und Baugeräten) die Fortführung der Bauarbeiten technisch unmöglich oder wirtschaftlich unvertretbar ist oder den Arbeitnehmern nicht zugemutet werden kann. Der Arbeitsausfall ist nicht ausschließlich durch zwingende Witterungsgründe verursacht, wenn er durch Beachtung der besonderen arbeitsschutzrechtlichen Anforderungen an witterungsabhängige Arbeitsplätze auf Baustellen vermieden werden kann.

6.3 Die Arbeitnehmer verbleiben solange auf der Baustelle, bis aufgrund der voraussichtlichen Wetterentwicklung die Entscheidung des Arbeitgebers über die Wiederaufnahme oder die endgültige Einstellung der Arbeit getroffen worden ist. Diese Entscheidung ist unter Berücksichtigung der beiderseitigen Interessen des Arbeitgebers und der Arbeitnehmer zu treffen. Die Entscheidung über die endgültige Einstellung der Arbeit ist für den gesamten restlichen Arbeitstag bindend.

6.4 In der Schlechtwetterzeit (1. Dezember bis 31. März) entscheidet der Arbeitgeber über die Fortsetzung, Einstellung oder Wiederaufnahme der Arbeit nach pflichtgemäßem Ermessen nach Beratung mit dem Betriebsrat, wenn die Arbeit aus zwingenden Witterungs- oder aus wirtschaftlichen Gründen ausfällt; außerhalb der Schlechtwetterzeit gilt dies nur bei Arbeitsausfall aus zwingenden Witterungsgründen.

7. Zuschlag bei Leistungslohnausfall

Arbeitnehmer, die überwiegend im Leistungslohn (Akkord) arbeiten, erhalten in den vorstehenden Fällen zum Gesamttarifstundenlohn einen Zuschlag in Höhe von 25 v. H.

§ 5
Lohn

1. Lohngrundlage

Die allgemeine Regelung der Löhne und Ausbildungsvergütungen für die im Baugewerbe beschäftigten gewerblichen Arbeitnehmer und Auszubildenden wird von den zentralen Tarifvertragsparteien – gegebenenfalls in Vollmacht der Mitgliedsverbände auf Arbeitgeberseite – getroffen. In dieser Regelung werden insbesondere die jeweiligen Ecklöhne für den räumlichen Geltungsbereich der Tarifverträge festgelegt, Ecklohn ist der Tarifstundenlohn des Spezialfacharbeiters der Lohngruppe 4.

2. Grundlagen der Eingruppierung

2.1 Jeder Arbeitnehmer ist unter Beachtung des § 99 des Betriebsverfassungsgesetzes nach den folgenden Grundlagen in eine der Lohngruppen 1 bis 6 einzugruppieren.

2.2 Für die Eingruppierung des Arbeitnehmers sind seine Ausbildung, seine Fertigkeiten und Kenntnisse sowie die von ihm auszuübende Tätigkeit maßgebend. Die vereinbarte Eingruppierung ist dem Arbeitnehmer innerhalb eines Monats schriftlich zu bestätigen.

2.3 Führt ein Arbeitnehmer mehrere Tätigkeiten gleichzeitig aus, die in verschiedenen Gruppen genannt sind, wird er in diejenige Gruppe eingruppiert, die seiner überwiegenden Tätigkeit entspricht.

2.4 Die Selbständigkeit des Arbeitnehmers wird nicht dadurch beeinträchtigt, dass seine Tätigkeit beaufsichtigt wird.

3. Lohngruppen

Es werden die folgenden Lohngruppen festgelegt:

Lohngruppe 1 – Werker / Maschinenwerker –

Tätigkeit:

- einfache Bau- und Montagearbeiten nach Anweisung
- einfache Wartungs- und Pflegearbeiten an Baumaschinen und Geräten nach Anweisung

Regelqualifikation:

keine

Tätigkeitsbeispiele:

- Sortieren und Lagern von Bau- und Bauhilfsstoffen auf der Baustelle
- Pflege und Instandhaltung von Arbeitsmitteln
- Reinigungs- und Aufräumarbeiten
- Helfen beim Auf- und Abrüsten von Baugerüsten und Schalungen
- Mischen von Mörtel und Beton
- Bedienen von einfachen Geräten, z. B. Kompressor, handgeführte Bohr- und Schlaghämmer, Verdichtungsmaschinen (Rüttler), Presslufthammer, einschließlich einfacher Wartungs- und Pflegearbeiten
- Anbringen von zugeschnittenen Gipskarton- und Faserplatten, einschließlich einfacher Unterkonstruktionen und Dämmmaterial, das Anbringen von Dämmplatten (Wärmedämmverbundsystem) einschließlich Auftragen von einfachem Armierungsputz mit Einlegung des Armierungsgewebes
- Helfen beim Einrichten, Sichern und Räumen von Baustellen
- einfache Wartungs- und Pflegearbeiten an Baumaschinen und Geräten
- manuelle Erdarbeiten
- manuelles Graben von Rohr- und Kabelgräben

Lohngruppe 2 – Fachwerker / Maschinisten / Kraftfahrer –

Tätigkeit:

- fachlich begrenzte Arbeiten (Teilleistungen eines Berufsbildes oder angelernte Spezialtätigkeiten) nach Anweisung

Regelqualifikation:
- baugewerbliche Stufenausbildung in der ersten Stufe
- anerkannte Ausbildung als Maler und Lackierer, Garten- und Landschaftsbauer, Tischler
- anerkannte Ausbildung, deren Berufsbild keine Anwendung für eine baugewerbliche Tätigkeit findet
- Baumaschinistenlehrgang
- anderweitig erworbene gleichwertige Fertigkeiten

Tätigkeitsbeispiele:

1. **Asphaltierer (Asphaltabdichter, Asphalteur):**
   - Vorbereiten des Untergrundes
   - Erhitzen und Herstellen von Asphalten
   - Aufbringen und Verteilen der Asphaltmasse
2. **Baustellen-Magaziner:**
   - Lagern von Bau- und Werkstoffen, Werkzeugen und Geräten
   - Bereithalten und Warten der Werkzeuge und Geräte und Schutzausrüstungen
   - Führen von Bestandslisten
3. **Betonstahlbieger und Betonstahlflechter (Eisenbieger und Eisenflechter):**
   - Lesen von Biege- und Bewehrungsplänen
   - Messen, Anreißen, Schneiden und Biegen
   - Bündeln und Einteilen der Stähle nach Zeichnung
   - Einteilen und Einbauen von Stahlbetonbewehrungen
4. **Fertigteilbauer:**
   - Herstellen, Abbau und Wartung von Form- und Rahmenkonstruktionen für Fertigteile
   - Einlegen oder Einbauen von Bewehrungen oder Einbauteilen
   - Herstellen von Verbundbauteilen
   - Fertigstellen und Nachbehandeln von Fertigteilen
5. **Fuger, Verfuger:**
   - Herstellen von Fugenmörtel aller Art
   - Vorbereiten des Baukörpers zum Verfugen
   - Ausführen von Fugarbeiten – auch mit dauerelastischen Fugenmassen – und der erforderlichen Reinigungsarbeiten; Auf- und Abbauen der erforderlichen Arbeits- und Schutzgerüste
6. **Gleiswerker:**
   - Herstellen des Unterbaus
   - Verlegen von Schwellen und Schienen

7. **Mineur:**
   - Ausführen von einfachen Verbauarbeiten durch Vortrieb und Verbau im Tunnel-, Schacht- und Stollenbau
   - Ausführen einfacher Beton- und Maurerarbeiten
8. **Putzer (Fassadenputzer, Verputzer):**
   - Vorbereiten des Untergrundes
   - Herstellen und Aufbereiten der gebräuchlichsten Mörtel
   - Zurichten und Befestigen von Putzträgern
   - Herstellen und Aufbringen von Putzen
   - Oberflächenbearbeitung von Putzen; Auf- und Abbauen der erforderlichen Arbeits- und Schutzgerüste
9. **Rabitzer:**
   - Herstellen der Unterkonstruktionen
   - Anbringen der Putzträger; Auf- und Abbauen der erforderlichen Arbeits- und Schutzgerüste
10. **Rammer (Pfahlrammer):**
    - Vorbereiten, Aufstellen, Ansetzen und Abbauen von Rammgeräten
    - Ansetzen, Rammen und Ziehen der Pfähle und Wände
11. **Rohrleger:**
    - Herstellen von Rohrgräben und Rohrgrabenverkleidungen sowie Verlegen von Rohren
    - Abdichten von Rohrverbindungen
    - Ausführen von einfachen Dichtigkeitsprüfungen
12. **Schalungsbauer (Einschaler):**
    - Zurichten von Schalungsmaterial und Bearbeiten durch Sägen und Hobeln
    - Herstellen von Schalplatten
    - Zusammenbauen und Aufstellen von Schalungen nach Schalungsplänen sowie Ausschalen
13. **Schwarzdeckenbauer:**
    - Vorbereiten des Untergrundes
    - Erhitzen von Bindemitteln und Herstellen von Mischgut
    - Einbauen und Verdichten des Mischgutes
    - Oberflächenbehandlung von Schwarzdecken
14. **Betonstraßenwerker:**
    - Ausführen der gebräuchlichsten Betonstraßenbauarbeiten
    - Herstellen von Betonstraßendecken
15. **Schweißer (Gasschweißer, Lichtbogenschweißer):**
    - Grundfertigkeiten der Metallbearbeitung, insbesondere Sägen, Feilen und Bohren

- Ausführen einfacher Schweißarbeiten, autogen und elektrisch

16. **Terrazzoleger:**
    - Herstellen von Terrazzomischungen
    - Vorbereiten des Untergrundes und Aufteilen der Fläche
    - Einbringen, Verdichten, Schleifen, Polieren und Nachbehandeln von Terrazzo
17. **Wasser- und Landschaftsbauer:**
    - Herstellen von Uferbefestigungen
    - Herstellen einfacher Dränagen und Wasserführungen
    - Ausführen einfacher Mauer-, Beton- und Pflasterarbeiten
18. **Maschinisten:**
    - Aufstellen, Einrichten, Bedienen und Warten von kleineren Baumaschinen und Geräten
19. **Kraftfahrer:**
    - Führen von Kraftfahrzeugen

Lohngruppe 3 – Facharbeiter / Baugeräteführer / Berufskraftfahrer –

Tätigkeit:

- Facharbeiten des jeweiligen Berufsbildes

Regelqualifikation:

- baugewerbliche Stufenausbildung in der zweiten Stufe im ersten Jahr
- baugewerbliche Stufenausbildung in der ersten Stufe und Berufserfahrung
- anerkannte Ausbildung außerhalb der baugewerblichen Stufenausbildung
- anerkannte Ausbildung als Maler und Lackierer, Garten- und Landschaftsbauer, Tischler jeweils mit Berufserfahrung
- anerkannte Ausbildung, deren Berufsbild keine Anwendung für eine baugewerbliche Tätigkeit findet, und Berufserfahrung
- Berufsausbildung zum Baugeräteführer
- Prüfung als Berufskraftfahrer
- durch längere Berufserfahrung erworbene gleichwertige Fertigkeiten

Tätigkeitsbeispiele:

keine

Lohngruppe 4 – Spezialfacharbeiter / Baumaschinenführer –

Tätigkeit:

- selbständige Ausführung der Facharbeiten des jeweiligen Berufsbildes

Regelqualifikation:

- baugewerbliche Stufenausbildung in der zweiten Stufe ab dem zweiten Jahr der Tätigkeit
- Prüfung als Baumaschinenführer

- Berufsausbildung zum Baugeräteführer ab dem dritten Jahr der Tätigkeit
- durch langjährige Berufserfahrung erworbene gleichwertige Fertigkeiten

Tätigkeitsbeispiele:
keine

Lohngruppe 5 – Vorarbeiter / Baumaschinen-Vorarbeiter –

Tätigkeit:
- Führung einer kleinen Gruppe von Arbeitnehmern, auch unter eigener Mitarbeit oder selbständige Ausführung besonders schwieriger Arbeiten
- selbständige Ausführung schwieriger Instandsetzungsarbeiten an Baumaschinen ohne Mitarbeiterführung
- Bedienung und Wartung mehrerer Baumaschinen einschließlich der Störungserkennung

Regelqualifikation:
- Vorarbeiterprüfung und Anstellung als bzw. Umgruppierung zum Vorarbeiter
- Anstellung als bzw. Umgruppierung zum Vorarbeiter ohne Vorarbeiterprüfung
- Prüfung als Baumaschinenführer und in der Regel mehrjährige Berufserfahrung

Als Vorarbeiterprüfung gilt nur eine Prüfung nach der Vereinbarung über die Durchführung der Vorarbeiter- und Werkpolierprüfungen im Baugewerbe vom 1. Juli 2012.

Tätigkeitsbeispiele:
keine

Lohngruppe 6 – Werkpolier / Baumaschinen-Fachmeister –

Tätigkeit:
- Führung und Anleitung einer Gruppe von Arbeitnehmern in Teilbereichen der Bauausführung auch unter eigener Mitarbeit

Regelqualifikation:
- Werkpolierprüfung und Anstellung als bzw. Umgruppierung zum Werkpolier
- Anstellung als bzw. Umgruppierung zum Werkpolier ohne Werkpolierprüfung

Als Werkpolierprüfung gilt nur eine Prüfung nach der Vereinbarung über die Durchführung der Vorarbeiter- und Werkpolierprüfungen im Baugewerbe vom 1. Juli 2012. Für die Prüfungen, die vor dem 1. Juli 2012 abgelegt wurden, gilt insoweit § 5 Nr. 3 in der Fassung vom 20. August 2007.

Tätigkeitsbeispiele:
keine

4. Lohnanspruch

4.1 Der Arbeitnehmer hat Anspruch auf den Gesamttarifstundenlohn der für ihn maßgebenden Lohngruppe; dieser setzt sich aus dem Tarifstundenlohn und dem Bauzuschlag zusammen.

4.2 Der Gesamttarifstundenlohn ist, soweit seine Höhe von einer Prüfung abhängt, vom ersten Tag nach bestandener Prüfung an zu zahlen (Lohn vor Ablauf der vereinbarten Ausbildungszeit).

4.3 Arbeitnehmer, deren Ausbildungszeit abgelaufen ist und dic aus Gründen, die nicht in ihrer Person liegen, die Prüfung noch nicht haben ablegen können, haben Anspruch auf den Gesamttarifstundenlohn der Lohngruppe 1. Der Unterschiedsbetrag zwischen diesem Lohn und dem ihnen nach bestandener Prüfung zustehenden Gesamttarifstundenlohn ist ihnen nach Bestehen der Prüfung für den Zeitraum seit Ablauf der Ausbildungszeit nachzuzahlen.

4.4 Übernimmt der Arbeitnehmer außerhalb seiner Arbeitszeit mit einem vom Arbeitgeber gestellten Fahrzeug die Beförderung von Arbeitnehmern zur Bau- oder Arbeitsstelle des Betriebes (Hin- und/oder Rückfahrt), so ist die Vergütung für diese Tätigkeit einzelvertraglich zu regeln.

5. Lohn der Arbeitsstelle und Lohn bei auswärtiger Beschäftigung

Es gilt der Lohn der Arbeitsstelle. Auswärts beschäftigte Arbeitnehmer behalten jedoch den Anspruch auf den Gesamttarifstundenlohn ihres Einstellungsortes. Ist der Lohn der auswärtigen Arbeitsstelle höher, so haben sie Anspruch auf diesen Gesamttarifstundenlohn, solange sie auf dieser Arbeitsstelle tätig sind.

6. Arbeit im Leistungslohn

Die Arbeit im Leistungslohn richtet sich nach den Bestimmungen des Rahmentarifvertrages für Leistungslohn im Baugewerbe. Satz 1 gilt nicht für das Gebiet des Landes Berlin.

7. Lohnabrechnung

7.1 Die Lohnabrechnung erfolgt monatlich. Der Arbeitgeber hat dem Arbeitnehmer nach Ablauf des Lohnabrechnungszeitraumes eine schriftliche Abrechnung über Lohn, vermögenswirksame Leistungen, Altersvorsorgeleistungen, Zulagen, Abzüge und Abschlagszahlungen zu erteilen. Diese Abrechnung hat spätestens bis zum 15. des nächsten Monats zu erfolgen.

Bei betrieblicher Arbeitszeitregelung nach § 3 Nr. 1.4 sind dem Arbeitnehmer in der Lohnabrechnung darüber hinaus die im jeweiligen Lohnabrechnungszeitraum auf dem Ausgleichskonto gutgeschriebenen Arbeitsstunden und der dafür einbehaltene Lohn bzw. die auf dem Ausgleichskonto belasteten Arbeitsstunden und der dafür gezahlte Lohn sowie der aktuelle Stand des Ausgleichskontos mitzuteilen. Außerdem ist die Summe der seit Beginn des Ausgleichszeitraumes gutgeschriebenen Arbeitsstunden auszuweisen.

7.2 Der Anspruch auf den Lohn wird spätestens am 15. des Monats fällig, der auf den Monat folgt, für den er zu zahlen ist. Das gilt nicht für die Teile des Lohnes, die nach § 3 Nr. 1.4 auf dem Ausgleichskonto des Arbeitnehmers gutgeschrieben werden.

7.3 Die Abgeltung von Zuschlägen und Zulagen, wie Fahrtkostenabgeltung, Verpflegungszuschuss und Auslösung, durch erhöhten Lohn oder erhöhte Leistungs- oder Akkordwerte ist unzulässig.

7.4 Eine Abtretung und eine Verpfändung von Lohnansprüchen sind nur mit Zustimmung des Arbeitgebers zulässig.

§ 6
Erschwerniszuschläge

1. Anspruchsgrundlage

Der Arbeitnehmer hat für die Zeit, in der er mit einer der folgenden Arbeiten beschäftigt wird, Anspruch auf den nachstehend jeweils aufgeführten Erschwerniszuschlag, wenn die einschlägigen Unfallverhütungsvorschriften eingehalten und die nach den Unfallverhütungsvorschriften zu stellenden persönlichen Schutzausrüstungen benutzt werden.

1.1 Arbeiten mit persönlicher Schutzausrüstung

1.11 Arbeiten mit Schutzkleidung

Arbeiten, bei denen ein luftundurchlässiger Einwegschutzanzug getragen wird — 0,40 €/Stunde

Arbeiten, bei denen ein Chemikalienschutzanzug ohne Gesichtsschutz (Form B) oder ein Kontaminationsschutzanzug getragen wird — 0,90 €/Stunde

Arbeiten, bei denen ein Chemikalienschutzanzug mit Gesichts- und Atemschutz (Vollschutzanzug Form C), eine Schutzkleidung gegen Wärmestrahlung oder ein Schallschutzanzug getragen wird — 4,10 €/Stunde

Neben diesem Zuschlag wird ein Zuschlag für Arbeiten mit Atemschutzgeräten nach Nr. 1.12 nicht gezahlt.

1.12 Arbeiten mit Atemschutzgeräten

Arbeiten, bei denen eine filtrierende Halbmaske verwendet wird (keine „Hundeschnauze“) — 0,65 €/Stunde

	Arbeiten, bei denen eine Halbmaske mit austauschbarem Filter verwendet wird	1,30 €/Stunde
	Arbeiten, bei denen eine Vollmaske mit austauschbarem Filter verwendet wird	1,80 €/Stunde
	Arbeiten, bei denen ein Frischluft-Druckschlauchgerät verwendet wird	1,30 €/Stunde
	Arbeiten, bei denen ein Frischluft-Saugschlauchgerät, ein Druckluft-Schlauchgerät (Pressluftatmer) oder ein Regenerationsgerät verwendet wird	2,05 €/Stunde

1.2 Schmutzarbeiten

1.21	Arbeiten, die im Verhältnis zu den für den Gewerbezweig und das Fach des Arbeiters typischen Arbeiten außergewöhnlich schmutzig sind	0,80 €/Stunde
1.22	Arbeiten in im Betrieb befindlichen Abort- und Kläranlagen, wenn der Arbeitnehmer mit Schmutzwasser in Berührung kommt	3,70 €/Stunde
	Neben dem Zuschlag nach Nr. 1.22 wird kein weiterer Zuschlag gezahlt.	

1.3 Wasserarbeiten

1.31	Arbeiten in Schaftstiefeln	0,35 €/Stunde
1.32	Arbeiten in Wathosen, Kanallatzhosen	1,70 €/Stunde
1.33	Arbeiten in Watanzügen oder in Taucheranzügen ohne Helm	4,85 €/Stunde

1.4 Hohe Arbeiten

1.41	Herstellung und Beseitigung von Gerüsten; Arbeiten auf Rüstungen, deren Belagfläche weniger als 90 cm breit ist; Richten und Aufstellen von Türmen; Abbrucharbeiten an Schornsteinen; Mitfahren auf dem Betonkübel, an dem Einrichtungen für die Personenaufnahme vorhanden sind, am Kran; Arbeiten von Arbeitskörben aus bei einer Höhe von	
	– mehr als 20 m	1,45 €/Stunde
	– mehr als 30 m	1,70 €/Stunde
	– mehr als 50 m	2,— €/Stunde
1.42	Der Zuschlag für besonders gefährliche Abbrucharbeiten muss frei vereinbart werden.	
	Er beträgt mindestens	1,70 €/Stunde

1.5 Heiße Arbeiten

Arbeiten in Räumen, in denen eine Temperatur von 40 bis 50 Grad Celsius herrscht,	1,10 €/Stunde
jedoch bei einer Temperatur von mehr als 50 Grad Celsius	1,70 €/Stunde

1.6 Erschütterungsarbeiten

1.61 Bedienung von handgeführten Bohr- und Schlaghämmern, die vom Hersteller nicht als schwingungsgedämpft gekennzeichnet sind, mit einem Eigengewicht von 13 kg und mehr	1,— €/Stunde
1.62 Fahren und Mitfahren auf Baumaschinen einschließlich Anbaugeräten und Fahrzeugen, die vom Hersteller nicht als schwingungsgedämpft gekennzeichnet sind	0,30 €/Stunde
1.63 Handarbeiten mit den Pistolen der Höchstdruckgeräte von 500 bar und einer Wasserdurchflussmenge von mehr als 30 l/min	1,30 €/Stunde

1.7 Schacht- und Tunnelarbeiten

1.71 Unterfangungsarbeiten unter den zu unterfangenden Bauteilen

Arbeiten in Schächten, die einen Querschnitt von weniger als 4 qm und mehr als 3,60 m Tiefe haben	0,70 €/Stunde
Arbeiten in Tunneln mit einer lichten Höhe von weniger als 2,20 m beim Rohrvortrieb, im Schildvortrieb bis zur Erstellung eines stationären Stütztragewerkes, im Ausbau und in Felstunneln	0,70 €/Stunde
Bei einer lichten Höhe von weniger als 1,60 m erhöhen sich die Zuschläge um	1,55 €/Stunde
Bei einer lichten Höhe von weniger als 1,20 m erhöhen sich die Zuschläge um	2,40 €/Stunde

1.72 Kanalarbeiten

Arbeiten ohne Maschineneinsatz in offenen Baugruben und unter 1 m Grabenbreite und über 3,60 m Tiefe	1,— €/Stunde
Arbeiten in geschlossenen Kanälen	1,05 €/Stunde

1.73 Arbeiten in Bergwerken

Arbeiten in Bergwerken unter Tage	1,— €/Stunde

Neben diesem Zuschlag wird der Zuschlag für die in Nr. 1.71 genannten Arbeiten nicht gezahlt.

1.8 Druckluftarbeiten

– bis 100 kPa Überdruck	1,70 €/Stunde
– bis 150 kPa Überdruck	2,45 €/Stunde
– bis 200 kPa Überdruck	3,90 €/Stunde
– bis 250 kPa Überdruck	5,75 €/Stunde
– bis 300 kPa Überdruck	8,50 €/Stunde
– bis 370 kPa Überdruck	12,05 €/Stunde

1.9 Taucherarbeiten

Bei einer Tauchtiefe

– bis zu 5 m	18,10 €/Stunde
– bis zu 10 m	24,15 €/Stunde
– bis zu 15 m	33,20 €/Stunde
– bis zu 20 m	48,60 €/Stunde
– bis zu 25 m	58,80 €/Stunde
– bis zu 30 m	71,60 €/Stunde

Bei größeren Tauchtiefen und bei Tauchen unter erschwerten Umständen (Schlick, Moor, starke Strömung und nötigenfalls im Winter) sind entsprechende Zuschläge betrieblich festzusetzen.

Als Tauchzeit gilt die Zeit, während der die Tauchausrüstung geschlossen ist.

2. Fortfall von Erschwerniszuschlägen

2.1 Der Anspruch nach Nrn. 1.11, 1.12 und 1.3 schließt den Anspruch nach Nr. 1.21 aus.

2.2 Für die Arbeitnehmer des Schacht- und Tunnelbaus, Fachwerker, Schlepper (Werker) entfallen die unter Nr. 1.6 und 1.72 vorgesehenen Zuschläge.

Für die Zeit, in der der Werker im Tunnel- oder Stollenbau Pressluftgeräte bedient, erhält er als Zulage den Unterschiedsbetrag zwischen seinem Lohn und dem Lohn der nächsthöheren Lohngruppe im Tunnel- und Stollenbau. Dies gilt nicht für Werker, die in Bergwerken unter Tage beschäftigt werden; diese erhalten abweichend von Nr. 2.2 den Zuschlag für Erschütterungsarbeiten, wenn die Vorraussetzungen der Nr. 1.6 vorliegen.

3. Einschaltung der Tarifvertragsparteien bei Meinungsverschiedenheiten

Bei Meinungsverschiedenheiten über die Anspruchsberechtigung auf Erschwerniszuschläge können die bezirklichen Organisationsvertreter der Tarifvertragsparteien zur Klärung hinzugezogen werden.

§ 7
Fahrtkostenabgeltung, Verpflegungszuschuss und Unterkunft

1. Allgemeines

Der Arbeitnehmer kann auf allen Bau- oder sonstigen Arbeitsstellen (Arbeitsstelle) des Betriebes eingesetzt werden, auch wenn er diese von seiner Wohnung aus nicht an jedem Arbeitstag erreichen kann.

2. Begriffsbestimmungen

2.1 Entfernungen

Entfernungen sind nach Maßgabe des kürzesten mit Personenkraftwagen befahrbaren öffentlichen Weges zwischen der Arbeitsstelle und der Wohnung (Unterkunft) des Arbeitnehmers zu bestimmen. Ist ein anderer Weg offensichtlich verkehrsgünstiger, so ist die Entfernung danach zu bestimmen.

2.2 Betrieb

Als Betrieb gilt die Hauptverwaltung, die Niederlassung, die Filiale, die Zweigstelle oder die sonstige ständige Vertretung des Arbeitgebers, in welcher der Arbeitnehmer eingestellt wird. Wird der Arbeitnehmer auf einer Arbeitsstelle eingestellt, so gilt die nächstgelegene Vertretung des Arbeitgebers als Betrieb.

3. Arbeitsstellen mit täglicher Heimfahrt

Der Arbeitnehmer, der außerhalb des Betriebes arbeitet und dem kein Auslösungsanspruch nach Nr. 4 zusteht, hat nach folgender Maßgabe Anspruch auf eine Fahrtkostenabgeltung und einen Verpflegungszuschuss.

3.1 Fahrtkostenabgeltung

Arbeitet der Arbeitnehmer auf einer mindestens 10 km von seiner Wohnung entfernten Arbeitsstelle und benutzt er für die Fahrt ein von ihm gestelltes Fahrzeug, so erhält er eine Fahrtkostenabgeltung in Höhe von 0,20 € je Arbeitstag und gefahrenem Kilometer (Kilometergeld). Der arbeitstägliche Anspruch ist auf 20,— € begrenzt.

Bei Benutzung eines öffentlichen Verkehrsmittels werden dem Arbeitnehmer die hierfür notwendigen Kosten erstattet.

Ein Anspruch auf Fahrtkostenabgeltung besteht nicht, wenn die Möglichkeit der kostenlosen Beförderung mit einem vom Arbeitgeber gestellten ordnungsgemäßen Fahrzeug besteht.

Soweit die gewährte Fahrtkostenabgeltung zu versteuern ist, hat der Arbeitgeber von der Möglichkeit der Pauschalversteuerung nach § 40 Abs. 2 EStG Gebrauch zu machen; eine Überwälzung der entrichteten Steuer auf den Arbeitnehmer ist unwirksam. Dies gilt auch, soweit eine kostenlose Beförderung (Abs. 3) als Sachbezug zu versteuern ist.

3.2 Verpflegungszuschuss

Ist der Arbeitnehmer ausschließlich aus beruflichen Gründen mehr als 10 Stunden von seiner Wohnung abwesend, so erhält er einen Verpflegungszuschuss in Höhe von 4,09 € je Arbeitstag, in Betrieben in den alten Bundesländern und in Höhe von 2,56 € je Arbeitstag in Betrieben in den neuen Bundesländern.

4. Arbeitsstellen ohne tägliche Heimfahrt

Arbeitet der Arbeitnehmer auf einer mindestens 50 km vom Betrieb entfernten Arbeitsstelle und beträgt der normale Zeitaufwand für seinen Weg von der Wohnung zur Arbeitsstelle mehr als 1¼ Stunden, so hat er nach folgender Maßgabe Anspruch auf einen Verpflegungszuschuss und auf eine Unterkunft:

4.1 Verpflegungszuschuss

Für den Verpflegungsmehraufwand erhält der Arbeitnehmer einen Verpflegungszuschuss in Höhe von 24,— € je Arbeitstag. Durch Betriebsvereinbarung kann der Verpflegungszuschuss auf bis zu 28,— € je Arbeitstag erhöht werden. Kommt hierüber keine Einigung zustande, so entscheidet die Einigungsstelle nach Anrufung durch den Betriebsrat.

4.2 Unterkunft

Der Arbeitgeber hat dem Arbeitnehmer eine ordnungsgemäße Unterkunft (Baustellenunterkunft/Pension/Hotel) zu stellen. Dabei ist die Arbeitsstättenverordnung zu beachten.

Für Fahrten zwischen dieser Unterkunft und der Arbeitsstelle erhält der Arbeitnehmer eine Fahrtkostenerstattung nach Maßgabe der Nr. 3.1, sofern die Entfernung zwischen Unterkunft und Arbeitsstelle mehr als 10 km beträgt.

4.3 An- und Abreise

Der Arbeitgeber hat den Arbeitnehmer kostenlos zur Arbeitsstelle zu befördern oder ihm die Fahrtkosten in Höhe von 0,20 € je gefahrenem Kilometer ohne Begrenzung zu erstatten. Das gilt auch für den unmittelbaren Wechsel zu einer anderen Arbeitsstelle und für die Rückfahrt zu seiner Wohnung nach Beendigung der Tätigkeit auf der Arbeitsstelle. Im Übrigen gilt Nr. 3.1.

In diesen Fällen hat der Arbeitnehmer für die erforderliche Reisezeit Anspruch auf seinen Gesamttarifstundenlohn ohne jeden Zuschlag.

4.4 Wochenendheimfahrten

Bei Wochenendheimfahrten erhält der Arbeitnehmer eine Fahrtkostenabgeltung nach Maßgabe der Nr. 3.1, wobei das Kilometergeld 0,20 € je gefahrenem Kilometer ohne Begrenzung beträgt.

Beträgt die Entfernung zwischen Betrieb und Arbeitsstelle mehr als 250 km, so ist der Arbeitnehmer nach Ablauf von jeweils acht Wochen einer ununterbrochenen Tätigkeit für einen Arbeitstag, bei einer Entfernung von mehr als 500 km für zwei Arbeitstage unter Fortzahlung seines Lohnes in Zusammenhang mit einer Wochenendheimfahrt von der Arbeit freizustellen.

Dies gilt nicht, wenn die Wochenendheimfahrt auf Kosten des Arbeitgebers mit dem Flugzeug durchgeführt wird und die Kosten für die An- und Abfahrt zum bzw. vom Flughafen erstattet werden.

4.5 Wegfall des Verpflegungszuschusses

Bei Wochenendheimfahrten, Krankenhausaufenthalt oder unentschuldigtem Fehlen des Arbeitnehmers entfällt der Anspruch auf den Verpflegungszuschuss.

5. Wegekostenerstattung in Berlin

Abweichend von den Nrn. 3.1 und 3.2 gelten im Gebiet des Landes Berlin folgende Regelungen:

Gewerbliche Arbeitnehmer, die in Berliner Baubetrieben beschäftigt sind, haben für jeden Arbeitstag, an dem sie weisungsgemäß ihren Arbeitsplatz aufgesucht haben, sofern kein Auslösungsanspruch (doppelte Haushaltsführung) besteht, Anspruch auf Wegekostenerstattung; diese beträgt:

5.1 bei Wohnsitz und Einsatz in Berlin

5.11 für gewerbliche Arbeitnehmer, die auf einer Bau- oder Arbeitsstelle außerhalb des Betriebes eingesetzt werden 5,40 €,

5.12 für gewerbliche Arbeitnehmer, denen die Möglichkeit der kostenlosen Beförderung zur Bau- oder Arbeitsstelle mit einem vom Arbeitgeber zur Verfügung gestellten, ordnungsgemäßen Fahrzeug gegeben wird, sowie für Kraftfahrzeugfahrer, die ihre Arbeit am Betriebssitz oder an einer sonstigen ständigen Vertretung des Arbeitgebers antreten oder beenden 3,90 €,

5.13 für gewerbliche Arbeitnehmer, die ständig am Betriebssitz oder einer sonstigen ständigen Vertretung des Arbeitgebers eingesetzt werden 3,90 €.

5.2 Bei Wohnsitz in Berlin und Einsatz außerhalb Berlins besteht neben dem Anspruch gemäß Nr. 5.11, 5.12 oder 5.13 Anspruch auf eine zusätzliche Fahrtkostenabgeltung. Diese beträgt 0,27 €/km für jeden Entfernungskilometer von der Stadtgrenze bis zur Einsatzstelle. Dabei ist die kürzeste Entfernung (Luftlinie) zugrunde zu legen.

5.3 Bei Wohnsitz außerhalb Berlins gelten Nr. 5.11, 5.12 oder 5.13 entsprechend, wenn der Einsatz im Kreis des Wohnsitzes erfolgt.

Erfolgt der Einsatz außerhalb des Wohnsitz-Kreises, gilt daneben Nr. 5.2 entsprechend für die Entfernungskilometer (Luftlinie) Kreisgrenze – Einsatzstelle (Baustelle).

5.4 Der arbeitstägliche Anspruch auf die zusätzliche Fahrtkostenabgeltung gemäß Nr. 5.2 und 5.3 ist der Höhe nach auf den Betrag für eine Entfernung von 50 km (Stadtgrenze Berlin bzw. Kreisgrenze – Baustelle) begrenzt (13,29 €).

5.5 Soweit in der Wegekostenerstattung Fahrtkostenabgeltungen enthalten sind, die versteuert werden müssen, hat der Arbeitgeber von der Möglichkeit der Pauschalversteuerung nach § 40 Abs. 2 EStG Gebrauch zu machen. Für die Wegekostenerstattung gemäß Nr. 5.11 bis 5.13 ist eine Überwälzung der entrichteten Steuer auf den Arbeitnehmer unwirksam; dies gilt auch, soweit eine kostenlose Beförderung gemäß Nr. 5.12 als Sachbezug zu versteuern ist.

§ 8
Urlaub

1. Urlaubsanspruch und Urlaubsdauer

1.1 Der Arbeitnehmer hat in jedem Kalenderjahr (Urlaubsjahr) Anspruch auf 30 Arbeitstage bezahlten Erholungsurlaub.

1.2 Für Schwerbehinderte im Sinne der gesetzlichen Bestimmungen erhöht sich der Urlaub um fünf Arbeitstage.

1.3 Samstage gelten nicht als Arbeitstage.

1.4 Die Urlaubsdauer richtet sich nach den in Betrieben des Baugewerbes zurückgelegten Beschäftigungstagen.

1.5 Erkrankt der Arbeitnehmer während des Urlaubs, so werden die durch ärztliches Zeugnis nachgewiesenen Tage der Arbeitsunfähigkeit auf den Urlaub nicht angerechnet. Der Arbeitnehmer hat sich jedoch nach terminmäßigem Ablauf seines Urlaubs oder, falls die Krankheit länger dauert, nach deren Beendigung dem Betrieb zur Arbeitsleistung zur Verfügung zu stellen. Der Antritt des restlichen Urlaubs ist gemäß Nr. 3.1 festzulegen.

2. Ermittlung der Urlaubsdauer

2.1 Bei Urlaubsantritt sind die dem Arbeitnehmer zustehenden vollen Urlaubstage nach Maßgabe der Beschäftigungstage zu ermitteln.

2.2 Der Arbeitnehmer erwirbt nach jeweils 12 – als Schwerbehinderter nach jeweils 10,3 – Beschäftigungstagen Anspruch auf einen Tag Urlaub.

2.3 Beschäftigungstage sind alle Kalendertage des Bestehens von Arbeitsverhältnissen in Betrieben des Baugewerbes während des Urlaubsjahres. Ausgenommen hiervon sind Tage, an denen der Arbeitnehmer der Arbeit unentschuldigt ferngeblieben ist und Tage unbezahlten Urlaubs, wenn dieser länger als 14 Tage gedauert hat.

2.4 Volle Beschäftigungsmonate sind zu 30 Beschäftigungstagen zu zählen; die Beschäftigungstage eines angefangenen Beschäftigungsmonats sind auszuzählen.

2.5 Bei Beendigung des Arbeitsverhältnisses sind die während seiner Dauer zurückgelegten Beschäftigungstage zu ermitteln.

2.6 Die für bereits gewährten Urlaub berücksichtigten Beschäftigungstage sind verbraucht.

2.7 Zum Ende des Urlaubsjahres sind aus den unverbrauchten Beschäftigungstagen die Resturlaubsansprüche zu errechnen; Bruchteile von Urlaubstagen sind auf volle Urlaubstage kaufmännisch zu runden. Die Resturlaubsansprüche sind in das folgende Kalenderjahr zu übertragen.

3. Urlaubsantritt

3.1 Der Zeitpunkt des Urlaubsantritts ist unter Berücksichtigung der Wünsche des Arbeitnehmers und der Bedürfnisse des Betriebes vom Arbeitgeber unter Beachtung des Mitbestimmungsrechts des Betriebsrates festzulegen. Bei der Urlaubsgewährung darf keine Teilung des Urlaubs erfolgen, die den Erholungszweck gefährdet.

3.2 Nimmt der Arbeitnehmer Urlaub, so ist der aus dem Vorjahr übertragene Resturlaub vor dem im laufenden Kalenderjahr erworbenen Urlaub zu gewähren.

4. Urlaubsvergütung

4.1 Der Arbeitnehmer erhält für den Urlaub gemäß Nr. 1 eine Urlaubsvergütung. Die Urlaubsvergütung beträgt 14,25 v. H., bei Schwerbehinderten im Sinne der gesetzlichen Bestimmungen 16,63 v. H. des Bruttolohnes. Die Urlaubsvergütung besteht aus dem Urlaubsentgelt in Höhe von 11,4 v. H. – bei Schwerbehinderten in Höhe von 13,3 v. H. – des Bruttolohnes und dem zusätzlichen Urlaubsgeld. Das zusätzliche Urlaubsgeld beträgt 25 v. H. des Urlaubsentgelts. Es kann auf betrieblich gewährtes zusätzliches Urlaubsgeld angerechnet werden.

4.2 Bruttolohn ist[5)]

a) der für die Berechnung der Lohnsteuer zugrunde zu legende und in die Lohnsteuerbescheinigung einzutragende Bruttoarbeitslohn einschließlich der Sachbezüge, die nicht pauschal nach § 40 EStG versteuert werden,

b) der nach §§ 40 a, 40 b und 52 Abs. 40 EStG pauschal zu versteuernde Bruttoarbeitslohn mit Ausnahme des Beitrags für die tarifliche Zusatzversorgung der Arbeitnehmer (§ 15 Abs. 1 Satz 2, Abs. 2 Satz 2, Abs. 3 Satz 2 und 4 sowie Abs. 6 des Tarifvertrages über das Sozialkassenverfahren im Baugewerbe), des Arbeitgeberanteils an der Finanzierung der Tariflichen Zusatzrente (§ 2 Abs. 1 bis 5 TV TZR) sowie des Beitrags zu einer Gruppen-Unfallversicherung.

Zum Bruttolohn gehören nicht das tarifliche 13. Monatseinkommen oder betriebliche Zahlungen mit gleichem Charakter (z. B. Weihnachtsgeld, Jahressonderzahlung), Urlaubsabgeltungen gemäß Nr. 6 und Abfindungen, die für die Beendigung des Arbeitsverhältnisses gezahlt werden.

Für Arbeitnehmer, die nicht dem deutschen Lohnsteuerrecht unterliegen, wird der Berechnung der Urlaubsvergütung der Lohn einschließlich der Sachbezüge zugrunde gelegt, der nach Satz 1 bei Geltung des deutschen Steuerrechts unter Berücksichtigung von Satz 2 den Bruttolohn bildet.

4.3 Die Urlaubsvergütung für teilweise geltend gemachten Urlaub wird berechnet, indem die gemäß Nr. 4.1 errechnete Urlaubsvergütung durch die Summe der gemäß Nr. 2 ermittelten Urlaubstage geteilt und mit der Zahl der beanspruchten Urlaubstage vervielfacht wird.

4.4 Für die Fälligkeit der Urlaubsvergütung gilt § 5 Nr. 7.2 entsprechend.

4.5 Am Ende des Urlaubsjahres sind Restansprüche auf Urlaubsvergütung in das folgende Kalenderjahr zu übertragen.

5. Mindesturlaubsvergütung

5.1 Für jede Ausfallstunde wegen unverschuldeter Arbeitsunfähigkeit infolge von Krankheit, für die kein Lohnanspruch bestand, erhöht sich die nach Nr. 4.1 errechnete Urlaubsvergütung um 14,25 v. H. des zuletzt nach § 6 Abs. 1 Satz 1 Nr. 1 VTV gemeldeten Bruttolohnes.

---

5) Bei Ausfallzeiten ohne Lohnanspruch ist das Urteil des Gerichtshofs der Europäischen Union vom 13. Dezember 2018 in der Rechtssache C-385/17 zu beachten (Hinweis der Allgemeinverbindlicherklärung, BAnz AT 17.05.2019 B2, Seite 16).

5.2 Für jede Ausfallstunde in dem Zeitraum vom 1. Dezember bis 31. März, für die der Arbeitnehmer Saison-Kurzarbeitergeld bezieht, erhöht sich die nach Nr. 4.1 errechnete Urlaubsvergütung nach Ablauf dieses Zeitraumes um 14,25 v. H. des zuletzt nach § 6 Abs. 1 Satz 1 Nr. 1 VTV gemeldeten Bruttolohnes. Dabei bleiben die ersten 90 Ausfallstunden mit Bezug von Saison-Kurzarbeitergeld unberücksichtigt.

5.3 Nr. 6.2 Satz 2 findet auf die Ansprüche nach Nrn. 5.1 und 5.2 keine Anwendung. Nr. 8 findet auf die Ansprüche nach Nr. 5.1 keine Anwendung.

6. Urlaubsabgeltung

6.1 Der Arbeitnehmer hat nur dann einen Anspruch auf Urlaubsabgeltung in Höhe der Urlaubsvergütung, wenn er

a) länger als drei Monate nicht mehr in einem Arbeitsverhältnis zu einem von diesem Tarifvertrag erfassten Betrieb gestanden hat, ohne arbeitslos zu sein,

b) länger als drei Monate nicht mehr in einem Arbeitsverhältnis zu einem von diesem Tarifvertrag erfassten Betrieb gestanden hat und berufsunfähig oder auf nicht absehbare Zeit außerstande ist, seinen bisherigen Beruf im Baugewerbe auszuüben,

c) Altersrente oder Rente wegen voller oder teilweiser Erwerbsminderung bezieht, nachdem sein Arbeitsverhältnis geendet hat,

d) in ein Angestellten- oder Ausbildungsverhältnis zu einem Betrieb des Baugewerbes überwechselt,

e) als Gelegenheitsarbeiter, Werkstudent, Praktikant oder in ähnlicher Weise beschäftigt war und das Arbeitsverhältnis vor mehr als drei Monaten beendet wurde,

f) nicht mehr von diesem Tarifvertrag erfasst wird, ohne dass sein Arbeitsverhältnis endet, und er nicht innerhalb von drei Monaten erneut von diesem Tarifvertrag erfasst wird.

6.2 Der Anspruch auf Urlaubsabgeltung richtet sich gegen die Kasse. Dieser Anspruch ist nur zu erfüllen, soweit Beiträge für die Urlaubsansprüche des jeweiligen Urlaubsjahres bereits geleistet worden sind oder bis zum Ablauf des Kalenderjahres nachentrichtet werden und nicht für die Erstattung von Urlaubsvergütungen verwendet worden oder zum Ausgleich für geleistete Erstattungen zu verwenden sind. §§ 366, 367 BGB finden keine Anwendung.

7. Verfall der Urlaubs- und Urlaubsabgeltungsansprüche

Die Urlaubsansprüche und die Urlaubsabgeltungsansprüche gemäß Nr. 6 verfallen mit Ablauf des Kalenderjahres, das auf das Jahr der Entstehung der Urlaubsansprüche folgt; die entsprechenden Ansprüche für Ausfallstunden wegen unverschuldeter Arbeitsunfähigkeit infolge von Krankheit gemäß Nr.

5.1 verfallen jedoch erst nach Ablauf von weiteren drei Monaten. § 14 ist ausgeschlossen.

8. Entschädigung

Nach Verfall der Urlaubsansprüche oder Urlaubsabgeltungsansprüche hat der Arbeitnehmer innerhalb eines weiteren Kalenderjahres Anspruch auf Entschädigung gegenüber der Kasse in Höhe der Urlaubsvergütung, soweit Beiträge für die Urlaubsansprüche des jeweiligen Urlaubsjahres bereits geleistet worden sind. Dieser Anspruch besteht auch dann, wenn bis zum Ablauf von vier Kalenderjahren nach dem Verfall Beiträge nachentrichtet werden und nicht für die Erstattung von Urlaubsvergütungen bzw. die Zahlung von Urlaubsabgeltungen verwendet worden oder zum Ausgleich für geleistete Erstattungen zu verwenden sind. §§ 366, 367 BGB finden keine Anwendung.

9. Ansprüche bei Tod des Arbeitnehmers

Bei Tod des Arbeitnehmers gehen dessen Ansprüche auf Urlaubsvergütung, Urlaubsabgeltung oder Entschädigung auf den Erben über; auch der Urlaubsvergütungsanspruch richtet sich gegen die Kasse.

10. Urlaub für volljährige Arbeitnehmer im Auslernjahr

10.1 Bei der Ermittlung der Urlaubsdauer für Arbeitnehmer, die spätestens am 1. Januar des Urlaubsjahres das 18. Lebensjahr vollendet haben und in diesem Jahr Auszubildende in einem Betrieb des Baugewerbes waren, gelten die Tage des Bestehens des Ausbildungsverhältnisses im Urlaubsjahr als Beschäftigungstage. Im Urlaubsjahr während des Ausbildungsverhältnisses entstandener und gewährter Urlaub ist auf die Urlaubsdauer anzurechnen.

Bei der Ermittlung der Urlaubsdauer für volljährige Arbeitnehmer im Sinne des Abs. 1, die im Vorjahr aus einem Ausbildungsverhältnis zu einem Betrieb des Baugewerbes ausgeschieden sind und deren Arbeitsverhältnis im Urlaubsjahr bis spätestens zum 1. Juli begründet worden ist, gelten die Tage des Bestehens des Ausbildungsverhältnisses im Vorjahr als Beschäftigungstage. Im Vorjahr während des Ausbildungsverhältnisses entstandener und gewährter Urlaub ist auf die Urlaubsdauer anzurechnen.

10.2 Für die Urlaubstage gemäß Nr. 10.1 bemisst sich das Urlaubsentgelt nach dem durchschnittlichen Arbeitsverdienst, den der Arbeitnehmer in den letzten 13 Wochen vor dem Beginn des Urlaubs erhalten hat. Bei Verdiensterhöhungen nicht nur vorübergehender Natur, die während des Berechnungszeitraumes oder des Urlaubs eintreten, ist von dem erhöhten Verdienst auszugehen. Verdienstkürzungen, die im Berechnungszeitraum infolge von Kurzarbeit, Arbeitsausfällen oder unverschuldeter Arbeitsversäumnis eintreten, bleiben für die Berechnung des Urlaubsentgelts außer Betracht (§ 11 des Bundesurlaubsgesetzes). Für das zusätzliche Urlaubsgeld gelten Nr. 4.1 Sätze 4 und 5; im übrigen gelten die Nrn. 4 und 5 mit Ausnahme der Nr. 4.4 nicht.

10.3 Am Ende des Urlaubsjahres sind die Resturlaubsansprüche nach Maßgabe der Nr. 2.7 auf das folgende Kalenderjahr zu übertragen. Die Vergütung für die Resturlaubsansprüche ist zum Ende des Urlaubsjahres nach Maßgabe der Nr. 10.2 zu berechnen und auf das folgende Kalenderjahr zu übertragen.

11. Urlaub für jugendliche Arbeitnehmer

11.1 Der Urlaub von Arbeitnehmern, die am 1. Januar des Urlaubsjahres das 18. Lebensjahr noch nicht vollendet haben, beträgt 30 Arbeitstage. Für das Urlaubsentgelt und für das zusätzliche Urlaubsgeld gilt Nr. 10.2. Im Übrigen gelten die gesetzlichen Bestimmungen.

11.2 Am Ende des Urlaubsjahres sind die Resturlaubsansprüche der Arbeitnehmer, die am 1. Januar des Folgejahres das 18. Lebensjahr vollendet haben, auf dieses zu übertragen. Die Vergütung für die Resturlaubsansprüche ist zum Ende des Urlaubsjahres nach Maßgabe der Nr. 10.2 zu berechnen und auf das folgende Kalenderjahr zu übertragen.

12. Urlaub bei Altersteilzeit

12.1 Der Urlaubsanspruch richtet sich auch während der Altersteilzeit nach den vorstehenden Bestimmungen. Sämtlicher dem Arbeitnehmer bis zum Beginn der Altersteilzeit zustehender Urlaub ist vor Eintritt in die Altersteilzeit zu gewähren und zu nehmen. Kann der Urlaub aus zwingenden Gründen ganz oder teilweise nicht mehr gewährt werden, so ist er abweichend von Nr. 6.1 durch den Arbeitgeber abzugelten.

12.2 Vereinbaren Arbeitnehmer und Arbeitgeber wechselnde Phasen von Monaten der Arbeitsleistung (Arbeitsphase) und Monaten der Freistellung von der Arbeitsleistung (Freistellungsphase), so gelten für den Urlaubsanspruch in der Freistellungsphase folgende Regelungen:

a) Alle Kalendertage während des Bestehens des Altersteilzeitarbeitsverhältnisses – auch während der Freistellungsphase – gelten als Beschäftigungstage gemäß Nr. 2.

b) Im ersten Kalendermonat der Freistellungsphase ist die Urlaubsvergütung für den noch nicht verfallenen Urlaubsanspruch aus der Arbeitsphase auszuzahlen. Im letzten Kalendermonat der Freistellungsphase, spätestens in jedem sechsten Kalendermonat der Freistellungsphase (Auszahlungsmonat), ist die bis zum Ablauf des fünften Kalendermonats der Freistellungsphase erworbene Urlaubsvergütung vom Arbeitgeber an den Arbeitnehmer auszuzahlen. Mit der Auszahlung der Urlaubsvergütung gilt der Urlaub als gewährt. Für die im Auszahlungsmonat als gewährt geltenden Urlaubstage besteht kein Anspruch auf Arbeitsentgelt für die Altersteilzeitarbeit.

13. Anrechnung von Urlaub entsandter Arbeitnehmer

Urlaubstage und Urlaubsvergütungen, welche ein außerhalb Deutschlands ansässiger Arbeitgeber bereits vor der Entsendung für das laufende Kalenderjahr gewährt hat, werden auf die während der Entsendezeit bis zum jeweiligen Zeitpunkt der Anrechnung entstandenen Urlaubsansprüche nach Nr. 1 und 4 angerechnet. Bei dieser Anrechnung bleibt ein Zwölftel des Jahresurlaubs für jeden vor der Entsendung liegenden vollen Beschäftigungsmonat des laufenden Kalenderjahres unberücksichtigt. Von den darüber hinaus gewährten Urlaubstagen wird für jeden vollen Beschäftigungsmonat während der Entsendezeit bis zum Anrechnungszeitpunkt ein Zwölftel des Jahresurlaubs angerechnet. Urlaubsvergütungen werden angerechnet, soweit sie anteilig für die angerechneten Urlaubstage gezahlt worden sind.

14. Abtretungsverbot

Die Abtretung unmittelbarer Ansprüche der Arbeitnehmer gegen die Kasse ist nur mit Zustimmung der Kasse zulässig.

15. Urlaubskassen der Bauwirtschaft

15.1 Die als gemeinsame Einrichtung der Tarifvertragsparteien bestehende Urlaubs- und Lohnausgleichskasse der Bauwirtschaft mit Sitz in Wiesbaden (ULAK) hat insbesondere die Aufgabe, die Auszahlung der Urlaubsvergütung zu sichern. Für Betriebe mit Sitz im Land Berlin tritt an die Stelle der ULAK die Sozialkasse des Berliner Baugewerbes mit Sitz in Berlin (SOKA-Berlin). Die Arbeitgeber haben die dazu erforderlichen Mittel durch Beiträge aufzubringen. Auf die Beiträge hat die zuständige Urlaubskasse (Kasse) einen unmittelbaren Anspruch. Die Höhe der Beiträge, der Beitragseinzug sowie die Leistungen der Kasse werden im Tarifvertrag über das Sozialkassenverfahren im Baugewerbe (VTV) geregelt.

15.2 Weist ein außerhalb Deutschlands ansässiger Arbeitgeber nach, dass er für die von ihm in den Geltungsbereich dieses Tarifvertrages entsandten Arbeitnehmer auch während der Dauer der Entsendung Beiträge zu einer vergleichbaren Urlaubskasse im Staat seines Betriebssitzes entrichtet, und ist für diese Arbeitnehmer nicht deutsches Arbeitsrecht anwendbar, so hat die Kasse keinen Anspruch auf Beiträge.

16. Gerichtsstand

16.1 Gerichtsstand für Ansprüche der ULAK gegen Arbeitgeber und Arbeitnehmer sowie für Ansprüche der Arbeitgeber und Arbeitnehmer gegen die ULAK ist Wiesbaden.

16.2 Gerichtsstand für Ansprüche der ULAK sowie der SOKA-Berlin gegen Arbeitgeber mit Betriebssitz in den neuen Bundesländern oder im

Land Berlin und deren Arbeitnehmer sowie für Ansprüche der Arbeitgeber und Arbeitnehmer gegen diese Kassen ist Berlin.

17. Sonderregelung für Bayern

Die Bestimmungen dieses Paragraphen gelten nicht für Arbeitgeber mit Betriebssitz im Gebiet des Freistaates Bayern und deren Arbeitnehmer.

§ 9
Freistellung zu Arbeitsgemeinschaften

1. Voraussetzungen der Freistellung

1.1 Der Arbeitgeber kann den Arbeitnehmer zur Arbeitsleistung in einer Arbeitsgemeinschaft, an der der Arbeitgeber beteiligt ist, freistellen.

1.2 Die Freistellung kann nur mit Zustimmung des Arbeitnehmers erfolgen.

1.3 Dem Arbeitnehmer ist vor Antritt der Arbeitsaufnahme in der Arbeitsgemeinschaft eine Bescheinigung auszustellen, aus der sich u. a. der Name und die Anschrift der Arbeitsgemeinschaft, die voraussichtliche Dauer der Freistellung, Art und Umfang seiner Tätigkeit, die Höhe seines Lohnes, etwaige Vereinbarungen im Rahmen des § 7 und die Zahlung vermögenswirksamer Leistungen ergibt.

2. Rechtsverhältnisse während der Dauer der Freistellung

2.1 Während der Dauer der Freistellung ruht das Arbeitsverhältnis des Arbeitnehmers zum Stammbetrieb. Mit der Arbeitsaufnahme tritt der Arbeitnehmer in ein Arbeitsverhältnis zur Arbeitsgemeinschaft. Während der Dauer der Zugehörigkeit zur Arbeitsgemeinschaft hat der Arbeitnehmer gegen die Arbeitsgemeinschaft die tariflichen Ansprüche, die ihm gegenüber dem Stammbetrieb zustehen würden.

2.2 Mit Beendigung des Arbeitsverhältnisses zur Arbeitsgemeinschaft lebt das Arbeitsverhältnis zum Stammbetrieb wieder auf. Dem Arbeitnehmer ist die Zeit der Freistellung als Betriebszugehörigkeit anzurechnen. Das gleiche gilt für von der Arbeitsgemeinschaft neu eingestellte Arbeitnehmer, sofern sie von einem Partner der Arbeitsgemeinschaft in ein Arbeitsverhältnis übernommen werden.

Die Bestimmungen des vorstehenden Absatzes gelten nicht im Falle einer berechtigten fristlosen Entlassung durch die Arbeitsgemeinschaft.

2.3 Die Regelungen des § 7 gelten sinngemäß für die Freistellung zu einer Arbeitsgemeinschaft, an der der Arbeitgeber beteiligt ist.

2.4 Ein zum Zeitpunkt der Freistellung bestehendes Anspar- bzw. Ausgleichskonto wird während der Dauer der Freistellung von der Arbeitsgemeinschaft weitergeführt und mit Beendigung des Arbeitsverhältnisses zur Arbeitsgemeinschaft wieder vom Stammbetrieb übernommen.

§ 10
Sterbegeld

1. Stirbt der Arbeitnehmer, so ist an den Ehegatten oder, falls der Arbeitnehmer am Todestag nicht verheiratet war, an die Unterhaltsberechtigten ein Sterbegeld zu zahlen, soweit er diese unterhalten hat.

2. Das Sterbegeld beträgt

2.1	bei einer Betriebszugehörigkeit am Tage des Todes von mehr als einem Jahr	1 Wochenlohn,
2.2	bei einer Betriebszugehörigkeit am Tage des Todes von mehr als fünf Jahren	3 Wochenlöhne,
2.3	bei einer Betriebszugehörigkeit am Tage des Todes von mehr als zehn Jahren	4 Wochenlöhne.

3. Stirbt der Arbeitnehmer an den Folgen eines Betriebsunfalles, so beträgt das Sterbegeld ohne Rücksicht auf die Dauer der Betriebszugehörigkeit 4 Wochenlöhne.

4. Zeiten unterbrochener Betriebszugehörigkeit werden zusammengerechnet, wenn die Unterbrechung nicht vom Arbeitnehmer veranlasst wurde und wenn sie nicht länger als 6 Monate gedauert hat. Bei der Berechnung des Sterbegeldes wird die durchschnittliche Wochenarbeitszeit im Kalenderjahr von 40 Stunden zugrunde gelegt.

§ 11
Beendigung des Arbeitsverhältnisses

1. Kündigungsfristen und Schriftformerfordernis

1.1 Allgemeine Kündigungsfristen

Das Arbeitsverhältnis kann beiderseitig unter Einhaltung einer Frist von 6 Werktagen gekündigt werden. Nach sechsmonatiger Dauer oder nach Übernahme aus einem Berufsausbildungsverhältnis kann beiderseitig mit einer Frist von 12 Werktagen gekündigt werden.

1.2 Verlängerte Kündigungsfristen

Die Kündigungsfrist für den Arbeitgeber erhöht sich, wenn das Arbeitsverhältnis in demselben Betrieb oder Unternehmen

– 3 Jahre bestanden hat,	auf 1 Monat zum Monatsende,
– 5 Jahre bestanden hat,	auf 2 Monate zum Monatsende,
– 8 Jahre bestanden hat,	auf 3 Monate zum Monatsende,
– 10 Jahre bestanden hat,	auf 4 Monate zum Monatsende,
– 12 Jahre bestanden hat,	auf 5 Monate zum Monatsende,
– 15 Jahre bestanden hat,	auf 6 Monate zum Monatsende,
– 20 Jahre bestanden hat,	auf 7 Monate zum Monatsende.

Bei der Berechnung der verlängerten Kündigungsfristen werden Zeiten eines vorangegangenen Berufsausbildungsverhältnisses nicht berücksichtigt.

Zeiten unterbrochener Betriebszugehörigkeit werden zusammengerechnet, wenn die Unterbrechung nicht vom Arbeitnehmer veranlasst wurde und wenn sie nicht länger als sechs Monate gedauert hat.

1.3 Schriftformerfordernis

Jede Kündigung hat schriftlich zu erfolgen.

2. Kündigungsausschluss

Das Arbeitsverhältnis kann in der Zeit vom 1. Dezember bis 31. März (Schlechtwetterzeit) nicht aus Witterungsgründen gekündigt werden.

3. Unzulässigkeit von Schwarzarbeit

Schwarzarbeit ist unzulässig und kann einen wichtigen Grund für eine fristlose Kündigung nach § 626 BGB darstellen.

4. Aushändigung von Restlohn und Arbeitspapieren

Bei Beendigung des Arbeitsverhältnisses sind dem Arbeitnehmer seine Arbeitspapiere auszuhändigen und der Restlohn auszuzahlen; die Fälligkeit bestimmt sich nach § 5 Nr. 7.2.

§ 12
Zutritt zu den Unterkünften

Den Vertretern der Tarifvertragsparteien ist das Betreten der Unterkünfte und Sozialräume gestattet.

§ 13
Arbeitssicherheit und Gesundheitsschutz

Der Arbeitgeber ist verpflichtet, die Arbeitnehmer über alle einschlägigen Vorschriften zur Arbeitssicherheit und zum Gesundheitsschutz zu unterrichten.

§ 14
Ausschlussfristen

1. Alle beiderseitigen Ansprüche aus dem Arbeitsverhältnis und solche, die mit dem Arbeitsverhältnis in Verbindung stehen, verfallen, wenn sie nicht innerhalb von zwei Monaten nach der Fälligkeit gegenüber der anderen Vertragspartei schriftlich erhoben werden; besteht bei Ausscheiden des Arbeitnehmers ein Arbeitszeitguthaben, beträgt die Frist für dieses Arbeitszeitguthaben jedoch 6 Monate.

2. Lehnt die Gegenpartei den Anspruch ab oder erklärt sie sich nicht innerhalb von zwei Wochen nach der Geltendmachung des Anspruchs, so verfällt dieser, wenn er nicht innerhalb von zwei Monaten nach der Ablehnung oder dem Fristablauf gerichtlich geltend gemacht wird. Dies gilt nicht für Zahlungsansprüche des Arbeitnehmers, die während eines Kündigungsschutzprozesses fällig werden und von seinem Ausgang abhängen. Für diese Ansprüche beginnt die Verfallfrist von zwei Monaten nach rechtskräftiger Beendigung des Kündigungsschutzverfahrens.

§ 15
Besondere Lohn- und Arbeitsbedingungen für Spezialgewerbezweige

Die Tarifvertragsparteien verpflichten sich, besondere Lohn- und Arbeitsbedingungen für das feuerungstechnische Gewerbe, das wärme-, kälte- und schallschutztechnische Gewerbe, das Steinholzleger- und Terrazzolegergewerbe, das Fliesen- und Plattenlegergewerbe, das Brunnenbaugewerbe, das Straßenwalzengewerbe, das Fertigbau- und das Beton- und Mörtelmischgewerbe zu vereinbaren.

§ 16
Durchführung des Vertrages

Die Tarifvertragsparteien verpflichten sich, mit anderen Organisationen und einzelnen Arbeitgebern keine Tarifverträge zu vereinbaren, die von diesem Tarifvertrag inhaltlich abweichen. Schließt eine Tarifvertragspartei gleichwohl einen Satz 1 widersprechenden Tarifvertrag ab, so kann die andere Tarifvertragspartei verlangen, dass die abweichenden Bestimmungen ganz oder teilweise Inhalt dieses Tarifvertrages werden.

Die Tarifvertragsparteien verpflichten sich, gemeinsam die Allgemeinverbindlicherklärung zu beantragen.

§ 17
Inkrafttreten und Laufdauer

Dieser Tarifvertrag tritt am 1. Januar 2019 in Kraft. Mit Inkrafttreten dieses Tarifvertrages tritt der Bundesrahmentarifvertrag für das Baugewerbe vom 4. Juli 2002 in der Fassung vom 17. Dezember 2003, 14. Dezember 2004, 29. Juli 2005, 19. Mai 2006, 20. August 2007, 31. Mai 2012, 17. Dezember 2012, 5. Juni 2014, 10. Dezember 2014 und 10. Juni 2016 außer Kraft. Er kann mit einer Frist von sechs Monaten jeweils zum 31. Dezember schriftlich gekündigt werden.

Berlin/Frankfurt a. M., den 28. September 2018

Änderungsübersicht[1]

▼ Paragraphen	▶ Tarifverträge: Änderungstarifvertrag vom 17. Dezember 2003	Änderungstarifvertrag vom 14. Dezember 2004	Änderungstarifvertrag vom 29. Juli 2005	Änderungstarifvertrag vom 19. Mai 2006	Änderungstarifvertrag vom 20. August 2007	Änderungstarifvertrag vom 31. Mai 2012		▼ ...[2]	▶ Tarifverträge (Fortsetzung): Änderungstarifvertrag vom 17. Dezember 2012	Änderungstarifvertrag vom 5. Juni 2014	Änderungstarifvertrag vom 10. Dezember 2014	Änderungstarifvertrag vom 10. Juni 2016	Tarifvertrag vom 28. September 2018
§ 1			■					§ 1					
§ 2								§ 2			■		
§ 3			■	■				§ 3		■			
§ 4			■	■				§ 4					
§ 5	■		■	■		■		§ 5					
§ 6								§ 6					
§ 7					■			§ 7		■		■	
§ 8		■	■	■	■			§ 8	■	■		■	■
§ 9								§ 9					
§ 10			■					§ 10					
§ 11			■					(entfallen)					
§ 12				■			→	§ 11	▒				
§ 13							→	§ 12	▒				
§ 14							→	§ 13	▒				
§ 15							→	§ 14	▒				
§ 16							→	§ 15	▒				
§ 17							→	§ 16	▒				
§ 18			■				→	§ 17	▒				■
Anhang								Anhang			■		■

1) Geänderte Paragraphen gegenüber der Vorfassung (■); somit lässt sich ablesen, welche Paragraphen Änderungen erfahren haben und welche Paragraphen nicht geändert worden sind.

2) Achtung: Teilweise geänderte Paragraphennummerierung; (▒) = hier wurde lediglich die Paragraphennummer geändert.

Erläuterungen zum BRTV

Die Rechtsnormen des allgemeinverbindlichen BRTV gelten auch für die Arbeitgeber und Arbeitnehmer des Baugewerbes, die den Tarifvertragsparteien, dem Hauptverband der Deutschen Bauindustrie, dem Zentralverband des Deutschen Baugewerbes und der Industriegewerkschaft Bauen-Agrar-Umwelt, nicht als Mitglied angehören.

Der betriebliche Geltungsbereich dieses Tarifvertrages stimmt mit dem des gleichermaßen allgemeinverbindlichen Tarifvertrages über das Sozialkassenverfahren im Baugewerbe (VTV) überein.

Der BRTV enthält insbesondere Bestimmungen über die Arbeitszeit sowie Mehrarbeits- und Feiertagszuschläge (§ 3 BRTV), Regelungen über Arbeitsversäumnis und Arbeitsausfall (§ 4 BRTV), die Definition des Ecklohnes, die Lohngruppeneinteilung für gewerbliche Arbeitnehmer und die Lohnabrechnung (§ 5 BRTV), normiert Erschwernistatbestände (§ 6 BRTV) und regelt die Fahrtkostenabgeltung, den Verpflegungszuschuss und das Stellen der Unterkunft (§ 7 BRTV), den Urlaub (§ 8 BRTV) einschließlich der Mindesturlaubsvergütung für Ausfallstunden wegen Krankheit (§ 8 Nr. 5.1 BRTV) und Saison-Kurzarbeit (§ 8 Nr. 5.2 BRTV) sowie die Freistellung zu Arbeitsgemeinschaften (§ 9 BRTV). Von erheblicher praktischer Bedeutung sind ferner die zweistufigen Ausschlussfristen gemäß § 14 BRTV.

Ergänzend ist auf den in 9. Auflage erschienenen Kommentar von Biedermann/Möller, Bundesrahmentarifvertrag für das Baugewerbe (Text und Erläuterung), hinzuweisen (Bestellschein, siehe Seite 226).

▷ Siehe auch Leitfaden **Das Arbeitsverhältnis im Baugewerbe** (6. Auflage), Kapitel 1.5 *Arbeitszeit*, Kapitel 1.6.1.7 *Urlaub* und Kapitel 2 *Beendigung des Arbeitsverhältnisses/Kündigung*.

▷ Siehe auch **Bundesrahmentarifvertrag für das Baugewerbe (BRTV)/Kommentar** (9. Auflage) sowie **Handbuch des Personalrechts für den Baubetrieb** (13. Auflage), Stichworte: *Arbeitnehmer, Einstellung von Arbeitnehmern, Arbeitsverhältnis, Arbeitszeit, Sonn- und Feiertagsarbeit, Erschwerniszuschläge, Lohnüberzahlung, Entgeltfortzahlung im Krankheitsfall, Urlaub in der Bauwirtschaft, Werkpolier, Zuschläge.*

Schaubild

Lohngruppenstruktur*) für die gewerblichen Arbeitnehmer

nach §5 BRTV vom 28. September 2018

Bezeichnung	Tätigkeit
Lohngruppe 6 Werkpolier, Baumaschinen-Fachmeister	- Führung und Anleitung einer Gruppe von Arbeitnehmern in Teilbereichen der Bauausfü auch unter eigener Mitarbeit
Lohngruppe 5 Vorarbeiter, Baumaschinen-Vorarbeiter	- Führung einer kleinen Gruppe von Arbeitnehmern, auch unter eigener Mitarbeit o selbständige Ausführung besonders schwieriger Arbeiten - selbständige Ausführung schwieriger Instandsetzungsarbeiten an Baumaschinen Mitarbeiterführung - Bedienung und Wartung mehrerer Baumaschinen einschließlich der Störungserke
Lohngruppe 4 Spezialfacharbeiter, Baumaschinen-führer	- selbständige Ausführung der Facharbeiten des jeweiligen Berufsbildes
Lohngruppe 3 Facharbeiter, Baugeräteführer, Berufskraftfahrer	- Facharbeiten des jeweiligen Berufsbildes
Lohngruppe 2 Fachwerker, Maschinisten, Kraftfahrer	- fachlich begrenzte Arbeiten (Teilleistungen eines Berufsbildes oder angelernte Sp tätigkeiten) nach Anweisung
Lohngruppe 1 Werker, Maschinenwerker	- einfache Bau- und Montagearbeiten nach Anweisung - einfache Wartungs- und Pflegearbeiten an Baumaschinen und Geräten nach Anwe

*) Für die Eingruppierung des Arbeitnehmers sind seine Ausbildung, seine Fertigkeiten und Kenntnisse sowie die von ihm auszuübende Tätigkeit gleichermaßen maßgebend.

gelqualifikation	Tätigkeitsbeispiele
/erkpolierprüfung und Anstellung als bzw. Umgruppierung zum Werk- olier nstellung als bzw. Umgruppierung zum Werkpolier ohne Werkpolier- rüfung	keine
orarbeiterprüfung und Anstellung als bzw. Umgruppierung zum Vor- beiter nstellung als bzw. Umgruppierung zum Vorarbeiter ohne Vorarbeiter- rüfung rüfung als Baumaschinenführer und in der Regel mehrjährige Berufs- fahrung	keine
augewerbliche Stufenausbildung in der zweiten Stufe **ab dem zweiten** **ahr der Tätigkeit** rüfung als Baumaschinenführer erufsausbildung zum Baugeräteführer **ab dem dritten Jahr der Tätigkeit** urch langjährige Berufserfahrung erworbene gleichwertige Fertigkeiten	keine
augewerbliche Stufenausbildung in der zweiten Stufe **im ersten Jahr** augewerbliche Stufenausbildung in der ersten Stufe und Berufserfahrung nerkannte Ausbildung außerhalb der baugewerblichen Stufenausbildung nerkannte Ausbildung als Maler und Lackierer, Garten- und Landschaftsbauer, schler jeweils mit Berufserfahrung nerkannte Ausbildung, deren Berufsbild keine Anwendung für eine bau- ewerbliche Tätigkeit findet, und Berufserfahrung erufsausbildung zum Baugeräteführer rüfung als Berufskraftfahrer urch längere Berufserfahrung erworbene gleichwertige Fertigkeiten	keine
augewerbliche Stufenausbildung in der ersten Stufe nerkannte Ausbildung als Maler und Lackierer, Garten- und Landschafts- auer, Tischler nerkannte Ausbildung, deren Berufsbild keine Anwendung für eine bau- ewerbliche Tätigkeit findet aumaschinistenlehrgang nderweitig erworbene gleichwertige Fertigkeiten	1. Asphaltierer (Asphaltabdichter, Asphalteur) 2. Baustellen-Magaziner 3. Betonstahlbieger und Betonstahlflechter (Eisenbieger und Eisenflechter) 4. Fertigteilbauer 5. Fuger, Verfuger 6. Gleiswerker 7. Mineur 8. Putzer (Fassadenputzer, Verputzer) 9. Rabitzer 10. Rammer (Pfahlrammer) 11. Rohrleger 12. Schalungsbauer (Einschaler) 13. Schwarzdeckenbauer (Teer- und Bitumenwerker) 14. Betonstraßenwerker 15. Schweißer (Gasschweißer, Lichtbogenschweißer) 16. Terrazzoleger 17. Wasser- und Landschaftsbauer 18. Maschinisten 19. Kraftfahrer
e	– Sortieren und Lagern von Bau- und Bauhilfsstoffen auf der Baustelle – Pflege und Instandhaltung von Arbeitsmitteln – Reinigungs- und Aufräumarbeiten – Helfen beim Auf- und Abrüsten von Baugerüsten und Schalungen – Mischen von Mörtel und Beton – Bedienen von einfachen Geräten, z. B. Kompressor, handgeführte Bohr- und Schlaghämmer, Verdichtungsmaschinen (Rüttler), Presslufthammer, einschließlich einfacher Wartungs- und Pflegearbeiten – Anbringen von zugeschnittenen Gipskarton- und Faserplatten, einschließlich einfacher Unterkonstruktionen und Dämmmaterial, das Anbringen von Dämmplatten (Wärmedämmverbundsystem) einschließlich Auftragen von einfachem Armierungsputz mit Einlegung des Armierungsgewebes – Helfen beim Einrichten, Sichern und Räumen von Baustellen – einfache Wartungs- und Pflegearbeiten an Baumaschinen und Geräten – manuelle Erdarbeiten – manuelles Graben von Rohr- und Kabelgräben

Tarifvertrag zur Einführung neuer Lohnstrukturen für die gewerblichen Arbeitnehmer des Baugewerbes

vom 4. Juli 2002

Zwischen

dem Zentralverband des Deutschen Baugewerbes e. V.,
Kronenstraße 55–58, 10117 Berlin,

dem Hauptverband der Deutschen Bauindustrie e. V.,
Kurfürstenstraße 129, 10785 Berlin,

und

der Industriegewerkschaft Bauen-Agrar-Umwelt,
Olof-Palme-Straße 19, 60439 Frankfurt a. M.,

wird folgender Tarifvertrag geschlossen:

§ 1
Geltungsbereich

(1) Räumlicher Geltungsbereich:

Das Gebiet der Bundesrepublik Deutschland.

(2) Betrieblicher Geltungsbereich:

Betriebe, die unter den betrieblichen Geltungsbereich des Bundesrahmentarifvertrages für das Baugewerbe in der jeweils geltenden Fassung fallen.

(3) Persönlicher Geltungsbereich:

Gewerbliche Arbeitnehmer, die eine nach den Vorschriften des Sechsten Buches Sozialgesetzbuch – Gesetzliche Rentenversicherung – (SGB VI) versicherungspflichtige Tätigkeit ausüben.

§ 2
Übergang in die neuen Lohngruppen

(1) Zum Zeitpunkt des In-Kraft-Tretens des Bundesrahmentarifvertrages für das Baugewerbe vom 4. Juli 2002 gehen die gewerblichen Arbeitnehmer wie folgt in die neuen Lohngruppen über:

1. **Berufsgruppen I bis VIII**	
1.1 **Berufsgruppe I**	in die **Lohngruppe 6**

(Fortsetzung)

1.2 **Berufsgruppe II**	in die **Lohngruppe 5**
1.3 **Berufsgruppe III** (III 1 – III 3)	in die **Lohngruppe 4**
1.4 **Berufsgruppe IV** (IV 1 – IV 4)	in die **Lohngruppe 3**
1.5 **Berufsgruppe V** (V 1 – V 3)	in die **Lohngruppe 2**
1.6 **Berufsgruppe VI** (VI 1 – VI 2)	in die **Lohngruppe 1**
1.7 **Berufsgruppe VII** (VII 1 – VII 2)	in die **Lohngruppe 1**
1.8 **Berufsgruppe VIII**	in die **Lohngruppe 1**
2. **Berufsgruppen M I bis M VI**	
2.1 **Berufsgruppe M I**	in die **Lohngruppe 6**
2.2 **Berufsgruppe M II** (M II 1 – M II 2)	in die **Lohngruppe 5**
2.3 **Berufsgruppe M III** (M III 1 – M III 4)	in die **Lohngruppe 4**
2.4 **Berufsgruppe M IV** (M IV 1 – M IV 3)	in die **Lohngruppe 3**
2.5 **Berufsgruppe M V** (M V 1 – M V 4)	in die **Lohngruppe 2**
2.6 **Berufsgruppe M VI**	in die **Lohngruppe 1**

(2) Abs. 1 gilt nicht für gewerbliche Arbeitnehmer im feuerungstechnischen Gewerbe sowie im Bauten- und Eisenschutzgewerbe.

§ 3
Lohnanspruch nach Übergang

(1) Ist der sich nach dem Übergang in die neue Lohnstruktur ergebende neue Gesamttarifstundenlohn niedriger als der bisherige Gesamttarifstundenlohn des gewerblichen Arbeitnehmers, so behält der Arbeitnehmer auch nach In-Kraft-Treten der neuen Lohnstruktur den Anspruch auf seinen bisherigen Gesamttarifstundenlohn (Besitzstandsregelung). Dieser nimmt an zukünftigen tariflichen Lohnerhöhungen teil. Die Tarifvertragsparteien veröffentlichen die sich hieraus ergebenden Löhne.[1]

1) Besitzstandslöhne nach § 3 Abs. 1 Satz 3 TV Lohnstrukturen, siehe Seite 275.

(2) Ist der sich nach dem Übergang in die neue Lohnstruktur ergebende Gesamttarifstundenlohn höher als der bisherige Gesamttarifstundenlohn des gewerblichen Arbeitnehmers, so erhält dieser vom Zeitpunkt der Einführung der neuen Lohnstruktur an den neuen Gesamttarifstundenlohn. Bei diesem Übergang können bisher freiwillig gewährte übertarifliche Zulagen nach den Grundsätzen der Rechtsprechung angerechnet werden.

(3) Für stationär beschäftigte Arbeitnehmer gelten die Abs. 1 und 2 entsprechend mit der Maßgabe, dass an die Stelle des Gesamttarifstundenlohnes der Tarifstundenlohn tritt, soweit dadurch der Mindestlohn nicht unterschritten wird.

§ 4
Inkrafttreten

Dieser Tarifvertrag tritt am 1. September 2002 in Kraft und kann mit einer Frist von sechs Monaten jeweils zum 31. Dezember, erstmals zum 31. Dezember 2006, gekündigt werden.

Berlin/Frankfurt a. M., den 4. Juli 2002

Besitzstandslöhne nach § 3 Abs. 1 Satz 3 TV Lohnstrukturen

Tarifvertrag/-gebiet	Zeitraum						Zeitpunkt			
	1. Mai 2018 – 31. Dezember 2020			1. Januar 2021 – 30. Juni 2021			ab 1. Oktober 2020		ab 1. Januar 2021	
TV Lohn/**West**	**TL** (in €)	**BZ** (in €)	**GTL** (in €)	**TL** (in €)	**BZ** (in €)	**GTL** (in €)	**WE** (in €)	**GTL + WE** (in €)	**WE** (in €)	**GTL + WE** (in €)
frühere Berufsgruppe VI	16,65	0,98	17,63	17,—	1,—	18,—	0,08	17,71	0,08	18,08
frühere Berufsgruppe VII 1	16,10	0,94	17,04	16,44	0,96	17,40	0,08	17,12	0,08	17,48
frühere Berufsgruppe VII 1 a	14,65	0,86	15,51	14,96	0,88	15,84	0,07	15,58	0,07	15,91
frühere Berufsgruppe VIII	14,46	0,85	15,31	14,76	0,87	15,63	0,07	15,38	0,07	15,70
frühere Berufsgruppe M VI	16,65	0,98	17,63	17,—	1,—	18,—	0,08	17,71	0,08	18,08
	1. Juni 2019 – 31. Dezember 2020			1. Januar 2021 – 30. Juni 2021			ab 1. Oktober 2020		ab 1. Januar 2021	
TV Lohn/**Ost**	**TL** (in €)	**BZ** (in €)	**GTL** (in €)	**TL** (in €)	**BZ** (in €)	**GTL** (in €)	**WE** (in €)	**GTL + WE** (in €)	**WE** (in €)	**GTL + WE** (in €)
frühere Berufsgruppe VI	15,76	0,92	16,68	16,11	0,95	17,06	0,08	16,76	0,08	17,14
frühere Berufsgruppe VII 1	15,20	0,90	16,10	15,33	0,92	16,45	0,08	16,18	0,08	16,53
frühere Berufsgruppe VII 1 a	13,83	0,81	14,64	14,13	0,83	14,96	0,07	14,71	0,07	15,03
frühere Berufsgruppe VIII	13,72	0,80	14,52	14,02	0,83	14,85	0,07	14,59	0,07	14,92
frühere Berufsgruppe M VI	15,76	0,92	16,68	16,11	0,95	17,06	0,08	16,76	0,08	17,14
	1. Mai 2018 – 31. Dezember 2020			1. Januar 2021 – 30. Juni 2021			ab 1. Oktober 2020		ab 1. Januar 2021	
TV Lohn/**Berlin**	**TL** (in €)	**BZ** (in €)	**GTL** (in €)	**TL** (in €)	**BZ** (in €)	**GTL** (in €)	**WE** (in €)	**GTL + WE** (in €)	**WE** (in €)	**GTL + WE** (in €)
frühere Berufsgruppe VI	16,53	0,98	17,51	16,88	0,99	17,87	0,08	17,59	0,08	17,95
frühere Berufsgruppe VII 1	15,94	0,94	16,88	16,27	0,96	17,23	0,08	16,96	0,08	17,31
frühere Berufsgruppe VII 1 a	14,46	0,85	15,31	14,76	0,87	15,63	0,07	15,38	0,07	15,70
frühere Berufsgruppe VIII	14,33	0,85	15,18	14,63	0,86	15,49	0,07	15,25	0,07	15,56
frühere Berufsgruppe M VI	16,53	0,98	17,51	16,88	0,99	17,87	0,08	17,59	0,08	17,95

Übergang*) von den Berufsgruppen I bis VIII und M I bis M VI in die neuen Lohngruppen 1 bis 6

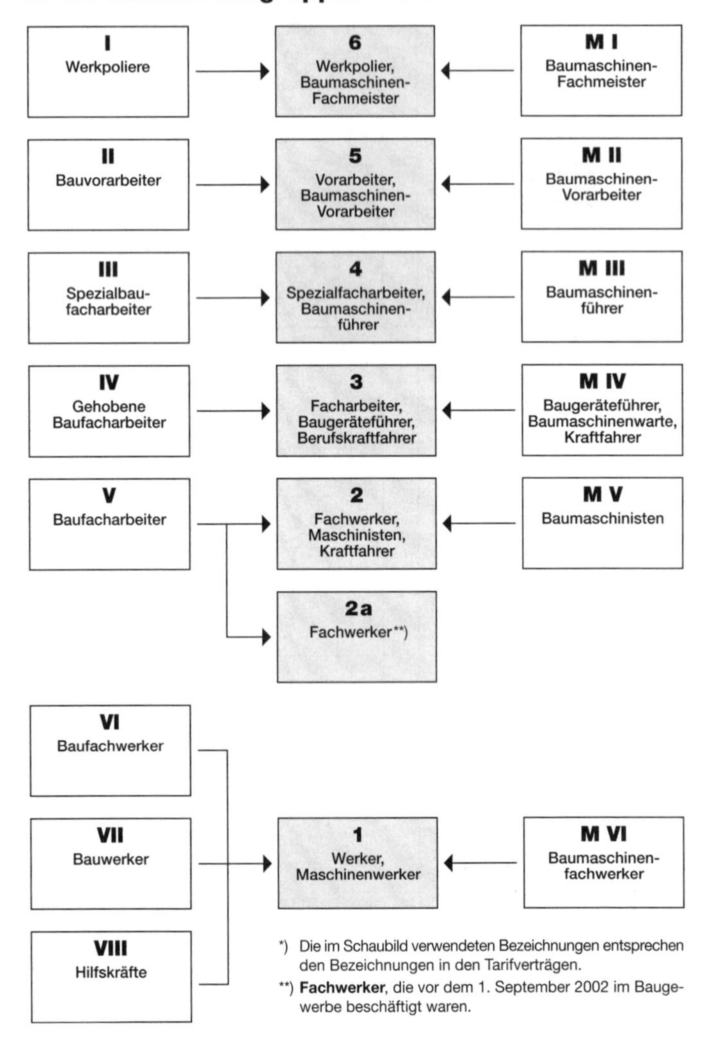

*) Die im Schaubild verwendeten Bezeichnungen entsprechen den Bezeichnungen in den Tarifverträgen.

) **Fachwerker, die vor dem 1. September 2002 im Baugewerbe beschäftigt waren.

Urlaubsregelung für die gewerblichen Arbeitnehmer im Baugewerbe in Bayern

vom 28. September 2018

Zwischen

dem Bayerischen Bauindustrieverband e. V.,
Oberanger 32, 80331 München,

dem Verband Baugewerblicher Unternehmer Bayerns e. V.,
Bavariaring 31, 80336 München,

dem Verband der Zimmerer- und Holzbauunternehmer in Bayern e. V.,
Eisenacher Straße 17, 80804 München

einerseits

und

der Industriegewerkschaft Bauen-Agrar-Umwelt,
Olof-Palme-Straße 19, 60439 Frankfurt a. M.

andererseits

wird folgender Tarifvertrag geschlossen:

§ 1
Geltungsbereich

1. Räumlicher Geltungsbereich:

Das Gebiet des Freistaates Bayern.

2. Betrieblicher Geltungsbereich:

Alle Betriebe mit Betriebssitz im Gebiet des Freistaates Bayern, die unter den betrieblichen Geltungsbereich des Bundesrahmentarifvertrages für das Baugewerbe vom 4. Juli 2002 in der jeweils geltenden Fassung fallen.

3. Persönlicher Geltungsbereich:

Gewerbliche Arbeitnehmer (Arbeiter), die eine nach den Vorschriften des Sechsten Buches Sozialgesetzbuch – Gesetzliche Rentenversicherung – (SGB VI) versicherungspflichtige Tätigkeit ausüben.

§ 2
Urlaubsanspruch und Urlaubsdauer

1. Der Arbeitnehmer hat in jedem Kalenderjahr (Urlaubsjahr) Anspruch auf 30 Arbeitstage bezahlten Erholungsurlaub.
2. Für Schwerbehinderte im Sinne der gesetzlichen Bestimmungen erhöht sich der Urlaub um 5 Arbeitstage.
3. Samstage gelten nicht als Arbeitstage.
4. Die Urlaubsdauer richtet sich nach den in Betrieben des Baugewerbes zurückgelegten Beschäftigungstagen.
5. Erkrankt der Arbeitnehmer während des Urlaubs, so werden die durch ärztliches Zeugnis nachgewiesenen Tage der Arbeitsunfähigkeit auf den Urlaub nicht angerechnet. Der Arbeitnehmer hat sich jedoch nach terminmäßigem Ablauf seines Urlaubs oder, falls die Krankheit länger dauert, nach deren Beendigung dem Betrieb zur Arbeitsleistung zur Verfügung zu stellen. Der Antritt des restlichen Urlaubs ist nach Maßgabe des § 4 Ziff. 1 festzulegen.

§ 3
Ermittlung der Urlaubsdauer

1. Bei Urlaubsantritt sind die dem Arbeitnehmer zustehenden vollen Urlaubstage (§ 2) nach Maßgabe der Beschäftigungstage zu ermitteln.
2. Der Arbeitnehmer erwirbt nach jeweils 12 – als Schwerbehinderter nach jeweils 10,3 – Beschäftigungstagen Anspruch auf 1 Tag Urlaub.
3. Beschäftigungstage sind alle Kalendertage des Bestehens von Arbeitsverhältnissen in Betrieben des Baugewerbes während des Urlaubsjahres. Ausgenommen hiervon sind
   - Tage, an denen der Arbeitnehmer der Arbeit unentschuldigt ferngeblieben ist und
   - Tage unbezahlten Urlaubs, wenn dieser länger als 14 Kalendertage gedauert hat.
4. Volle Beschäftigungsmonate sind zu 30 Beschäftigungstagen zu zählen; die Beschäftigungstage eines angefangenen Beschäftigungsmonats sind auszuzählen.
5. Bei Beendigung des Arbeitsverhältnisses sind die während seiner Dauer zurückgelegten Beschäftigungstage zu ermitteln.
6. Die für bereits gewährten Urlaub berücksichtigten Beschäftigungstage sind verbraucht.
7. Zum Ende des Urlaubsjahres sind aus den unverbrauchten Beschäftigungstagen die Resturlaubsansprüche zu errechnen; Bruchteile von Urlaubstagen sind auf volle Urlaubstage kaufmännisch zu runden. Die Resturlaubsansprüche sind in das folgende Kalenderjahr zu übertragen.

§ 4
Urlaubsantritt

1. Der Zeitpunkt des Urlaubsantritts ist unter Berücksichtigung der Wünsche des Arbeitnehmers und der Bedürfnisse des Betriebes vom Arbeitgeber unter Beachtung des Mitbestimmungsrechts des Betriebsrates festzulegen. Bei der Urlaubsgewährung darf keine Teilung des Urlaubs erfolgen, die den Erholungszweck gefährdet.
2. Nimmt der Arbeitnehmer Urlaub, so ist der aus dem Vorjahr übertragene Resturlaub vor dem im laufenden Kalenderjahr erworbenen Urlaub zu gewähren.

§ 5
Urlaubsvergütung

1. Der Arbeitnehmer erhält für den Urlaub gemäß § 2 eine Urlaubsvergütung.

   Die Urlaubsvergütung beträgt 14,25 v. H., bei Schwerbehinderten im Sinne der gesetzlichen Bestimmungen 16,63 v. H. des Bruttolohnes.

   Die Urlaubsvergütung besteht aus dem Urlaubsentgelt in Höhe von 11,4 v. H. – bei Schwerbehinderten in Höhe von 13,3 v. H. – des Bruttolohnes und dem zusätzlichen Urlaubsgeld.

   Das zusätzliche Urlaubsgeld beträgt 25 v. H. des Urlaubsentgelts. Es kann auf betrieblich gewährtes zusätzliches Urlaubsgeld angerechnet werden.
2. Bruttolohn ist[1)]
   a) der für die Berechnung der Lohnsteuer zugrunde zu legende und in die Lohnsteuerbescheinigung einzutragende Bruttoarbeitslohn einschließlich der Sachbezüge, die nicht pauschal nach § 40 EStG versteuert werden,
   b) der nach §§ 40 a, 40 b und 52 Abs. 40 EStG pauschal zu versteuernde Bruttoarbeitslohn mit Ausnahme des Beitrags für die tarifliche Zusatzversorgung der Arbeitnehmer (§ 15 Abs. 1 Satz 2, Abs. 2 Satz 2, Abs. 3 Satz 2 und 4 sowie Abs. 6 des Tarifvertrages über das Sozialkassenverfahren im Baugewerbe – VTV), des Arbeitgeberanteils an der Finanzierung der Tariflichen Zusatzrente (§ 2 Abs. 1 bis 5 des Tarifvertrages über eine Zusatzrente im Baugewerbe) sowie des Beitrages zu einer Gruppen-Unfallversicherung.

   Zum Bruttolohn gehören nicht das tarifliche 13. Monatseinkommen oder betriebliche Zahlungen mit gleichem Charakter (z.B. Weihnachtsgeld, Jahressonderzahlung), Urlaubsabgeltungen gemäß § 7 und Abfindungen, die für die Beendigung des Arbeitsverhältnisses gezahlt werden.

---

1) Bei Ausfallzeiten ohne Lohnanspruch ist das Urteil des Gerichtshofs der Europäischen Union vom 13. Dezember 2018 in der Rechtssache C-385/17 zu beachten (Hinweis der Allgemeinverbindlicherklärung, BAnz AT 17.05.2019 B11, Seite 3).

Für Arbeitnehmer, die nicht dem deutschen Lohnsteuerrecht unterliegen, wird der Berechnung der Urlaubsvergütung der Lohn einschließlich der Sachbezüge zugrunde gelegt, der nach Satz 1 bei Geltung des deutschen Steuerrechts unter Berücksichtigung von Satz 2 den Bruttolohn bildet.

3. Die Urlaubsvergütung für teilweise geltend gemachten Urlaub wird berechnet, indem die gemäß Ziff. 1 errechnete Urlaubsvergütung durch die Summe der gemäß § 3 ermittelten Urlaubstage geteilt und mit der Zahl der beanspruchten Urlaubstage vervielfacht wird.
4. Die Urlaubsvergütung ist mit dem Anspruch auf den Lohn fällig, bei monatlicher Lohnabrechnung spätestens bis zum 15. des Monats, der auf den Monat folgt, für den die Urlaubsvergütung und der Lohn zu zahlen sind.
5. Am Ende des Urlaubsjahres sind Restansprüche auf Urlaubsvergütung in das folgende Kalenderjahr zu übertragen.

§ 6
Mindesturlaubsvergütung

1. Für jede Ausfallstunde wegen unverschuldeter Arbeitsunfähigkeit infolge von Krankheit, für die kein Lohnanspruch bestand, erhöht sich die nach § 5 Ziff. 1 errechnete Urlaubsvergütung um 14,25 v.H. des zuletzt nach § 6 Abs. 1 Satz 1 Nr. 1 VTV gemeldeten Bruttolohnes.
2. Für jede Ausfallstunde in dem Zeitraum vom 1. Dezember bis 31. März, für die der Arbeitnehmer Saison-Kurzarbeitergeld bezieht, erhöht sich die nach § 5 Ziff. 1 errechnete Urlaubsvergütung nach Ablauf dieses Zeitraumes um 14,25 v.H. des zuletzt nach § 6 Abs. 1 Satz 1 Nr. 1 VTV gemeldeten Bruttolohnes. Dabei bleiben die ersten 90 Ausfallstunden mit Bezug von Saison-Kurzarbeitergeld unberücksichtigt.
3. § 7 Ziff. 2 Satz 2 findet auf die Ansprüche nach Ziff. 1 und Ziff. 2 keine Anwendung. § 9 findet auf die Ansprüche nach Ziff. 1 keine Anwendung.

§ 7
Urlaubsabgeltung

1. Der Arbeitnehmer hat nur dann einen Anspruch auf Urlaubsabgeltung in Höhe der Urlaubsvergütung, wenn er
   a) länger als drei Monate nicht mehr in einem Arbeitsverhältnis zu einem von diesem Tarifvertrag erfassten Betrieb gestanden hat, ohne arbeitslos zu sein,
   b) länger als drei Monate nicht mehr in einem Arbeitsverhältnis zu einem von diesem Tarifvertrag erfassten Betrieb gestanden hat und berufsunfähig oder auf nicht absehbare Zeit außerstande ist, seinen bisherigen Beruf im Baugewerbe auszuüben,
   c) Altersrente oder Rente wegen voller oder teilweiser Erwerbsminderung bezieht, nachdem sein Arbeitsverhältnis geendet hat,

d) in ein Angestellten- oder Ausbildungsverhältnis zu einem Betrieb des Baugewerbes überwechselt,
e) als Gelegenheitsarbeiter, Werkstudent, Praktikant oder in ähnlicher Weise beschäftigt war und das Arbeitsverhältnis vor mehr als drei Monaten beendet wurde,
f) nicht mehr von diesem Tarifvertrag erfasst wird, ohne dass sein Arbeitsverhältnis endet, und er nicht innerhalb von drei Monaten erneut von diesem Tarifvertrag erfasst wird.

2. Der Anspruch auf Urlaubsabgeltung richtet sich gegen die Kasse. Dieser Anspruch ist nur zu erfüllen, soweit Beiträge für die Urlaubsansprüche des jeweiligen Urlaubsjahres bereits geleistet worden sind oder bis zum Ablauf des Kalenderjahres nachentrichtet werden und nicht für die Erstattung von Urlaubsvergütungen verwendet worden oder zum Ausgleich für geleistete Erstattungen zu verwenden sind. §§ 366, 367 BGB finden keine Anwendung.

§ 8
Verfallfristen

1. Die Urlaubsansprüche und die Urlaubsabgeltungsansprüche verfallen mit Ablauf des Kalenderjahres, das auf das Jahr der Entstehung der Urlaubsansprüche folgt; die entsprechenden Ansprüche für Ausfallstunden wegen unverschuldeter Arbeitsunfähigkeit infolge von Krankheit gemäß § 6 Ziff. 1 verfallen jedoch erst nach Ablauf von weiteren drei Monaten. § 14 BRTV ist ausgeschlossen.
2. Der Anspruch des Arbeitgebers auf Erstattung der Bruttourlaubsvergütung gemäß dem Tarifvertrag über das Sozialkassenverfahren im Baugewerbe (VTV) vom 28. September 2018 in seiner jeweils gültigen Fassung erlischt, wenn er nicht bis zum 30. September des Kalenderjahres geltend gemacht worden ist, welches auf das Kalenderjahr folgt, in dem der Erstattungsanspruch entstanden ist, im Falle der Beendigung des Arbeitsverhältnisses jedoch bereits am 15. des zweiten auf den Monat der Beendigung folgenden Monats. Wird dieser Anspruch nicht fristgerecht geltend gemacht, verfällt er zugunsten der Urlaubskasse.

§ 9
Entschädigung durch die Urlaubskasse

Nach Verfall der Urlaubsansprüche oder Urlaubsabgeltungsansprüche hat der Arbeitnehmer innerhalb eines weiteren Kalenderjahres Anspruch auf Entschädigung gegenüber der Kasse in Höhe der Urlaubsvergütung, soweit Beiträge für die Urlaubsansprüche des jeweiligen Urlaubsjahres bereits geleistet worden sind. Dieser Anspruch besteht auch dann, wenn bis zum Ablauf von vier Kalenderjahren nach dem Verfall Beiträge nachentrichtet werden und nicht für die Erstattung von Urlaubsvergütungen bzw. die Zahlung von Urlaubsabgeltungen verwendet worden oder zum Ausgleich für geleistete Erstattungen zu verwenden sind. §§ 366, 367 BGB finden keine Anwendung.

§ 10
Ansprüche bei Tod des Arbeitnehmers

Bei Tod des Arbeitnehmers gehen dessen Ansprüche auf Urlaubsvergütung, Urlaubsabgeltung oder Entschädigung auf den Erben über; auch der Urlaubsvergütungsanspruch richtet sich gegen die Kasse.

§ 11
Urlaub für volljährige Arbeitnehmer im Auslernjahr

1. Bei der Ermittlung der Urlaubsdauer für Arbeitnehmer, die spätestens am 1. Januar des Urlaubsjahres das 18. Lebensjahr vollendet haben und in diesem Jahr Auszubildende in einem Betrieb des Baugewerbes waren, gelten die Tage des Bestehens des Ausbildungsverhältnisses im Urlaubsjahr als Beschäftigungstage. Im Urlaubsjahr während des Ausbildungsverhältnisses entstandener und gewährter Urlaub ist auf die Urlaubsdauer anzurechnen.
2. Bei der Ermittlung der Urlaubsdauer für volljährige Arbeitnehmer im Sinne des Abs. 1, die im Vorjahr aus einem Ausbildungsverhältnis zu einem Betrieb des Baugewerbes ausgeschieden sind und deren Arbeitsverhältnis im Urlaubsjahr bis spätestens zum 1. Juli begründet worden ist, gelten die Tage des Bestehens des Ausbildungsverhältnisses im Vorjahr als Beschäftigungstage. Im Vorjahr während des Ausbildungsverhältnisses entstandener und gewährter Urlaub ist auf die Urlaubsdauer anzurechnen.
3. Für die Urlaubstage gemäß Ziff. 1 bemisst sich das Urlaubsentgelt nach dem durchschnittlichen Arbeitsverdienst, den der Arbeitnehmer in den letzten dreizehn Wochen vor dem Beginn des Urlaubs erhalten hat. Bei Verdiensterhöhungen nicht nur vorübergehender Natur, die während des Berechnungszeitraumes oder des Urlaubs eintreten, ist von dem erhöhten Verdienst auszugehen. Verdienstkürzungen, die im Berechnungszeitraum infolge von Kurzarbeit, Arbeitsausfällen oder unverschuldeter Arbeitsversäumnis eintreten, bleiben für die Berechnung des Urlaubsentgeltes außer Betracht (§ 11 des Bundesurlaubsgesetzes). Mit dem Urlaubsentgelt ist das zusätzliche Urlaubsgeld gemäß § 5 Ziff. 1 auszuzahlen. Es kann auf betrieblich gewährtes zusätzliches Urlaubsgeld angerechnet werden. Das Urlaubsentgelt und das zusätzliche Urlaubsgeld sind mit dem Anspruch auf den Lohn fällig. Im Übrigen gelten die §§ 5 und 6 nicht.
4. Am Ende des Urlaubsjahres sind die Resturlaubsansprüche nach Maßgabe des § 3 Ziff. 7 auf das folgende Kalenderjahr zu übertragen. Die Vergütung für die Resturlaubsansprüche ist zum Ende des Urlaubsjahres nach Maßgabe der Ziff. 3 zu berechnen und auf das folgende Kalenderjahr zu übertragen.

§ 12
Urlaub für jugendliche Arbeitnehmer

1. Der Urlaub von Arbeitnehmern, die am 1. Januar des Urlaubsjahres das 18. Lebensjahr noch nicht vollendet haben, beträgt 30 Arbeitstage. Für das Urlaubsentgelt und für das zusätzliche Urlaubsgeld gilt § 11 Ziff. 3. Im Übrigen gelten die gesetzlichen Bestimmungen.
2. Am Ende des Urlaubsjahres sind die Resturlaubsansprüche der Arbeitnehmer, die am 1. Januar des Folgejahres 18 Jahre alt sind, auf dieses zu übertragen. Die Vergütung für die Resturlaubsansprüche ist zum Ende des Urlaubsjahres nach Maßgabe des § 11 Ziff. 3 zu berechnen und auf das folgende Kalenderjahr zu übertragen.

§ 13
Urlaub bei Altersteilzeit

1. Der Urlaubsanspruch richtet sich auch während der Altersteilzeit nach den vorstehenden Bestimmungen. Sämtlicher dem Arbeitnehmer bis zum Beginn der Altersteilzeit zustehender Urlaub ist vor Eintritt in die Altersteilzeit zu gewähren und zu nehmen. Kann der Urlaub aus zwingenden Gründen ganz oder teilweise nicht mehr gewährt werden, so ist er abweichend von § 7 durch den Arbeitgeber abzugelten.
2. Vereinbaren Arbeitnehmer und Arbeitgeber wechselnde Phasen von Monaten der Arbeitsleistung (Arbeitsphase) und Monaten der Freistellung von der Arbeitsleistung (Freistellungsphase), so gelten für den Urlaubsanspruch in der Freistellungsphase folgende Regelungen:
   a) Alle Kalendertage während des Bestehens des Altersteilzeitarbeitsverhältnisses – auch während der Freistellungsphase – gelten als Beschäftigungstage gemäß § 3.
   b) Im ersten Kalendermonat der Freistellungsphase ist die Urlaubsvergütung für den noch nicht verfallenen Urlaubsanspruch aus der Arbeitsphase auszuzahlen. Im letzten Kalendermonat der Freistellungsphase, spätestens in jedem sechsten Kalendermonat der Freistellungsphase (Auszahlungsmonat), ist die bis zum Ablauf des fünften Kalendermonats der Freistellungsphase erworbene Urlaubsvergütung vom Arbeitgeber an den Arbeitnehmer auszuzahlen. Mit der Auszahlung der Urlaubsvergütung gilt der Urlaub als gewährt. Für die im Auszahlungsmonat als gewährt geltenden Urlaubstage besteht kein Anspruch auf Arbeitsentgelt für die Altersteilzeitarbeit.

§ 14
Abtretungsverbot

Die Abtretung unmittelbarer Ansprüche der Arbeitnehmer gegen die Urlaubskasse ist nur mit deren Zustimmung zulässig.

§ 15
Aufbringung der Mittel

Die als gemeinsame Einrichtung der Tarifvertragsparteien bestehende „Gemeinnützige Urlaubskasse des bayerischen Baugewerbes e. V." hat insbesondere die Aufgabe, die Urlaubsvergütung aus Mitteln zu sichern, die durch Beiträge aufgebracht werden. Der Arbeitgeber hat die zur Sicherung der Urlaubsvergütung notwendigen Mittel durch einen Beitrag, der in einem Prozentsatz der Bruttolohnsumme (das ist die Summe der Bruttoarbeitslöhne im Sinne von § 5 Ziff. 2) in einem besonderen Tarifvertrag festgelegt wird, aufzubringen.

Der Arbeitgeber hat diesen Beitrag an die Kasse abzuführen. Die Urlaubskasse hat das unmittelbare Recht, den Beitrag zu fordern. Für die Einzahlung, Verwaltung und Auszahlung der Urlaubsvergütung gelten die Bestimmungen des Tarifvertrages über das Sozialkassenverfahren im Baugewerbe (VTV) vom 28. September 2009 in der jeweils gültigen Fassung.

§ 16
Erfüllungsort und Gerichtsstand

Erfüllungsort und Gerichtsstand für Ansprüche der Urlaubskasse gegen Arbeitgeber und Arbeitnehmer sowie für Ansprüche der Arbeitgeber und Arbeitnehmer gegen die Urlaubskasse ist München. Das gilt nicht für Beitragsforderungen der Urlaubskasse gegen Arbeitgeber. Insoweit ist Erfüllungsort und Gerichtsstand Wiesbaden.

§ 17
Vertragsdauer

Dieser Tarifvertrag tritt am 1. Januar 2019 in Kraft.

Er kann mit einer Frist von sechs Monaten jeweils zum 31. Dezember schriftlich gekündigt werden.

Mit Inkrafttreten dieses Tarifvertrages tritt der Tarifvertrag vom 21. November 1983 in der Fassung vom 26. September 1984, 3. Mai 1988, 22. Dezember 1989, 19. Mai 1992, 13. November 1992, 23. Juni 1995, 30. November 1995, 18. Dezember 1996, 9. Juni 1997, 13. November 1998, 9. April 1999, 26. Mai 1999, 30. Juni 1999, 20. Dezember 1999, 1. Dezember 2000, 15. Mai 2001, 29. Juli 2005, 19. Mai 2006, 20. August 2007, 17. Dezember 2012, 5. Juni 2014 und 10. Dezember 2014 außer Kraft.

München, den 28. September 2018

Tarifvertrag über die Altersteilzeit im Baugewerbe (TV Altersteilzeit)

vom 19. April 2000

in der Fassung vom 2. Juni 2000, 28. Mai 2004 und 18. Dezember 2009

Zwischen

dem Zentralverband des Deutschen Baugewerbes e. V., Kronenstraße 55–58, 10117 Berlin,

dem Hauptverband der Deutschen Bauindustrie e. V., Kurfürstenstraße 129, 10785 Berlin,

und

der Industriegewerkschaft Bauen-Agrar-Umwelt, Olof-Palme-Straße 19, 60439 Frankfurt a. M.,

wird folgender Tarifvertrag geschlossen:

§ 1 Geltungsbereich

(1) Räumlicher Geltungsbereich:

Das Gebiet der Bundesrepublik Deutschland.

(2) Betrieblicher Geltungsbereich:

Betriebe, die unter den betrieblichen Geltungsbereich des Bundesrahmentarifvertrages für das Baugewerbe in der jeweils geltenden Fassung fallen.

(3) Persönlicher Geltungsbereich:

Gewerbliche Arbeitnehmer sowie Angestellte und Poliere, die eine nach den Vorschriften des Sechsten Buches Sozialgesetzbuch – Gesetzliche Rentenversicherung – (SGB VI) versicherungspflichtige Tätigkeit ausüben. Nicht erfasst werden die unter § 5 Abs. 2 und 3 des Betriebsverfassungsgesetzes fallenden Personen.

§ 2 Vereinbarung eines Altersteilzeit-Arbeitsverhältnisses

(1) Auf der Grundlage des Altersteilzeitgesetzes (ATG) vom 23. Juli 1996 in der jeweils geltenden Fassung kann durch schriftliche einzelvertragliche Vereinbarung mit dem Arbeitnehmer, auch nach Maßgabe einer freiwilligen Betriebsver-

einbarung, eine Teilzeitbeschäftigung in Form eines Altersteilzeit-Arbeitsverhältnisses vereinbart werden, wenn der Arbeitnehmer die Voraussetzungen gemäß § 3 erfüllt.

(2) In der Vereinbarung über die Altersteilzeit kann jede Verteilung der Arbeitszeit vereinbart werden, welche den Bestimmungen des Altersteilzeitgesetzes entspricht. Es kann insbesondere vereinbart werden, dass die während des Altersteilzeit-Arbeitsverhältnisses insgesamt zu leistende Arbeit in einem Zeitraum von bis zu sechs Jahren so verteilt wird, dass sie in der ersten Hälfte des Altersteilzeit-Arbeitsverhältnisses geleistet (Arbeitsphase) und der Arbeitnehmer anschließend von der Arbeitsleistung freigestellt (Freistellungsphase) wird (Blockzeitmodell). Über den gesetzlichen Höchstförderzeitraum hinaus kann auch ein Altersteilzeit-Arbeitsverhältnis von bis zu zehn Jahren vereinbart werden.

(3) Wird ein Blockzeitmodell gemäß Abs. 2 vereinbart, so ist der Arbeitnehmer verpflichtet, 50 v. H. der krankheitsbedingten Ausfallzeiten in der Arbeitsphase, für die kein Anspruch auf Entgeltfortzahlung besteht, am Ende der Arbeitsphase nachzuarbeiten. Die Dauer der Freistellungsphase verkürzt sich entsprechend. Für Ausfallzeiten in der Arbeitsphase, für die ein Anspruch auf Kurzarbeitergeld oder Winterausfallgeld besteht, ist der Arbeitnehmer nicht zur Nacharbeit verpflichtet.

(4) Vereinbaren Arbeitnehmer und Arbeitgeber wechselnde Phasen von Monaten der Arbeitsleistung (Arbeitsphase) und Monaten der Freistellung von der Arbeitsleistung (Freistellungsphase), so gilt Abs. 3 entsprechend.

§ 3
Begünstigter Personenkreis

(1) Eine Altersteilzeitvereinbarung kann mit dem Arbeitnehmer abgeschlossen werden, wenn der Arbeitnehmer

a) zu Beginn der Altersteilzeit mindestens 55 Jahre alt ist und

b) innerhalb der letzten 5 Jahre vor Beginn der Altersteilzeit mindestens 1.080 Kalendertage in einer versicherungspflichtigen Beschäftigung nach dem Dritten Buch Sozialgesetzbuch (SGB III) gestanden hat.

(2) Während der Dauer des Altersteilzeit-Arbeitsverhältnisses beträgt die durchschnittliche regelmäßige wöchentliche Arbeitszeit des Arbeitnehmers die Hälfte der bisher vereinbarten durchschnittlichen regelmäßigen wöchentlichen Arbeitszeit. Der Arbeitnehmer ist auch nach Eintritt in die Altersteilzeit versicherungspflichtig zu beschäftigen.

§ 4
Geltung tariflicher Regelungen während der Altersteilzeit

(1) Das Arbeitsverhältnis bleibt während der gesamten Altersteilzeit bestehen; soweit in diesem Tarifvertrag oder in einem spezielleren Tarifvertrag nicht abwei-

chende Regelungen getroffen werden, bestehen die tariflichen Ansprüche während der Altersteilzeit fort.

(2) Das 13. Monatseinkommen mindert sich im Verhältnis der vereinbarten wöchentlichen Arbeitszeit der Altersteilzeit zur tariflichen wöchentlichen Arbeitszeit. Dies gilt auch in der Freistellungsphase nach § 2 Abs. 2. In dieser Freistellungsphase finden § 2 Abs. 5 und 7 des Tarifvertrages über die Gewährung eines 13. Monatseinkommens im Baugewerbe sowie § 2 Abs. 4 des Tarifvertrages über die Gewährung eines 13. Monatseinkommens für die Angestellten bzw. Poliere des Baugewerbes, jeweils vom 26. Mai 1999 in der jeweils geltenden Fassung, keine Anwendung. In der Altersteilzeitvereinbarung nach § 2 Abs. 1 kann bestimmt werden, dass das 13. Monatseinkommen als Bestandteil des laufenden Arbeitsentgelts nach § 6 Abs. 1 Satz 1 ATG ausgezahlt wird. Ferner kann in der Altersteilzeitvereinbarung auch bestimmt werden, dass anstelle der tariflichen Erschwerniszuschläge eine monatliche Pauschale als laufendes Arbeitsentgelt gewährt wird, soweit diese nicht regelmäßig monatlich zu zahlen sind (unständige Zulagen). Die Höhe dieser Pauschale richtet sich nach dem Durchschnittswert der in den letzten zwölf Monaten vor Beginn der Altersteilzeit gezahlten Erschwerniszuschläge.

(3) Ist bei Teilzeitbeschäftigung eine Verteilung der Arbeitszeit auf weniger als fünf Arbeitstage pro Woche vereinbart, mindert sich der Urlaubsanspruch im Verhältnis der vereinbarten Arbeitstage zu den fünf Arbeitstagen.

(4) Der Altersteilzeit-Arbeitnehmer kann in eine betriebliche Arbeitszeitflexibilisierung gemäß § 3 Nr. 1.4 BRTV bzw. § 3 Nr. 1.3 RTV Angestellte/Poliere einbezogen werden.

§ 5
Mitteilungspflichten; Einschränkung von Nebentätigkeiten

(1) Der Arbeitnehmer hat während der Altersteilzeit – auch während der Freistellungsphase – Änderungen der ihn betreffenden Verhältnisse, die seinen Anspruch auf Altersteilzeitleistungen berühren, dem Arbeitgeber unverzüglich mitzuteilen.

(2) Dem Arbeitnehmer ist es untersagt, eine Beschäftigung oder selbständige Tätigkeit auszuüben, die die Geringfügigkeitsgrenze des § 8 Viertes Buch Sozialgesetzbuch (SGB IV) überschreitet.

§ 6
Höhe der Altersteilzeitleistungen

(1) Der Arbeitnehmer erhält für die Dauer des Altersteilzeit-Arbeitsverhältnisses seinen tariflichen Lohn bzw. sein Tarifgehalt nach Maßgabe der verminderten

durchschnittlichen wöchentlichen Arbeitszeit. Das Arbeitsentgelt ist unabhängig von der konkreten Verteilung der Arbeitszeit fortlaufend zu zahlen.

(2) Der Arbeitnehmer erhält für die Dauer des Altersteilzeit-Arbeitsverhältnisses gemäß § 3 Abs. 1 Nr. 1 Buchst. a) ATG Aufstockungsleistungen in Höhe von 20 v.H. des für die Altersteilzeit gezahlten Arbeitsentgelts, mindestens jedoch auf 70 v.H. des um die gesetzlichen Abzüge, die beim Arbeitnehmer gewöhnlich anfallen, verminderten bisherigen Arbeitsentgelts (Mindestnettobetrag).

(3) Der Arbeitgeber entrichtet für die Dauer des Altersteilzeit-Arbeitsverhältnisses für den Arbeitnehmer zusätzliche Beiträge zur gesetzlichen Rentenversicherung mindestens in Höhe des Beitrages, der auf den Unterschiedsbetrag zwischen 90 v.H. des bisherigen Arbeitsentgelts und dem Arbeitsentgelt für die Altersteilzeit entfällt, höchstens jedoch bis zur Beitragsbemessungsgrenze (§ 3 Abs. 1 Nr. 1 Buchst. b) ATG).

(4) Zum Arbeitsentgelt im Sinne der Abs. 2 und 3 gehören alle der Lohnsteuer und der Sozialversicherung unterliegenden laufenden Bezüge und Einmalzahlungen, letztere jedoch nur, soweit durch sie zusammen mit den laufenden Bezügen die monatliche Beitragsbemessungsgrenze im Sinne des § 159 SGB VI nicht überschritten wird.

(5) Durch freiwillige Betriebsvereinbarung können die in Abs. 2 und Abs. 3 genannten Altersteilzeitleistungen erhöht werden.

§ 6a

Für Altersteilzeit-Arbeitsverhältnisse, die nach dem 30. Juni 2004 begonnen werden, gelten anstelle von § 6 Abs. 2 bis 4 folgende Regelungen:

(2) Der Arbeitnehmer erhält für die Dauer des Altersteilzeit-Arbeitsverhältnisses gemäß § 3 Abs. 1 Nr. 1 Buchst. a) ATG Aufstockungsleistungen in Höhe von mindestens 20 v.H. des für die Altersteilzeit gezahlten Regelarbeitsentgelts, wobei die Aufstockung auch weitere Entgeltbestandteile umfassen kann.

(3) Der Arbeitgeber entrichtet für die Dauer des Altersteilzeit-Arbeitsverhältnisses für den Arbeitnehmer zusätzliche Beiträge zur gesetzlichen Rentenversicherung mindestens in Höhe des Beitrages, der auf 80 v.H. des Regelarbeitsentgelts für die Altersteilzeit, begrenzt auf den Unterschiedsbetrag zwischen 90 v.H. der monatlichen Beitragsbemessungsgrenze und dem Regelarbeitsentgelt für die Altersteilzeit, entfällt, höchstens jedoch bis zur Beitragsbemessungsgrenze (§ 3 Abs. 1 Nr. 1 Buchst. b) ATG).

(4) Das Regelarbeitsentgelt im Sinne der Abs. 2 und 3 ist das auf einen Monat entfallende vom Arbeitgeber für die Altersteilzeit regelmäßig zu zahlende sozialversicherungspflichtige Arbeitsentgelt, soweit es die Beitragsbemessungsgrenze des Dritten Buches Sozialgesetzbuch nicht überschreitet. Entgeltbestandteile, die nicht laufend gezahlt werden, sind nicht berücksichtigungsfähig.

§ 7
Dauer und Ende des Altersteilzeit-Arbeitsverhältnisses

(1) In den Fällen, in denen der Arbeitnehmer gemäß § 237 SGB VI im Anschluss an das Altersteilzeit-Arbeitsverhältnis vorzeitig Altersrente beanspruchen möchte, darf die Dauer des Altersteilzeit-Arbeitsverhältnisses 24 Kalendermonate nicht unterschreiten.

(2) Das Altersteilzeit-Arbeitsverhältnis endet

a) mit Ablauf des Kalendermonats, in dem der Arbeitnehmer die Altersteilzeit beendet oder mit Erreichen der für den Arbeitnehmer maßgeblichen Regelaltersgrenze,

b) mit Ablauf des Kalendermonats vor dem Monat, von dem an der Arbeitnehmer eine der in § 5 Abs. 1 Nr. 2 ATG genannten Leistungen beanspruchen kann, oder

c) mit Beginn des Kalendermonats, für den der Arbeitnehmer eine der in § 5 Abs. 1 Nr. 3 ATG genannten Leistungen bezieht.

(3) Endet das Altersteilzeit-Arbeitsverhältnis bei Blockzeitmodellen vorzeitig während der Arbeitsphase, so erhält der Arbeitnehmer einen Ausgleich zwischen dem tariflichen Lohn bzw. Tarifgehalt für die erbrachte Arbeitsleistung und den nach § 6 Abs. 1 und 2 einschließlich der Aufstockungsleistungen erbrachten Altersteilzeitleistungen. Wurden bei einer vorzeitigen Beendigung des Altersteilzeit-Arbeitsverhältnisses bereits Aufstockungsleistungen von der Bundesagentur für Arbeit nach § 4 Abs. 1 Nr. 1 ATG erstattet oder während der Freistellungsphase deshalb nicht erstattet, weil eine Wiederbesetzung des Arbeitsplatzes nach § 3 Abs. 1 Nr. 2 ATG nicht erfolgte, so erhält der Arbeitnehmer einen Ausgleich zwischen dem tariflichen Lohn bzw. Tarifgehalt für die erbrachte Arbeitsleistung und der Altersteilzeitleistung nach § 6 Abs. 1.

Bei Tod des Arbeitnehmers steht dieser Anspruch seinen Erben zu.

§ 8
Insolvenzschutz und Kündigungsschutz

(1) In der betrieblichen oder einzelvertraglichen Altersteilzeitvereinbarung treffen die Vertragspartner eine Regelung zur Absicherung der Ansprüche des Arbeitnehmers bei Zahlungsunfähigkeit des Arbeitgebers. Eine solche Regelung umfasst den bereits erworbenen und noch nicht erfüllten Anspruch des Arbeitnehmers auf Arbeitsentgelt (§ 6 Abs. 1) für die Freistellungsphase einschließlich des Arbeitgeberanteils am Gesamtsozialversicherungsbeitrag und des Sozialkassenbeitrages, soweit kein Anspruch auf Insolvenzgeld besteht und der Anspruch höher ist als das Dreifache der monatlichen Bezugsgröße gemäß § 18 SGB IV und der vereinbarte Zeitraum, für den Anspruch auf Arbeitsentgelt besteht, 27

Kalendermonate nach dem ersten Lohnabrechnungszeitraum der Arbeitsphase übersteigt. Die Absicherung kann insbesondere durch Bankbürgschaft, Pfandrechte oder Hinterlegung bei einer der Sozialkassen der Bauwirtschaft erfolgen.

(2) Eine betriebsbedingte Kündigung mit Wirkung für einen Zeitpunkt in einer Freistellungsphase ist ausgeschlossen.

§ 8a

Für Altersteilzeit-Arbeitsverhältnisse, die nach dem 30. Juni 2004 begonnen werden, gilt anstelle von § 8 Abs. 1 folgende Regelung:

Wird ein Blockzeitmodell nach § 2 Abs. 2 vereinbart, ist der Arbeitgeber verpflichtet, eine Insolvenzsicherung nach § 8 a ATG vorzunehmen. Diese Insolvenzsicherung hat den bereits erworbenen und noch nicht erfüllten Anspruch des Arbeitnehmers auf Arbeitsentgelt (§ 6 Abs. 1) für die Freistellungsphase einschließlich des Arbeitgeberanteils am Gesamtsozialversicherungsbeitrag (Wertguthaben) und des Sozialkassenbeitrages zu umfassen. Diese Insolvenzsicherung ist dem Arbeitnehmer mit der Zahlung des Altersteilzeitentgelts für den ersten Monat der Altersteilzeitarbeit und danach alle sechs Monate schriftlich nachzuweisen. Die Absicherung kann insbesondere durch Bankbürgschaft, Pfandrechte oder Hinterlegung bei einer der Sozialkassen der Bauwirtschaft erfolgen. Bilanzielle Rückstellungen sowie zwischen Konzernunternehmen (§ 18 Aktiengesetz) begründete Einstandspflichten, insbesondere Bürgschaften, Patronatserklärungen oder Schuldbeitritte, gelten nicht als geeignete Sicherungsmittel im Sinne des ATG.

§ 9
Inkrafttreten und Laufdauer

Der Tarifvertrag tritt am 1. April 2000 in Kraft und kann mit einer Frist von sechs Monaten jeweils zum 31. Dezember, erstmals zum 31. Dezember 2010, gekündigt werden.

Berlin / Frankfurt a. M., den 19. April 2000 / 2. Juni 2000 / 28. Mai 2004 / 18. Dezember 2009

Tarifvertrag für den Eisenbahnoberbau

vom 16. Mai 1983

Zwischen

dem Zentralverband des Deutschen Baugewerbes e. V.,
Godesberger Allee 99, 53175 Bonn,

dem Hauptverband der Deutschen Bauindustrie e. V.,
Abraham-Lincoln-Straße 30, 65189 Wiesbaden,

und

der Industriegewerkschaft Bau-Steine-Erden,
Bockenheimer Landstraße 73 – 77, 60325 Frankfurt a. M.,

wird folgender Tarifvertrag geschlossen:

I.

Arbeitnehmer in Betrieben des Eisenbahnoberbaus, die vom fachlichen Geltungsbereich des Bundesrahmentarifvertrages für das Baugewerbe in seiner jeweils geltenden Fassung erfasst werden, haben für die Zeit, in der sie mit der Bedienung von mechanisch angetriebenen Handstopfmaschinen beschäftigt sind, Anspruch auf einen Zuschlag in Höhe von 0,38 € je Arbeitsstunde, sofern die Arbeit mit dem Gerät länger als eine Stunde am Tage andauert.

II.

Dieser Tarifvertrag tritt am 1. Juni 1983 in Kraft. Er ist kündbar mit sechsmonatiger Frist zum 31. Dezember, erstmals zum 31. Dezember 1984.

Bonn / Wiesbaden / Frankfurt a. M., den 16. Mai 1983

Tarifvertrag
für Fertigbaubetriebe des Baugewerbes

vom 27. Januar 1970

in der Fassung vom 19. April 1979

Zwischen

dem Zentralverband des Deutschen Baugewerbes e. V.,
Godesberger Allee 99, 53175 Bonn,

dem Hauptverband der Deutschen Bauindustrie e. V.,
Abraham-Lincoln-Straße 30, 65189 Wiesbaden,

und

der Industriegewerkschaft Bau-Steine-Erden,
Bockenheimer Landstraße 73–77, 60325 Frankfurt a. M.,

wird folgender Tarifvertrag geschlossen:

Für Betriebe, die Fertigbauarbeiten im Sinne des § 1 Nr. 2 des Bundesrahmentarifvertrages für das Baugewerbe (BRTV) in der jeweils geltenden Fassung ausführen (Fertigbaubetriebe), gelten dessen Bestimmungen mit folgenden Besonderheiten:

I.

Zu § 5 Nr. 6 BRTV:

Sofern und soweit die Arbeitnehmer auf der Baustelle beschäftigt werden, gelten der Lohn der Baustelle und die Bestimmungen des Rahmentarifvertrages für Leistungslohn im Baugewerbe in der jeweiligen Fassung.

II.

Zu § 5 Nr. 7 BRTV:

Leistungsabhängige Entlohnung

1. Arbeit im Leistungslohn im Sinne dieses Tarifvertrages ist die Arbeit, die im Rahmen eines Arbeitsverhältnisses zur Herbeiführung eines bestimmten Arbeitserfolges gegen eine sich nach dem erzielten Arbeitsergebnis richtende Vergütung erbracht wird.
2. Arbeiten, die sich nach übereinstimmender Ansicht von Betriebsleitung und Betriebsrat ihrer Art nach dafür eignen, können im Leistungslohn nach den Bestimmungen dieses Tarifvertrages durchgeführt werden.

3. Die jeweils geltenden arbeitsrechtlichen sowie die tariflichen Bestimmungen des Baugewerbes sind auch für die Arbeiten im Leistungslohn maßgeblich, soweit in diesem Tarifvertrag nichts anderes bestimmt ist.
4. Die Ermittlung der Vorgabewerte erfolgt durch die Betriebsleitung nach einer von ihr im Einvernehmen mit dem Betriebsrat zu bestimmenden Methode, deren Durchführung in einer Betriebsvereinbarung festgelegt werden soll.
5. Die Vorgabewerte und Bedingungen sind den Arbeitnehmern vor Beginn der Arbeit mitzuteilen. In Ausnahmefällen kann davon abgewichen werden.
6. Treten anormale Arbeitsbedingungen ein, sind – unbeschadet des übrigen Inhalts der Leistungslohnbestimmungen – betrieblich besondere Abreden zu treffen.
7. Eine Änderung festgesetzter Akkordsätze oder Vorgabezeiten ist – unbeschadet der Ziffer 8 – nur möglich
   a) bei technischen Veränderungen oder Änderungen des Arbeitsvorganges, die sich auf die Arbeitsleistung auswirken und eine Änderung der Vorgabewerte erforderlich machen, nach einer Ankündigungsfrist von mindestens zwei Wochen und einer Kündigungsfrist von drei Tagen;
   b) bei Änderungen der Art des Materials über den Rahmen der üblichen, laufend vorkommenden Schwankungen hinaus, soweit sie sich auf die Arbeitsleistung auswirken, nach betrieblich vereinbarter Kündigungsfrist.
8. Entstehen nachträglich über einen Vorgabewert Meinungsverschiedenheiten zwischen den Arbeitnehmern und dem zuständigen Vertreter der Betriebsleitung, so haben die Betriebsleitung und der Betriebsrat gemeinsam unter Hinzuziehung der Beteiligten den Vorgabewert neu zu überprüfen und gegebenenfalls neu festzusetzen.

   Wird eine Einigung nicht erzielt, so entscheidet die Einigungsstelle gemäß § 87 Abs. 2 BetrVG verbindlich.

   Wegen Meinungsverschiedenheiten über die Richtigkeit eines Vorgabewertes darf die Arbeit im Leistungslohn nicht verweigert werden. Der Abrechnung ist der endgültig festgesetzte Vorgabewert zugrunde zu legen.
9. a) Werden Arbeitnehmer, die ständig im Akkord- oder Prämienlohn arbeiten, wegen ihrer besonderen Eignung vorübergehend mit Zeitlohnarbeiten beschäftigt, so erhalten sie in dieser Zeit ihren durchschnittlichen Verdienst des letzten abgeschlossenen Lohnabrechnungszeitraumes.
   b) Werden diese wegen dringender Betriebsbedürfnisse vorübergehend mit Zeitlohnarbeiten beschäftigt, so erhalten sie bis zu 10 Kalendertagen ihren durchschnittlichen Verdienst des letzten abgeschlossenen Lohnabrechnungszeitraumes.
   c) Werden diese aus Mangel an Akkord- oder Prämienarbeiten oder aus anderen Gründen[1] mit Zeitlohnarbeiten beschäftigt, so erhalten sie bis zu 14 Kalendertagen den Akkordrichtsatz, sofern die Akkordarbeit nicht zu einem früheren Zeitpunkt aufgrund fristgemäßer Kündigung beendet wird.

Nach Ablauf der 10- bzw. 14-tägigen Übergangszeit (b) und c)) ist der für die ausgeübte Tätigkeit zustehende Lohn zu zahlen.

d) Handelt es sich bei dem Wechsel von Akkord- oder Prämienarbeit auf Zeitlohnarbeit um einen sich regelmäßig wiederholenden oder um einen durch die Betriebsverhältnisse bedingten Wechsel, so ist mit Beginn der Zeitlohnarbeiten nur der Zeitlohn zu zahlen.

Die unter diese Bestimmung fallenden Zeitlohnarbeiten sind für die jeweiligen Akkord- und Prämien-Arbeitsplätze durch Betriebsvereinbarung festzulegen.

Dieser Katalog kann ohne Einhaltung einer Frist im gegenseitigen Einvernehmen geändert werden.

10. Beim Übergang von höher bewerteter zu niedriger bewerteter Arbeit ist Ziffer 9 Buchst. a) sinngemäß anzuwenden.

Zeitakkorde

11. Arbeiten, die zeitlich meßbar sind, können im Zeitakkord (Einzel- oder Gruppenakkord) vergeben werden.

12. Leistungsgrundlage ist die Normalleistung. Normalleistung ist die menschliche Leistung, die von jedem ausreichend geeigneten Arbeitnehmer nach Einarbeitung und voller Übung ohne Gesundheitsschädigung auf die Dauer erreicht und erwartet werden kann, wenn er die in der Vorgabezeit enthaltenen richtigen persönlichen Verteil- und Erholungszeiten einhält.

13. Die Berechnungsgrundlage für die Akkordleistung ist der tarifliche Lohntafelsatz der höchsten Altersstufe plus 10 % (Akkordrichtsatz).

Der Minutengeldfaktor errechnet sich aus dem

$$\frac{\text{tariflichen Lohntafelsatz} + 10\,\%}{60}$$

Die Akkordverrechnung erfolgt proportional zur Leistung.

14. Bleibt ein Akkordarbeiter innerhalb der laufenden Lohnperiode unter dem Akkordrichtsatz (tariflicher Stundenlohn + 10 %), so ist ihm dieser zu bezahlen, sofern er nachweist, daß der Grund der Minderleistung nicht in seiner Person liegt.

15. a) Die Vorgabezeiten werden nach der Mittelwertmethode errechnet.

b) Die am Akkordlohn beteiligten Arbeitnehmer benennen im Einvernehmen mit dem Betriebsrat einen sachverständigen Betriebsangehörigen, der sich über alle mit der Zeitermittlung zusammenhängenden Vorgänge unterrichten kann.

---

1) Andere Gründe liegen nicht vor, wenn der Arbeitnehmer in seiner Akkordarbeit weiterarbeiten könnte, jedoch aus betrieblichen Gründen anderweitig eingesetzt wird.

c) Der Betriebsrat kann Einsicht in die Ermittlungsunterlagen der festgelegten Vorgabewerte verlangen. Er kann gegen die Vorgabewerte innerhalb einer Woche nach Kenntnisnahme schriftlich bei der Betriebsleitung Einspruch einlegen. Der Einspruch ist mit dem zuständigen Vertreter der Betriebsleitung zu klären. Wenn notwendig, ist für diese Klärung eine Kontrollaufnahme unter Hinzuziehung des Sachverständigen zu machen.

d) Ergeben sich Meinungsverschiedenheiten aus einer angewandten Vorgabezeit oder zeigen sich Mängel, so ist wie im Abs. c) zu verfahren.

e) Führt eine Überprüfung zu einer Änderung der Vorgabezeit, so tritt die endgültig festgelegte Vorgabezeit in Kraft:
- nach c) mit der Einführung,
- nach d) höchstens eine Woche vor dem Einspruch.

16. Sofern Betriebe Verfahren vorbestimmter Zeiten oder Zeiten aus einem außerbetrieblichen Teilzeitenkatalog anwenden wollen, ist die Zustimmung der Tarifvertragsparteien notwendig.
Bei Zustimmung der Tarifvertragsparteien ist eine Verfahrensregelung zu vereinbaren.

Prämienarbeit

17. Arbeiten, die vom Arbeitnehmer nur in geringem Umfang beeinflußbar sind, können in Prämienarbeit (Mengenprämie) vergeben werden.
Dies gilt z. B. auch für Arbeiten, die nicht gleichmäßig in einer im voraus bekannten oder vorher bestimmbaren Weise verlaufen oder deren Arbeitsbedingungen schwanken, oder weil Material unterschiedlicher Beschaffenheit verarbeitet wird. Die Regelung der Prämienbedingungen ist zwischen der Betriebsleitung und dem Betriebsrat schriftlich zu vereinbaren.
Beim Prämienlohn wird der Zeitlohn um einen von der jeweiligen Leistung abhängigen Betrag erhöht. Die zu zahlende Prämie kann sich nach einem oder mehreren prämienfähigen Merkmalen richten, z. B. Mengen-, Zeit-, Nutzungs- und Qualitätsprämien.
18. Festbeträge, wie z. B. sogenannte Treueprämien, Lohnzulagen und dergleichen mehr, fallen ungeachtet ihrer Bezeichnung nicht unter die in diesem Tarifvertrag geregelten Prämien.
19. Als Grundlagen der Prämie sollen objektive und meßbare Bezugsgrößen unter Berücksichtigung aller Einflußfaktoren dienen. Bei der Festlegung der Prämie ist die menschliche Leistung und Belastung zu berücksichtigen.
Vor der Ermittlung der Prämie ist festzulegen, welche Leistung als normale Ausbringung gelten soll.
20. Ist bei Mengenprämie das Ergebnis unmittelbar von der menschlichen Leistung abhängig, so erhält der Arbeitnehmer mindestens 8 % über den tariflichen Zeitlohn, wenn die entsprechende Leistung der Beteiligten durch unvorhergesehene Behinderung des Betriebsablaufes nicht erreicht wurde.

Dabei sind die im Zeitlohn geleisteten Stunden nicht einzurechnen.

21. Werden Mengenprämien mit anderen Prämien zu einer kombinierten Prämie zusammengefaßt, so gilt Ziffer 20 entsprechend.
22. Prämien können für einzelne Personen oder für Gruppen festgelegt werden. In einer Verfahrensregelung sind die Art der Prämie, die allgemeinen Prämienbedingungen, der an der Prämie beteiligte Personenkreis (nach Tätigkeit), ihr Prämienanteil und der Bezugszeitraum festzulegen.
23. Prämienregelungen können, soweit betrieblich keine anderen Vereinbarungen getroffen sind, mit 14-tägiger Frist gekündigt werden.
24. Bei wesentlichen technischen oder organisatorischen Änderungen soll die Überprüfung und Neufestsetzung möglichst ohne Kündigung vorgenommen werden.

Sonstige Entlohnung

25. Will ein Betrieb eine auf die Einsparung an Gesamtlohnaufwand abgestellte zusätzliche, leistungsabhängige Entlohnung einführen oder ändern, ist zwischen Betriebsleitung und Betriebsrat schriftlich zu vereinbaren:
    a) welche Bezugsgrößen, z. B. Produktionsmenge, Versandmenge, oder wie viele Anteile von ihnen zugrunde zu legen sind,
    b) der beteiligte Personenkreis sowie der Anteil des einzelnen Arbeitnehmers,
    c) der Berechnungszeitraum,
    d) die Art der Zahlungsweise.

    Die Einzelheiten sind den Arbeitnehmern in geeigneter Weise bekanntzugeben.

III.

1. Zu § 6 Nr. 1.11 BRTV:[2)]

   Diese Bestimmung gilt auch für außergewöhnlich schmutzige Reparaturarbeiten.
2. Zu § 6 Nr. 1.14 BRTV:[3)]

   Diese Bestimmung gilt auch für das Herstellen von farbigen Mischungen sowie für Arbeiten an Zerkleinerungsanlagen ohne wirksame Entstaubung.

---

2) § 6 Nr. 1.11 BRTV in der am 19. April 1979 geltenden Fassung ist durch Änderungstarifvertrag zum BRTV vom 30. November 1995 in § 6 Nr. 1.2 BRTV aufgegangen. Abschnitt III Nr. 1 ist damit gegenstandslos geworden. § 6 Nr. 1.2 BRTV ist für Fertigbaubetriebe unmittelbar anwendbar.

3) § 6 Nr. 1.14 BRTV in der am 19. April 1979 geltenden Fassung ist durch Änderungstarifvertrag zum BRTV vom 30. November 1995 entfallen. Abschnitt III Nr. 2 ist dadurch gegenstandslos geworden.

3. Zu § 6 Nr. 1 BRTV gilt folgende Ergänzung:
   Besondere Arbeiten in Fertigbaubetrieben:
   a) Maschinelle Trockenschleif- und Trockensägearbeiten mit Staubentwicklung an Betonfertigteilen — 0,77 €/Stunde
   b) Sandstrahlarbeiten
      aa) im Werk — 0,56 €/Stunde
      bb) auf der Baustelle — 0,97 €/Stunde
   c) Anstreichen oder Auftragen von gesundheitsschädlichen Fluatier- und Anstrichmitteln auf Betonfertigteile — 0,56 €/Stunde
   d) Von Hand ausgeführte Auswascharbeiten an großformatigen Waschbetonfertigteilen — 0,56 €/Stunde

IV.

Soweit in den Bestimmungen des BRTV der Begriff »Bau- oder Arbeitsstelle« verwendet wird, sind dem Feldfabriken, Werkplätze, Werkhallen und sonstige Arbeitsstätten gleichzusetzen. Abschnitt I bleibt hiervon unberührt.

V.

Dieser Tarifvertrag tritt am 1. März 1970 in Kraft.

Bonn/Frankfurt a. M., den 27. Januar 1970

Nürnberg, den 19. April 1979[4)]

---

4) Der Änderungstarifvertrag vom 19. April 1979 ist am 1. Mai 1979 in Kraft getreten.

▷ Siehe auch **Handbuch des Personalrechts für den Baubetrieb** (13. Auflage), Stichworte: *Fertigbaubetriebe*, *Erschwerniszuschläge*.

Tarifvertrag für das feuerungstechnische Gewerbe

vom 13. Dezember 2000

in der Fassung vom 4. Juli 2002, 4. Juni 2003, 23. Mai 2009 und 16. November 2012[1)]

Zwischen

dem Zentralverband des Deutschen Baugewerbes e. V., Kronenstraße 55–58, 10117 Berlin,

dem Hauptverband der Deutschen Bauindustrie e. V., Kurfürstenstraße 129, 10785 Berlin,

und

der Industriegewerkschaft Bauen-Agrar-Umwelt, Olof-Palme-Straße 19, 60439 Frankfurt a. M.,

wird folgender Tarifvertrag geschlossen:

§ 1 Geltungsbereich

1. Räumlicher Geltungsbereich:

Das Gebiet derjenigen Länder der Bundesrepublik Deutschland und des Landes Berlin, in denen das Grundgesetz vor dem 3. Oktober 1990 galt.

2. Betrieblicher Geltungsbereich:

Betriebe des Feuerungs-, Ofen- und Schornsteinbaues.

3. Persönlicher Geltungsbereich:

Erfasst werden

1. gewerbliche Arbeitnehmer (Arbeiter),
2. zur Ausbildung für den Beruf eines Arbeiters Beschäftigte,

die eine nach den Vorschriften des Sechsten Buches Sozialgesetzbuch – Gesetzliche Rentenversicherung – (SGB VI) versicherungspflichtige Tätigkeit ausüben.

---

1) Der mit Wirkung zum 31. März 2011 gekündigte ZusatzTV Feuerungsbau wurde mit Wirkung ab 1. Mai 2013 – allerdings in geänderter Fassung vom 16. November 2012 – wieder in Kraft gesetzt.

§ 2
Anwendung des BRTV und des BBTV

Soweit im Folgenden nichts anderes vereinbart ist, gelten die Bestimmungen des Bundesrahmentarifvertrages für das Baugewerbe (BRTV) und des Tarifvertrages über die Berufsbildung im Baugewerbe (BBTV) in der jeweils geltenden Fassung.

§ 3
Eignungsuntersuchung

1. Der Arbeitgeber hat dafür zu sorgen, dass ein neu eingestellter Arbeitnehmer, der innerhalb der letzten zwei Jahre nicht auf seine Eignung für das feuerungstechnische Gewerbe arbeitsmedizinisch untersucht worden ist, unverzüglich dem arbeitsmedizinischen Dienst gemeldet wird, damit er, möglichst innerhalb von vier Wochen, untersucht wird.

2. Der Arbeitnehmer hat die Bescheinigung mit dem Ergebnis der Untersuchung dem Arbeitgeber zu übergeben.

§ 4
Zuschläge

§ 3 BRTV – Arbeitszeit – Nr. 6 – Zuschläge – wird durch folgende Regelung ersetzt:

1. Höhe der Zuschläge

Für Überstunden (Mehrarbeit), Nachtarbeit, für Arbeit an Sonntagen, gesetzlichen Feiertagen und am 24. und 31. Dezember (Heiligabend und Silvester) sind folgende Zuschläge zu zahlen:

1.1	Für Überstunden (Mehrarbeit)	25 v. H.,
1.2	für Nachtarbeit	20 v. H.,
1.3	für Arbeit an Sonntagen, auf die kein gesetzlicher Feiertag fällt,	75 v. H.,
1.4	für Arbeit an Heiligabend oder an Silvester, auch wenn diese auf einen Sonntag fallen,	75 v. H.,
1.5	für Arbeit an gesetzlichen Feiertagen, auch wenn diese auf einen Sonntag fallen, sowie am Oster- und Pfingstsonntag,	200 v. H.,
1.6	für Arbeit an gesetzlichen Feiertagen, wenn diese auf einen Samstag fallen,	150 v. H.

des Gesamttarifstundenlohnes zuzüglich des Feuerungsbauzuschlages.

2. Zusammentreffen mehrerer Zuschläge

Fallen mehrere Zuschläge an, sind alle Zuschläge nebeneinander zu zahlen.

§ 5
Lohngruppen und Feuerungsbauzuschläge

1. Abweichend von § 5 Nr. 3 BRTV werden die Lohngruppen im feuerungstechnischen Gewerbe wie folgt festgelegt:

1.1 Feuerungs- und Ofenbau

Lohngruppe 6: Feuerungs- und Ofenbau Werkpolier und Ofenwärter im Feuerungsbau

Lohngruppe 5: Feuerungs- und Ofenbau-Vorarbeiter

Lohngruppe 4: Spezialfacharbeiter im Feuerungs- und Ofenbau (Feuerungs- und Schornsteinbauer)

Lohngruppe 3: Facharbeiter

Lohngruppe 2: Fachwerker

1.2 Schornsteinbau

Lohngruppe 6: Schornsteinbau-Werkpolier

Lohngruppe 5: Schornsteinbau-Vorarbeiter

Lohngruppe 4: Spezialfacharbeiter im Schornsteinbau (Feuerungs- und Schornsteinbauer)

Lohngruppe 3: Facharbeiter

Lohngruppe 2: Fachwerker

2. Basis für die Löhne im feuerungstechnischen Gewerbe ist der jeweilige Gesamttarifstundenlohn der entsprechenden Lohngruppe im Baugewerbe. Hinzu kommt ein Feuerungsbauzuschlag je Lohngruppe. Die Höhe dieses Zuschlages ergibt sich aus dem jeweils geltenden Tarifvertrag über Feuerungsbauzuschläge im feuerungstechnischen Gewerbe. Die Feuerungsbauzuschläge nehmen nicht an Lohnerhöhungen teil.

3. Werker haben für die Zeit ihrer Tätigkeit auf dem Schornstein Anspruch auf den Lohn des Fachwerkers im Schornsteinbau.

4. Arbeitnehmer haben Anspruch auf den jeweiligen Lohn der Lohngruppe 5 für die Zeit, in der sie selbstständig eine Baustelle mit mindestens einem weiteren Mitarbeiter führen.

5. Die Ausbildungsvergütungen der gewerblichen Auszubildenden im feuerungstechnischen Gewerbe sind im jeweils geltenden Lohntarifvertrag aufzuführen.

§ 6
Erschwerniszuschläge

§ 6 BRTV – Erschwerniszuschläge – wird durch folgende Regelung ersetzt:

1. Anspruchsgrundlage

Der Arbeitnehmer hat für die Zeit, in der er mit einer der folgenden Arbeiten beschäftigt wird, einschließlich der arbeitsbedingt notwendigen – bezahlten – Erholzeiten, Anspruch auf den jeweils aufgeführten Erschwerniszuschlag:

	je Stunde
1.1 Schmutzarbeiten	
1.11 Arbeiten mit Teer oder Asplit	0,75 €
1.12 Verarbeiten von Kohlenstoffsteinen und graphithaltigen Steinen sowie deren Transport oder Umlagerung – bei dem Transport oder der Umlagerung jedoch nur, sofern eine erhebliche Berührung mit den Steinen erfolgt	1,20 €
1.13 Spritzen von feuerfesten Baumassen für den Düsenführer und für Arbeiten unmittelbar im Bereich des Abpralls	1,75 €
Mit dem Zuschlag nach Nr. 1.13 ist der Zuschlag nach Nr. 1.5 abgegolten.	
1.14 Keramisches Schweißen, für den Lanzenführer	1,75 €
1.2 Erschütterungsarbeiten	
Bedienen von Werkzeugen, Geräten und Maschinen, die bei ihrer Anwendung eine erhebliche Erschütterung des Körpers verursachen, z. B. Abbruchhammer, Stampfhammer, Bohrhammer, Boschhammer, sofern mehr als 1½ Stunden täglich damit gearbeitet wird	1,05 €
1.3 Heiße Arbeiten	
1.31 Arbeiten, bei denen	
a) am Arbeitsplatz eine Temperatur herrscht von 40 °C bis 50 °C	0,65 €
b) am Arbeitsplatz eine Temperatur herrscht von 50 °C bis 80 °C	1,65 €
c) am Arbeitsplatz eine Temperatur herrscht von mehr als 80 °C	2,70 €

(Fortsetzung)	je Stunde
d) eine Hitzeschutzkombination getragen werden muss	2,95 €
e) eine mit Frischluft belüftete Schutzkombination getragen werden muss	0,65 €
Im Falle der Zuschläge für d) oder e) entfallen die Zuschläge nach a) bis c).	
1.32 Arbeiten an in Betrieb befindlichen Feuerungsanlagen	1,15 €
1.33 Bei heißen Arbeiten gemäß Nr. 1.31 hat der Arbeitgeber kostenlos alkoholfreie Getränke am Arbeitsplatz zur Verfügung zu stellen.	
1.4 Hohe Arbeiten	
1.41 Außenarbeiten an Schornsteinen auf Konsolgerüsten und von Fahrkörben oder von Leitergängen aus	1,15 €
1.42 Anrüstarbeiten an Anrüstösen oder von Steigeisenumgängen aus	1,65 €
Im Falle der Nr. 1.42 entfallen die Zuschläge nach Nr. 1.41.	
1.5 Arbeiten unter Schutzmasken	
1.51 Arbeiten, bei denen eine filtrierende Halbmaske getragen werden muss	0,65 €
1.52 Arbeiten, bei denen eine Halbmaske mit austauschbarem Filter getragen werden muss	1,15 €
1.53 Arbeiten, bei denen eine Vollmaske mit austauschbarem Filter getragen werden muss	1,75 €
1.54 Arbeiten, bei denen ein tragbarer Pressluftatmer getragen werden muss	2,85 €
1.55 Arbeiten unter Vollschutz (Atemschutzgerät und Schutzanzug)	3,80 €

2. Pauschalzuschlag

Für jede geleistete Arbeitsstunde hat der Arbeitnehmer Anspruch auf einen Pauschalzuschlag in Höhe von 0,40 €. Dieser Zuschlag wird gewährt zum Ausgleich der Erschwernisse, die sich für den Arbeitnehmer regelmäßig neben den in Nr. 1 genannten Erschwernissen, insbesondere bei folgenden Arbeiten, ergeben:

– Arbeiten mit Bitumen, Klebern, Wasserglas, Schalungsöl,

- Arbeiten mit anderen chemischen oder organischen Mörteln und Bindern,
- Arbeiten mit Säuren oder ätzenden Stoffen oder in Säuredämpfen,
- Arbeiten an Anlagen, die in Betrieb gewesen sind – auch wenn dabei erheblicher Schmutz anfällt –,
- Bearbeiten von feuerfesten Steinen mit der Maschine oder mit der Trennsäge oder mit der Schleifscheibe,
- Verarbeiten von Glasfaser- oder Mineralfaserstoffen.

3. Zusammentreffen mehrerer Erschwerniszuschläge

Der Pauschalzuschlag gemäß Nr. 2 wird neben den Zuschlägen gemäß Nr. 1 gezahlt. Treffen mehr als zwei Zuschläge nach Nr. 1 zu, besteht Anspruch nur auf die beiden höchsten dieser Zuschläge.

4. Anpassung der Zuschläge

Die Erschwerniszuschläge gemäß Nrn. 1 und 2 werden jeweils zum Zeitpunkt des In-Kraft-Tretens des Tarifvertrages zur Regelung der Löhne und Ausbildungsvergütungen im Baugewerbe im Gebiet der Bundesrepublik Deutschland mit Ausnahme des Beitrittsgebiets entsprechend der Veränderung der in diesem Tarifvertrag geregelten Tariflöhne geändert. Dabei findet eine kaufmännische Rundung auf durch fünf teilbare Centbeträge statt.

§ 7
Schutzmittel und Werkzeuge

1. Schutzmittel

Der Arbeitgeber hat vorgeschriebene Schutzbrillen, Schutzbekleidung, Schutzhandschuhe, Atemschutzgeräte und Sicherheitsgeräte und -einrichtungen zur Verfügung zu stellen; sie bleiben Eigentum des Arbeitgebers.

Der Arbeitnehmer hat die vom Arbeitgeber zur Verfügung gestellten Schutz- und Sicherheitsgeräte und -einrichtungen sorgsam zu behandeln und in der vorgeschriebenen Weise anzuwenden und zu benutzen.

2. Werkzeuge

Die erforderlichen Werkzeuge, Einrichtungen, Hilfsmittel und für die Arbeitsausführung benötigten Materialien hat der Arbeitgeber zu stellen; sie bleiben Eigentum des Arbeitgebers.

§ 8
Fahrtkostenabgeltung, Verpflegungszuschuss und Auslösung

§ 7 BRTV – Fahrtkostenabgeltung, Verpflegungszuschuss und Auslösung wird durch folgende Regelung ersetzt:

1. Allgemeines

Der Arbeitnehmer kann auf allen Arbeitsstellen des Betriebes eingesetzt werden, auch auf solchen, die er von seiner Wohnung nicht an jedem Arbeitstag erreichen kann.

2. Begriffsbestimmungen

2.1 Entfernungen

Entfernungen sind nach Maßgabe des kürzesten mit Personenkraftwagen befahrbaren öffentlichen Weges zwischen der Arbeitsstelle und der Wohnung (Unterkunft) des Arbeitnehmers zu bestimmen.

2.2 Betrieb

Als Betrieb gilt die Hauptverwaltung, die Niederlassung, die Filiale, die Zweigstelle oder die sonstige ständige Vertretung des Arbeitgebers, in der der Arbeitnehmer eingestellt wird. Wird der Arbeitnehmer auf einer Arbeitsstelle eingestellt, so gilt die nächstgelegene Vertretung des Arbeitgebers als Betrieb.

3. Arbeitsstellen mit täglicher Heimfahrt

Der Arbeitnehmer, der außerhalb des Betriebes arbeitet und dem kein Auslösungsanspruch nach Nr. 4 zusteht, hat nach folgender Maßgabe Anspruch auf eine Fahrtkostenabgeltung und einen Verpflegungszuschuss.

3.1 Fahrtkostenabgeltung

Arbeitet der Arbeitnehmer auf einer mindestens 6 km von seiner Wohnung entfernten Arbeitsstelle und benutzt er für die Fahrt einen von ihm gestellten Pkw, so erhält er eine Fahrtkostenabgeltung in Höhe von 0,60 € je Arbeitstag und Entfernungskilometer (Kilometergeld), in allen anderen Fällen beträgt sie 0,30 € je Arbeitstag und Entfernungskilometer. Der arbeitstägliche Anspruch ist auf eine Fahrtkostenabgeltung in Höhe von 41,50 € begrenzt, wenn der Arbeitnehmer mit einem von ihm zur Verfügung gestellten Pkw fährt; in allen anderen Fällen ist der arbeitstägliche Anspruch auf eine Fahrtkostenabgeltung in Höhe von 20,75 € begrenzt.

Benutzt der Arbeitnehmer für die Fahrt zur Arbeitsstelle (Hin- und Rückfahrt) ein öffentliches Verkehrsmittel, so erfolgt die Fahrtkostenabgeltung durch Erstattung der entstandenen und nachgewiesenen Kosten bis zur Höhe des Preises für das preislich günstigste öffentliche Verkehrsmittel.

Ein Anspruch auf Fahrtkostenabgeltung besteht nicht, wenn die Möglichkeit der kostenlosen Beförderung mit einem vom Arbeitgeber gestellten ordnungsgemäßen Fahrzeug besteht.

Soweit die gewährte Fahrtkostenabgeltung zu versteuern ist, hat der Arbeitgeber von der Möglichkeit der Pauschalversteuerung nach § 40

Abs. 2 EStG Gebrauch zu machen; eine Überwälzung der entrichteten Steuer auf den Arbeitnehmer ist unwirksam. Dies gilt auch, soweit eine kostenlose Beförderung (Abs. 3) als Sachbezug zu versteuern ist.

3.2 Verpflegungszuschuss

Ist der Arbeitnehmer ausschließlich aus beruflichen Gründen mehr als zehn Stunden von seiner Wohnung abwesend, so erhält er einen Verpflegungszuschuss in Höhe von 4,09 € je Arbeitstag.

4. Arbeitsstellen ohne tägliche Heimfahrt

Der Arbeitnehmer, der auf eine Arbeitsstelle entsandt wird, die mehr als 60 km von seiner Wohnung entfernt ist, hat für jeden Kalendertag, an dem die getrennte Haushaltsführung durch die Entsendung verursacht ist, Anspruch auf Auslösung. Dieser Anspruch besteht auch für den Tag der Anreise und für den Tag der Rückreise nach Beendigung der Tätigkeit.

Die Auslösung ist Ersatz für den Mehraufwand für Verpflegung und Übernachtung im Sinne der steuerlichen Vorschriften.

4.1 Auslösung

Die Auslösung beträgt für jeden Kalendertag 35,— €. Bei Wochenendheimfahrten, Krankenhausaufenthalt (mit Ausnahme des Tages der Aufnahme) oder unentschuldigtem Fehlen des Arbeitnehmers entfällt der Auslösungsanspruch.

4.2 Unterkunft und Unterkunftsgeld

Die notwendigen Kosten der ordnungsgemäßen Unterkunft (Baustellenunterkunft/Pension/Hotel) trägt der Arbeitgeber, wofür dieser für jede Übernachtung des Arbeitnehmers einen Betrag von 6,50 € von der tariflichen Auslösung einbehalten kann.

4.3 An- und Abreise

Der Arbeitgeber hat den Arbeitnehmer kostenlos zur Arbeitsstelle zu befördern oder ihm die Fahrtkosten in Höhe von 0,15 € je gefahrenem Kilometer gemäß Nr. 2.1 zu erstatten. Das gilt auch für den unmittelbaren Wechsel zu einer anderen Arbeitsstelle und für die Rückfahrt zu seiner Wohnung nach Beendigung der Tätigkeit auf der Arbeitsstelle. Benutzt der Arbeitnehmer ein öffentliches Verkehrsmittel, so erfolgt die Fahrtkostenabgeltung durch Erstattung der entstandenen und nachgewiesenen Kosten bis zur Höhe des Preises für das preislich günstigste öffentliche Verkehrsmittel.

Legt der Arbeitnehmer den Weg mit einem nicht öffentlichen Verkehrsmittel zurück, erhält er eine pauschale Reisezeitvergütung für die ersten 60 km der nach Abs. 1 maßgeblichen Entfernung in Höhe eines Gesamttarifstundenlohnes seiner Lohngruppe. Für jeden weiteren gefahrenen Kilometer erhöht sich die Pauschalvergütung um ein Siebzigstel eines

Gesamttarifstundenlohnes seiner Lohngruppe. Benutzt der Arbeitnehmer ein öffentliches Verkehrsmittel, so ist als Reisezeitvergütung für die erforderliche Reisezeit sein Gesamttarifstundenlohn je Reisestunde zu zahlen.

4.4 Wochenendheimfahrten

Der Arbeitnehmer, dem eine Auslösung zu zahlen ist, hat alle vier Wochen Anspruch auf Wochenendheimfahrten. Für diese Wochenendheimfahrten erhält der Arbeitnehmer eine Fahrtkostenabgeltung nach Maßgabe der Nr. 3.1, wobei das Kilometergeld 0,30 € je Entfernungskilometer ohne Begrenzung beträgt.

Beträgt die Entfernung zwischen Betrieb und Arbeitsstelle mehr als 250 km, so ist der Arbeitnehmer nach Ablauf von jeweils acht Wochen einer ununterbrochenen Tätigkeit für einen Arbeitstag, bei einer Entfernung von mehr als 500 km für zwei Arbeitstage unter Fortzahlung seines Entgelts im Zusammenhang mit einer Wochenendheimfahrt von der Arbeit freizustellen. Dies gilt nicht, wenn die Wochenendheimfahrt auf Kosten des Arbeitgebers mit dem Flugzeug durchgeführt wird und die Kosten für die An- und Abfahrt zum bzw. vom Flughafen erstattet werden.

Für alle übrigen Wochenendheimfahrten hat der Arbeitnehmer Anspruch auf Fahrtkostenabgeltung nach Maßgabe der Nr. 3.1, wobei das Kilometergeld von 0,30 € je Entfernungskilometer auf die Auslösung nach Maßgabe der Nr. 4.1 begrenzt ist. Bei einer Entfernung von mehr als 250 km entfällt die Begrenzung auf den Auslösungsbetrag.

4.5 Die Nrn. 3.1 und 3.2 gelten nicht im Gebiet des Landes Berlin.

§ 9
Inkrafttreten und Laufdauer

Dieser Tarifvertrag tritt am 1. Januar 2001 in Kraft.[2)]

Er kann mit einer Frist von drei Monaten jeweils zum 31. Dezember, erstmals zum 31. Dezember 2014, schriftlich gekündigt werden.

Berlin/Frankfurt a. M., den 13. Dezember 2000/4. Juli 2002/4. Juni 2003/23. Mai 2009/16. November 2012

---

2) Der Tarifvertrag in der Fassung vom 16. November 2012 ist am 1. Mai 2013 in Kraft getreten.

▷ Siehe auch **Handbuch des Personalrechts für den Baubetrieb** (13. Auflage), Stichworte: *Feuerungsbau*, *Erschwerniszuschläge*.

Erläuterungen zum ZusatzTV Feuerungsbau

Mit dem Tarifvertrag für das feuerungstechnische Gewerbe vom 10. Februar 1993 wurde der Vorläufer, der ZusatzTV Feuerungsbau vom 20. Dezember 1988 in der Fassung vom 27. April 1990 (siehe Tarifsammlung für die Bauwirtschaft 1992/1993, Seite 230 ff.), abgelöst. Der neu abgeschlossene Tarifvertrag enthielt gegenüber der bisherigen Regelung eine Reihe von – teilweise erheblichen – Änderungen. So wurden erstmals die Zuschläge für Überstunden, Nachtarbeit, Sonn- und Feiertagsarbeit von § 3 BRTV gesondert geregelt (§ 4). Die Erschwerniszuschläge wurden systematisch neu geordnet und ihre Erhöhung an die Entwicklung der Tariflöhne gekoppelt.

Der Tarifvertrag für das feuerungstechnische Gewerbe vom 13. Dezember 2000 hat den gleichnamigen Tarifvertrag vom 10. Februar 1993 in der Fassung vom 3. Juni 1997 abgelöst. Er enthält insbesondere einen geänderten Katalog der Erschwerniszuschläge mit durchweg reduzierten Zuschlägen. Der Änderungstarifvertrag vom 4. Juli 2002 passt die Erschwerniszuschläge (§ 6) mit Wirkung ab 1. September 2002 an die Entwicklung der Löhne an.

Der Änderungstarifvertrag vom 4. Juni 2003 passt die Lohngruppenbezeichnungen an den neuen BRTV vom 4. Juli 2002 an. Er sieht ferner die Anpassung des ZusatzTV Feuerungsbau an die Neufassung des BRTV bei der Fahrtkostenabgeltung, dem Verpflegungszuschuss und der Auslösung (§ 8) vor.

Nunmehr ist der Auslösungssatz für gewerbliche Arbeitnehmer im Feuerungsbau im ZusatzTV geregelt (§ 8 Nr. 4.1). Der Änderungstarifvertrag vom 4. Juni 2003 trat am 1. Juli 2003 in Kraft, die Änderungen von § 5 ZusatzTV Feuerungsbau jedoch erst am 1. April 2004.

Der ZusatzTV Feuerungsbau wurde zum 30. Juni 2007 gekündigt. Er wurde mit Wirkung vom 1. Juni 2009 wiederinkraftgesetzt und zwar in geänderter Fassung vom 23. Mai 2009. Geändert wurden § 5, § 8 Nr. 4.1 (Auslösungshöhe) und § 9 Abs. 2.

Der ZusatzTV Feuerungsbau wurde zum 31. März 2011 gekündigt. Die bisher im TV Lohn/West, TV Lohn/Ost und TV Lohn/Berlin geregelten Feuerungsbauzuschläge sind ab 1. April 2011 im Tarifvertrag über Feuerungsbauzuschläge im feuerungstechnischen Gewerbe vom 28. April 2011 geregelt (siehe Seiten 297 bis 299). Dieser Tarifvertrag wurde fristgemäß am 24. Mai 2011 gekündigt. Mit Abschluss vom 16. November 2012 sind beide Tarifverträge mit Änderungen zu dem Zeitpunkt wieder in Kraft gesetzt worden, an dem die seit 1. Juni 2012 geltenden Tarifstundenlöhne gemäß § 2 TV Lohn/West erhöht werden. Dies ist der 1. Mai 2013. Inhaltlich wurden die Erschwerniszuschläge (§ 6 Nr. 1) um 5,3 % erhöht, das Kilometergeld um 0,03 € pro gefahrenem Kilometer angehoben und die Auslösung um 13,— € abgesenkt, wobei der Arbeitgeber die Kosten der ordnungsgemäßen Unterkunft zu tragen hat. Außerdem wurden die Feuerungsbauzuschläge um 0,35 € pro Lohngruppe (West) abgesenkt (TV Feuerungsbauzuschläge).

Tarifvertrag über Feuerungsbauzuschläge im feuerungstechnischen Gewerbe (TV Feuerungsbauzuschläge)

vom 28. April 2011

in der Fassung vom 16. November 2012[1)]

Zwischen

dem Zentralverband des Deutschen Baugewerbes e. V.,
Kronenstraße 55–58, 10117 Berlin,

dem Hauptverband der Deutschen Bauindustrie e. V.,
Kurfürstenstraße 129, 10785 Berlin,

und

der Industriegewerkschaft Bauen-Agrar-Umwelt,
Olof-Palme-Straße 19, 60439 Frankfurt a. M.,

wird folgender Tarifvertrag geschlossen:

§ 1
Geltungsbereich

(1) Räumlicher Geltungsbereich:

Das Gebiet der Bundesrepublik Deutschland.

(2) Betrieblicher Geltungsbereich:

Betriebe des Feuerungs-, Ofen- und Schornsteinbaues.

(3) Persönlicher Geltungsbereich:

Erfasst werden gewerbliche Arbeitnehmer (Arbeiter), die eine nach den Vorschriften des Sechsten Buches Sozialgesetzbuch – Gesetzliche Rentenversicherung – (SGB VI) versicherungspflichtige Tätigkeit ausüben.

---

1) Der am 24. Mai 2011 fristgemäß mit sofortiger Wirkung gekündigte TV Feuerungsbauzuschläge wurde mit Wirkung ab 1. Mai 2013 – allerdings in geänderter Fassung vom 16. November 2012 – wieder in Kraft gesetzt.

§ 2
Feuerungsbauzuschläge

Die Feuerungsbauzuschläge gemäß § 5 Nr. 2 des Tarifvertrages für das feuerungstechnische Gewerbe werden mit Wirkung vom **1. Mai 2013** je Stunde wie folgt festgesetzt (in €):

---

1. Im Gebiet der Bundesrepublik Deutschland, ausgenommen die Gebiete der Länder Berlin, Brandenburg, Mecklenburg-Vorpommern, Sachsen, Sachsen-Anhalt und Thüringen

1.1 Feuerungs- und Ofenbau

Lohngruppe 6	0,34
Lohngruppe 5	0,80
Lohngruppe 4	0,38
Lohngruppe 3	0,48
Lohngruppe 2	0,91

1.2 Schornsteinbau

Lohngruppe 6	1,39
Lohngruppe 5	1,70
Lohngruppe 4	1,44
Lohngruppe 3	1,23
Lohngruppe 2	1,36

2. Im Gebiet der Länder Brandenburg, Mecklenburg-Vorpommern, Sachsen, Sachsen-Anhalt und Thüringen

2.1 Feuerungs- und Ofenbau

Lohngruppe 6	0,60
Lohngruppe 5	1,—
Lohngruppe 4	0,66
Lohngruppe 3	0,74
Lohngruppe 2	2,78

2.2 Schornsteinbau

Lohngruppe 6	1,54
Lohngruppe 5	1,81
Lohngruppe 4	1,59
Lohngruppe 3	1,40
Lohngruppe 2	3,18

3. Im Westteil des Landes Berlin

3.1 Feuerungs- und Ofenbau

Lohngruppe 6	0,32

(Fortsetzung)	
Lohngruppe 5	0,75
Lohngruppe 4	0,37
Lohngruppe 3	0,45
Lohngruppe 2	0,89
3.2 Schornsteinbau	
Lohngruppe 6	1,35
Lohngruppe 5	1,64
Lohngruppe 4	1,41
Lohngruppe 3	1,19
Lohngruppe 2	1,34
4. Im Ostteil des Landes Berlin	
4.1 Feuerungs- und Ofenbau	
Lohngruppe 6	0,67
Lohngruppe 5	1,10
Lohngruppe 4	0,72
Lohngruppe 3	0,80
Lohngruppe 2	1,24
4.2 Schornsteinbau	
Lohngruppe 6	1,70
Lohngruppe 5	1,99
Lohngruppe 4	1,76
Lohngruppe 3	1,54
Lohngruppe 2	1,69

§ 3
Inkrafttreten und Laufdauer

Dieser Tarifvertrag tritt am 1. April 2011 in Kraft.[2] Er kann mit einer Frist von drei Monaten jeweils zum 31. Dezember, erstmals zum 31. Dezember 2014, schriftlich gekündigt werden.

Berlin/Frankfurt a. M., den 28. April 2011/16. November 2012

2) Der Tarifvertrag in der Fassung vom 16. November 2012 ist am 1. Mai 2013 in Kraft getreten.

Löhne für das feuerungstechnische Gewerbe (West und Ost)

Lohntabelle/West	Lohngruppe 6			5			4			3			2[1]		
1. Feuerungs- und Ofenbau															
Zeitraum	**Basis**	**FZ**	**GTL**	**Basis**	**FZ**	**GTL**	**Basis**	**FZ**	**GTL**	**Basis**	**FZ**	**GTL**	**Basis**	**FZ**	**GTL**
01.05.2018 – 31.12.2020	23,70 €	0,34 €	24,04 €	21,65 €	0,80 €	22,45 €	20,63 €	0,38 €	21,01 €	18,88 €	0,48 €	19,36 €			
01.01.2021 – 30.06.2021	24,19 €	0,34 €	24,53 €	22,10 €	0,80 €	22,90 €	21,06 €	0,38 €	21,44 €	19,27 €	0,48 €	19,75 €			
01.04.2020 – 31.12.2020													15,40 €	0,91 €	16,31 €
01.01.2021 – 31.12.2021													●[2]	0,91 €	●[2]
2. Schornsteinbau															
Zeitraum	**Basis**	**FZ**	**GTL**	**Basis**	**FZ**	**GTL**	**Basis**	**FZ**	**GTL**	**Basis**	**FZ**	**GTL**	**Basis**	**FZ**	**GTL**
01.05.2018 – 31.12.2020	23,70 €	1,39 €	25,09 €	21,65 €	1,70 €	23,35 €	20,63 €	1,44 €	22,07 €	18,88 €	1,23 €	20,11 €			
01.01.2021 – 30.06.2021	24,19 €	1,39 €	25,58 €	22,10 €	1,70 €	23,80 €	21,06 €	1,44 €	22,50 €	19,27 €	1,23 €	20,50 €			
01.04.2020 – 31.12.2020													15,40 €	1,36 €	16,76 €
01.01.2021 – 31.12.2021													●[2]	1,36 €	●[2]

1) Abweichender Zeitraum, da hier der Mindestlohn 2 (West), der sich jeweils zum 1. Januar erhöht, die Basis ist.
2) Basis: Mindestlohn 2 (West) ab 1. Januar 2021 (noch offen) zzgl. FZ = GTL (neu).

Lohntabelle/Ost	Lohngruppe														
	6			5			4			3			2		
1. Feuerungs- und Ofenbau															
Zeitraum	**Basis**	**FZ**	**GTL**	**Basis**	**FZ**	**GTL**	**Basis**	**FZ**	**GTL**	**Basis**	**FZ**	**GTL**	**Basis**	**FZ**	**GTL**
01.06.2019 – 31.12.2020	22,41 €	0,60 €	23,01 €	20,51 €	1,— €	21,51 €	19,50 €	0,66 €	20,16 €	17,90 €	0,74 €	18,64 €	13,77 €	2,78 €	16,55 €
01.01.2021 – 30.06.2021	22,91 €	0,60 €	23,51 €	20,96 €	1,— €	21,96 €	19,94 €	0,66 €	20,60 €	18,29 €	0,74 €	19,03 €	14,07 €	2,78 €	16,85 €
2. Schornsteinbau															
Zeitraum	**Basis**	**FZ**	**GTL**	**Basis**	**FZ**	**GTL**	**Basis**	**FZ**	**GTL**	**Basis**	**FZ**	**GTL**	**Basis**	**FZ**	**GTL**
01.06.2019 – 31.12.2020	22,41 €	1,54 €	23,95 €	20,51 €	1,81 €	22,32 €	19,50 €	1,59 €	21,09 €	17,90 €	1,40 €	19,30 €	13,77 €	3,18 €	16,95 €
01.01.2021 – 30.06.2021	22,91 €	1,54 €	24,45 €	20,96 €	1,81 €	22,77 €	19,94 €	1,59 €	21,53 €	18,29 €	1,40 €	19,69 €	14,07 €	3,18 €	17,25 €

Löhne für das feuerungstechnische Gewerbe (Berlin)

Lohntabelle/Berlin-West	Lohngruppe 6			5			4			3			2[1]		
1. Feuerungs- und Ofenbau															
Zeitraum	**Basis**	**FZ**	**GTL**	**Basis**	**FZ**	**GTL**	**Basis**	**FZ**	**GTL**	**Basis**	**FZ**	**GTL**	**Basis**	**FZ**	**GTL**
01.05.2018 – 31.12.2020	23,41 €	0,32 €	23,73 €	21,47 €	0,75 €	22,22 €	20,37 €	0,37 €	20,74 €	18,69 €	0,45 €	19,14 €			
01.01.2021 – 30.06.2021	23,90 €	0,32 €	24,22 €	21,92 €	0,75 €	22,67 €	20,80 €	0,37 €	21,17 €	19,08 €	0,45 €	19,53 €			
01.04.2020 – 31.12.2020													15,25 €	0,89 €	16,14 €
01.01.2021 – 31.12.2021													●[2]	0,89 €	●[2]
2. Schornsteinbau															
Zeitraum	**Basis**	**FZ**	**GTL**	**Basis**	**FZ**	**GTL**	**Basis**	**FZ**	**GTL**	**Basis**	**FZ**	**GTL**	**Basis**	**FZ**	**GTL**
01.05.2018 – 31.12.2020	23,41 €	1,35 €	24,76 €	21,47 €	1,64 €	23,11 €	20,37 €	1,41 €	21,78 €	18,69 €	1,19 €	19,88 €			
01.01.2021 – 30.06.2021	23,90 €	1,35 €	25,25 €	21,92 €	1,64 €	23,56 €	20,80 €	1,41 €	22,21 €	19,08 €	1,19 €	20,27 €			
01.04.2020 – 31.12.2020													15,25 €	1,34 €	16,59 €
01.01.2021 – 31.12.2021													●[2]	1,34 €	●[2]

1) Abweichender Zeitraum, da hier der Mindestlohn 2 (Berlin), der sich zu anderen Terminen erhöht, die Basis ist.
2) Basis: Mindestlohn 2 (Berlin) ab 1. Januar 2021 (noch offen) zzgl. FZ = GTL (neu).

Lohntabelle/Berlin-Ost	Lohngruppe 6			5			4			3			2[3]		
1. Feuerungs- und Ofenbau															
Zeitraum	**Basis**	**FZ**	**GTL**	**Basis**	**FZ**	**GTL**	**Basis**	**FZ**	**GTL**	**Basis**	**FZ**	**GTL**	**Basis**	**FZ**	**GTL**
01.05.2018 – 31.12.2020	23,41 €	0,67 €	24,08 €	21,47 €	1,10 €	22,57 €	20,37 €	0,72 €	21,09 €	18,69 €	0,80 €	19,49 €			
01.01.2021 – 30.06.2021	23,90 €	0,67 €	24,57 €	21,92 €	1,10 €	23,02 €	20,80 €	0,72 €	21,52 €	19,08 €	0,80 €	19,88 €			
01.04.2020 – 31.12.2020													15,25 €	1,24 €	16,49 €
01.01.2021 – 31.12.2021													●[4]	1,24 €	●[4]
2. Schornsteinbau															
Zeitraum	**Basis**	**FZ**	**GTL**	**Basis**	**FZ**	**GTL**	**Basis**	**FZ**	**GTL**	**Basis**	**FZ**	**GTL**	**Basis**	**FZ**	**GTL**
01.05.2018 – 31.12.2020	23,41 €	1,70 €	25,11 €	21,47 €	1,99 €	23,46 €	20,37 €	1,76 €	22,13 €	18,69 €	1,54 €	20,23 €			
01.01.2021 – 30.06.2021	23,90 €	1,70 €	25,60 €	21,92 €	1,99 €	23,91 €	20,80 €	1,76 €	22,56 €	19,08 €	1,54 €	20,62 €			
01.04.2020 – 31.12.2020													15,25 €	1,69 €	16,94 €
01.01.2021 – 31.12.2021													●[4]	1,69 €	●[4]

3) Abweichender Zeitraum, da hier der Mindestlohn 2 (Berlin), der sich zu anderen Terminen erhöht, die Basis ist.
4) Basis: Mindestlohn 2 (Berlin) ab 1. Januar 2021 (noch offen) zzgl. FZ = GTL (neu).

Tarifvertrag für das wärme-, kälte- und schallschutztechnische Gewerbe (Isoliergewerbe)

vom 25. Februar 2005

Zwischen

dem Zentralverband des Deutschen Baugewerbes e. V.,
Kronenstraße 55–58, 10117 Berlin,

dem Hauptverband der Deutschen Bauindustrie e. V.,
Kurfürstenstraße 129, 10785 Berlin,

und

der Industriegewerkschaft Bauen-Agrar-Umwelt,
Olof-Palme-Straße 19, 60439 Frankfurt a. M.,

wird folgender Tarifvertrag geschlossen:

Für Betriebe des Isoliergewerbes im Gebiet derjenigen Länder der Bundesrepublik Deutschland und des Landes Berlin, in denen das Grundgesetz vor dem 3. Oktober 1990 galt, die Arbeiten im Sinne des § 1 Abs. 2 Abschnitt IV Nr. 3, V Nr. 9 des Bundesrahmentarifvertrages für das Baugewerbe vom 4. Juli 2002 in der Fassung vom 14. Dezember 2004 (BRTV) ausführen, gelten dessen Bestimmungen mit folgenden Besonderheiten:

I.
Arbeitszeit, Schutzmittel, Werkzeuge

§ 3 – Arbeitszeit – BRTV wird wie folgt ergänzt:

1. Waschzeitenregelung

Dem Arbeitnehmer sind innerhalb der Arbeitszeit als Waschzeit zu gewähren:

1.1 bei Arbeiten mit Bitumen und Klebern, sofern keine Schutzkleidung (z. B. Schutzhandschuhe) zur Verfügung gestellt wird — 20 Minuten,

1.2 bei Arbeiten mit Mineralwolle-Dämmstoffen — 10 Minuten.

Reinigungsmittel, die zur Entfernung von am Körper des Arbeitnehmers haftenden Werkstoffresten dienen, hat der Arbeitgeber zu stellen.

2. Stellung von Schutzmitteln und Werkzeugen

Emulsionen und Schutzcremes, die der Verhinderung von starker Verunreinigung der Haut oder dem Schutz empfindlicher Haut dienen, hat der Arbeitgeber zu stellen.

Erforderliches Werkzeug und die vorgeschriebene persönliche Schutzausrüstung werden vom Arbeitgeber zur Verfügung gestellt; sie bleiben Eigentum des Arbeitgebers.

II.
Erschwerniszuschläge

§ 6 – Erschwerniszuschläge – BRTV wird durch folgende Regelung ergänzt:

Der Arbeitnehmer hat für die Zeit, in der er mit einer der folgenden Arbeiten beschäftigt wird, Anspruch auf den nachstehend jeweils aufgeführten Erschwerniszuschlag, wenn die einschlägigen Unfallverhütungsvorschriften eingehalten und die nach den Unfallverhütungsvorschriften zu stellenden persönlichen Schutzausrüstungen benutzt werden.

1. Arbeiten in strahlengefährdeten Bereichen

Arbeiten in strahlengefährdeten Bereichen oder Kontrollbereichen mit offener oder umschlossener Radioaktivität, bei denen ein vorgeschriebener Overall mit Kapuze, Reaktorschuhen und Handschuhen, der vom Kraftwerksbetreiber zur Verfügung gestellt wird, getragen wird — 0,51 €/Stunde

2. Arbeiten unter Schmutzeinwirkungen

2.1 Arbeiten mit Heiß- oder Kaltbitumen, Kunststoffputzen in Kühlräumen oder mit solchen Klebern, bei deren Verarbeitung es zu einer außergewöhnlichen Verschmutzung kommt, sofern der Arbeitgeber keine Schutzkleidung zur Verfügung stellt — 1,28 €/Stunde

2.2 Arbeiten in schmutzigen Kanälen oder in Räumen, in denen Schmutzwasser oder Ölreste stehen — 1,28 €/Stunde

2.3 Arbeiten, die im Verhältnis zu den für den Gewerbezweig und das Fach des Arbeitnehmers typischen Arbeiten außergewöhnlich schmutzig sind oder mit einer außergewöhnlichen Geruchsbelästigung verbunden sind — 0,79 €/Stunde

3. Arbeiten in Tunneln, Kanälen, Räumen oder Zwischendecken

3.1 Arbeiten in Tunneln oder Stollen — 0,64 €/Stunde

3.2 Arbeiten in nicht begehbaren gedeckten Kanälen, Räumen oder Zwischendecken mit einer Höhe von unter 1,5 m — 1,28 €/Stunde

4. Arbeiten in Gefrierräumen

Arbeiten in Gefrierräumen mit Temperaturen unter minus 15 °C — 2,56 €/Stunde

5. Arbeiten in der Höhe

Arbeiten auf Gerüsten, auch auf Hängegerüsten oder in Fahrkörben, solange der Arbeitnehmer in mehr als 20 m Höhe über der Erdoberfläche, dem Arbeitsboden oder über begehbaren Bauwerksdächern arbeitet — 1,79 €/Stunde

6. Arbeiten mit Mineralwolle-Dämmstoffen

6.1 Arbeiten mit Mineralwolle-Dämmstoffen einschließlich Ummantelung, sofern keine persönliche Schutzausrüstung vorgeschrieben ist. Ausgenommen sind Ummantelungsarbeiten an vollflächig verklebten alukaschierten oder gleichwertig oberflächengeschützten Mineralwolle-Dämmstoffen. — 0,64 €/Stunde

6.2 Entfernen nicht mehr wieder verwendbarer Mineralwolle-Dämmstoffe, sofern keine persönliche Schutzausrüstung vorgeschrieben ist — 1,02 €/Stunde

7. Arbeiten auf Wasserfahrzeugen aller Art

Isolierarbeiten auf Wasserfahrzeugen — 0,69 €/Stunde

Die übrigen Erschwerniszuschläge, mit Ausnahme der Nr. 3.2, werden hiervon nicht berührt.

III.
Akustik- und Trockenbauarbeiten

Für Akustik- und Trockenbauarbeiten gelten die §§ 3 und 6 BRTV.

IV.
Fahrtkostenabgeltung und Verpflegungszuschuss

§ 7 Nr. 3 BRTV wird durch folgende Regelung ersetzt:

Der Arbeitnehmer, der auf einer mindestens 6 km von seiner Wohnung entfernten Bau- oder Arbeitsstelle außerhalb des Betriebes arbeitet und dem kein Auslösungsanspruch gemäß § 7 Nr. 4.1 BRTV zusteht, hat Anspruch auf Fahrtkostenabgeltung. Unterhält der Arbeitnehmer mehrere Wohnungen, so bemisst sich die Entfernung von der der Bau- oder Arbeitsstelle nächstgelegenen Wohnung.

Die Kosten für die Fahrt von der Wohnung zur Bau- oder Arbeitsstelle (Hin- und Rückfahrt) werden je Arbeitstag und Entfernungskilometer mit 0,33 € abgegolten. Ein Anspruch besteht nicht, wenn die kostenlose Beförderung mit einem vom Arbeitgeber zur Verfügung gestellten ordnungsgemäßen Fahrzeug gegeben ist.

Der Arbeitnehmer, der auf einer Bau- oder Arbeitsstelle außerhalb des Betriebes arbeitet und dem kein Auslösungsanspruch gemäß § 7 Nr. 4.1 BRTV zusteht, hat darüber hinaus Anspruch auf einen Verpflegungszuschuss in Höhe von 4,09 € je Arbeitstag, wenn er dem Arbeitgeber schriftlich bestätigt, dass er ausschließlich aus beruflichen Gründen mehr als zehn Stunden von seiner Wohnung abwesend war.

Der arbeitstägliche Anspruch auf Fahrtkostenabgeltung und Verpflegungszuschuss ist insgesamt der Höhe nach auf 23,01 € begrenzt.

Soweit die gewährten Fahrtkostenabgeltungen zu versteuern sind, hat der Arbeitgeber von der Möglichkeit der Pauschalversteuerung nach § 40 Abs. 2 EStG Gebrauch zu machen; eine Überwälzung der entrichteten Steuer auf den Arbeitnehmer ist unwirksam. Dies gilt auch, soweit eine kostenlose Beförderung (Abs. 2 Satz 2) als Sachbezug zu versteuern ist.

Die Fahrtkostenabgeltung und der Verpflegungszuschuss gehören zu den unter § 4 Abs. 1 a Satz 1 des Entgeltfortzahlungsgesetzes von der Entgeltfortzahlung im Krankheitsfalle ausgenommenen Leistungen.

Die Bestimmungen dieses Abschnittes gelten nicht für Betriebe des Isoliergewerbes im Gebiet des Landes Berlin.

V.
Öffnungsklauseln

1. Durch freiwillige Betriebsvereinbarung oder, wenn kein Betriebsrat besteht, durch einzelvertragliche Vereinbarung können von den Abschnitten I. Nr. 1, II. Nr. 2 bis 7 und IV abweichende Vereinbarungen getroffen werden.
2. Wird von den Erschwerniszuschlägen in Abschnitt II. Nr. 2 bis 7 abgewichen, dürfen die jeweils einschlägigen Erschwerniszuschläge in § 6 BRTV nicht unterschritten werden.
3. Wird von der Regelung in Abschnitt IV abgewichen, dürfen die Bestimmungen des § 7 Nr. 3 BRTV nicht unterschritten werden.
4. Für Arbeitnehmer, die ununterbrochen und länger als 24 Monate auf derselben Arbeitsstelle beschäftigt sind oder beschäftigt werden sollen und deren Tätigkeit auf der Grundlage dauerhafter, nicht projektbezogener Vertragsbeziehungen zwischen Arbeitgeber und Auftraggeber (Rahmenvertrag) geregelt ist, dürfen die Bestimmungen des § 7 Nr. 3.1 und Nr. 3.2 BRTV vom ersten Tag der Beschäftigung auf dieser Arbeitsstelle an unterschritten werden. Dabei darf die erst ab einer Entfernung von 15 km von der Wohnung zur Arbeitsstelle zu gewährende Fahrtkostenabgeltung einen Betrag von 0,15 € je Arbeitstag und Entfernungskilometer und der Verpflegungszuschuss einen Betrag von 3,— € je Arbeitstag nicht unterschreiten.

   Stellt sich heraus, dass der Arbeitnehmer aufgrund des Einsatzes auf einer anderen Arbeitsstelle oder aufgrund einer betriebsbedingten Kündigung nicht länger als 24 Monate auf derselben Arbeitsstelle beschäftigt wurde, hat er für die Zeit vom ersten Tag der Beschäftigung auf dieser Arbeitsstelle an Anspruch auf eine Nachzahlung der wegen der Nutzung der Öffnungsklausel nach Abs. 1 Satz 1 nicht gewährten Fahrtkostenabgeltung und des Verpflegungszuschusses. Die Nachzahlung erfolgt mit der nächsten Lohnabrechnung.

VI.
Schlussbestimmungen

Dieser Tarifvertrag tritt am 1. März 2005, Abschnitt V. Nr. 4 jedoch erst am 1. September 2005, in Kraft. Er kann mit einer Frist von sechs Monaten jeweils zum 31. Dezember, erstmals zum 31. Dezember 2008, schriftlich gekündigt werden.

Berlin / Frankfurt a. M., den 25. Februar 2005

▷ Siehe auch **Handbuch des Personalrechts für den Baubetrieb** (13. Auflage), Stichworte: *Isoliergewerbe*, *Erschwerniszuschläge*.

Vereinbarung zur Einführung einer Öffnungsklausel in dem Tarifvertrag für das wärme-, kälte- und schallschutztechnische Gewerbe (Zusatz TV Isoliergewerbe)

vom 25. Februar 2005

Die Tarifvertragsparteien bekräftigen ihren gemeinsamen Willen, die Wettbewerbsfähigkeit der heimischen Isolierbetriebe zu verbessern und die Arbeitsplätze der im Isoliergewerbe beschäftigten Arbeitnehmer zu sichern.

Um dieses Ziel zu fördern, haben die Tarifvertragsparteien eine Öffnungsklausel für den Zusatztarifvertrag für das Isoliergewerbe vereinbart. Diese Öffnungsklausel soll dazu dienen, dass Arbeitgeber und Arbeitnehmer gemeinsam und unter Beachtung der wirtschaftlichen Situation des Betriebes sowie der jeweiligen Arbeitsplatzsituation über die Anwendung des Zusatztarifvertrages beraten und entscheiden.

Die Tarifvertragsparteien betonen dabei, dass die Öffnungsklausel nicht allein die Möglichkeit bietet, den Tarifvertrag vollständig oder gar nicht anzuwenden, sondern dass je nach der betrieblichen und auftragsbedingten Situation einzelne Elemente des Tarifvertrages zur Anwendung kommen und die Betriebsparteien hierbei auch alternative und passgenaue Lösungen vereinbaren können. So kann z. B. von Abschn. I Nr. 1 eine abweichende Vereinbarung dergestalt getroffen werden, dass die zu gewährende Waschzeit entweder dem Ausgleichskonto gutzuschreiben ist oder dem Arbeitnehmer im Anschluss an die Arbeitszeit unter Fortzahlung seines Gesamttarifstundenlohnes gewährt wird. Insbesondere bei Arbeiten mit Mineralwolle-Dämmstoffen ist je nach Arbeitsplatzsituation und Dämmmaterial die Erschwernis für den Arbeitnehmer sehr unterschiedlich zu bewerten. Diese sehr unterschiedliche Arbeitsplatzsituation sowie die wirtschaftliche Situation des Betriebes sollen bei einer von Abschn. II Nr. 6 abweichenden Vereinbarung von den Betriebsparteien berücksichtigt werden.

Betrieblich können weitere Gründe für eine Nachzahlung des Differenzbetrages nach Abschn. V Nr. 4 Satz 3 vereinbart werden.

Berlin / Frankfurt a. M., den 25. Februar 2005

Rahmentarifvertrag für Leistungslohn im Baugewerbe

vom 29. Juli 2005

Zwischen

dem Zentralverband des Deutschen Baugewerbes e. V.,
Kronenstraße 55–58, 10117 Berlin,

dem Hauptverband der Deutschen Bauindustrie e. V.,
Kurfürstenstraße 129, 10785 Berlin,

und

der Industriegewerkschaft Bauen-Agrar-Umwelt,
Olof-Palme-Straße 19, 60439 Frankfurt a. M.,

wird folgender Tarifvertrag geschlossen:

Präambel

Mit der Umsetzung des Leistungslohnes auf der Grundlage dieses Tarifvertrages kann die Arbeitsorganisation des Betriebes verbessert und damit die Produktivität und Arbeitseffektivität erhöht werden. Ziel ist auch die Einführung eines permanenten Baustellencontrollings, um damit eine Optimierung der Bauabläufe sicherzustellen. Durch eine leistungsgerechte Entlohnung mit der Möglichkeit eines Mehrverdienstes kann darüber hinaus die Motivation der Arbeitnehmer gesteigert werden.

§ 1
Geltungsbereich

(1) Räumlicher Geltungsbereich:

Das Gebiet der Bundesrepublik Deutschland.

(2) Betrieblicher Geltungsbereich:

Betriebe, die unter den betrieblichen Geltungsbereich des Bundesrahmentarifvertrages für das Baugewerbe (BRTV) in der jeweils geltenden Fassung fallen.

(3) Persönlicher Geltungsbereich:

Gewerbliche Arbeitnehmer, die eine nach den Vorschriften des Sechsten Buches Sozialgesetzbuch – Gesetzliche Rentenversicherung – (SGB VI) versicherungspflichtige Tätigkeit ausüben.

§ 2
Allgemeine Bestimmungen

(1) Arbeitgeber und Betriebsrat, sofern kein Betriebsrat besteht, Arbeitgeber und Leistungsgruppe (Kolonne) können im Rahmen einer freiwilligen Vereinbarung die Durchführung von Arbeiten im Leistungslohn vereinbaren. Wird Leistungslohn vereinbart, sind die in diesem Tarifvertrag geregelten Bestimmungen einzuhalten.

Vor Einführung des Leistungslohnes ist den betroffenen Arbeitnehmern das Prinzip des Leistungslohnes und die betriebliche Umsetzung, insbesondere die Ermittlung der Vorgabewerte zu erläutern.

(2) Bei Arbeiten im Leistungslohn ist die zu erbringende Leistung nach Art und Umfang vor Aufnahme der Tätigkeit eindeutig zu bestimmen. Die Bestimmungen der VOB Teil C bilden dabei die Grundlage, soweit nichts anderes vereinbart ist.

Die zu erbringende Leistung soll zusammenhängend ohne Unterbrechungen erbracht werden.

(3) Die Bedingungen der Leistungserbringung, einschließlich der zu Grunde liegenden Vorgabewerte, sind vor Aufnahme der Tätigkeit schriftlich zu vereinbaren.

(4) Die Leistungsgruppe soll hinsichtlich der Altersstruktur und Qualifikation der Arbeitnehmer ausgewogen zusammengesetzt sein. Die Leistungsgruppe hat einen Sprecher zu wählen, der sie in allen den Leistungslohn betreffenden Fragen gegenüber dem Arbeitgeber vertritt.

(5) Für die Zeit der Ausübung der in § 4 Abs. 3 der Lohntarifverträge genannten Tätigkeiten können Arbeiten im Leistungslohn nicht durchgeführt werden, wenn der Arbeitnehmer die in § 4 Abs. 3 der Lohntarifverträge genannten Löhne erhält.

§ 3
Vorgabewerte

(1) Vorgabewerte sind methodisch zu ermitteln. Ermittlungsgrundlage ist die Normalleistung, die von jedem Arbeitnehmer nach Einarbeitung und ohne Gesundheitsschädigung auf Dauer erreicht werden kann. Persönliche Erholungszeiten sowie sachliche Verteilzeiten (z. B. Rüstzeiten) sind zu berücksichtigen.

(2) Grundlage für die betrieblichen Vorgabewerte sind die von den Tarifvertragsparteien anerkannten, nach arbeitswissenschaftlichen Gesichtspunkten erstellten Arbeitszeit-Richtwertetabellen.

(3) Die Ermittlung der betrieblichen Vorgabewerte für die zu erbringende Leistung erfolgt nach einer zwischen Arbeitgeber und Betriebsrat bzw. der Leistungsgruppe festzulegenden Methode.

(4) Die Vereinbarung der objektbezogenen Vorgabewerte erfolgt zwischen Arbeitgeber und dem Sprecher der Leistungsgruppe. Hierbei sind die technische

Ausstattung und die örtlichen Gegebenheiten der Baustelle (z.B. Logistik) zu berücksichtigen. Dieser Vereinbarung kann vom Sprecher der Leistungsgruppe, nach Rücksprache mit den Arbeitnehmern der Leistungsgruppe, innerhalb von 5 Arbeitstagen schriftlich widersprochen werden. Den Arbeitnehmern sind die Vorgabewerte und die Leistungsbedingungen vor Beginn der Tätigkeit auszuhändigen. Dies gilt auch für Leistungsänderungen während der Bauausführung.

(5) Tritt ein Arbeitnehmer in eine bestehende Leistungsgruppe ein, so gelten für ihn die festgelegten Leistungsbedingungen; über diese ist er vorab durch den Arbeitgeber zu unterrichten.

§ 4
Leistungsbedingungen und Arbeitsausführung

(1) Der Sprecher der Leistungsgruppe hat alle für die Abrechnung des Leistungslohnes erforderlichen Aufzeichnungen, insbesondere Stundenberichte, Zeitlohn- und Leistungslohnstunden, Aufmaß und Massenermittlungen, zu erstellen und dem Arbeitgeber vorzulegen.

(2) Die auszuführenden Arbeiten müssen sach-, fach- und termingerecht gemäß der vereinbarten Leistungsbeschreibung ausgeführt werden. Mit den zur Verfügung gestellten Maschinen ist sorgsam und mit den Materialien wirtschaftlich umzugehen.

(3) Der Arbeitgeber hat den Leistungsgruppen ausreichend Materialien zum Schutz von Maschinen, Materialien und erbrachter Leistungen bereitzustellen. Sind im größeren Ausmaß Schutzmaßnahmen zu treffen, so sind diese gesondert zu vergüten.

(4) Arbeiten, die in der Leistungsvereinbarung nicht aufgeführt sind, jedoch mit diesen Arbeiten im Zusammenhang stehen, sind mit auszuführen. Liegen für diese Arbeiten keine betrieblichen Vorgabewerte vor, so ist unverzüglich eine Vereinbarung über die entsprechenden Vorgabewerte oder eine Zeitlohnvereinbarung zwischen dem Arbeitgeber und dem Sprecher der Leistungsgruppe zu treffen. Ist dies nicht vor Beginn dieser Arbeiten möglich, so sind die geleisteten Arbeitsstunden gesondert zu dokumentieren.

(5) Ist die Durchführung der Arbeit im Leistungslohn vorübergehend aus Gründen, die der Arbeitnehmer nicht zu vertreten hat, unterbrochen, so hat er für diese Zeit Anspruch auf Zahlung seines Gesamttarifstundenlohnes. Gleiches gilt, wenn der Arbeitgeber oder dessen Bevollmächtigter Arbeitsbereitschaft verlangt. Der Arbeitnehmer ist verpflichtet, andere zumutbare Arbeiten während dieser Zeit auszuführen.

(6) Wird die Durchführung der Arbeit im Leistungslohn durch nicht vorhersehbare äußere Einflüsse wesentlich erschwert oder erleichtert, so sind diese unverzüglich anzuzeigen und die betrieblichen Vorgabewerte den geänderten Verhältnissen für diesen Zeitraum anzupassen.

(7) Werden die Stundenvorgaben über einen Zeitraum von drei Kalendermonaten regelmäßig überschritten, sind die betrieblichen Vorgabewerte zu überprüfen und gegebenenfalls neu zu vereinbaren. Erfolgt hierüber keine Einigung, kann die Leistungslohnvereinbarung nach § 5 fristlos gekündigt werden.

§ 5
Kündigung der Leistungsvereinbarung

Leistungsvereinbarungen können von beiden Seiten nur aus wichtigem Grund ohne Einhaltung einer Frist nach § 626 BGB gekündigt werden. Arbeitgeber und Leistungsgruppe sollen auf den Wegfall des wichtigen Grundes und damit auf die Vermeidung der Kündigung hinwirken. Vor einer Kündigung hat der Kündigende seinem Vertragspartner die Absicht der Kündigung anzuzeigen. Wichtige Gründe können insbesondere sein:

- Einstellung des Bauvorhabens,
- Nichteinhaltung des Arbeitsschutzgesetzes trotz mehrfacher Aufforderung,
- wesentlicher Verstoß gegen die Leistungsvereinbarung, der nicht nach § 4 beseitigt wurde.

§ 6
Lohnabrechnung und Leistungslohnvergütung

(1) Die monatliche Lohnabrechnung erfolgt auf der Grundlage des § 5 BRTV. Die Leistungslohnvergütung erfolgt darüber hinaus auf der Grundlage der betrieblichen Vorgabewerte und der geleisteten Massen nach Maßgabe der folgenden Absätze; sie ist mit der auf die Leistungslohnabrechnung folgenden Lohnabrechnung vorzunehmen.

(2) Die geleisteten Massen sind, soweit nichts anderes vereinbart ist, nach der VOB Teil C gemeinsam mit dem Kolonnensprecher aufzumessen. Das Aufmaß soll möglichst unmittelbar nach Beendigung der Arbeit genommen werden, es ist spätestens am sechsten Arbeitstag nach vollständiger Beendigung der vereinbarten Arbeiten im Leistungslohn abzuschließen.

(3) Die tatsächlich geleisteten Arbeitsstunden (Ist-Stunden) sind festzustellen und mit den Stundenvorgaben (Soll-Stunden) zu vergleichen.

(4) War die Anzahl der Ist-Stunden geringer als die Anzahl der Soll-Stunden (Unterschreitung der Stundenvorgaben), wird die Differenz als Plus-Stunden den an der Baumaßnahme beteiligten Arbeitnehmern entsprechend ihrem arbeitszeitlichen Anteil an der Baumaßnahme vergütet.

(5) War die Anzahl der Ist-Stunden höher als die Anzahl der Soll-Stunden (Überschreitung der Stundenvorgaben), wird die Differenz als Minus-Stunden den an der Baumaßnahme beteiligten Arbeitnehmern entsprechend ihrem arbeitszeitli-

chen Anteil an der Baumaßnahme mit 50 v. H. ihres Gesamttarifstundenlohnes vergütet. Der Arbeitnehmer erhält jedoch mindestens 90 v. H. seiner in diesem Lohnabrechnungszeitraum für die tarifliche Arbeitszeit zu beanspruchenden Vergütung bzw. bei betrieblicher Arbeitszeitverteilung (§ 3 Nr. 1.4 BRTV) seines Monatslohnes. Die Mindestlohnbestimmungen sind einzuhalten.

(6) Jeder Arbeitnehmer hat nach Abschluss einer Baumaßnahme Anspruch auf eine individuelle Leistungslohnabrechnung, aus der sich die für die jeweilige Baumaßnahme vereinbarten Soll-Stunden, die festgestellten Ist-Stunden und sein persönlicher Leistungslohnanteil ergeben.

§ 7
Mängelrüge und Mängelbeseitigung

(1) Arbeiten im Leistungslohn unterliegen bis zu ihrer Fertigstellung der laufenden Kontrolle des Arbeitgebers.

(2) Sofern und soweit die Arbeiten nicht sach- und fachgerecht ausgeführt wurden, hat der Arbeitgeber Mängel unverzüglich zu rügen. Die Mängelrüge ist mit der Aufforderung zu verbinden, die Mängel zu beseitigen.

Die Rüge ist nach 10 Arbeitstagen ausgeschlossen, gerechnet von dem Zeitpunkt, an dem der Mangel vom Arbeitgeber erkannt wurde oder hätte erkannt werden können.

Das Rügerecht bei versteckten Mängeln entfällt, wenn seit der Fertigstellung der Arbeit oder einer in sich abgeschlossenen Teilleistung mehr als ein Jahr verstrichen ist. Dies gilt nicht, wenn der Mangel auf eine vorsätzliche Handlung des Arbeitnehmers oder der Leistungsgruppe zurückzuführen ist.

Mit dem Ausschluss des Rügerechts erlischt der Anspruch auf Mängelbeseitigung und Schadensersatz.

(3) Bei Meinungsverschiedenheiten zwischen dem Arbeitgeber und dem Arbeitnehmer oder der Leistungsgruppe über die Frage, ob die Arbeiten sach- und fachgerecht ausgeführt wurden, haben die Beteiligten unter Hinzuziehung eines Mitglieds der Betriebsvertretung eine gemeinsame Baustellenbesichtigung zum Zwecke der Feststellung des Zustandes der Arbeit vorzunehmen. Der Arbeitnehmer bzw. der Bevollmächtigte der Leistungsgruppe ist vom Arbeitgeber unter Einhaltung einer angemessenen Frist und unter Angabe der Beanstandungen schriftlich einzuladen. Bei der Baustellenbesichtigung ist über den tatsächlichen Zustand der Arbeiten ein Protokoll anzufertigen. Nimmt einer der Beteiligten ohne zwingenden Grund an der Baustellenbesichtigung nicht teil, so ist er dennoch an die getroffenen tatsächlichen Feststellungen gebunden.

(4) Mängel sind durch einwandfreie Nacharbeit vom Arbeitnehmer oder von der Leistungsgruppe innerhalb einer angemessenen Frist ohne Vergütung und unter Übernahme der Selbstkosten für zusätzliches Material zu beheben. Mit der Mängelbeseitigung ist in der Regel innerhalb von fünf Arbeitstagen nach Zugang der

Aufforderung zur Mängelbeseitigung, in den Fällen des Abs. 3 nach Klärung der Meinungsverschiedenheiten zu beginnen.

(5) Werden die Mängel vom Arbeitnehmer oder der Leistungsgruppe nicht beseitigt, wird insbesondere mit der Mängelbeseitigung nicht fristgerecht begonnen oder werden die Arbeiten nicht in einer angemessenen Frist durchgeführt, so kann der Arbeitgeber die Mängelbeseitigung vornehmen und die dafür aufgewendeten Kosten dem Arbeitnehmer bzw. der Leistungsgruppe berechnen.

Als Kosten werden berechnet:

a) tatsächlicher Lohnaufwand zuzüglich eines angemessenen Zuschlags für lohngebundene Kosten,

b) tatsächlicher Stoffaufwand zu Einstandspreisen (frei Baustelle).

Weitergehende Schadensersatzansprüche bleiben unberührt.

§ 8
Haftung

(1) Jedes Mitglied der Leistungsgruppe haftet gegenüber dem Arbeitgeber für die Erfüllung der Verpflichtungen der Leistungsgruppe aus der Leistungsvereinbarung, insbesondere für die sach- und fachgerechte Ausführung der gesamten Arbeit.

Die Mitglieder der Leistungsgruppe haften für den Ersatz eines von der Leistungsgruppe verursachten Schadens anteilmäßig.

Die Haftung eines Mitgliedes der Leistungsgruppe entfällt in allen Fällen insoweit, als es den Nachweis erbringt, dass es die Verletzung der Verpflichtungen aus der Leistungsvereinbarung, insbesondere die nicht sach- und fachgerechte Arbeit bzw. den Schaden weder verursacht noch verschuldet hat, noch den Umständen nach weder verursacht noch verschuldet haben kann.

(2) Wird die Leistungsgruppe nach Festlegung der Leistungsbedingungen und nach Beginn der Arbeit durch weitere Arbeitnehmer ergänzt oder werden Mitglieder der Gruppe durch andere Arbeitnehmer ersetzt, so haften die neu in die Gruppe eintretenden Mitglieder für die ordnungsgemäße Erfüllung der Leistungsvereinbarung und für den Ersatz des von der Leistungsgruppe verursachten Schadens in gleicher Weise wie die anderen Mitglieder der Leistungsgruppe, wenn nach ihrem Eintritt in die Gruppe die mangelhafte Leistung erbracht bzw. der Schaden verursacht worden ist.

(3) Scheiden einzelne Mitglieder der Leistungsgruppe vor Beendigung der Leistungsvereinbarung aus der Gruppe oder aus dem Betrieb aus oder scheidet die gesamte Gruppe aus dem Betrieb aus, ohne dazu aus wichtigem Grund berechtigt zu sein, so haftet jedes Mitglied gleichwohl in dem in Abs. 1 festgelegten Umfang für eine ordnungsgemäße Erfüllung der Leistungsvereinbarung und für

den von der Leistungsgruppe verursachten Schaden. Die Schadensersatzpflicht besteht nur, soweit der Schaden vor dem Ausscheiden aus der Gruppe oder dem Betrieb verursacht worden ist.

Das gleiche gilt für Arbeitnehmer, die die Arbeit in der Leistungsgruppe unterbrechen, ohne dazu aus wichtigem Grund berechtigt zu sein.

Ansprüche dieser ausscheidenden oder die Arbeit unterbrechenden Arbeitnehmer auf Stunden-Überschüsse verfallen zugunsten der Leistungsgruppe.

Entstehen durch das Ausscheiden oder die Unterbrechung der Arbeit Mehraufwendungen, so haftet jeder dieser Arbeitnehmer hierfür in vollem Umfang.

(4) Gibt ein Mitglied der Leistungsgruppe die Arbeit in der Gruppe auf oder unterbricht es sie, weil dies gesetzlich vorgeschrieben oder tarifvertraglich bestimmt ist oder weil ihm die Fortsetzung der Arbeit nicht zuzumuten ist, so haftet es in dem in Abs. 1 festgelegten Umfang für die bis dahin erbrachte mangelhafte Leistung und für den Ersatz des bis dahin von der Leistungsgruppe verursachten Schadens.

§ 9
Arbeitszeit

Es gilt die Arbeitszeitregelung des § 3 BRTV. Über die Verteilung der Arbeitszeit kann die Leistungsgruppe unter Berücksichtigung des Arbeitsablaufes nach Rücksprache mit dem Arbeitgeber entscheiden.

§ 10
Prämienlohn

Als eine andere Form des Leistungslohnes kann auch ein Prämienlohn vereinbart werden, der als eine von der Leistung abhängige Vergütung (Leistungsprämie) neben dem Zeitlohn oder neben der Leistungslohnvergütung nach § 6 gezahlt wird. Die Ausgestaltung des Prämienlohnes ist betrieblich zu vereinbaren.

Für Arbeiten im Prämienlohn gelten die Bestimmungen dieses Tarifvertrages, soweit sie auf die Bedingungen der Prämienlohnarbeit anwendbar sind.

§ 11
Beilegung von Streitigkeiten

(1) Kommt es im Betrieb zu keiner Einigung über die Einführung von Leistungslohn, so können die bezirklichen Organisationsvertreter beider Tarifvertragsparteien hinzugezogen werden, um eine Einigung zu erzielen.

(2) Die bezirklichen Organisationen können zur Regelung auftretender Streitigkeiten aus der Arbeit im Leistungslohn Schlichtungsstellen bilden.

§ 12
Durchführung des Vertrages

(1) Die Tarifvertragsparteien verpflichten sich, ihren Einfluss zur Durchführung und Aufrechterhaltung dieses Tarifvertrages einzusetzen.

(2) Die Tarifvertragsparteien dürfen inhaltlich abweichende Bestimmungen mit anderen Organisationen oder einzelnen Arbeitgebern nicht vereinbaren.

(3) Das Recht zum Abschluss von Bezirkstarifverträgen über Leistungslohn bleibt in den Tarifgebieten und für die fachlichen Tarifbereiche, in denen bei In-Kraft-Treten dieses Tarifvertrages bereits Tarifverträge über Leistungslohn bestehen, unberührt; diese oder später abzuschließende Tarifverträge sollen mit Ausnahme der Regelung von Akkordsätzen den Grundsätzen dieses Tarifvertrages angeglichen werden.

§ 13
Inkrafttreten und Laufdauer

Dieser Tarifvertrag tritt am 1. September 2005 in Kraft. Er kann mit einer Frist von sechs Monaten jeweils zum 31. Dezember, erstmals zum 31. Dezember 2006 gekündigt werden.

Berlin/Frankfurt a. M., den 29. Juli 2005

▷ Siehe auch **Handbuch des Personalrechts für den Baubetrieb** (13. Auflage), Stichwort: *Leistungslohn.*

Rahmentarifvertrag für die Angestellten und Poliere des Baugewerbes

vom 4. Juli 2002

in der Fassung vom 29. Juli 2005, 20. August 2007, 17. Dezember 2012, 5. Juni 2014 und 10. Juni 2016

Zwischen

dem Zentralverband des Deutschen Baugewerbes e. V., Kronenstraße 55–58, 10117 Berlin,

dem Hauptverband der Deutschen Bauindustrie e. V., Kurfürstenstraße 129, 10785 Berlin,

und

der Industriegewerkschaft Bauen-Agrar-Umwelt, Olof-Palme-Straße 19, 60439 Frankfurt a. M.,

wird folgender Tarifvertrag geschlossen:

Inhaltsverzeichnis

§ 1
Geltungsbereich

(1) Räumlicher Geltungsbereich:

Das Gebiet der Bundesrepublik Deutschland.

(2) Betrieblicher Geltungsbereich:

...[1)]

(3) Persönlicher Geltungsbereich:

Angestellte, die eine nach den Vorschriften des Sechsten Buches Sozialgesetzbuch – Gesetzliche Rentenversicherung – (SGB VI) versicherungspflichtige Tätigkeit ausüben und

a) als Angestellte – in überbetrieblichen Ausbildungsstätten jedoch nur die hauptberuflichen Ausbilder –

b) zur Ausbildung für den Beruf eines Angestellten

beschäftigt sind oder

c) als Poliere angestellt sind.

Ausgenommen sind die unter § 5 Abs. 2 und 3 des Betriebsverfassungsgesetzes fallenden Angestellten.

§ 2
Beginn des Arbeitsverhältnisses

1. Die einzustellenden Angestellten dürfen nicht aus Gründen der Abstammung, Religion, Nationalität, Herkunft, des Geschlechts, politischer oder gewerkschaftlicher Betätigung oder Einstellung benachteiligt oder bevorzugt werden.

---

1) Nicht abgedruckt, da insoweit gleicher Wortlaut wie § 1 Abs. 2 des Bundesrahmentarifvertrages für das Baugewerbe vom 28. September 2018, jedoch mit folgender Ergänzung zu Abschnitt IV:

„*5. Erfasst werden ferner überbetriebliche Ausbildungsstätten mit eigener Rechtspersönlichkeit, die überwiegend von Mitgliedsverbänden des Hauptverbandes der Deutschen Bauindustrie oder des Zentralverbandes des Deutschen Baugewerbes getragen werden und in denen nicht der BAT oder ein Tarifvertrag wesentlich gleichen Inhalts i. S. des § 20 Abs. 2 Buchst. c) BAT angewandt wird.*“

Der Angestellte hat bei seiner Einstellung die üblichen Arbeitspapiere, zu denen auch das Versicherungsnachweisheft für Angestellte des Baugewerbes gehört, dem Arbeitgeber zu übergeben. Der Arbeitgeber hat gemäß § 2 des Nachweisgesetzes die wesentlichen Arbeitsbedingungen, aus denen sich bei Polieren auch ergeben muss, dass die Einstellung als Polier erfolgt ist, schriftlich festzuhalten.

2. Bei einer Neueinstellung auf Baustellen, die von einer Arbeitsgemeinschaft betrieben werden, ist dem Angestellten dessen Arbeitgeber schriftlich bekannt zu geben.

3. Hat der Arbeitgeber vor der Einstellung eine persönliche Vorstellung verlangt, so hat er die Kosten für die Reise und den Aufenthalt in angemessener Höhe zu ersetzen.

§ 3
Arbeitszeit

1. Arbeitszeitregelungen

1.1 Tarifliche Arbeitszeit

Die regelmäßige werktägliche Arbeitszeit ausschließlich der Pausen beträgt montags bis freitags acht Stunden, die wöchentliche Arbeitszeit beträgt 40 Stunden.

Für Poliere sowie für Angestellte, deren Tätigkeit unmittelbar mit derjenigen der gewerblichen Arbeitnehmer in Verbindung steht, beträgt die regelmäßige werktägliche Arbeitszeit, sofern betrieblich nicht die werktägliche Arbeitszeitverteilung nach Abs. 1 vereinbart worden ist, in den Monaten Januar bis März und Dezember ausschließlich der Ruhepausen montags bis donnerstags 8 Stunden, und freitags 6 Stunden, die wöchentliche Arbeitszeit 38 Stunden (Winterarbeitszeit). In den Monaten April bis November beträgt die regelmäßige werktägliche Arbeitszeit ausschließlich der Ruhepausen montags bis donnerstags 8,5 Stunden und freitags 7 Stunden, die wöchentliche Arbeitszeit 41 Stunden (Sommerarbeitszeit). Die durchschnittliche regelmäßige Wochenarbeitszeit im Kalenderjahr beträgt 40 Stunden.

1.2 Arbeitszeitausgleich innerhalb von zwei Wochen

Die nach betrieblicher Regelung an einzelnen Werktagen ausfallende Arbeitszeit kann durch Verlängerung der Arbeitszeit ohne Mehrarbeitszuschlag an anderen Werktagen innerhalb von zwei Kalenderwochen ausgeglichen werden (zweiwöchiger Arbeitszeitausgleich). Die Wochenarbeitszeit kann somit nach den betrieblichen Erfordernissen und den jahreszeitlichen Lichtverhältnissen im Einvernehmen zwischen Arbeitgeber und Betriebsrat oder, wenn kein Betriebsrat besteht, im Einvernehmen mit dem Angestellten auf die Werktage verteilt werden.

1.3 Betriebliche Arbeitszeitverteilung in einem zwölfmonatigen Ausgleichszeitraum

1.31 Voraussetzung und Durchführung

Poliere sowie Angestellte, deren Tätigkeit unmittelbar mit derjenigen der gewerblichen Arbeitnehmer in Verbindung steht, können in betriebliche Arbeitszeitregelungen nach § 3 Nr. 1.4 BRTV einbezogen werden.

Bei einer solchen Einbeziehung kann durch die Betriebsvereinbarung oder, wenn kein Betriebsrat besteht, durch die einzelvertragliche Vereinbarung für einen Zeitraum von zwölf zusammenhängenden Gehaltsabrechnungszeiträumen (zwölfmonatiger Ausgleichszeitraum) bei unveränderter Zahlung des Monatsgehaltes nach § 5 Nr. 3.1 eine von der regelmäßigen Arbeitszeitverteilung abweichende Verteilung der Arbeitszeit auf die einzelnen Werktage ohne Mehrarbeitszuschlag vereinbart werden. Aus dieser Betriebsvereinbarung bzw. der einzelvertraglichen Vereinbarung muss sich ergeben, in welcher Form und mit welcher Ankündigungsfrist die jeweilige werktägliche Arbeitszeit festgelegt wird. Der Arbeitgeber kann innerhalb von zwölf Kalendermonaten 150 Arbeitsstunden vor- und 30 Arbeitsstunden nacharbeiten lassen. Die Lage und die Verteilung dieser Arbeitsstunden im Ausgleichszeitraum ist im Einvernehmen mit dem Betriebsrat oder, wenn kein Betriebsrat besteht, im Einvernehmen mit dem Angestellten festzulegen.

Eine entsprechende betriebliche Regelung kann unter Berücksichtigung der Nrn. 1.32 und 1.33 auch für solche Angestellte getroffen werden, deren Tätigkeit nicht unmittelbar mit derjenigen der gewerblichen Arbeitnehmer in Verbindung steht.

1.32 Arbeitszeitkonto

Für jeden Angestellten wird ein individuelles Arbeitszeitkonto eingerichtet. Auf diesem Arbeitszeitkonto ist die Differenz zwischen den Stunden, für welche ein Gehaltsanspruch oder ein Anspruch auf eine Entgeltersatzleistung besteht, und 173 Stunden gutzuschreiben bzw. zu belasten; gesetzliche Wochenfeiertage, Urlaubstage und Freistellungstage (§ 4 Nr. 3) sind dabei entsprechend der tariflichen Arbeitszeitverteilung nach Nr. 1.1 Abs. 2 zu berücksichtigen. Für die Errechnung dieser Differenz sind den Stunden mit Gehaltsanspruch diejenigen Stunden gleichgestellt, für die wegen unbezahlter Freistellung oder unentschuldigten Fehlens kein Gehaltsanspruch besteht. Die auf dem Arbeitszeitkonto gutgeschriebenen Stunden werden bei einer betrieblich reduzierten Arbeitszeit zum Ausgleich der entsprechenden Arbeitszeitschwankung verwendet.

Das Arbeitszeitguthaben darf zu keinem Zeitpunkt 150 Stunden, die Arbeitszeitschuld darf zu keinem Zeitpunkt 30 Stunden überschreiten. Wird ein Arbeitszeitguthaben für 150 Stunden erreicht, so ist das Entgelt für die darüber hinausgehenden Stunden neben dem monatlichen Gehalt auszuzahlen. Die Frage einer Verzinsung des Guthabens ist betrieblich zu regeln.
Das Arbeitszeitkonto soll nach zwölf Kalendermonaten ausgeglichen sein. Besteht am Ende des Ausgleichszeitraumes noch ein Guthaben, das nicht mehr durch arbeitsfreie Tage ausgeglichen werden kann, so sind die Guthabenstunden abzugelten (Nrn. 2.14, 3.1). Durch freiwillige Betriebsvereinbarung oder einzelvertragliche Vereinbarung können diese Guthabenstunden unter Anrechnung auf das zuschlagsfreie Vorarbeitsvolumen des neuen Ausgleichszeitraumes ganz oder teilweise in diesen übertragen werden. In einer solchen Betriebsvereinbarung muss dem Angestellten ein Anspruch auf Auszahlung seines Guthabens eingeräumt werden; dieser muss bis zum Ende des laufenden Ausgleichszeitraumes schriftlich geltend gemacht werden.
Besteht am Ende des Ausgleichszeitraumes eine Zeitschuld, so ist diese in den nächsten Ausgleichszeitraum zu übertragen und in diesem auszugleichen. Bei Beendigung des Arbeitsverhältnisses sind etwaige Guthaben oder Schulden auszugleichen.

1.33 Absicherung des Arbeitszeitkontos

Durch den Arbeitgeber ist in geeigneter Weise auf seine Kosten sicherzustellen, dass das Entgelt für die Zeitguthaben jederzeit bestimmungsgemäß ausgezahlt werden kann, insbesondere durch Bankbürgschaft, Sperrkonto mit treuhänderischen Pfandrechten oder Hinterlegung bei der Urlaubs- und Lohnausgleichskasse der Bauwirtschaft. Die Absicherung des Entgelts für die gutgeschriebenen Stunden muss, sofern der Betrag nicht nach Abführung von Steuern und Sozialaufwand als Nettogehalt zurückgestellt wird, das Bruttogehalt und 20 v. H. des Bruttogehalts für den Sozialaufwand umfassen. Auf Verlangen einer der Landesorganisationen der Tarifvertragsparteien ist dieser gegenüber die Absicherung nachzuweisen. Erfolgt dieser Nachweis nicht, so ist das Entgelt für das Zeitguthaben an den Angestellten auszuzahlen; die Vereinbarung über die betriebliche Arbeitszeitverteilung tritt zu diesem Zeitpunkt außer Kraft.

1.4 Gleitende Arbeitszeit

Durch Betriebsvereinbarung oder, wenn kein Betriebsrat besteht, durch einzelvertragliche Vereinbarung kann eine Gleitzeitregelung eingeführt werden. In dieser Vereinbarung sind im Regelfall der Geltungsbereich, die Dauer und die Lage der Kernarbeitszeit und der Gleitzeitspanne, die Dauer des Abrechnungszeitraumes sowie die Kontrolle der Gleitzeiten zu regeln. Die Übertragbarkeit von Zeitsalden (Zeitguthaben oder Zeitschulden) ist auf 15 Stunden je Kalendervierteljahr begrenzt; für den Fall der Anordnung von Arbeitsstunden, die bis zum Ende des Kalendervierteljahres nicht mehr ausgeglichen werden können, können Sonderregelungen getroffen werden. Jede bezahlte Freistellung von der Arbeit aufgrund gesetzlicher, tariflicher oder individualrechtlicher Ansprüche erfolgt für die sich aus Nr. 1.1 bzw. aus einer Arbeitszeitregelung gemäß Nr. 1.2 ergebende werktägliche Arbeitszeit.

1.5 Hinzuziehung der Organisationsvertreter

Ist eine Einigung über die Verteilung der Arbeitszeit nach Nrn. 1.1 Abs. 2, 1.2, 1.3 und 1.4 nicht zu erzielen, so sind die Organisationsvertreter hinzuzuziehen, um eine Einigung herbeizuführen.

1.6 Beginn und Ende der täglichen Arbeitszeit

Beginn und Ende der täglichen Arbeitszeit einschließlich der Pausen werden vom Arbeitgeber im Einvernehmen mit dem Betriebsrat festgelegt.

1.7 Arbeitsbefreiung am 24. und 31. Dezember

Der 24. und der 31. Dezember sind arbeitsfrei; die dadurch ausfallende Arbeitszeit gilt als abgeleistet.

2. Überstunden (Mehrarbeit), Nachtarbeit, Sonn- und Feiertagsarbeit

Überstunden (Mehrarbeit), Nachtarbeit, Sonn- und Feiertagsarbeit sind nach Möglichkeit zu vermeiden.

2.1 Überstunden

Überstunden sind

2.11 bei tariflicher Arbeitszeitverteilung nach Nr. 1.1 die über die regelmäßige werktägliche Arbeitszeit hinaus geleisteten Arbeitsstunden; bei zweiwöchigem Arbeitszeitausgleich nach Nr. 1.2 die über die jeweils vereinbarte werktägliche Arbeitszeit hinaus geleisteten Arbeitsstunden;

2.12 bei betrieblicher Arbeitszeitverteilung nach Nr. 1.3 die nach Nr. 1.32 Abs. 1 auf dem Arbeitszeitkonto gutgeschriebenen Arbeitsstunden; dabei bleiben die ersten 150 Überstunden innerhalb von zwölf Kalendermonaten zuschlagsfrei;

2.13 bei betrieblicher Arbeitszeitverteilung nach Nr. 1.3 die nach Nr. 1.32 Abs. 2 neben dem monatlichen Gehalt zu vergütenden Arbeitsstunden;

2.14 ferner die auf dem Arbeitszeitkonto zu folgenden Zeitpunkten noch bestehenden Guthabenstunden: Ende des Ausgleichszeitraumes, soweit die Guthabenstunden nicht nach Nr. 1.32 Abs. 3 in den neuen Ausgleichszeitraum übertragen werden, Ausscheiden des Angestellten aufgrund betriebsbedingter Kündigung oder Ablauf eines befristeten Arbeitsverhältnisses.

Soweit bereits ein Zuschlag nach Nr. 2.12 gezahlt wurde, entfällt der Zuschlag nach Nr. 2.14.

2.2 Nachtarbeit

Nachtarbeit ist die zwischen 20.00 Uhr und 5.00 Uhr geleistete Arbeit; bei Zwei-Schichten-Arbeit die zwischen 22.00 Uhr und 6.00 Uhr und bei Drei-Schichten-Arbeit die in der Nachtschicht geleistete Arbeit.

2.3 Sonn- und Feiertagsarbeit

Sonn- und Feiertagsarbeit ist die an Sonn- bzw. gesetzlichen Feiertagen in der Zeit von 0.00 Uhr bis 24.00 Uhr geleistete Arbeit.

2.4 Anordnung von Mehr-, Nacht-, Sonn- und Feiertagsarbeit

Mehrarbeit, Nachtarbeit, Sonn- und Feiertagsarbeit kann, soweit sie betrieblich notwendig ist, im Einvernehmen mit dem Betriebsrat angeordnet werden. Wenn in dringenden Fällen Mehrarbeit, Nachtarbeit, Sonn- und Feiertagsarbeit geleistet werden muss, ist der Betriebsrat nachträglich zu verständigen. In beiden Fällen darf die tägliche Arbeitszeit zehn Stunden nicht überschreiten, wenn nicht die in § 15 Arbeitszeitgesetz vorgesehene Zustimmung der Aufsichtsbehörde vorliegt. Bei Arbeiten an Bahnanlagen im Gleisbereich von Eisenbahnen kann die tägliche Arbeitszeit im Einvernehmen mit dem Betriebsrat über zehn Stunden hinaus verlängert werden, wenn in die Arbeitszeit regelmäßig und in erheblichem Umfang Arbeitsbereitschaft oder Bereitschaftsdienst fällt. Die vorstehenden Bestimmungen dürfen nicht missbräuchlich ausgenutzt werden.

Als Mehrarbeit gelten nur die auf vorherige Anordnung des Arbeitgebers oder eines seiner Beauftragten geleisteten Arbeitsstunden. Kann in dringenden Fällen eine solche ausdrückliche vorherige Anordnung nicht eingeholt werden, ist der Angestellte berechtigt, nach pflichtgemäßem Ermessen zu handeln; der Arbeitgeber oder sein Beauftragter sind dann jedoch unverzüglich von der notwendig gewordenen Mehrarbeit zu unterrichten.

3. Zuschläge

Für Überstunden, Nacht-, Sonn- und Feiertagsarbeit sind je Stunde 1/173 des vereinbarten Gehaltes zu zahlen sowie hieraus folgende Zuschläge:

3.1 für Überstunden (Mehrarbeit) 25 v.H.

Zur Abgeltung von Überstunden nach Nr. 2.11 kann eine angemessene monatliche Pauschalzahlung oder ein Freizeitausgleich vereinbart werden. Bei der zeitlichen Festlegung des Freizeitausgleichs sind die Wünsche des Angestellten zu berücksichtigen, es sei denn, dass ihrer Berücksichtigung dringende betriebliche Belange entgegenstehen.

3.2 für Nachtarbeit 20 v. H.

3.3 für Arbeit an Sonntagen und gesetzlichen Feiertagen, die auf einen Sonntag fallen 75 v. H.

für Arbeit am Oster- und Pfingstsonntag, ferner am 1. Mai und am 1. Weihnachtsfeiertag, auch wenn sie auf einen Sonntag fallen 200 v. H.

für Arbeit an allen übrigen gesetzlichen Feiertagen, sofern sie nicht auf einen Sonntag fallen 200 v. H.

Fallen mehrere Zuschläge an, sind alle Zuschläge nebeneinander zu zahlen.

4. Erschwerniszulage

Für Angestellte, die eine nach den Unfallverhütungsvorschriften zu stellende persönliche Schutzausrüstung tragen (Arbeiten mit persönlicher Schutzausrüstung) oder die in Räumen mit mindestens 100 kPa Überdruck tätig werden müssen (Druckluftarbeiten), kann betrieblich eine Erschwerniszulage vereinbart werden.

5. Teilzeitarbeit

Bei der Schaffung neuer Arbeitsplätze und bei der Neubesetzung vorhandener Arbeitsplätze soll der Arbeitgeber den Wünschen vollzeitbeschäftigter Angestellter auf einen Teilzeitarbeitsplatz und den Wünschen teilzeitbeschäftigter Angestellter auf einen Vollzeitarbeitsplatz Rechnung tragen; dabei sind die betrieblichen Bedürfnisse und die persönliche Eignung der Angestellten zu berücksichtigen.

§ 4
Gehaltsfortzahlung im Krankheitsfall, Arbeitsversäumnis und Arbeitsausfall

1. Unterrichtung des Arbeitgebers

Ist der Angestellte durch Krankheit oder sonstige unvorhergesehene Ereignisse an der Arbeitsleistung verhindert, so ist dem Arbeitgeber unverzüglich unter Angabe der Gründe Mitteilung zu machen. Bei mit Arbeitsunfähigkeit verbundener Krankheit von mehr als fünftägiger Dauer hat der Angestellte eine entsprechende Bescheinigung des behandelnden Arztes vorzulegen. Soweit dem nicht versicherungspflichtigen Angestellten hierfür Kosten entstehen, hat sie der Arbeitgeber zu tragen.

2. Gehaltsfortzahlung im Krankheitsfall

2.1 Für die Gehaltsfortzahlung im Krankheitsfall gelten die jeweiligen gesetzlichen Bestimmungen.

2.2 Nach dreijähriger ununterbrochener Betriebszugehörigkeit erhalten Angestellte, wenn sie infolge Krankheit an der Arbeitsleistung verhindert sind (Arbeitsunfähigkeit), von der 7. Woche an einen Zuschuss vom Arbeitgeber bis zur Dauer von sechs Wochen. Der Zuschuss wird in Höhe des Betrages gewährt, der sich als Unterschied zwischen 90 v. H. des Nettogehalts und den beitragspflichtigen Leistungen der gesetzlichen Krankenversicherung oder Unfallversicherung ergibt. Ist der Angestellte nicht in einer gesetzlichen Krankenkasse versichert, so ist das Krankengeld oder Hausgeld der Berechnung zugrunde zu legen, das er als Mitglied einer gesetzlichen Krankenversicherung in der Höchststufe erhalten würde.

Nach siebenjähriger ununterbrochener Betriebszugehörigkeit wird der Zuschuss nach Abs. 2 bis zur Dauer von acht Wochen und nach zehnjähriger ununterbrochener Betriebszugehörigkeit bis zur Dauer von zwölf Wochen gewährt.

2.3 Der infolge von Krankheit arbeitsunfähige Angestellte hat den Anspruch auf Zuschuss nach Nr. 2.2 auch während einer Maßnahme der medizinischen Vorsorge oder Rehabilitation. Das gilt auch, wenn eine solche Maßnahme nicht von der Bundesversicherungsanstalt für Angestellte gewährt wird, sondern auf Veranlassung einer anderen Stelle. Jedoch müssen in diesem Fall die sinngemäß gleichen Voraussetzungen erfüllt sein, wie sie bei Bewilligung einer solchen Maßnahme durch die Bundesversicherungsanstalt für Angestellte vorliegen müssen.

2.4 Bei der Berechnung der ununterbrochenen Betriebszugehörigkeit im Sinne der Nr. 2.2 wird die Dauer früherer Betriebszugehörigkeit angerechnet, wenn die frühere Betriebszugehörigkeit durch Umstände unterbrochen wurde, die der Angestellte nicht zu vertreten hatte. Dabei werden aber die jeweiligen Unterbrechungszeiträume nicht mitgezählt.

3. Freistellung aus familiären Gründen

Der Angestellte ist unter Fortzahlung seines Gehaltes bei folgenden Ereignissen von der Arbeit freizustellen:

3.1 eigene Eheschließung oder Eintragung einer Lebenspartnerschaft für 3 Arbeitstage,

3.2 Entbindung der Ehefrau oder der eingetragenen Lebenspartnerin für 2 Arbeitstage,

3.3 Tod von Eltern, Ehegatten, eingetragenen Lebenspartnern oder Kindern für 2 Arbeitstage,

3.4 schwere Erkrankungen der zur häuslichen Gemeinschaft gehörenden Familienmitglieder, sofern der Arzt bescheinigt, dass die Anwesenheit des Angestellten zur vorläufigen Pflege erforderlich ist — für 1 Arbeitstag,

3.5 Wohnungswechsel mit eigenem Haushalt, jedoch nur einmal im Kalenderjahr und nicht während eines wirksam gekündigten Arbeitsverhältnisses — für 2 Arbeitstage.

Darüber hinaus hat der Angestellte bei sonstigen besonderen familiären Ereignissen unter Verwendung eines bestehenden Arbeitszeitguthabens einen Anspruch auf Freistellung, wenn der Freistellung keine schwerwiegenden betrieblichen Gründe entgegenstehen.

4. Freistellung für Arztbesuche und Behördengänge

Der Angestellte ist für die tatsächlich zur Erledigung der Angelegenheit benötigte Zeit unter Fortzahlung seines Gehalts von der Arbeit freizustellen, wenn er

4.1 den Arzt aufsuchen muss und der Besuch nachweislich während der Arbeitszeit erforderlich ist und keine Dauerbehandlung vorliegt, oder wenn er

4.2 von einem Gericht oder einer sonstigen in Ausübung amtlicher Befugnisse tätig werdenden Behörde geladen wird, sofern er keinen Anspruch auf Entschädigung hat und nicht als Beschuldigter, Angeschuldigter, Angeklagter oder Betroffener oder als Partei im Zivilprozess oder im Verwaltungsverfahren geladen ist.

5. Freistellung zur Ausübung von Ehrenämtern

Bei Ausübung gesetzlich auferlegter Pflichten aus öffentlichen Ehrenämtern, für die Ausübung der Pflichten als Mitglied von Prüfungsausschüssen, für die Wahrnehmung von Mandatsverpflichtungen nach der Handwerksordnung und nach dem Berufsbildungsgesetz und für die Teilnahme an Tarifverhandlungen und deren vorbereitenden Sitzungen als gewähltes Mitglied der Verhandlungskommission auf Bundesebene ist der Angestellte für die notwendig ausfallende Arbeitszeit ohne Fortzahlung des Gehalts und ohne Anrechnung auf den Urlaub von der Arbeit freizustellen.

6. Beantragung der Freistellung

Ist eine vorherige Beantragung der Freistellung nicht möglich, so hat der Angestellte den Grund hierfür unverzüglich glaubhaft zu machen; anderenfalls entfällt der Gehaltsanspruch.

§ 5
Gruppeneinteilung und Gehaltsregelung

1. Grundlagen der Eingruppierung

1.1 Jeder Angestellte ist unter Beachtung des § 99 des Betriebsverfassungsgesetzes nach den folgenden Grundlagen in eine der Gehaltsgruppen A I bis A X einzugruppieren.

1.2 Die vereinbarte Eingruppierung ist dem Angestellten innerhalb eines Monats unter Hinweis auf die Ausschlussfristen des § 13 schriftlich zu bestätigen. Das gleiche gilt für eine Umgruppierung und die Ablehnung einer beantragten Umgruppierung.

1.3 Für die Eingruppierung und Höhergruppierung des Angestellten sind die Art und der Umfang seiner Tätigkeit, der Grad der Selbständigkeit und der Umfang der Verantwortung und, soweit dies für die jeweilige Tätigkeit erforderlich ist, darüber hinaus seine Berufsausbildung entscheidend, es sei denn, die fehlende Berufsausbildung wird durch eine durch Berufserfahrung erworbene gleichwertige Qualifikation ersetzt.

1.4 Die Selbständigkeit und die Verantwortung des Angestellten wird nicht dadurch beeinträchtigt, dass seine Tätigkeit durch Vorgesetzte beaufsichtigt wird.

1.5 Übt ein Angestellter mehrere Tätigkeiten gleichzeitig aus, die in verschiedenen Gruppen genannt sind, wird er in diejenige Gruppe eingruppiert, die seiner überwiegenden Tätigkeit entspricht.

1.6 Stellvertretende oder aushilfsweise Tätigkeiten in einer höheren Gruppe mit Ausnahme von Urlaubsvertretungen begründen mit Beginn des zweiten Beschäftigungsmonats dieser Tätigkeit einen Anspruch auf die dieser Tätigkeit entsprechenden tariflichen Gehaltsbezüge; der Anspruch erlischt mit Beendigung dieser Tätigkeit. Wiederholt sich eine stellvertretende oder aushilfsweise Tätigkeit innerhalb eines Jahres in einer höheren Gruppe, so werden diese Zeiten zusammengerechnet.

1.7 Hebt sich ein Angestellter durch seine Tätigkeit deutlich und dauerhaft über die Tätigkeitsmerkmale seiner Gruppe heraus, ohne die Tätigkeitsmerkmale der nächsthöheren Gruppe zu erfüllen, so hat er Anspruch auf eine Zulage. Die Höhe und Ausgestaltung sind in einem Mitarbeitergespräch zu vereinbaren. Bei einer Höhergruppierung wird die Zulage auf das höhere Tarifgehalt angerechnet.

2. Gehaltsgruppen

Es werden die folgenden Gehaltsgruppen festgelegt, wobei die Richtbeispiele nicht abschließend sind:

A I Angestellte, die einfache Tätigkeiten ausführen, die eine kurze Einarbeitungszeit und keine Berufsausbildung erfordern.

A II Angestellte, die fachlich begrenzte Tätigkeiten nach Anleitung ausführen, für die

- eine abgeschlossene Berufsausbildung oder
- eine durch Berufserfahrung erworbene gleichwertige Qualifikation erforderlich ist.

Richtbeispiele:

1. Erstellen einfacher Schal-, Bewehrungs- und sonstiger einfacher Pläne;
2. Massenermittlungen für einfache Bauteile;
3. Ausführen einfacher Vermessungsarbeiten;
4. Vorbereiten und Ausführen einfacher, fachlich begrenzter Untersuchungen und Messungen unter Anleitung in Labors, Werkstätten und Baustoffprüfstellen;
5. Ausführen einfacher, fachlich begrenzter Arbeiten im Personalwesen, im Einkauf, in der Geräteverwaltung, im Finanz- und Rechnungswesen sowie in der kaufmännischen Verwaltung von Baustellen;
6. Schreiben vorgegebener Texte und Ausführen einfacher, fachlich begrenzter Sekretariatsarbeiten;
7. Bedienen von Kommunikationsanlagen.

A III Angestellte, die fachlich begrenzte Tätigkeiten nach allgemeiner Anleitung ausführen, für die

- eine abgeschlossene Berufsausbildung und die entsprechende Berufserfahrung oder
- eine durch Berufserfahrung erworbene gleichwertige Qualifikation erforderlich ist.

Richtbeispiele:

1. Erstellen von Schal-, Bewehrungs- und sonstigen Plänen;
2. Massenermittlungen für Bauteile;
3. Ausführen von Vermessungsarbeiten nach allgemeiner Anleitung;
4. Vorbereiten und Ausführen fachlich begrenzter Untersuchungen und Messungen in Labors, Werkstätten und Baustoffprüfstellen;
5. Ausführen von Arbeiten im Personalwesen, im Einkauf, in der Geräteverwaltung, im Finanz- und Rechnungswesen sowie in der kaufmännischen Verwaltung von Baustellen;
6. Schreiben vorgegebener Texte und Tabellen sowie Ausführen fachlich begrenzter Sekretariatsarbeiten;
7. Bedienen von Kommunikationsanlagen in Verbindung mit anderen Kommunikations- oder Verwaltungsaufgaben;

8. Archivarbeiten.

A IV Angestellte, die fachlich erweiterte Tätigkeiten teilweise selbständig ausführen, für die

- eine abgeschlossene Ausbildung an einer staatlich anerkannten Technikerschule oder an einer vergleichbaren Einrichtung (z. B. Berufsakademie, Verwaltungs- und Wirtschaftsakademie) oder
- eine durch umfassende Berufserfahrung erworbene gleichwertige Qualifikation erforderlich ist.

Richtbeispiele:

1. Anfertigen von Plänen;
2. einfache Aufmaßerstellungen und Massenermittlungen;
3. Ausführen von Vermessungsarbeiten;
4. Ausführen und Auswerten von Untersuchungen und Messungen in Labors, Werkstätten und Baustoffprüfstellen;
5. Bearbeiten von Teilaufgaben im Personalwesen, im Einkauf, in der Geräteverwaltung, im Finanz- und Rechnungswesen sowie in der kaufmännischen Verwaltung von Baustellen;
6. Ausführen von Sekretariatsarbeiten.

A V Angestellte, die schwierige Tätigkeiten teilweise selbständig und teilweise eigenverantwortlich ausführen, für die

- ein Abschluss als Bachelor an einer Technischen Hochschule, Universität oder Fachhochschule[2)]
- eine abgeschlossene Ausbildung an einer staatlich anerkannten Technikerschule oder an einer vergleichbaren Einrichtung (z. B. Berufsakademie, Verwaltungs- und Wirtschaftsakademie) und die entsprechende Berufserfahrung oder
- eine durch umfassende Berufserfahrung erworbene gleichwertige Qualifikation erforderlich ist.

Richtbeispiele:

1. Anfertigen von Plänen, Konstruktionen sowie Massenermittlungen;
2. Ausführen von Vermessungsarbeiten einschließlich Dokumentation;
3. teilweise selbständiges Ausführen und Auswerten von Untersuchungen und Messungen in Labors, Werkstätten und Baustoffprüfstellen;

---

2) Vgl. aber Tarifempfehlung zur Eingruppierung mit Bachelor- oder Master-Abschluss (FH) vom 14. Mai 2010, Seite 362.

4. Erstellen von Aufmaßen und einfachen Bauabrechnungen;
5. Erstellen von einfachen Kalkulationen;
6. Erstellen von Terminplänen sowie Planen und Organisieren von Baustelleneinrichtungen in der Arbeitsvorbereitung;
7. Sachbearbeitung im Personalwesen, im Einkauf, in der Angebotsbearbeitung, in der Geräteverwaltung, im Finanz- und Rechnungswesen sowie in der kaufmännischen Verwaltung von Baustellen;
8. Einrichten von EDV-Arbeitsplätzen;
9. umfangreiche Sekretariatsarbeiten;
10. Korrespondenz in einer Fremdsprache.

A VI Angestellte, die schwierige Tätigkeiten weitgehend selbständig und teilweise eigenverantwortlich ausführen, für die

- ein Abschluss als Master an einer Fachhochschule[2)] oder
- ein Abschluss als Bachelor an einer Technischen Hochschule, Universität oder Fachhochschule und die entsprechende Berufserfahrung oder
- eine abgeschlossene Ausbildung an einer Fachhochschule oder an einer vergleichbaren Einrichtung (z. B. Berufsakademie, Verwaltungs- und Wirtschaftsakademie jeweils mit Diplomabschluss) oder
- eine abgeschlossene Berufsausbildung und zusätzliche durch berufliche Fortbildung erworbene Fachkenntnisse oder
- eine durch umfassende Berufserfahrung erworbene gleichwertige Qualifikation erforderlich ist.

Richtbeispiele:

1. Anfertigen von Eingabe- und Konstruktionsplänen;
2. Anfertigen von Entwurfs-, Genehmigungs- und Ausführungsplänen;
3. Anfertigen von einfachen statischen Berechnungen;
4. Ausführen von Ingenieurvermessungsarbeiten;
5. weitgehend selbständiges Ausführen und Auswerten von Untersuchungen und Messungen in Labors, Werkstätten und Baustoffprüfstellen;
6. Erstellen von schwierigen Aufmaßen und Bauabrechnungen;
7. Erstellen von Kalkulationen;
8. Planen von Schalungen und Baubehelfen in der Arbeitsvorbereitung;
9. Koordinieren und Überwachen von Bauausführungen unter Aufsicht eines verantwortlichen Bauleiters;

10. schwierige Sachbearbeitung im Personalwesen, im Einkauf, in der Angebotsbearbeitung, in der Geräteverwaltung, im Finanz- und Rechnungswesen sowie in der kaufmännischen Verwaltung von Baustellen;
11. Ausführen von Teilaufgaben im kaufmännischen Controlling oder im Baustellen-Controlling;
12. Betreuen von EDV-Anwendern und Ausführen von Arbeiten an der Hardware;
13. Führen eines Sekretariats;
14. Korrespondenz in Fremdsprachen.

A VII Angestellte, die schwierigere Tätigkeiten selbständig und weitgehend eigenverantwortlich ausführen, für die

- ein Abschluss als Master an einer Technischen Hochschule oder Universität oder
- eine abgeschlossene Ausbildung an einer Technischen Hochschule oder Universität oder
- ein Abschluss als Master an einer Fachhochschule und die entsprechende Berufserfahrung oder
- ein Abschluss als Bachelor an einer Technischen Hochschule, Universität oder Fachhochschule und eine vertiefte Berufserfahrung oder
- eine abgeschlossene Ausbildung an einer Fachhochschule oder an einer vergleichbaren Einrichtung (z. B. Berufsakademie, Verwaltungs- und Wirtschaftsakademie jeweils mit Diplomabschluss) und die entsprechende Berufserfahrung oder
- eine abgeschlossene Berufsausbildung und zusätzliche durch berufliche Fortbildung erworbene Fachkenntnisse oder
- eine durch umfassende Berufserfahrung erworbene gleichwertige Qualifikation erforderlich ist

und Poliere, welche die Prüfung gemäß der „Verordnung über die Prüfung zum anerkannten Abschluss Geprüfter Polier“ erfolgreich abgelegt haben und als Polier angestellt wurden oder die als Polier angestellt wurden, ohne diese Prüfung abgelegt zu haben, sowie Meister.

Richtbeispiele:

1. Entwerfen, Konstruieren, Berechnen von Bauwerken mit mittlerem Schwierigkeitsgrad;
2. Anfertigen von Entwurfs-, Genehmigungs- und Ausführungsplänen mit mittlerem Schwierigkeitsgrad;
3. Anfertigen von statischen Berechnungen;

4. Planen und Ausführen von Ingenieurvermessungsarbeiten;
5. selbständiges Ausführen und Auswerten von Untersuchungen und Messungen in Labors, Werkstätten und Baustoffprüfstellen;
6. Erstellen von schwierigen Kalkulationen;
7. Berechnen und Erstellen von Plänen für Schalungen und Baubehelfe in der Arbeitsvorbereitung;
8. Koordinieren und Überwachen von Bauausführungen oder Abschnittsbauleitung;
9. Veranlassen und Überwachen von Maßnahmen der Arbeitssicherheit und des Gesundheitsschutzes;
10. Einsatzplanung und Führung des gewerblichen Baustellenpersonals und der gewerblichen Auszubildenden, ohne selbst überwiegend körperlich mitzuarbeiten;
11. schwierige und umfangreiche Sachbearbeitung im Personalwesen, im Einkauf, in der Angebotsbearbeitung, in der Geräteverwaltung, im Finanz- und Rechnungswesen sowie in der kaufmännischen Verwaltung von Baustellen;
12. Arbeiten im kaufmännischen Controlling oder im Baustellen-Controlling;
13. Beraten bei EDV-Systemanwendungen, Betreuen von EDV-Netzwerken;
14. Führen des Sekretariats der Geschäftsleitung.

A VIII Angestellte, die besonders schwierige Tätigkeiten selbständig und eigenverantwortlich ausführen, für die

- ein Abschluss als Master an einer Technischen Hochschule oder Universität und die entsprechende Berufserfahrung oder
- eine abgeschlossene Ausbildung an einer Technischen Hochschule oder Universität und die entsprechende Berufserfahrung oder
- ein Abschluss als Master an einer Fachhochschule und eine vertiefte Berufserfahrung oder
- ein Abschluss als Bachelor an einer Technischen Hochschule, Universität oder Fachhochschule und eine vertiefte Berufserfahrung oder
- eine abgeschlossene Ausbildung an einer Fachhochschule oder an einer vergleichbaren Einrichtung (z.B. Berufsakademie, Verwaltungs- und Wirtschaftsakademie jeweils mit Diplomabschluss) und eine vertiefte Berufserfahrung oder
- eine durch vertiefte Berufserfahrung erworbene gleichwertige Qualifikation erforderlich ist

und Poliere, welche die Prüfung gemäß der „Verordnung über die Prüfung zum anerkannten Abschluss Geprüfter Polier" erfolgreich abgelegt haben und als Polier angestellt wurden oder die als Polier angestellt wurden, ohne diese Prüfung abgelegt zu haben, sowie Meister.

Richtbeispiele:

1. Entwerfen, Berechnen von Baukonstruktionen;
2. Anfertigen von Objektplänen;
3. Anfertigen von umfangreichen statischen Berechnungen;
4. Planen, Ausführen und Überwachen von Ingenieurvermessungsarbeiten;
5. Überwachen, selbständiges Ausführen und Auswerten von Untersuchungen und Messungen in Labors, Werkstätten und Baustoffprüfstellen;
6. Erstellen von besonders schwierigen Kalkulationen;
7. Entwickeln und Bearbeiten aller Aufgaben der Arbeitsvorbereitung;
8. Selbständiges Leiten von Bauausführungen;
9. Selbständiges und eigenverantwortliches Veranlassen und Überwachen von Maßnahmen der Arbeitssicherheit und des Gesundheitsschutzes;
10. Koordinieren und Überwachen umfangreicher Bauausführungen, gegebenenfalls einschließlich der eigenverantwortlichen Einsatzplanung und Führung des gewerblichen Baustellenpersonals und der gewerblichen Auszubildenden;
11. Verhandeln mit Bauauftraggebern und Behörden;
12. Leiten und Durchführen der kaufmännischen Arbeiten auf einer Baustelle;
13. Vorbereiten von Bilanzen;
14. Besonders schwierige Arbeiten im kaufmännischen Controlling oder im Baustellen-Controlling;
15. Bearbeiten aller Aufgaben im Personalwesen, im Einkauf oder in der Angebotsbearbeitung;
16. Erstellen von EDV-Konzepten.

A IX Angestellte, die umfassende Tätigkeiten selbständig und eigenverantwortlich ausführen, für die

- ein Abschluss als Master oder Bachelor und eine vertiefte Berufserfahrung oder
- eine abgeschlossene Ausbildung an einer Technischen Hochschule oder Universität und eine vertiefte Berufserfahrung oder
- eine abgeschlossene Ausbildung an einer Fachhochschule oder an einer vergleichbaren Einrichtung (z. B. Berufsakademie, Ver-

waltungs- und Wirtschaftsakademie jeweils mit Diplomabschluss) und eine vertiefte Berufserfahrung oder

- eine durch vertiefte Berufserfahrung erworbene gleichwertige Qualifikation erforderlich ist.

Richtbeispiele:

1. Leiten, Überwachen und Durchführen komplizierter und umfangreicher technischer oder kaufmännischer Arbeiten;
2. Entwerfen, Berechnen komplizierter Baukonstruktionen;
3. Anfertigen komplizierter Objektpläne;
4. Leiten, Überwachen und Durchführen aller Aufgaben der Arbeitsvorbereitung;
5. Selbständiges Leiten von komplizierten Bauausführungen;
6. Erstellen von Bilanzen;
7. Verhandlungsführung mit Bauauftraggebern und Behörden;
8. Erstellen von umfangreichen, komplizierten EDV-Konzepten.

A X Angestellte, die umfassende Tätigkeiten selbständig ausführen, eine besondere Verantwortung haben sowie über eine eigene Dispositions- und Weisungsbefugnis verfügen, für die

- ein Abschluss als Master oder Bachelor und eine vertiefte Berufserfahrung oder
- eine abgeschlossene Ausbildung an einer Technischen Hochschule oder Universität und eine vertiefte Berufserfahrung oder
- eine abgeschlossene Ausbildung an einer Fachhochschule oder an einer vergleichbaren Einrichtung (z. B. Berufsakademie, Verwaltungs- und Wirtschaftsakademie jeweils mit Diplomabschluss) und vertiefte Berufserfahrung oder
- eine durch vertiefte Berufserfahrung erworbene gleichwertige Qualifikation erforderlich ist.

3. Gehaltsregelungen

3.1 Dem Monatsgehalt liegt die tarifliche Arbeitszeit nach § 3 Nr. 1.1 zugrunde.

3.2 Bei Ereignissen, die nach diesem Tarifvertrag eine Veränderung der Einkommensbezüge bedingen, tritt die Veränderung zum Ersten des Monats in Kraft, in den das Ereignis fällt.

3.3 Auszubildende, die vor Ablauf der Ausbildungszeit die Abschlussprüfung bestanden haben, haben ab dem ersten Tag nach der erfolgreichen Ablegung der Prüfung Anspruch auf Gehalt entsprechend der für sie geltenden Gehaltsgruppe.

3.4 Angestellte, deren Ausbildungszeit abgelaufen ist und die aus Gründen, die nicht in ihrer Person liegen, die Prüfung noch nicht haben ablegen können, haben Anspruch auf die Vergütung der Gruppe A I. Der Unterschiedsbetrag zwischen diesem Gehalt und dem ihnen zustehenden Tarifgehalt ist ihnen ab dem Zeitpunkt der Beendigung der Ausbildung nachzuzahlen, wenn sie die Prüfung bestehen.

3.5 Poliere, die zum Zeitpunkt ihrer Anstellung noch nicht fünf Jahre als Werkpolier oder ein Jahr bei einem anderen Arbeitgeber als Polier beschäftigt waren, erhalten im ersten Jahr 95 % des Gehalts der Tarifgruppe A VII.

3.6 Falls dem Polier keine oder nicht ausreichende Arbeit als Polier zugewiesen werden kann, können ihm andere Arbeiten unter Fortzahlung seines Gehaltes übertragen werden.

3.7 Für hauptberufliche Ausbilder in überbetrieblichen Ausbildungsstätten werden die Eingruppierungsgrundlagen für die Poliere auch dann zugrunde gelegt, wenn die Ausbilder keine Poliere sind.

3.8 Eine Abtretung und eine Verpfändung von Gehaltsansprüchen ist nur mit Zustimmung des Arbeitgebers zulässig.

4. Poliere des feuerungstechnischen Gewerbes

Für Feuerungs- und Ofenbau-Poliere, Koksofen- und Gaswerksofenbau-Poliere, Ofenmeister sowie Schornsteinbau-Poliere gelten lediglich die Nrn. 3.1, 3.6 und 3.8 dieses Paragraphen.

§ 6
Gehaltszahlung im Todesfall

1. Stirbt ein Angestellter, so ist sein Gehalt vom Todestag an bis zum Ablauf des Sterbemonats zu zahlen, wenn ihm im Sterbemonat noch Ansprüche auf Gehalt oder Zuschuss zum Krankengeld nach § 4 Nr. 2.2 zustanden.

2. Über die Bestimmungen der Nr. 1 hinaus sind zu zahlen:

2.1 nach mehr als einjähriger ununterbrochener Betriebszugehörigkeit ein Monatsgehalt;

2.2 nach mehr als dreijähriger ununterbrochener Betriebszugehörigkeit zwei Monatsgehälter;

2.3 nach mehr als fünfjähriger ununterbrochener Betriebszugehörigkeit drei Monatsgehälter.

3. Bei der Berechnung der ununterbrochenen Betriebszugehörigkeit im Sinne der Nr. 2 wird die Dauer früherer Betriebszugehörigkeit angerechnet, wenn die frühere Betriebszugehörigkeit durch Umstände unterbrochen wurde, die der Angestellte nicht zu vertreten hatte. Dabei werden aber die jeweiligen Unterbrechungszeiträume nicht mitgezählt.

4. Stirbt ein Angestellter an den Folgen eines Arbeitsunfalles, so sind ohne Berücksichtigung der Betriebszugehörigkeit über den Sterbemonat hinaus drei Monatsgehälter zu zahlen.

5. Anspruchsberechtigt sind nur der hinterbliebene Ehegatte, sofern beim Tode eheliche Gemeinschaft bestand, anderenfalls die Kinder und sonstige Unterhaltsberechtigte, die der Verstorbene überwiegend unterhalten hat.

§ 7
Fahrtkostenabgeltung, Verpflegungszuschuss und Unterkunft

1. Allgemeines

Der Angestellte kann sowohl im Büro als auch auf allen Bau- oder sonstigen Arbeitsstellen (Arbeitsstelle) des Betriebes eingesetzt werden, auch auf solchen, die er von seiner Wohnung nicht an jedem Arbeitstag erreichen kann.

2. Begriffsbestimmungen

2.1 Entfernungen

Entfernungen sind nach Maßgabe des kürzesten mit Personenkraftwagen befahrbaren öffentlichen Weges zwischen der Arbeitsstelle und der Wohnung (Unterkunft) des Angestellten zu bestimmen. Ist ein anderer Weg offensichtlich verkehrsgünstiger, so ist die Entfernung danach zu bestimmen.

2.2 Betrieb

Als Betrieb gilt die Hauptverwaltung, die Niederlassung, die Filiale, die Zweigstelle oder die sonstige ständige Vertretung des Arbeitgebers, in welcher der Angestellte eingestellt wird. Wird der Angestellte auf einer Arbeitsstelle eingestellt, so gilt die nächstgelegene Vertretung des Arbeitgebers als Betrieb.

3. Arbeitsstellen mit täglicher Heimfahrt

Der Angestellte, der außerhalb des Betriebes arbeitet und dem kein Auslösungsanspruch nach Nr. 4 zusteht, hat nach folgender Maßgabe Anspruch auf eine Fahrtkostenabgeltung und einen Verpflegungszuschuss.

3.1 Fahrtkostenabgeltung

Arbeitet der Angestellte auf einer mindestens 10 km von seiner Wohnung entfernten Arbeitsstelle und benutzt er für die Fahrt ein von ihm gestelltes Fahrzeug, so erhält er eine Fahrtkostenabgeltung in Höhe von 0,20 € je Arbeitstag und gefahrenem Kilometer (Kilometergeld). Der arbeitstägliche Anspruch ist auf 20,— € begrenzt.

Bei Benutzung eines öffentlichen Verkehrsmittels werden dem Angestellten die hierfür notwendigen Kosten erstattet.

Ein Anspruch auf Fahrtkostenabgeltung besteht nicht, wenn die Möglichkeit der kostenlosen Beförderung mit einem vom Arbeitgeber gestellten ordnungsgemäßen Fahrzeug besteht.

Soweit die gewährte Fahrtkostenabgeltung zu versteuern ist, hat der Arbeitgeber von der Möglichkeit der Pauschalversteuerung nach § 40 Abs. 2 EStG Gebrauch zu machen; eine Überwälzung der entrichteten Steuer auf den Angestellten ist unwirksam. Dies gilt auch, soweit eine kostenlose Beförderung (Abs. 3) als Sachbezug zu versteuern ist.

3.2 Verpflegungszuschuss

Ist der Angestellte ausschließlich aus beruflichen Gründen mehr als 10 Stunden von seiner Wohnung abwesend, so erhält er einen Verpflegungszuschuss in Höhe von 4,09 € je Arbeitstag in Betrieben in den alten Bundesländern und in Höhe von 2,56 € je Arbeitstag in Betrieben in den neuen Bundesländern.

3.3 Poliere in Berlin

Die Nrn. 3.1 und 3.2 gelten im Gebiet des Landes Berlin nicht für die Poliere.

4. Arbeitsstellen ohne tägliche Heimfahrt

Arbeitet der Angestellte auf einer mindestens 50 km vom Betrieb entfernten Arbeitsstelle und beträgt der normale Zeitaufwand für seinen Weg von der Wohnung zur Arbeitsstelle mehr als 1¼ Stunden, so hat er nach folgender Maßgabe Anspruch auf einen Verpflegungszuschuss und auf eine Unterkunft:

4.1 Verpflegungszuschuss

Für den Verpflegungsmehraufwand erhält der Angestellte einen Verpflegungszuschuss in Höhe von 24,— € je Arbeitstag. Durch Betriebsvereinbarung kann der Verpflegungszuschuss auf bis zu 28,— € je Arbeitstag erhöht werden. Kommt hierüber keine Einigung zustande, so entscheidet die Einigungsstelle nach Anrufung durch den Betriebsrat.

4.2 Unterkunft

Der Arbeitgeber hat dem Angestellten eine ordnungsgemäße Unterkunft (Baustellenunterkunft/Pension/Hotel) zu stellen. Dabei ist die Arbeitsstättenverordnung zu beachten.

Für Fahrten zwischen dieser Unterkunft und der Arbeitsstelle erhält der Angestellte eine Fahrtkostenerstattung nach Maßgabe der Nr. 3.1, sofern die Entfernung zwischen Unterkunft und Arbeitsstelle mehr als 10 km beträgt.

4.3 An- und Abreise

Der Arbeitgeber hat den Angestellten kostenlos zur Arbeitsstelle zu befördern oder ihm die Fahrtkosten in Höhe von 0,20 € je gefahrenem Kilometer ohne Begrenzung zu erstatten. Das gilt auch für den unmittelbaren Wechsel zu einer anderen Arbeitsstelle und für die Rückfahrt zu seiner Wohnung nach Beendigung der Tätigkeit auf der Arbeitsstelle. Im Übrigen gilt Nr. 3.1.

In diesen Fällen hat der Angestellte für die erforderliche Zeit Anspruch auf Fortzahlung seines Gehalts ohne jeden Zuschlag.

4.4 Wochenendheimfahrten

Bei Wochenendheimfahrten erhält der Angestellte eine Fahrtkostenabgeltung nach Maßgabe der Nr. 3.1, wobei das Kilometergeld 0,20 € je gefahrenem Kilometer ohne Begrenzung beträgt.

Beträgt die Entfernung zwischen Betrieb und Arbeitsstelle mehr als 250 km, so ist der Angestellte nach Ablauf von jeweils acht Wochen einer ununterbrochenen Tätigkeit für einen Arbeitstag, bei einer Entfernung von mehr als 500 km für zwei Arbeitstage unter Fortzahlung seines Gehaltes in Zusammenhang mit einer Wochenendheimfahrt von der Arbeit freizustellen.

Dies gilt nicht, wenn die Wochenendheimfahrt auf Kosten des Arbeitgebers mit dem Flugzeug durchgeführt wird und die Kosten für die An- und Abfahrt zum bzw. vom Flughafen erstattet werden.

4.5 Wegfall des Verpflegungszuschusses

Bei Wochenendheimfahrten, Krankenhausaufenthalt oder unentschuldigtem Fehlen des Angestellten entfällt der Anspruch auf den Verpflegungszuschuss.

§ 8
Freistellung zu Arbeitsgemeinschaften

1. Voraussetzungen der Freistellung

1.1 Der Arbeitgeber kann den Angestellten auch zu einer Arbeitsgemeinschaft, an der der Arbeitgeber beteiligt ist, freistellen.

1.2 Die Freistellung kann nur mit Zustimmung des Angestellten erfolgen.

1.3 Dem Angestellten ist vor der Arbeitsaufnahme in der Arbeitsgemeinschaft eine Bescheinigung auszustellen, aus der sich u. a. der Name und die Anschrift der Arbeitsgemeinschaft, die voraussichtliche Dauer der Freistellung, Art und Umfang seiner Tätigkeit, die Höhe seines Gehalts, etwaige Vereinbarungen im Rahmen des § 7 und die Zahlung vermögenswirksamer Leistungen ergibt.

2. Rechtsverhältnisse während der Dauer der Freistellung

2.1 Während der Dauer der Freistellung ruht das Arbeitsverhältnis des Angestellten zum Stammbetrieb. Mit der Arbeitsaufnahme tritt der Angestellte in ein Arbeitsverhältnis zur Arbeitsgemeinschaft.

Während der Dauer der Zugehörigkeit zur Arbeitsgemeinschaft hat der Angestellte gegen die Arbeitsgemeinschaft die tariflichen Ansprüche, die ihm gegenüber dem Stammbetrieb zustehen würden.

2.2 Mit Beendigung des Arbeitsverhältnisses zur Arbeitsgemeinschaft lebt das Arbeitsverhältnis zum Stammbetrieb wieder auf. Dem Angestellten ist die Zeit der Freistellung als Betriebszugehörigkeit anzurechnen. Das gleiche gilt für von der Arbeitsgemeinschaft neu eingestellte Angestellte, sofern sie von einem Partner der Arbeitsgemeinschaft in ein Arbeitsverhältnis übernommen werden.

Die Bestimmungen des vorstehenden Absatzes gelten nicht im Falle einer berechtigten fristlosen Entlassung durch die Arbeitsgemeinschaft.

2.3 Die Regelungen des § 7 gelten sinngemäß für die Freistellung zu einer Arbeitsgemeinschaft, an der der Arbeitgeber beteiligt ist.

§ 9
Versetzung

1. Begriff der Versetzung

1.1 Versetzt ist, wer auf Grund eines bestehenden Arbeitsverhältnisses vom Arbeitgeber auf eine Beschäftigungsstelle oder Betriebsstätte außerhalb seines Einstellungsortes geschickt wird und bei dem im Zeitpunkt der Verschickung feststeht oder bei dem sich während der Tätigkeit auf der neuen Beschäftigungsstelle herausstellt, dass er in absehbarer Zeit nicht an den Einstellungsort zurückkehrt und deshalb auf Veranlassung des Arbeitgebers an seinem neuen Beschäftigungsort oder in dessen Nähe einen neuen Wohnsitz nimmt.

1.2 Eine Versetzung kann nur mit Zustimmung des Angestellten erfolgen.

2. Umzugskosten

2.1 Der Arbeitgeber hat die gesamten Kosten des Umzugs des Versetzten vom Einstellungsort oder Wohnsitz des Versetzten zum neuen Wohnsitz zu tragen. Das gleiche gilt für die Kosten, die dem Angestellten nach Beendigung der Beschäftigung am Versetzungsort durch den Umzug an seinen früheren Wohnsitz entstehen oder entstehen würden.

2.2 Der Anspruch entfällt, wenn das Arbeitsverhältnis auf Veranlassung des Angestellten oder durch Umstände gelöst wird, die der Angestellte zu vertreten hat.

3. Versetzung und Arbeitsvertrag

Der Inhalt des bestehenden Arbeitsvertrages wird durch die Versetzung nicht berührt.

§ 10
Urlaub

1. Urlaubsanspruch

1.1 Jeder Angestellte hat in jedem Jahr Anspruch auf einen bezahlten Erholungsurlaub.

1.2 Der volle Urlaubsanspruch wird erstmalig nach sechsmonatigem Bestehen des Arbeits- oder Ausbildungsverhältnisses erworben.

1.3 Anspruch auf ein Zwölftel des Jahresurlaubs für jeden vollen Monat des Bestehens des Arbeits- oder Ausbildungsverhältnisses hat der Angestellte

1.31 für Zeiten eines Kalenderjahres, für die er wegen Nichterfüllung der Wartezeit in diesem Kalenderjahr keinen vollen Urlaubsanspruch erwirbt,

1.32 wenn er vor erfüllter Wartezeit aus dem Arbeits- oder Ausbildungsverhältnis ausscheidet,

1.33 wenn er nach erfüllter Wartezeit in der ersten Hälfte eines Kalenderjahres aus dem Arbeits- oder Ausbildungsverhältnis ausscheidet.

1.4 Bruchteile von Urlaubstagen, die mindestens einen halben Tag ergeben, sind auf volle Urlaubstage aufzurunden.

2. Urlaubsdauer

Der Urlaub beträgt im Kalenderjahr (Urlaubsjahr) 30 Arbeitstage. Samstage gelten nicht als Arbeitstage.

3. Zeitliche Festlegung des Urlaubs

3.1 Bei der zeitlichen Festlegung des Urlaubs sind die Urlaubswünsche des Angestellten zu berücksichtigen, es sei denn, dass ihrer Berücksichtigung dringende betriebliche Belange oder Urlaubswünsche anderer Angestellter, die unter sozialen Gesichtspunkten den Vorrang verdienen, entgegenstehen. Das Mitbestimmungsrecht des Betriebsrates ist zu beachten.

3.2 Der Urlaub ist zusammenhängend zu gewähren. Eine Teilung des Urlaubs ist nur in besonderen Ausnahmefällen zulässig.

3.3 Der Urlaub muss im laufenden Kalenderjahr gewährt und genommen werden. Eine Übertragung des Urlaubs auf das nächste Kalenderjahr ist nur statthaft, wenn dringende betriebliche oder in der Person des Angestellten liegende Gründe dies rechtfertigen. Im Falle der Übertragung muss der Urlaub in den ersten drei Monaten des folgenden Kalenderjahres gewährt und genommen werden.

Ist dies wegen unverschuldeter Arbeitsunfähigkeit in Folge von Krankheit des Angestellten nicht möglich, so verfällt der Anspruch nach Ablauf weiterer 12 Monate.

Auf Verlangen des Angestellten ist ein nach Nr. 1.31 entstandener Teilurlaub jedoch auf das nächste Urlaubsjahr zu übertragen.

4. Unterbrechung des Urlaubs

4.1 Erkrankt ein Angestellter während des Urlaubs, so werden die nachgewiesenen Krankheitstage, an denen der Angestellte arbeitsunfähig ist, auf den Urlaub nicht angerechnet. Der Angestellte hat sich jedoch nach terminmäßigem Ablauf seines Urlaubs, oder, falls die Krankheit länger dauert, nach Beendigung der Krankheit zunächst dem Betrieb zur Dienstleistung zur Verfügung zu stellen. Der Antritt des restlichen Urlaubs wird nach Maßgabe der Nr. 3.1 festgelegt.

4.2 Unterbrechungen des Urlaubs durch Vorkommnisse, die eine Freistellung des Angestellten gemäß § 4 Nr. 3.3 begründet hätten, dürfen auf den Urlaub nicht angerechnet werden.

5. Urlaubsentgelt

5.1 Das Urlaubsentgelt bemisst sich nach dem durchschnittlichen Arbeitsverdienst, den der Angestellte in den letzten drei Kalendermonaten vor dem Beginn des Urlaubs erhalten hat, mit Ausnahme des zusätzlich für Überstunden gezahlten Arbeitsverdienstes. Bei Verdiensterhöhungen nicht nur vorübergehender Natur, die während des Berechnungszeitraumes oder des Urlaubs eintreten, ist von dem erhöhten Verdienst auszugehen. Verdienstkürzungen, die im Berechnungszeitraum infolge Kurzarbeit, Arbeitsausfällen oder unverschuldeter Arbeitsversäumnis eintreten, bleiben für die Berechnung des Urlaubsentgelts außer Betracht. Jugendlichen ist als Urlaubsentgelt das Entgelt fortzuzahlen, das sie ohne den Urlaub erhalten hätten. Das Urlaubsentgelt ist vor Antritt des Urlaubs auszuzahlen.

5.2 Der Urlaub darf nur insoweit abgegolten werden, als infolge Beendigung des Beschäftigungsverhältnisses die Freizeit nicht mehr gewährt werden kann.

5.3 Während des Urlaubs darf der Angestellte keine dem Urlaubszweck widersprechende Erwerbsarbeit leisten. Handelt er diesem Verbot entgegen, so entfällt der Anspruch auf Bezahlung des Urlaubs.

5.4 Ist bereits ein höherer Urlaub gewährt, so kann das Urlaubsentgelt nicht zurückgefordert werden.

6. Zusätzliches Urlaubsgeld

6.1 Das zusätzliche Urlaubsgeld beträgt für jeden tarifvertraglich festgelegten Urlaubstag des Angestellten 24,— €, des Auszubildenden 16,— €.

Das zusätzliche Urlaubsgeld beträgt für Urlaub, der nach dem 31. Dezember 2015 und vor dem 1. Januar 2018 entstanden ist, für jeden tarifvertraglich festgelegten Urlaubstag des Angestellten 19,— €, des Auszubildenden 16,— €.

6.2 Teilzeitbeschäftigten ist das zusätzliche Urlaubsgeld anteilig zu gewähren, und zwar im Verhältnis der vertraglichen Teilarbeitszeit zu der tariflichen Arbeitszeit gemäß § 3 Nr. 1.1.

6.3 Das zusätzliche Urlaubsgeld wird im Zusammenhang mit dem Urlaubsentgelt gezahlt. Es kann auf betrieblich gewährtes zusätzliches Urlaubsgeld angerechnet werden.

6.4 Nr. 5.4 gilt sinngemäß für die Rückforderung von zusätzlichem Urlaubsgeld.

6.5 Das zusätzliche Urlaubsgeld kann in einem Betrag, spätestens mit dem Gehalt für den Monat Juli, gezahlt werden.

7. Ergänzend gelten die gesetzlichen Vorschriften.

§ 11
Beendigung des Arbeitsverhältnisses

1. Kündigung

1.1 Die Kündigungsfristen richten sich nach den gesetzlichen Vorschriften.

1.2 Jede Kündigung hat schriftlich zu erfolgen.

1.3 Während einer vereinbarten Probezeit kann das Arbeitsverhältnis mit zweiwöchiger Frist gekündigt werden. Eine Beendigung des Probearbeitsverhältnisses aus wichtigem Grund gemäß § 626 BGB bleibt hiervon unberührt.

1.4 Bei einer aushilfsweisen Beschäftigung bis zu einem Monat ist eine Kündigungsfrist von drei Tagen einzuhalten.

2. Zeugnis

2.1 Eine angemessene Zeit vor Ablauf eines zeit- oder zweckbefristeten Arbeitsverhältnisses oder nach erfolgter Kündigung ist dem Angestellten auf sein Verlangen ein vorläufiges Zeugnis zu erteilen, das bei Aushändigung eines endgültigen Zeugnisses zurückzugeben ist.

2.2 Das Zeugnis muss Angaben über Dauer und Art der Beschäftigung, auf Wunsch auch über Führung und die Leistungen unter Angabe des Spezialfaches und der besonderen Tätigkeit enthalten.

2.3 Der Angestellte kann nach angemessener Zeit auch ein Zwischenzeugnis verlangen, das den gleichen Anforderungen zu entsprechen hat. Dieses gilt insbesondere bei der Beendigung einer Tätigkeit in einer Arbeitsgemeinschaft.

§ 12
Arbeitssicherheit und Gesundheitsschutz

Der Arbeitgeber ist verpflichtet, die Angestellten über alle einschlägigen Vorschriften zur Arbeitssicherheit und zum Gesundheitsschutz zu unterrichten.

Der Arbeitgeber muss für Führungskräfte eine Haftpflichtversicherung abschließen oder sie in eine Betriebshaftpflichtversicherung einbeziehen.

§ 13
Ausschlussfristen

1. Alle beiderseitigen Ansprüche aus dem Arbeitsverhältnis und solche, die mit dem Arbeitsverhältnis in Verbindung stehen, verfallen, wenn sie nicht innerhalb von zwei Monaten nach der Fälligkeit gegenüber der anderen Vertragspartei schriftlich erhoben werden; besteht bei Ausscheiden des Angestellten ein Arbeitszeitguthaben, beträgt die Frist für dieses Arbeitszeitguthaben jedoch 6 Monate.

2. Lehnt die Gegenpartei den Anspruch ab oder erklärt sie sich nicht innerhalb von zwei Wochen nach der Geltendmachung des Anspruchs, so verfällt dieser, wenn er nicht innerhalb von zwei Monaten nach der Ablehnung oder dem Fristablauf gerichtlich geltend gemacht wird. Dies gilt nicht für Zahlungsansprüche des Angestellten, die während eines Kündigungsschutzprozesses fällig werden und von seinem Ausgang abhängen. Für diese Ansprüche beginnt die Ausschlussfrist von zwei Monaten nach rechtskräftiger Beendigung des Kündigungsschutzverfahrens.

§ 14
Durchführung des Vertrages

1. Die vertragsschließenden Organisationen verpflichten sich, ihren Einfluss zur Durchführung und Aufrechterhaltung dieses Tarifvertrages und der damit in Zusammenhang stehenden Gehalts- und sonstigen Tarifverträge einzusetzen.

2. Bei Meinungsverschiedenheiten über die Auslegung dieses Vertrages verpflichten sich die Tarifvertragsparteien, unverzüglich in Verhandlungen einzutreten.

3. Die Tarifvertragsparteien verpflichten sich, mit anderen Organisationen und einzelnen Arbeitgebern keine Tarifverträge zu vereinbaren, die von diesem Tarifvertrag inhaltlich abweichen. Schließt eine Tarifvertragspartei gleichwohl einen Satz 1 widersprechenden Tarifvertrag ab, so kann die andere Tarifvertragspartei verlangen, dass die abweichenden Bestimmungen ganz oder teilweise Inhalt dieses Tarifvertrages werden.

§ 15
Inkrafttreten und Vertragsdauer

Dieser Tarifvertrag tritt am 1. September 2002 in Kraft. Er kann mit einer Frist von sechs Monaten jeweils zum 31. Dezember, erstmals zum 31. Dezember 2006, gekündigt werden.

Berlin / Frankfurt a. M., den 4. Juli 2002 / 29. Juli 2005 / 20. August 2007 / 17. Dezember 2012 / 5. Juni 2014 / 10. Juni 2016

▷ Siehe auch Leitfaden **Das Arbeitsverhältnis im Baugewerbe** (6. Auflage), Kapitel 1.5 *Arbeitszeit*, Kapitel 1.6.1.7 *Urlaub* und Kapitel 2 *Beendigung des Arbeitsverhältnisses / Kündigung*.

Änderungsübersicht[1)]

▼ Paragraphen / ▶ Tarifverträge	Änderungstarifvertrag vom 29. Juli 2005	Änderungstarifvertrag vom 20. August 2007	Änderungstarifvertrag vom 17. Dezember 2012	Änderungstarifvertrag vom 5. Juni 2014	Änderungstarifvertrag vom 10. Juni 2016
§ 1	■				
§ 2					
§ 3	■			■	
§ 4					
§ 5		■			
§ 6					
§ 7		■		■	■
§ 8					
§ 9					
§ 10		■	■	■	
§ 11					
§ 12					
§ 13					
§ 14					
§ 15					

1) Im Rubrum des RTV Angestellte sind 5 Änderungsfassungen (vom 29. Juli 2005 bis zuletzt 10. Juni 2016) aufgeführt. Die Änderungsübersicht listet dabei die von den insgesamt 5 Änderungstarifverträgen jeweils betroffenen Paragraphen auf (■). Somit lässt sich zum einen ablesen, welche Paragraphen seit der letzten Volltextfassung (vom 4. Juli 2002) bis zur aktuellen Fassung (10. Juni 2016) Änderungen erfahren haben, zum anderen aber auch, welche Paragraphen nicht geändert worden sind.

Gehaltsgruppenstruktur*) für die Angestellten und Poliere

nach § 5 RTV Angestellte vom 4. Juli 2002 in der Fassung vom 10. Juni 2016

Bezeichnung	Tätigkeit	Berufsausbildung/ durch Berufserfahrung erworbene gleichwertige Qualifikati
A X	– Angestellte, die umfassende Tätigkeiten selbständig ausführen, eine besondere Verantwortung haben sowie über eine eigene Dispositions- und Weisungsbefugnis verfügen	– Abschluss als Master oder Bachelor und eine vertiefte Berufserfahru oder – abgeschlossene Ausbildung an einer Technischen Hochschule oder Universität jeweils mit Diplomabschluss und eine vertiefte Berufserfahrung oder – abgeschlossene Ausbildung an einer Fachhochschule oder an einer vergleichbaren Einrichtung (z. B. Berufsakademie, Verwaltungs- und Wirtschaftsakademie jeweils mit Diplomabschluss) und eine vertiefte Berufserfahrung oder – durch vertiefte Berufserfahrung erworbene gleichwertige Qualifikatio
A IX	– Angestellte, die umfassende Tätigkeiten selbständig und eigenverantwortlich ausführen	– Abschluss als Master oder Bachelor und eine vertiefte Berufserfahru oder – abgeschlossene Ausbildung an einer Technischen Hochschule oder Universität jeweils mit Diplomabschluss und eine vertiefte Berufserfahrung oder – abgeschlossene Ausbildung an einer Fachhochschule oder an einer vergleichbaren Einrichtung (z. B. Berufsakademie, Verwaltungs- und Wirtschaftsakademie jeweils mit Diplomabschluss) und eine vertiefte Berufserfahrung oder – durch vertiefte Berufserfahrung erworbene gleichwertige Qualifikatic
A VIII	– Angestellte, die besonders schwierige Tätigkeiten selbständig und eigenverantwortlich ausführen und – Poliere, welche die Prüfung gemäß der „Verordnung über die Prüfung zum anerkannten Abschluss Geprüfter Polier" erfolgreich abgelegt haben und als Polier angestellt wurden oder die als Polier angestellt wurden, ohne diese Prüfung abgelegt zu haben, sowie Meister	– Abschluss als Master an einer Technischen Hochschule oder Universität und die entsprechende Berufserfahrung oder – abgeschlossene Ausbildung an einer Technischen Hochschule oder Universität jeweils mit Diplomabschluss und die entsprechende Berufserfahrung oder – Abschluss als Master an einer Fachhochschule und eine vertiefte Berufserfahrung oder – Abschluss als Bachelor an einer Technischen Hochschule, Universit oder Fachhochschule und eine vertiefte Berufserfahrung oder – abgeschlossene Ausbildung an einer Fachhochschule oder an einer vergleichbaren Einrichtung (z. B. Berufsakademie, Verwaltungs- und Wirtschaftsakademie jeweils mit Diplomabschluss) und eine vertiefte Berufserfahrung oder – durch vertiefte Berufserfahrung erworbene gleichwertige Qualifikatic
A VII	– Angestellte, die schwierigere Tätigkeiten selbständig und weitgehend eigenverantwortlich ausführen und – Poliere, welche die Prüfung gemäß der „Verordnung über die Prüfung zum anerkannten Abschluss Geprüfter Polier" erfolgreich abgelegt haben und als Polier angestellt wurden oder die als Polier angestellt wurden, ohne diese Prüfung abgelegt zu haben, sowie Meister	– Abschluss als Master an einer Technischen Hochschule oder Universität oder – abgeschlossene Ausbildung an einer Technischen Hochschule oder Universität jeweils mit Diplomabschluss oder – Abschluss als Master an einer Fachhochschule und die entsprecher Berufserfahrung oder – Abschluss als Bachelor an einer Technischen Hochschule, Universit oder Fachhochschule und eine vertiefte Berufserfahrung oder – abgeschlossene Ausbildung an einer Fachhochschule oder an einer vergleichbaren Einrichtung (z. B. Berufsakademie, Verwaltungs- und Wirtschaftsakademie jeweils mit Diplomabschluss) und die entsprechende Berufserfahrung oder – abgeschlossene Berufsausbildung und zusätzliche durch berufliche Fortbildung erworbene Fachkenntnisse oder – durch umfassende Berufserfahrung erworbene gleichwertige Qualifikation

*) Für die Eingruppierung des Arbeitnehmers sind seine Ausbildung, seine Fertigkeiten und Kenntnisse sowie die von ihm auszuübende Tätigkeit gleichermaßen maßgebend.

---

tbeispiele

---

eiten, Überwachen und Durchführen komplizierter und umfangreicher technischer oder kaufmännischer Arbeiten
ntwerfen, Berechnen komplizierter Baukonstruktionen
nfertigen komplizierter Objektpläne
eiten, Überwachen und Durchführen aller Aufgaben der Arbeitsvorbereitung
elbständiges Leiten von komplizierten Bauausführungen
rstellen von Bilanzen
erhandlungsführung mit Bauauftraggebern und Behörden
rstellen von umfangreichen, komplizierten EDV-Konzepten

---

ntwerfen, Berechnen von Baukonstruktionen
nfertigen von Objektplänen
nfertigen von umfangreichen statischen Berechnungen
lanen, Ausführen und Überwachen von Ingenieurvermessungsarbeiten
berwachen, selbständiges Ausführen und Auswerten von Untersuchungen und Messungen in Labors, Werkstätten und Baustoffprüfstellen
rstellen von besonders schwierigen Kalkulationen
ntwickeln und Bearbeiten aller Aufgaben der Arbeitsvorbereitung
elbständiges Leiten von Bauausführungen
elbständiges und eigenverantwortliches Veranlassen und Überwachen von Maßnahmen der Arbeitssicherheit und des Gesundheitsschutzes
oordinieren und Überwachen umfangreicher Bauausführungen, gegebenenfalls einschließlich der eigenverantwortlichen Einsatzplanung und Führung des gewerblichen Baustellenpersonals und der gewerblichen Auszubildenden
erhandeln mit Bauauftraggebern und Behörden
eiten und Durchführen der kaufmännischen Arbeiten auf einer Baustelle
orbereiten von Bilanzen
esonders schwierige Arbeiten im kaufmännischen Controlling oder im Baustellen-Controlling
earbeiten aller Aufgaben im Personalwesen, im Einkauf oder in der Angebotsbearbeitung
rstellen von EDV-Konzepten

---

ntwerfen, Konstruieren, Berechnen von Bauwerken mit mittlerem Schwierigkeitsgrad
nfertigen von Entwurfs-, Genehmigungs- und Ausführungsplänen mit mittlerem Schwierigkeitsgrad
nfertigen von statischen Berechnungen
lanen und Ausführen von Ingenieurvermessungsarbeiten
elbständiges Ausführen und Auswerten von Untersuchungen und Messungen in Labors, Werkstätten und Baustoffprüfstellen
rstellen von schwierigen Kalkulationen
erechnen und Erstellen von Plänen für Schalungen und Baubehelfe in der Arbeitsvorbereitung
oordinieren und Überwachen von Bauausführungen oder Abschnittsbauleitung
eranlassen und Überwachen von Maßnahmen der Arbeitssicherheit und des Gesundheitsschutzes
insatzplanung und Führung des gewerblichen Baustellenpersonals und der gewerblichen Auszubildenden, ohne selbst überwiegend körperlich mitzuarbeiten
chwierige und umfangreiche Sachbearbeitung im Personalwesen, im Einkauf, in der Angebotsbearbeitung, in der Geräteverwaltung, im Finanz- und Rechnungswesen sowie in der kaufmännischen Verwaltung von Baustellen
rbeiten im kaufmännischen Controlling oder im Baustellen-Controlling
eraten bei EDV-Systemanwendungen, Betreuen von EDV-Netzwerken
ühren des Sekretariats der Geschäftsleitung

Schaubild

Bezeichnung	Tätigkeit	Berufsausbildung/ durch Berufserfahrung erworbene gleichwertige Qualifika
A VI	– Angestellte, die schwierige Tätigkeiten weitgehend selbständig und teilweise eigenverantwortlich ausführen	– Abschluss als Master an einer Fachhochschule oder – Abschluss als Bachelor an einer Technischen Hochschule, Univers oder Fachhochschule und die entsprechende Berufserfahrung ode – abgeschlossene Ausbildung an einer Fachhochschule mit Diplomabschluss oder an einer vergleichbaren Einrichtung (z. B. Berufsakademie, Verwaltungs- und Wirtschaftsakademie jeweils mit Diplc abschluss) oder – abgeschlossene Berufsausbildung und zusätzliche durch beruflich Fortbildung erworbene Fachkenntnisse oder – durch umfassende Berufserfahrung erworbene gleichwertige Qualifikation
A V	– Angestellte, die schwierige Tätigkeiten teilweise selbständig und teilweise eigenverantwortlich ausführen	– Abschluss als Bachelor an einer Technischen Hochschule, Univers oder Fachhochschule oder – abgeschlossene Ausbildung an einer staatlich anerkannten Techni schule oder an einer vergleichbaren Einrichtung (z. B. Berufsakade Verwaltungs- und Wirtschaftsakademie) und die entsprechende Berufserfahrung oder – durch umfassende Berufserfahrung erworbene gleichwertige Quali fikation
A IV	– Angestellte, die fachlich erweiterte Tätigkeiten teilweise selbständig ausführen	– abgeschlossene Ausbildung an einer staatlich anerkannten Techni schule oder an einer vergleichbaren Einrichtung (z. B. Berufsakade Verwaltungs- und Wirtschaftsakademie) oder – durch umfassende Berufserfahrung erworbene gleichwertige Quali fikation
A III	– Angestellte, die fachlich begrenzte Tätigkeiten nach allgemeiner Anleitung ausführen	– abgeschlossene Berufsausbildung und die entsprechende Berufserfahrung oder – durch Berufserfahrung erworbene gleichwertige Qualifikation
A II	– Angestellte, die fachlich begrenzte Tätigkeiten nach Anleitung ausführen	– abgeschlossene Berufsausbildung oder – durch Berufserfahrung erworbene gleichwertige Qualifikation
A I	– Angestellte, die einfache Tätigkeiten ausführen, die eine kurze Einarbeitungszeit und keine Berufsausbildung erfordern	keine

htbeispiele
Anfertigen von Eingabe- und Konstruktionsplänen Anfertigen von Entwurfs-, Genehmigungs- und Ausführungsplänen Anfertigen von einfachen statischen Berechnungen Ausführen von Ingenieurvermessungsarbeiten weitgehend selbständiges Ausführen und Auswerten von Untersuchungen und Messungen in Labors, Werkstätten und Baustoffprüfstellen Erstellen von schwierigen Aufmaßen und Bauabrechnungen Erstellen von Kalkulationen Planen von Schalungen und Baubehelfen in der Arbeitsvorbereitung Koordinieren und Überwachen von Bauausführungen unter Aufsicht eines verantwortlichen Bauleiters schwierige Sachbearbeitung im Personalwesen, im Einkauf, in der Angebotsbearbeitung, in der Geräteverwaltung, im Finanz- und Rechnungswesen sowie in der kaufmännischen Verwaltung von Baustellen Ausführen von Teilaufgaben im kaufmännischen Controlling oder im Baustellen-Controlling Betreuen von EDV-Anwendern und Ausführen von Arbeiten an der Hardware Führen eines Sekretariats Korrespondenz in Fremdsprachen
Anfertigen von Plänen, Konstruktionen sowie Massenermittlungen Ausführen von Vermessungsarbeiten einschließlich Dokumentation teilweise selbständiges Ausführen und Auswerten von Untersuchungen und Messungen in Labors, Werkstätten und Baustoffprüfstellen Erstellen von Aufmaßen und einfachen Bauabrechnungen Erstellen von einfachen Kalkulationen Erstellen von Terminplänen sowie Planen und Organisieren von Baustelleneinrichtungen in der Arbeitsvorbereitung Sachbearbeitung im Personalwesen, im Einkauf, in der Angebotsbearbeitung, in der Geräteverwaltung, im Finanz- und Rechnungswesen sowie in der kaufmännischen Verwaltung von Baustellen Einrichten von EDV-Arbeitsplätzen umfangreiche Sekretariatsarbeiten Korrespondenz in einer Fremdsprache
Anfertigen von Plänen einfache Aufmaßerstellungen und Massenermittlungen Ausführen von Vermessungsarbeiten Ausführen und Auswerten von Untersuchungen und Messungen in Labors, Werkstätten und Baustoffprüfstellen Bearbeiten von Teilaufgaben im Personalwesen, im Einkauf, in der Geräteverwaltung, im Finanz- und Rechnungswesen sowie in der kaufmännischen Verwaltung von Baustellen Ausführen von Sekretariatsarbeiten
Erstellen von Schal-, Bewehrungs- und sonstigen Plänen Massenermittlungen für Bauteile Ausführen von Vermessungsarbeiten nach allgemeiner Anleitung Vorbereiten und Ausführen fachlich begrenzter Untersuchungen und Messungen in Labors, Werkstätten und Baustoffprüfstellen Ausführen von Arbeiten im Personalwesen, im Einkauf, in der Geräteverwaltung, im Finanz- und Rechnungswesen sowie in der kaufmännischen Verwaltung von Baustellen Schreiben vorgegebener Texte und Tabellen sowie Ausführen fachlich begrenzter Sekretariatsarbeiten Bedienen von Kommunikationsanlagen in Verbindung mit anderen Kommunikations- oder Verwaltungsaufgaben Archivarbeiten
Erstellen einfacher Schal-, Bewehrungs- und sonstiger einfacher Pläne Massenermittlungen für einfache Bauteile Ausführen einfacher Vermessungsarbeiten Vorbereiten und Ausführen einfacher, fachlich begrenzter Untersuchungen und Messungen unter Anleitung in Labors, Werkstätten und Baustoffprüfstellen Ausführen einfacher, fachlich begrenzter Arbeiten im Personalwesen, im Einkauf, in der Geräteverwaltung, im Finanz- und Rechnungswesen sowie in der kaufmännischen Verwaltung von Baustellen Schreiben vorgegebener Texte und Ausführen einfacher, fachlich begrenzter Sekretariatsarbeiten Bedienen von Kommunikationsanlagen
ne

Tarifempfehlung zur Eingruppierung von Angestellten mit Bachelor- oder Master-Abschluss (FH)

vom 14. Mai 2010

Aufgrund der Umstellung der Studiengänge insbesondere in der Ingenieurausbildung auf Bachelor- und Master-Abschlüsse ist durch die Tarifvertragsparteien des Baugewerbes 2007 eine Anpassung der Gehaltsgruppen im Rahmentarifvertrag für die Angestellten und Poliere des Baugewerbes vom 4. Juli 2002 in der Fassung vom 20. August 2007 vorgenommen worden. Danach erfolgt die Einstiegseingruppierung für den an der Fachhochschule oder Universität erlangten Studienabschluss Bachelor in die Gehaltsgruppe A V und für den Master in die Gehaltsgruppe A VI bzw. A VII.

Die unterschiedliche Qualität der erworbenen Studienabschlüsse veranlasst die beiden unterzeichnenden Arbeitgeberverbände des Baugewerbes[1], die folgende Tarifempfehlung für die unternehmerische Entscheidung über eine ggf. höhere Eingruppierung auszusprechen:

1. Studienabsolventen, die ihren Bachelor an einer Fachhochschule mit einer Regelstudienzeit von sieben Semestern erworben haben, werden in die Gehaltsgruppe A VI eingruppiert.
2. Erwirbt ein Studienabsolvent, der an einer Fachhochschule mit einer Regelstudienzeit von sieben Semestern seinen Bachelor erworben hat, sodann an einer Fachhochschule seinen Master, ist im Einzelfall zu prüfen, ob er in die Gehaltsgruppe A VII eingruppiert werden kann.

Im Übrigen ist für die Eingruppierung und auch für eine Höhergruppierung der Angestellten nicht in erster Linie die Berufsausbildung oder der Berufsabschluss maßgeblich, sondern die ausgeübte Tätigkeit (vgl. § 5 Nr. 1.3 RTV Angestellte), so dass sich die Betriebe – unabhängig von dem jeweiligen Studienabschluss – an den Richtbeispielen der einzelnen Gehaltsgruppen sowie an dem Grad der Selbstständigkeit und Eigenverantwortlichkeit der Angestellten orientieren können.

Berlin, den 14. Mai 2010

---

1) Das sind der Hauptverband der Deutschen Bauindustrie e. V. und der Zentralverband des Deutschen Baugewerbes e. V.

Tarifvertrag zur Einführung neuer Gehaltsstrukturen für die Angestellten und Poliere des Baugewerbes

vom 20. Dezember 2001

Zwischen

dem Zentralverband des Deutschen Baugewerbes e. V.,
Kronenstraße 55–58, 10117 Berlin,

dem Hauptverband der Deutschen Bauindustrie e. V.,
Kurfürstenstraße 129, 10785 Berlin,

und

der Industriegewerkschaft Bauen-Agrar-Umwelt,
Olof-Palme-Straße 19, 60439 Frankfurt a. M.,

wird folgender Tarifvertrag geschlossen:

§ 1
Geltungsbereich

(1) Räumlicher Geltungsbereich:

Das Gebiet der Bundesrepublik Deutschland.

(2) Betrieblicher Geltungsbereich:

Es gilt § 1 Abs. 2 des Rahmentarifvertrages für die technischen und kaufmännischen Angestellten und für die Poliere des Baugewerbes in der jeweils geltenden Fassung.

(3) Persönlicher Geltungsbereich:

Angestellte, die eine nach den Vorschriften des Sechsten Buches Sozialgesetzbuch – Gesetzliche Rentenversicherung – (SGB VI) versicherungspflichtige Tätigkeit ausüben und

a) als technische oder kaufmännische Angestellte
   – in überbetrieblichen Ausbildungsstätten jedoch nur die hauptberuflichen Ausbilder –

b) zur Ausbildung für den Beruf eines Angestellten

beschäftigt sind oder

c) als Poliere angestellt sind.

Ausgenommen sind die unter § 5 Abs. 2 und 3 des Betriebsverfassungsgesetzes fallenden Angestellten.

§ 2
Übergang in die neuen Gehaltsgruppen

Zum Zeitpunkt des In-Kraft-Tretens des Tarifvertrages vom 20. Dezember 2001 zur Änderung des Rahmentarifvertrages für die technischen und kaufmännischen Angestellten und für die Poliere des Baugewerbes gehen die technischen und kaufmännischen Angestellten und die Poliere wie folgt in die neuen Gehaltsgruppen über:

1. **Technische Angestellte**

1.1 **Gruppe T 1**

im 1. Berufsjahr in dieser Gruppe	in die **Gruppe A I**
ab 3. Berufsjahr in dieser Gruppe	in die **Gruppe A I**

1.2 **Gruppe T 2**

im 1. Berufsjahr in dieser Gruppe	in die **Gruppe A II**
ab 3. Berufsjahr in dieser Gruppe	in die **Gruppe A III**
ab 5. Berufsjahr in dieser Gruppe	in die **Gruppe A III**

1.3 **Gruppe T 3**

im 1. Berufsjahr in dieser Gruppe	in die **Gruppe A IV**
ab 3. Berufsjahr in dieser Gruppe	in die **Gruppe A V**
ab 5. Berufsjahr in dieser Gruppe	in die **Gruppe A V**

1.4 **Gruppe T 4**

im 1. Berufsjahr in dieser Gruppe	in die **Gruppe A VI**
ab 3. Berufsjahr in dieser Gruppe	in die **Gruppe A VII**

1.5 **Gruppe T 5**

im 1. Berufsjahr in dieser Gruppe	in die **Gruppe A VII**
ab 3. Berufsjahr in dieser Gruppe	in die **Gruppe A VII**
ab 5. Berufsjahr in dieser Gruppe	in die **Gruppe A VIII**
ab 7. Berufsjahr in dieser Gruppe	in die **Gruppe A VIII**

1.6 **Gruppe T 6**

im 1. Berufsjahr in dieser Gruppe	in die **Gruppe A IX**
ab 3. Berufsjahr in dieser Gruppe	in die **Gruppe A IX**

1.7 **Gruppe T 7**

im 1. Berufsjahr in dieser Gruppe	in die **Gruppe A X**
ab 3. Berufsjahr in dieser Gruppe	in die **Gruppe A X**

2. **Kaufmännische Angestellte**

2.1 **Gruppe K 1**

im 1. Berufsjahr in dieser Gruppe	in die **Gruppe A I**
ab 3. Berufsjahr in dieser Gruppe	in die **Gruppe A I**

(Fortsetzung)

2.2 **Gruppe K 2**	
im 1. Berufsjahr in dieser Gruppe	in die **Gruppe A I**
ab 3. Berufsjahr in dieser Gruppe	in die **Gruppe A I**
ab 5. Berufsjahr in dieser Gruppe	in die **Gruppe A II**
2.3 **Gruppe K 3**	
im 1. Berufsjahr in dieser Gruppe	in die **Gruppe A II**
ab 3. Berufsjahr in dieser Gruppe	in die **Gruppe A II**
ab 5. Berufsjahr in dieser Gruppe	in die **Gruppe A III**
2.4 **Gruppe K 4**	
im 1. Berufsjahr in dieser Gruppe	in die **Gruppe A III**
ab 3. Berufsjahr in dieser Gruppe	in die **Gruppe A IV**
ab 5. Berufsjahr in dieser Gruppe	in die **Gruppe A IV**
2.5 **Gruppe K 5**	
im 1. Berufsjahr in dieser Gruppe	in die **Gruppe A V**
ab 3. Berufsjahr in dieser Gruppe	in die **Gruppe A V**
ab 5. Berufsjahr in dieser Gruppe	in die **Gruppe A VI**
ab 7. Berufsjahr in dieser Gruppe	in die **Gruppe A VII**
2.6 **Gruppe K 6**	
im 1. Berufsjahr in dieser Gruppe	in die **Gruppe A VIII**
ab 3. Berufsjahr in dieser Gruppe	in die **Gruppe A VIII**
2.7 **Gruppe K 7**	
im 1. Berufsjahr in dieser Gruppe	in die **Gruppe A IX**
ab 3. Berufsjahr in dieser Gruppe	in die **Gruppe A X**
3. **Poliere**	
im 1. Berufsjahr als Polier	in die **Gruppe A VII**
ab 4. Berufsjahr als Polier	in die **Gruppe A VII**
ab 7. Berufsjahr als Polier	in die **Gruppe A VIII**

Der Übergang der hauptberuflichen Ausbilder in überbetrieblichen Ausbildungsstätten in die neue Gehaltsstruktur bleibt der betrieblichen Vereinbarung vorbehalten. § 3 Abs. 1 findet Anwendung.

§ 3
Übergangsregelung

(1) Ist das sich nach dem Übergang in die neuen Gehaltsgruppen ergebende Tarifgehalt niedriger als das bisherige Tarifgehalt des Angestellten, so erhält dieser in Höhe der Differenz einen Ausgleichsbetrag, der kaufmännisch auf volle Euro ge-

rundet ist. Die Höhe des jeweiligen Ausgleichsbetrages ergibt sich aus dem **Anhang**[1] zu diesem Tarifvertrag. Dieser Ausgleichsbetrag nimmt nicht an tariflichen Gehaltserhöhungen teil und ist nur auf Gehaltserhöhungen infolge einer Höhergruppierung anrechenbar. Der Ausgleichsbetrag geht jedoch in die Berechnungsgrundlage für das tarifliche 13. Monatseinkommen ein.

(2) Ist das sich nach dem Übergang in die neuen Gehaltsgruppen ergebende Tarifgehalt höher als das bisherige Tarifgehalt des Angestellten, so erhält dieser vom Zeitpunkt der Einführung der neuen Gehaltsstruktur an das neue Tarifgehalt. Bei diesem Übergang können bisher freiwillig gewährte übertarifliche Zulagen nach den Grundsätzen der Rechtsprechung angerechnet werden.

§ 4
Inkrafttreten

Dieser Tarifvertrag tritt am 1. März 2002 in Kraft und kann mit einer Frist von sechs Monaten jeweils zum 31. Dezember, erstmals zum 31. Dezember 2005, gekündigt werden.

Berlin/Frankfurt a. M., den 20. Dezember 2001

1) Siehe Seiten 367 bis 369.

Anhang zum Tarifvertrag zur Einführung neuer Gehaltsstrukturen für die Angestellten und Poliere des Baugewerbes – Ausgleichsbeträge (in €):

1. **Tarifgebiet alte Bundesländer** (ohne Bayern, Berlin und Hamburg)

bisherige Gehaltsgruppe	bisheriges Tarifgehalt	**neue Gehaltsgruppe**	**neues Tarifgehalt**	Differenz	**gerundeter Ausgleichsbetrag**
T 1/3	1.709,76	A I	1.519,—	–190,76	191,—
T 2/1	1.887,69	A II	1.753,—	–134,69	135,—
T 2/5	2.183,73	A III	2.009,—	–174,73	175,—
T 3/1	2.330,98	A IV	2.276,—	– 54,98	55,—
T 3/5	2.616,28	A V	2.548,—	– 68,28	68,—
T 4/1	2.894,42	A VI	2.832,—	– 62,42	62,—
T 5/3	3.192,51	A VII	3.131,—	– 61,51	62,—
T 5/7	3.525,87	A VIII	3.439,—	– 86,87	87,—
T 6/3	4.001,37	A IX	3.835,—	–166,37	166,—
K 2/3	1.575,29	A I	1.519,—	– 56,29	56,—
K 3/3	1.877,46	A II	1.753,—	–124,46	124,—
K 3/5	2.110,10	A III	2.009,—	–101,10	101,—
K 4/1	2.133,11	A III	2.009,—	–124,11	124,—
K 4/5	2.311,55	A IV	2.276,—	– 35,55	36,—
K 5/3	2.701,16	A V	2.548,—	–153,16	153,—
K 5/5	2.899,02	A VI	2.832,—	– 67,02	67,—
K 6/3	3.570,86	A VIII	3.439,—	–131,86	132,—
P/4	3.227,79	A VII	3.131,—	– 96,79	97,—

2. **Tarifgebiet neue Bundesländer** (ohne Berlin-Ost)

bisherige Gehaltsgruppe	bisheriges Tarifgehalt	**neue Gehaltsgruppe**	**neues Tarifgehalt**	Differenz	**gerundeter Ausgleichsbetrag**
T 1/3	1.524,16	A I	1.355,—	–169,16	169,—
T 2/1	1.683,68	A II	1.564,—	–119,68	120,—
T 2/5	1.948,02	A III	1.793,—	–155,02	155,—
T 3/1	2.078,40	A IV	2.030,—	– 48,40	48,—
T 3/5	2.332,51	A V	2.273,—	– 59,51	60,—
T 4/1	2.582,02	A VI	2.526,—	– 56,02	56,—
T 5/3	2.846,36	A VII	2.793,—	– 53,36	53,—

bisherige Gehalts-gruppe	bisheriges Tarifgehalt	**neue Gehalts-gruppe**	**neues Tarifgehalt**	Differenz	**gerundeter Ausgleichs-betrag**
T 5/7	3.143,93	A VIII	3.068,—	– 75,93	76,—
T 6/3	3.568,31	A IX	3.421,—	–147,31	147,—
K 2/3	1.404,52	A I	1.355,—	– 49,52	50,—
K 3/3	1.673,97	A II	1.564,—	–109,97	110,—
K 3/5	1.882,07	A III	1.793,—	– 89,07	89,—
K 4/1	1.902,01	A III	1.793,—	–109,01	109,—
K 4/5	2.061,53	A IV	2.030,—	– 31,53	32,—
K 5/3	2.408,70	A V	2.273,—	–135,70	136,—
K 5/5	2.585,60	A VI	2.526,—	– 59,60	60,—
K 6/3	3.184,33	A VIII	3.068,—	–116,33	116,—
P/4	2.879,08	A VII	2.793,—	– 86,08	86,—

3. **Tarifgebiet Hamburg**

bisherige Gehalts-gruppe	bisheriges Tarifgehalt	**neue Gehalts-gruppe**	**neues Tarifgehalt**	Differenz	**gerundeter Ausgleichs-betrag**
T 1/3	1.714,87	A I	1.519,—	–195,87	196,—
T 2/1	1.892,80	A II	1.753,—	–139,80	140,—
T 2/5	2.191,40	A III	2.009,—	–182,40	182,—
T 3/1	2.338,65	A IV	2.276,—	– 62,65	63,—
T 3/5	2.623,95	A V	2.548,—	– 75,95	76,—
T 4/1	2.904,65	A VI	2.832,—	– 72,65	73,—
T 5/3	3.202,73	A VII	3.131,—	– 71,73	72,—
T 5/7	3.538,65	A VIII	3.439,—	– 99,65	100,—
T 6/3	4.014,15	A IX	3.835,—	–179,15	179,—
T 7/3	4.300,99	A X	4.289,—	– 11,99	12,—
K 2/1	1.523,65	A I	1.519,—	– 4,65	5,—
K 2/3	1.580,40	A I	1.519,—	– 61,40	61,—
K 3/3	1.885,13	A II	1.753,—	–132,13	132,—
K 3/5	2.117,77	A III	2.009,—	–108,77	109,—
K 4/1	2.140,78	A III	2.009,—	–131,78	132,—
K 4/5	2.319,22	A IV	2.276,—	– 43,22	43,—
K 5/3	2.708,82	A V	2.548,—	–160,82	161,—

bisherige Gehalts-gruppe	bisheriges Tarifgehalt	**neue Gehalts-gruppe**	**neues Tarifgehalt**	Differenz	**gerundeter Ausgleichs-betrag**
K 5/5	2.909,25	A VI	2.832,—	– 77,25	77,—
K 6/3	3.581,09	A VIII	3.439,—	–142,09	142,—
P/4	3.238,01	A VII	3.131,—	–107,01	107,—

4. **Tarifgebiet Berlin**

bisherige Gehalts-gruppe	bisheriges Tarifgehalt	**neue Gehalts-gruppe**	**neues Tarifgehalt**	Differenz	**gerundeter Ausgleichs-betrag**
T 1/3	1.692,38	A I	1.504,—	–188,38	188,—
T 2/1	1.869,79	A II	1.736,—	–133,79	134,—
T 2/5	2.162,76	A III	1.990,—	–172,76	173,—
T 3/1	2.307,97	A IV	2.254,—	– 53,97	54,—
T 3/5	2.590,20	A V	2.523,—	– 67,20	67,—
T 4/1	2.866,30	A VI	2.804,—	– 62,30	62,—
T 5/3	3.160,81	A VII	3.100,—	– 60,81	61,—
T 5/7	3.491,61	A VIII	3.405,—	– 86,61	87,—
T 6/3	3.962,51	A IX	3.798,—	–164,51	165,—
K 2/3	1.559,95	A I	1.504,—	– 55,95	56,—
K 3/3	1.858,55	A II	1.736,—	–122,55	123,—
K 3/5	2.089,14	A III	1.990,—	– 99,14	99,—
K 4/1	2.111,64	A III	1.990,—	–121,64	122,—
K 4/5	2.289,57	A IV	2.254,—	– 35,57	36,—
K 5/3	2.674,57	A V	2.523,—	–151,57	152,—
K 5/5	2.870,90	A VI	2.804,—	– 66,90	67,—
K 6/3	3.535,58	A VIII	3.405,—	–130,58	131,—
P/4	3.196,09	A VII	3.100,—	– 96,09	96,—

Tarifvertrag über die Berufsbildung im Baugewerbe (BBTV)

vom 28. September 2018[1]

in der Fassung vom 24. August 2020

Zwischen

dem Zentralverband des Deutschen Baugewerbes e. V.,
Kronenstraße 55–58, 10117 Berlin,

dem Hauptverband der Deutschen Bauindustrie e. V.,
Kurfürstenstraße 129, 10785 Berlin,

und

der Industriegewerkschaft Bauen-Agrar-Umwelt,
Olof-Palme-Straße 19, 60439 Frankfurt a. M.,

wird folgender Tarifvertrag geschlossen:

Inhaltsverzeichnis

---

1) Gesonderte Rahmenregelung für die Berufsbildung erstmals seit dem Tarifvertrag für die Berufsbildung im Baugewerbe (BBTV) vom 19. September 1975.

§ 1
Geltungsbereich

(1) Räumlicher Geltungsbereich:

Das Gebiet der Bundesrepublik Deutschland.

(2) Betrieblicher Geltungsbereich:

Betriebe, die unter den betrieblichen Geltungsbereich des Tarifvertrages über das Sozialkassenverfahren im Baugewerbe (VTV) in der jeweils geltenden Fassung fallen (Baubetriebe).

(3) Persönlicher Geltungsbereich:

Erfasst werden Auszubildende, die

1. erstmals in einem staatlich anerkannten Ausbildungsberuf im Sinne des § 4 des Berufsbildungsgesetzes (BBiG) oder des § 25 der Handwerksordnung (HwO) – auch nach vorangegangener beruflicher Tätigkeit – ausgebildet werden (Erstausbildung),
2. nach vorangegangener abgeschlossener Berufsausbildung auch im Baugewerbe und gegebenenfalls anschließender beruflicher Tätigkeit in einem weiteren staatlich anerkannten Ausbildungsberuf im Sinne des § 4 BBiG oder des § 25 HwO ausgebildet werden (Zweitausbildung).

In den Fällen, in denen die Voraussetzungen des Satzes 1 nicht erfüllt sind und eine Teilnahme an Maßnahmen der beruflichen Umschulung nach den §§ 58, 67 BBiG oder nach den §§ 42e, 42n HwO erfolgt, sowie für Auszubildende, die mit dem Ziel ausgebildet werden, eine nicht nur vorübergehende berufliche Tätigkeit außerhalb des räumlichen Geltungsbereiches dieses Tarifvertrages auszuüben, gelten lediglich die Abschnitte I und V.

Abschnitt I
Ansprüche des Auszubildenden

§ 2
Ausbildungsvergütung[2]

(1) Auszubildende haben Anspruch auf eine monatliche Ausbildungsvergütung, deren Höhe in den Lohn- und Gehaltstarifverträgen für das Baugewerbe festgelegt wird.

(2) Die Ausbildungsvergütung wird für jede vom Auszubildenden schuldhaft versäumte Beschäftigungsstunde um 1/173 gekürzt.

(3) Für Zeiten der Ausbildung in einer überbetrieblichen Ausbildungsstätte ist die Ausbildungsvergütung ungekürzt fortzuzahlen. Abs. 2 bleibt unberührt.

§ 3
Ausbildungsvergütung bei Verlängerung der Ausbildungszeit

Wird die vertraglich vereinbarte Ausbildungszeit verlängert, so ist für die Dauer der Verlängerung die Ausbildungsvergütung des letzten Ausbildungsjahres weiterzuzahlen.

---

2) Siehe zusammenfassende Übersicht der aktuellen Ausbildungsvergütungen auf Seite 391.

§ 4
Ausbildungsvergütung bei Anrechnung anderer Ausbildungszeiten

(1) Hat der Auszubildende eine berufsbildende Schule besucht, so ist ihm die Ausbildungsvergütung für dasjenige Ausbildungsjahr zu zahlen, das sich aufgrund der Anrechnung dieser Ausbildungszeit aus der Anrechnungsverordnung vom 17. Juli 1978 in der jeweils geltenden Fassung bzw. aus den Anrechnungsverordnungen der Länder ergibt. Das gleiche gilt, wenn der Auszubildende eine andere Ausbildungsstätte besucht hat und daher seine Ausbildungszeit verkürzt wird.

(2) Werden dem Auszubildenden aufgrund einer vorherigen Berufsausbildung Ausbildungszeiten angerechnet, so gilt Abs. 1 Satz 1 entsprechend.

§ 5
Zuschläge bei Mehrarbeit und bei Arbeit an Sonn- und Feiertagen

(1) Bei Überstunden (Mehrarbeit) besteht je Stunde Anspruch auf 1/173 der monatlichen Ausbildungsvergütung zuzüglich des für derartige Arbeiten festgelegten Zuschlags (§ 3 Nr. 6.1 BRTV, § 3 Nr. 3.1 RTV Angestellte).

(2) Auszubildende über 18 Jahre haben bei Ausbildung zu Nachtzeiten oder an Sonn- und Feiertagen (§ 3 Nr. 5 BRTV, § 3 Nr. 2 RTV Angestellte) je Stunde Anspruch auf die für derartige Arbeiten festgelegten Zuschläge (§ 3 Nr. 6.2 und 6.3 BRTV, § 3 Nr. 3.2 und 3.3 RTV Angestellte). Die Zuschläge sind aus 1/173 der monatlichen Ausbildungsvergütung zu berechnen.

§ 6
Freistellung am 24. und 31. Dezember

Der 24. und 31. Dezember sind ausbildungsfrei.

§ 7
Erschwerniszuschläge

Gewerblich Auszubildende haben unter den in § 6 BRTV genannten Voraussetzungen Anspruch auf die dort festgelegten Erschwerniszuschläge.

§ 8
Fahrtkosten bei überbetrieblicher Ausbildung

Der Auszubildende hat Anspruch auf Erstattung der ihm entstandenen Kosten für die Fahrt von der Wohnung zur überbetrieblichen Ausbildungsstätte, höchstens jedoch bis zu dem Betrag, der bei Inanspruchnahme des günstigsten Tarifs des günstigsten öffentlichen Verkehrsmittels zu zahlen wäre.

§ 9
Nichtanwendung des § 7 BRTV und des § 7 RTV Angestellte

Für die Dauer der Ausbildung in überbetrieblichen Ausbildungsstätten finden § 7 BRTV und § 7 RTV Angestellte keine Anwendung.

§ 10
Urlaubsdauer für gewerblich Auszubildende

(1) Der Urlaub beträgt für gewerblich Auszubildende 30 Arbeitstage.

(2) Samstage gelten nicht als Arbeitstage.

(3) Während des Urlaubs darf der Auszubildende keine dem Urlaubszweck widersprechende Erwerbsarbeit leisten.

§ 11
Urlaubsvergütung für gewerblich Auszubildende

(1) Als Urlaubsentgelt ist die Ausbildungsvergütung weiterzuzahlen; erhöht sie sich während des Urlaubs, so ist vom Zeitpunkt des Eintritts der Erhöhung an bei der Bemessung des Urlaubsentgelts von der erhöhten Ausbildungsvergütung auszugehen.

(2) Der Auszubildende erhält ein zusätzliches Urlaubsgeld in Höhe von 25 v. H. des Urlaubsentgelts. Das auf einen Urlaubstag entfallende zusätzliche Urlaubsgeld beträgt 1,14 v. H. der Ausbildungsvergütung, die der Bemessung des Urlaubsentgelts zugrunde liegt.

§ 12
Entstehung der Urlaubsansprüche gewerblich Auszubildender

(1) Der volle Urlaubsanspruch wird erstmalig nach einer ununterbrochenen Ausbildungszeit von sechs Monaten erworben.

(2) Besteht das Ausbildungsverhältnis innerhalb eines Urlaubsjahres weniger als sechs Monate, so ist für jeden vollen Ausbildungsmonat ein Zwölftel des Urlaubs zu gewähren. Das gilt auch, wenn das Ausbildungsverhältnis nach einer Ausbildungsdauer von sechs Monaten in der ersten Hälfte des Kalenderjahres aufgelöst wird. Hat der Auszubildende im Falle des Satzes 2 bereits einen darüber hinausgehenden Urlaub erhalten, so kann das Urlaubsentgelt nicht zurückgefordert werden.

(3) Der Anspruch auf Urlaub besteht nicht, soweit dem Auszubildenden für das laufende Kalenderjahr bereits in einem früheren Ausbildungs- oder Arbeitsverhältnis Urlaub gewährt oder abgegolten worden ist.

§ 13
Urlaubsgewährung für gewerblich Auszubildende

(1) Der Urlaub soll zusammenhängend in der Zeit der Berufsschulferien gewährt werden. Soweit er nicht in den Berufsschulferien gewährt wird, ist für jeden Berufsschultag, an dem die Berufsschule während des Urlaubs besucht wird, ein weiterer Urlaubstag zu gewähren.

(2) Erkrankt der Auszubildende während des Urlaubs, so gilt § 8 Nr. 1.5 BRTV entsprechend.

(3) Der Urlaub muss im laufenden Kalenderjahr gewährt und genommen werden. Eine Übertragung des Urlaubs auf das nächste Kalenderjahr ist nur statthaft, wenn dringende betriebliche oder in der Person des Auszubildenden liegende Gründe dies rechtfertigen. Der übertragene Urlaub muss in den ersten drei Monaten des folgenden Kalenderjahres gewährt und genommen werden.

§ 14
Urlaub bei Beendigung des Ausbildungsverhältnisses gewerblich Auszubildender

(1) Wird im Jahr der Beendigung des Ausbildungsverhältnisses oder bis zum 1. Juli des Folgejahres ein Arbeitsverhältnis zu einem Betrieb des Baugewerbes begründet, so sind die im Urlaubsjahr entstandenen Urlaubsansprüche, soweit sie wegen der Beendigung des Ausbildungsverhältnisses nicht mehr gewährt werden können, nicht abzugelten. Die Urlaubsansprüche richten sich nach § 8 Nr. 10 BRTV, bei jugendlichen Arbeitnehmern jedoch nach § 8 Nr. 11 BRTV.

(2) Wird bis zum 1. Juli des auf das Jahr der Beendigung des Ausbildungsverhältnisses folgenden Kalenderjahres kein Arbeitsverhältnis zu einem Betrieb des Baugewerbes begründet, so besteht ein Anspruch auf Urlaubsabgeltung durch den Ausbildungsbetrieb für den noch nicht gewährten Urlaub in Höhe des während des Ausbildungsverhältnisses entstandenen Urlaubsentgelts und zusätzlichen Urlaubsgeldes.

§ 15
Geltung der Rahmentarifverträge

(1) Für gewerblich Auszubildende gelten neben den gesetzlichen Vorschriften die Bestimmungen des Bundesrahmentarifvertrages für das Baugewerbe (BRTV)

in der jeweils geltenden Fassung, soweit dieser Tarifvertrag nicht ausdrücklich etwas anderes bestimmt.

(2) Soweit in den §§ 13 und 14 dieses Tarifvertrages auf Bestimmungen des § 8 BRTV verwiesen wird, gelten für die Urlaubsansprüche gewerblich Auszubildender im Gebiet des Freistaates Bayern die entsprechenden Vorschriften der Urlaubsregelung für die gewerblichen Arbeitnehmer im Baugewerbe in Bayern.

(3) Für technisch und kaufmännisch Auszubildende gelten neben den gesetzlichen Vorschriften die Bestimmungen des Rahmentarifvertrages für die Angestellten und Poliere des Baugewerbes (RTV Angestellte) in der jeweils geltenden Fassung, soweit dieser Tarifvertrag nicht ausdrücklich etwas anderes bestimmt.

§ 16
Ausschlussfristen

(1) In Abweichung von § 14 BRTV und § 13 RTV Angestellte verfallen alle beiderseitigen noch nicht verjährten Ansprüche aus dem Ausbildungsverhältnis und solche, die mit ihm in Verbindung stehen, wenn sie nicht innerhalb von drei Monaten nach Beendigung des Ausbildungsverhältnisses gegenüber der anderen Vertragspartei schriftlich erhoben werden. Der Anspruch auf Urlaubsabgeltung nach § 14 Abs. 2 verfällt jedoch erst dann, wenn er nicht bis zum 30. September des auf das Auslernjahr folgenden Kalenderjahres gegenüber der anderen Vertragspartei schriftlich erhoben wird.

(2) Lehnt die Gegenpartei den Anspruch ab oder erklärt sie sich nicht innerhalb von zwei Wochen nach der Geltendmachung des Anspruchs, so verfällt dieser, wenn er nicht innerhalb von zwei Monaten nach der Ablehnung oder dem Fristablauf gerichtlich geltend gemacht wird.

§ 17
Gebühren der überbetrieblichen Ausbildungsstätte

Für Zeiten, in denen der Auszubildende in einer überbetrieblichen Ausbildungsstätte ausgebildet wird, hat der Ausbildungsbetrieb die von der Ausbildungsstätte festgesetzten Nutzungsentgelte (Gebühren) für Ausbildung sowie – bei Internatsunterbringung – für Unterkunft und Verpflegung zu entrichten. Für jedes versäumte Tagewerk und jeden versäumten Unterbringungstag vermindern sich die Gebühren um einen Tagessatz.

§ 18
Urlaubs- und Lohnausgleichskasse der Bauwirtschaft

(1) Die als gemeinsame Einrichtung der Tarifvertragsparteien bestehende „Urlaubs- und Lohnausgleichskasse der Bauwirtschaft“ (ULAK), Wiesbaden, hat die

Aufgabe, die Bereitstellung einer ausreichenden Anzahl von Ausbildungsplätzen und die Durchführung einer qualifizierten, den besonderen Anforderungen des Wirtschaftszweiges gerecht werdenden Berufsbildung für die Auszubildenden im Baugewerbe dadurch zu sichern, dass sie Ausbildungskosten nach Maßgabe dieses Tarifvertrages erstattet. An die Stelle der ULAK tritt im Gebiet des Landes Berlin die „Sozialkasse des Berliner Baugewerbes".

(2) Diese beiden Kassen können als Maßnahmen zur Ausbildungsreifeförderung die seit 2013 durchgeführten Pilotprojekte „Berufsstart Bau" und „Startklar für Ausbildung" fortführen und dafür Beitragsmittel aus dem Berufsbildungsverfahren verwenden. Ziel der Maßnahmen ist eine anschließende Berufsausbildung, um damit den Fachkräftenachwuchs für das Baugewerbe zu fördern.

Abschnitt II
Erstattung von Ausbildungsvergütungen

§ 19
Voraussetzungen und Höhe

(1) Die ULAK erstattet dem Ausbildungsbetrieb, bei dem ein Arbeitsverhältnis mit mindestens einem gewerblichen Arbeitnehmer besteht, die an den Auszubildenden gezahlten Ausbildungsvergütungen im ersten, zweiten und dritten betrieblichen Ausbildungsjahr, wenn

a) eine Ausbildung in einem staatlich anerkannten Ausbildungsberuf im Sinne der Bestimmungen des Berufsbildungsgesetzes oder der Handwerksordnung nach der jeweiligen Ausbildungsordnung erfolgt,
b) eine Eintragung in das Verzeichnis der Berufsausbildungsverhältnisse bei der Industrie- und Handelskammer oder der Handwerkskammer erfolgt ist,
c) eine angemessene Ausbildungsvergütung im Sinne des § 17 Berufsbildungsgesetz gezahlt wird und
d) der Ausbildungsvertrag eine Urlaubsregelung nach den tariflichen Bestimmungen enthält.

(2) Erstattungsleistungen der ULAK nach Abs. 1 erfolgen bis zu einem Betrag, der

a) bei gewerblich Auszubildenden dem Zehnfachen der für das erste, dem Sechsfachen der für das zweite und dem Einfachen der für das dritte Ausbildungsjahr,
b) bei technisch und kaufmännisch Auszubildenden dem Zehnfachen der für das erste und dem Vierfachen der für das zweite Ausbildungsjahr

tariflich vereinbarten Ausbildungsvergütung zuzüglich 20 v. H. als Ausgleich für die vom Ausbildungsbetrieb zu leistenden Sozialaufwendungen entspricht.

(3) Bei Wechsel des Ausbildungsbetriebes in den ersten zehn Monaten des ersten betrieblichen Ausbildungsjahres oder in den ersten sechs (Abs. 2 Buchst. a) bzw.

vier (Abs. 2 Buchst. b) Monaten des zweiten betrieblichen Ausbildungsjahres werden die Erstattungen anteilig vorgenommen. Bei Wechsel des Ausbildungsbetriebes im dritten betrieblichen Ausbildungsjahr erfolgt die Erstattung an den Betrieb, in dem der Auszubildende zuletzt ausgebildet wurde.

(4) Erstattungsansprüche bestehen ungeachtet möglicher Ansprüche des Ausbildungsbetriebes gegen Dritte auf Ersatz der Kosten der im Krankheitsfall fortgezahlten Ausbildungsvergütung.

§ 20
Verfahren

(1) Nach Meldung des Ausbildungsverhältnisses (§ 11 VTV) stellt die ULAK die vereinbarte monatliche Ausbildungsvergütung anhand der Angaben des Ausbildungsbetriebes fest.

(2) Die Erstattung der Ausbildungsvergütung setzt die Mitteilung der Höhe der gezahlten Ausbildungsvergütung nach § 11 Abs. 2 Ziff. 1 VTV an die ULAK auf dem von dieser zur Verfügung gestellten Formular voraus.

(3) Die Erstattung der Ausbildungsvergütung für das dritte betriebliche Ausbildungsjahr (§ 19 Abs. 2 Buchst. a) setzt voraus, dass der ULAK alle Angaben nach § 11 Abs. 2 VTV auf dem von dieser zur Verfügung gestellten Formular mitgeteilt worden sind.

(4) Die ULAK ist berechtigt, Erstattungsleistungen von dem Ausbildungsbetrieb zurückzufordern, soweit die Erstattungsbeträge die an den Auszubildenden gezahlten Ausbildungsvergütungen überschreiten.

(5) Erhält die ULAK Kenntnis davon, dass in einer Auszahlungserklärung ein höherer als der tatsächliche Auszahlungsbetrag angegeben wurde, so kann die ULAK für einen Zeitraum von zwölf Monaten (Nachweiszeitraum) einschließlich des Zeitraumes, für welchen die unrichtige Auszahlungserklärung vorliegt, einen Nachweis über die Höhe aller von dem Ausbildungsbetrieb gezahlten Ausbildungsvergütungen fordern. Wird dieser Nachweis nicht innerhalb von drei Monaten nach der Aufforderung durch die ULAK erbracht, gelten die Auszahlungserklärungen für die letzten sechs Monate des Nachweiszeitraumes als nicht abgegeben.

(6) Für die Geltendmachung der Erstattungsansprüche gilt § 18 Abs. 2 VTV.

§ 21
Spitzenausgleichsverfahren

Dem Ausbildungsbetrieb, der am Spitzenausgleichsverfahren teilnimmt, erstattet die ULAK die von ihm an den Auszubildenden ausgezahlte Ausbildungsvergütung im Wege der Saldierung mit den Beitragsansprüchen nach Maßgabe des § 19 VTV. Die Erstattung der Ausbildungsvergütung setzt voraus, dass die in § 20 vorgesehenen Nachweise jeweils bis zum 15. des auf den betreffenden Ausbildungsmonat folgenden Monats geführt und ordnungsgemäße Meldungen nach § 6 VTV abgegeben werden.

§ 22
Anzeigepflicht bei vorzeitiger Beendigung des Ausbildungsverhältnisses

Endet das Ausbildungsverhältnis vor Ablauf der vertraglich vereinbarten Ausbildungszeit, so ist der Ausbildungsbetrieb verpflichtet, der ULAK den Zeitpunkt und den Grund der Beendigung des Ausbildungsverhältnisses unverzüglich auf dem von der ULAK nach § 11 Abs. 2 VTV zur Verfügung gestellten Formular anzuzeigen.

§ 23
Erstattung von Urlaubskosten

Die Erstattung von Urlaubskosten ist in den Erstattungsbeträgen gemäß § 19 Abs. 2 Buchst. a) enthalten.

Abschnitt III
Erstattung von überbetrieblichen Ausbildungskosten

§ 24
Höhe und Ermittlung der erstattungsfähigen überbetrieblichen Ausbildungskosten

(1) Die ULAK erstattet dem Ausbildungsbetrieb i. S. v. § 19 Abs. 1 die von ihm zu tragenden Gebühren (§ 17) je Ausbildungstagewerk bis zu 45,— €, im Falle der Internatsunterbringung zusätzlich bis zu 34,— € täglich als Ausbildungs- und Unterbringungskosten gemäß Abs. 3 bis 7 sowie die Fahrtkosten für den Besuch der überbetrieblichen Ausbildungsstätte (§ 8),

a) wenn und soweit die Berufsausbildung nach der jeweiligen Ausbildungsordnung in überbetrieblichen Ausbildungsstätten zu ergänzen bzw. zu vertiefen ist,
b) bei einer Ausbildung für den Beruf eines Elektronikers, einer Fachkraft für Rohr-, Kanal- und Industrieservice, eines Mechanikers und eines Mechatronikers höchstens für 150 Ausbildungstagewerke, soweit Fertigkeiten und Kenntnisse aus dem jeweiligen Ausbildungsrahmenplan vermittelt werden,
c) bei einer Ausbildung für den Beruf eines gewerblichen Arbeitnehmers nach anderen Ausbildungsordnungen höchstens für 75 Ausbildungstagewerke, soweit Fertigkeiten und Kenntnisse aus dem jeweiligen Ausbildungsrahmenplan vermittelt werden,
d) bei einer Ausbildung für den Beruf eines kaufmännischen Angestellten höchstens für 50 Ausbildungstagewerke, soweit Fertigkeiten und Kenntnisse aus dem jeweiligen Ausbildungsrahmenplan vermittelt werden,

e) bei einer Ausbildung für den Beruf eines technischen Angestellten höchstens für 90 Ausbildungstagewerke, soweit Fertigkeiten und Kenntnisse aus dem jeweiligen Ausbildungsrahmenplan vermittelt werden.

(2) Die ULAK erstattet dem Ausbildungsbetrieb i. S. v. § 19 Abs. 1 anstelle der Gebühren gemäß Abs. 1 auf Nachweis nach § 26 die von ihm zu tragenden Gebühren (§ 17) pro Ausbildungstagewerk bis zu 61,— €, im Falle der Internatsunterbringung zusätzlich bis zu 45,— € täglich, soweit die Gebühren Kosten (Ausbildungs- und Unterbringungskosten) gemäß Abs. 3 bis 7 sind. Sofern und solange für die überbetriebliche Ausbildungsstätte pandemiebedingte verbindliche Vorschriften des Arbeits- und Gesundheitsschutzes eine Unterrichtung in der Größenordnung gemäß § 25 Abs. 3 Satz 1 Buchst. a) und f) bzw. bei der Unterbringung eine Nutzung der vollständigen Raumbelegung gemäß § 25 Abs. 3 Satz 2 Buchst. b) nicht zulassen, können auf Nachweis nach § 26 anstelle der in Satz 1 genannten Gebühren pro Ausbildungstagewerk bis zu 74,50 €, im Falle der Internatsunterbringung zusätzlich bis zu 70,— € täglich erstattet werden; dies gilt für Ausbildungstagewerke und Internatsunterbringung ab dem 1. Mai 2020.

(3) Kosten der überbetrieblichen Ausbildungsstätte einschließlich derjenigen eines angeschlossenen Internats sind insbesondere:

a) Personalkosten
   1. Vergütung der Angestellten
   2. Löhne der Arbeiter
   3. Beschäftigungsentgelte, Aufwendungen für nebenamtlich und nebenberuflich Tätige
   4. Unterstützungen und Fürsorgeleistungen

b) Sachkosten
   1. Geschäftsbedarf
   2. Bücher, Zeitschriften
   3. Post- und Fernmeldegebühren
   4. Haltung von Fahrzeugen und dergleichen
   5. Bewirtschaftung der Grundstücke, Gebäude und Räume
   6. Mieten für Geräte und zusätzlichen Raumbedarf
   7. Verbrauchsmittel
   8. Lehr- und Lernmittel
   9. Dienstreisen

c) Abschreibungen auf Sachanlagen, soweit diese von dem Träger der Ausbildungsstätte oder von dieser finanziert worden sind, in steuerlich zulässiger Höhe, und Zinsen.

(4) Bildet die überbetriebliche Ausbildungsstätte nur Auszubildende aus, die vom Geltungsbereich dieses Tarifvertrages erfasst werden (Bauausbildung), so sind erstattungsfähige Kosten je Ausbildungstagewerk die im Haushaltsjahr angefallenen Kosten der Ausbildungsstätte geteilt durch die Zahl der im Haushaltsjahr angefallenen Ausbildungstagewerke.

(5) Findet nicht nur Bauausbildung statt, so sind aus den Kosten der Ausbildungsstätte die Gemeinkosten und die unmittelbar der Bauausbildung zuzuordnenden Kosten abzusondern. Erstattungsfähige Kosten je Ausbildungstagewerk sind

a) die Gemeinkosten geteilt durch die Zahl aller in der Ausbildungsstätte im Haushaltsjahr angefallenen Bildungstagewerke (Aus- und Fortbildungstagewerke) und

b) die unmittelbar der Bauausbildung zuzuordnenden Kosten geteilt durch die Zahl der Ausbildungstagewerke, die im Haushaltsjahr auf Auszubildende des Baugewerbes entfallen sind.

(6) Die Unterbringungskosten sind getrennt von den Ausbildungskosten zu erfassen. Die Unterbringungskosten eines mit der Ausbildungsstätte verbundenen Internats setzen sich aus einem Anteil an den Gemeinkosten des gesamten Ausbildungszentrums und den unmittelbar der Unterbringung und Verpflegung zuzuordnenden Kosten zusammen. Für die Ermittlung der Unterbringungskosten je Tag in Internaten, in denen nur Auszubildende aus Baubetrieben untergebracht und verpflegt werden, gilt Abs. 4, in den übrigen Fällen Abs. 5 entsprechend.

(7) Die Kosten vermindern sich um gewährte Ausbildungsförderungsmittel des Bundes, der Länder und anderer öffentlich-rechtlicher Gebietskörperschaften, die auf das Ausbildungstagewerk und das Unterbringungstagewerk des von diesem Tarifvertrag erfassten Auszubildenden entfallen.

§ 25
Eintragung der überbetrieblichen Ausbildungsstätte

(1) Gebühren für den Besuch überbetrieblicher Ausbildungsstätten werden dem Ausbildungsbetrieb nur dann erstattet, wenn die Ausbildungsstätte auf Antrag einer der drei Tarifvertragsparteien in die bei der ULAK geführte Liste eingetragen ist. Aus der Eintragung muss der Träger der Ausbildungsstätte ersichtlich sein. Eine Eintragung kann nur erfolgen, wenn die Erfüllung der in Abs. 3 geregelten Qualitätsanforderungen an überbetriebliche Ausbildungsstätten durch eine Bescheinigung einer von der ULAK mit der Qualitätsüberprüfung beauftragten Stelle nachgewiesen wird und sich der Träger der überbetrieblichen Ausbildungsstätte gegenüber den Tarifvertragsparteien verpflichtet hat, ihnen zur Überprüfung der in Abs. 3 geregelten Qualitätsanforderungen in angemessenem Umfang gemeinsamen Zugang zu den Räumlichkeiten der Ausbildungsstätte zu ermöglichen; dieser Zugang kann auch jeweils einzeln wahrgenommen werden.

(2) Eine Eintragung kann darüber hinaus nur erfolgen, wenn sich die Ausbildungsstätte gegenüber der ULAK verpflichtet,

a) Überzahlungen für Rechnung des Ausbildungsbetriebes unmittelbar an die ULAK zurückzuzahlen und

b) unverzüglich nach Beendigung einer überbetrieblichen Ausbildungsmaßnahme die tatsächliche Zahl der Ausbildungstagewerke eines Auszubildenden, der Tage der Internatsunterbringung und die Fahrtkosten (§ 8) in das von der ULAK zur Verfügung gestellte Formular einzutragen, die Richtigkeit der Angaben durch rechtsverbindliche Unterschrift zu versichern und das Formular an die ULAK zu senden oder im Falle der EDV-Abrechnung diese Daten auf elektronischem Wege nach Maßgabe der mit der ULAK getroffenen Vereinbarung zu übermitteln.

(3) Die überbetrieblichen Ausbildungsstätten haben für eine Eintragung in die bei der ULAK geführte Liste folgende Qualitätsanforderungen zu erfüllen:

a) Größe und Ausstattung der Ausbildungsstätten einschließlich der Unterrichtsräume, Pausen- und Sozialräume nach den Empfehlungen des Bundesinstitutes für Berufsbildung,
b) Unterrichtung des Ausbildungsbetriebes und des Auszubildenden über alle ausbildungsrelevanten Fragen (z. B. Fehlzeiten, persönliche Ereignisse, Beurteilung des Auszubildenden nach Lehrgangsende) einschließlich der Information über die für das Ausbildungsverhältnis maßgeblichen Tarifverträge des Baugewerbes und über gemeinsame Einrichtungen,
c) Beurteilung der überbetrieblichen Ausbildungsmaßnahmen durch den Auszubildenden, den Ausbildungsbetrieb und die Tarifvertragsparteien,
d) Qualifikation der Ausbilder in der beruflichen Grund- und Fachbildung nach den Bestimmungen der §§ 22 ff. Handwerksordnung, §§ 28 ff. Berufsbildungsgesetz und der Ausbilder-Eignungsverordnung in der jeweiligen Fassung,
e) regelmäßige fachspezifische und pädagogische Weiterbildung der Ausbilder,
f) Gruppengröße je Ausbilder nach den unter Buchst. a) genannten Empfehlungen des Bundesinstitutes für Berufsbildung,
g) Einhaltung der inhaltlichen und zeitlichen Gliederung der Ausbildungsordnungen in der jeweiligen Fassung,
h) Anwendung von handlungsorientierten Aufgabensammlungen auf der Grundlage der Ausbildungsordnungen in der jeweiligen Fassung und
i) Angebot der Zusammenarbeit mit den Ausbildungsbetrieben und den Berufsschulen (Lernortkooperation).

Im Falle der Unterbringung von Auszubildenden in angeschlossenen Internaten oder sonstigen Beherbergungsstätten (z. B. Pensionen, Jugendherbergen) sind zudem folgende Qualitätsanforderungen zu erfüllen:

a) Sicherstellung einer sozialpädagogischen Betreuung bei Bedarf,
b) Raumbelegung mit in der Regel zwei, höchstens jedoch vier Auszubildenden in Zimmern mit Dusche und WC,
c) Angebote zur Freizeitgestaltung und
d) Verpflegung mit Frühstück, Mittagessen und Abendessen.

(4) Die Qualitätsanforderungen nach Abs. 3 werden von einer durch die ULAK beauftragten Stelle auf der Grundlage eines Leitfadens wiederkehrend überprüft.

Diese Stelle hat über ihre im Rahmen der Überprüfung getroffenen Feststellungen einen Bericht zu verfassen und ihn mit der Ausbildungsstätte zu erörtern. Wird bei der Überprüfung festgestellt, dass die Qualitätsanforderungen in vollem Umfang erfüllt werden, so ist dieses zu bescheinigen. Werden einzelne Qualitätsanforderungen nicht erfüllt, ist der Ausbildungsstätte durch die ULAK eine angemessene Frist von längstens zwölf, bei baulichen Mängeln von längstens 24 Monaten einzuräumen, innerhalb derer die Qualitätsanforderungen zu erfüllen sind. Werden die Qualitätsanforderungen nicht oder nach Ablauf der Nachfrist und erneuter Überprüfung durch die von der ULAK beauftragte Stelle nicht erfüllt, ist die Bescheinigung zu verweigern. Die Kosten dieser Überprüfung hat die Ausbildungsstätte zu tragen. Je einem Vertreter der Tarifvertragsparteien ist eine Begleitung der Überprüfung, auch sofern sie in den Räumlichkeiten der Ausbildungsstätte stattfindet, zu ermöglichen.

(5) Die Streichung einer überbetrieblichen Ausbildungsstätte aus der bei der ULAK geführten Liste erfolgt auf Antrag einer der Tarifvertragsparteien. Die ULAK hat ohne Antrag einer der Tarifvertragsparteien eine überbetriebliche Ausbildungsstätte aus dieser Liste zu streichen, wenn während der Dauer von zwei Jahren keine Gebühren erstattet worden sind, die von ihr dafür beauftragte Stelle festgestellt hat, dass die in Abs. 3 geregelten Qualitätsanforderungen nicht mehr erfüllt werden, oder die Ausbildungsstätte eine Überprüfung durch die von der ULAK beauftragte Stelle verweigert hat. Der Anspruch auf Erstattung von überbetrieblichen Ausbildungskosten bleibt von der Streichung einer überbetrieblichen Ausbildungsstätte nach Satz 2 bis zum Ende des für den jeweiligen Auszubildenden laufenden Ausbildungsjahres unberührt.

(6) Die ULAK hat die überbetriebliche Ausbildungsstätte und die Tarifvertragsparteien von der Eintragung in die Liste und von der Streichung aus der Liste zu unterrichten.

§ 26
Nachweis der Kosten durch die überbetriebliche Ausbildungsstätte

(1) Gebühren gemäß § 24 Abs. 2 werden dem Ausbildungsbetrieb nur dann erstattet, wenn die überbetriebliche Ausbildungsstätte sich in einer Erklärung gegenüber der ULAK verpflichtet hat,

a) jährlich innerhalb der Frist gemäß Abs. 3 die Bescheinigung eines Wirtschaftsprüfers oder eines vereidigten Buchprüfers vorzulegen, aus der sich ergibt, dass die Kosten für das Haushaltsjahr gemäß § 24 Abs. 3 bis 7 ermittelt worden sind und die Höchstbeträge gemäß § 24 Abs. 2 überschreiten oder um wieviel sie diese unterschreiten,

b) Aufzeichnungen zu führen, die es dem Wirtschaftsprüfer oder dem vereidigten Buchprüfer ermöglichen, die Bescheinigung gemäß Buchst. a) zu erteilen,

c) jährlich mitzuteilen, ob und von wem Ausbildungsförderungsmittel gemäß § 24 Abs. 7 in Anspruch genommen worden sind,
d) Überzahlungen gemäß Abs. 5 an die ULAK zurückzuzahlen,
e) ihr Haushaltsjahr bekanntzugeben.

(2) Nach Eingang der Erklärung gemäß Abs. 1 hat die ULAK der Ausbildungsstätte zu bestätigen, dass die Gebühren gemäß § 24 Abs. 2 erstattet werden und den Vorbehalt der Streichung gemäß Abs. 4 sowie der Rückforderung gemäß Abs. 5 geltend zu machen.

(3) Die Bescheinigung gemäß Abs. 1 Buchst. a) ist der ULAK jährlich innerhalb von sechs Monaten nach Ablauf des Haushaltsjahres der Ausbildungsstätte vorzulegen.

(4) Führt die Ausbildungsstätte keine Aufzeichnungen oder wird die Bescheinigung gemäß Abs. 1 Buchst. a) nicht fristgerecht vorgelegt, so hat die ULAK die Ausbildungsstätte aus der bei ihr geführten Liste zu streichen. Dies gilt auch dann, wenn die Ausbildungsstätte unvollständige Aufzeichnungen führt und der Wirtschaftsprüfer oder der vereidigte Buchprüfer deshalb nicht in der Lage ist, die Bescheinigung zu erteilen. Die Erstattung für Ausbildungsverhältnisse, die vor der Streichung begonnen haben, bleibt unberührt.

(5) Ergibt sich aus der Bescheinigung, dass Überzahlungen erfolgt sind, so hat die Ausbildungsstätte aufgrund der gemäß Abs. 1 Buchst. d) abgegebenen Verpflichtung die überzahlten Beträge innerhalb eines Monats nach Aufforderung durch die ULAK an diese zurückzuzahlen. Wird keine Bescheinigung vorgelegt, so gelten die von der ULAK geleisteten Erstattungsbeträge als Überzahlungen.

§ 27
Verfahren bei Erstattung überbetrieblicher Ausbildungskosten

(1) Die Erstattung der von der ULAK geprüften überbetrieblichen Ausbildungskosten an den Ausbildungsbetrieb erfolgt durch Überweisung an die Ausbildungsstätte für diejenige Zeit, in der der Auszubildende an einer überbetrieblichen Ausbildungsmaßnahme teilgenommen hat.

(2) Der Ausbildungsbetrieb ist verpflichtet, der Ausbildungsstätte vor Beginn der ersten überbetrieblichen Ausbildungsmaßnahme jedes Auszubildenden den Ausbildungsnachweis für die Erstattung der überbetrieblichen Ausbildungskosten nach § 12 Abs. 1 VTV auszuhändigen.

(3) Nach jeder Ausbildungsmaßnahme hat sich die Ausbildungsstätte von dem Auszubildenden schriftlich die Zahl der Ausbildungstagewerke und der Internatstage bestätigen zu lassen. Diese Bestätigung hat die Ausbildungsstätte für die Dauer von mindestens vier Jahren aufzubewahren. Auf Verlangen des Aus-

bildungsbetriebes hat die Ausbildungsstätte diesem eine Kopie der Bestätigung zu übersenden.

(4) Die Ausbildungsstätte ist zu einer beleglosen Abrechnung mittels elektronischer Datenübermittlung berechtigt, wenn sie die dafür vorgesehenen EDV-Bedingungen der ULAK anerkennt.

(5) Die Ausbildungsstätte hat der ULAK auf Verlangen Einsicht in die für die Durchführung des Erstattungsverfahrens notwendigen Unterlagen zu gewähren oder entsprechende Kopien zu übersenden.

(6) Nach Ablauf jedes Ausbildungsjahres teilt die ULAK dem Ausbildungsbetrieb mit, in welcher Höhe und für wie viele Ausbildungstagewerke und Internatstage sie überbetriebliche Ausbildungskosten erstattet hat.

(7) Die ULAK ist nicht berechtigt, mit Beitragsforderungen oder anderen Forderungen gegen Ansprüche des Ausbildungsbetriebes auf Erstattung gemäß § 24 aufzurechnen oder insoweit ein Zurückbehaltungsrecht auszuüben.

§ 28
Verfahren bei Fahrtkostenerstattung

(1) Die Höhe der Fahrtkosten (§ 8) hat der Auszubildende der überbetrieblichen Ausbildungsstätte gegenüber zu belegen (z. B. mit Fahrkarte, Wochenkarte, Monatskarte) bzw. auf andere Art nachzuweisen.

(2) Der Ausbildungsbetrieb beauftragt die überbetriebliche Ausbildungsstätte, die Fahrtkosten für seine Rechnung an den Auszubildenden zu zahlen und ihm den ausgezahlten Gesamtbetrag jeweils nach Abschluss eines Lehrgangs mitzuteilen.

(3) Die ULAK erstattet die Fahrtkosten, wenn die überbetriebliche Ausbildungsstätte nach Prüfung der Belege bzw. der Nachweise die Höhe der an die Auszubildenden gezahlten Fahrtkosten zusammen mit den Angaben über die Zahl der Ausbildungstagewerke und der Tage einer Internatsunterbringung in das von der ULAK zur Verfügung gestellte Formular eingetragen und dieses bei der ULAK eingereicht hat oder diese Daten auf elektronischem Wege nach Maßgabe der mit der ULAK getroffenen Vereinbarung übermittelt hat. Die ULAK prüft die von der überbetrieblichen Ausbildungsstätte gemachten Angaben über die Höhe der Fahrtkosten sowie den errechneten Erstattungsbetrag.

(4) Die Erstattung erfolgt mit befreiender Wirkung zugunsten des Ausbildungsbetriebes in Höhe des Erstattungsbetrages durch Zahlung an die überbetriebliche Ausbildungsstätte. Diese ist nicht berechtigt, die Erstattung von der ULAK zu verlangen.

(5) Die ULAK ist nicht berechtigt, mit Beitragsforderungen oder anderen Forderungen gegen Ansprüche des Ausbildungsbetriebes auf Erstattung gemäß § 24 aufzurechnen oder insoweit ein Zurückbehaltungsrecht auszuüben.

Abschnitt IV
Erstattung der Ausbildungskosten
in besonderen Fällen

§ 29
Zweitausbildung

Haben der Ausbildungsbetrieb i. S. v. § 19 Abs. 1 oder der Auszubildende die höchstmögliche Anrechnung einer anderen Ausbildung auf das Ausbildungsverhältnis beantragt, so hat der Ausbildungsbetrieb gegenüber der ULAK Anspruch auf Erstattung der Ausbildungskosten nach den Bestimmungen der Abschnitte II und III für dasjenige Ausbildungsjahr, das sich aufgrund der Anrechnung ergibt. Wurde kein entsprechender Antrag gestellt, so besteht lediglich Anspruch auf Erstattung von Kosten der überbetrieblichen Ausbildung (§ 24).

§ 30
Duale Studiengänge

Erfolgt die Berufsausbildung im Rahmen eines Studiums an einer Hochschule (dualer Studiengang), so hat der Ausbildungsbetrieb gegenüber der ULAK Anspruch auf Erstattung der Ausbildungskosten nach den Bestimmungen der Abschnitte II und III, wenn die in § 19 Abs. 1 genannten Voraussetzungen vorliegen und die vertragliche Ausbildungsdauer mindestens 95 Wochen beträgt.

§ 30 a
Ausbildungsplatzsicherung

Die ULAK kann Erstattungsleistungen nach den Bestimmungen der Abschnitte II bis IV zur Ausbildungsplatzsicherung auch dann erbringen, wenn in dem Ausbildungsbetrieb zeitweise kein Arbeitsverhältnis zu einem gewerblichen Arbeitnehmer oder Angestellten besteht.

Abschnitt V
Finanzierung

§ 31
Beitrag

(1) Betriebe, auch wenn sie keine gewerblichen Arbeitnehmer beschäftigen, haben die zur Finanzierung der Erstattungsleistungen nach diesem Tarifvertrag erforderlichen Mittel durch Beiträge aufzubringen. Diese Beiträge sind an die ULAK, im Land Berlin jedoch an die Sozialkasse des Berliner Baugewerbes

abzuführen. Die Höhe der Beiträge und der Beitragseinzug werden in dem Tarifvertrag über das Sozialkassenverfahren im Baugewerbe (VTV) geregelt. Der Beitrag ist Teil des Sozialkassenbeitrages gemäß § 15 VTV.

(2) Erstattungsforderungen des Ausbildungsbetriebes nach diesem Tarifvertrag mit Ausnahme derjenigen des § 24 sind mit der Maßgabe zweckgebunden, dass der Ausbildungsbetrieb über sie nur verfügen kann, wenn das bei der Einzugsstelle (§ 3 Abs. 3 VTV) bestehende Beitragskonto einschließlich der darauf gebuchten Verzugszinsen und Kosten ausgeglichen ist und er seinen Meldepflichten entsprochen hat. Eine Aufrechnung gegen bestehende Beitragsrückstände mit Erstattungsforderungen aufgrund dieses Tarifvertrages ist insoweit für den Ausbildungsbetrieb ausgeschlossen. §§ 366, 367 BGB finden keine Anwendung.

(3) Wird ein Ausbildungsbetrieb rückwirkend zur Beitragsmeldung und Beitragszahlung herangezogen, so besteht Anspruch auf Erstattung der den Auszubildenden für die in den rückwirkend erfassten Abrechnungszeiträumen gewährten Leistungen, höchstens jedoch in Höhe der in §§ 8, 19, 19a, 22 Abs. 1 und 24 für den jeweiligen Abrechnungszeitraum festgelegten Leistungen und nur für solche Abrechnungszeiträume, für die rückwirkend Beiträge entrichtet worden sind. Auf diesen Erstattungsanspruch weist die Einzugsstelle den Ausbildungsbetrieb bei der rückwirkenden Heranziehung hin.

Abschnitt VI
Schlussbestimmungen

§ 32
Verfall und Verjährung

(1) Die Ansprüche der ULAK gegen den Betrieb verfallen, wenn sie nicht innerhalb von vier Jahren seit Fälligkeit geltend gemacht worden sind. Für den Beginn der Frist gilt § 199 BGB entsprechend. Der Verfall wird auch gehemmt, wenn die Ansprüche rechtzeitig bei Gericht anhängig gemacht wurden. Die Verfallfristen gelten nicht für Ansprüche aus unerlaubter Handlung.

(2) Erstattungsansprüche des Ausbildungsbetriebes gegen die ULAK verfallen, wenn sie nicht innerhalb von zwei Jahren nach Ablauf des Jahres, in dem sie entstanden sind, geltend gemacht worden sind.

(3) Wird der Betrieb rückwirkend zur Beitragsmeldung und Beitragszahlung nach § 31 herangezogen, so beträgt die Verfallfrist für Erstattungsansprüche zwei Jahre. Sie beginnt mit Ablauf des Jahres, in dem die Einzugsstelle (§ 3 Abs. 3 VTV) dem Betrieb seine Beitragspflicht mitgeteilt hat, im Falle eines Rechtsstreits jedoch frühestens mit Ablauf des Jahres, in dem rechtskräftig oder durch übereinstimmende Erklärungen der Parteien festgestellt wird, dass der Betrieb von diesem Tarifvertrag erfasst wird.

(4) Die regelmäßige Verjährungsfrist für Ansprüche der ULAK gegen den Betrieb und Ansprüche der Betriebe gegenüber der ULAK beträgt vier Jahre. Die Verjährungsfristen gelten nicht für Ansprüche aus unerlaubter Handlung.

§ 33
Erfüllungsort und Gerichtsstand

(1) Erfüllungsort und Gerichtsstand für Ansprüche der ULAK gegen Betriebe und Arbeitnehmer sowie für Ansprüche der Betriebe und Arbeitnehmer gegen die ULAK ist Wiesbaden.

(2) Abweichend von Abs. 1 ist Berlin Gerichtsstand für Ansprüche der ULAK gegen Betriebe mit Sitz im Gebiet der fünf neuen Bundesländer und deren Arbeitnehmer sowie für Ansprüche dieser Betriebe und deren Arbeitnehmer gegen die ULAK.

§ 34
Verfahren

Für das Verfahren gilt im Übrigen der Tarifvertrag über das Sozialkassenverfahren im Baugewerbe (VTV) entsprechend. Die §§ 20, 21, 23, 27 und 28 gelten nicht im Gebiet des Landes Berlin; insoweit trifft der Verfahrenstarifvertrag Berufsbildung für das Berliner Baugewerbe gesonderte Regelungen.

§ 35
Durchführung des Vertrages

Die Tarifvertragsparteien empfehlen den überbetrieblichen Ausbildungsstätten, Schulungen über die Tarifverträge des Baugewerbes und über gemeinsame Einrichtungen unter ihrer Beteiligung zu vermitteln. Sie verpflichten sich, ihre Einflussnahmemöglichkeiten zu nutzen, so dass entsprechende Vereinbarungen der Tarifvertragsparteien mit überbetrieblichen Ausbildungsstätten getroffen werden, wie Veranstaltungen durchgeführt und evaluiert werden können.

§ 36
Inkrafttreten und Laufdauer

(1) Dieser Tarifvertrag tritt am 1. Januar 2019 in Kraft. Mit Inkrafttreten dieses Tarifvertrages tritt der Tarifvertrag über die Berufsbildung im Baugewerbe vom 10. Dezember 2014 außer Kraft. Er kann mit einer Frist von sechs Monaten jeweils zum 30. Juni eines Kalenderjahres gekündigt werden.

(2) § 18 Abs. 2 kann abweichend von Abs. 1, bei Fortbestand des übrigen Tarifvertrags, mit einer Frist von sechs Monaten zum 31. Dezember, erstmals im Jahr 2022, gekündigt werden.

(3) § 24 Abs. 2 Satz 2 kann abweichend von Abs. 1, bei Fortbestand des übrigen Tarifvertrags, mit einer Frist von zwei Monaten zum Monatsende gekündigt werden.

Berlin/Frankfurt a. M., den 28. September 2018/24. August 2020

Änderungsübersicht[1]

▼ Paragraphen	▶ Tarifverträge: Tarifvertrag vom 28. September 2018	Änderungstarifvertrag vom 24. August 2020
§ 1		
§ 2		
§ 3		
§ 4		
§ 5		
§ 6		
§ 7		
§ 8		
§ 9		
§ 10		
§ 11		
§ 12		
§ 13		
§ 14		
§ 15		
§ 16		
§ 17		
§ 18	■	■
§ 19	■	
§ 20		
§ 21		
§ 22		
§ 23		
§ 24	■	■
§ 25		■
§ 26		
§ 27		
§ 28		
§ 29	■	
§ 30		
§ 30 a	▪	
§ 31		
§ 32		
§ 33		
§ 34		
§ 35 (neu)		▪
§ 36 (vormals § 35)	■	■

1) Geänderte Paragraphen gegenüber der Vorfassung (■); somit lässt sich ablesen, welche Paragraphen Änderungen erfahren haben und welche Paragraphen nicht geändert worden sind.
(▪) = neu hinzugekommener Paragraph.

Übersicht über die aktuellen Ausbildungsvergütungen

		Zeitraum					
		1. Mai 2020 – 31. Dezember 2020			1. Januar 2021 – 30. Juni 2021		
		Tarifgebiet			Tarifgebiet		
		West	Ost	Berlin	West	Ost	Berlin
gewerblich Auszubildende	1. Ausbildungsjahr	850,— €	765,— €	798,— €	890,— €	805,— €	838,— €
	2. Ausbildungsjahr	1.200,— €	970,— €	1.072,— €	1.230,— €	1.000,— €	1.102,— €
	3. Ausbildungsjahr	1.475,— €	1.190,— €	1.316,— €	1.495,— €	1.210,— €	1.336,— €
	4. Ausbildungsjahr	1.580,— €	1.270,— €	1.406,— €	1.580,— €	1.270,— €	1.406,— €
gewerblich Auszubildende (Feuerungsbau)	1. Ausbildungsjahr	850,— €	765,— €	798,— €	890,— €	805,— €	838,— €
	2. Ausbildungsjahr	1.243,— €	1.005,— €	1.110,— €	1.273,— €	1.035,— €	1.140,— €
	3. Ausbildungsjahr	1.579,— €	1.277,— €	1.409,— €	1.599,— €	1.297,— €	1.429,— €
technisch-kaufmännisch Auszubildende	1. Ausbildungsjahr	845,— €	758,— €	792,— €	885,— €	798,— €	832,— €
	2. Ausbildungsjahr	1.078,— €	875,— €	966,— €	1.108,— €	905,— €	996,— €
	3. Ausbildungsjahr	1.364,— €	1.104,— €	1.218,— €	1.384,— €	1.124,— €	1.238,— €

Hinweis: Für Auszubildende, die eine Landes- oder Bundesfachklasse[1] besuchen, ist eine pauschal um 60,— € erhöhte Ausbildungsvergütung für das gesamte Ausbildungsjahr vorgesehen (Tarifgebiete West, Ost und Berlin). Diese ist zu den in der Tabelle ausgewiesenen Werten hinzu zu addieren, wodurch Fahrt- und gegebenenfalls Übernachtungskosten für den Besuch einer Landes- oder Bundesfachklasse pauschaliert ausgeglichen werden.

1) Eine Übersicht der Landes- und Bundesfachklassen ist unter https://www.soka-bau.de/arbeitgeber/leistungen/berufsausbildung/berufsschule-landes-oder-bundesfachklasse/ abrufbar.

Schaubild

Berufsausbildung in der Bauwirtschaft (Stufenausbildung)

Ausbildungs-Abschlussprüfung bzw. Gesellenprüfung

Zimmerer/-in | Stuckateur/-in | Fliesen-, Platten- und Mosaikleger/-in | Estrichleger/-in | Wärme-, Kälte- und Schallschutzisolierer/-in | Trockenbaumonteur/-in*) | Maurer/-in | Beton- und Stahlbetonbauer/-in | Feuerungs- und Schornsteinbauer/-in | Straßenbauer/-in | Rohrleitungsbauer/-in*) | Kanalbauer/-in*) | Brunnenbauer/-in | Spezialtiefbauer/-in*) | Gleisbauer/-in*)

3. Ausbildungsjahr
Berufliche Fachbildung II
Begleitender Berufsschulunterricht in Teilzeit oder Blockform
Überbetriebliche Vertiefung und Ergänzung (4 Wochen)

2. Stufe (1 Jahr)

Abschluss-) oder Zwischenprüfung**

Ausbaufacharbeiter – Schwerpunkte: Zimmerarbeiten | Stuckateurarbeiten | Fliesen-, Platten- und Mosaikarbeiten | Estricharbeiten | Wärme-, Kälte- und Schallschutzarbeiten | Trockenbauarbeiten

Hochbaufacharbeiter – Schwerpunkte: Maurerarbeiten | Beton- und Stahlbetonarbeiten | Feuerungs- und Schornsteinbauarbeiten

Tiefbaufacharbeiter – Schwerpunkte: Straßenbauarbeiten | Rohrleitungsbauarbeiten | Kanalbauarbeiten | Brunnenbau- und Spezialtiefbauarbeiten | Gleisbauarbeiten

2. Ausbildungsjahr
Berufliche Fachbildung I
Begleitender Berufsschulunterricht in Teilzeit oder Blockform
Überbetriebliche Vertiefung und Ergänzung (11 – 13 Wochen)

berufsbezogene Vertiefung

gleichlautende Ausbildungsinhalte im

Bereich **Ausbau** | Bereich **Hochbau** | Bereich **Tiefbau**

gleichlautende Ausbildungsinhalte für alle Bauberufe (Berufsfeldbreite Grundbildung)

1. Ausbildungsjahr
Berufliche Grundbildung
Begleitender Berufsschulunterricht in Teilzeit oder Blockform
Überbetriebliche Grundbildung (17 – 20 Wochen)

1. Stufe (2 Jahre)

*) Ausbildungsberufe, die nur für den Bereich der Industrie anerkannt sind, aber auch im Handwerk ausgebildet werden können (§ 91 Abs. 2 HwO).

**) In Kurzverträgen über die 1. Stufe (2 Jahre) findet eine Abschlussprüfung statt, mit der Möglichkeit der Ausbildungsfortsetzung in der 2. Stufe (1 Jahr). In Langverträgen über beide Stufen (3 Jahre) findet die Prüfung als Zwischenprüfung statt.

Tarifvertrag zur Übernahme von Auszubildenden im Baugewerbe

vom 3. Mai 2013

Zwischen

dem Zentralverband des Deutschen Baugewerbes e. V.,
Kronenstraße 55–58, 10117 Berlin,

dem Hauptverband der Deutschen Bauindustrie e. V.,
Kurfürstenstraße 129, 10785 Berlin,

und

der Industriegewerkschaft Bauen-Agrar-Umwelt,
Olof-Palme-Straße 19, 60439 Frankfurt a. M.,

wird folgender Tarifvertrag geschlossen:

§ 1
Geltungsbereich

(1) Räumlicher Geltungsbereich:

Das Gebiet der Bundesrepublik Deutschland.

(2) Betrieblicher Geltungsbereich:

Betriebe, die unter den betrieblichen Geltungsbereich des Bundesrahmentarifvertrages für das Baugewerbe (BRTV) in der jeweils geltenden Fassung fallen.

(3) Persönlicher Geltungsbereich:

Auszubildende, die in einem staatlich anerkannten Ausbildungsberuf im Sinne des § 4 des Berufsbildungsgesetzes (BBiG) oder des § 25 der Handwerksordnung (HwO) ausgebildet werden.

§ 2
Übernahme des Auszubildenden

(1) Beabsichtigt der Arbeitgeber, einen Auszubildenden nach Beendigung des Berufsausbildungsverhältnisses nicht in ein Arbeitsverhältnis auf unbestimmte Zeit zu übernehmen, so hat er dies spätestens vier Monate vor der vereinbarten Beendigung des Berufsausbildungsverhältnisses dem Auszubildenden schriftlich mitzuteilen.

(2) Unterlässt der Arbeitgeber die schriftliche Mitteilung, so gilt zwischen Auszubildendem und Arbeitgeber im Anschluss an das Berufsausbildungsverhältnis

ein Arbeitsverhältnis im erlernten Beruf auf unbestimmte Zeit als begründet, das aus betriebsbedingten Gründen nicht vor Ablauf von sechs Monaten durch den Arbeitgeber gekündigt werden kann.

§ 3
Inkrafttreten und Laufdauer

Dieser Tarifvertrag tritt am 1. Mai 2013 in Kraft und gilt nicht für Ausbildungsverhältnisse, die vor dem 1. Januar 2014 enden. Er kann mit einer Frist von sechs Monaten zum Monatsende, erstmals zum 30. Juni 2017, gekündigt werden.

Berlin/Frankfurt a. M., den 3. Mai 2013

Weiterbildung in der Bauwirtschaft

Eine gute Qualifikation spielt in der Bauwirtschaft für viele wichtige Funktionen eine zentrale Rolle. Insbesondere Poliere fungieren als Bindeglied zwischen den gewerblichen Arbeitnehmern auf der Baustelle und dem Leitungspersonal. Sie übernehmen die Umsetzung der technischen und zeitlichen Planung. Auch unterhalb der Polier-Ebene können Fortbildungen zum Vorarbeiter und Werkpolier dazu beitragen, dass die steigenden Anforderungen des modernen Bauens zeitgerecht erfüllt werden können.

Im Juli 2012 vereinbarten die Tarifvertragsparteien ein neues System der Aufstiegsfortbildung, um eine insgesamt durchlässige, flexible und stufenweise Aufstiegsfortbildung für die Bauwirtschaft zu etablieren (siehe Schaubild, Seite 379). Dafür wurde die bundesweite Fortbildung zum Polier, die mit einer öffentlich-rechtlichen Prüfung bei den zuständigen Stellen (Industrie- und Handelskammern, Handwerkskammern) abgeschlossen wird, überarbeitet. Geänderte Anforderungen am Bau und neue Strukturen und Lernmethoden wurden berücksichtigt.

Vorarbeiter- und Werkpolierprüfungen[1)]

Die Vorarbeiter- und Werkpolierprüfungen stellen die ersten beiden Ebenen der Aufstiegsfortbildung dar und bauen auf der Ausbildung auf. Sie erfolgen differenziert in verschiedenen Spezialqualifikationen.

Auch beim Werkpolier, der zweiten Fortbildungsebene, werden Spezialqualifikationen angeboten. Die Qualifikationen der einzelnen Stufen sind inhaltlich aufeinander abgestimmt. Auf jeder Fortbildungsebene werden Fertigkeiten und Kenntnisse im Baubetrieb, in der Bautechnik sowie in der Mitarbeiterführung vermittelt.

Zielgruppe für die Fortbildungen sind vorwiegend Facharbeiter, die nach einer Ausbildung in der Bauwirtschaft mehrjährige Berufserfahrung erworben haben. Erforderlich sind für die Vorarbeiterprüfung grundsätzlich vier Jahre Berufspraxis. Aber auch Personen ohne Bauausbildung, die seit längerer Zeit in der Bauwirtschaft tätig sind und über entsprechende Berufserfahrung verfügen, können eine Fortbildung absolvieren. Sofern eine anerkannte Ausbildung außerhalb des Baus vorliegt, sind für die Vorarbeiterprüfung fünf Jahre Berufspraxis notwendig. Liegt keine anerkannte Ausbildung vor, müssen für den Vorarbeiter ebenfalls fünf Jahre Berufspraxis in der Bauwirtschaft nachgewiesen werden. Für die Werkpolierprüfungen verlängern sich die erforderlichen Praxiszeiten jeweils um ein Jahr.

Geprüfter Polier

Die Fortbildung zum Geprüften Polier unterscheidet sich von den Vorarbeiter- und Werkpolierprüfungen dadurch, dass sie in einer bundeseinheitlichen Rechts-

1) Siehe Tarifsammlung für die Bauwirtschaft 2014/2015, Seiten 378 bis 407.

verordnung nach § 53 BBiG bzw. § 42 HwO geregelt ist.[2] Damit ist sie Teil des öffentlich-rechtlichen Fortbildungssystems. Die Prüfungen werden von den zuständigen Stellen (Industrie- und Handelskammern, Handwerkskammern) abgenommen. Die Fortbildung beinhaltet eine berufs- und arbeitspädagogische Qualifikation im Sinne der Ausbildereignungsverordnung (AEVO).

Inhaltlich muss ein Polier die Fähigkeit nachweisen, Baustellen planen, einrichten, vorhalten und auflösen zu können sowie den gesamten Bauprozess planen, organisieren, überwachen und dokumentieren zu können. Er muss zudem eine reibungslose Zusammenarbeit mit den am Bau Beteiligten sicherstellen und die Arbeitsleistungen überwachen können. Der Polier trägt generell auch die Ausbildungsverantwortung und muss die entsprechenden Fähigkeiten nachweisen.

Die Zulassungsvoraussetzungen zur Polierprüfung entsprechen denen zur Werkpolierprüfung. Auch hier genügt grundsätzlich eine mehrjährige Berufserfahrung. Diese muss wesentliche Bezüge zu den Aufgaben eines Geprüften Poliers haben und regelmäßig die Qualifikation eines Werkpoliers beinhalten.

---

2) Siehe Tarifsammlung für die Bauwirtschaft 2014/2015, Seiten 409 bis 423.

Aufstiegsfortbildung in der Bauwirtschaft

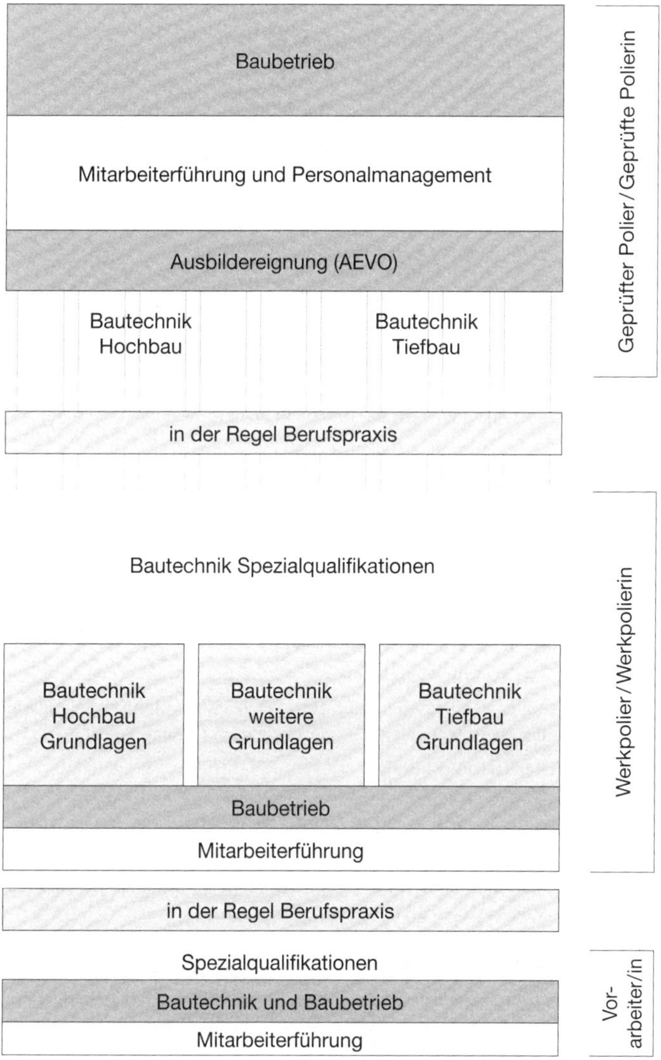

Geprüfter Polier / Geprüfte Polierin

Baubetrieb

Mitarbeiterführung und Personalmanagement

Ausbildereignung (AEVO)

Bautechnik Hochbau

Bautechnik Tiefbau

in der Regel Berufspraxis

Werkpolier / Werkpolierin

Bautechnik Spezialqualifikationen

Bautechnik Hochbau Grundlagen

Bautechnik weitere Grundlagen

Bautechnik Tiefbau Grundlagen

Baubetrieb

Mitarbeiterführung

in der Regel Berufspraxis

Vorarbeiter/in

Spezialqualifikationen

Bautechnik und Baubetrieb

Mitarbeiterführung

Tarifvertrag über eine Zusatzrente im Baugewerbe (TV TZR)

vom 15. Mai 2001

in der Fassung vom 27. Februar 2002 und 31. März 2005

Zwischen

dem Zentralverband des Deutschen Baugewerbes e. V., Kronenstraße 55–58, 10117 Berlin,

dem Hauptverband der Deutschen Bauindustrie e. V. Kurfürstenstraße 129, 10785 Berlin,

und

der Industriegewerkschaft Bauen-Agrar-Umwelt, Olof-Palme-Straße 19, 60439 Frankfurt a. M.,

wird folgender Tarifvertrag geschlossen:

§ 1 Geltungsbereich

(1) Räumlicher Geltungsbereich:

Das Gebiet der Bundesrepublik Deutschland.

(2) Betrieblicher Geltungsbereich:

Betriebe, die unter den betrieblichen Geltungsbereich des Bundesrahmentarifvertrages für das Baugewerbe in der jeweils geltenden Fassung fallen.

(3) Persönlicher Geltungsbereich:

Erfasst werden

1. gewerbliche Arbeitnehmer (Arbeiter),
2. Angestellte und Poliere,
3. zur Ausbildung für den Beruf eines Arbeiters oder Angestellten Beschäftigte im Sinne des § 1 Abs. 3 BBTV (Auszubildende),

die eine nach den Vorschriften des Sechsten Buches Sozialgesetzbuch – Gesetzliche Rentenversicherung – (SGB VI) versicherungspflichtige Tätigkeit ausüben.

Ausgenommen sind die unter § 5 Abs. 2 Nr. 1 bis 4 und Abs. 3 des Betriebsverfassungsgesetzes fallenden Personen sowie gewerbliche Arbeitnehmer in Betrieben, die überwiegend Bauten- und Eisenschutzarbeiten ausführen.

§ 2
Tarifliche Zusatzrente
(TZR)

(1) Die Arbeitnehmer haben zur Finanzierung von Altersversorgungsleistungen im Sinne des § 1 des Gesetzes zur Verbesserung der betrieblichen Altersversorgung (BetrAVG) Anspruch auf einen Betrag (Arbeitgeberanteil) in Höhe von 30,68 € für jeden Kalendermonat, wenn sie zugleich eine Eigenleistung in Höhe von 9,20 € im Wege der Entgeltumwandlung[1] erbringen und den monatlichen Gesamtbetrag in Höhe von 39,88 € vom Arbeitgeber für diesen Zweck verwenden lassen.

(2) Arbeitnehmer in einem Betrieb mit Sitz in einem der Länder Brandenburg, Mecklenburg-Vorpommern, Sachsen, Sachsen-Anhalt und Thüringen haben abweichend von Abs. 1 für einen Gesamtbetrag in Höhe von 13,30 € Anspruch auf einen Arbeitgeberanteil in Höhe von 10,23 € bei einer Eigenleistung in Höhe von 3,07 €.

(3) Der Anspruch gemäß den Abs. 1 und 2 mindert sich für jeden Arbeitstag, an dem ein Anspruch auf Entgelt oder Entgeltfortzahlung nicht besteht,

- im Falle des Abs. 1 um 1,53 €,
- im Falle des Abs. 2 um 0,51 €.

Der Anspruch besteht jedoch während der gesetzlichen Dienstpflicht in voller Höhe, wobei der Arbeitgeber seine Verpflichtung zur Beitragszahlung erfüllt hat, wenn er aufgrund einer Vereinbarung mit dem Versorgungsträger seinen Erstattungsanspruch gemäß § 14 a ArbPlSchG an diesen abgetreten hat.

(4) Ist die vereinbarte Arbeitszeit geringer als die tarifliche, so mindern sich die in den Abs. 1 bis 3 genannten Beträge im Verhältnis der vereinbarten wöchentlichen Arbeitszeit zur tariflichen wöchentlichen Arbeitszeit. Das gilt entsprechend bei Altersteilzeit.

(5) Der Arbeitnehmer kann im Wege der Umwandlung zukünftigen Entgelts auch eine höhere als die in den Abs. 1 und 2 genannten Eigenleistung oder eine zusätzliche einmalige Eigenleistung für die Altersversorgung bei dem gewählten Versorgungsträger mit dessen Zustimmung erbringen, wenn dadurch im Kalenderjahr ein Betrag von 4 v. H. der Beitragsbemessungsgrenze in der Rentenversicherung der Arbeiter und Angestellten nicht überschritten wird. Zusätzlich zu diesem Höchstbetrag können durch Vereinbarung zwischen Arbeitgeber und Arbeitnehmer Beiträge zur Finanzierung einer Altersversorgungsleistung auf Basis einer Entgeltumwandlung, die vom Arbeitgeber aufgrund einer nach dem 31. Dezember 2004 erteilten Versorgungszusage geleistet werden, bis zur Höhe von 1.800,— € steuerfrei umgewandelt werden.

---

1) Zwischen den Tarifvertragsparteien ist ein Muster einer Vereinbarung zur Entgeltumwandlung abgestimmt worden (siehe Seiten 401 und 402).

(6) Die Umwandlung der Urlaubsvergütung, der Urlaubsabgeltung und der Entschädigung nach § 8 BRTV sowie die Umwandlung des Mindestlohnes ist ausgeschlossen. Würde die Entgeltumwandlung zu einer Unterschreitung des Mindestlohnes führen, so besteht der Anspruch auf Anlage des Arbeitgeberanteils ohne eine Eigenleistung des Arbeitnehmers.

(7) Für jeden Kalendermonat ist der Gesamtbetrag im Folgemonat abzuführen. Davon abweichend können Arbeitgeber und Arbeitnehmer mit Zustimmung des Versorgungsträgers auch eine vierteljährliche, halbjährliche oder jährliche Zahlungsweise vereinbaren.

(8) Der Anspruch besteht nur, wenn der Arbeitnehmer auf seinen Anspruch auf eine Arbeitgeberzulage zu den vermögenswirksamen Leistungen in der für ihn tarifvertraglich geltenden Höhe verzichtet.

§ 3
Durchführungswege

(1) Der Gesamtbetrag kann im Einvernehmen zwischen Arbeitgeber und Arbeitnehmer für alle nach § 1 BetrAVG zulässigen Formen der betrieblichen Altersversorgung verwendet werden. Ist der Arbeitgeber zur Anlage des Gesamtbetrages bei der Zusatzversorgungskasse des Baugewerbes bereit, so ist die Altersversorgung dort durchzuführen. Anderenfalls kann der Arbeitnehmer eine Anlage des Gesamtbetrages bei der Zusatzversorgungskasse des Baugewerbes verlangen.

(2) Der Arbeitnehmer kann den einmaligen Wechsel von einem anderen Versorgungsträger, der bisher die Altersversorgung nach diesem Tarifvertrag durchgeführt hat, zu der Zusatzversorgungskasse des Baugewerbes verlangen. Der Wechsel kann frühestens zu dem Zeitpunkt gefordert werden, zu welchem der Vertrag mit dem Versorgungsträger eine Kündigung mit Übertragung der für den Arbeitnehmer angelegten Beträge zuzüglich der auf diese entfallenden Überschussanteile oder eine Beitragsfreistellung ohne eine Pflicht zur Erstattung des Rückkaufwertes zulässt. Ein Wechsel des Arbeitnehmers aus den Durchführungswegen unmittelbare Versorgungszusage oder Unterstützungskasse zu der Zusatzversorgungskasse des Baugewerbes ist jedoch nur innerhalb von fünf Jahren seit Erteilung der Versorgungszusage möglich; bereits erworbene Anwartschaften bleiben erhalten. § 6 Abs. 2 gilt entsprechend.

§ 4
Erstattung der Pauschalsteuer

Der Arbeitnehmer kann bei den Durchführungswegen Pensionskasse, Pensionsfonds und Direktversicherung die individuelle Versteuerung seiner Eigenleistung verlangen. Hat der Arbeitgeber für eine Versorgungszusage vor dem 1. Januar

Vereinbarung zur Entgeltumwandlung

Die Vereinbarung ändert den Arbeitsvertrag ab und verbleibt im Betrieb und beim Arbeitnehmer.

Zwischen der Firma (nachstehend **Arbeitgeber** genannt) ______________________

und Herrn/Frau (nachstehend **Arbeitnehmer** genannt) ______________________ geb. am __/__/____

wird mit Wirkung vom __/__/____ vereinbart:

1. Zur Finanzierung von Altersversorgungsleistungen wird monatlich ein Betrag in Höhe von ________ € in einen Beitrag zur Altersvorsorge umgewandelt (Eigenleistung des Arbeitnehmers).

   Der Arbeitgeber erbringt den gegebenenfalls vorgesehenen Arbeitgeberbeitrag. Sofern der Arbeitgeber aufgrund von betrieblichen/tarifvertraglichen Regelungen diesen Beitrag in einzelnen Monaten kürzt, hat er das Recht, den gekürzten Beitragsteil in diesen Monaten zusätzlich zu dem oben genannten Betrag als Eigenleistung des Arbeitnehmers umzuwandeln. Damit werden gleichbleibende Beiträge an den Versorgungsträger gezahlt.
2. Diese Vereinbarung bezieht sich nur auf noch nicht fällig gewordene Entgeltansprüche.
3. Bei Lohn-/Gehaltserhöhungen sowie bei der Bemessung betrieblicher lohn-/gehaltsabhängiger Leistungen bleiben die Gesamtbezüge einschließlich des in Ziffer 1 genannten Betrages maßgebend.
4. Der Gesamtbetrag wird an die Zusatzversorgungskasse des Baugewerbes (SOKA-BAU) als Versorgungsträger*) gezahlt.
5. Der Arbeitgeberanteil wird nach § 3 Nr. 63 EStG unversteuert gezahlt.

   Für die Eigenleistung des Arbeitnehmers (Entgeltumwandlung) soll bis auf Widerruf folgender Förderweg zur Anwendung kommen:

   ☐ **Die Eigenleistung des Arbeitnehmers wird gemäß § 3 Nr. 63 EStG aus unversteuertem Einkommen erbracht.**

   ☐ Die Eigenleistung des Arbeitnehmers wird als Voraussetzung für die Förderung gemäß § 10a EStG („Riester-Zulage") aus individuell **versteuertem und verbeitragtem** Einkommen erbracht.
6. Der bisher bestehende Vertrag über Vermögenswirksame Leistungen soll über den Arbeitgeber ausschließlich durch Eigenbeiträge des Arbeitnehmers aus dem bereits versteuerten und verbeitragtem Einkommen weitergeführt werden:

   ☐ ja ☐ nein
7. Der Arbeitnehmer hat das Recht, diese Vereinbarung innerhalb von 4 Wochen nach deren Zugang beim Arbeitgeber schriftlich zu widerrufen. Er kann bis zum 15. eines Monats Entgeltumwandlungen für Folgemonate widersprechen.

*) oder einen anderen Versorgungsträger

https://www.elsner.de/downloads/978-3-87199-229-2.php

8. Zusätzliche Vereinbarungen:

____
____
____
____
____
____

______________________,	______________________,
den __/__/____	den __/__/____
______________________	______________________
Unterschrift des Arbeitgebers	Unterschrift des Arbeitnehmers

2005 bei dem Durchführungsweg Direktversicherung für den Arbeitgeberanteil die pauschale Versteuerung gewählt, so kann er mit dem Arbeitnehmer die vollständige oder teilweise Erstattung der Pauschalsteuer durch den Arbeitnehmer vereinbaren. Dasselbe gilt, wenn der Arbeitgeber auch die pauschale Versteuerung der Eigenleistung des Arbeitnehmers wählt, weil dieser nicht die individuelle Versteuerung verlangt hat.

§ 5
Verhältnis zu bestehenden betrieblichen Altersversorgungszusagen

(1) Hat der Arbeitgeber vor dem 1. Juni 2001 eine betriebliche Altersversorgungszusage im Sinne des § 1 BetrAVG erteilt, hat der Arbeitnehmer nur dann den Anspruch nach §§ 2 Abs. 1 bis 4 und 3 Abs. 1, wenn er auf die Fortführung dieser Versorgungszusage wirksam verzichtet. In diesem Fall besteht der Anspruch des Arbeitnehmers frühestens ab dem Zeitpunkt, zu dem sich der Arbeitgeber gegebenenfalls von seinen Zahlungsverpflichtungen gegenüber einem Versorgungsträger bzw. aus seiner Rückdeckungsversicherung befreien kann.

(2) Bei einem Verzicht nach Abs. 1 bleibt die bis zum Wirksamwerden des Verzichts bereits erworbene Anwartschaft erhalten. Soweit diese noch nicht unverfallbar ist, richtet sich der Eintritt der Unverfallbarkeit nach den gesetzlichen oder vertraglichen Regelungen. Die Höhe der Anwartschaft entspricht bei dem Durchführungsweg Direktversicherung der von dem Versicherer aufgrund des Versicherungsvertrages zu erbringenden Versicherungsleistung und bei dem Durchführungsweg Pensionskasse der von dieser aufgrund des Geschäftsplanes oder der Geschäftsunterlagen zu erbringenden Leistung. Bei den Durchführungswegen unmittelbare Versorgungszusage und Unterstützungskasse gilt § 2 Abs. 1 Satz 1 und Abs. 5 a BetrAVG entsprechend, wobei an die Stelle des Zeitpunktes des Ausscheidens aus dem Betrieb der Zeitpunkt des Wirksamwerdens des Verzichtes tritt.

(3) Auf Verlangen des Arbeitnehmers hat der Arbeitgeber diesem die Höhe seiner zum Zeitpunkt des Wirksamwerdens des Verzichtes bestehenden Anwartschaft mitzuteilen. Ein Anspruch auf Ermittlung des der bisherigen Versorgungszusage entsprechenden fiktiven monatlichen Beitrages besteht nicht.

(4) Abweichend von Abs. 1 kann durch Betriebsvereinbarung oder einzelvertraglich vereinbart werden, dass bei Fortführung einer vor dem 1. Juni 2001 erteilten betrieblichen Altersversorgungszusage ein Anspruch nach Maßgabe des § 2 besteht, wobei die Höhe des Arbeitgeberanteils sich nach der durchschnittlichen Höhe des Anspruchs des Arbeitnehmers auf die Arbeitgeberzulage zu den tariflichen vermögenswirksamen Leistungen in den letzten zwölf Monaten vor der Vereinbarung richtet. In der Betriebsvereinbarung kann auch eine betriebseinheitliche Höhe des Arbeitgeberanteils festgelegt werden.

§ 6
Unverfallbarkeit

(1) Von dem Zeitpunkt der Erteilung der Versorgungszusage an bleibt dem Arbeitnehmer, der vor Eintritt des Versorgungsfalles aus dem Arbeits- oder Ausbildungsverhältnis ausscheidet, die jeweils erreichte Anwartschaft auf die versprochene Versorgungsleistung erhalten, ohne dass die in § 1 b Abs. 1 BetrAVG genannten Unverfallbarkeitsvoraussetzungen erfüllt sein müssen (sofortige Unverfallbarkeit).

(2) Die Berechnung der unverfallbaren Anwartschaft auf Versorgungsleistungen erfolgt in den Durchführungswegen Pensionskasse, Pensionsfonds und Direktversicherung auf der Grundlage sämtlicher bis zum Ausscheiden des Arbeitnehmers für ihn verwendeten Beträge zuzüglich der auf diese entfallenden Überschussanteile. In den Durchführungswegen unmittelbare Versorgungszusage und Unterstützungskasse findet § 2 Abs. 5 a BetrAVG in der Fassung des Altersvermögensgesetzes bereits ab 1. Juni 2001 entsprechende Anwendung.

§ 7
Anpassung der Versorgungsleistungen

In allen nach § 1 BetrAVG zulässigen Formen der betrieblichen Altersversorgung mit Ausnahme der unmittelbaren Versorgungszusage und der Unterstützungskasse, wenn diese nicht kongruent rückgedeckt sind, sind sämtliche Überschussanteile vom Zeitpunkt der Erteilung der Versorgungszusage an ausschließlich zur Erhöhung der Versorgungsleistungen zu verwenden. Werden in diesen Fällen die Überschussanteile nach Maßgabe des Satzes 1 verwendet, findet § 16 BetrAVG keine Anwendung.

§ 8
Auszahlung der Versorgungsleistungen

Abfindungen nach § 3 BetrAVG und Rentenzahlungen, in denen mehr als drei Monatsrenten zusammengefasst werden, sind ausgeschlossen.

§ 9
Verfahren

(1) Will der Arbeitnehmer den Anspruch auf Altersversorgungsleistungen nach § 2 geltend machen, so hat er dies dem Arbeitgeber spätestens am Ersten des Kalendermonats vor dem Monat, für welchen der monatliche Gesamtbetrag erstmals erbracht werden soll, mitzuteilen. Diese Mitteilung hat sein Einverständnis mit einer Entgeltumwandlung in Höhe der Eigenleistung zu enthalten.

(2) Der Gesamtbetrag für die Altersversorgung ist in der Lohn- bzw. Gehaltsabrechnung gesondert auszuweisen.

(3) In allen nach § 1 BetrAVG zulässigen Formen der betrieblichen Altersversorgung ist dem Arbeitnehmer von dem Versorgungsträger eine jährliche Bescheinigung mit den Angaben nach § 92 EStG zu erteilen.

§ 10
Betriebsrentengesetz

(1) Die §§ 1 a, 2 und 3 BetrAVG finden keine Anwendung.

(2) § 4 BetrAVG findet mit der Maßgabe Anwendung, dass an die Stelle des § 2 BetrAVG § 6 dieses Tarifvertrages und an die Stelle des § 16 Abs. 3 Nr. 2 BetrAVG § 7 Satz 1 dieses Tarifvertrages treten.

§ 11
Verjährung

Die Ansprüche auf die Leistungen nach diesem Tarifvertrag verjähren in zwei Jahren. Die Verjährungsfrist beginnt mit dem Schluss des Kalenderjahres, in dem der Anspruch auf die jeweilige Leistung entstanden ist. Die Bestimmungen des § 15 des Bundesrahmentarifvertrages für das Baugewerbe, des § 13 des Rahmentarifvertrages für die Angestellten und Poliere des Baugewerbes und des § 16 des Tarifvertrages über die Berufsbildung im Baugewerbe (Ausschlussfristen) gelten für Ansprüche aus diesem Tarifvertrag nicht.

§ 12
Entgeltumwandlung

Unabhängig von einer Geltendmachung des Anspruches nach § 2 können Arbeitgeber und Arbeitnehmer vereinbaren, dass zukünftige Entgeltansprüche des Arbeitnehmers durch Entgeltumwandlung für dessen betriebliche Altersversorgung verwendet werden. Die §§ 4 sowie 6 bis 11 mit Ausnahme des § 9 Abs. 1 finden entsprechende Anwendung.

§ 13
Inkrafttreten und Laufdauer

Dieser Tarifvertrag tritt am 1. Juni 2001, in den in § 2 Abs. 2 genannten Ländern jedoch erst mit Beginn seiner Allgemeinverbindlichkeit, in Kraft. Er kann mit einer Frist von drei Monaten, erstmals zum 31. März 2004, gekündigt werden.

Berlin/Frankfurt a. M., den 15. Mai 2001/27. Februar 2002/31. März 2005[2)]

Fußnote 2) siehe nächste Seite.

2) Der Änderungstarifvertrag vom 27. Februar 2002 ist am 1. März 2002 in Kraft getreten (Einfügung von Abs. 4 in § 5). Der Änderungstarifvertrag vom 31. März 2005 ist am 1. April 2005 in Kraft getreten (neben redaktionellen Änderungen aufgrund von zeitlicher Überholung waren insbesondere § 2 Abs. 6 (nun Abs. 5), § 4 sowie § 10 Abs. 2 wegen gesetzlicher Änderungen zur Pauschalversteuerung anzupassen).

▷ Siehe auch Leitfaden **Das Arbeitsverhältnis im Baugewerbe** (6. Auflage), Kapitel 5 *Tarifliche Zusatzrente.*

▷ Siehe auch **Handbuch des Personalrechts für den Baubetrieb** (13. Auflage), Stichworte: *Altersversorgung*, *Tarifliche Zusatzrente*, Formulare / Muster: *Vereinbarung zur Entgeltumwandlung nach dem Tarifvertrag über eine Zusatzrente im Baugewerbe (TV TZR).*

Das Sozialkassensystem der Bauwirtschaft

Die zentrale Einrichtung des Sozialkassensystems der Bauwirtschaft ist die SOKA-BAU mit Sitz in Wiesbaden. Sie vereinigt unter einem Dach die Urlaubs- und Lohnausgleichskasse der Bauwirtschaft (ULAK) und die Zusatzversorgungskasse des Baugewerbes AG (ZVK-Bau). Bei der ULAK und der ZVK-Bau handelt es sich um von den zentralen Tarifvertragsparteien der Bauwirtschaft – dem Hauptverband der Deutschen Bauindustrie e.V., dem Zentralverband des Deutschen Baugewerbes e.V. und der Industriegewerkschaft Bauen-Agrar-Umwelt – gegründete gemeinsame Einrichtungen gemäß § 4 Abs. 2 Tarifvertragsgesetz. In Bayern und Berlin haben die regionalen Tarifvertragsparteien die Gemeinnützige Urlaubskasse des Bayerischen Baugewerbes e.V. (UKB) in München bzw. die Sozialkasse des Berliner Baugewerbes (Soka-Berlin) mit regionaler Zuständigkeit für bestimmte Aufgaben an Stelle der ULAK errichtet.

Jeder der Kassen kommt ein bestimmter Aufgabenbereich zu, wobei die Hauptaufgaben in der Sicherstellung zahlreicher tarifvertraglich vereinbarter Zahlungen an die Arbeitnehmer der Baubranche bestehen.

Da die Sozialkassentarifverträge des Baugewerbes regelmäßig für allgemeinverbindlich erklärt werden, erfassen sie alle Betriebe des Baugewerbes. Die Kassen erhalten monatlich von sämtlichen Betrieben bestimmte, von den Tarifvertragsparteien festgelegte Beiträge. Als Basis für die Berechnung der Beiträge dient die betriebliche Bruttolohnsumme. Als Gegenleistung erstatten die Kassen den Betrieben bestimmte an die Arbeitnehmer geleistete Zahlungen bzw. zahlen direkt an Arbeitnehmer, Rentner und Hinterbliebene. Dabei ist zu beachten, dass sich die vereinbarten Leistungen und Beiträge für einzelne Gruppen von Arbeitnehmern (gewerbliche Arbeitnehmer, Angestellte) unterscheiden. Für den Beitragseinzug ist zur Vermeidung von Verwaltungsaufwand und -kosten stets die ULAK zuständig. Sie zieht also nicht nur die Beiträge für die von ihr zu gewährenden Leistungen bei Urlaub und Berufsbildung ein, sondern auch die Beiträge der ZVK-Bau, der Soka-Berlin und der UKB. Darüber hinaus zieht die ULAK im Auftrag der Bundesagentur für Arbeit auch die Winterbeschäftigungs-Umlage ein.

Die Betriebe melden die für die Durchführung der einzelnen Verfahren notwendigen Daten. Grundsätzlich werden Erstattungsforderungen der Betriebe gegen SOKA-BAU im Überweisungsverfahren abgerechnet, wobei den Betrieben die monatlichen Erstattungsbeträge auf ihr Bankkonto überwiesen werden. Seit dem **1. Januar 2019** werden (neu) Beitragsforderungen der Sozialkasse und Leistungsansprüche der Betriebe grundsätzlich saldiert. Das entspricht einem üblichen Vorgehen unter Kaufleuten und stärkt die Kundenfreundlichkeit der Sozialkassenverfahren. Die Saldierung nach § 18 Abs. 2 VTV setzt voraus, dass die Meldepflichten erfüllt werden (vor allem § 12 Abs. 1 Satz 2 VTV) und die Urlaubsvergütung gezahlt wurde.

Urlaubs- und Lohnausgleichskasse der Bauwirtschaft (ULAK)

In den Aufgabenbereich der ULAK fällt insbesondere die Erstattung von Urlaubsvergütung und der Berufsausbildungskosten. Den Betrieben werden die an die Arbeitnehmer geleisteten Zahlungen nach den für das Sozialkassenverfahren tarifvertraglich vereinbarten Regelungen von der ULAK erstattet. In Einzelfällen zahlt die ULAK auch an Arbeitnehmer und sonstige Berechtigte. Die räumliche Zuständigkeit der Kasse erfasst das gesamte Bundesgebiet mit Ausnahme von Berlin. Seit 1997 führt die ULAK außerdem das Urlaubsverfahren für Arbeitnehmer durch, die von ausländischen Baubetrieben auf deutsche Baustellen entsandt werden.

I. Urlaub

Mit Hilfe des Urlaubskassenverfahrens wird den gewerblichen Arbeitnehmern die Möglichkeit eröffnet, Freizeit- und Vergütungsansprüche für einen zusammenhängenden Urlaub anzusparen. Es wird von der ULAK bzw. in Bayern von der UKB und in Berlin von der Soka-Berlin durchgeführt.

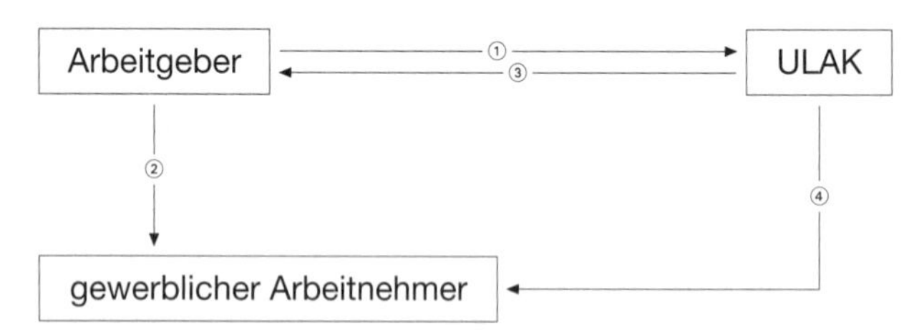

① zahlt Urlaubskassenbeitrag
② zahlt Urlaubsvergütung (Urlaubsentgelt und zusätzliches Urlaubsgeld)
③ erstattet Urlaubsvergütung (in Berlin auch den Sozialaufwand, den der Arbeitgeber an die Sozialversicherung abgeführt hat)*)
④ zahlt Urlaubsabgeltung und Entschädigung*)

*) in Berlin Soka-Berlin

Abb. 1 Mittelfluss im Urlaubskassenverfahren

Eine Urlaubsregelung nach dem Bundesurlaubsgesetz wäre für zahlreiche im Baugewerbe beschäftigte Arbeitnehmer nachteilig, da sie nicht ganzjährig in einem Arbeitsverhältnis zu einem Baubetrieb stehen. Die Urlaubsansprüche, die der Arbeitnehmer in Baubetrieben erwirbt, werden zusammengerechnet. Ansprüche aus dem Berliner Baugewerbe werden dabei durch die Soka-Berlin bescheinigt und von der ULAK in das Arbeitnehmerkonto übernommen.

Arbeitnehmer der Bauwirtschaft haben Anspruch auf eine Urlaubsvergütung (Urlaubsentgelt und zusätzliches Urlaubsgeld), die sich nach der Höhe des bis zum

Urlaubsbeginn verdienten Bruttolohns richtet. Die ULAK erstattet den Arbeitgebern die tarifvertragsgemäß an Arbeitnehmer gezahlten Urlaubsvergütungen, auch wenn deren Ansprüche bei einem anderen Arbeitgeber erworben wurden. Infolge einer Vereinbarung mit der UKB werden diese Leistungen von der ULAK mit abgewickelt, um ein einheitliches Verfahren zu wahren. Unter bestimmten Voraussetzungen haben ehemalige gewerbliche Arbeitnehmer Anspruch auf Urlaubsabgeltung durch Auszahlung der Urlaubsvergütung direkt durch die ULAK, UKB oder Soka-Berlin. Zudem können Arbeitnehmer für verfallene Urlaubsansprüche bei der ULAK, UKB oder Soka-Berlin eine Entschädigung beantragen, welche unmittelbar an sie ausgezahlt wird (**Abb. 1**). In Berlin wird auch der zu zahlende Sozialaufwand erstattet, sodass dort zusätzlich ein Beitrag dafür zu leisten ist.

II. Berufsbildungsverfahren

Die aufgrund von Ausbildungsmaßnahmen in den Betrieben anfallenden Kosten werden in Teilen gemeinsam von allen Unternehmen der Bauwirtschaft getragen. Sämtliche Betriebe zahlen einen bestimmten Prozentsatz ihrer Bruttolohnsumme an die ULAK oder die Soka-Berlin. Den ausbildenden Arbeitgebern wird nach dem Tarifvertrag über die Berufsbildung im Baugewerbe (BBTV) ein Teil der Ausbildungsvergütungen – im 1. Ausbildungsjahr 17 bis 20 Wochen, im 2. Ausbildungsjahr 11 bis 13 Wochen, im 3. Ausbildungsjahr 4 Wochen – und die überbetrieblichen Ausbildungskosten – im 1. Ausbildungsjahr für 10 Monate, im 2. Ausbildungsjahr für 6 Monate, im 3. Ausbildungsjahr für 1 Monat – erstattet. Die Erstattungen für Kosten der überbetrieblichen Ausbildung werden von der ULAK oder der Soka-Berlin direkt an die überbetrieblichen Ausbildungsstätten überwiesen (**Abb. 2**).

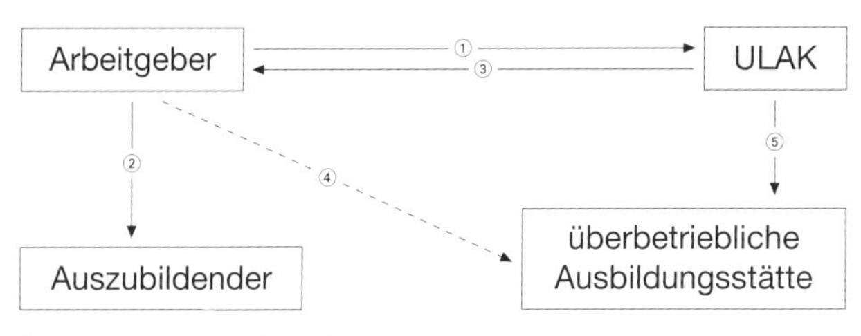

① zahlt Beitrag für das Berufsbildungsverfahren
② zahlt Ausbildungsvergütung
③ erstattet Ausbildungsvergütung *)
④ entsendet Auszubildenden in die überbetriebliche Ausbildungsstätte
⑤ erstattet Kosten der überbetrieblichen Ausbildung und Internatsunterbringung

*) in Berlin Soka-Berlin

Abb. 2 Mittelfluss im Berufsbildungsverfahren

III. Sicherungskonto

Zur Abdeckung von witterungsbedingten Ausfallstunden wurde die Möglichkeit der ganzjährigen Flexibilisierung der Arbeitszeit durch Führung von Arbeitszeitkonten eingeführt. Bei der ULAK kann für jeden Arbeitnehmer ein Sicherungskonto eröffnet werden, welches den Schutz des hinterlegten Guthabens aus Arbeitsflexibilisierung und auch aus Altersteilzeit vor den Folgen einer möglichen Insolvenz bezweckt.

Zusatzversorgungskasse des Baugewerbes AG (ZVK-Bau)

Die ZVK-Bau zählt zu den größten Pensionskassen Deutschlands. Zu ihren Aufgaben gehören die Gewährung der Tarifrente Bau und Rentenbeihilfen sowie die Durchführung der Tariflichen Zusatzrente.

I. Tarifrente Bau, Rentenbeihilfe

Die ZVK-Bau zahlt ihren Versicherten bei Erfüllung der Anspruchsvoraussetzungen eine Tarifrente bzw. Beihilfe zu allen Renten aus der gesetzlichen Rentenversicherung und zu Renten aus der gesetzlichen Unfallversicherung, sofern eine Minderung der Erwerbsfähigkeit von mindestens 50 % vorliegt (Tarifvertrag über eine zusätzliche Altersversorgung im Baugewerbe (TZA Bau)). Außerdem gewährt die Kasse Angehörigen verstorbener Versicherter einmalig Hinterbliebenengelder, im neuen System der Tarifrente Bau (kapitalgedeckt) zusätzlich Todesfallleistungen (**Abb. 3**).

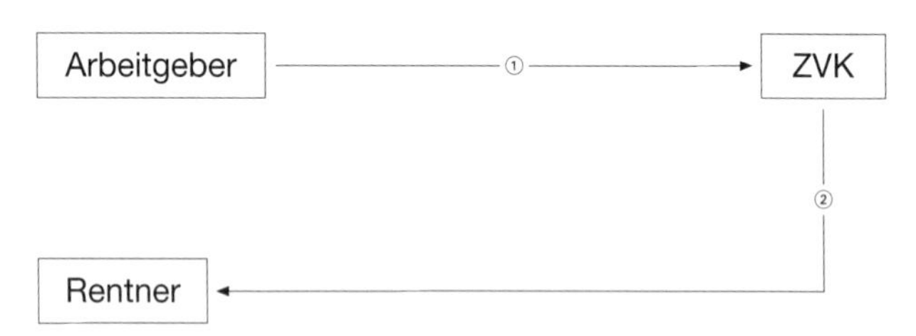

① zahlt ZVK-Beitrag für gewerbliche Arbeitnehmer, Angestellte und Auszubildende*)
② zahlt Tarifrente Bau/Rentenbeihilfe

*) Beitragseinzug durch die ULAK

Abb. 3 Mittelfluss bei der Zusatzversorgung

Der Geschäftsbereich der ZVK-Bau erstreckte sich bis zum 31. Dezember 2015 für Rentenbeihilfen auf die alten Bundesländer und Berlin West. Zum 1. Januar 2016 wurden die umlagefinanzierten Rentenbeihilfen West für die unter 50-Jährigen auf ein kapitalgedecktes System umgestellt – die neue Tarifrente Bau (TRB).

Gleichzeitig wurde die TRB auch im Gebiet der neuen Bundesländer eingeführt (siehe Tarifvertrag über eine zusätzliche Altersversorgung im Baugewerbe (TZA Bau), Seiten 412 bis 426).

Unverbindliche Berechnungen möglicher Rentenbruttobeträge aus der TRB sind nach Eingabe des Geburtsdatums, des Tarifgebiets, der Berufsgruppe, des Versicherungsbeginns und des Entgelts unter https://service.soka-bau.de/trb-rechner/xhtml/trb.jsf möglich.

II. Tarifliche Zusatzrente

Im Jahre 2001 wurde dem seit 1957 bestehenden Geschäftsbereich Rentenbeihilfe der Geschäftsbereich Tarifliche Zusatzrente hinzugefügt. Der Tarifvertrag über eine Zusatzrente im Baugewerbe (TV TZR), der das Verfahren für die neugeschaffene betriebliche Altersversorgung regelt, trat in den alten Bundesländern und in Berlin mit Wirkung zum 1. Juni 2001 in Kraft. Das Baugewerbe ermöglicht seinen Arbeitnehmern mit Hilfe dieses Flächentarifvertrages den Aufbau einer kapitalgedeckten zusätzlichen Altersversorgung. Zu diesem Zweck verfügt der einzelne Arbeitnehmer über einen gesetzlich verankerten Anspruch gegenüber seinem Arbeitgeber auf betriebliche Altersversorgung durch Entgeltumwandlung. Die ZVK-Bau bietet zur Umsetzung dieser Zusatzrente die hauseigene Produktlinie *ZukunftPlus* mit verschiedenen Tarifoptionen an.

SOKA-BAU als Einzugstelle für die Winterbeschäftigungs-Umlage

Als Service und Verwaltungserleichterung für die Baubetriebe nimmt die ULAK im Rahmen der Winterbauförderung zudem die Aufgabe wahr, im Auftrag der Bundesagentur für Arbeit die Winterbeschäftigungs-Umlage einzuziehen (siehe Förderung der ganzjährigen Beschäftigung in der Bauwirtschaft, Seiten 645 bis 647).

Die SOKA-BAU, die UKB und die Soka-Berlin stehen gerne für weitere Auskünfte bereit:

Urlaubs- und Lohnausgleichskasse der Bauwirtschaft (ULAK) und
Zusatzversorgungskasse des Baugewerbes AG (ZVK-Bau)
Wettinerstraße 7, 65189 Wiesbaden
Telefon 06 11 / 7 07 - 0, www.soka-bau.de

Gemeinnützige Urlaubskasse des Bayerischen Baugewerbes e. V. (UKB)
Lessingstraße 4, 80336 München
Telefon 0 89 / 5 39 89 - 0, www.urlaubskasse-bayern.de

Sozialkasse des Berliner Baugewerbes (Soka-Berlin)
Lückstraße 72 – 73, 10317 Berlin
Telefon 0 30 / 5 15 39 - 0, www.soka-berlin.de

▷ Siehe auch Leitfaden **Das Arbeitsverhältnis im Baugewerbe** (6. Auflage), Kapitel 1.6.1.12 *Sozialkassenverfahren*.

Tarifvertrag über eine zusätzliche Altersversorgung im Baugewerbe (TZA Bau)

vom 28. September 2018

Zwischen

dem Zentralverband des Deutschen Baugewerbes e. V.,
Kronenstraße 55–58, 10117 Berlin,

dem Hauptverband der Deutschen Bauindustrie e. V.,
Kurfürstenstraße 129,10785 Berlin,

und

der Industriegewerkschaft Bauen-Agrar-Umwelt,
Olof-Palme-Straße 19, 60439 Frankfurt a. M.,

wird folgender Tarifvertrag über die Gewährung von zusätzlichen Altersversorgungsleistungen (Tarifrente Bau, Rentenbeihilfe) abgeschlossen:

Inhaltsverzeichnis

Abschnitt I
Allgemeine Bestimmungen

§ 1
Geltungsbereich

(1) Räumlicher Geltungsbereich

Das Gebiet der Bundesrepublik Deutschland.

(2) Betrieblicher Geltungsbereich

Betriebe, die unter den betrieblichen Geltungsbereich des Tarifvertrages über das Sozialkassenverfahren im Baugewerbe (VTV) in der jeweils geltenden Fassung fallen, sowie im Land Berlin Betriebe, die Betonwaren, Betonfertigteile und Betonwerkstein einschließlich Terrazzowaren herstellen.

(3) Persönlicher Geltungsbereich

Erfasst werden

1. gewerbliche Arbeitnehmer,
2. Angestellte mit Ausnahme der unter § 5 Abs. 2 Nrn. 1 bis 4 und Abs. 3 des Betriebsverfassungsgesetzes fallenden Personen und der geringfügig Beschäftigten im Sinne von § 8 des Vierten Buches Sozialgesetzbuch (SGB IV),

3. Auszubildende im Sinne von § 1 Abs. 3 Satz 1 des Tarifvertrages über die Berufsbildung im Baugewerbe (BBTV) in der jeweils geltenden Fassung.

§ 2
Zusatzversorgungskasse des Baugewerbes

Die Gewährung der zusätzlichen Altersversorgungsleistungen an ehemalige Arbeitnehmer des Baugewerbes und deren Finanzierung erfolgt über die Zusatzversorgungskasse des Baugewerbes (ZVK-Bau) als gemeinsame Einrichtung der Tarifvertragsparteien.

§ 3
Altersversorgungsleistungen

(1) Anspruch auf eine Tarifrente Bau nach Maßgabe der Bestimmungen des Abschn. II dieses Tarifvertrages erwerben:

1. Arbeitnehmer in Betrieben mit Sitz im Gebiet der Bundesrepublik Deutschland mit Ausnahme der Länder Brandenburg, Mecklenburg-Vorpommern, Sachsen, Sachsen-Anhalt und Thüringen sowie des Ostteils des Landes Berlin, die
   a) nach dem 31. Dezember 2015 (Stichtag) erstmals in das Baugewerbe eintreten oder
   b) an diesem Stichtag das 50. Lebensjahr noch nicht vollendet haben,
2. Arbeitnehmer in Betrieben mit Sitz in den Ländern Brandenburg, Mecklenburg-Vorpommern, Sachsen, Sachsen-Anhalt und Thüringen sowie im Ostteil des Landes Berlin,
3. Auszubildende.

(2) Anspruch auf eine Rentenbeihilfe nach Maßgabe der Bestimmungen des Abschn. III dieses Tarifvertrages haben Arbeitnehmer in Betrieben mit Sitz im Gebiet der Bundesrepublik Deutschland mit Ausnahme der Länder Brandenburg, Mecklenburg-Vorpommern, Sachsen, Sachsen-Anhalt und Thüringen sowie des Ostteils des Landes Berlin, die vor dem 1. Januar 2016 bereits im Baugewerbe beschäftigt waren und am Stichtag bereits das 50. Lebensjahr vollendet haben.

(3) Ist der Versicherungsfall vor dem 1. Januar 2016 eingetreten, ergeben sich die Ansprüche auf eine Rentenbeihilfe aus Abschn. III dieses Tarifvertrages.

Abschnitt II
Tarifrente Bau

§ 4
Leistungsarten

Die ZVK-Bau gewährt aus einer Beitragszusage mit Mindestleistung als Tarifrente Bau folgende Leistungen:

1. Altersrente,
2. Erwerbsminderungsrente,
3. Unfallrente.

§ 5
Eintritt des Versicherungsfalles

(1) Anspruch auf die Altersrente besteht, wenn der Arbeitnehmer einen Tatbestand erfüllt, der einen Anspruch auf eine gesetzliche Altersrente begründet.

(2) Anspruch auf die Erwerbsminderungsrente besteht, wenn der Arbeitnehmer nach Erfüllung der Wartezeit einen Tatbestand erfüllt, der einen Anspruch auf eine Rente wegen voller Erwerbsminderung nach dem SGB VI begründet.

(3) Anspruch auf die Unfallrente besteht, wenn der Arbeitnehmer nach Erfüllung der Wartezeit einen Tatbestand erfüllt, der einen Anspruch auf eine Rente aus der gesetzlichen Unfallversicherung wegen einer Minderung der Erwerbsfähigkeit von mindestens 50 v. H. begründet.

(4) Anspruch auf die Leistungen nach § 4 besteht auch dann, wenn der Arbeitnehmer einen Tatbestand erfüllt, der einen Anspruch auf vergleichbare Rentenleistungen eines berufsständischen Versorgungswerkes begründet.

(5) Die ZVK-Bau gewährt Leistungen grundsätzlich erst ab dem Zeitpunkt des Wegfalls des Erwerbseinkommens.

§ 6
Wartezeit

Die für die Gewährung einer Erwerbsminderungs- oder Unfallrente erforderliche Wartezeit ist nach insgesamt 36 Monaten des Bestehens von Arbeitsverhältnissen in Betrieben im Sinne des § 1 Abs. 2 erfüllt. Bis zum 31. Dezember 2015 erfüllte Wartezeiten gemäß § 4 Abs. 2 des Tarifvertrages über Rentenbeihilfen im Baugewerbe (TVR) werden bei Arbeitnehmern im Sinne des § 3 Abs. 1 Nr. 1 angerechnet.

§ 7
Beitragszusage

(1) Den Arbeitnehmern wird für den Erwerb von Versorgungsbausteinen für die Tarifrente Bau folgender monatlicher Beitrag zugesagt:

1. für gewerbliche Arbeitnehmer im Sinne des § 3 Abs. 1 Nr. 1	
– ab 1. Januar 2016	2,2 v. H.,
– ab 1. Januar 2018	1,6 v. H.
des Bruttolohnes im Sinne des § 15 Abs. 4 VTV;	

(Fortsetzung)	
2. für Angestellte im Sinne des § 3 Abs. 1 Nr. 1	
– ab 1. Januar 2016	46,— €,
– ab 1. Januar 2018	33,50 €;
3. für gewerbliche Arbeitnehmer im Sinne des § 3 Abs. 1 Nr. 2	
– ab 1. Januar 2016	0,6 v. H.,
– ab 1. Januar 2017	0,8 v. H.,
– ab 1. Januar 2020	1,0 v. H.
des Bruttolohnes im Sinne des § 15 Abs. 4 VTV;	
4. für Angestellte im Sinne des § 3 Abs. 1 Nr. 2	
– ab 1. Januar 2016	25,— €;
5. für Auszubildende	
– ab 1. Januar 2016	20,— €.

(2) Die Beitragszusage für die in Abs. 1 Nrn. 1 und 2 genannten Arbeitnehmer ändert sich, wenn und soweit die Anteile des Beitragsaufkommens für die Finanzierung der Tarifrente Bau nach § 20 Abs. 4 neu festgelegt werden.

§ 8
Leistungshöhe [1)]

(1) Für jeden monatlichen Beitrag wird entsprechend dem Geschäftsplan ein Versorgungsbaustein erworben. Aus den während der Anwartschaftsphase von der ZVK-Bau erzielten Überschüssen werden zusätzliche Versorgungsbausteine gebildet. Davon abweichend oder ergänzend kann die ZVK-Bau in der Satzung eine Beteiligung an den von ihr während der Anwartschaftsphase erzielten Überschüssen in Form eines widerruflichen Schlussüberschussanteils vorsehen.

(2) Die Altersrente wird aus der Summe der bis zum Eintritt des Versicherungsfalles angesammelten Versorgungsbausteine berechnet. Sie erhöht sich um die in der Satzung der ZVK-Bau vorgesehene Schlussüberschusszuteilung.

(3) Die Erwerbsminderungs- und die Unfallrente werden aus der Summe der bis zum Eintritt des Versicherungsfalles angesammelten Versorgungbausteine zuzüglich derjenigen Versorgungsbausteine berechnet, die aus dem durchschnittlichen monatlichen Beitrag der letzten 36 Monate vor Eintritt des Versicherungsfalles bis zur Vollendung des 62. Lebensjahres des Arbeitnehmers ermittelt werden. Zeiten des Bezuges von Kranken- oder Verletztengeld bleiben mit der Folge unberücksichtigt, dass der Beginn des 36-Monatszeitraums entsprechend vorverlegt wird. Abs. 2 Satz 2 gilt entsprechend.

Fußnote 1) siehe nächste Seite.

(4) Die Mindestleistung entspricht der Summe der gezahlten monatlichen Beiträge im Sinne des § 7 abzüglich der für den biometrischen Risikoausgleich erforderlichen Beitragsanteile.

(5) Für diejenigen Monate, für die die geschuldeten Beiträge nicht oder nicht vollständig gezahlt und von der ZVK-Bau nicht beigetrieben werden können, werden dem Arbeitnehmer bei nachgewiesener Insolvenz des Arbeitgebers bis zu drei Versorgungsbausteine gutgeschrieben.

(6) Die laufenden Renten werden jährlich in Abhängigkeit vom Bilanzergebnis der ZVK-Bau sowie dem Risikoverlauf entsprechend dem Geschäftsplan angepasst.

§ 9
Unverfallbarkeit

Scheidet ein Arbeitnehmer vor Eintritt des Versicherungsfalles aus dem Geltungsbereich dieses Tarifvertrages aus, so behält er seine Anwartschaft auf die Tarifrente Bau in der nach § 2 Abs. 6 BetrAVG zu errechnenden Höhe, ohne dass die gesetzlichen Unverfallbarkeitsvoraussetzungen erfüllt sein müssen (sofortige Unverfallbarkeit).

§ 10
Todesfallleistungen

(1) Verstirbt der Arbeitnehmer vor Eintritt des Versicherungsfalles, zahlt die ZVK-Bau die für die Tarifrente Bau gezahlten Beiträge bis zu der niedrigeren der sich aus dem Steuer- und Aufsichtsrecht ergebenden Höchstgrenzen als Einmalbetrag an die Hinterbliebenen aus.

(2) Verstirbt der Arbeitnehmer innerhalb von 60 Monaten nach Eintritt des Versicherungsfalles, erhalten die Hinterbliebenen die Leistung in unveränderter Höhe weiter, bis unter Berücksichtigung der bereits gewährten Leistungen insgesamt 60 Monatsrenten gewährt wurden.

(3) Anspruchsberechtigt ist die Witwe oder der Lebenspartner des Verstorbenen bzw. der Witwer oder die Lebenspartnerin der Verstorbenen. Hinterlässt der bzw. die Verstorbene nur Waisen, so sind die waisenrentenberechtigten Kinder des bzw. der Verstorbenen anspruchsberechtigt. Mehrere anspruchsberechtigte Waisen erhalten die Leistung zu gleichen Teilen.

---

1) Zwecks Berechnung der (individuellen) Tarifrente Bau kann der von SOKA-BAU im Internet unter www.soka-bau.de → Arbeitnehmer → Tarifrente Bau bereitgestellte „Tarifrente-Bau-Rechner" (mit Erläuterungen) genutzt werden.

Abschnitt III
Rentenbeihilfe

§ 11
Leistungen

(1) Die ZVK-Bau gewährt folgende Leistungen:

a) Beihilfe zur gesetzlichen Altersrente;

b) Beihilfe zur gesetzlichen Rente wegen Erwerbsminderung;

c) Beihilfe zur Rente aus der gesetzlichen Unfallversicherung, wenn eine Minderung der Erwerbsfähigkeit von mindestens 50 v. H. vorliegt.

(2) In Fällen, in denen ein gesetzlicher Rentenversicherungsträger eine Befreiung von der Versicherungspflicht anerkannt hat, stehen Versorgungsleistungen oder der Eintritt des Versicherungsfalles aufgrund einer die Befreiung begründenden Versorgung oder Versicherung den in Abs. 1 genannten Renten gleich. Die Leistungspflicht entsteht jedoch frühestens, wenn der von der Versicherungspflicht befreite Arbeitnehmer einen Tatbestand erfüllt, der ohne die Befreiung gegenüber dem gesetzlichen Rentenversicherungsträger einen Rentenanspruch nach Abs. 1 begründen würde.

(3) Die Gewährung von Beihilfen zu Renten, die aufgrund der gesetzlichen Sonderregelung für Bergleute gezahlt werden, ist ausgeschlossen.

(4) Hinterbliebene von Versicherten, die bereits am 31. Dezember 2015 (Stichtag) Anspruch auf eine Beihilfe der ZVK-Bau hatten, haben Anspruch auf eine Einmalzahlung in Höhe von 920,35 € als Hinterbliebenengeld. Für diesen Anspruch gelten § 12 Abs. 1 und § 11 Abs. 2 entsprechend.

Hinterbliebene von Versicherten, die am Stichtag lediglich einen Anspruch auf einen unverfallbaren Teil der Rentenbeihilfe hatten, haben Anspruch auf eine Einmalzahlung in Höhe von

- 92,05 € nach 60 Monaten,
- 184,05 € nach 120 Monaten,
- 460,15 € nach 240 Monaten,
- 736,25 € nach 360 Monaten

Wartezeit (§ 12 Abs. 2) des Versicherten.

Anspruchsberechtigt ist die Witwe bzw. der Witwer des Versicherten. Hinterlässt der Versicherte nur Waisen, so sind die minderjährigen Kinder des Versicherten anspruchsberechtigt, wobei das Hinterbliebenengeld an den gesetzlichen Vertreter auszuzahlen ist. Mehrere anspruchsberechtigte Waisen erhalten das Hinterbliebenengeld anteilig.

§ 12
Leistungsvoraussetzungen

(1) Eine Leistungspflicht der ZVK-Bau tritt ein (Versicherungsfall), wenn ein versicherter Arbeitnehmer

a) einen Tatbestand erfüllt, der einen gesetzlichen Rentenanspruch (§ 11 Abs. 1) begründet, und
b) die allgemeine sowie die besondere Wartezeit erfüllt ist oder die Voraussetzungen der Unverfallbarkeit der Anwartschaft gegeben sind.

Die Wartezeit ist nicht erforderlich, wenn der Versicherungsfall auf einen Arbeitsunfall oder eine Berufskrankheit zurückzuführen ist, der Versicherte den Unfall oder die Berufskrankheit während des Bestehens eines Arbeitsverhältnisses zu einem Betrieb im Sinne des § 1 Abs. 2 erlitten bzw. sich zugezogen hat und der zuständige gesetzliche Unfallversicherungsträger den Unfall bzw. die Berufskrankheit anerkannt hat.

Eine Leistungspflicht der ZVK-Bau tritt auch dann ein, wenn der Versicherte vor Eintritt des Versicherungsfalls aus einem Betrieb im Sinne des § 1 Abs. 2 sowie des § 2 Teil II Nr. 2 der Satzung der ZVK-Bau ausgeschieden ist und innerhalb von zwölf Monaten nach seinem Ausscheiden die Voraussetzungen des Satzes 1 erfüllt sind.

(2) Die allgemeine Wartezeit beträgt 220 Monate. Als allgemeine Wartezeit gelten

a) Zeiten einer Tätigkeit als gewerblicher Arbeitnehmer oder als Angestellter in einem Betrieb im Sinne des § 1 Abs. 2 sowie des § 2 Teil II Nr. 2 der Satzung der ZVK-Bau mit Sitz im Gebiet der Bundesrepublik Deutschland mit Ausnahme der Länder Brandenburg, Mecklenburg-Vorpommern, Sachsen, Sachsen-Anhalt und Thüringen sowie des Ostteils des Landes Berlin;
b) Zeiten eines Ausbildungsverhältnisses im Sinne des § 1 Abs. 3 Satz 1 BBTV;
c) Zeiten der Tätigkeit in einem Betrieb nach § 1 Abs. 2, für welche ein Weiterversicherungsvertrag nach Maßgabe der Satzung der ZVK-Bau abgeschlossen wurde;
d) Zeiten der gesetzlichen Dienstpflicht im Sinne des § 9 Abs. 2 VTV;
e) Zeiten eines Ausbildungsverhältnisses und Tätigkeitszeiten in Betrieben, die vom Geltungsbereich der Tarifverträge über die Zusatzversorgung im Dachdeckerhandwerk, im Maler- und Lackiererhandwerk, im Gerüstbaugewerbe, in der Steine- und Erden-Industrie und im Betonsteinhandwerk in Bayern sowie im Steinmetz- und Steinbildhauerhandwerk erfasst werden, bis zu einer Dauer von 180 Monaten, sofern sie nach diesen Tarifverträgen als Wartezeiten gelten und eine Wartezeit nach Buchst. a) bis d) von mindestens 60 Monaten erfüllt ist.

Soweit eine tarifvertragliche Beitragspflicht gegenüber der ZVK-Bau besteht, gelten Tätigkeitszeiten nur dann als Wartezeiten, wenn der Arbeitgeber die entsprechenden Beiträge entrichtet oder im Falle der gesetzlichen Dienstpflicht des Arbeitnehmers seine Verpflichtung zur Beitragszahlung durch Abtretung seines Erstattungsanspruches nach § 14 a ArbPlSchG erfüllt hat.

(3) Von der allgemeinen Wartezeit müssen wenigstens 60 Monate innerhalb der letzten neun Jahre vor dem Zeitpunkt liegen, zu dem der Tatbestand des Abs. 1 Buchst. a) oder die Bau- bzw. Fachuntauglichkeit eingetreten ist (besondere Wartezeit). Versicherte, die über diesen Zeitpunkt hinaus tätig sind, erfüllen die besondere Wartezeit auch durch Tätigkeitszeiten nach diesem Zeitpunkt. Auf die besondere Wartezeit sowie auf die Wartezeit von 60 Monaten nach Abs. 2 Buchst. e) werden Zeiten der krankheitsbedingten Arbeitsunfähigkeit, der Arbeitslosigkeit oder der baufachbezogenen Berufsförderung zur Vermeidung von Arbeitslosigkeit nach dem SGB III bis zu insgesamt 30 Monaten angerechnet.

(4) Der Versicherte verliert seine erworbenen Anwartschaften im Falle des Ausscheidens aus einem Betrieb im Sinne des § 1 Abs. 2 sowie § 2 Teil II Nr. 2 der Satzung der ZVK-Bau wegen Bau- bzw. Fachuntauglichkeit nicht.

§ 13
Leistungshöhe

(1) Die Beihilfe zur gesetzlichen Altersrente beträgt nach Erfüllung der allgemeinen Wartezeit (§ 12 Abs. 2) monatlich 59,90 €, wenn der Versicherte bei Eintritt des Versicherungsfalles das 65. Lebensjahr vollendet hat. Sie erhöht sich nach einer Wartezeit von

- 240 Monaten auf monatlich 72,15 €,
- 330 Monaten auf monatlich 80,40 €,
- 440 Monaten auf monatlich 88,70 €.

(2) Tritt der Versicherungsfall vor Vollendung des 65. Lebensjahres des Versicherten ein, so vermindert sich die Beihilfe nach Abs. 1 bei Eintritt des Versicherungsfalles

- nach Vollendung des 64. Lebensjahres um monatlich 1,60 €,
- nach Vollendung des 63. Lebensjahres um monatlich 3,20 €,
- nach Vollendung des 62. Lebensjahres um monatlich 4,80 €,
- nach Vollendung des 61. Lebensjahres um monatlich 6,40 €,
- nach Vollendung des 60. Lebensjahres um monatlich 8,— €.

(3) Tritt der Versicherungsfall nach Vollendung des 65. Lebensjahres ein, so erhöht sich die Beihilfe nach Abs. 1 für jedes weitere volle Beschäftigungsjahr in Betrieben im Sinne des § 1 Abs. 2 sowie des § 2 Teil II Nr. 2 der Satzung der ZVK-Bau um monatlich 3,30 €.

(4) Die Beihilfe zur gesetzlichen Rente wegen Erwerbsminderung und zur Rente aus der gesetzlichen Unfallversicherung beträgt nach Erfüllung der allgemeinen Wartezeit monatlich 51,90 €, wenn der Versicherungsfall vor Vollendung des 60.

Lebensjahres eintritt. Sie erhöht sich nach einer Wartezeit von

- 240 Monaten auf monatlich 64,15 €,
- 330 Monaten auf monatlich 72,40 €,
- 440 Monaten auf monatlich 80,70 €.

Tritt der Versicherungsfall nach Vollendung des 60. Lebensjahres ein, richtet sich die Höhe der Beihilfe nach Abs. 1 und 2.

In den Fällen des § 12 Abs. 1 Satz 2 entfällt die Voraussetzung der allgemeinen Wartezeit.

(5) In den Fällen des § 12 Abs. 2 Buchst. e) werden Leistungen der dort genannten Zusatzversorgungskassen auf die Leistungen der ZVK-Bau angerechnet.

(6) Die vorstehenden Absätze finden auch in den Fällen des § 12 Abs. 1 Satz 3 Anwendung.

(7) Für Versicherungsfälle, die vor dem 1. Januar 2003 eingetreten sind, ergeben sich die Beihilfen zur Altersrente, zur Berufs- oder Erwerbsunfähigkeitsrente und zur Rente aus der gesetzlichen Unfallversicherung aus dem Tarifvertrag über eine zusätzliche Alters- und Invalidenbeihilfe im Baugewerbe (TVA) vom 28. Februar 1979 in der Fassung vom 14. Dezember 2001 und dem Tarifvertrag über eine Ergänzungsbeihilfe für langjährige Zugehörigkeit zum Baugewerbe (TVE) vom 30. September 1998 in der Fassung vom 14. Dezember 2001 mit der Maßgabe, dass diese Beihilfen für Rentenbezugszeiten bis zum 31. Dezember 2002 in voller Höhe gezahlt und für Rentenbezugszeiten ab 1. Januar 2003 um 5 v. H. durch entsprechende Kürzung der Ergänzungsbeihilfen vermindert werden.

§ 14
Unverfallbarkeit

(1) Scheidet ein Versicherter vor Eintritt des Versicherungsfalles nach § 12 Abs. 1 Buchst. a) aus einem Betrieb im Sinne des § 1 Abs. 2 sowie des § 2 Teil II Nr. 2 der Satzung der ZVK-Bau aus, so bleiben ihm die Anwartschaften auf den unverfallbaren Teil der Beihilfen erhalten, wenn der Versicherte bei seinem Ausscheiden

a) das 21. Lebensjahr vollendet hat und

b) mindestens drei Jahre in einem Arbeitsverhältnis zu ein und demselben Arbeitgeber gestanden hat.

(2) Der unverfallbare Teil der Beihilfen zur gesetzlichen Altersrente, zur gesetzlichen Rente wegen Erwerbsminderung und zur Rente aus der gesetzlichen Unfallversicherung beträgt nach einer Wartezeit (§ 12 Abs. 2) von

- 36 Monaten 10 v. H.,
- 120 Monaten 17 v. H.,
- 180 Monaten 20 v. H.,

– 240 Monaten 50 v. H.,
– 360 Monaten 80 v. H.

der Beihilfen nach § 13. Für die Berechnung des unverfallbaren Teils der Beihilfen nach einer Wartezeit von weniger als 220 Monaten sind die Beihilfen des § 13 nach Erfüllung der allgemeinen Wartezeit zugrunde zu legen.

§ 15
Sicherung der Ansprüche

Die Ansprüche der Versicherten bleiben auch dann unberührt, wenn die Beiträge durch die ZVK-Bau nicht beigetrieben werden können.

§ 16
Finanzierung der Leistungen

Die Teilleistungen

a) der Beihilfen nach § 13 Abs. 1 bis 4 nach Erfüllung einer Wartezeit von 220 Monaten in Höhe von 11,61 €,

b) des nach § 14 Abs. 1 und 2 zu zahlenden unverfallbaren Teils der Beihilfen nach Erfüllung einer Wartezeit von
   – 36 Monaten in Höhe von 1,16 €,
   – 120 Monaten in Höhe von 1,97 €,
   – 180 Monaten in Höhe von 2,32 €,
   – 240 Monaten in Höhe von 5,81 €,
   – 360 Monaten in Höhe von 9,29 €

werden aufgrund eines Beschlusses der Hauptversammlung unmittelbar aus der Rückstellung für Beitragsrückerstattung finanziert.

§ 17
Überschussverwendung

(1) Die erzielten Überschüsse der ZVK-Bau werden nach Auffüllung oder Wiederauffüllung der Verlustrücklage der Rückstellung für Beitragsrückerstattung zugewiesen.

(2) Soweit die Rückstellung für Beitragsrückerstattung nicht zur Sicherung der Solvabilität oder zur Finanzierung der Teilleistungen nach § 16 benötigt wird, wird sie zum Aufbau eines Kapitalstocks mit dem Ziel verwendet, die bisher im Umlageverfahren finanzierten Teile der Beihilfe in ein Anwartschaftsdeckungsverfahren zu überführen. Ist dieses Ziel erreicht, werden diese Mittel zur weiteren Ausfinanzierung der Rentenbeihilfe herangezogen.

Abschnitt IV
Übergangsregelungen

§ 18
Unverfallbarkeit

Die in § 3 Abs. 1 Nr. 1 Buchst. b) genannten Arbeitnehmer haben Anspruch auf den unverfallbaren Teil der Rentenbeihilfe, wenn sie am Stichtag das 25. Lebensjahr vollendet und mindestens fünf Jahre in einem Arbeitsverhältnis zu ein und demselben Arbeitgeber gestanden haben. Die Höhe der Anwartschaft ergibt sich aus § 14 Abs. 2.

§ 19
Günstigkeitsvergleich

Die nach § 11 Abs. 1 zu gewährenden Leistungen der in § 3 Abs. 1 Nr. 1 Buchst. b) genannten Arbeitnehmer, die am Stichtag eine Anwartschaft auf einen unverfallbaren Teil der Rentenbeihilfe nach § 18 hatten, setzen sich aus dem unverfallbaren Teil der Rentenbeihilfe und der nach dem Stichtag erworbenen Tarifrente Bau zusammen, entsprechen aber mindestens der Höhe der Rentenbeihilfe, die sich nach Abschn. III zum Zeitpunkt des Eintritts des Versicherungsfalles ergeben hätte.

Abschnitt V
Finanzierung

§ 20
Beiträge

(1) Zur Finanzierung der Altersversorgungsleistungen nach den Abschn. II bis IV wird ein Beitrag erhoben, dessen Höhe für das Baugewerbe und für das Berliner Betonsteingewerbe jeweils in gesonderten Tarifverträgen (Verfahrenstarifverträgen) festgelegt wird.

(2) Das von den in § 3 Abs. 1 Nr. 1 genannten Betrieben aufgebrachte Beitragsaufkommen wird wie folgt verwendet:

- für die dort genannten Arbeitnehmer anteilig zur Finanzierung der Tarifrente Bau und der Rentenbeihilfe,
- für die Arbeitnehmer, die am Stichtag das 50. Lebensjahr bereits vollendet haben, ausschließlich zur Finanzierung der Rentenbeihilfe,
- für die Auszubildenden ausschließlich zur Finanzierung der Tarifrente Bau.

(3) Das von den in § 3 Abs. 1 Nr. 2 genannten Betrieben aufgebrachte Beitragsaufkommen wird ausschließlich zur Finanzierung der Tarifrente Bau verwendet.

(4) Soweit höhere oder niedrigere Beitragsanteile zur Finanzierung der Rentenbeihilfe benötigt werden, kann durch Beschluss der Hauptversammlung der ZVK-Bau mit Zustimmung der Bundesanstalt für Finanzdienstleistungsaufsicht der Beitragsanteil für die Tarifrente Bau abweichend von § 7 neu festgelegt werden.

(5) Der Arbeitgeber hat dem Arbeitnehmer die an die ZVK-Bau abgeführten Beiträge in der Lohn- bzw. Gehaltsabrechnung zu bescheinigen.

(6) Die ZVK-Bau hat einen unmittelbaren Beitragsanspruch gegenüber dem Arbeitgeber. Das Verfahren wird in Verfahrenstarifverträgen geregelt.

Abschnitt VI
Gemeinsame Bestimmungen

§ 21
Leistungsgewährung

(1) Die Gewährung der Leistungen der ZVK-Bau erfolgt nur auf Antrag und nach Einreichung der für die Antragsbearbeitung erforderlichen Nachweise. Für den Antrag ist das von der ZVK-Bau zur Verfügung gestellte Formular zu verwenden.

(2) Die Leistungen der Tarifrente Bau einschließlich der Leistungen nach Abschn. IV werden von dem Monat an, der dem Monat folgt, in dem der Versicherungsfall eingetreten ist, bis zum Ablauf des Kalendermonats, in dem die Leistungsvoraussetzungen entfallen, monatlich gewährt.

(3) Die Leistungen der Rentenbeihilfe werden von Beginn des Monats, der dem Monat folgt, in dem der Versicherungsfall eingetreten ist, bis zum Ablauf des Kalendervierteljahres, in dem die Leistungsvoraussetzungen entfallen, für jeweils drei Monate im Voraus gewährt.

(4) Die ZVK-Bau ist zur einmaligen Abfindung von unverfallbaren Teilen der Leistungen, die monatlich 25,— € nicht übersteigen, berechtigt.

(5) Zu Unrecht gewährte Leistungen können von der ZVK-Bau zurückgefordert werden.

§ 22
Nachweise

(1) Dem Antrag auf Gewährung der Leistungen sind folgende Nachweise beizufügen:

a) Wartezeitennachweis,

b) Rentenbescheid des jeweiligen Versicherungsträgers, aus dem hervorgeht, von welchem Zeitpunkt an der Arbeitnehmer Anspruch auf die gesetzliche Leistung hat,

c) für Todesfallleistungen die Sterbeurkunde des Verstorbenen,
d) im Falle der Befreiung von der gesetzlichen Rentenversicherungspflicht die Befreiungsbescheinigung und der Versicherungsschein bzw. der Bescheid über den Versorgungsbezug.

(2) Beantragt der Arbeitnehmer eine Wartezeitanrechnung nach § 12 Abs. 2 Buchst. e), so hat er einen Bescheid der betreffenden Zusatzversorgungskasse über die Festsetzung oder Ablehnung von Leistungen und über die dort anerkannte Wartezeit vorzulegen.

(3) Beantragt der Arbeitnehmer eine Aufrechterhaltung der Anwartschaften nach § 12 Abs. 4, so hat er eine Bescheinigung eines Amtsarztes über seine Bau- bzw. Fachuntauglichkeit vorzulegen. Bei Arbeitnehmern, die bei Eintritt der Bau- bzw. Fachuntauglichkeit das 60. Lebensjahr vollendet haben, genügt eine Bescheinigung des behandelnden Arztes. Die ZVK-Bau kann von dem Arbeitnehmer weitere Nachweise auf ihre Kosten verlangen.

(4) Jeder Empfänger einer Leistung wegen Erwerbsminderung hat im jeweils ersten Kalendervierteljahr einen Nachweis des Fortbestehens seiner Erwerbsminderung durch Vorlage der entsprechenden Unterlagen aus der Renten- oder Unfallversicherung zu erbringen. Ist der Leistungsberechtigte durch einen gesetzlichen Rentenversicherungsträger von der Versicherungspflicht befreit worden, ist der Nachweis über das Fortbestehen der Erwerbsminderung durch das Zeugnis eines Amtsarztes zu führen.

(5) Jeder Leistungsberechtigte hat im jeweils dritten Kalendervierteljahr einen Lebensnachweis zu erbringen.

(6) Werden die Nachweise innerhalb einer von der ZVK-Bau gesetzten Frist nicht oder nicht vollständig erbracht, so ruht die Leistung, ohne dass eine Nachzahlung erfolgt. Die ZVK-Bau kann bei Vorliegen besonderer Umstände eine Nachzahlung ganz oder teilweise gewähren.

(7) Ereignisse, die sich auf die Gewährung oder Bemessung der Leistungen auswirken, sind der ZVK-Bau unverzüglich anzuzeigen.

§ 23
Verfügungsverbot

Die Leistungsansprüche sind nicht vererblich und dürfen nicht übertragen, beliehen, veräußert, abgetreten oder verpfändet werden. Die Inanspruchnahme eines Rückkaufwertes ist ausgeschlossen.

§ 24
Verjährung

Die Leistungsansprüche verjähren in fünf Jahren. Die Verjährungsfrist beginnt mit dem Schluss des Jahres, in dem die Leistung verlangt werden konnte.

Abschnitt VII
Schlussbestimmungen

§ 25
Erfüllungsort und Gerichtsstand

(1) Erfüllungsort und Gerichtsstand für Ansprüche der ZVK-Bau gegen Arbeitgeber und deren Arbeitnehmer sowie für Ansprüche der Arbeitgeber und Arbeitnehmer gegen die ZVK-Bau ist Wiesbaden.

(2) Abweichend von Abs. 1 ist Berlin Gerichtsstand für Ansprüche der ZVK-Bau gegen Arbeitgeber mit Betriebssitz in den Ländern Berlin, Brandenburg, Mecklenburg-Vorpommern, Sachsen, Sachsen-Anhalt und Thüringen.

§ 26
Verhältnis zu betrieblichen Altersversorgungszusagen

Die Leistungen der ZVK-Bau können auf Leistungen aus betrieblichen Altersversorgungszusagen angerechnet werden.

§ 27
Betriebsrentengesetz

§ 1 a, § 2, § 2 a Abs. 1, 3 und 4, § 3 mit Ausnahme des Abs. 2 Satz 3, § 4, § 5, § 16, § 18 a Satz 1, § 27 und § 28 BetrAVG finden keine Anwendung.

§ 28
Allgemeinverbindlicherklärung

Die Tarifvertragsparteien verpflichten sich, gemeinsam die Allgemeinverbindlicherklärung dieses Tarifvertrages zu beantragen.

§ 29
Inkrafttreten und Laufdauer

(1) Dieser Tarifvertrag tritt am 1. Januar 2019 in Kraft. Mit Inkrafttreten dieses Tarifvertrages tritt der Tarifvertrag über eine zusätzliche Altersversorgung im Baugewerbe vom 5. Juni 2014 in der Fassung vom 10. Dezember 2014 und 10. Juni 2016 außer Kraft.

(2) Der Tarifvertrag kann mit einer Frist von sechs Monaten zum Jahresende, erstmals zum 31. Dezember 2020 gekündigt werden.

Berlin/Frankfurt a. M., den 28. September 2018

Änderungsübersicht [1]

Paragraphen	Änderungstarifvertrag vom 10. Dezember 2014	Änderungstarifvertrag vom 10. Juni 2016	Tarifvertrag vom 28. September 2018
§ 1			
§ 2			
§ 3			
§ 4			
§ 5			
§ 6			
§ 7			
§ 8		■	
§ 9			■
§ 10			
§ 11		■	
§ 12			
§ 13			
§ 14	■		
§ 15			
§ 16			
§ 17			
§ 18	■		
§ 19	■		
§ 20			
§ 21		■	
§ 22			
§ 23			
§ 24			
§ 25			
§ 26			
§ 27			■
§ 28			
§ 29			■

1) Geänderte Paragraphen gegenüber der Vorfassung (■); somit lässt sich ablesen, welche Paragraphen Änderungen erfahren haben und welche Paragraphen nicht geändert worden sind.

Vereinbarung zur Festlegung der ZVK-Beiträge

vom 5. Juni 2014

I.

Die Tarifvertragsparteien vereinbaren, im Rahmen der Beitragsfestlegung für die ab 1. Januar 2016 geltenden Sozialkassenbeiträge nach §§ 15 bis 17 VTV zur Finanzierung der Altersversorgungsleistungen (vgl. § 20 TZA Bau) folgende Beiträge festzulegen:

1. Für Betriebe mit Sitz in den Ländern Brandenburg, Mecklenburg-Vorpommern, Sachsen, Sachsen-Anhalt und Thüringen sowie im Ostteil des Landes Berlin:

   – gewerbliche Arbeitnehmer

– ab 1. Januar 2016	0,6 v. H. des Bruttolohnes
– ab 1. Januar 2017	0,8 v. H. des Bruttolohnes
– ab 1. Januar 2020	1,0 v. H. des Bruttolohnes

   – Angestellte

– ab 1. Januar 2016	25,— € monatlich

   – Auszubildende

– ab 1. Januar 2016	20,— € monatlich

2. Für Betriebe mit Sitz in den Ländern Baden-Württemberg, Bayern, Bremen, Hamburg, Hessen, Niedersachsen, Nordrhein-Westfalen, Rheinland-Pfalz, Saarland und Schleswig-Holstein sowie im Westteil des Landes Berlin:

   a) ab 1. Januar 2016

– gewerbliche Arbeitnehmer	3,8 v. H. des Bruttolohnes
– Angestellte	79,50 € monatlich
– Auszubildende	20,— € monatlich

   b) ab 1. Januar 2018

– gewerbliche Arbeitnehmer	3,2 v. H. des Bruttolohnes
– Angestellte	67,— € monatlich
– Auszubildende	20,— € monatlich

II.

Die Tarifvertragsparteien vereinbaren außerdem, die ULAK zu verpflichten, den Ausbildungsbetrieben den für die Auszubildenden abzuführenden ZVK-Beitrag als Teil der Ausbildungskosten durch Beitragsgutschrift auf dem Arbeitnehmerkonto für die gesamte Ausbildungszeit zu erstatten.

III.

Darüber hinaus bekunden die Tarifvertragsparteien ihren gemeinsamen Willen, den ZVK-Beitrag in den neuen Bundesländern und dem Ostteil des Landes Berlin bis zum Jahr 2028 vollständig an den in den alten Bundesländern erreichten ZVK-Beitragsanteil für die neue Tarifrente Bau anzugleichen.

Berlin / Frankfurt a. M., den 5. Juni 2014

Vereinbarung zur Ausfinanzierung der Rentenbeihilfen

vom 5. Juni 2014

Für den Fall, dass zur Ausfinanzierung der Rentenbeihilfeleistungen bis zum Inkrafttreten des neuen Tarifvertrages über eine zusätzliche Altersversorgung im Baugewerbe (TZA Bau) unter Berücksichtigung der in den Jahren 2014 und 2015 erzielten Überschüsse der ZVK ein noch nicht gedeckter Finanzierungsbedarf besteht, wird vereinbart, durch Beschluss der im Jahre 2015 stattfindenden Hauptversammlung der ZVK sicherzustellen, dass dieser Finanzierungsbedarf gedeckt wird, ohne dass der ZVK-Beitrag erhöht wird.

Zur Deckung des gegebenenfalls noch bestehenden Finanzierungsbedarfs sollen alle denkbaren Finanzierungsquellen der ZVK einschließlich ihrer bilanziellen Möglichkeiten genutzt werden, um zu vermeiden, dass die ab 1. Januar 2016 festgelegten Beitragszusagen (§ 7 TZA Bau) verändert werden.

Die Tarifvertragsparteien werden rechtzeitig vor dieser Hauptversammlung unter Beteiligung des Vorstandes und des Aktuars der ZVK diesen Finanzierungsbedarf feststellen.

Berlin/Frankfurt a. M., den 5. Juni 2014

Vereinbarung der Tarifvertragsparteien des Baugewerbes zur Beschäftigung älterer Arbeitnehmer

vom 3. Mai 2013

Zur Förderung der Attraktivität des Baugewerbes, zur Sicherung des Fachkräftebedarfs und zur Verbesserung der Beschäftigungsfähigkeit älterer, insbesondere gesundheitlich beeinträchtigter Arbeitnehmer vereinbaren die Tarifvertragsparteien, eine gemeinsame Arbeitsgruppe einzurichten, die die Möglichkeiten zur altersgerechten Gestaltung der Arbeitsplätze sowie eines gleitenden Übergangs in die Rente untersuchen sowie Vorschläge darauf gerichteter tarifvertraglicher und gesetzlicher Regelungen erarbeiten soll.

Diese Arbeitsgruppe wird ihre Arbeit unmittelbar nach erfolgreichem Abschluss der am 1. November 2012 aufgenommenen Verhandlungen über eine Weiterentwicklung der tarifvertraglichen Rentenbeihilfen[1] aufnehmen und durch die Verhandlungsführer geleitet werden.

Berlin/Frankfurt a. M., den 3. Mai 2013

1) Dies erfolgte mit Abschluss des Tarifvertrages über eine zusätzliche Altersversorgung im Baugewerbe (TZA Bau) vom 5. Juni 2014, siehe Seiten 412 bis 426.

Tarifvertrag über das Sozialkassenverfahren im Baugewerbe (VTV)

vom 28. September 2018[1)]

Zwischen

dem Zentralverband des Deutschen Baugewerbes e. V.,
Kronenstraße 55–58, 10117 Berlin,

dem Hauptverband der Deutschen Bauindustrie e. V.,
Kurfürstenstraße 129, 10785 Berlin,

und

der Industriegewerkschaft Bauen-Agrar-Umwelt,
Olof-Palme-Straße 19, 60439 Frankfurt a. M.,

wird folgender Tarifvertrag geschlossen:

Inhaltsverzeichnis

---

1) Ende 2020 ist ein Neuabschluss mit Wirkung ab 1. Januar 2021 zu erwarten. Nach Abschluss besteht die Möglichkeit, diesen unter https://www.elsner.de/downloads/978-3-87199-229-2.php abzurufen.

§ 1
Geltungsbereich

(1) Räumlicher Geltungsbereich:

Das Gebiet der Bundesrepublik Deutschland.

(2) Betrieblicher Geltungsbereich:

Betriebe des Baugewerbes. Das sind alle Betriebe, die unter einen der nachfolgenden Abschnitte I bis IV fallen.

Abschnitt I

Betriebe, die nach ihrer durch die Art der betrieblichen Tätigkeiten geprägten Zweckbestimmung und nach ihrer betrieblichen Einrichtung gewerblich Bauten aller Art erstellen.

Abschnitt II

Betriebe, die, soweit nicht bereits unter Abschnitt I erfasst, nach ihrer durch die Art der betrieblichen Tätigkeiten geprägten Zweckbestimmung und nach ihrer betrieblichen Einrichtung gewerblich bauliche Leistungen erbringen, die – mit oder ohne Lieferung von Stoffen oder Bauteilen – der Erstellung, Instandsetzung, Instandhaltung, Änderung oder Beseitigung von Bauwerken dienen.

Abschnitt III

Betriebe, die, soweit nicht bereits unter Abschnitt I oder II erfasst, nach ihrer durch die Art der betrieblichen Tätigkeiten geprägten Zweckbestimmung und nach ihrer betrieblichen Einrichtung – mit oder ohne Lieferung von Stoffen oder Bauteilen – gewerblich sonstige bauliche Leistungen erbringen.

Abschnitt IV

Betriebe, in denen die nachstehend aufgeführten Arbeiten ausgeführt werden:

1. Aufstellen von Gerüsten und Bauaufzügen;
2. Bauten- und Eisenschutzarbeiten;
3. technische Dämm-(Isolier-)Arbeiten, insbesondere solche an technischen Anlagen, soweit nicht unter Abschnitt II oder III erfasst, einschließlich von Dämm-(Isolier-)Arbeiten an und auf Land-, Luft- und Wasserfahrzeugen.
4. Erfasst werden auch solche Betriebe, die im Rahmen eines mit einem oder mehreren Betrieben des Baugewerbes bestehenden Zusammenschlusses – unbeschadet der gewählten Rechtsform – für die angeschlossenen Betriebe des Baugewerbes entweder ausschließlich oder überwiegend die kaufmännische Verwaltung, den Vertrieb, Planungsarbeiten, Laborarbeiten oder Prüfarbeiten übernehmen oder ausschließlich oder in nicht unerheblichem Umfang (zumindest zu einem Viertel der betrieblichen Arbeitszeit) den Bauhof und/oder die Werkstatt betreiben, soweit diese Betriebe nicht von einem spezielleren Tarifvertrag erfasst werden.

Abschnitt V

Zu den in den Abschnitten I bis III genannten Betrieben gehören z. B. diejenigen, in denen Arbeiten der nachstehend aufgeführten Art ausgeführt werden:

1. Abdichtungsarbeiten gegen Feuchtigkeit;
2. Aptierungs- und Drainierungsarbeiten, wie das Entwässern von Grundstücken und urbar zu machenden Bodenflächen einschließlich der Grabenräumungs- und Faschinierungsarbeiten, des Verlegens von Drainagerohrleitungen sowie des Herstellens von Vorflut- und Schleusenanlagen;
3. Asbestsanierungsarbeiten an Bauwerken und Bauwerksteilen (z. B. Entfernen, Verfestigen, Beschichten von Asbestprodukten);
4. Bautrocknungsarbeiten, d. h. Arbeiten, die unter Einwirkung auf das Gefüge des Mauerwerks der Entfeuchtung dienen, auch unter Verwendung von Kunststoffen oder chemischen Mitteln sowie durch Einbau von Kondensatoren;
5. Beton- und Stahlbetonarbeiten einschließlich Betonschutz- und Betonsanierungsarbeiten sowie Armierungsarbeiten;
6. Bohrarbeiten;
7. Brunnenbauarbeiten;
8. chemische Bodenverfestigungen;

9. Dämm-(Isolier-)Arbeiten (z.B. Wärme-, Kälte-, Schallschutz-, Schallschluck-, Schallverbesserungs-, Schallveredelungsarbeiten) einschließlich Anbringung von Unterkonstruktionen;
10. Erdbewegungsarbeiten (Wegebau-, Meliorations-, Landgewinnungs-, Deichbauarbeiten, Wildbach- und Lawinenverbau, Sportanlagenbau sowie Errichtung von Schallschutzwällen und Seitenbefestigungen an Verkehrswegen);
11. Estricharbeiten (unter Verwendung von Zement, Asphalt, Anhydrit, Magnesit, Gips, Kunststoffen oder ähnlichen Stoffen);
12. Fassadenbauarbeiten;
13. Fertigbauarbeiten: Einbauen oder Zusammenfügen von Fertigbauteilen zur Erstellung, Instandsetzung, Instandhaltung oder Änderung von Bauwerken; ferner das Herstellen von Fertigbauteilen, wenn diese zum überwiegenden Teil durch den Betrieb, einen anderen Betrieb desselben Unternehmens oder innerhalb von Unternehmenszusammenschlüssen – unbeschadet der gewählten Rechtsform – durch den Betrieb mindestens eines beteiligten Gesellschafters zusammengefügt oder eingebaut werden;
14. Feuerungs- und Ofenbauarbeiten;
15. Fliesen-, Platten- und Mosaik-Ansetz- und Verlegearbeiten;
16. Fugarbeiten an Bauwerken, insbesondere Verfugung von Verblendmauerwerk und von Anschlüssen zwischen Einbauteilen und Mauerwerk sowie dauerelastische und dauerplastische Verfugungen aller Art;
17. Glasstahlbetonarbeiten sowie Vermauern und Verlegen von Glasbausteinen;
18. Gleisbauarbeiten;
19. Herstellen von nicht lagerfähigen Baustoffen, wie Beton- und Mörtelmischungen (Transportbeton und Fertigmörtel), wenn mit dem überwiegenden Teil der hergestellten Baustoffe die Baustellen des herstellenden Betriebes, eines anderen Betriebes desselben Unternehmens oder innerhalb von Unternehmenszusammenschlüssen – unbeschadet der gewählten Rechtsform – die Baustellen des Betriebes mindestens eines beteiligten Gesellschafters versorgt werden;
20. Hochbauarbeiten;
21. Holzschutzarbeiten an Bauteilen;
22. Kanalbau-(Sielbau-)Arbeiten;
23. Maurerarbeiten;
24. Rammarbeiten;
25. Rohrleitungsbau-, Rohrleitungstiefbau-, Kabelleitungstiefbauarbeiten und Bodendurchpressungen;
26. Schachtbau- und Tunnelbauarbeiten;
27. Schalungsarbeiten;
28. Schornsteinbauarbeiten;
29. Spreng-, Abbruch- und Enttrümmerungsarbeiten;

30. Stahlbiege- und -flechtarbeiten, soweit sie zur Erbringung anderer baulicher Leistungen des Betriebes ausgeführt werden;
31. Stakerarbeiten;
32. Straßenbauarbeiten (Stein-, Asphalt-, Beton-, Schwarzstraßenbauarbeiten, Fahrbahnmarkierungsarbeiten, ferner Herstellen und Aufbereiten des Mischgutes, sofern mit dem überwiegenden Teil des Mischgutes der Betrieb, ein anderer Betrieb desselben Unternehmens oder innerhalb von Unternehmenszusammenschlüssen – unbeschadet der gewählten Rechtsform – der Betrieb mindestens eines beteiligten Gesellschafters versorgt wird) sowie Pflasterarbeiten aller Art;
33. Straßenwalzarbeiten;
34. Stuck-, Putz-, Gips- und Rabitzarbeiten, einschließlich des Anbringens von Unterkonstruktionen und Putzträgern;
35. Terrazzoarbeiten;
36. Tiefbauarbeiten;
37. Trocken- und Montagebauarbeiten (z. B. Wand- und Deckeneinbau bzw. -verkleidungen, Montage von Baufertigteilen), einschließlich des Anbringens von Unterkonstruktionen und Putzträgern;
38. Verlegen von Bodenbelägen in Verbindung mit anderen baulichen Leistungen;
39. Vermieten von Baumaschinen mit Bedienungspersonal, wenn die Baumaschinen mit Bedienungspersonal zur Erbringung baulicher Leistungen eingesetzt werden;
40. Wärmedämmverbundsystemarbeiten;
41. Wasserwerksbauarbeiten, Wasserhaltungsarbeiten, Wasserbauarbeiten (z. B. Wasserstraßenbau, Wasserbeckenbau, Schleusenanlagenbau);
42. Zimmerarbeiten und Holzbauarbeiten, die im Rahmen des Zimmergewerbes ausgeführt werden.

Abschnitt VI

Betriebe, soweit in ihnen die unter den Abschnitten I bis V genannten Leistungen überwiegend erbracht werden, fallen grundsätzlich als Ganzes unter diesen Tarifvertrag. Betrieb im Sinne dieses Tarifvertrages ist auch eine selbständige Betriebsabteilung. Als solche gilt auch eine Gesamtheit von Arbeitnehmern, die außerhalb der stationären Betriebsstätte eines nicht von den Abschnitten I bis IV erfassten Betriebes baugewerbliche Arbeiten ausführt.

Werden in Betrieben des Baugewerbes in selbständigen Abteilungen andere Arbeiten ausgeführt, so werden diese Abteilungen dann nicht von diesem Tarifvertrag erfasst, wenn sie von einem spezielleren Tarifvertrag erfasst werden.

Abschnitt VII

Nicht erfasst werden Betriebe

1. des Betonwaren und Terrazzowaren herstellenden Gewerbes,

2. des Dachdeckerhandwerks,
3. des Gerüstbaugewerbes, deren Tätigkeit sich überwiegend auf die gewerbliche Erstellung von Gerüsten erstreckt,
4. des Glaserhandwerks,
5. des Herd- und Ofensetzerhandwerks, soweit nicht Arbeiten der in Abschnitt IV oder V aufgeführten Art ausgeführt werden,
6. des Maler- und Lackiererhandwerks, soweit nicht Arbeiten der in Abschnitt IV oder V aufgeführten Art ausgeführt werden,
7. der Naturstein- und Naturwerksteinindustrie, soweit nicht Arbeiten der in Abschnitt I bis V aufgeführten Art ausgeführt werden,
8. der Nassbaggerei, die von dem Rahmentarifvertrag des Nassbaggergewerbes erfasst werden,
9. des Parkettlegerhandwerks,
10. der Säurebauindustrie,
11. des Schreinerhandwerks sowie der holzbe- und -verarbeitenden Industrie, soweit nicht Fertigbau-, Dämm- (Isolier-), Trockenbau- und Montagebauarbeiten oder Zimmerarbeiten ausgeführt werden,
12. des Klempnerhandwerks, des Gas- und Wasserinstallationsgewerbes, des Elektroinstallationsgewerbes, des Zentralheizungsbauer- und Lüftungsbauergewerbes sowie des Klimaanlagenbaues, soweit nicht Arbeiten der in Abschnitt IV oder V aufgeführten Art ausgeführt werden,
13. des Steinmetzhandwerks, soweit die in § 1 Nr. 2.1 des Tarifvertrages über eine überbetriebliche Alters- und Invalidenbeihilfe im Steinmetz- und Steinbildhauerhandwerk vom 1. Dezember 1986 in der Fassung vom 28. August 1992 aufgeführten Tätigkeiten überwiegend ausgeübt werden.

(3) Persönlicher Geltungsbereich

Erfasst werden

1. gewerbliche Arbeitnehmer,
2. Angestellte, die eine nach den Vorschriften des Sechsten Buches Sozialgesetzbuch – Gesetzliche Rentenversicherung – (SGB VI) versicherungspflichtige Tätigkeit ausüben,
3. dienstpflichtige Arbeitnehmer, die bis zur Einberufung zur Ableistung ihrer gesetzlichen Dienstpflicht eine nach den Vorschriften des SGB VI versicherungspflichtige Tätigkeit ausgeübt haben,
4. Auszubildende, die in einem anerkannten Ausbildungsverhältnis im Sinne des Berufsbildungstarifvertrages ausgebildet werden und eine nach den Vorschriften des SGB VI versicherungspflichtige Tätigkeit ausüben.

Nicht erfasst werden die unter § 5 Abs. 2 Nrn. 1 bis 4 und Abs. 3 des Betriebsverfassungsgesetzes fallenden Personen sowie Angestellte, die eine geringfügige Beschäftigung im Sinne des § 8 des Vierten Buches Sozialgesetzbuch (SGB IV) ausüben.

Abschnitt I
Grundlagen

§ 2
Verfahrensgrundlagen

Grundlagen des Sozialkassenverfahrens sind § 8 des Bundesrahmentarifvertrages für das Baugewerbe (BRTV), die Urlaubsregelung für die gewerblichen Arbeitnehmer des Baugewerbes in Bayern (Urlaubsregelung Bayern), § 20 des Tarifvertrages über eine zusätzliche Altersversorgung im Baugewerbe (TZA Bau) und § 2 des Tarifvertrages über Sozialaufwandserstattung im Berliner Baugewerbe.

§ 3
Sozialkassen

(1) Die Urlaubs- und Lohnausgleichskasse der Bauwirtschaft (ULAK) mit Sitz in Wiesbaden erbringt Leistungen im Urlaubs- und Berufsbildungsverfahren und hat Anspruch auf die zur Finanzierung dieser Verfahren festgesetzten Beiträge. Für Betriebe mit Sitz im Freistaat Bayern erbringt die Gemeinnützige Urlaubskasse des Bayerischen Baugewerbes e. V. (UKB) mit Sitz in München anstelle der ULAK die Leistungen im Urlaubsverfahren; sie hat gegenüber diesen Betrieben Anspruch auf den zur Finanzierung des Urlaubsverfahrens festgesetzten Beitrag. Für Betriebe mit Sitz im Land Berlin erbringt die Sozialkasse des Berliner Baugewerbes (Soka-Berlin) anstelle der ULAK die in Satz 1 beschriebenen Leistungen; sie hat gegenüber diesen Betrieben Anspruch auf die zur Finanzierung dieser Leistungen festgesetzten Beiträge. Bestimmungen dieses Tarifvertrages, in denen auf die ULAK Bezug genommen wird, gelten mit Ausnahme dieses Paragraphen bei Zuständigkeit der UKB oder der Soka-Berlin entsprechend.

(2) Die Zusatzversorgungskasse des Baugewerbes (ZVK-Bau) mit Sitz in Wiesbaden gewährt zusätzliche Leistungen zu den gesetzlichen Renten. Sie hat gegenüber den Betrieben Anspruch auf die zur Finanzierung dieser Leistungen festgesetzten Beiträge.

(3) Die ULAK zieht als Einzugsstelle ihre eigenen Beiträge einschließlich Nebenforderungen und diejenigen der ZVK-Bau, der UKB und der Soka-Berlin ein. Für vor dem 1. Januar 2010 entstandene und von der ZVK-Bau gerichtlich geltend gemachte Ansprüche bleibt die ZVK-Bau Einzugsstelle.

(4) Die Kosten des gemeinsamen Beitragseinzuges werden von den in Abs. 3 genannten Kassen entsprechend dem Verhältnis der für sie einzuziehenden Beiträge zu den insgesamt von der ULAK zu erhebenden Beiträgen getragen. Die ULAK hat Anspruch auf monatliche Abschlagszahlungen.

(5) Erlangt die ULAK Kenntnis von der bevorstehenden bzw. bereits erfolgten Aufnahme einer baugewerblichen Tätigkeit eines Betriebes in Deutschland, so hat sie den Arbeitgeber – und spätestens sobald entsprechende Meldungen des

Arbeitgebers nach Abschnitt II erfolgt sind, die bei ihm beschäftigten Arbeitnehmer – unverzüglich über ihre Rechte und Pflichten aus den Sozialkassenverfahren zu informieren. Dies kann auch durch einen Hinweis auf die Internetseite der SOKA-BAU erfolgen. Die Pflichten des Arbeitgebers aus den Sozialkassenverfahren bestehen unabhängig von einer solchen Information.

(6) Soweit Arbeitnehmer oder Arbeitgeber gegenüber der zuständigen Kasse in die Erhebung, Verarbeitung und Nutzung ihrer E-Mail-Adresse eingewilligt haben, kann die gegenseitige Kommunikation auf diesem Wege erfolgen. Die zuständige Kasse stellt die dem jeweiligen Inhalt angemessene Vertraulichkeit sicher.

Abschnitt II
Meldungen

§ 4
Elektronische Meldungen

(1) Jeder Arbeitgeber hat seine Mitteilungspflichten gegenüber der zuständigen Kasse über den von ihr eingerichteten Onlineservice zu erfüllen (elektronisches Meldeverfahren).

(2) Auf Antrag des Arbeitgebers hat die zuständige Kasse den Arbeitgeber von der Pflicht zur elektronischen Meldung zu befreien, wenn er nachweist, dass diese für ihn wirtschaftlich oder persönlich unzumutbar ist. Bis zur Entscheidung über seinen Antrag bleibt der Arbeitgeber zur nichtelektronischen Meldung berechtigt.

(3) Die vom Arbeitgeber abgegebenen elektronischen Meldungen sind ohne Unterschrift bindend. Nichtelektronische Meldungen bedürfen der Bestätigung ihrer Vollständigkeit und Richtigkeit durch Unterschrift des Arbeitgebers.

(4) Die Regelungen der Abs. 1 und 3 gelten auch für Betriebe, die keine gewerblichen Arbeitnehmer beschäftigen.

§ 5
Stammdaten

(1) Vor Aufnahme einer baugewerblichen Tätigkeit ist jeder Betrieb, auch wenn er keine gewerblichen Arbeitnehmer beschäftigt, verpflichtet, sich bei der für ihn zuständigen Kasse zu melden und dieser folgende Stammdaten mitzuteilen:

1. Name, Rechtsform und gesetzliche Vertreter des Unternehmens
2. Anschrift am Hauptbetriebssitz, ggf. davon abweichende inländische Zustelladresse, Telefonnummer, Telefaxnummer, E-Mail-Adresse
3. inländische oder, soweit nicht vorhanden, ausländische Bankverbindung
4. Art der betrieblichen Tätigkeiten
5. Betriebsnummer bei der Bundesagentur für Arbeit

(2) Der Arbeitgeber ist verpflichtet, der für ihn zuständigen Kasse unmittelbar vor Aufnahme der Tätigkeit eines Arbeitnehmers seines Betriebes mitzuteilen:

1. Name, Vorname, Geburtsdatum, Geburtsort und Adresse des Hauptwohnsitzes des gewerblichen Arbeitnehmers
2. ggf. die Schwerbehinderteneigenschaft
3. die bei der Einzugsstelle registrierte Arbeitnehmer-Nummer, soweit sie bereits vergeben wurde
4. soweit vorhanden inländische oder ausländische Bankverbindung des Arbeitnehmers
5. Art der Tätigkeit und Tätigkeitsschlüssel nach dem Schlüsselverzeichnis der Bundesagentur für Arbeit
6. Zeitpunkt der Aufnahme der Tätigkeit

(3) In den Fällen, in denen die ULAK Beiträge zu den Systemen der sozialen Sicherheit und die Lohnsteuer bei der Gewährung von Leistungen im Urlaubsverfahren abzuführen hat, ist der Arbeitgeber verpflichtet, zusätzlich mitzuteilen:

1. die Einzugsstelle und deren Adresse, an welche die Beiträge zu den Systemen der sozialen Sicherheit abgeführt werden sowie die Nummern, unter welchen der Arbeitgeber und der Arbeitnehmer bei dieser Einzugsstelle geführt werden
2. das Finanzamt und dessen Adresse, an welches die Lohnsteuer abgeführt wird, sowie die Steuernummern des Arbeitgebers und des Arbeitnehmers

(4) Sofern ein Arbeitgeber mit Betriebssitz im Ausland von einer dortigen Urlaubskasse erfasst wird und eine Freistellung vom deutschen Urlaubskassenverfahren begehrt, hat er den Namen und die Adresse der ausländischen Urlaubskasse, die von dieser vergebenen Betriebskonto- und Arbeitnehmer-Nummern, ferner eine Bescheinigung der ausländischen Urlaubskasse über die während der Entsendezeit bestehende Verpflichtung zur Beitragszahlung zu übersenden. Sofern ein Arbeitgeber mit Betriebssitz im Ausland eine Anrechnung der am Betriebssitz von ihm für dieses Kalenderjahr an den Arbeitnehmer gewährten Urlaubsleistungen begehrt, hat er die am Betriebssitz gültige Dauer des Jahresurlaubs, den Beginn des Arbeitsverhältnisses, die dem Arbeitnehmer dort für das laufende Kalenderjahr gewährten Urlaubstage, das darauf bezogene Urlaubsentgelt und zusätzliche Urlaubsgeld in jeweiliger Landeswährung mitzuteilen.

§ 6
Gewerbliche Arbeitnehmer

(1) Der Arbeitgeber hat der ULAK für jeden Kalendermonat bis zum 15. des folgenden Monats mitzuteilen:

1. beitragspflichtiger Bruttolohn und die diesem zugrunde liegenden lohnzahlungspflichtigen Stunden
2. Zeitpunkt des Ausscheidens des Arbeitnehmers

3. Beschäftigungstage, soweit kein voller Beschäftigungsmonat vorliegt
4. gewährte Urlaubstage und gewährte Urlaubsvergütung, soweit darauf bereits ein tariflicher Anspruch bestand
5. Anzahl der Ausfallstunden wegen Arbeitsunfähigkeit ohne Lohnanspruch
6. Anzahl der Ausfallstunden, für die der Arbeitnehmer in der Zeit vom 1. Dezember bis 31. März Saison-Kurzarbeitergeld bezogen hat

Die monatlichen Meldungen sind mit den Werten „Null" abzugeben, wenn ein Arbeitnehmer weder Bruttolohn erzielt hat noch für ihn Beschäftigungstage angefallen sind.

(2) Sofern der Arbeitgeber nicht verpflichtet ist, am elektronischen Meldeverfahren teilzunehmen, erhält er von der ULAK zusammen mit den Meldeformularen monatlich einen Summenbeleg, auf dem folgende Angaben einzutragen sind:

1. Summe aller beitragspflichtigen Bruttolöhne
2. Summe aller erstattungsfähigen Urlaubsvergütungen
3. Summe aller erstattungsfähigen Ausbildungsvergütungen
4. Zahl der beigefügten Meldeformulare für gewerbliche Arbeitnehmer
5. Zahl der beigefügten Meldeformulare für Auszubildende
6. Zahl der beigefügten Korrekturmeldungen

Der Summenbeleg ist zu unterschreiben und für jeden Monat zusammen mit den Meldeformularen spätestens bis zum 15. des folgenden Monats an die ULAK einzusenden.

(3) Die ULAK erfasst die von dem Arbeitgeber gemeldeten aktuellen Monatswerte und teilt dem Arbeitgeber für jeden Arbeitnehmer die sich daraus ergebenden kumulierten Werte sowie die noch verfügbaren Urlaubsansprüche des Arbeitnehmers für das laufende Kalenderjahr mit.

(4) Bei Beendigung des Arbeitsverhältnisses ist dem Arbeitnehmer durch den Arbeitgeber ein unterschriebener Ausdruck der elektronischen Meldung oder eine unterschriebene Kopie des Meldeformulars für den laufenden Monat mit den aktuellen Monatswerten auszuhändigen.

(5) Berichtigungen von bereits gemeldeten Daten sind als Korrekturen zu kennzeichnen und für jeden Monat gesondert vorzunehmen. Eine Berichtigung kann längstens bis zum 30. September des auf das Urlaubsjahr folgenden Jahres, im Falle der Beendigung des Arbeitsverhältnisses und für den Fall, dass ein Arbeitnehmer nicht mehr von dem Bundesrahmentarifvertrag für das Baugewerbe erfasst wird, ohne dass sein Arbeitsverhältnis endet, längstens bis zum 15. des zweiten auf den Monat der Beendigung folgenden Monats vorgenommen werden; ist ein zu niedriger beitragspflichtiger Bruttolohn gemeldet worden, so hat eine Korrektur auch nach Ablauf dieser Fristen zu erfolgen.

Ist eine vom Arbeitgeber dem Arbeitnehmer nach Beendigung des Arbeitsverhältnisses ausgehändigte Meldung später infolge einer Berichtigung durch diesen früheren Arbeitgeber unrichtig geworden, so hat die ULAK ein berichtigte

Meldung an den neuen Arbeitgeber zu senden. Eine Kopie dieser berichtigten Meldung ist dem Arbeitnehmer auszuhändigen.

(6) Für Arbeitnehmer im Auslernjahr sowie für Arbeitnehmer, die im laufenden Jahr das 18. Lebensjahr vollendet haben, sind für den ersten Meldemonat des folgenden Kalenderjahres die Resturlaubsvergütungsansprüche sowie die Daten gemäß Abs. 1 zu melden. Sofern der Arbeitgeber nicht verpflichtet ist, am elektronischen Meldeverfahren teilzunehmen, hat er das dafür vorgesehene Meldeformular auszufüllen und an die ULAK zurückzusenden.

(7) Nach Ablauf eines jeden Kalenderjahres übersendet die ULAK dem Arbeitgeber für jeden Arbeitnehmer einen Arbeitnehmerkontoauszug mit folgenden Daten:

1. Beschäftigungszeit
2. Beschäftigungstage
3. beitragspflichtiger Bruttolohn
4. Prozentsatz der Urlaubsvergütung
5. Anspruch auf Urlaubsvergütung
6. Anzahl der Ausfallstunden und daraus errechnete Mindesturlaubsvergütung
7. gewährte Urlaubstage und gewährte Urlaubsvergütung aus dem Resturlaubsanspruch des dem abgelaufenen Kalenderjahr vorausgehenden Jahres und der verbleibende Restanspruch (Entschädigungsanspruch)
8. gewährte Urlaubstage und gewährte Urlaubsvergütung aus dem abgelaufenen Kalenderjahr und der verbleibende Restanspruch.

(8) Der Arbeitgeber hat die Daten einschließlich der Arbeitnehmeradresse zu prüfen und der ULAK umgehend Korrekturen mitzuteilen. Die ULAK stellt sodann dem Arbeitnehmer den Arbeitnehmerkontoauszug zur Verfügung.

(9) Wird der ULAK nach Beendigung des Arbeitsverhältnisses eines Arbeitnehmers nicht innerhalb von drei Monaten die Begründung eines neuen Arbeitsverhältnisses zu einem Baubetrieb gemeldet, übersendet sie dem Arbeitnehmer einen Arbeitnehmerkontoauszug, aus dem sich die entsprechenden Daten (Abs. 7) bis zur Beendigung des Arbeitsverhältnisses ergeben. Das gilt auch dann, wenn dieser Tarifvertrag auf das Arbeitsverhältnis eines Arbeitnehmers keine Anwendung mehr findet und dieser Arbeitnehmer nicht innerhalb von drei Monaten erneut mit einem Arbeitsverhältnis von diesem Tarifvertrag erfasst wird.

(10) Enthält der Arbeitnehmerkontoauszug der ULAK unrichtige oder unvollständige Angaben, so hat der Arbeitnehmer gegenüber dem Arbeitgeber Anspruch auf Berichtigung nach Abs. 5 innerhalb von zwei Monaten nach Erhalt des Arbeitnehmerkontoauszuges. Kommt der Arbeitgeber dieser Verpflichtung nicht nach, so ist der Arbeitnehmer unter Vorlage eines seinen Anspruch gegen den Arbeitgeber auf Berichtigung der Daten gemäß Abs. 7 rechtskräftig feststellenden Urteils berechtigt, die Ergänzung bzw. Berichtigung seines Arbeitnehmerkontos durch die ULAK zu verlangen, wenn die Zwangsvollstreckung aus dem Urteil wirtschaftlich unzweckmäßig ist. Auf die Rechtskraft des Urteils kann verzichtet werden, wenn es öffentlich zugestellt werden müsste.

Die ULAK stellt sodann dem Arbeitnehmer einen berichtigten Arbeitnehmerkontoauszug zur Verfügung.

(11) Bei Einberufung zur Ableistung der gesetzlichen Dienstpflicht ist vom Arbeitgeber der Beginn der Dienstpflicht zu melden.

(12) Arbeitgeber mit Betriebssitz im Freistaat Bayern und im Land Berlin, die ihre Meldepflichten nicht ordnungsgemäß erfüllt haben, haben der Einzugsstelle monatlich (Abrechnungszeitraum) spätestens bis zum 15. des folgenden Monats folgende Angaben zu machen:

1. Name, Anschrift und Betriebskontonummer
2. Bruttolohnsumme für den Abrechnungszeitraum
3. Sozialkassenbeitrag für gewerbliche Arbeitnehmer
4. Zahl aller von diesem Tarifvertrag erfassten gewerblichen Arbeitnehmer des Betriebes

Die UKB und die Soka-Berlin sind verpflichtet, die in Satz 1 genannten Daten unverzüglich an die Einzugsstelle weiterzuleiten.

§ 7
Angestellte

(1) Der Arbeitgeber ist verpflichtet, der Einzugsstelle unmittelbar vor Aufnahme der Tätigkeit eines Angestellten seines Betriebes mitzuteilen:

1. Name, Vorname, Geburtsdatum und Adresse des Hauptwohnsitzes des Angestellten
2. Zeitpunkt der Aufnahme der Tätigkeit
3. die bei der Einzugsstelle registrierte Arbeitnehmer-Nummer, soweit sie bereits vergeben wurde

(2) Der Arbeitgeber hat zudem für jeden Angestellten bis zum 15. des folgenden Monats nur mitzuteilen:

1. Anzahl der Arbeitstage, soweit eine Beschäftigung, aber kein voller Beschäftigungsmonat vorliegt
2. Zeitpunkt des Beschäftigungsendes

§ 8
Versicherungsnachweis für Angestellte

(1) Nach Ablauf eines jeden Kalenderjahres oder bei Beendigung des Arbeitsverhältnisses übersendet die ZVK-Bau dem Arbeitgeber für jeden Angestellten eine Bescheinigung über die gemeldeten Daten.

(2) Der Arbeitgeber hat die Daten einschließlich der Arbeitnehmeradresse zu prüfen und der Einzugsstelle umgehend Korrekturen mitzuteilen. Die ZVK-Bau übersendet sodann die Bescheinigung an die Angestellten.

(3) § 6 Abs. 10 gilt entsprechend mit der Maßgabe, dass an die Stelle der ULAK die ZVK-Bau tritt.

§ 9
Dienstpflichtige Arbeitnehmer

(1) Der Arbeitgeber hat für jeden Arbeitnehmer während der Ableistung der gesetzlichen Dienstpflicht der Einzugsstelle mitzuteilen:

1. Name, Vorname, Geburtsdatum, Geburtsort und Adresse des Hauptwohnsitzes des Dienstpflichtigen
2. Beginn der Dienstzeit
3. Zeitpunkt des Dienstzeitendes

(2) Als gesetzliche Dienstpflicht gelten der freiwillige Wehrdienst und der Bundesfreiwilligendienst.

(3) Bei Beendigung der Dienstzeit übersendet die ZVK-Bau dem Arbeitgeber für jeden Arbeitnehmer eine Bescheinigung über die gemeldeten Daten. Der Arbeitgeber hat die Daten einschließlich der Arbeitnehmeradresse zu prüfen und der Einzugsstelle umgehend Korrekturen mitzuteilen. Die ZVK-Bau übersendet die Bescheinigung sodann an den Arbeitnehmer.

(4) Bei Angestellten hat der Arbeitgeber auch die Wartezeit für das laufende Kalenderjahr bis zum Beginn der Dienstzeit an die Einzugsstelle zu melden.

§ 10
Auszubildende

(1) Für jeden Auszubildenden, der sich in einem anerkannten Ausbildungsverhältnis im Sinne des Berufsbildungstarifvertrages befindet, hat der Ausbildungsbetrieb der ULAK vor Beginn der Ausbildung eine von der Handwerkskammer oder der Industrie- und Handelskammer bestätigte Abschrift des Ausbildungsvertrages zu übersenden. Soweit nicht bereits im Ausbildungsvertrag enthalten, hat der Ausbildungsbetrieb der Einzugsstelle mitzuteilen:

1. Name, Vorname, Geburtsdatum, Geburtsort und Adresse des Hauptwohnsitzes des Auszubildenden
2. Ausbildungsberuf
3. Zeitpunkt des Ausbildungsbeginns und des vereinbarten Ausbildungsendes
4. eine vorangegangene Berufsausbildung und deren Bezeichnung
5. vereinbarte Ausbildungsvergütung
6. soweit vorhanden die Arbeitnehmer-Nummer des Auszubildenden

(2) Der Ausbildungsbetrieb hat der ULAK bis zum 15. des Folgemonats mitzuteilen:

1. Höhe der gezahlten Ausbildungsvergütungen für die Monate, für die Erstattung begehrt wird

2. Verlängerung der Ausbildungszeit
3. Zeitpunkt und Grund (Abschluss oder Abbruch der Ausbildung, Wechsel des Ausbildungsbetriebes) der Beendigung des Ausbildungsverhältnisses
4. Weiterbeschäftigung des Auszubildenden nach Beendigung der Ausbildung
5. entstandener und gewährter Urlaub im Auslernjahr

(3) Das Meldeverfahren für Auszubildende gilt nicht für Ausbildungsbetriebe mit Betriebssitz im Land Berlin.

§ 11
Ausbildungsnachweise

(1) Die ULAK bescheinigt dem Ausbildungsbetrieb vor Beginn der ersten überbetrieblichen Ausbildungsmaßnahme jedes Auszubildenden die nach § 10 Abs. 1 Ziff. 1 bis 4 sowie Ziff. 6 gemeldeten Daten.

(2) Nach Beendigung des Ausbildungsverhältnisses übersendet die ULAK dem Ausbildungsbetrieb für jeden Auszubildenden eine Bescheinigung über die Dauer des gemeldeten Ausbildungsverhältnisses sowie die im Auslernjahr während des Ausbildungsverhältnisses entstandenen und gewährten Urlaubstage.

(3) Der Ausbildungsbetrieb hat die in den Bescheinigungen nach Abs. 1 und 2 enthaltenen Angaben zu prüfen und der ULAK umgehend Korrekturen mitzuteilen. Die ULAK übersendet diese Bescheinigungen sodann an den Auszubildenden.

(4) Die Erstattung von Kosten der überbetrieblichen Ausbildung setzt die Vorlage der Bescheinigung nach Abs. 1 bei der Ausbildungsstätte vor Beginn der ersten überbetrieblichen Ausbildungsmaßnahme jedes Auszubildenden voraus.

Abschnitt III
Urlaubsverfahren

§ 12
Erstattung der Urlaubsvergütung

(1) Die ULAK erstattet dem Arbeitgeber durch Banküberweisung oder Gutschrift auf dem Beitragskonto nach § 18 Abs. 2 monatlich die von ihm an den Arbeitnehmer ausgezahlte Urlaubsvergütung sowie in den Fällen des § 8 Nr. 11.1 und Nr. 12.1 BRTV die ausgezahlte Urlaubsabgeltung, soweit auf diese nach den tarifvertraglichen Bestimmungen ein Anspruch bestand. Die Erstattung erfolgt aufgrund vollständiger und ordnungsgemäßer Meldung der Daten gemäß §§ 5, 6. Sie setzt die Versicherung des Arbeitgebers voraus, dass die gemeldeten Urlaubsvergütungen bzw. Urlaubsabgeltungen unter Beachtung der tarifvertraglichen Bestimmungen tatsächlich an die Arbeitnehmer ausgezahlt wurden und mit den Lohnkonten sowie den Lohnabrechnungen übereinstimmen.

(2) Wird ein Arbeitgeber rückwirkend zur Meldung und Beitragszahlung herangezogen, so besteht Anspruch auf Erstattung der den Arbeitnehmern in den rückwirkend erfassten Abrechnungszeiträumen gewährten Urlaubsvergütungen, höchstens jedoch in Höhe der in § 8 BRTV für den jeweiligen Abrechnungszeitraum festgelegten Leistungen und nur für solche Abrechnungszeiträume, für die Beiträge entrichtet worden sind. Auf diesen Erstattungsanspruch weist die Einzugsstelle den Arbeitgeber bei der rückwirkenden Heranziehung hin.

(3) Die ULAK erstattet dem Arbeitgeber die gemäß § 8 Nr. 13 BRTV anzurechnende Urlaubsvergütung zum Zeitpunkt der Gewährung von Urlaub, der Beendigung der Entsendezeit, des Wechsels des Arbeitgebers oder nach Ablauf des Kalenderjahres. Dieser Anspruch ist ausgeschlossen, wenn er nicht vor der ersten Gewährung von Urlaub durch einen Folgearbeitgeber oder vor der Auszahlung von Urlaubsabgeltung bzw. Entschädigung geltend gemacht wird.

§ 13
Urlaubsabgeltung

(1) Die ULAK zahlt dem Arbeitnehmer auf dessen Antrag die Urlaubsabgeltung gemäß § 8 Nr. 6.2 BRTV aus. Die Urlaubsabgeltung wird abzüglich des darauf entfallenden Arbeitnehmeranteils an dem Beitrag zu den Systemen der sozialen Sicherheit und abzüglich der Lohnsteuer, soweit die ULAK zur Abführung der Lohnsteuer berechtigt ist, ausgezahlt. Die ULAK ist zur Pauschalierung des Arbeitnehmeranteils an dem Beitrag zu den Systemen der sozialen Sicherheit berechtigt, es sei denn, dieser kann aufgrund der Angaben des Arbeitgebers oder des Arbeitnehmers ermittelt werden.

(2) Die ULAK zahlt den einbehaltenen Arbeitnehmeranteil an dem Beitrag zu den Systemen der sozialen Sicherheit an den Arbeitgeber und führt die Lohnsteuer an die zuständige Finanzbehörde ab. Ist die ULAK dazu ermächtigt, so führt sie den Arbeitnehmeranteil an dem Beitrag zu den Systemen der sozialen Sicherheit stattdessen an die zuständige Einzugsstelle ab.

(3) Die ULAK bescheinigt dem Arbeitgeber und dem Arbeitnehmer die Höhe der Urlaubsabgeltung, des an den Arbeitgeber gezahlten Arbeitnehmeranteils und der abgeführten Lohnsteuer.

(4) Hat die ULAK an den Arbeitgeber einen zu hohen oder einen zu niedrigen Arbeitnehmeranteil gezahlt, so hat ein entsprechender Ausgleich zwischen Arbeitgeber und Arbeitnehmer zu erfolgen.

§ 14
Entschädigung

(1) Den Entschädigungsanspruch nach § 8 Nr. 8 BRTV hat der Arbeitnehmer, den Anspruch nach § 8 Nr. 9 BRTV hat der Erbe unter Vorlage eines Erbscheines oder eines anderen geeigneten Nachweises der Erbberechtigung schriftlich bei

der ULAK zu beantragen; dabei ist eine vorhandene Bankverbindung anzugeben. Soweit die ULAK dazu berechtigt ist, führt sie die auf die Ansprüche nach Satz 1 entfallende Lohnsteuer an die zuständige Finanzbehörde ab.

(2) Dieser Antrag ist innerhalb des auf den Verfall der Urlaubsansprüche folgenden Kalenderjahres zu stellen. Bei einem Rechtsstreit über die Verpflichtung des Arbeitgebers zur Teilnahme an dem Urlaubskassenverfahren kann der Antrag noch innerhalb eines Jahres nach dessen rechtskräftigem Abschluss gestellt werden. Der Lauf der Frist nach § 8 Nr. 8 Satz 2 BRTV ist während eines Rechtsstreites aus Anlass der unterbliebenen Beitragszahlung gehemmt.

Abschnitt IV
Sozialkassenbeiträge

§ 15
Beitrag für gewerbliche Arbeitnehmer

(1) Der Arbeitgeber hat zur Finanzierung der tarifvertraglich festgelegten Leistungen als Sozialkassenbeitrag im Jahr 2019 einen Gesamtbetrag von 18,8 v. H., ab dem Jahr 2020 von 18,9 v. H. der Summe der Bruttolöhne aller von diesem Tarifvertrag gemäß § 1 Abs. 3 Nr. 1 erfassten Arbeitnehmer des Betriebes (Bruttolohnsumme) an die Einzugsstelle abzuführen. Die darin enthaltenen Prozentsätze für das Urlaubsverfahren betragen 15,2 v. H., in den Jahren 2019 bis 2021 15,4 v. H., für das Berufsbildungsverfahren 2,4 v. H. und für die Zusatzversorgung im Jahr 2019 1,0 v. H., ab dem Jahr 2020 1,1 v. H.

(2) Der Arbeitgeber mit Betriebssitz in einem der Länder Baden-Württemberg, Bayern, Bremen, Hamburg, Hessen, Niedersachsen, Nordrhein-Westfalen, Rheinland-Pfalz, Saarland und Schleswig-Holstein hat zur Finanzierung der tarifvertraglich festgelegten Leistungen abweichend von Abs. 1 als Sozialkassenbeitrag einen Gesamtbetrag von 20,8 v. H. der Bruttolohnsumme an die Einzugsstelle abzuführen. Die darin enthaltenen Prozentsätze für das Urlaubsverfahren betragen 15,2 v. H., in den Jahren 2019 bis 2021 15,4 v. H., für das Berufsbildungsverfahren 2,4 v. H. und für die Zusatzversorgung 3,2 v. H., für die Jahre 2019 bis 2021 3,0 v. H.

(3) Der Arbeitgeber mit Betriebssitz im Westteil des Landes Berlin hat zur Finanzierung der tarifvertraglich festgelegten Leistungen abweichend von Abs. 1 einen Gesamtbetrag von 25,75 v. H. der Bruttolohnsumme an die Einzugsstelle abzuführen. Die darin enthaltenen Prozentsätze für das Urlaubsverfahren betragen 15,2 v. H., in den Jahren 2019 bis 2021 15,4 v. H., für das Berufsbildungsverfahren 1,65 v. H. und für die Zusatzversorgung 3,2 v. H., für die Jahre 2019 bis 2021 3,0 v. H.

Der Arbeitgeber mit Betriebssitz im Ostteil des Landes Berlin hat zur Finanzierung der tarifvertraglich festgelegten Leistungen abweichend von Satz 1 im Jahr

2019 einen Gesamtbetrag von 23,75 v.H., ab dem Jahr 2020 23,85 v.H. der Bruttolohnsumme an die Einzugsstelle abzuführen. Die darin enthaltenen Prozentsätze für das Urlaubsverfahren betragen 15,2 v.H., in den Jahren 2019 bis 2021 15,4 v.H., für das Berufsbildungsverfahren 1,65 v.H. und für die Zusatzversorgung im Jahr 2019 1,0 v.H., ab dem Jahr 2020 1,1 v.H.

(4) Bruttolohn ist

a) der für die Berechnung der Lohnsteuer zugrunde zu legende und in die Lohnsteuerbescheinigung einzutragende Bruttoarbeitslohn einschließlich der Sachbezüge, die nicht pauschal nach § 40 EStG versteuert werden,

b) der nach §§ 40a, 40b und 52 Abs. 40 EStG pauschal zu versteuernde Bruttoarbeitslohn mit Ausnahme des Beitrags für die tarifliche Zusatzversorgung der Arbeitnehmer (Abs. 1 Satz 2, Abs. 2 Satz 2, Abs 3 Satz 2 und 4 sowie Abs. 6), des Arbeitgeberanteils an der Finanzierung der Tariflichen Zusatzrente (§ 2 Abs. 1 bis 5 TV TZR) sowie des Beitrages zu einer Gruppen-Unfallversicherung.

Zum Bruttolohn gehören nicht das tarifliche 13. Monatseinkommen oder betriebliche Zahlungen mit gleichem Charakter (z.B. Weihnachtsgeld, Jahressonderzahlung), Urlaubsabgeltungen gemäß § 8 Nr. 6 BRTV und Abfindungen, die für die Beendigung des Arbeitsverhältnisses gezahlt werden.

Für Arbeitnehmer, die nicht dem deutschen Lohnsteuerrecht unterliegen, wird der Lohn einschließlich der Sachbezüge zugrunde gelegt, der nach Satz 1 bei Geltung des deutschen Steuerrechts unter Berücksichtigung von Satz 2 den Bruttolohn bildet.

(5) Erstattungsforderungen des Arbeitgebers einschließlich seiner Forderungen gemäß § 13 Abs. 2 Satz 1 sind mit der Maßgabe zweckgebunden, dass der Arbeitgeber über sie nur verfügen kann, wenn das bei der Einzugsstelle bestehende Beitragskonto einschließlich der darauf gebuchten Verzugszinsen und Kosten ausgeglichen ist und er seinen Meldepflichten entsprochen hat. Eine Aufrechnung gegen bestehende Beitragsrückstände ist für den Arbeitgeber ausgeschlossen. §§ 366, 367 BGB finden keine Anwendung.

(6) Zur Finanzierung der Zusatzversorgung eines Dienstpflichtigen hat der Arbeitgeber einen monatlichen Beitrag von 15,— €, der in Abs. 2 oder in Abs. 3 Unterabs. 1 genannte Arbeitgeber einen monatlichen Beitrag von 78,— €, in den Jahren 2019 bis 2021 73,— €, an die Einzugsstelle abzuführen. Beginnt die Dienstzeit nicht am Ersten eines Monats bzw. endet sie nicht am Letzten eines Monats, so ist für jeden Kalendertag ein Dreißigstel des jeweiligen Betrags zu zahlen.

§ 16
Beitrag für Angestellte und Auszubildende

(1) Zur Finanzierung der Zusatzversorgung der Angestellten hat der Arbeitgeber für jeden Kalendermonat eines bestehenden Arbeitsverhältnisses der von diesem

Tarifvertrag gemäß § 1 Abs. 3 Nr. 2 erfassten Angestellten, die nicht nur eine geringfügige Beschäftigung im Sinne von § 8 SGB IV ausüben, einen monatlichen Beitrag an die Einzugsstelle abzuführen.

(2) Der monatliche Beitrag beträgt für

a) Arbeitgeber mit Betriebssitz im Gebiet der alten Bundesländer und des Westteils des Landes Berlin 67,— €, in den Jahren 2019 bis 2021 63,— €,

b) Arbeitgeber mit Betriebssitz im Gebiet der neuen Bundesländer und des Ostteils des Landes Berlin 25,— €.

(3) Beginnt das Arbeitsverhältnis nicht am Ersten eines Monats bzw. endet es nicht am Letzten eines Monats, so ist für jeden Arbeitstag ein Zwanzigstel des jeweiligen in Abs. 2 genannten Betrages zu zahlen. Während des Ruhens des Arbeitsverhältnisses besteht keine Beitragspflicht.

(4) Für Angestellte in einem zweiten Arbeitsverhältnis mit der Lohnsteuerklasse VI entfällt die Beitragspflicht auf Antrag des Arbeitgebers.

(5) Zur Finanzierung der Zusatzversorgung der Auszubildenden hat der Arbeitgeber für jeden Kalendermonat eines bestehenden Ausbildungsverhältnisses der von § 1 Abs. 3 des Tarifvertrages über die Berufsbildung im Baugewerbe erfassten Auszubildenden einen monatlichen Beitrag in Höhe von 20,— € an die Einzugsstelle abzuführen.

(6) Zur Finanzierung der Zusatzversorgung eines Dienstpflichtigen hat der Arbeitgeber einen monatlichen Beitrag von 25,— €, der in Abs. 2 Buchst. a) genannte Arbeitgeber einen monatlichen Beitrag von 67,— €, in den Jahren 2019 bis 2021 63,— €, an die Einzugsstelle abzuführen. Beginnt die Dienstzeit nicht am Ersten eines Monats bzw. endet sie nicht am Letzten eines Monats, so ist für jeden Kalendertag ein Dreißigstel des jeweiligen Betrages zu zahlen.

§ 17

(entfallen)

§ 18
Zahlung der Beiträge

(1) Der Sozialkassenbeitrag für gewerbliche Arbeitnehmer und der Beitrag für die Zusatzversorgung der Angestellten sind für jeden Abrechnungszeitraum spätestens bis zum 20. des folgenden Monats bargeldlos an die Einzugsstelle zu zahlen. §§ 366, 367 BGB finden keine Anwendung.

(2) Die Einzugsstelle soll Erstattungen nach § 12 Abs. 1 dieses Tarifvertrages sowie nach §§ 19, 20 BBTV und nach §§ 3, 8 VTV Berufsbildung-Berlin dem Beitragskonto gutschreiben, wenn die fälligen Meldungen vollständig vorliegen und keine Zweifel an der Rechtmäßigkeit der geltend gemachten Erstattungen bestehen. Ist die Erstattung höher als die fällige Beitragsforderung, erstattet die

ULAK dem Arbeitgeber den Differenzbetrag unter den in Satz 1 genannten Voraussetzungen. Die Sätze 1 und 2 finden auch Anwendung, wenn ein Arbeitgeber rückwirkend zur Meldung und Beitragszahlung herangezogen wird.

(3) Der Arbeitgeber kann für die Zahlung der Beiträge, der Winterbeschäftigungs-Umlage sowie eventueller Verzugszinsen und Kosten ein Lastschriftmandat erteilen, aufgrund dessen die Einzugsstelle die Beiträge von seinem Bankkonto abbuchen darf. Die Einzugsstelle teilt die Abbuchung dem Arbeitgeber spätestens einen Tag vorher mit.

(4) Die Beiträge für die Zusatzversorgung der Dienstpflichtigen sind vom Arbeitgeber in einer Summe innerhalb von vier Wochen nach Beendigung der Dienstzeit an die Einzugsstelle zu zahlen. Mit rechtzeitiger Abtretung seines Erstattungsanspruchs nach § 14a Arbeitsplatzschutzgesetz an die ZVK-Bau hat der Arbeitgeber seine Verpflichtung zur Beitragszahlung erfüllt. Die Abtretung ist auf dem von der ZVK-Bau zur Verfügung gestellten Formular schriftlich zu erklären und mit der Dienstzeitbescheinigung der Einzugsstelle zu übersenden.

(5) Soweit der Beitrag für die Zusatzversorgung nicht steuerfrei gezahlt wird, ist der Einzugsstelle spätestens zwei Monate nach Ablauf des Kalenderjahres oder nach Beendigung eines Arbeitsverhältnisses im Laufe des Kalenderjahres mitzuteilen, ob der Beitrag pauschal oder individuell besteuert wird.

(6) Die Einzugsstelle ist im Rahmen der tarifvertraglichen Bestimmungen zur Zusatzversorgung an die Weisungen der ZVK-Bau gebunden.

(7) Die Beiträge für die Zusatzversorgung der Auszubildenden zahlt die ULAK im Rahmen der Erstattung der Ausbildungsvergütung nach § 19 des Tarifvertrages über die Berufsbildung im Baugewerbe für den Arbeitgeber an die ZVK-Bau; damit ist die Beitragspflicht des Arbeitgebers nach § 16 Abs. 5 erfüllt.

§ 19
Spitzenausgleichsverfahren

(1) Im Spitzenausgleichsverfahren werden die Beitragsansprüche und die Erstattungsansprüche des Arbeitgebers abweichend von § 12 Abs. 1, § 18 Abs. 1 dieses Tarifvertrages sowie §§ 19, 20 BBTV und §§ 3, 8 VTV Berufsbildung-Berlin für jeweils vier oder sechs aufeinander folgende Abrechnungszeiträume (Spitzenausgleichsintervalle) saldiert. § 387 BGB bleibt unberührt. Bei der Ermittlung des Saldos sind nur diejenigen Urlaubsvergütungen und Ausbildungsvergütungen zu berücksichtigen, die für das abgelaufene Spitzenausgleichsintervall nach § 6 ordnungsgemäß der ULAK gemeldet wurden. Die Kasse teilt dem Arbeitgeber den von ihr ermittelten Saldo nachrichtlich mit. Korrekturmeldungen für die Berichtigung von bereits gemeldeten Daten, die der ULAK nach dem 15. des auf das Spitzenausgleichsintervall folgenden Monats zugehen, werden hinsichtlich der Erstattungsansprüche jedoch für das Spitzenausgleichsintervall berücksichtigt, in dem sie abgegeben werden.

(2) Ergibt sich bei der nach Abs. 1 vorzunehmenden Berechnung ein Saldo zugunsten der Einzugsstelle, so ist der entsprechende Betrag spätestens bis zum letzten Tag des auf das Spitzenausgleichsintervall folgenden Monats bei der Einzugsstelle einzuzahlen. Ergibt sich dagegen ein Saldo zugunsten des Arbeitgebers, so zahlt die Einzugsstelle den entsprechenden Betrag unverzüglich an den Arbeitgeber. Führt der Arbeitgeber die Winterbeschäftigungs-Umlage über die Einzugsstelle ab, so ist diese berechtigt, den Betrag gemäß Satz 2 bis zur Höhe des an die Bundesagentur für Arbeit abzuführenden Umlagebetrages dem Winterbeschäftigungs-Umlagekonto gutzuschreiben.

(3) Die Einzugsstelle kann den Arbeitgeber zum Spitzenausgleichsverfahren zulassen. Die Zulassung setzt insbesondere voraus, dass der Arbeitgeber für die letzten zwölf Monate vor Eingang seiner Erklärung, an dem Spitzenausgleichsverfahren teilnehmen zu wollen, seine Meldungen und seine Beitragszahlungen vollständig und fristgerecht an die Einzugsstelle erbracht hat. Diese Voraussetzung ist auch erfüllt, wenn der Arbeitgeber innerhalb dieses Zeitraumes nur für einen Kalendermonat in Verzug war und nach Erinnerung seinen Verpflichtungen nachgekommen ist.

(4) Die Zulassung zum Spitzenausgleichsverfahren endet mit dem Tag, an dem

a) der Arbeitgeber gegenüber der Einzugsstelle mit seiner monatlichen Beitragsmeldung oder Beitragszahlung in Verzug kommt,
b) der Arbeitgeber gegenüber der ULAK mit seinen Meldeverpflichtungen nach §§ 5, 6 dieses Tarifvertrages, §§ 20, 21 BBTV oder § 3 a Satz 2 VTV Berufsbildung-Berlin in Verzug kommt,
c) die Eröffnung eines Insolvenzverfahrens über das Vermögen des Arbeitgebers beantragt wurde, oder
d) der Arbeitgeber eine Erstattung von Urlaubsvergütungen beantragt, die er noch nicht an seine Arbeitnehmer gezahlt hat.

In den in den Buchstaben a) und b) genannten Fällen kann die Beendigung der Zulassung zum Spitzenausgleichsverfahren dadurch abgewendet werden, dass der Arbeitgeber den genannten Verpflichtungen nachträglich nachkommt. Die Einzugsstelle ist verpflichtet, den Arbeitgeber auf diese Möglichkeit hinzuweisen und ihm hierfür eine Frist von 14 Kalendertagen seit Absendung des entsprechenden Schreibens einzuräumen.

Mit der Beendigung des Spitzenausgleichsverfahrens ist der Saldo nach Abs. 1 zu bilden. Ergibt sich dabei ein Saldo zugunsten der Einzugsstelle, so ist der entsprechende Betrag spätestens bis zum letzten Tag des Monats, in dem die Zulassung des Arbeitgebers zum Spitzenausgleichsverfahren endet, bei der Einzugsstelle einzuzahlen. Ergibt sich dagegen ein Saldo zugunsten des Arbeitgebers, so zahlt die Einzugsstelle den entsprechenden Betrag unverzüglich an den Arbeitgeber aus. Hat die Einzugsstelle dem Arbeitgeber die 14-tägige Frist nach Abs. 4 Satz 3 eingeräumt, so ist sie erst nach Ablauf dieser Frist zur Überweisung des sich aus dem Saldo ergebenden Betrages verpflichtet. Für denjenigen

Abrechnungszeitraum, für den ein Saldo wegen fehlender Beitragsmeldung nicht gebildet werden kann, ist der Sozialkassenbeitrag spätestens bis zum letzten Tag des auf diesen Abrechnungszeitraum folgenden Monats bei der Einzugsstelle einzuzahlen. Bis zur Erfüllung dieser Verpflichtung ist diese berechtigt, für jeden Abrechnungszeitraum, für den ein Saldo wegen fehlender Beitragsmeldung nicht gebildet werden kann, aus einem Saldo zugunsten des Arbeitgebers gemäß Satz 6 einen Betrag in Höhe des durchschnittlichen monatlichen Sozialkassenbeitrages der letzten zwölf Monate zurückzubehalten. Im Übrigen gilt Abs. 2 Satz 3.

(5) Der Arbeitgeber hat der Einzugsstelle mitzuteilen, ab welchem Zeitpunkt er an dem Spitzenausgleichsverfahren teilnehmen will und für wie viele Abrechnungszeiträume ein Spitzenausgleichsintervall gebildet werden soll. Eine Änderung der Spitzenausgleichsintervalle ist jeweils frühestens nach zwölf Monaten möglich. Die Erklärungen gemäß Satz 1 und 2 sind mit einer Ankündigungsfrist von sechs Wochen abzugeben. Eine Erklärung des Arbeitgebers zur Beendigung der Teilnahme an dem Spitzenausgleichsverfahren ist mit einer Frist von sechs Wochen zum Ende eines Spitzenausgleichsintervalls abzugeben.

§ 20
Verzug und Verzugszinsen

(1) Ist der Arbeitgeber mit der Zahlung des Sozialkassenbeitrages oder des Beitrages für Angestellte in Verzug, so hat die zuständige Kasse Anspruch auf Verzugszinsen in Höhe von 0,9 v. H. der Beitragsforderung für jeden angefangenen Monat des Verzuges; diese sind an die Einzugsstelle zu zahlen.

(2) Bei Verzug nach Abs. 1 und nachträglicher Saldierung gemäß § 18 Abs. 2 berechnen sich die Verzugszinsen aus dem gesamten nicht rechtzeitig bezahlten Beitrag. § 389 BGB findet keine Anwendung.

Abschnitt V
Schlussbestimmungen

§ 21
Verfall und Verjährung

(1) Die Ansprüche der zuständigen Kasse gegen den Arbeitgeber verfallen, wenn sie nicht innerhalb von drei Jahren seit Fälligkeit geltend gemacht worden sind. Abweichend hiervon verfallen Ansprüche der zuständigen Kasse gegen den Arbeitgeber, die bis zum Ablauf des Jahres 2014 fällig geworden sind, wenn sie nicht innerhalb von vier Jahren seit Fälligkeit geltend gemacht worden sind. Für den Beginn der Frist gilt § 199 BGB entsprechend. Der Verfall wird auch ge-

hemmt, wenn die Ansprüche rechtzeitig bei Gericht anhängig gemacht wurden. Die Verfallfristen gelten nicht für Ansprüche aus unerlaubter Handlung.

(2) Ansprüche des Arbeitgebers auf Erstattung der Urlaubsvergütung verfallen zugunsten der zuständigen Kasse, wenn sie nicht bis zum 30. September des Kalenderjahres geltend gemacht worden sind, welches auf das Kalenderjahr folgt, in dem der Erstattungsanspruch entstanden ist. Im Falle der Beendigung des Arbeitsverhältnisses und im Falle der Fortsetzung des Arbeitsverhältnisses, ohne dass der Arbeitnehmer weiter von dem Bundesrahmentarifvertrag für das Baugewerbe erfasst wird, verfallen die Ansprüche jedoch bereits am 15. des zweiten auf den Monat der Beendigung folgenden Monats.

(3) Wird der Arbeitgeber rückwirkend zur Meldung und Beitragszahlung herangezogen, so beträgt die Verfallfrist in allen Fällen des Abs. 2 zwei Jahre. Sie beginnt mit Ablauf des Jahres, in dem die Einzugsstelle dem Arbeitgeber seine Beitragspflicht mitgeteilt hat, im Falle eines Rechtsstreits jedoch frühestens mit Ablauf des Jahres, in dem rechtskräftig oder durch übereinstimmende Erklärungen der Parteien festgestellt wird, dass der Betrieb von diesem Tarifvertrag erfasst wird.

(4) Die regelmäßige Verjährungsfrist für Ansprüche der Kassen gegen den Arbeitgeber und Ansprüche der Arbeitgeber gegenüber den Kassen beträgt drei Jahre. Abweichend hiervon beträgt die Verjährungsfrist für Ansprüche der Kassen gegen den Arbeitgeber und Ansprüche der Arbeitgeber gegenüber den Kassen, die bis zum Ablauf des Jahres 2014 fällig geworden sind, vier Jahr. Die Verjährungsfristen gelten nicht für Ansprüche aus unerlaubter Handlung.

§ 22
Kosten von Zahlungen

Zahlungen auf inländische Bankkonten erfolgen für den Empfänger kostenfrei. Werden Zahlungen ins Ausland erforderlich, so hat der Empfänger die Kosten zu tragen.

§ 23
Erfüllungsort und Gerichtsstand

(1) Erfüllungsort und Gerichtsstand für Ansprüche der ZVK-Bau und der ULAK gegen Arbeitgeber und deren Arbeitnehmer sowie für Ansprüche der Arbeitgeber und Arbeitnehmer gegen diese Kassen ist Wiesbaden. Dies gilt auch für Beitragsansprüche der UKB.

(2) Abweichend von Abs. 1 ist Berlin Gerichtsstand für Ansprüche der ZVK-Bau und der ULAK gegen Arbeitgeber mit Betriebssitz im Gebiet der fünf neuen Bundesländer und deren Arbeitnehmer sowie für Ansprüche dieser Arbeitgeber und Arbeitnehmer gegen diese Kassen.

(3) Abweichend von Abs. 1 ist Berlin Erfüllungsort und Gerichtsstand für Ansprüche der Kassen gegen Arbeitgeber mit Betriebssitz in Berlin und deren Arbeitnehmer sowie für Ansprüche dieser Arbeitgeber und Arbeitnehmer gegen diese Kassen.

(4) Die Abs. 1 bis 3 gelten auch für Ansprüche nach § 14 AEntG.

§ 24
Prüfungsrecht

Den Kassen ist auf Verlangen Einsicht in die für die Durchführung des Einzugs- und Erstattungsverfahrens notwendigen Unterlagen, auf Anforderung auch durch Übersendung von Kopien, zu gewähren. Ihnen sind außerdem alle erforderlichen Auskünfte zu erteilen.

§ 25
Rückforderung von Leistungen

Hat eine Kasse dem Arbeitgeber oder dem Arbeitnehmer gegenüber Leistungen erbracht, auf die dieser zum Zeitpunkt der Antragstellung keinen tarifvertraglichen Anspruch hatte oder die aufgrund unwahrer Angaben erfolgt sind, so ist die Kasse berechtigt, die von ihr gewährten Leistungen zurückzufordern und für die Zeit zwischen Leistungsgewährung und Rückzahlung Zinsen entsprechend § 20 zu fordern. Die bescheinigten Arbeitnehmeransprüche sind durch die Kasse entsprechend zu berichtigen.

§ 26
Auskünfte

Die Kassen sind verpflichtet, der Bundesagentur für Arbeit, deren Dienststellen und den Dienststellen der Zollverwaltung diejenigen Auskünfte zu erteilen, die zur Beurteilung der ordnungsgemäßen Teilnahme am Urlaubskassenverfahren benötigt werden.

§ 27
Anpassung des Sozialkassenbeitrages

Stellt sich nach Ablauf eines Kalenderjahres heraus, dass der Sozialkassenbeitrag zu hoch oder zu niedrig ist, um die tarifvertraglich festgelegten Leistungen zu decken, so hat auf Antrag einer der Tarifvertragsparteien für das nächste Kalenderjahr eine entsprechende Änderung zu erfolgen.

§ 28
Einzug und Erlass des Sozialkassenbeitrages

(1) Die Einzugsstelle hat die von ihr einzuziehenden Beiträge grundsätzlich rechtzeitig und vollständig zu erheben.

(2) Die zuständige Kasse ist berechtigt, Forderungen zu stunden und Ratenzahlungsvereinbarungen abzuschließen, wenn die rechtzeitige Erhebung mit erheblichen Härten des zur Beitragszahlung Verpflichteten verbunden wäre. Dies gilt nicht für Beiträge für die Zusatzversorgung.

(3) Verzugszinsen darf die zuständige Kasse ganz oder teilweise erlassen, soweit ihre Durchsetzung nach Lage des einzelnen Falles unbillig erscheint.

(4) Die zuständige Kasse kann Ansprüche erlassen, wenn und soweit die Träger der Sozialversicherung gemäß § 76 Abs. 2 Nr. 3 SGB IV sowie die Finanzbehörden gemäß § 227 AO ihre Ansprüche erlassen. Der zur Beitragszahlung Verpflichtete hat nachzuweisen, dass und zu welchem Prozentsatz ihrer Forderungen die Träger der Sozialversicherung sowie die Finanzbehörden sich zu einem Erlass bereit erklärt haben. § 12 Abs. 2 Satz 3 TZA Bau findet keine Anwendung, soweit wegen des Erlasses Beiträge nicht entrichtet worden sind.

§ 29
Durchführung der Verfahren

(1) Der Verwaltungsrat der ULAK und der Aufsichtsrat der ZVK sind ermächtigt, paritätische Kommissionen einzusetzen, die über Fragen der Abwicklung und Durchführung der in diesem Tarifvertrag geregelten Sozialkassenverfahren vorbehaltlich des Abs. 3 auf der Grundlage der maßgeblichen tarifvertraglichen Bestimmungen entscheiden.

(2) Soweit die Bestimmungen dieses Tarifvertrages auslegungsbedürftig erscheinen, obliegt diese Tarifvertragsauslegung im Rahmen der in Abs. 1 genannten Aufgaben ebenfalls den paritätischen Kommissionen.

(3) Soweit die vorstehenden Bestimmungen lediglich technische Verfahrensvorschriften enthalten, sind die das Verfahren durchführenden Kassen befugt, solche Bestimmungen zu treffen, die durch eine Vereinfachung des Verfahrens die günstigsten Wirkungen für Arbeitgeber und Arbeitnehmer gewährleisten.

§ 30
Rechtswahl

Für die Durchführung der Verfahren nach diesem Tarifvertrag gilt deutsches Recht.

§ 31
Inkrafttreten und Laufdauer

Dieser Tarifvertrag tritt am 1. Januar 2019 in Kraft. Mit Inkrafttreten dieses Tarifvertrages tritt der Tarifvertrag über das Sozialkassenverfahren im Baugewerbe (VTV) vom 3. Mai 2013 in der Fassung vom 3. Dezember 2013, 10. Dezember

2014 und 24. November 2015 außer Kraft. Er kann mit einer Frist von sechs Monaten jeweils zum 31. Dezember schriftlich – erstmals zum 31. Dezember 2021 – gekündigt werden.

Berlin/Frankfurt a. M., den 28. September 2018

Änderungsübersicht[1]

▼ Paragraphen	▶ Tarifverträge: Änderungstarifvertrag vom 3. Dezember 2013	Änderungstarifvertrag vom 10. Dezember 2014	Änderungstarifvertrag vom 24. November 2015	Tarifvertrag vom 28. September 2018
§ 1			■	
§ 2			■	
§ 3			■	■
§ 4				■
§ 5		■		
§ 6				■
§ 7			■	
§ 8				
§ 9			■	
§ 10		■		
§ 11		■		
§ 12		■		
§ 13		■		
§ 14				
§ 15	■	■	■	■
§ 16		■	■	■
§ 17		■		□
§ 18		■	■	■
§ 19				
§ 20				■
§ 21				■
§ 22				
§ 23				
§ 24				
§ 25				
§ 26				
§ 27				
§ 28				■
§ 29				
§ 30				
§ 31				■

1) Geänderte Paragraphen gegenüber der Vorfassung (■); somit lässt sich ablesen, welche Paragraphen Änderungen erfahren haben und welche Paragraphen nicht geändert worden sind.
(□) = weggefallene Paragraphen.

Tarifvertrag über das Verfahren für die Berufsbildung im Berliner Baugewerbe (Verfahrenstarifvertrag Berufsbildung Berlin)

vom 10. Dezember 2002

Zwischen

der Fachgemeinschaft Bau Berlin und Brandenburg e. V.,
Nassauische Straße 15, 10717 Berlin,

dem Bauindustrieverband Berlin-Brandenburg e. V.,
Karl-Marx-Straße 27, 14482 Potsdam,

dem Landesverband Bauhandwerk Brandenburg und Berlin e. V.,
Am Schragen 26, 14469 Potsdam,

und

der Industriegewerkschaft Bauen-Agrar-Umwelt,
Olof-Palme-Straße 19, 60439 Frankfurt a. M.,

wird gemäß § 34 Satz 2 des Tarifvertrages über die Berufsbildung im Baugewerbe (BBTV) folgender Tarifvertrag geschlossen:

§ 1 Geltungsbereich

(1) Räumlicher Geltungsbereich:

Das Gebiet des Landes Berlin.

(2) Betrieblicher Geltungsbereich:

Betriebe, die unter den betrieblichen Geltungsbereich des Tarifvertrages über das Sozialkassenverfahren im Baugewerbe (VTV) in der jeweils geltenden Fassung fallen.

(3) Persönlicher Geltungsbereich:

Personen, die unter den persönlichen Geltungsbereich des Tarifvertrages über die Berufsbildung im Baugewerbe (BBTV) fallen.

§ 2 Sozialkasse des Berliner Baugewerbes

Die im weiteren als Sozialkasse bezeichnete Kasse ist die Sozialkasse des Berliner Baugewerbes.

§ 3
Wegekostenerstattung

(1) Gewerbliche Auszubildende haben Anspruch auf Wegekostenerstattung gemäß § 7 Nr. 5 des Bundesrahmentarifvertrages (BRTV) für jeden Tag der betrieblichen Ausbildung außerhalb des Betriebssitzes, der überbetrieblichen Ausbildung sowie für jeden Berufsschultag, an dem sie die jeweilige Ausbildungsstätte aufsuchen. Daneben bestehen keine Ansprüche auf Fahrtkostenerstattung. Die Sozialkasse erstattet dem Arbeitgeber die tariflichen Wegekosten zuzüglich eines Ausgleichs für die zu leistenden Sozialaufwendungen von 20 %. Die Wegekostenerstattung erfolgt nur für die Zeiten, für die auch eine Ausbildungsvergütung erstattet wird. Sie erfolgt zusammen mit der Erstattung der Ausbildungsvergütung.

(2) Abs. 1 gilt auch für technische und kaufmännische Auszubildende entsprechend. § 7 Nrn. 3.1 und 3.2 des Rahmentarifvertrages für die Angestellten und Poliere des Baugewerbes vom 4. Juli 2002 in der jeweils geltenden Fassung findet keine Anwendung.

§ 4
Verfahren bei Erstattung der Ausbildungsvergütung und der Wegekosten

(1) Der Arbeitgeber hat der Sozialkasse die Begründung eines Ausbildungsverhältnisses durch Übersendung einer Kopie des von der Handwerkskammer bzw. Industrie- und Handelskammer bestätigten Ausbildungsvertrages anzuzeigen. Bestand zuvor bereits ein Arbeitsverhältnis zu einem anderen Baubetrieb, ist darüber hinaus die Arbeitnehmernummer mitzuteilen.

(2) Die Sozialkasse erstellt für jeden einzelnen Ausbildungsbetrieb anhand der eingereichten Ausbildungsverträge und für jeden Erstattungszeitraum, für den nach den Unterlagen der Sozialkasse Erstattungsansprüche möglich sind, Erstattungsformulare, auf dem die Auszubildenden namentlich aufgeführt sind. Die gewährte Ausbildungsvergütung und die zur Erstattung beantragten Wegekosten sind vom Betrieb der Sozialkasse auf diesen Formularen einzutragen. Die Formulare sind durch den Arbeitgeber rechtsverbindlich zu unterschreiben und der Sozialkasse einzureichen. Bei Arbeitgebern mit EDV-Abrechnung erfolgt die Übermittlung der Daten auf elektronischem Wege nach Maßgabe der mit der Kasse getroffenen Vereinbarung.

(3) Bei Beendigung des Ausbildungsverhältnisses hat der bisherige Arbeitgeber der Sozialkasse die Dauer des Urlaubs mitzuteilen, der in dem Urlaubsjahr, in welchem die Ausbildung beendet wurde, während des Ausbildungsverhältnisses entstanden ist und gewährt wurde. Die Mitteilung erfolgt unter Verwendung eines von der Sozialkasse zur Verfügung gestellten Formblattes. Die Mitteilung ist rechtsverbindlich zu unterzeichnen.

(4) Nach Übersendung der Bescheinigung über die Resturlaubsansprüche erhält der Auszubildende von der Sozialkasse eine Abschlussbescheinigung, die zugleich den Wartezeitennachweis für die Zusatzversorgung enthält.

§ 5
Verfahren bei Erstattung überbetrieblicher Ausbildungskosten

(1) Die Erstattung der überbetrieblichen Ausbildungskosten erfolgt durch die Sozialkasse direkt gegenüber der Ausbildungsstätte aufgrund der von dieser eingereichten mit Stempel und rechtsverbindlicher Unterschrift versehenen Abrechnungsliste.

(2) Auf der Abrechnungsliste sind für jeden Auszubildenden die Arbeitnehmerkonto-Nr., der Name des Auszubildenden, der Ausbildungsbetrieb, die Ausbildungszeit und die abgerechneten Ausbildungstagewerke sowie der Erstattungsbetrag anzugeben. Die Ausbildungsstätte ist zu einer beleglosen Abrechnung mittels elektronischer Datenübermittlung nach Maßgabe der mit der Sozialkasse getroffenen Vereinbarung berechtigt.

(3) Der Sozialkasse ist auf Verlangen von der Ausbildungsstätte Einsicht in die für die Durchführung des Erstattungsverfahrens notwendigen Unterlagen zu gewähren.

(4) Die Sozialkasse ist nicht berechtigt, diese Erstattungen mit Beitragsforderungen oder anderen Forderungen der Sozialkasse gegen den Arbeitgeber zu verrechnen oder insoweit ein Zurückbehaltungsrecht auszuüben.

§ 6
Erstattung der Ausbildungsvergütung im Spitzenausgleichsverfahren

Dem Arbeitgeber, der am Spitzenausgleichsverfahren teilnimmt, erstattet die Sozialkasse die von ihm an den Auszubildenden ausgezahlte Urlaubsvergütung im Wege der Saldierung mit Beitragsansprüchen nach Maßgabe des § 23 VTV. Die Erstattung der Ausbildungsvergütung setzt voraus, dass die gemäß § 4 erforderlichen Nachweise jeweils bis zum 15. des auf den betreffenden Ausbildungsmonat folgenden Monats geführt und ordnungsgemäße Meldungen nach § 6 VTV abgegeben werden.

§ 7
Erstattung von Urlaubsvergütungen

Die Erstattung von Urlaubskosten ist in den Erstattungsbeträgen gemäß § 19 BBTV enthalten. Darüber hinaus werden Urlaubskosten nicht erstattet.

§ 8
Beitrag

Der Arbeitgeber hat zur Aufbringung der Mittel für die Ausbildungskostenerstattung einen Beitrag in Höhe von 1,65 % der Bruttolohnsumme an die Sozialkasse abzuführen. Auf diesen Beitrag hat die Sozialkasse einen unmittelbaren Anspruch. Der Beitrag ist Teil des Gesamtbeitrages i. S. v. § 18 Abs. 3 VTV. Einzugsstelle ist die Zusatzversorgungskasse des Baugewerbes VVaG.

§ 9
Prüfungsrecht

Beauftragten der Sozialkasse ist auf Verlangen Einsicht in die für die Durchführung des Verfahrens notwendigen Unterlagen zu gestatten.

§ 10
Erfüllungsort und Gerichtsstand

Erfüllungsort und Gerichtsstand für Ansprüche der Sozialkasse gegen Arbeitgeber und Arbeitnehmer sowie für Ansprüche der Arbeitgeber und Auszubildenden gegen die Sozialkasse ist Berlin.

§ 11
Inkrafttreten und Laufdauer

(1) Dieser Tarifvertrag tritt am 1. Januar 2003 in Kraft und kann mit einer Frist von 6 Monaten, jeweils zum 31. August, erstmals zum 31. August 2004, gekündigt werden. Unabhängig davon tritt dieser Tarifvertrag ohne Kündigung mit dem Zeitpunkt außer Kraft, in dem die §§ 18 bis 27, 29 und 32 des Tarifvertrages über die Berufsbildung im Baugewerbe (BBTV) vom 29. Januar 1987 außer Kraft treten.

(2) Der Tarifvertrag über das Verfahren für die Berufsbildung im Berliner Baugewerbe (Verfahrenstarifvertrag Berufsbildung) vom 1. August 1995 tritt mit Ablauf des 31. Dezember 2002 außer Kraft.

Berlin/Potsdam/Frankfurt a. M., den 10. Dezember 2002

Tarifvertrag über Sozialaufwandserstattung im Berliner Baugewerbe – gewerbliche Arbeitnehmer –

vom 17. Dezember 2002

Zwischen

der Fachgemeinschaft Bau Berlin und Brandenburg e. V.,
Nassauische Straße 15, 10717 Berlin,

dem Bauindustrieverband Berlin-Brandenburg e. V.,
Karl-Marx-Straße 27, 14482 Potsdam,

dem Landesverband Bauhandwerk Brandenburg und Berlin e. V.,
Am Schragen 26, 14469 Potsdam,

und

der Industriegewerkschaft Bauen-Agrar-Umwelt,
Olof-Palme-Straße 19, 60439 Frankfurt a. M.,

wird folgender Tarifvertrag geschlossen:

§ 1
Geltungsbereich

(1) Räumlicher Geltungsbereich:

Das Gebiet des Landes Berlin.

(2) Betrieblicher Geltungsbereich:

Betriebe, die unter den betrieblichen Geltungsbereich des Tarifvertrages über das Sozialkassenverfahren im Baugewerbe (VTV) in der jeweils geltenden Fassung fallen.

(3) Persönlicher Geltungsbereich:

Gewerbliche Arbeitnehmer (Arbeiter), die eine nach den Vorschriften des Sechsten Buches Sozialgesetzbuch – Gesetzliche Rentenversicherung – (SGB VI) versicherungspflichtige Tätigkeit ausüben.

§ 2
Sozialaufwandserstattungssatz

(1) Die Sozialkasse des Berliner Baugewerbes erstattet dem Arbeitgeber neben ausgezahlten Urlaubsvergütungen und Lohnausgleichsbeträgen nach den Be-

stimmungen des VTV einen Zuschlag auf die ausgezahlten Beträge als Ausgleich für die von ihm zu leistenden Sozialaufwendungen (Sozialaufwandserstattungssatz). Der Sozialaufwandserstattungssatz beträgt 45 % auf die ausgezahlten Urlaubsvergütungen und 20 % auf die ausgezahlten Lohnausgleichsbeträge.

(2) Sozialaufwandserstattung gemäß Abs. 1 wird auch auf Urlaubsvergütung gewährt, die von Betrieben mit Sitz im Land Berlin gezahlt wurde, aber im Geltungsbereich des Bundesrahmentarifvertrages für das Baugewerbe (BRTV) aufgrund von Beschäftigungszeiten der Arbeitnehmer außerhalb des Landes Berlin erworben wurden. Die Sozialaufwandserstattung ist zurückzuzahlen, wenn nicht mindestens 9 Tage Urlaubsanspruch durch zusammenhängende Beschäftigungen in Berlin erworben wurden, bevor wieder eine Beschäftigung in einem Betrieb im übrigen Bundesgebiet, der unter den Geltungsbereich des BRTV fällt, aufgenommen wird. Darüber hinaus erfolgt keine Sozialaufwandserstattung für die Auszahlung von Urlaubsvergütungs-Teilansprüchen, die durch Beschäftigung im übrigen Bundesgebiet erworben wurden. Betriebe aus dem übrigen Bundesgebiet erhalten für Urlaubsvergütungen, die auf Beschäftigungszeiten in Berliner Betrieben zurückgehen, keine Sozialaufwandserstattung. Verlegt ein Betrieb seinen Sitz aus Berlin in das übrige Bundesgebiet ohne aus dem betrieblichen Geltungsbereich dieses Tarifvertrages auszuscheiden, so hat er Anspruch auf Sozialaufwandserstattung auf Urlaubsvergütungsansprüche der zu dieser Zeit Beschäftigten, so als ob diese zum Zeitpunkt der Verlegung des Sitzes gewährt worden wären, soweit die Urlaubsvergütungsansprüche in diesem Betrieb vor der Verlegung des Sitzes zusammenhängend erworben wurden. Kein Anspruch besteht für die Arbeitnehmer, die bis zum Zeitpunkt der Verlegung aus dem Betrieb ausgeschieden sind.

(3) Soweit Arbeitgebern für witterungsbedingten Arbeitsausfall nach § 4 Nr. 6.4 BRTV der Anspruch auf Entschädigung verfallener Urlaubsansprüche abgetreten wurde, erstattet die Sozialkasse den Arbeitgebern 45 % des Abtretungsbetrages als Sozialaufwandserstattung.

§ 3
Beitragshöhe und -abführung

Der Beitrag zur Finanzierung der in § 2 geregelten Leistungen wird als Teil des Gesamtbeitrages nach den Bestimmungen des VTV erhoben.

§ 4
Verfallfrist

(1) Die Ansprüche der Sozialkasse gegen den Arbeitgeber verfallen, wenn sie nicht innerhalb von vier Jahren seit Fälligkeit geltend gemacht worden sind. Für den Beginn der Frist gilt § 199 BGB entsprechend.

(2) Abs. 1 gilt nicht für Ansprüche aus unerlaubter Handlung.

§ 5
Rückforderung von Leistungen

Hat die Sozialkasse dem Arbeitgeber gegenüber Leistungen erbracht, auf die dieser zum Abrechnungszeitpunkt keinen Anspruch hatte oder die aufgrund unwahrer Angaben erfolgt sind, so ist die Sozialkasse berechtigt, diese zurückzufordern und hat für die Zeit zwischen Leistungsgewährung und Rückzahlung Anspruch auf Verzugszinsen in gesetzlicher Höhe.

§ 6
Erfüllungsort und Gerichtsstand

Erfüllungsort und Gerichtsstand für Ansprüche der Sozialkasse gegen Arbeitgeber sowie für Ansprüche der Arbeitgeber gegen die Sozialkasse ist Berlin.

§ 7
Allgemeinverbindlicherklärung

Die Tarifvertragsparteien verpflichten sich, die Allgemeinverbindlicherklärung dieses Tarifvertrages unverzüglich zu beantragen.

§ 8
Inkrafttreten/Vertragsdauer

(1) Dieser Tarifvertrag tritt am 1. Juli 2003 in Kraft. Der Tarifvertrag kann mit einer Frist von 6 Monaten – jeweils zum 31. Dezember, erstmalig zum 31. Dezember 2004 – gekündigt werden.

(2) Der Tarifvertrag über die Sozialaufwandserstattung im Berliner Baugewerbe vom 5. Dezember 1997 tritt mit Ablauf des 30. Juni 2003 außer Kraft.

Berlin/Potsdam/Frankfurt a. M., den 17. Dezember 2002

Vereinbarung

vom 28. November 2018

Zwischen

der Fachgemeinschaft Bau Berlin und Brandenburg e. V.,
Nassauische Straße 15, 10717 Berlin,

dem Bauindustrieverband Berlin-Brandenburg e. V.,
Karl-Marx-Straße 27, 14482 Potsdam,

dem Landesverband Bauhandwerk Brandenburg und Berlin e. V.,
Otto-Erich-Straße 11 – 13, 14482 Potsdam,

und

der Industriegewerkschaft Bauen-Agrar-Umwelt,
Olof-Palme-Straße 19, 60439 Frankfurt a. M.,

wird folgendes vereinbart:

Die Sozialkassenbeiträge für das Land Berlin WEST
werden mit Wirkung zum 1. Januar 2019 wie folgt festgelegt:

1. Im Gebiet von Berlin-West:

1.1	für Erstattung von Urlaubsvergütung	15,40 %	
1.2	für Sozialaufwandserstattung	5,70 %	
1.3	für Erstattung von Kosten der Berufsbildung	1,65 %	
1.4	für Zusatzversorgung (bzw. der von den Spitzenverbänden des Baugewerbes festgelegte Prozentsatz)	3,00 %	
	Gesamtbeitrag =	**25,75 %**	der Bruttolohnsumme

Die Sozialkassenbeiträge für das Land Berlin OST
werden mit Wirkung zum 1. Januar 2019 wie folgt festgelegt:

2. Im Gebiet von Berlin-Ost:

2.1	für Erstattung von Urlaubsvergütung	15,40 %	
2.2	für Sozialaufwandserstattung	5,70 %	
2.3	für Erstattung von Kosten der Berufsbildung	1,65 %	
2.4	für Zusatzversorgung (bzw. der von den Spitzenverbänden des Baugewerbes festgelegte Prozentsatz)	1,00 %	
	Gesamtbeitrag =	**23,75 %**	der Bruttolohnsumme

und mit Wirkung zum 1. Januar 2020:

2. Im Gebiet von Berlin-Ost:

2.1	für Erstattung von Urlaubsvergütung	15,40 %
2.2	für Sozialaufwandserstattung	5,70 %
2.3	für Erstattung von Kosten der Berufsbildung	1,65 %
2.4	für Zusatzversorgung (bzw. der von den Spitzenverbänden des Baugewerbes festgelegte Prozentsatz)	1,10 %
	Gesamtbeitrag =	**23,85 %** der Bruttolohnsumme

Berlin / Potsdam / Frankfurt a. M., den 28. November 2018

Tarifvertrag über zusätzliche Angaben im arbeitnehmerbezogenen Meldeverfahren im Berliner Baugewerbe (TV ZABB)

vom 19. Mai 2006

Zwischen

der Fachgemeinschaft Bau Berlin und Brandenburg e.V., Nassauische Straße 15, 10717 Berlin,

dem Bauindustrieverband Berlin-Brandenburg e.V., Karl-Marx-Straße 27, 14482 Potsdam,

dem Landesverband Bauhandwerk Brandenburg und Berlin e.V. Röhrenstraße 6, 14480 Potsdam,

und

der Industriegewerkschaft Bauen-Agrar-Umwelt, Olof-Palme-Straße 19, 60439 Frankfurt a.M.,

wird folgender Tarifvertrag geschlossen:

§ 1 Geltungsbereich

(1) Räumlicher Geltungsbereich:

Das Gebiet des Landes Berlin.

(2) Betrieblicher Geltungsbereich:

Betriebe, die unter den betrieblichen Geltungsbereich des Tarifvertrages über das Sozialkassenverfahren im Baugewerbe (VTV) in der jeweils geltenden Fassung fallen.

(3) Persönlicher Geltungsbereich:

Gewerbliche Arbeitnehmer (Arbeiter), die eine nach den Vorschriften des Sechsten Buches Sozialgesetzbuch – Gesetzliche Rentenversicherung – (SGB VI) versicherungspflichtige Tätigkeit ausüben.

§ 2
Zusätzliche Angaben im arbeitnehmerbezogenen Meldeverfahren

(1) Der Arbeitgeber hat der Sozialkasse des Berliner Baugewerbes (Soka-Berlin) auf den von ihr zur Verfügung stellenden Vordrucken für jeden Kalendermonat bis zum 15. des Folgemonats neben den in § 6 Abs. 1 des Tarifvertrages über das Sozialkassenverfahren im Baugewerbe (VTV) genannten Meldepflichten noch folgende Daten für jeden Arbeitnehmer mitzuteilen:

1. die Anzahl der geleisteten Arbeitsstunden,
2. die mit der Lohnabrechnung zur Auszahlung gelangenden Arbeitsstunden,
3. die Eingruppierung in die Lohngruppe 1 oder 2 und höher gemäß § 5 Bundesrahmentarifvertrag für das Baugewerbe (BRTV),
4. den der Lohnabrechnung zu Grunde liegenden Bruttostundenlohn (GTL) ohne Zuschläge.

(2) Der Tarifvertrag über das Sozialkassenverfahren im Baugewerbe (VTV) bleibt unberührt.

§ 3
Prüfungsrecht

Beauftragten der Sozialkasse ist auf Verlangen Einsicht in die für die Durchführung des Verfahrens notwendigen Unterlagen zu gestatten.

§ 4
Allgemeinverbindlichkeit

Die Tarifvertragsparteien verpflichten sich, die Allgemeinverbindlicherklärung dieses Tarifvertrages unverzüglich zu beantragen.

§ 5
Inkrafttreten/Vertragsdauer

Dieser Tarifvertrag tritt am 1. Januar 2007, frühestens jedoch mit Beginn seiner Allgemeinverbindlichkeit, in Kraft. Er kann mit einer Frist von 6 Monaten – jeweils zum 31. Dezember, erstmalig zum 31. Dezember 2008 – gekündigt werden.

Berlin/Potsdam/Frankfurt a.M., den 19. Mai 2006

Die tariflichen Mindestlöhne im Baugewerbe

Die Mindestlöhne im Baugewerbe im Sinne des Arbeitnehmer-Entsendegesetzes (siehe Seiten 533 bis 559), welches die Entsende-Richtlinie (siehe Seiten 521 bis 532) in deutsches Recht umsetzt, sind im Tarifvertrag zur Regelung der Mindestlöhne im Baugewerbe im Gebiet der Bundesrepublik Deutschland (TV Mindestlohn) vom 17. Januar 2020 (siehe Seiten 84 bis 88) sowie der Elften Verordnung über zwingende Arbeitsbedingungen im Baugewerbe (Elfte MindestlohnVO) vom 25. März 2020 festgeschrieben (siehe Seiten 471 bis 489). Einen Überblick über die Entwicklung der Mindestlöhne sowie die aktuellen Werte im Bauhaupt- und im Baunebengewerbe geben die Tabelle und die Graphik auf den Seiten 490 bis 499.

Der für allgemeinverbindlich erklärte und damit bundesweit geltende TV Mindestlohn erfasst gemäß § 1 Abs. 2 alle Betriebe, die unter den Geltungsbereich des Bundesrahmentarifvertrages für das Baugewerbe (BRTV) fallen. Für den betrieblichen Geltungsbereich gemäß § 1 Abs. 2 Satz 1 BRTV kommt es entscheidend darauf an, ob die Arbeitnehmer des Betriebes **arbeitszeitlich überwiegend Bauleistungen** erbringen. Dies ist nach der Rechtsprechung des Bundesarbeitsgerichts dann der Fall, wenn der Anteil der betrieblichen Gesamtarbeitszeit der Arbeitnehmer an den maßgeblichen Bautätigkeiten mehr als 50 % beträgt. Eine Einordnung als baugewerbliche Tätigkeit ist anhand von § 1 Abs. 2 Abschn. I bis VII BRTV vorzunehmen.

Vom **persönlichen Geltungsbereich** werden **alle gewerblichen Arbeitnehmer** erfasst, unabhängig davon, ob es sich um sozialversicherungspflichtige Beschäftigungsverhältnisse oder geringfügig Beschäftigte handelt. Erfasst werden auch Hilfskräfte (Boten, Küchenhelfer, Wächter und Wärter). Nicht mindestlohnpflichtig waren bis 31. Dezember 2013 jugendliche Arbeitnehmer vor Vollendung des 18. Lebensjahres ohne abgeschlossene Berufsausbildung. Diese Ausnahme ist im TV Mindestlohn seit 1. Januar 2014 stattdessen auf Schüler an allgemeinbildenden Schulen und Schulabgänger innerhalb von 12 Monaten für maximal 50 Arbeitstage bezogen, siehe Seite 85. Praktikanten, gewerbliches Reinigungspersonal, das für Reinigungsarbeiten in Verwaltungs- und Sozialräumen des Betriebes beschäftigt wird, sowie Angestellte und Poliere fallen ebenfalls nicht unter den persönlichen Geltungsbereich. Für Arbeitnehmer, die nicht unter die Mindestlöhne im Baugewerbe fallen, ist aber seit dem 1. Januar 2015 eine Geltung des gesetzlichen Mindestlohnes, der seit dem 1. Januar 2020 9,35 €/Stunde, ab dem 1. Januar 2021 9,50 €/Stunde beträgt, zu prüfen (siehe dazu Seiten 500 und 501).

§ 3 TV Mindestlohn bestimmt, dass der **Lohn der Arbeitsstelle** gilt (Arbeitsortsprinzip), es sei denn, der Lohn des Einstellungsortes des Arbeitnehmers ist höher. Die im Tarifgebiet West und im Tarifgebiet Berlin zu treffende **Abgrenzung**, ob der Mindestlohn für die Lohngruppe 1 (**Mindestlohn 1**) oder der Mindestlohn für die Lohngruppe 2 (**Mindestlohn 2**) zu zahlen ist, hängt entscheidend davon ab, welche Tätigkeit von dem Arbeitnehmer überwiegend ausgeübt wird. Allein die Ausbildung rechtfertigt nicht die Eingruppierung in die Lohngruppe 2, sondern erst die tatsächlich arbeitszeitlich überwiegend ausgeübte Tätigkeit des Arbeitnehmers. Einerseits ist also keine Ausbildung für einen Anspruch auf Mindestlohn 2 erforderlich, andererseits rechtfertigt eine abgeschlossene Ausbildung allein nicht die Zuordnung zum Mindestlohn 2. Zwecks Abgrenzung der beiden Mindestlohngruppen können die Tätigkeitsbeispiele des § 5 Nr. 3 Lohngruppe 1 bzw. Lohngruppe 2 BRTV herangezogen werden. Der Mindestlohn 2 ist seit 1. September 2009 im Tarifgebiet Ost weggefallen. Das bedeutet, dass die Lohngruppe 2 im Tarifgebiet Ost nicht mehr für allgemeinverbindlich erklärt wurde.

Der Mindestlohn beruht auf dem Gesamttarifstundenlohn (brutto). Gemäß § 2 Abs. 1 Satz 4 TV Mindestlohn ist lediglich für Leistungslohn-Mehrstunden (Plus-Stunden, Überschussstunden im Akkord) der Bauzuschlag nicht zu zahlen. Bei der Berechnung des Mindestlohnes sind Arbeitgeberanteile zur Sozialversicherung nicht zu berücksichtigen.

Mindestlohnverstöße können als Ordnungswidrigkeit mit Geldbußen von bis zu 500.000,— € geahndet werden. Sogar eine Strafbarkeit wegen Wuchers (§ 291 StGB) und wegen Vorenthaltens und Veruntreuens von Arbeitsentgelt (§ 266 a StGB) kann vorliegen. Daneben können Gewinne ohne Begrenzung abgeschöpft werden. Baustellenkontrollen werden vom Zoll durchgeführt (Finanzkontrolle Schwarzarbeit – FKS).

Zu weiteren Einzelheiten siehe **Das Arbeitsverhältnis im Baugewerbe** – Praxis- und Anwenungsorientierte Erläuterungen – (6. Auflage), erschienen in der Otto Elsner Verlagsgesellschaft.

Elfte Verordnung über zwingende Arbeitsbedingungen im Baugewerbe

vom 25. März 2020[1]

Auf Grund des § 7 Abs. 1 und 2 in Verbindung mit Abs. 4 des Arbeitnehmer-Entsendegesetzes, dessen Abs. 1 und 4 durch Art. 6 Nr. 6 Buchst. b) und c) des Gesetzes vom 11. August 2014 (BGBl. I S. 1.348) geändert worden sind, verordnet das Bundesministerium für Arbeit und Soziales, nachdem es den in den Geltungsbereich der Verordnung fallenden Arbeitgebern, Arbeitnehmern und Arbeitnehmerinnen, den Parteien des Tarifvertrags nach § 1 Abs. 1 dieser Verordnung, den Parteien von Tarifverträgen in der Branche mit zumindest teilweise demselben fachlichen Geltungsbereich sowie den paritätisch besetzten Kommissionen, die auf der Grundlage kirchlichen Rechts Arbeitsbedingungen kirchlicher Arbeitgeber zumindest teilweise im Geltungsbereich dieser Rechtsverordnung festlegen, Gelegenheit zur schriftlichen Stellungnahme gegeben hat:

§ 1
Zwingende Arbeitsbedingungen

(1) Die in der **Anlage 1**[2] zu dieser Verordnung aufgeführten Rechtsnormen des Tarifvertrags zur Regelung der Mindestlöhne im Baugewerbe im Gebiet der Bundesrepublik Deutschland (TV Mindestlohn) vom 17. Januar 2020, abgeschlossen zwischen dem Zentralverband des Deutschen Baugewerbes e. V., Kronenstraße 55–58, 10117 Berlin, und dem Hauptverband der Deutschen Bauindustrie e. V., Kurfürstenstraße 129, 10785 Berlin, einerseits sowie der Industriegewerkschaft Bauen-Agrar-Umwelt, Olof-Palme-Straße 19, 60439 Frankfurt am Main, andererseits, finden auf alle nicht an ihn gebundenen Arbeitgeber sowie Arbeitnehmer und Arbeitnehmerinnen Anwendung, die unter seinen am 1. April 2020 gültigen Geltungsbereich fallen, wenn der Betrieb oder die selbständige Betriebsabteilung im Sinne des fachlichen Geltungsbereichs des TV Mindestlohn überwiegend Bauleistungen im Sinne des § 101 Abs. 2 des Dritten Buches Sozialgesetzbuch (SGB III) erbringt.

(2) Die Rechtsnormen des TV Mindestlohn gelten auch für Arbeitsverhältnisse zwischen einem Arbeitgeber mit Sitz im Ausland und seinen im Geltungsbereich dieser Verordnung beschäftigten Arbeitnehmern und Arbeitnehmerinnen.

(3) Wird ein Leiharbeitnehmer oder eine Leiharbeitnehmerin von einem Entleiher mit Tätigkeiten beschäftigt, die in den Geltungsbereich dieser Verordnung fallen,

---

1) Die Verordnung ist im Bundesanzeiger vom 30. März 2020 (BAnz. AT 30.03. 2020 V1) veröffentlicht.

2) Siehe Seite 476.

so hat der Verleiher ihm oder ihr nach § 8 Abs. 3 des Arbeitnehmer-Entsendegesetzes zumindest die nach dieser Verordnung vorgeschriebenen Arbeitsbedingungen zu gewähren; dies gilt auch dann, wenn der Betrieb des Entleihers nicht in den fachlichen Geltungsbereich dieser Verordnung fällt.

§ 2
Anwendungsausnahmen

(1) Diese Verordnung erstreckt sich nicht auf Betriebe und selbständige Betriebsabteilungen mit Sitz im Inland, die unter einen der in der **Anlage 2**[3] abgedruckten fachlichen Geltungsbereiche der am 1. Januar 2003 geltenden Mantel- oder Rahmentarifverträge der holz- und kunststoffverarbeitenden Industrie, der Sägeindustrie und übrigen Holzbearbeitung, der Steine- und Erden-Industrie, der Mörtelindustrie, der Transportbetonindustrie, der chemischen oder kunststoffverarbeitenden Industrie oder der Metall- und Elektroindustrie fallen.

(2) Abs. 1 gilt für Betriebe und selbständige Betriebsabteilungen mit Sitz im Inland,

1. die unmittelbar oder mittelbar Mitglied des Hauptverbands der Holz und Kunststoffe verarbeitenden Industrie und verwandter Industriezweige e. V., der Vereinigung Deutscher Sägewerksverbände e. V., der Sozialpolitischen Arbeitsgemeinschaft Steine und Erden, des Bundesverbandes der Deutschen Mörtelindustrie e. V., des Bundesverbandes der Deutschen Transportbetonindustrie e. V., des Bundesarbeitgeberverbandes Chemie e. V., der Verbände der kunststoffverarbeitenden Industrie oder eines in der **Anlage 3**[4] genannten Arbeitgeberverbandes im Gesamtverband der Arbeitgeberverbände der Metall- und Elektro-Industrie e. V. (Gesamtmetall) oder eines ihrer Mitgliedsverbände sind; wurde die Mitgliedschaft bis zum 1. Juli 1999 (Stichtag) erworben, wird unwiderlegbar vermutet, dass die Voraussetzungen des Abs. 1 erfüllt sind;
2. die
   a) nachweislich als Niederlassung eines Betriebes nach Abs. 1 (Stammbetrieb), der bereits vor dem Stichtag unmittelbar oder mittelbar Mitglied eines der in Nr. 1 genannten Verbände war, nachgegründet worden sind,
   b) überwiegend solche Tätigkeiten ausführen, die zum fachlichen Geltungsbereich der in Abs. 1 genannten Tarifverträge gehören, und
   c) die Mitgliedschaft in einem der in Nr. 1 genannten Verbände erworben haben;

   wenn diese Betriebe nachweislich zu drei Viertel ihrer betrieblichen Arbeitszeit für den Stammbetrieb tätig sind, wird unwiderlegbar vermutet, dass sie unter einen der fachlichen Geltungsbereiche der in Abs. 1 genannten Tarifverträge fallen;

---

3) Siehe Seiten 477 bis 483.

4) Siehe Seite 484.

3. die, ohne selbst Mitglied in einem der Verbände nach Nr. 1 zu sein,
   a) nachweislich als Niederlassung eines Stammbetriebs, der bereits vor dem Stichtag unmittelbar oder mittelbar Mitglied eines der in Nr. 1 genannten Verbände war, nachgegründet worden sind,
   b) unter einen der fachlichen Geltungsbereiche der in Abs. 1 genannten Tarifverträge fallen und
   c) zumindest zu drei Viertel der betrieblichen Arbeitszeit für ihren Stammbetrieb tätig sind.

(3) Für Betriebe und selbständige Betriebsabteilungen mit Sitz im Inland, die bereits seit einem Jahr Fertigbauarbeiten ausführen, gilt die Ausnahme gemäß Abs. 1, wenn sie unmittelbar oder mittelbar Mitglied eines der in Abs. 2 Nr. 1 genannten Verbände geworden sind.

(4) Diese Verordnung erstreckt sich nicht auf Betriebe und selbständige Betriebsabteilungen mit Sitz im Inland,

1. die von einem der Rahmentarifverträge für die gewerblichen Arbeitnehmer im Maler- und Lackiererhandwerk in der Bundesrepublik Deutschland bzw. im Saarland oder deren Allgemeinverbindlicherklärung erfasst werden und überwiegend Tätigkeiten ausüben, die im fachlichen Geltungsbereich des Rahmentarifvertrags für die gewerblichen Arbeitnehmer im Maler- und Lackiererhandwerk in der Bundesrepublik Deutschland in der Fassung vom 6. April 2005 bzw. des Rahmentarifvertrags für die gewerblichen Arbeitnehmer des Maler- und Lackiererhandwerks im Saarland in der Fassung vom 6. Dezember 2005 (**Anlage 4**[5] Abschn. I) genannt sind;
2. die ganz oder teilweise Bauwerke, Bauwerksteile oder einzelne Elemente aus Mauerwerk, Beton, Stahlbeton, Eisen, Stahl oder sonstigen Baustoffen, technische Anlagen abbrechen, demontieren, sprengen, Beton schneiden, sägen, bohren, pressen, soweit sie unmittelbar oder mittelbar tarifgebundenes Mitglied im Deutschen Abbruchverband e.V., im Fachverband Betonbohren und -sägen Deutschland e.V. oder im Abbruchverband Nord e.V. sind;
3. die unmittelbar oder mittelbar Mitglied des Bundesverbands Garten-, Landschafts- und Sportplatzbau e.V. sind, vom Bundesrahmentarifvertrag für gewerbliche Arbeitnehmer im Garten-, Landschafts- und Sportplatzbau vom 20. Dezember 1995 erfasst werden und überwiegend folgende Tätigkeiten ausüben:
   a) Herstellen und Unterhalten von Außenanlagen in den Bereichen des privaten und öffentlichen Wohnungsbaus (Hausgärten, Siedlungsgrün, Dach- und Terrassengärten und Ähnliches), der öffentlichen Bauten (Schulen, Krankenhäuser, Verwaltungsgebäude, Kasernen und Ähnliches), des kommunalen Grüns (städtische Freiräume, Grünanlagen, Parks, Friedhöfe und Ähnliches) und des Verkehrsbegleitgrüns (Straßen, Schienenwege, Wasserstraßen,

5) Siehe Seiten 485 und 486.

Flugplätze und Ähnliches) sowie von Bauwerksbegrünungen im Außen- und Innenbereich,

b) Herstellen und Unterhalten von Sport- und Spielplätzen, Außenanlagen an Schwimmbädern, Freizeitanlagen und Ähnlichem, von landschaftsgärtnerischen Sicherungsbauwerken in der Landschaft mit lebenden und nicht lebenden Baustoffen sowie von vegetationstechnischen Baumaßnahmen zur Landschaftspflege und zum Umweltschutz, ferner Drän-, Landgewinnungs- und Rekultivierungsarbeiten,

wenn im Betrieb oder in der selbständigen Betriebsabteilung kalenderjährlich mindestens zu 20 Prozent der betrieblichen Gesamtarbeitszeit Grünarbeiten ausgeführt werden;

4. die als tarifgebundenes Lohnunternehmen in der Land- und Forstwirtschaft überwiegend landwirtschaftliche Flächen drainieren, soweit sie von dem Bundesrahmentarifvertrag für die Arbeitnehmerinnen und Arbeitnehmer der land- und forstwirtschaftlichen Lohnunternehmen in der Bundesrepublik Deutschland vom 10. Januar 2003 erfasst werden;
5. die unmittelbar oder mittelbar tarifgebundenes Mitglied des Bundesverbands Holz und Kunststoff sind (Mitgliedschaft) und von einem Rahmen- oder Manteltarifvertrag dieses Verbands oder eines seiner Mitgliedsverbände erfasst werden und überwiegend Tätigkeiten ausüben, die zum in **Anlage 4**[6)] Abschn. II aufgeführten fachlichen Geltungsbereich gehören (Fachlichkeit); wurde die Mitgliedschaft bis zum 30. Juni 2014 (Stichtag) erworben, wird unwiderlegbar vermutet, dass überwiegend Tätigkeiten ausgeübt werden, die in **Anlage 4**[6)] Abschn. II aufgeführt sind;
6. die unmittelbar oder mittelbar tarifgebundenes Mitglied des Bundesverbands Metall-Vereinigung Deutscher Metallhandwerke sind (Mitgliedschaft) und von einem Mantel- oder Rahmentarifvertrag dieses Verbands oder eines seiner Mitgliedsverbände erfasst werden und überwiegend Tätigkeiten ausüben, die zum in **Anlage 4**[7)] Abschn. III aufgeführten fachlichen Geltungsbereich gehören (Fachlichkeit); wurde die Mitgliedschaft bis zum 30. Juni 2014 (Stichtag) erworben, wird unwiderlegbar vermutet, dass überwiegend Tätigkeiten ausgeübt werden, die in **Anlage 4**[7)] Abschn. III aufgeführt sind;
7. die unmittelbar oder mittelbar tarifgebundenes Mitglied des Zentralverbands Sanitär Heizung Klima sind (Mitgliedschaft) und von einem Mantel- oder Rahmentarifvertrag dieses Verbands oder eines seiner Mitgliedsverbände erfasst werden und überwiegend Tätigkeiten ausüben, die zum in **Anlage 4** Abschn. IV aufgeführten fachlichen Geltungsbereich gehören (Fachlichkeit); wurde die Mitgliedschaft bis zum 30. Juni 2014 (Stichtag) erworben, wird unwiderlegbar vermutet, dass überwiegend Tätigkeiten ausgeübt werden, die in **Anlage 4** Abschn. IV aufgeführt sind;

---

6) Siehe Seiten 486 und 487.

7) Siehe Seiten 487 und 488.

8. die unmittelbar oder mittelbar tarifgebundenes Mitglied des Zentralverbands der Deutschen Elektro- und Informationstechnischen Handwerke sind (Mitgliedschaft) und von einem Mantel- oder Rahmentarifvertrag dieses Verbands oder eines seiner Mitgliedsverbände erfasst werden und überwiegend Tätigkeiten ausüben, die zum in **Anlage 4** Abschn. V aufgeführten fachlichen Geltungsbereich gehören (Fachlichkeit); wurde die Mitgliedschaft bis zum 30. Juni 2014 (Stichtag) erworben, wird unwiderlegbar vermutet, dass überwiegend Tätigkeiten ausgeübt werden, die in **Anlage 4** Abschn. V aufgeführt sind;

(5) Diese Verordnung erstreckt sich nicht auf Betriebe und selbständige Betriebsabteilungen von Arbeitgebern mit Sitz im Ausland, wenn sie überwiegend Tätigkeiten ausüben, die in den vorstehenden Absätzen oder in den Anlagen 2 oder 4 dieser Verordnung aufgeführt sind, soweit aufgrund der Ausübung dieser Tätigkeiten ein in einem vorstehenden Absatz oder in der **Anlage 2** oder **Anlage 4** genannter fachlicher Geltungsbereich eröffnet ist.

§ 3
Inkrafttreten, Außerkrafttreten

Diese Verordnung tritt am 1. April 2020 in Kraft und am 31. Dezember 2020 außer Kraft.

Berlin, den 25. März 2020

Der Bundesminister für Arbeit und Soziales

Anlage 1 (zu § 1 Abs. 1)

Rechtsnormen des Tarifvertrags zur Regelung der Mindestlöhne im Baugewerbe im Gebiet der Bundesrepublik Deutschland (TV Mindestlohn)

vom 17. Januar 2020

...[8]

Anhang (zu Anlage 1)

Auszug aus dem Bundesrahmentarifvertrag für das Baugewerbe (BRTV)

vom 28. September 2018,
in der nach § 1 Abs. 1 der Verordnung maßgeblichen,
am 1. April 2020 geltenden Fassung:

...[9]

---

8) Die §§ 1 bis 3 TV Mindestlohn sind auf den Seiten 84 bis 87 abgedruckt.
9) Die §§ 1, 3 und 5 BRTV sind auf den Seiten 228 bis 232, 232 bis 241 und 243 bis 250 abgedruckt.

Anlage 2 (zu § 2 Abs. 1)

Fachliche Geltungsbereiche

Die nach § 2 Abs. 1 maßgebenden fachlichen Geltungsbereiche von Tarifverträgen sind nachstehend abgedruckt. Als Betriebe im Sinne dieser Anlage gelten in jedem Fall auch selbständige Betriebsabteilungen.

I. Holz- und kunststoffverarbeitende Industrie

Für Betriebe, Hilfs- und Nebenbetriebe sowie selbständige Betriebsabteilungen der holz- und kunststoffverarbeitenden Industrie, des Serienmöbelhandwerks, der Sperrholz-, Faser- und Spanplattenindustrie, Kunststoffprodukte herstellende Betriebe sowie Betriebe, die anstelle oder in Verbindung mit Holz andere Werkstoffe oder Kunststoffe verarbeiten, wie z. B. Betriebe zur Herstellung nachstehender Erzeugnisse einschließlich Vertrieb und Montage:

1. Kasten- und Sitzmöbel aller Art, Polstermöbel, Polstergestelle, Matratzen und Matratzenrahmen, Tische, Kleinmöbel und Beleuchtungskörper,
2. Büro-, Schul-, Industrie- und Labormöbel, Kühlmöbel und -einrichtungen,
3. Holzgehäuse und Holzkästen aller Art, z. B. für Uhren, Rundfunk und Fernsehapparate, Plattenspieler, Tonbandgeräte, Telefon-, fotografische Apparate, Besteckkästen,
4. Innenausbau, Wohnungs-, Büro-, Industrie- und Ladeneinrichtungen, Bad- und Saunaeinrichtungen, Solarien, Regale, Schiffsinnenausbauten, Verkleidungen und Vertäfelungen aller Art, Herstellung und Montage von Schalldichtungen (zur Dämpfung und Isolierung), akustische Ausbauten und Auskleidung von Räumen,
5. Türen, Tore, Fenster, Rollläden, Jalousien, Rollos, Verdunkelungsanlagen, Klappläden, Treppen, Aufzüge, Fassadenelemente, Raumtrennprodukte, Fertigbau- und andere Bauteile, Zäune aller Art,
6. Holzhäuser, Fertighäuser, Wohnwagen, Hallen, Baracken, Verkaufs- und Messestände, Bühnen, Holzsilos, Gewächshäuser, Frühbeetfenster, Telefonzellen und Ingenieurkonstruktionen,
7. Musikinstrumente, z. B. Klaviere, Flügel, Harmonien, Orgeln, Akkordeons, Musikboxen, Streich-, Blas- und Zupfinstrumente und deren Bestandteile,
8. Särge, Grabkreuze,
9. Holzwerkzeuge, Werkbänke, Hobelbänke, Werkzeugschränke, Schutzvorrichtungen und Arbeitsschutzartikel,
10. Maßstäbe, Rechenschieber, Büro-, Mal-, Schreib-, Zeichengeräte, Webschützen, Spulen, Zigarrenwickelformen, Stiele, Rundstäbe, Spunde und Siebe,
11. Drechsler- und Holzbildhauerarbeiten aller Art, Holz-, Elfenbein- und Bernsteinschnitzereien, Devotionalien, Holzmosaik und Intarsien,
12. Leisten und Rahmen aller Art,

13. Schuhleisten, Schuhspanner, Holzschuhe, Pantoffelhölzer, Absätze und Schuhteile,
14. Haus- und Küchengeräte, Kleiderbügel, Etuis und Behälter aller Art, Spielwaren, sonstige Holz- und Kunststoffwaren,
15. Turn- und Sportgeräte, Kegelbahnen, Segelflugzeuge,
16. Stöcke, Peitschen, Schirmgriffe, optische Brillengestelle,
17. Kabeltrommeln, Kisten, Kistenteile, Paletten, Zigarrenkisten, Koffer und Kofferteile,
18. Fässer, Fassdauben, Fassteile, Packfässer, Kübel und Bottiche,
19. Holzwolle, Holzspankörbe, Holzdraht, Holzstifte, Holzspulen, Holzspäne, Knöpfe,
20. Bürsten, Besen und Pinsel, Bürstenhölzer, Borsten-, Haar- und Faserstoffzurichtereien, Kämme,
21. Natur-, Presskorkwaren, Kronenverschlüsse, Holzmehl, Schicht- und Pressholz,
22. Parketthölzer, Rohfriese, Fußbodendielen, Holzpflaster und Schindeln,
23. Korbmöbel, Korbwaren, Stuhlrohr,
24. Sperrholz-, Holzfaser-, Holzspan- und Kunststoffplatten,
25. Veredelung von Holz- und Schnitzstoffwaren, Polier-, Lackier-, Beiz- und Furnierwerkstätten sowie Betriebe für Vergolderei und Grundierarbeiten,
26. Bau von Fahrzeugen, Fahrzeugteilen und Booten, Holzbiegereien,
27. Herstellung von Modellen aller Art,
28. Verlegung von Parkett und anderen Fußböden,
29. Kunststoffspritzereien und -extrusionen,
30. Folien und sonstige Verpackungen, Kassetten,
31. Schaumstoffe,
32. Rohre, Schläuche, Ummantelungen aus Kunststoff,
33. Boden- und Wandbeläge.
34. Als Nebenbetriebe
    a) Sägewerke,
    b) Spalt- und Hobelwerke,
    c) Sperrholz-, Spanplatten und Furnierwerke,
    d) Holzlagerplätze,
    e) Holzimprägnieranlagen.

II. Sägeindustrie und übrige Holzbearbeitung

Für die nachstehenden Betriebe und selbständigen Betriebsabteilungen der Sägeindustrie, übrigen holzbearbeitenden Industrie und verwandter Wirtschaftszweige

A Sägewerke, -spaltwerke, Hobelwerke, Holzimprägnierwerke zur Herstellung insbesondere von:
- Schnitthölzern, Hobelwaren, Leisten aller Art,
- Rohfriesen, Parketthölzern,
- Kanteln, Rundstäben, Klötzen,
- Holzschindeln,
- Schwellen,
- Masten, Telegrafenstangen, Pfählen jeglicher Art, sowie
- zur Imprägnierung vorstehender und sonstiger Holzbearbeitungs- und -verarbeitungserzeugnisse.

B Übrige holzbearbeitende Industrie zur Herstellung insbesondere von:
- Furnieren,
- Tischlerplatten u. Ä.,
- Sperrholz, Spanplatten, Faserplatten, Dämmplatten, Kunststoffplatten, beschichteten und vergüteten Platten aller Art und Paneelen,
- Presshölzern,
- Schalungsplatten,
- Kistenteilen (Einzelteilen einschließlich anderen Verpackungsmaterials), Kisten, Harassen, Containern, Paletten, Kabeltrommeln, Holzfassteilen (Fassdauben), Packfässern, Kübeln, Bottichen, Holzspankörben, Holzspanschachteln u. Ä.,
- Holzzäunen, Holzpflaster,
- Holzspänen, Hackschnitzeln,
- Holzwolle, Holzdraht, Holzstiften,
- Vorgefertigten Holzbauteilen, Leimbauteilen u. Ä. sowie von Bauelementen,
- Silos für Landwirtschaft und Industrie, Tribünen, Holzrohren, einfachen Holzkonstruktionen, land-, forst- und gartenwirtschaftlichen Bauteilen sowie deren Montage,
- Fertighäusern, Holzhäusern, Baracken, Hallen, Messebauten und deren Montage,
- Grabkreuzen u. Ä.,
- Spaltholz, Brennholz, Holzkohle u. Ä.

C Verwandte Wirtschaftszweige, insbesondere:
- Holzhandlungen und Holzimporteure (Rundholz, Schnittholz, Hobelware, Leisten u. Ä., Platten, Zäune, Pfähle und andere Holzerzeugnisse jeglicher Art sowie Kunststoffe),
- Holzlager- und Holzsammelplätze, Holzumschlagsplätze, auf denen Holz bearbeitet und/oder zugerichtet wird, Handels- und Aufbereitungsbetriebe für Grubenholz, Faserholz, Zellstoffholz, Papierholz u. Ä.,

- Betriebe zur Herstellung von Holzwaren, soweit diese nicht von anderen tariflichen Regelungen erfasst werden.

D Angeschlossene Nebenbetriebe bzw. Betriebsabteilungen, insbesondere:
- Holzbauabteilungen,
- Sargfabrikation,
- Fenster und Türen,
- Kunststoffverwendende und -verarbeitende Abteilungen,
- Verpackungsbetriebe.

E Betriebe oder Betriebsabteilungen, die anstelle von oder in Verbindung mit Holz in vorstehenden Fällen A bis D Kunststoffe oder andere Werkstoffe verarbeiten.

III. Steine- und Erdenindustrie

1. Alle Unternehmen, die Steine, Erden und artverwandte Baustoffe gewinnen, herstellen, be- und verarbeiten oder vertreiben.
2. Alle gemischten Betriebe, sofern sie überwiegend Steine, Erden und artverwandte Baustoffe gewinnen, herstellen, be- und verarbeiten oder vertreiben.
3. Alle selbständigen Betriebsabteilungen in fachfremden Betrieben, in denen Steine, Erden und artverwandte Baustoffe hergestellt, gewonnen, be- und verarbeitet oder vertrieben werden.
4. Betriebe, die gewerbsmäßig Recycling-Baustoffe aus Baumischabfällen, Straßenaufbruch, Bauschutt oder Bodenaushub herstellen, be- und verarbeiten oder vertreiben.
5. Alle den in Nrn. 1 bis 4 genannten Unternehmen zugehörigen Betriebe.

IV. Transportbeton

Betriebe, die gewerbsmäßig Transportbeton, Werk-Frischmörtel und Werk-Frischestrich herstellen und vertreiben, sowie Betriebe, die Transportbeton mittels Pumpen fördern.

V. Mörtelindustrie

Betriebe, die gewerbsmäßig Werk-Trockenmörtel, Werk-Frischmörtel und Werk-Estrich herstellen und vertreiben.

VI. Chemische Industrie

Für Betriebe und Verkaufsunternehmen der chemischen Industrie und verwandten Industrien einschließlich ihrer Hilfs- und Nebenbetriebe, Forschungsstellen, Verwaltungsstellen, Auslieferungslager und Verkaufsstellen, für Chemie- und Mineralöl-Handelsunternehmen, für Unternehmen des Chemie-Anlagenbaues, für Büros und Unternehmen zur chemisch-technischen Beratung und zur Konstruktion und Instandhaltung chemischer Anlagen sowie für chemische Laboratorien und Untersuchungsanstalten.

Zur chemischen Industrie gehören insbesondere folgende Produktionsgebiete:

1. Grundchemikalien,
2. Stickstoff und Stickstoffverbindungen,
3. Stickstoff- und Phosphordüngemittel und deren Weiterverarbeitung,
4. Verdichten, Verflüssigen und Abfüllen von technischen Gasen, Trockeneis,
5. Natürliche und synthetische Farbstoffe und deren Weiterverarbeitung,
6. Buntstifte und Pastellkreiden,
7. Lösungsmittel und Weichmacher,
8. Lacke, Firnisse, Polituren,
9. Spreng- und Zündstoffe, Munition, Feuerwerk und sonstige Zündwaren, Kollodiumwolle,
10. Arzneimittel einschließlich medizinischem Verbands-, Prothesen- und Nahtmaterial,
11. Biochemische und gentechnische Erzeugnisse,
12. Pflanzenschutz-, Schädlingsbekämpfungs- und Desinfektionsmittel,
13. Ätherische Öle und Riechstoffe, chemische Backhilfs- und Konservierungsmittel, Aromastoffe,
14. Fotochemikalien, Fotopapiere, Herstellung und Verwendung von lichtempfindlichem Material wie z. B. Polymerfilm und vorbeschichtete Druckplatten,
15. Filme und deren technische Bearbeitung, fotografische, elektrochemische und magnetische Materialien einschließlich Geräte zur Aufzeichnung, Speicherung, Auswertung und Wiedergabe von Informationen, die im Verbund mit den vorgenannten Produkten vertrieben werden, Kopieren,
16. Chemische Umwandlung von Kohle, Erdgas, Erdöl sowie Erdölprodukten einschließlich Destillation, Raffination, Crackung, Hydrierung, Oxidierung, Vergasung sowie Weiterverarbeitung der Umwandlungsprodukte, Transport, Umschlag und Lagerung von Erdöl und Umwandlungsprodukten,
17. Ruß,
18. Holzverkohlung,
19. Seifen, Waschmittel, Kosmetika,
20. Leime, Kitte, Klebstoffe, Klebebänder, Gelatine,
21. Wachse und Kerzen, Stearin und Olein,
22. Schuh-, Leder- und Fußbodenpflegemittel, Putzmittel,
23. Technische Öle und Fette,
24. Chemische Hilfsmittel aller Art wie z. B. Textilhilfsmittel, Lederhilfsmittel, Gerbstoffauszüge, Gerbereichemikalien und chemische Hilfsmittel für andere Industrien,
25. Kunststoffe einschließlich Schaumstoffe, Pressmassen und Datenträger sowie deren Weiterverarbeitung,
26. Chemiefasern und deren Weiterverarbeitung im eigenen Betrieb,

27. Chemiefolien einschließlich künstliche Därme, transparentes Material und Magnetbänder sowie deren Bearbeitung,
28. Chemisch-technische Artikel wie Glühstrümpfe, chemische Papiere, Gießereihilfsmittel, Elektroden, elektrische und galvanische Kohle, Asbestwaren sowie chemisch-technischer Laborbedarf einschließlich Hilfsmittel zur Analyse und Diagnose, Halbleiterfertigung unter Verwendung chemischer Verfahren und deren Weiterverarbeitung im eigenen Betrieb,
29. Elektromagnetische Erzeugnisse und deren Weiterverarbeitung im eigenen Betrieb,
30. Synthetische anorganische Rohstoffe und deren Weiterverarbeitung,
31. Chemische Baustoffe, Faserzement, chemische Bautenschutz-, Holzschutz- und Feuerschutzmittel, Dämm- und Isolierstoffe sowie deren Weiterverarbeitung,
32. Imprägnieren, soweit es sich nicht um Nebenarbeiten der Holzindustrie handelt,
33. Natürlicher und synthetischer Kautschuk, Latex, Nachfolgeprodukte sowie deren Weiterverarbeitung,
34. Wiedergewinnung von Kautschuk und Vulkanisieren,
35. Linoleum, Kunstleder, Guttapercha- und Balatawaren und ähnliche Stoffe,
36. Nichteisen- und Edelmetalle und deren Weiterverarbeitung im eigenen Betrieb,
37. Ferrolegierungen und Siliziumverbindungen mit Metallen, Schleifmittel, synthetische Edelsteine,
38. Gasschutz- und Atemschutzgeräte,
39. Dach- und Dichtungsbahnen und deren Weiterverarbeitung,
40. Chemische Büroartikel wie Farbbänder, Kohlepapier, Dauerschablonen, Tinten und Tuschen,
41. Naturharzverarbeitung,
42. Holzverzuckerung,
43. Tierkörperverwertung,
44. Kernchemie einschließlich Herstellung, Aufarbeitung und Entsorgung von Brennelementen und Brennstoffen,
45. Urankonzentrate,
46. Anwendung von Umwelttechnologien einschließlich Entsorgung von Abfällen durch biologische, chemische, physikalische und thermische Behandlung, Entsorgungsanlagen für Sonderabfälle, Wiederverwertung und Rückgewinnung von Reststoffen wie z. B. Pyrolyse,
47. Chemische Synthese jeder Art.

VII. Kunststoffverarbeitende Industrie

Für Betriebe der Kunststoffbe- und -verarbeitenden Industrie einschließlich ihrer Hilfs- und Nebenbetriebe, Werkstätten und Zweigniederlassungen.

VIII. Metall- und Elektroindustrie

Für alle Betriebe der Eisen-, Metall- und Elektroindustrie. Darunter fallen – ohne Rücksicht auf die verarbeiteten Grundstoffe – insbesondere folgende Fachzweige:

1. Eisen- und Stahlerzeugung (einschließlich -halbzeugwerke), NE-Metallerzeugung (einschließlich -halbzeugwerke), Eisen-, Stahl- und Tempergießereien, NE-Metallgießerei, Ziehereien und Kaltwalzwerke, Stahlverformung, Oberflächenveredelung und Härtung, Schlosserei, Schweißerei, Schleiferei und Schmiederei, Stahl- und Leichtmetallbau, Maschinenbau, Straßenfahrzeugbau, Schiffbau, Luftfahrzeugbau, Elektrotechnik, Feinmechanik und Optik, Herstellung und Reparatur von Uhren, Herstellung von Eisen-, Blech- und Metallwaren,

   nur soweit sie aus Metall gefertigt sind:

   Herstellung von Musikinstrumenten, Sportgeräten, Spiel- und Schmuckwaren;
2. Metall-Filterbau, Elektronik, Steuerungs-, Regel- und Messtechnik, Verfahrenstechnik, Atomphysik, Kerntechnik und Strahlentechnik;
3. Verwaltungen, Niederlassungen, Forschungs- und Entwicklungsbetriebe, Konstruktionsbüros, Montagestellen sowie alle Hilfs- und Nebenbetriebe vorgenannter Fachzweige und Betriebe, die über keine eigene Produktionsstätte verfügen, jedoch Montagen ausführen, die dem fachlichen Geltungsbereich entsprechen.

Für alle außerbetrieblichen Arbeitsstellen (Montagen) der Eisen-, Metall- und Elektroindustrie einschließlich des Fahrleitungs-, Freileitungs-, Ortsnetz- und Kabelbaues mit Ausnahme des Zentralheizungs- und Lüftungsbaues sowie der Arbeitsstellen auf Schiffen auf Fahrt.

Anlage 3 (zu § 2 Abs. 2)

Liste der Mitgliedsverbände von Gesamtmetall

in der Fassung vom 1. Februar 2006

- Verband der Bayerischen Metall- und Elektro-Industrie e. V.
- BayMe – Bayerischer Unternehmensverband Metall und Elektro e. V.
- METALL NRW, Verband der Metall- und Elektro-Industrie Nordrhein-Westfalen e. V.
- Verband der Sächsischen Metall- und Elektro-Industrie e. V.
- Verband der Metall- und Elektro-Industrie in Berlin und Brandenburg e. V.
- Verband der Metall- und Elektro-Industrie in Thüringen e. V.
- Verband der Metall- und Elektro-Unternehmen Hessen e. V.
- NORDMETALL, Verband der Metall- und Elektro-Industrie e. V.
- Verband der Metall- und Elektro-Industrie Sachsen-Anhalt e. V.
- SÜDWESTMETALL, Verband der Metall- und Elektroindustrie Baden-Württemberg e. V.
- Verband der Metallindustriellen Niedersachsens e. V.
- METALL UNTERWESER, Verband der Metall- und Elektro-Industrie e. V.
- NORD-WEST-METALL, Verband der Metallindustriellen des Nordwestlichen Niedersachsens e. V.
- PFALZMETALL, Verband der Pfälzischen Metall- und Elektroindustrie e. V.
- Verband der Metall- und Elektroindustrie Rheinland-Rheinhessen e. V.
- Verband der Metall- und Elektroindustrie des Saarlandes e. V.
- Unternehmensverband Saarland e. V., Gruppe der Mitglieder aus der Branche der Metall- und Elektroindustrie
- Verband der Metall- und Elektroindustrie Osnabrück-Emsland e. V.
- Unternehmensverband Südwest e. V., Unternehmen der Metall- und Elektroindustrie
- Allgemeiner Arbeitgeberverband Thüringen e. V., Gruppe Metall- und Elektroindustrie
- AGV Nord – Allgemeiner Verband der Wirtschaft Norddeutschlands e. V., Fachgruppe Metall und Elektro

Anlage 4 (zu § 2 Abs. 4 Nrn. 1, 5 bis 8)

Fachliche Geltungsbereiche

Die nach § 2 Abs. 4 Nr. 1 sowie den Nrn. 5 bis 8 maßgebenden fachlichen Geltungsbereiche sind nachstehend abgedruckt. Als Betrieb im Sinne dieses Anhangs gelten auch selbständige Betriebsabteilungen.

Abschnitt I

Maler- und Lackiererhandwerk

1. Alle Betriebe des Maler- und Lackiererhandwerks. Dies sind Betriebe und selbständige Betriebsabteilungen, die Maler-, Lackierer-, Tüncher-, Weißbinder-, Schildermaler-, Fahrzeug- und Metalllackierer-, Gerüstbau-, Entrostungs- und Eisenanstrich-, Wärmedämmverbundsystem-, Betonschutz-, Oberflächensanierungs-, Asbestbeschichtungs-, Fahrbahnmarkierungs- sowie Bodenbeschichtungs- und -belagsarbeiten ausführen. Mit Betonschutz- und Oberflächensanierungsarbeiten sind nicht gemeint Arbeiten zur Beseitigung statisch bedeutsamer Betonschäden; mit Asbestbeschichtungen sind nicht gemeint Arbeiten, die im Zusammenhang mit anderen Asbestsanierungsarbeiten erfolgen. Zu den Bodenbeschichtungs- und -belagsarbeiten gehören nicht das Verlegen von Bodenbelägen in Verbindung mit anderen baulichen Leistungen sowie Estrich-, Fliesen-, Platten-, Mosaikansetz- und -verlege- und Terrazzoarbeiten.
2. Die in Abs. 1 genannten Betriebe und selbständigen Betriebsabteilungen fallen grundsätzlich als Ganzes unter diesen Tarifvertrag. Von diesem Tarifvertrag werden auch selbständige Betriebsabteilungen in fachfremden Betrieben erfasst, soweit sie Arbeiten der in Abs. 1 genannten Art ausführen.
3. Werden in Betrieben nach Abs. 1 in selbständigen Abteilungen andere Arbeiten ausgeführt, so werden diese Abteilungen dann nicht von diesem Tarifvertrag erfasst, wenn ein speziellerer Tarifvertrag sie in seinen Geltungsbereich einbezieht.
4. Nicht erfasst werden Betriebe des Baugewerbes. Dies gilt nicht für Betriebe bzw. selbständige Betriebsabteilungen, die Arbeiten im Sinne der Abs. 5 bis 7 ausführen und in den dort genannten Voraussetzungen von diesem Tarifvertrag erfasst werden.
5. Nicht erfasst werden
   a) Entrostungs- und Eisenanstricharbeiten,
   b) Asbestbeschichtungsarbeiten

   ausführende Betriebe bzw. selbständige Betriebsabteilungen, die mittelbar oder unmittelbar Mitglied des Hauptverbandes der Deutschen Bauindustrie e. V. oder des Zentralverbandes des Deutschen Baugewerbes e. V. sind.
6. Betriebe bzw. selbständige Betriebsabteilungen, die
   a) Wärmedämmverbundsystemarbeiten,
   b) Betonschutz- und Oberflächensanierungsarbeiten,

c) Bodenbeschichtungs und -belagsarbeiten oder

d) Fahrbahnmarkierungsarbeiten

überwiegend bzw. zusammen mit anderen in Abs. 1 genannten Tätigkeiten überwiegend ausüben, werden nur erfasst, wenn sie mittelbar oder unmittelbar Mitglied des Hauptverbandes Farbe, Gestaltung, Bautenschutz – Bundesinnungsverband des Deutschen Maler- und Lackiererhandwerks sind.

7. Putz-, Stuck- und dazugehörige Hilfsarbeiten ausführende Betriebe bzw. selbständige Betriebsabteilungen, die ihren Sitz in den Handwerkskammerbezirken Wiesbaden, Rhein-Main, Mainz, Erfurt, Suhl, Gera, Coburg, Oberfranken, Mittelfranken und Unterfranken haben, werden dann von diesem Tarifvertrag erfasst, wenn
   a) die Putz-, Stuck- und dazugehörigen Hilfsarbeiten arbeitszeitlich nicht überwiegend ausgeführt werden und
   b) ohne Berücksichtigung der Putz-, Stuck- und dazugehörigen Hilfsarbeiten von den verbleibenden Tätigkeiten der arbeitszeitliche Anteil der Tätigkeiten, die zum Geltungsbereich dieses Tarifvertrags rechnen, den Anteil der Tätigkeiten, die zum Baugewerbe rechnen, überwiegen.
8. Nicht erfasst werden Betriebe und selbständige Betriebsabteilungen des Gerüstbaugewerbes, deren Tätigkeit sich überwiegend auf die gewerbliche Erstellung von Gerüsten erstreckt.

Abschnitt II

Tischler- und Schreinerhandwerk

Alle Betriebe und ihnen gleich stehende Betriebsabteilungen der Anlage A Nr. 27 (Tischler/Schreinerhandwerk), Anlage B Abschn. 2 Nr. 24 (Einbau von genormten Baufertigteilen) und der Anlage B Abschn. 2 Nr. 50 (Bestattungsgewerbe) der Handwerksordnung (HwO), soweit diese Tätigkeiten zu mindestens 20 % – wenn arbeitszeitlich überwiegend Holztreppen hergestellt oder diese selbst hergestellten Erzeugnisse eingebaut werden, zu mindestens 50 % – der Arbeitszeit der gewerblichen Arbeitnehmer von einschlägig im Berufsfeld Holz fachlich qualifizierten Arbeitnehmern (Tischler-/Schreinergesellen, Holzmechaniker oder gleichwertige Qualifikation sowie Holzfachwerker) ausgeführt oder von einer in demselben Berufsfeld besonders qualifizierten Person (Tischler-/Schreinermeister, Holzingenieur oder gleichwertige Qualifikation sowie Tischler/Schreiner mit einer Ausübungsberechtigung nach §§ 7a, 7b HwO oder einer Ausnahmebewilligung nach § 8 HwO) geleitet oder überwacht werden. Ist der Betriebsinhaber Tischler-/Schreinergeselle oder Holzmechaniker und arbeitet arbeitszeitlich überwiegend wie ein gewerblicher Arbeitnehmer, ist dessen Arbeitszeit bei der Berechnung des Arbeitszeitanteils der gewerblichen Arbeitnehmer nach Satz 1 zu berücksichtigen.

Darunter fallen insbesondere Betriebe und selbständige Betriebsabteilungen, die folgende Tätigkeiten ausüben:

- Möbel und Inneneinrichtungen für und Innenausbau von z. B. Läden, Gaststätten, Büros, Hotels, Schulen, Krankenhäusern, Kindergärten, Banken, sowie Spiel- und Sportgeräte, Gehäuse, Vorrichtungen und Modelle, Messebauten, Innen- und Außentüren, Fenster, Treppen, Böden, Trennwände, Wand- und Deckenverkleidungen, Fassaden abschließende Bauelemente, Wintergärten, Trockenbauten, Fahrzeugein- und -ausbauten planen, konstruieren, rationell fertigen, montieren, einbauen oder instand halten unter Verwendung unterschiedlicher Materialien wie insbesondere von Holz, Holzwerkstoffen, Kunststoffen, Glas, Metall, Stein, Werkstoffen für den Trockenbau, Belag- und Verbundwerkstoffen,
- Produkte und Objekte einbauen, montieren, instand halten, warten oder restaurieren,
- Montagefertige Teile und Erzeugnisse, insbesondere Rollläden, Schattierungs- und Belüftungssysteme, Schließ- und Schutzsysteme für Bauelemente, Anbauten und Wintergärten einbauen, montieren und instand halten,
- Dienst- und Serviceleistungen ausführen wie Schlüssel- und Notdienste, Bestattungen und Überführung Verstorbener durchführen, Hinterbliebene beraten, Trauerfeiern organisieren oder Behördengänge abwickeln.

Abschnitt III

Metallbauerhandwerk

Betriebe des Metallbauerhandwerks; darunter fallen Betriebe, die Stahl- und Metallbaukonstruktionen, Fördersysteme, Konstruktionen des Anlagenbaues sowie Schließ- und Sicherungssysteme entwerfen, planen, herstellen, montieren, in Betrieb nehmen, umbauen und instand halten unter Einbeziehung von steuerungstechnischen Systemen und deren Schnittstellen. Das sind Betriebe, die insbesondere:

1. Verbindungen an Bauwerken und Konstruktionen unter Berücksichtigung von Befestigungsverfahren, Befestigungselementen, lösbaren und unlösbaren Befestigungssystemen, insbesondere Schweiß- und Klebeverbindungen sowie des Montageuntergrunds planen und herstellen,
2. Metallarbeiten entwerfen, zeichnerisch darstellen, modellieren, berechnen, herstellen, montieren und instand halten,
3. Schmiedetechniken, insbesondere manuelles und maschinelles Schmieden und Treiben ausführen,
4. Anlagen und Bauteile unter Berücksichtigung des Denkmalschutzes restaurieren und rekonstruieren,
5. Metalloberflächen schützen, farblich gestalten und veredeln,
6. Befestigungstechniken, insbesondere unter Berücksichtigung bautechnischer Erfordernisse und des Denkmalschutzes ausführen,
7. Spiel- und Sportgeräte, Gehäuse, Vorrichtungen, Messebauten, Innen- und Außentüren, Fenster, Treppen, Böden, Trennwände, Wand- und Deckenver-

kleidungen, Fassaden abschließende Bauelemente und Wintergärten planen, konstruieren, fertigen, einbauen oder instand halten.

Abschnitt IV

Installateur- und Heizungsbauer-, Klempner-, Ofen- und Luftheizungsbauer- sowie Behälter- und Apparatebauer-Handwerk

Betriebe des Installateur- und Heizungsbauer-, Klempner-, Ofen- und Luftheizungsbauer- sowie Behälter- und Apparatebauer-Handwerks; darunter fallen insbesondere Betriebe, die folgende Tätigkeiten ausführen:

1. Planung und Bau von Rohrleitungsanlagen, ausgenommen Fernleitungen, aus allen zugelassenen Werkstoffen für Gase, Wasser, Abwasser und chemische Flüssigkeiten,
2. Verlegung und Anschluss von Rohren für Tankstellen,
3. Eindeckung von Dachflächen und Verkleidung von Decken- und Wandflächen mit Blech, Metall-Verbundwerkstoffen und Kunststoffen einschließlich des Anbringens aller funktionsbedingten Schichten sowie der Trag- und Befestigungskonstruktionen,
4. Ausführung von Arbeiten aus Stabstahl, Profilstahl, Blech, Metall-Verbundwerkstoffen und Kunststoffen an Bauwerken, insbesondere an Anlagen zur Innen- und Außenentwässerung,
5. Entwurf und Herstellung von gebrauchs- und kunsthandwerklichen Gegenständen sowie von Bauteilen aus Blech, Metall-Verbundwerkstoffen und Kunststoffen, insbesondere von Verkleidungen für Rohrleitungen und Behälter, von Leitungen für lufttechnische Anlagen und für Förder- und Transportanlagen,
6. Planung und Herstellung von Rohren, Rohrleitungen und Formstücken für feste, flüssige und gasförmige Stoffe im gesamten Druck- und Temperaturbereich,
7. Planung und Bau von Kaminen für offenes Feuer,
8. Planung und Bau von Kachelgrundöfen, von Kachelherden und von transportablen keramischen Dauerbrandöfen und Herden.

Abschnitt V

Elektrohandwerk

Alle Betriebe oder selbstständigen Betriebsabteilungen, die mit der handwerksmäßigen Installation, Wartung oder Instandhaltung von elektro- und informationstechnischen Anlagen und Geräten einschließlich elektrischer Antriebe, Leitungen, Kommunikations- und Datennetze sowie mit dem Fahrleitungs-, Freileitungs-, Ortsnetz- und Kabelbau befasst sind bzw. – bezogen auf diese Tätigkeiten – entsprechende Dienstleistungen einschließlich damit zusammenhängender baulicher Nebenpflichten im Sinne von § 5 HwO anbieten, sofern dem Betrieb nicht nachgewiesen wird, dass die baulichen Tätigkeiten inklusive dieser baulichen Nebenpflichten kalenderjährlich mehr als 50 % der betrieblichen Gesamtarbeitszeit betragen.

Bauliche Nebenpflichten im Sinne von § 5 HwO können insbesondere im Zusammenhang mit folgenden elektrohandwerklichen Dienstleistungen anfallen:

1. Kabel- und Leitungsinstallationen innerhalb und außerhalb von Gebäuden,
2. Photovoltaik- und Solarmontagen auf Gebäuden und Freiflächen,
3. Öffentlichen Beleuchtungsinstallationen bzw. Elektroinstallationen auf Masten,
4. Erstellung und Montage von Anlagen zur Energieerzeugung,
5. Erstellung und Montage von Infrastruktur E-Mobilität einschließlich Energieverteilernetze,
6. Erstellung und Montage von Kabel- und Leitungstrassen einschließlich ihrer Trägersysteme in und außerhalb von Gebäuden,
7. Erstellung und Montage von elektrischen Brandschutzsystemen,
8. Erstellung und Montage von Kabelschächten und -kanälen, Legen von Erdkabeln,
9. Erstellung und Montage elektrotechnischer Fertigteilbauten (z. B. Trafo- und Netzverteilstationen),
10. Geothermie- und Luftwärmepumpeninstallationen,
11. Fahrweg-Elektrotechnik einschließlich Signalanlagen und sonstiger Elektroinstallationen (z. B. Weichenheizungen),
12. Verkehrsleit- und Signaltechnik,
13. Erstellung und Montage elektrischer Licht- und Werbeanlagen an und außerhalb von Gebäuden,
14. Elektroinstallationen im Laden- und Einrichtungsbau,
15. Modernisierung von Elektrospeicher-Heizanlagen,
16. Installation elektrischer Fußbodenheizungen,
17. Elektroinstallationen bei Blockheizkraftwerken, Brennstoffzellen und Batteriespeicheranlagen.

Allgemeinverbindliche Mindestlöhne im Bauhauptgewerbe und Verordnungsfundstellen

Tarifvertrag	Verordnung, Fundstelle	Zeitraum/AVE	Mindestlohn[1]	
TV Mindestlohn vom 24. April 1996[2]	nicht allgemeinverbindlich[2]	—	W	7,82 €[2]
			O	7,20 €
			W	8,69 €
			O	8,— €
			W	9,51 €
			O	8,74 €
TV Mindestlohn vom 2. September 1996	(hier über § 5 TVG), BAnz. Nr. 215 vom 16. November 1996	1. Januar 1997 – 31.August 1997	W	8,18 €
			O	7,74 €
TV Mindestlohn vom 17. Juli 1997	(hier über § 5 TVG), BAnz. Nr. 157 vom 23. August 1997	1. September 1997 – 31. August 1999	W	8,18 €
			O	7,74 €
TV Mindestlohn vom 26. Mai 1999	MindestlohnVO vom 25. August 1999, BGBl. I 1999, S. 1894 ff.	1. September 1999 – 31. August 2000	W	9,46 €
			O	8,32 €
TV Mindestlohn vom 2. Juni 2000	2. MindestlohnVO vom 17. August 2000, BGBl. I 2000, S. 1290 ff.	1. September 2000 – 31. August 2001	W	9,65 €
			O	8,49 €
		1. September 2001 – 31. August 2002	W	9,80 €
			O	8,63 €

1) Vor 1. Januar 2002 in € umgerechnet; die Mindestlöhne beinhalten den Bauzuschlag (5,9 %).

2) Der TV Mindestlohn vom 24. April 1996 trat am 1. April 1996 in Kraft. Da der Tarifausschuss beim Bundesminister für Arbeit und Sozialordnung die Allgemeinverbindlicherklärung nicht befürwortete, trat der Tarifvertrag gemäß § 7 zu diesem Zeitpunkt ohne Nachwirkung außer Kraft. Der Tarifausschuss tagte am 28. Mai 1996, der Antrag auf Allgemeinverbindlicherklärung wurde am 30. Mai 1996 abgelehnt und diese Entscheidung am 8. Juni 1996 veröffentlicht (BAnz. vom 8. Juni 1996, S. 6290).

Tarifvertrag	Verordnung, Fundstelle	Zeitraum/AVE	Mindestlohn [1]	
TV Mindestlohn vom 4. Juli 2002 (Laufzeit war ursprünglich bis 31. August 2004 vorgesehen)	3. MindestlohnVO vom 21. August 2002, BGBl. I 2002, S. 3372 ff.	1. September 2002 – 31. August 2003	W O	10,12 € 8,75 €
		1. September 2003 – 31. Oktober 2003	W1 W2 O1 O2	10,36 € 12,47 € 8,95 € 10,01 €
TV Mindestlohn vom 29. Oktober 2003 (Laufzeit war ursprünglich bis 31. August 2006 vorgesehen)	4. MindestlohnVO vom 13. Dezember 2003, BAnz. Nr. 242 vom 30. Dezember 2003, S. 26093 ff.	1. November 2003 – 31. August 2004	W1 W2 O1 O2	10,36 € 12,47 € 8,95 € 9,65 €
		1. September 2004 – 31. August 2005	W1 W2 O1 O2	10,36 € 12,47 € 8,95 € 10,01 €
TV Mindestlohn vom 29. Juli 2005	5. MindestlohnVO vom 29. August 2005 BAnz. Nr. 164 vom 31. August 2005, S. 13199 ff.	1. September 2005 – 31. August 2006	W1 W2 O1 O2	10,20 € 12,30 € 8,80 € 9,80 €
		1. September 2006 – 31. August 2007	W1 W2 O1 O2	10,30 € 12,40 € 8,90 € 9,80 €
		1. September 2007 – 31. August 2008	W1 W2 O1 O2	10,40 € 12,50 € 9,— € 9,80 €

Tarifvertrag	Verordnung, Fundstelle	Zeitraum/AVE	Mindestlohn[1]
TV Mindestlohn vom 4. Juli 2008	6. MindestlohnVO vom 21. August 2008 BAnz. Nr. 131 vom 29. August 2008, S. 3145 ff.	1. September 2008 – 31. August 2009	W1 10,70 € W2 12,85 € Berlin 2 12,70 € O1 9,— € O2 9,80 €
TV Mindestlohn vom 23. Mai 2009	7. MindestlohnVO vom 24. August 2009 BAnz. Nr. 128 vom 28. August 2009, S. 2996 ff.	1. September 2009 – 31. August 2010	W1 10,80 € W2 12,90 € Berlin 2 12,75 € O1 9,25 €[3]
		1. September 2010 – 30. Juni 2011	W1 10,90 € W2 12,95 € Berlin 2 12,75 € O1 9,50 €[3]
		1. Juli 2011 – 30. November 2011	W1 11,— € W2 13,— € Berlin 2 12,85 € O1 9,75 €[3]
TV Mindestlohn vom 28. April 2011	8. MindestlohnVO vom 24. Oktober 2011 BAnz. Nr. 167 vom 8. November 2011, S. 3865 ff.	1. Dezember 2011 – 31. Dezember 2011	W1 11,— € W2 13,— € Berlin 2 12,85 € O1 9,75 €[3]
		1. Januar 2012 – 31. Dezember 2012	W1 11,05 € W2 13,40 € Berlin 2 13,25 € O1 10,— €[3]

3) Mindestlohn 2 (Ost) entfällt ab 1. September 2009.

Tarifvertrag	Verordnung, Fundstelle	Zeitraum / AVE	Mindestlohn [1]
		1. Januar 2013 – 31. Dezember 2013	W1 11,05 € W2 13,70 € Berlin 2 13,55 € O1 10,25 € [3]
TV Mindestlohn vom 3. Mai 2013	9. MindestlohnVO vom 16. Oktober 2013 BAnz. AT vom 18. Oktober 2013 V1	1. Januar 2014 – 31. Dezember 2014	W1 11,10 € W2 13,95 € Berlin 2 13,80 € O1 10,50 €
		1. Januar 2015 – 31. Dezember 2015	W1 11,15 € W2 14,20 € Berlin 2 14,05 € O1 10,75 €
		1. Januar 2016 – 31. Dezember 2016	W1 11,25 € W2 14,45 € Berlin 2 14,30 € O1 11,05 €
		1. Januar 2017 – 31. Dezember 2017	W1 11,30 € W2 14,70 € Berlin 2 14,55 € O1 11,30 €
TV Mindestlohn vom 3. November 2017	10. MindestlohnVO vom 19. Februar 2018 BAnz. AT vom 27. Februar 2018 V1	1. März 2018 – 28. Februar 2019	W1 11,75 € W2 14,95 € Berlin 2 14,80 € O1 11,75 €

Tarifvertrag	Verordnung, Fundstelle	Zeitraum / AVE	Mindestlohn [1]
		1. März 2019 – 31. Dezember 2019	W1 12,20 € W2 15,20 € Berlin 2 15,05 € O1 12,20 €
TV Mindestlohn vom 17. Januar 2020	11. MindestlohnVO vom 25. März 2020 BAnz. AT vom 30. März 2020 V1	1. April 2020 – 31. Dezember 2020	W1 12,55 € W2 15,40 € Berlin 2 15,25 € O1 12,55 €

▷ Siehe auch **Das Arbeitsverhältnis im Baugewerbe** (6. Auflage), Kapitel 1.6.1.2 *Mindestlohn*.

Allgemeinverbindliche Mindestlöhne im Bauhaupt- und Baunebengewerbe (Stand: 15. Oktober 2020)

	1.11.2003	1.4.2004	1.6.2004	1.9.2004	13.12.2004	1.1.2005	1.4.2005	1.9.2005	1.10.2005	1.1.2006	1.4.2006	1.9.2006	1.1.2007	1.9.2007	1.1.2008	1.4.2008	1.9.2008
■ Bauhauptgewerbe																	
Mindestlohn 1 (West)	10,36 €							10,20 €				10,30 €		10,40 €			
Mindestlohn 2 (West)	12,47 €							12,30 €				12,40 €		12,50 €			
Mindestlohn 2 (Berlin)*)																	
Mindestlohn 1 (Ost)	8,95 €			8,95 €				8,80 €				8,90 €		9,— €			
Mindestlohn 2 (Ost)	9,65 €			10,01 €				9,80 €				9,80 €		9,80 €			
■ Abbruchgewerbe																	
Mindestlohn 1 (West)		9,49 €									9,49 €					9,79 €	
Mindestlohn 2 (West)		11,60 €									11,60 €					11,96 €	
Mindestlohn 1 (Ost)		8,95 €		8,95 €							8,80 €					9,10 €	
Mindestlohn 2 (Ost)		9,65 €		10,01 €							9,80 €					10,16 €	
■ Dachdeckerhandwerk																	
Mindestlohn			9,30 €			9,65 €				10,— €			10,— €		10,20 €		
■ Elektrohandwerk																	
Mindestlohn (West)															9,40 €		
Mindestlohn (Ost)															7,90 €		
■ Gerüstbauerhandwerk																	
Mindestlohn																	
■ Maler/Lackierer																	
Mindestlohn 1 (West)			7,69 €				7,85 €		7,85 €							8,05 €	
Mindestlohn 2 (West)			10,53 €				10,73 €		10,73 €							11,05 €	
Mindestlohn 1 (Ost)			7,— €				7,15 €		7,15 €							7,50 €	
Mindestlohn 2 (Ost)			9,20 €				9,37 €		9,37 €							9,65 €	

Übersicht Bau-Mindestlöhne

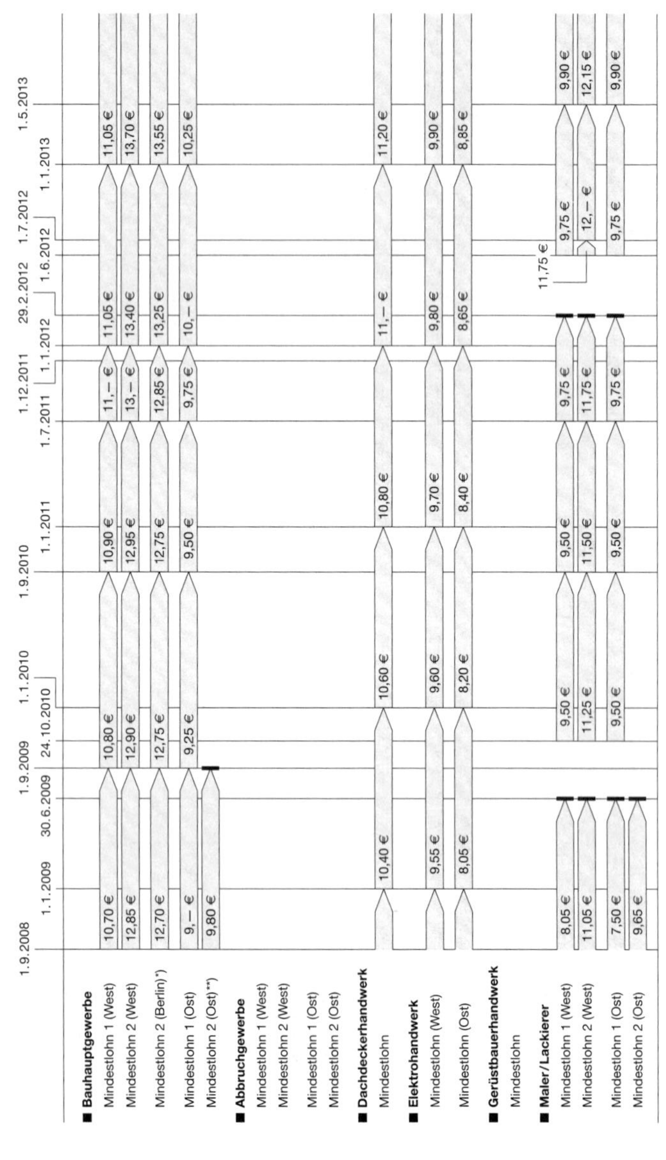

1.9.2008
1.1.2009
30.6.2009
1.9.2009
24.10.2009
1.1.2010
1.9.2010
1.1.2011
1.7.2011
1.12.2011
1.1.2012
29.2.2012
1.6.2012
1.7.2012
1.1.2013
1.5.2013
■ Bauhauptgewerbe
Mindestlohn 1 (West)
10,70 € 10,80 € 10,90 € 11,– € 11,05 € 11,05 €
Mindestlohn 2 (West)
12,85 € 12,90 € 12,95 € 13,– € 13,40 € 13,70 €
Mindestlohn 2 (Berlin)*)
12,70 € 12,75 € 12,75 € 12,85 € 13,25 € 13,55 €
Mindestlohn 1 (Ost)
9,– € 9,25 € 9,50 € 9,75 € 10,– € 10,25 €
Mindestlohn 2 (Ost)**)
9,80 €
■ Abbruchgewerbe
Mindestlohn 1 (West)
Mindestlohn 2 (West)
Mindestlohn 1 (Ost)
Mindestlohn 2 (Ost)
■ Dachdeckerhandwerk
Mindestlohn
10,40 € 10,60 € 10,80 € 11,– € 11,20 €
■ Elektrohandwerk
Mindestlohn (West)
9,55 € 9,60 € 9,70 € 9,80 € 9,90 €
Mindestlohn (Ost)
8,05 € 8,20 € 8,40 € 8,65 € 8,85 €
■ Gerüstbauerhandwerk
Mindestlohn
■ Maler/Lackierer
Mindestlohn 1 (West)
8,05 € 9,50 € 9,50 € 9,75 € 9,75 € 9,90 €
Mindestlohn 2 (West)
11,05 € 11,25 € 11,50 € 11,75 € 11,75 € 12,– € 12,15 €
Mindestlohn 1 (Ost)
7,50 € 9,50 € 9,50 € 9,75 € 9,75 € 9,90 €
Mindestlohn 2 (Ost)
9,65 €

Übersicht Bau-Mindestlöhne

	1.1.2013	1.5.2013	1.8.2013	1.10.2013	1.1.2014	28.2.2014	1.5.2014	1.7.2014	1.9.2014	1.1.2015	1.5.2015	1.11.2015	1.1.2016	31.3.2016	1.5.2016	1.8.2016	1.1.2017	1.5.2017	31.12.2017
■ Bauhauptgewerbe																			
Mindestlohn 1 (West)	11,05 €				11,10 €					11,15 €			11,25 €				11,30 €		
Mindestlohn 2 (West)	13,70 €				13,95 €					14,20 €			14,45 €				14,70 €		
Mindestlohn 2 (Berlin)*)	13,55 €				13,80 €					14,05 €			14,30 €				14,55 €		
Mindestlohn 1 (Ost)	10,25 €				10,50 €					10,75 €			11,05 €				11,30 €		
Mindestlohn 2 (Ost)**)																			
■ Abbruchgewerbe																			
Mindestlohn 1 (West)																			
Mindestlohn 2 (West)																			
Mindestlohn 1 (Ost)																			
Mindestlohn 2 (Ost)																			
■ Dachdeckerhandwerk																			
Mindestlohn	11,20 €				11,55 €					11,85 €			12,05 €				12,25 €		
■ Elektrohandwerk																			
Mindestlohn (West)	9,90 €				10,– €					10,10 €						10,35 €	10,65 €		
Mindestlohn (Ost)	8,85 €				9,10 €					9,35 €						9,85 €	10,40 €		
■ Gerüstbauerhandwerk																			
Mindestlohn			10,– €						10,25 €		10,50 €				10,70 €			11,– €	
■ Maler/Lackierer																			
Mindestlohn 1 (West)		9,90 €						9,90 €			10,– €				10,10 €			10,35 €	
Mindestlohn 2 (West)		12,15 €						12,50 €			12,80 €				13,10 €			13,10 €	
Mindestlohn 2 (Berlin)								12,30 €			12,60 €				12,90 €				
Mindestlohn 1 (Ost)		9,90 €						9,90 €			10,– €				10,10 €				
Mindestlohn 2 (Ost)								10,50 €			10,90 €				11,30 €			11,85 €	
■ Steinmetzhandwerk																			
Mindestlohn (West+Berlin)				11,– €			11,25 €					11,30 €			11,35 €			11,40 €	
Mindestlohn (Ost)				10,13 €			10,66 €					10,90 €			11,– €			11,20 €	

Übersicht Bau-Mindestlöhne

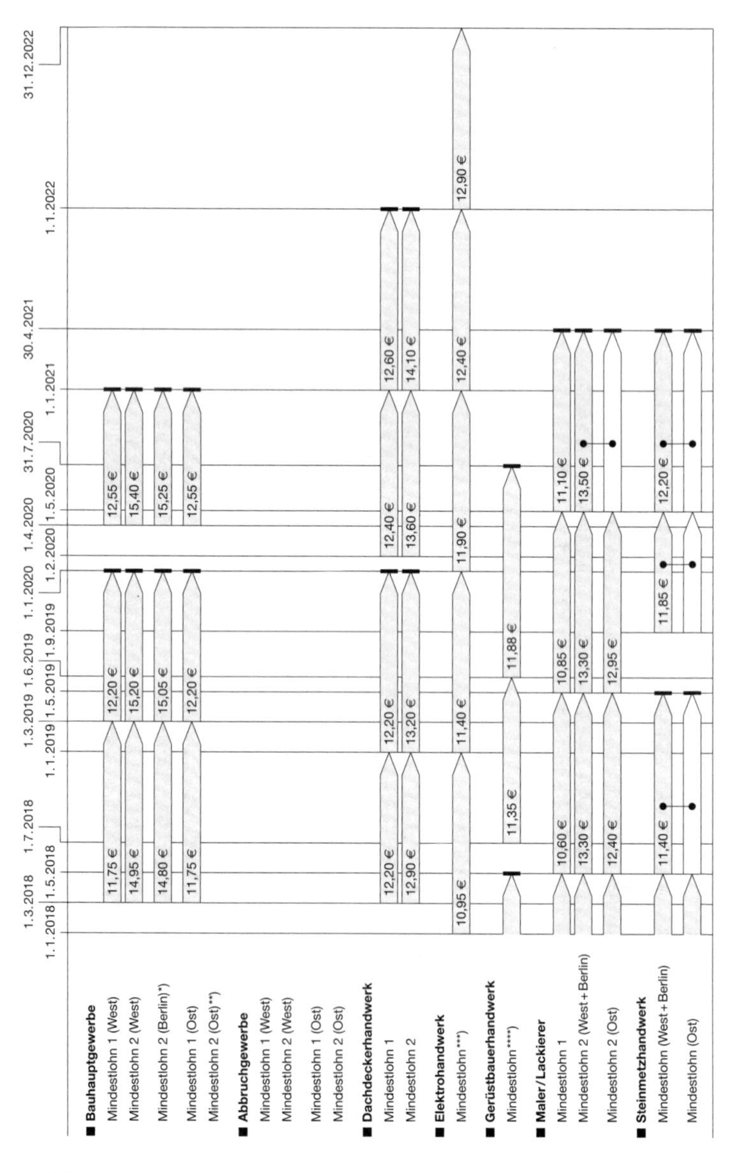

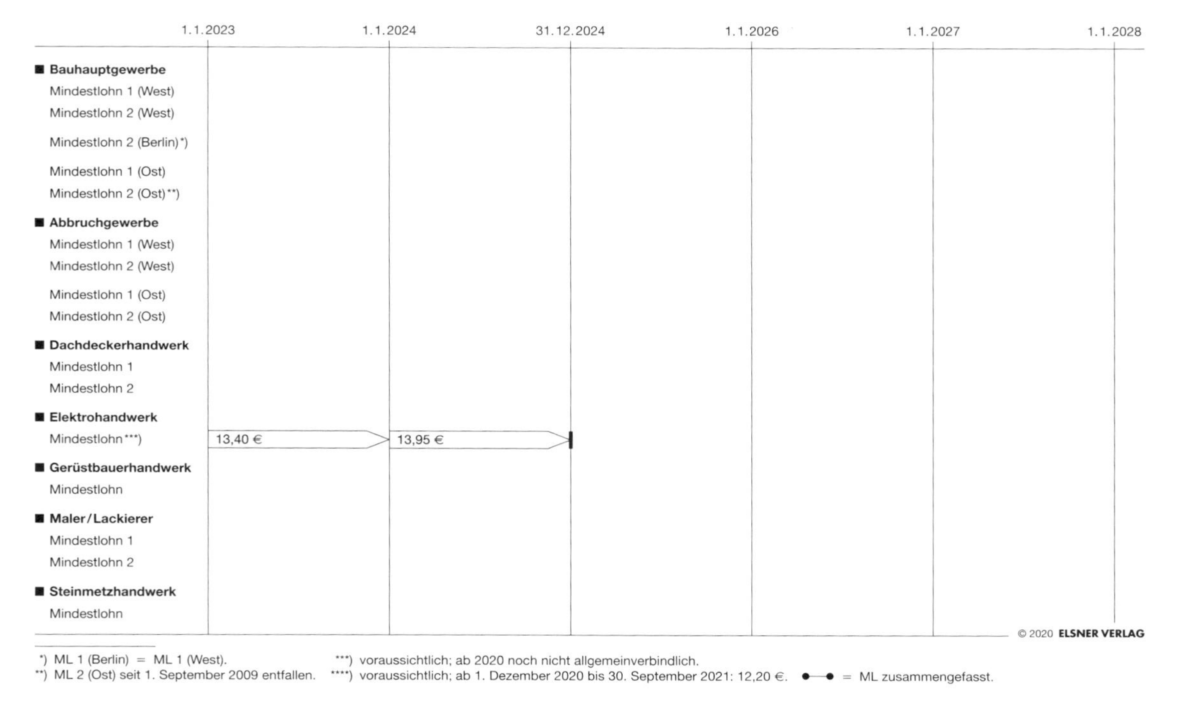
1.1.2023
1.1.2024
31.12.2024
1.1.2026
1.1.2027
1.1.2028
Bauhauptgewerbe
Mindestlohn 1 (West)
Mindestlohn 2 (West)
Mindestlohn 2 (Berlin)*)
Mindestlohn 1 (Ost)
Mindestlohn 2 (Ost)**)
Abbruchgewerbe
Mindestlohn 1 (West)
Mindestlohn 2 (West)
Mindestlohn 1 (Ost)
Mindestlohn 2 (Ost)
Dachdeckerhandwerk
Mindestlohn 1
Mindestlohn 2
Elektrohandwerk
Mindestlohn***)
13,40 €
13,95 €
Gerüstbauerhandwerk
Mindestlohn
Maler/Lackierer
Mindestlohn 1
Mindestlohn 2
Steinmetzhandwerk
Mindestlohn
© 2020 ELSNER VERLAG
*) ML 1 (Berlin) = ML 1 (West).
**) ML 2 (Ost) seit 1. September 2009 entfallen.
***) voraussichtlich; ab 2020 noch nicht allgemeinverbindlich.
****) voraussichtlich; ab 1. Dezember 2020 bis 30. September 2021: 12,20 €.
●—● = ML zusammengefasst.

Die Bedeutung des gesetzlichen Mindestlohns für die Bauwirtschaft

Trotz der geltenden Bau-Mindestlöhne für die gewerblichen Arbeitnehmer nach dem Arbeitnehmer-Entsendegesetz (AEntG) hat der seit 1. Januar 2015 geltende gesetzliche Mindestlohn (seit 1. Januar 2020 in Höhe von 9,35 €/Stunde, ab 1. Januar 2021 in Höhe von 9,50 €/Stunde und ab 1. Juli 2021 in Höhe von 9,60 €/Stunde) für die Bauwirtschaft Bedeutung.

Wann gilt der gesetzliche Mindestlohn in der Bauwirtschaft?

Immer dann, wenn der Bau-Mindestlohn nach dem AEntG im konkreten Arbeitsverhältnis nicht gilt, findet das Mindestlohngesetz (MiLoG) grundsätzlich Anwendung (vgl. § 1 Abs. 3 MiLoG), soweit nicht eine Anwendungsausnahme vorliegt (§ 22 MiLoG); siehe hierzu das in **Abb. 1** dargestellte Prüfschema.

① Liegt eine **Ausnahme vom persönlichen Geltungsbereich des TV Mindestlohn** (§ 1 Abs. 3) vor?

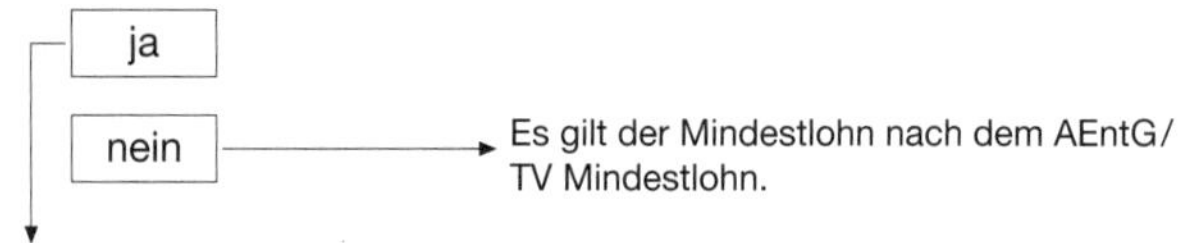
ja
nein
Es gilt der Mindestlohn nach dem AEntG/
TV Mindestlohn.

② Liegt eine **Ausnahme vom persönlichen Anwendungsbereich des MiLoG** (§ 22) vor?

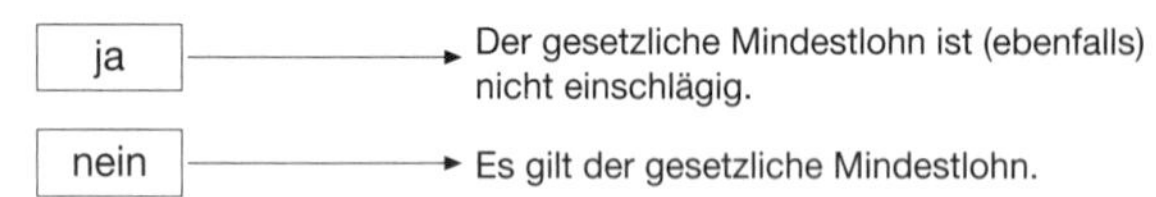
ja
Der gesetzliche Mindestlohn ist (ebenfalls)
nicht einschlägig.
nein
Es gilt der gesetzliche Mindestlohn.

Abb. 1 Prüfschema: Wann gilt der gesetzliche Mindestlohn?

In den Arbeitsverhältnissen, die in § 1 Abs. 3 TV Mindestlohn von dem Bau-Mindestlohn ausgenommen sind, ist zu prüfen, ob **der gesetzliche Mindestlohn** gilt; dieser **kommt in Betracht für**

- Angestellte und Poliere,
- gewerbliches Reinigungspersonal, das für Reinigungsarbeiten in Verwaltungs- und Sozialräumen des Baubetriebes beschäftigt wird,
- gewerbliche Arbeitnehmer, soweit sie außerhalb ihrer Arbeitszeit Beförderungsleistungen nach § 5 Nr. 4.4 BRTV übernehmen („Bullifahrer“),
- Praktikanten,

- Schüler an allgemeinbildenden Schulen (mit Ausnahme der Schüler an Abendschulen und -kollegs) und
- Schulabgänger, die innerhalb von 12 Monaten nach Beendigung ihrer Schulausbildung bis zu einer Gesamtdauer von 50 Arbeitstagen beschäftigt werden.

In diesen Fällen, in denen der Bau-Mindestlohn gerade nicht gilt, kann allerdings noch eine **Ausnahme vom gesetzlichen Mindestlohn** (§ 22 MiLoG) zum Tragen kommen, insbesondere für

- Praktikanten unter weiteren Voraussetzungen,
- unter 18-Jährige ohne abgeschlossene Berufsausbildung und
- Langzeitarbeitslose in den ersten 6 Monaten einer neuen Beschäftigung.

Für Praktikanten empfiehlt es sich, eine genaue Prüfung (§ 22 Abs. 1 Satz 2 Nrn. 1 bis 4 MiLoG) durchzuführen und ggf. Rechtsrat hinzuzuziehen.

Aufzeichnungspflichten für Angestellte und Poliere

Das MiLoG sieht u. a. Aufzeichnungspflichten vor (§ 17 Abs. 1 Satz 1 MiLoG), welche je Arbeitnehmer Beginn, Ende und Dauer der täglichen Arbeitszeit betreffen, binnen sieben Tagen vorliegen müssen und zwei Jahre aufzubewahren sind. In der Bauwirtschaft gilt diese für gewerbliche Arbeitnehmer seit langem bekannte Aufzeichnungspflicht (§ 19 Abs. 1 AEntG) seit dem 1. Januar 2015 nunmehr auch für die Angestellten und Poliere sowie für diejenigen gewerblichen Bau-Arbeitnehmer, für die kein Bau-Mindestlohn gilt.

Diese **Aufzeichnungspflichten** für die Angestellten (und diejenigen gewerblichen Bau-Arbeitnehmer, für die kein Bau-Mindestlohn gilt) **gelten** nach der Mindestlohndokumentationspflichtenverordnung (MiLoDokV) **unter folgenden Voraussetzungen jedoch nicht**:

- das regelmäßige verstetigte Monatsentgelt (siehe dazu § 1 Abs. 1 Satz 2 MiLoDokV) beträgt mehr als 2.958,— € brutto **oder**
- das regelmäßige verstetigte Monatsentgelt beträgt mehr als 2.000,— € brutto **und** der Arbeitgeber hat dieses Entgelt nachweislich für die letzten vollen 12 Monate gezahlt, wobei Zeiten ohne Anspruch auf Arbeitsentgelt bei der Berechnung des Jahreszeitraums unberücksichtigt bleiben.

Verschuldensunabhängige Auftraggeberhaftung

Zur Stärkung der Durchsetzung von Vergütungsansprüchen nach dem MiLoG wird auf die verschuldensunabhängige „Bürgenhaftung" des Auftraggebers nach dem AEntG verwiesen (§ 13 MiLoG, § 14 AEntG). Für Arbeitnehmer bedeutet dies eine hohe Absicherung ihres Mindestlohnanspruchs. Für gewerbliche Auftraggeber geht damit ein Haftungsrisiko bezogen auf die Mindestlohnansprüche der Arbeitnehmer seiner Auftragnehmer („Nachunternehmer") einher, welches sich auf die Arbeitszeit im jeweiligen Auftragsverhältnis bezieht. Der Gesetzgeber will damit erreichen, dass der gewerbliche Auftraggeber seine Auftragnehmer sorgfältig auswählt; verdächtig günstige Angebote sollten daher mit Blick auf die Haftungsrisiken gewissenhaft geprüft werden.

Gesetz zur Regelung eines allgemeinen Mindestlohns (MiLoG)

vom 11. August 2014
(BGBl. I 2014, S. 1348)

in der Fassung vom 10. Juli 2020
(BGBl. I 2020, S. 1657)

§ 1
Mindestlohn

(1) Jede Arbeitnehmerin und jeder Arbeitnehmer hat Anspruch auf Zahlung eines Arbeitsentgelts mindestens in Höhe des Mindestlohns durch den Arbeitgeber.

(2) Die Höhe des Mindestlohns beträgt ab dem 1. Januar 2015 brutto 8,50 €[1] je Zeitstunde. Die Höhe des Mindestlohns kann auf Vorschlag einer ständigen Kommission der Tarifpartner (Mindestlohnkommission) durch Rechtsverordnung der Bundesregierung geändert werden.

(3) Die Regelungen des Arbeitnehmer-Entsendegesetzes, des Arbeitnehmerüberlassungsgesetzes und der auf ihrer Grundlage erlassenen Rechtsverordnungen gehen den Regelungen dieses Gesetzes vor, soweit die Höhe der auf ihrer Grundlage festgesetzten Branchenmindestlöhne die Höhe des Mindestlohns nicht unterschreitet.[2]

§ 2
Fälligkeit des Mindestlohns

(1) Der Arbeitgeber ist verpflichtet, der Arbeitnehmerin oder dem Arbeitnehmer den Mindestlohn

1. zum Zeitpunkt der vereinbarten Fälligkeit,
2. spätestens am letzten Bankarbeitstag (Frankfurt am Main) des Monats, der auf den Monat folgt, in dem die Arbeitsleistung erbracht wurde,

zu zahlen. Für den Fall, dass keine Vereinbarung über die Fälligkeit getroffen worden ist, bleibt § 614 des Bürgerlichen Gesetzbuchs unberührt.

---

1) Neufestsetzung seit 1. Januar 2020 in Höhe von 9,35 € (§ 1 Mindestlohnanpassungsverordnung vom 13. November 2018, BGBl. I 2018, S. 1876).

2) Der TV Mindestlohn geht daher innerhalb seines Geltungsbereiches vor; siehe Seiten 84 und 85 sowie zur Abgrenzung das Prüfschema auf Seite 500.

(2) Abweichend von Abs. 1 Satz 1 sind bei Arbeitnehmerinnen und Arbeitnehmern die über die vertraglich vereinbarte Arbeitszeit hinausgehenden und auf einem schriftlich vereinbarten Arbeitszeitkonto eingestellten Arbeitsstunden spätestens innerhalb von zwölf Kalendermonaten nach ihrer monatlichen Erfassung durch bezahlte Freizeitgewährung oder Zahlung des Mindestlohns auszugleichen, soweit der Anspruch auf den Mindestlohn für die geleisteten Arbeitsstunden nach § 1 Abs. 1 nicht bereits durch Zahlung des verstetigten Arbeitsentgelts erfüllt ist. Im Falle der Beendigung des Arbeitsverhältnisses hat der Arbeitgeber nicht ausgeglichene Arbeitsstunden spätestens in dem auf die Beendigung des Arbeitsverhältnisses folgenden Kalendermonat auszugleichen. Die auf das Arbeitszeitkonto eingestellten Arbeitsstunden dürfen monatlich jeweils 50 Prozent der vertraglich vereinbarten Arbeitszeit nicht übersteigen.

(3) Die Abs. 1 und 2 gelten nicht für Wertguthabenvereinbarungen im Sinne des Vierten Buches Sozialgesetzbuch. Satz 1 gilt entsprechend für eine im Hinblick auf den Schutz der Arbeitnehmerinnen und Arbeitnehmer vergleichbare ausländische Regelung.

§ 3
Unabdingbarkeit des Mindestlohns

Vereinbarungen, die den Anspruch auf Mindestlohn unterschreiten oder seine Geltendmachung beschränken oder ausschließen, sind insoweit unwirksam. Die Arbeitnehmerin oder der Arbeitnehmer kann auf den entstandenen Anspruch nach § 1 Abs. 1 nur durch gerichtlichen Vergleich verzichten; im Übrigen ist ein Verzicht ausgeschlossen. Die Verwirkung des Anspruchs ist ausgeschlossen.

§ 4
Aufgabe und Zusammensetzung

(1) Die Bundesregierung errichtet eine ständige Mindestlohnkommission, die über die Anpassung der Höhe des Mindestlohns befindet.

(2) Die Mindestlohnkommission wird alle fünf Jahre neu berufen. Sie besteht aus einer oder einem Vorsitzenden, sechs weiteren stimmberechtigten ständigen Mitgliedern und zwei Mitgliedern aus Kreisen der Wissenschaft ohne Stimmrecht (beratende Mitglieder).

§ 5
Stimmberechtigte Mitglieder

(1) Die Bundesregierung beruft je drei stimmberechtigte Mitglieder auf Vorschlag der Spitzenorganisationen der Arbeitgeber und der Arbeitnehmer aus Kreisen der Vereinigungen von Arbeitgebern und Gewerkschaften. Die Spitzenorganisationen der Arbeitgeber und Arbeitnehmer sollen jeweils mindestens eine Frau und einen Mann als stimmberechtigte Mitglieder vorschlagen. Werden auf Arbeitgeber-

oder auf Arbeitnehmerseite von den Spitzenorganisationen mehr als drei Personen vorgeschlagen, erfolgt die Auswahl zwischen den Vorschlägen im Verhältnis zur Bedeutung der jeweiligen Spitzenorganisationen für die Vertretung der Arbeitgeber- oder Arbeitnehmerinteressen im Arbeitsleben des Bundesgebietes. Übt eine Seite ihr Vorschlagsrecht nicht aus, werden die Mitglieder dieser Seite durch die Bundesregierung aus Kreisen der Vereinigungen von Arbeitgebern oder Gewerkschaften berufen.

(2) Scheidet ein Mitglied aus, wird nach Maßgabe des Abs. 1 Satz 1 und 4 ein neues Mitglied berufen.

§ 6 Vorsitz

(1) Die Bundesregierung beruft die Vorsitzende oder den Vorsitzenden auf gemeinsamen Vorschlag der Spitzenorganisationen der Arbeitgeber und der Arbeitnehmer.

(2) Wird von den Spitzenorganisationen kein gemeinsamer Vorschlag unterbreitet, beruft die Bundesregierung jeweils eine Vorsitzende oder einen Vorsitzenden auf Vorschlag der Spitzenorganisationen der Arbeitgeber und der Arbeitnehmer. Der Vorsitz wechselt zwischen den Vorsitzenden nach jeder Beschlussfassung nach § 9. Über den erstmaligen Vorsitz entscheidet das Los. § 5 Abs. 1 Satz 3 und 4 gilt entsprechend.

(3) Scheidet die Vorsitzende oder der Vorsitzende aus, wird nach Maßgabe der Abs. 1 und 2 eine neue Vorsitzende oder ein neuer Vorsitzender berufen.

§ 7 Beratende Mitglieder

(1) Die Bundesregierung beruft auf Vorschlag der Spitzenorganisationen der Arbeitgeber und Arbeitnehmer zusätzlich je ein beratendes Mitglied aus Kreisen der Wissenschaft. Die Bundesregierung soll darauf hinwirken, dass die Spitzenorganisationen der Arbeitgeber und Arbeitnehmer eine Frau und einen Mann als beratendes Mitglied vorschlagen. Das beratende Mitglied soll in keinem Beschäftigungsverhältnis stehen zu

1. einer Spitzenorganisation der Arbeitgeber oder Arbeitnehmer,
2. einer Vereinigung der Arbeitgeber oder einer Gewerkschaft oder
3. einer Einrichtung, die von den in der Nr. 1 oder Nr. 2 genannten Vereinigungen getragen wird.

§ 5 Abs. 1 Satz 3 und 4 und Abs. 2 gilt entsprechend.

(2) Die beratenden Mitglieder unterstützen die Mindestlohnkommission insbesondere bei der Prüfung nach § 9 Abs. 2 durch die Einbringung wissenschaftlichen Sachverstands. Sie haben das Recht, an den Beratungen der Mindestlohnkommission teilzunehmen.

§ 8
Rechtsstellung der Mitglieder

(1) Die Mitglieder der Mindestlohnkommission unterliegen bei der Wahrnehmung ihrer Tätigkeit keinen Weisungen.

(2) Die Tätigkeit der Mitglieder der Mindestlohnkommission ist ehrenamtlich.

(3) Die Mitglieder der Mindestlohnkommission erhalten eine angemessene Entschädigung für den ihnen bei der Wahrnehmung ihrer Tätigkeit erwachsenden Verdienstausfall und Aufwand sowie Ersatz der Fahrtkosten entsprechend den für ehrenamtliche Richterinnen und Richter der Arbeitsgerichte geltenden Vorschriften. Die Entschädigung und die erstattungsfähigen Fahrtkosten setzt im Einzelfall die oder der Vorsitzende der Mindestlohnkommission fest.

§ 9
Beschluss der Mindestlohnkommission

(1) Die Mindestlohnkommission hat über eine Anpassung der Höhe des Mindestlohns erstmals bis zum 30. Juni 2016 mit Wirkung zum 1. Januar 2017 zu beschließen. Danach hat die Mindestlohnkommission alle zwei Jahre über Anpassungen der Höhe des Mindestlohns zu beschließen.

(2) Die Mindestlohnkommission prüft im Rahmen einer Gesamtabwägung, welche Höhe des Mindestlohns geeignet ist, zu einem angemessenen Mindestschutz der Arbeitnehmerinnen und Arbeitnehmer beizutragen, faire und funktionierende Wettbewerbsbedingungen zu ermöglichen sowie Beschäftigung nicht zu gefährden. Die Mindestlohnkommission orientiert sich bei der Festsetzung des Mindestlohns nachlaufend an der Tarifentwicklung.

(3) Die Mindestlohnkommission hat ihren Beschluss schriftlich zu begründen.

(4) Die Mindestlohnkommission evaluiert laufend die Auswirkungen des Mindestlohns auf den Schutz der Arbeitnehmerinnen und Arbeitnehmer, die Wettbewerbsbedingungen und die Beschäftigung im Bezug auf bestimmte Branchen und Regionen sowie die Produktivität und stellt ihre Erkenntnisse der Bundesregierung in einem Bericht alle zwei Jahre gemeinsam mit ihrem Beschluss zur Verfügung.

§ 10
Verfahren der Mindestlohnkommission

(1) Die Mindestlohnkommission ist beschlussfähig, wenn mindestens die Hälfte ihrer stimmberechtigten Mitglieder anwesend ist.

(2) Die Beschlüsse der Mindestlohnkommission werden mit einfacher Mehrheit der Stimmen der anwesenden Mitglieder gefasst. Bei der Beschlussfassung hat

sich die oder der Vorsitzende zunächst der Stimme zu enthalten. Kommt eine Stimmenmehrheit nicht zustande, macht die oder der Vorsitzende einen Vermittlungsvorschlag. Kommt nach Beratung über den Vermittlungsvorschlag keine Stimmenmehrheit zustande, übt die oder der Vorsitzende ihr oder sein Stimmrecht aus.

(3) Die Mindestlohnkommission kann Spitzenorganisationen der Arbeitgeber und Arbeitnehmer, Vereinigungen von Arbeitgebern und Gewerkschaften, öffentlich-rechtliche Religionsgesellschaften, Wohlfahrtsverbände, Verbände, die wirtschaftliche und soziale Interessen organisieren, sowie sonstige von der Anpassung des Mindestlohns Betroffene vor Beschlussfassung anhören. Sie kann Informationen und fachliche Einschätzungen von externen Stellen einholen.

(4) Die Sitzungen der Mindestlohnkommission sind nicht öffentlich; der Inhalt ihrer Beratungen ist vertraulich. Die Teilnahme an Sitzungen der Mindestlohnkommission sowie die Beschlussfassung können in begründeten Ausnahmefällen auf Vorschlag der oder des Vorsitzenden mittels einer Videokonferenz erfolgen, wenn

1. kein Mitglied diesem Verfahren unverzüglich widerspricht und
2. sichergestellt ist, dass Dritte vom Inhalt der Sitzung keine Kenntnis nehmen können.

Die übrigen Verfahrensregelungen trifft die Mindestlohnkommission in einer Geschäftsordnung.

§ 11
Rechtsverordnung

(1) Die Bundesregierung kann die von der Mindestlohnkommission vorgeschlagene Anpassung des Mindestlohns durch Rechtsverordnung ohne Zustimmung des Bundesrates für alle Arbeitgeber sowie Arbeitnehmerinnen und Arbeitnehmer verbindlich machen. Die Rechtsverordnung tritt am im Beschluss der Mindestlohnkommission bezeichneten Tag, frühestens aber am Tag nach Verkündung in Kraft. Die Rechtsverordnung gilt, bis sie durch eine neue Rechtsverordnung abgelöst wird.

(2) Vor Erlass der Rechtsverordnung erhalten die Spitzenorganisationen der Arbeitgeber und Arbeitnehmer, die Vereinigungen von Arbeitgebern und Gewerkschaften, die öffentlich-rechtlichen Religionsgesellschaften, die Wohlfahrtsverbände sowie die Verbände, die wirtschaftliche und soziale Interessen organisieren, Gelegenheit zur schriftlichen Stellungnahme. Die Frist zur Stellungnahme beträgt drei Wochen; sie beginnt mit der Bekanntmachung des Verordnungsentwurfs.

§ 12
Geschäfts- und Informationsstelle für den Mindestlohn; Kostenträgerschaft

(1) Die Mindestlohnkommission wird bei der Durchführung ihrer Aufgaben von einer Geschäftsstelle unterstützt. Die Geschäftsstelle untersteht insoweit fachlich der oder dem Vorsitzenden der Mindestlohnkommission.

(2) Die Geschäftsstelle wird bei der Bundesanstalt für Arbeitsschutz und Arbeitsmedizin als selbständige Organisationeinheit eingerichtet.

(3) Die Geschäftsstelle informiert und berät als Informationsstelle für den Mindestlohn Arbeitnehmerinnen und Arbeitnehmer sowie Unternehmen zum Thema Mindestlohn.

(4) Die durch die Tätigkeit der Mindestlohnkommission und der Geschäftsstelle anfallenden Kosten trägt der Bund.

§ 13
Haftung des Auftraggebers

§ 14 des Arbeitnehmer-Entsendegesetzes[3] findet entsprechende Anwendung.

§ 14
Zuständigkeit

Für die Prüfung der Einhaltung der Pflichten eines Arbeitgebers nach § 20 sind die Behörden der Zollverwaltung zuständig.

§ 15
Befugnisse der Behörden der Zollverwaltung und anderer Behörden; Mitwirkungspflichten des Arbeitgebers

Die §§ 2 bis 6, 14, 15, 20, 22 und 23 des Schwarzarbeitsbekämpfungsgesetzes sind entsprechend anzuwenden mit der Maßgabe, dass

1. die dort genannten Behörden auch Einsicht in Arbeitsverträge, Niederschriften nach § 2 des Nachweisgesetzes und andere Geschäftsunterlagen nehmen können, die mittelbar oder unmittelbar Auskunft über die Einhaltung des Mindestlohns nach § 20 geben, und
2. die nach § 5 Abs. 1 des Schwarzarbeitsbekämpfungsgesetzes zur Mitwirkung Verpflichteten diese Unterlagen vorzulegen haben.

---

3) Siehe Seite 549.

§ 6 Abs. 3 sowie die §§ 16 bis 19 des Schwarzarbeitsbekämpfungsgesetzes finden entsprechende Anwendung.

§ 16
Meldepflicht

(1) Ein Arbeitgeber mit Sitz im Ausland, der eine Arbeitnehmerin oder einen Arbeitnehmer oder mehrere Arbeitnehmerinnen oder Arbeitnehmer in den in § 2a des Schwarzarbeitsbekämpfungsgesetzes genannten Wirtschaftsbereichen oder Wirtschaftszweigen im Anwendungsbereich dieses Gesetzes beschäftigt, ist verpflichtet, vor Beginn jeder Werk- oder Dienstleistung eine schriftliche Anmeldung in deutscher Sprache bei der zuständigen Behörde der Zollverwaltung nach Abs. 6 vorzulegen, die die für die Prüfung wesentlichen Angaben enthält. Wesentlich sind die Angaben über

1. den Familiennamen, den Vornamen und das Geburtsdatum der von ihm im Geltungsbereich dieses Gesetzes beschäftigten Arbeitnehmerinnen und Arbeitnehmer,
2. den Beginn und die voraussichtliche Dauer der Beschäftigung,
3. den Ort der Beschäftigung,
4. den Ort im Inland, an dem die nach § 17 erforderlichen Unterlagen bereitgehalten werden,
5. den Familiennamen, den Vornamen, das Geburtsdatum und die Anschrift in Deutschland der oder des verantwortlich Handelnden und
6. den Familiennamen, den Vornamen und die Anschrift in Deutschland einer oder eines Zustellungsbevollmächtigten, soweit diese oder dieser nicht mit der oder dem in Nr. 5 genannten verantwortlich Handelnden identisch ist.

Änderungen bezüglich dieser Angaben hat der Arbeitgeber im Sinne des Satzes 1 unverzüglich zu melden.

(2) Der Arbeitgeber hat der Anmeldung eine Versicherung beizufügen, dass er die Verpflichtungen nach § 20 einhält.

(3) Überlässt ein Verleiher mit Sitz im Ausland eine Arbeitnehmerin oder einen Arbeitnehmer oder mehrere Arbeitnehmerinnen oder Arbeitnehmer zur Arbeitsleistung einem Entleiher, hat der Entleiher in den in § 2a des Schwarzarbeitsbekämpfungsgesetzes genannten Wirtschaftsbereichen oder Wirtschaftszweigen unter den Voraussetzungen des Abs. 1 Satz 1 vor Beginn jeder Werk- oder Dienstleistung der zuständigen Behörde der Zollverwaltung eine schriftliche Anmeldung in deutscher Sprache mit folgenden Angaben zuzuleiten:

1. den Familiennamen, den Vornamen und das Geburtsdatum der überlassenen Arbeitnehmerinnen und Arbeitnehmer,
2. den Beginn und die Dauer der Überlassung,
3. den Ort der Beschäftigung,
4. den Ort im Inland, an dem die nach § 17 erforderlichen Unterlagen bereitgehalten werden,

5. den Familiennamen, den Vornamen und die Anschrift in Deutschland einer oder eines Zustellungsbevollmächtigten des Verleihers,
6. den Familiennamen, den Vornamen oder die Firma sowie die Anschrift des Verleihers.

Abs. 1 Satz 3 gilt entsprechend.

(4) Der Entleiher hat der Anmeldung eine Versicherung des Verleihers beizufügen, dass dieser die Verpflichtungen nach § 20 einhält.

(5) Das Bundesministerium der Finanzen kann durch Rechtsverordnung im Einvernehmen mit dem Bundesministerium für Arbeit und Soziales ohne Zustimmung des Bundesrates bestimmen,

1. dass, auf welche Weise und unter welchen technischen und organisatorischen Voraussetzungen eine Anmeldung, eine Änderungsmeldung und die Versicherung abweichend von Abs. 1 Satz 1 und 3, Abs. 2 und 3 Satz 1 und 2 und Abs. 4 elektronisch übermittelt werden kann,
2. unter welchen Voraussetzungen eine Änderungsmeldung ausnahmsweise entfallen kann,[4] und
3. wie das Meldeverfahren vereinfacht oder abgewandelt werden kann, sofern die entsandten Arbeitnehmerinnen und Arbeitnehmer im Rahmen einer regelmäßig wiederkehrenden Werk- oder Dienstleistung eingesetzt werden oder sonstige Besonderheiten der zu erbringenden Werk- oder Dienstleistungen dies erfordern.[5]

(6) Das Bundesministerium der Finanzen kann durch Rechtsverordnung ohne Zustimmung des Bundesrates die zuständige Behörde nach Abs. 1 Satz 1 und Abs. 3 Satz 1 bestimmen.[6]

§ 17
Erstellen und Bereithalten von Dokumenten

(1) Ein Arbeitgeber, der Arbeitnehmerinnen und Arbeitnehmer nach § 8 Abs. 1 des Vierten Buches Sozialgesetzbuch oder in den in § 2a des Schwarzarbeitsbekämpfungsgesetzes genannten Wirtschaftsbereichen oder Wirtschaftszweigen beschäftigt, ist verpflichtet, Beginn, Ende und Dauer der täglichen Arbeitszeit dieser Arbeitnehmerinnen und Arbeitnehmer spätestens bis zum Ablauf des siebten auf den Tag der Arbeitsleistung folgenden Kalendertages aufzuzeichnen und diese Aufzeichnungen mindestens zwei Jahre beginnend ab dem für die Aufzeichnung maßgeblichen Zeitpunkt aufzubewahren. Satz 1 gilt entsprechend für einen Entleiher, dem ein Verleiher eine Arbeitnehmerin oder einen Arbeitnehmer oder mehrere Arbeitnehmerinnen oder Arbeitnehmer zur Arbeitsleistung in einem der in § 2a des Schwarzarbeitsbekämpfungsgesetzes genannten Wirtschaftszwei-

---

4) Siehe MiLoMeldV, Seite 518.
5) Siehe MiLoMeldV, Seiten 517 und 518.
6) Siehe MiLoGMeldStellV, Seite 515.

ge überlässt. Satz 1 gilt nicht für Beschäftigungsverhältnisse nach § 8 a des Vierten Buches Sozialgesetzbuch.

(2) Arbeitgeber im Sinne des Abs. 1 haben die für die Kontrolle der Einhaltung der Verpflichtungen nach § 20 in Verbindung mit § 2 erforderlichen Unterlagen im Inland in deutscher Sprache für die gesamte Dauer der tatsächlichen Beschäftigung der Arbeitnehmerinnen und Arbeitnehmer im Geltungsbereich dieses Gesetzes, mindestens für die Dauer der gesamten Werk- oder Dienstleistung, insgesamt jedoch nicht länger als zwei Jahre, bereitzuhalten. Auf Verlangen der Prüfbehörde sind die Unterlagen auch am Ort der Beschäftigung bereitzuhalten.

(3) Das Bundesministerium für Arbeit und Soziales kann durch Rechtsverordnung ohne Zustimmung des Bundesrates die Verpflichtungen des Arbeitgebers oder eines Entleihers nach § 16 und den Abs. 1 und 2 hinsichtlich bestimmter Gruppen von Arbeitnehmerinnen und Arbeitnehmern oder der Wirtschaftsbereiche oder den Wirtschaftszweigen einschränken oder erweitern.[7)]

(4) Das Bundesministerium der Finanzen kann durch Rechtsverordnung im Einvernehmen mit dem Bundesministerium für Arbeit und Soziales ohne Zustimmung des Bundesrates bestimmen, wie die Verpflichtung des Arbeitgebers, die tägliche Arbeitszeit bei ihm beschäftigter Arbeitnehmerinnen und Arbeitnehmer aufzuzeichnen und diese Aufzeichnungen aufzubewahren, vereinfacht oder abgewandelt werden kann, sofern Besonderheiten der zu erbringenden Werk- oder Dienstleistungen oder Besonderheiten des jeweiligen Wirtschaftsbereiches oder Wirtschaftszweiges dies erfordern.

§ 18
Zusammenarbeit der in- und ausländischen Behörden

(1) Die Behörden der Zollverwaltung unterrichten die zuständigen örtlichen Landesfinanzbehörden über Meldungen nach § 16 Abs. 1 und 3.

(2) Die Behörden der Zollverwaltung und die übrigen in § 2 des Schwarzarbeitsbekämpfungsgesetzes genannten Behörden dürfen nach Maßgabe der datenschutzrechtlichen Vorschriften auch mit Behörden anderer Vertragsstaaten des Abkommens über den Europäischen Wirtschaftsraum zusammenarbeiten, die diesem Gesetz entsprechende Aufgaben durchführen oder für die Bekämpfung illegaler Beschäftigung zuständig sind oder Auskünfte geben können, ob ein Arbeitgeber seine Verpflichtungen nach § 20 erfüllt. Die Regelungen über die internationale Rechtshilfe in Strafsachen bleiben hiervon unberührt.

(3) Die Behörden der Zollverwaltung unterrichten das Gewerbezentralregister über rechtskräftige Bußgeldentscheidungen nach § 21 Abs. 1 bis 3, sofern die Geldbuße mehr als zweihundert Euro beträgt.

---

7) Siehe MiLoDokV, Seiten 519 und 520.

§ 19
Ausschluss von der Vergabe öffentlicher Aufträge

(1) Von der Teilnahme an einem Wettbewerb um einen Liefer-, Bau- oder Dienstleistungsauftrag der in den §§ 99 und 100 des Gesetzes gegen Wettbewerbsbeschränkungen genannten Auftraggeber sollen Bewerberinnen oder Bewerber für eine angemessene Zeit bis zur nachgewiesenen Wiederherstellung ihrer Zuverlässigkeit ausgeschlossen werden, die wegen eines Verstoßes nach § 21 mit einer Geldbuße von wenigstens zweitausendfünfhundert Euro belegt worden sind.

(2) Die für die Verfolgung oder Ahndung der Ordnungswidrigkeiten nach § 21 zuständigen Behörden dürfen öffentlichen Auftraggebern nach § 99 des Gesetzes gegen Wettbewerbsbeschränkungen und solchen Stellen, die von öffentlichen Auftraggebern zugelassene Präqualifikationsverzeichnisse oder Unternehmer- und Lieferantenverzeichnisse führen, auf Verlangen die erforderlichen Auskünfte geben.

(3) Öffentliche Auftraggeber nach Abs. 2 fordern im Rahmen ihrer Tätigkeit beim *Gewerbezentralregister*[8] Auskünfte über rechtskräftige Bußgeldentscheidungen wegen einer Ordnungswidrigkeit nach § 21 Abs. 1 oder Abs. 2 an oder verlangen von Bewerberinnen oder Bewerbern eine Erklärung, dass die Voraussetzungen für einen Ausschluss nach Abs. 1 nicht vorliegen. Im Falle einer Erklärung der Bewerberin oder des Bewerbers können öffentliche Auftraggeber nach Abs. 2 jederzeit zusätzlich Auskünfte des *Gewerbezentralregisters nach § 150a der Gewerbeordnung*[9] anfordern.

(4) Bei Aufträgen ab einer Höhe von 30.000,— € fordert der öffentliche Auftraggeber nach Abs. 2 für die Bewerberin oder den Bewerber, die oder der den Zuschlag erhalten soll, vor der Zuschlagserteilung eine Auskunft aus dem *Gewerbezentralregister nach § 150a der Gewerbeordnung*[8] an.

(5) Vor der Entscheidung über den Ausschluss ist die Bewerberin oder der Bewerber zu hören.

§ 20
Pflichten des Arbeitgebers zur Zahlung des Mindestlohns

Arbeitgeber mit Sitz im In- oder Ausland sind verpflichtet, ihren im Inland beschäftigten Arbeitnehmerinnen und Arbeitnehmern ein Arbeitsentgelt mindes-

---

8) Ab Inkrafttreten der Rechtsverordnung nach § 10 des Wettbewerbsregistergesetzes: *Wettbewerbsregister*.

9) Ab Inkrafttreten der Rechtsverordnung nach § 10 des Wettbewerbsregistergesetzes: *Wettbewerbsregisters*.

tens in Höhe des Mindestlohns nach § 1 Abs. 2 spätestens zu dem in § 2 Abs. 1 Satz 1 Nr. 2 genannten Zeitpunkt zu zahlen.

§ 21
Bußgeldvorschriften

(1) Ordnungswidrig handelt, wer vorsätzlich oder fahrlässig

1. entgegen § 15 Satz 1 in Verbindung mit § 5 Abs. 1 Satz 1 Nr. 1 oder 3 des Schwarzarbeitsbekämpfungsgesetzes eine Prüfung nicht duldet oder bei einer Prüfung nicht mitwirkt,
2. entgegen § 15 Satz 1 in Verbindung mit § 5 Abs. 1 Satz 1 Nr. 2 des Schwarzarbeitsbekämpfungsgesetzes das Betreten eines Grundstücks oder Geschäftsraums nicht duldet,
3. entgegen § 15 Satz 1 in Verbindung mit § 5 Abs. 5 Satz 1 des Schwarzarbeitsbekämpfungsgesetzes Daten nicht, nicht richtig, nicht vollständig, nicht in der vorgeschriebenen Weise oder nicht rechtzeitig übermittelt,
4. entgegen § 16 Abs. 1 Satz 1 oder Abs. 3 Satz 1 eine Anmeldung nicht, nicht richtig, nicht vollständig, nicht in der vorgeschriebenen Weise oder nicht rechtzeitig vorlegt oder nicht, nicht richtig, nicht vollständig, nicht in der vorgeschriebenen Weise oder nicht rechtzeitig zuleitet,
5. entgegen § 16 Abs. 1 Satz 3, auch in Verbindung mit Abs. 3 Satz 2, eine Änderungsmeldung nicht, nicht richtig, nicht vollständig, nicht in der vorgeschriebenen Weise oder nicht rechtzeitig macht,
6. entgegen § 16 Abs. 2 oder 4 eine Versicherung nicht, nicht richtig oder nicht rechtzeitig beifügt,
7. entgegen § 17 Abs. 1 Satz 1, auch in Verbindung mit Satz 2, eine Aufzeichnung nicht, nicht richtig, nicht vollständig oder nicht rechtzeitig erstellt oder nicht oder nicht mindestens zwei Jahre aufbewahrt,
8. entgegen § 17 Abs. 2 eine Unterlage nicht, nicht richtig, nicht vollständig oder nicht in der vorgeschriebenen Weise bereithält oder
9. entgegen § 20 das dort genannte Arbeitsentgelt nicht oder nicht rechtzeitig zahlt.

(2) Ordnungswidrig handelt, wer Werk- oder Dienstleistungen in erheblichem Umfang ausführen lässt, indem er als Unternehmer einen anderen Unternehmer beauftragt, von dem er weiß oder fahrlässig nicht weiß, dass dieser bei der Erfüllung dieses Auftrags

1. entgegen § 20 das dort genannte Arbeitsentgelt nicht oder nicht rechtzeitig zahlt oder
2. einen Nachunternehmer einsetzt oder zulässt, dass ein Nachunternehmer tätig wird, der entgegen § 20 das dort genannte Arbeitsentgelt nicht oder nicht rechtzeitig zahlt.

(3) Die Ordnungswidrigkeit kann in den Fällen des Abs. 1 Nr. 9 und des Abs. 2 mit einer Geldbuße bis zu fünfhunderttausend Euro, in den übrigen Fällen mit einer Geldbuße bis zu dreißigtausend Euro geahndet werden.

(4) Verwaltungsbehörden im Sinne des § 36 Abs. 1 Nr. 1 des Gesetzes über Ordnungswidrigkeiten sind die in § 14 genannten Behörden jeweils für ihren Geschäftsbereich.

(5) Für die Vollstreckung zugunsten der Behörden des Bundes und der bundesunmittelbaren juristischen Personen des öffentlichen Rechts sowie für die Vollziehung des Vermögensarrestes nach § 111 e der Strafprozessordnung in Verbindung mit § 46 des Gesetzes über Ordnungswidrigkeiten durch die in § 14 genannten Behörden gilt das Verwaltungs-Vollstreckungsgesetz des Bundes.

§ 22
Persönlicher Anwendungsbereich

(1) Dieses Gesetz gilt für Arbeitnehmerinnen und Arbeitnehmer. Praktikantinnen und Praktikanten im Sinne des § 26 des Berufsbildungsgesetzes gelten als Arbeitnehmerinnen und Arbeitnehmer im Sinne dieses Gesetzes, es sei denn, dass sie

1. ein Praktikum verpflichtend auf Grund einer schulrechtlichen Bestimmung, einer Ausbildungsordnung, einer hochschulrechtlichen Bestimmung oder im Rahmen einer Ausbildung an einer gesetzlich geregelten Berufsakademie leisten,
2. ein Praktikum von bis zu drei Monaten zur Orientierung für eine Berufsausbildung oder für die Aufnahme eines Studiums leisten,
3. ein Praktikum von bis zu drei Monaten begleitend zu einer Berufs- oder Hochschulausbildung leisten, wenn nicht zuvor ein solches Praktikumsverhältnis mit demselben Ausbildenden bestanden hat, oder
4. an einer Einstiegsqualifizierung nach § 54 a des Dritten Buches Sozialgesetzbuch oder an einer Berufsausbildungsvorbereitung nach §§ 68 bis 70 des Berufsbildungsgesetzes teilnehmen.

Praktikantin oder Praktikant ist unabhängig von der Bezeichnung des Rechtsverhältnisses, wer sich nach der tatsächlichen Ausgestaltung und Durchführung des Vertragsverhältnisses für eine begrenzte Dauer zum Erwerb praktischer Kenntnisse und Erfahrungen einer bestimmten betrieblichen Tätigkeit zur Vorbereitung auf eine berufliche Tätigkeit unterzieht, ohne dass es sich dabei um eine Berufsausbildung im Sinne des Berufsbildungsgesetzes oder um eine damit vergleichbare praktische Ausbildung handelt.

(2) Personen im Sinne von § 2 Abs. 1 und 2 des Jugendarbeitsschutzgesetzes ohne abgeschlossene Berufsausbildung gelten nicht als Arbeitnehmerinnen und Arbeitnehmer im Sinne dieses Gesetzes.

(3) Von diesem Gesetz nicht geregelt wird die Vergütung von zu ihrer Berufsausbildung Beschäftigten sowie ehrenamtlich Tätigen.

(4) Für Arbeitsverhältnisse von Arbeitnehmerinnen und Arbeitnehmern, die unmittelbar vor Beginn der Beschäftigung langzeitarbeitslos im Sinne des § 18 Abs. 1 des Dritten Buches Sozialgesetzbuch waren, gilt der Mindestlohn in den ersten sechs Monaten der Beschäftigung nicht. Die Bundesregierung hat den gesetzgebenden Körperschaften zum 1. Juni 2016 darüber zu berichten, inwieweit die Regelung nach Satz 1 die Wiedereingliederung von Langzeitarbeitslosen in den Arbeitsmarkt gefördert hat, und eine Einschätzung darüber abzugeben, ob diese Regelung fortbestehen soll.

§ 23
Evaluation

Dieses Gesetz ist im Jahr 2020 zu evaluieren.

Verordnung zur Bestimmung der zuständigen Behörde nach § 16 Abs. 6 des Mindestlohngesetzes (MiLoGMeldStellV)

vom 24. November 2014
(BGBl. I 2014, S. 1823)

in der Fassung vom 3. Dezember 2015
(BGBl. I 2015, S. 2178)

Auf Grund des § 16 Abs. 6 des Mindestlohngesetzes vom 11. August 2014 (BGBl. I S. 1348) verordnet das Bundesministerium der Finanzen:

§ 1
Meldestelle

Die Generalzolldirektion ist zuständige Behörde der Zollverwaltung im Sinne von § 16 Abs. 1 Satz 1 und Abs. 3 Satz 1 des Mindestlohngesetzes.

§ 2
Inkrafttreten

Diese Verordnung tritt am 1. Januar 2015 in Kraft.

Verordnung über Meldepflichten nach dem Mindestlohngesetz, dem Arbeitnehmer-Entsendegesetz und dem Arbeitnehmerüberlassungsgesetz (Mindestlohnmeldeverordnung – MiLoMeldV)

vom 26. November 2014
(BGBl. I 2014, S. 1825)

in der Fassung vom 31. Oktober 2016
(BGBl. I 2016, S. 2494)

Auf Grund des § 16 Abs. 5 Nrn. 2 und 3 des Mindestlohngesetzes vom 11. August 2014 (BGBl. I S. 1348), des § 18 Abs. 5 Nrn. 2 und 3 des Arbeitnehmer-Entsendegesetzes vom 20. April 2009 (BGBl. I S. 799) und des § 17b Abs. 3 Nrn. 2 und 3 des Arbeitnehmerüberlassungsgesetzes, der durch Art. 1 Nr. 3 des Gesetzes vom 20. Juli 2011 (BGBl. I S. 1506) eingefügt worden ist, verordnet das Bundesministerium der Finanzen im Einvernehmen mit dem Bundesministerium für Arbeit und Soziales:

§ 1
Meldungen

(1) Der Arbeitgeber mit Sitz im Ausland soll die Meldungen nach § 16 Abs. 1 des Mindestlohngesetzes und § 18 Abs. 1 des Arbeitnehmer-Entsendegesetzes sowie die Versicherung nach § 16 Abs. 2 des Mindestlohngesetzes und § 18 Abs. 2 des Arbeitnehmer-Entsendegesetzes elektronisch übermitteln. Für die elektronische Übermittlung hat er das Internetportal zu nutzen, das die Zollverwaltung zur Verfügung stellt.

(2) Abs. 1 gilt entsprechend für Entleiher

1. bei Meldungen
   a) nach § 16 Abs. 3 des Mindestlohngesetzes,
   b) nach § 18 Abs. 3 des Arbeitnehmer-Entsendegesetzes und
   c) nach § 17b Abs. 1 des Arbeitnehmerüberlassungsgesetzes sowie
2. bei der Versicherung
   a) nach § 16 Abs. 4 des Mindestlohngesetzes,
   b) nach § 18 Abs. 4 des Arbeitnehmer-Entsendegesetzes und
   c) nach § 17b Abs. 2 des Arbeitnehmerüberlassungsgesetzes.

(3) Bei der elektronischen Übermittlung nach den Abs. 1 und 2 hat die Zollverwaltung Verfahren einzusetzen, die dem jeweiligen Stand der Technik entspre-

chen sowie die Vertraulichkeit und Integrität der Daten gewährleisten. Bei Nutzung allgemein zugänglicher Netze sind die Daten über das Internetportal Ende-zu-Ende zu verschlüsseln. Jede Meldung sowie die darin enthaltenen Datensätze sind systemseitig mit einem eindeutigen Kennzeichen zur Identifizierung zu versehen.

§ 2
Abwandlung der Anmeldung

(1) Abweichend von der Meldepflicht nach § 16 Abs. 1 Satz 1 und 2 des Mindestlohngesetzes und § 18 Abs. 1 Satz 1 und 2 des Arbeitnehmer-Entsendegesetzes ist in den Fällen, in denen ein Arbeitgeber mit Sitz im Ausland Arbeitnehmerinnen und Arbeitnehmer

1. an einem Beschäftigungsort
   a) zumindest teilweise vor 6 Uhr oder nach 22 Uhr oder
   b) in Schichtarbeit,
2. an mehreren Beschäftigungsorten am selben Tag oder
3. in ausschließlich mobiler Tätigkeit

beschäftigt, eine Einsatzplanung vorzulegen.

(2) In den Fällen des Abs. 1 Nrn. 1 und 2 hat der Arbeitgeber in der Einsatzplanung für jeden Beschäftigungsort die dort eingesetzten Arbeitnehmerinnen und Arbeitnehmer mit Geburtsdatum auszuweisen. Die Angaben zum Beschäftigungsort müssen die Ortsbezeichnung, die Postleitzahl und, soweit vorhanden, den Straßennamen sowie die Hausnummer enthalten. Der Einsatz der Arbeitnehmerinnen und Arbeitnehmer am Beschäftigungsort wird durch die Angabe von Datum und Uhrzeiten konkretisiert. Die Einsatzplanung kann einen Zeitraum von bis zu drei Monaten umfassen. Beim Einsatz von Arbeitnehmerinnen und Arbeitnehmern im Geltungsbereich von Tarifverträgen für Bergbauspezialarbeiten auf Steinkohlebergwerken gilt der Schacht als Ort der Beschäftigung.

(3) In den Fällen des Abs. 1 Nr. 3 hat der Arbeitgeber in der Einsatzplanung den Beginn und die voraussichtliche Dauer der Werk- oder Dienstleistung, die voraussichtlich eingesetzten Arbeitnehmerinnen und Arbeitnehmer mit Geburtsdatum sowie die Anschrift, an der Unterlagen bereitgehalten werden, zu melden. Die Einsatzplanung kann je nach Auftragssicherheit einen Zeitraum von bis zu sechs Monaten umfassen. Sofern die Unterlagen im Ausland bereitgehalten werden, ist der Einsatzplanung eine Versicherung beizufügen, dass die Unterlagen auf Anforderung der Behörden der Zollverwaltung für die Prüfung in deutscher Sprache im Inland bereitgestellt werden. Diesen Unterlagen sind auch Angaben zu den im gemeldeten Zeitraum tatsächlich erbrachten Werk- oder Dienstleistungen sowie den jeweiligen Auftraggebern beizufügen.

(4) Bei einer ausschließlich mobilen Tätigkeit im Sinne des Abs. 1 Nr. 3 handelt es sich um eine Tätigkeit, die nicht an Beschäftigungsorte gebunden ist. Eine ausschließlich mobile Tätigkeit liegt insbesondere bei der Zustellung von Brie-

fen, Paketen und Druckerzeugnissen, der Abfallsammlung, der Straßenreinigung, dem Winterdienst, dem Gütertransport und der Personenbeförderung vor. Das Erbringen ambulanter Pflegeleistungen wird einer ausschließlich mobilen Tätigkeit gleichgestellt.

(5) Die Abs. 1 bis 4 gelten entsprechend für Angaben des Entleihers auf Grund des § 16 Abs. 3 des Mindestlohngesetzes, des § 18 Abs. 3 des Arbeitnehmer-Entsendegesetzes und des § 17b Abs. 1 des Arbeitnehmerüberlassungsgesetzes.

§ 3
Änderungsmeldung

(1) Eine Abweichung der Beschäftigung von den in der gemeldeten Einsatzplanung nach § 2 Abs. 2 gemachten Angaben müssen Arbeitgeber oder Entleiher entgegen § 16 Abs. 1 Satz 3 und Abs. 3 Satz 2 des Mindestlohngesetzes, § 18 Abs. 1 Satz 3 und Abs. 3 Satz 2 des Arbeitnehmer-Entsendegesetzes und § 17b Abs. 1 Satz 2 des Arbeitnehmerüberlassungsgesetzes nur melden, wenn der Einsatz am gemeldeten Ort um mindestens acht Stunden verschoben wird.

(2) Eine Abweichung der Beschäftigung von den in der gemeldeten Einsatzplanung nach § 2 Abs. 3 gemachten Angaben müssen Arbeitgeber oder Entleiher entgegen § 16 Abs. 1 Satz 3 und Abs. 3 Satz 2 des Mindestlohngesetzes, § 18 Abs. 1 Satz 3 und Abs. 3 Satz 2 des Arbeitnehmer-Entsendegesetzes und § 17b Abs. 1 Satz 2 des Arbeitnehmerüberlassungsgesetzes nicht melden.

§ 4
Inkrafttreten, Außerkrafttreten

Diese Verordnung tritt am 1. Januar 2015 in Kraft. Gleichzeitig tritt die Arbeitnehmer-Entsendegesetz-Meldeverordnung vom 10. September 2010 (BGBl. I S. 1304) außer Kraft.

Verordnung zu den Dokumentationspflichten nach den §§ 16 und 17 des Mindestlohngesetzes und den §§ 18 und 19 des Arbeitnehmer-Entsendegesetzes in Bezug auf bestimmte Arbeitnehmergruppen (Mindestlohndokumentationspflichten-verordnung – MiLoDokV)

vom 29. Juli 2015
(BAnz. AT 31.07.2015 V1)

Auf Grund des § 17 Abs. 3 des Mindestlohngesetzes vom 11. August 2014 (BGBl. I S. 1348) und des § 19 Abs. 3 des Arbeitnehmer-Entsendegesetzes vom 20. April 2009 (BGBl. I S. 799), der durch Art. 6 Nr. 12 Buchst. c) des Gesetzes vom 11. August 2014 (BGBl. I S. 1348) angefügt worden ist, verordnet das Bundesministerium für Arbeit und Soziales:

§ 1

(1) Die Pflicht zur Abgabe einer schriftlichen Anmeldung nach § 16 Abs. 1 oder 3 des Mindestlohngesetzes, die Pflicht zur Abgabe einer Versicherung nach § 16 Abs. 2 oder 4 des Mindestlohngesetzes sowie die Pflicht zum Erstellen und Bereithalten von Dokumenten nach § 17 Abs. 1 und 2 des Mindestlohngesetzes werden vorbehaltlich des Abs. 3 dahingehend eingeschränkt, dass sie nicht gelten für Arbeitnehmer und Arbeitnehmerinnen, deren verstetigtes regelmäßiges Monatsentgelt brutto 2.958,— € überschreitet. Für die Ermittlung des verstetigten Monatsentgelts sind ungeachtet ihrer Anrechenbarkeit auf den gesetzlichen Mindestlohnanspruch nach den §§ 1 und 20 des Mindestlohngesetzes sämtliche verstetigte monatliche Zahlungen des Arbeitgebers zu berücksichtigen, die regelmäßiges monatliches Arbeitsentgelt sind. Satz 1 und Satz 2 gelten entsprechend für Arbeitnehmer und Arbeitnehmerinnen, deren verstetigtes regelmäßiges Monatsentgelt brutto 2.000,— € überschreitet, wenn der Arbeitgeber dieses Monatsentgelt für die letzten vollen zwölf Monate nachweislich gezahlt hat; Zeiten ohne Anspruch auf Arbeitsentgelt bleiben bei der Berechnung des Zeitraums von zwölf Monaten unberücksichtigt.

(2) Die in Abs. 1 Satz 1 genannten Pflichten nach § 16 Abs. 1 bis 4 und § 17 Abs. 1 und 2 des Mindestlohngesetzes sowie die entsprechenden Pflichten nach § 18 Abs. 1 bis 4 und nach § 19 Abs. 1 und 2 des Arbeitnehmer-Entsendegesetzes werden vorbehaltlich des Abs. 3 dahingehend eingeschränkt, dass sie nicht gelten für im Betrieb des Arbeitgebers arbeitende Ehegatten, eingetragene Lebenspart-

ner, Kinder und Eltern des Arbeitgebers oder, wenn der Arbeitgeber eine juristische Person oder eine rechtsfähige Personengesellschaft ist, des vertretungsberechtigten Organs der juristischen Person oder eines Mitglieds eines solchen Organs oder eines vertretungsberechtigten Gesellschafters der rechtsfähigen Personengesellschaft.

(3) In Bezug auf die in Abs. 1 oder 2 genannten Arbeitnehmer und Arbeitnehmerinnen hat deren Arbeitgeber diejenigen Unterlagen im Inland in deutscher Sprache bereit zu halten, aus denen sich die Erfüllung der in Abs. 1 oder 2 genannten Voraussetzungen ergibt.

§ 2

Diese Verordnung tritt am 1. August 2015 in Kraft. Gleichzeitig tritt die Mindestlohndokumentationspflichten-Verordnung vom 18. Dezember 2014 (BAnz. AT 29.12.2014 V1) außer Kraft.

Richtlinie 96/71/EG des Europäischen Parlaments und des Rates über die Entsendung von Arbeitnehmern im Rahmen der Erbringung von Dienstleistungen (Entsenderichtlinie)

vom 16. Dezember 1996
(Amtsblatt EG 1997, Nr. L 18 vom 21. Januar 1997)

in der Fassung der Richtlinie (EU) 2018/957 vom 28. Juni 2018
(Amtsblatt EU 2018, Nr. L 173/16 vom 9. Juli 2018)

DAS EUROPÄISCHE PARLAMENT UND DER RAT DER EUROPÄISCHEN UNION –

gestützt auf den Vertrag zur Gründung der Europäischen Gemeinschaft, insbesondere auf Art. 57 Abs. 2 und Art. 66, auf Vorschlag der Kommission[1], nach Stellungnahme des Wirtschafts- und Sozialausschusses[2], gemäß dem Verfahren des Art. 189 b des Vertrags[3], in Erwägung nachstehender Gründe:

(1) Die Beseitigung der Hindernisse für den freien Personen- und Dienstleistungsverkehr zwischen den Mitgliedstaaten gehört gemäß Art. 3 Buchst. c) des Vertrages zu den Zielen der Gemeinschaft.

(2) Für die Erbringung von Dienstleistungen sind nach dem Vertrag seit Ende der Übergangszeit Einschränkungen aufgrund der Staatsangehörigkeit oder einer Wohnsitzvoraussetzung unzulässig.

(3) Die Verwirklichung des Binnenmarktes bietet einen dynamischen Rahmen für die länderübergreifende Erbringung von Dienstleistungen. Das veranlasst eine wachsende Zahl von Unternehmen, Arbeitnehmer für eine zeitlich begrenzte Arbeitsleistung in das Hoheitsgebiet eines Mitgliedstaats zu entsenden, der nicht der Staat ist, in dem sie normalerweise beschäftigt werden.

(4) Die Erbringung von Dienstleistungen kann entweder als Ausführung eines Auftrags durch ein Unternehmen, in seinem Namen und unter seiner Leitung im Rahmen eines Vertrags zwischen diesem Unternehmen und dem Leistungsem-

---

1) ABl. Nr. C 225 vom 30. August 1991, S. 6, und ABl. Nr. C 187 vom 9. Juli 1993, S. 5.

2) ABl. Nr. C 49 vom 24. Februar 1992, S. 41.

3) Stellungnahme des Europäischen Parlaments vom 10. Februar 1993 (ABl. Nr. C 72 vom 13. März 1993, S. 78), gemeinsamer Standpunkt des Rates vom 3. Juni 1996 (ABl. Nr. C 220 vom 29. Juli 1996, S. 1) und Beschluss des Europäischen Parlaments vom 18. September 1996 (ABl. Nr. C 320 vom 28. Oktober 1996, S. 73). Beschluss des Rates vom 24. September 1996.

pfänger oder in Form des Zurverfügungstellens von Arbeitnehmern für ein Unternehmen im Rahmen eines öffentlichen oder privaten Auftrags erfolgen.

(5) Voraussetzung für eine solche Förderung des länderübergreifenden Dienstleistungsverkehrs sind ein fairer Wettbewerb sowie Maßnahmen, die die Wahrung der Rechte der Arbeitnehmer garantieren.

(6) Mit der Transnationalisierung der Arbeitsverhältnisse entstehen Probleme hinsichtlich des auf ein Arbeitsverhältnis anwendbaren Rechts. Es liegt im Interesse der betroffenen Parteien, die für das geplante Arbeitsverhältnis geltenden Arbeits- und Beschäftigungsbedingungen festzulegen.

(7) Das Übereinkommen von Rom vom 19. Juni 1980 über das auf vertragliche Schuldverhältnisse anzuwendende Recht[4)], das von zwölf Mitgliedstaaten unterzeichnet wurde, ist am 1. April 1991 in der Mehrheit der Mitgliedstaaten in Kraft getreten.

(8) In Art. 3 dieses Übereinkommens wird als allgemeine Regel die freie Rechtswahl der Parteien festgelegt. Mangels einer Rechtswahl ist nach Art. 6 Abs. 2 auf den Arbeitsvertrag das Recht des Staates anzuwenden, in dem der Arbeitnehmer in Erfüllung des Vertrages gewöhnlich seine Arbeit verrichtet, selbst wenn er vorübergehend in einen anderen Staat entsandt ist, oder das Recht des Staates, in dem sich die Niederlassung befindet, die den Arbeitnehmer eingestellt hat, sofern dieser seine Arbeit gewöhnlich nicht in ein und demselben Staat verrichtet, es sei denn, dass sich aus der Gesamtheit der Umstände ergibt, dass der Arbeitsvertrag engere Verbindungen zu einem anderen Staat aufweist; in diesem Fall ist das Recht dieses anderen Staates anzuwenden.

(9) Nach Art. 6 Abs. 1 dieses Übereinkommens darf die Rechtswahl der Parteien nicht dazu führen, dass dem Arbeitnehmer der Schutz entzogen wird, der ihm durch die zwingenden Bestimmungen des Rechts gewährt wird, das nach Abs. 2 mangels einer Rechtswahl anzuwenden wäre.

(10) Nach Art. 7 dieses Übereinkommens kann – zusammen mit dem für anwendbar erklärten Recht – den zwingenden Bestimmungen des Rechts eines anderen Staates, insbesondere des Mitgliedstaats, in dessen Hoheitsgebiet der Arbeitnehmer vorübergehend entsandt wird, Wirkung verliehen werden.

(11) Nach dem in Art. 20 dieses Übereinkommens anerkannten Grundsatz des Vorrangs des Gemeinschaftsrechts berührt das Übereinkommen nicht die Anwendung der Kollisionsnormen für vertragliche Schuldverhältnisse auf besonderen Gebieten, die in Rechtsakten der Organe der Europäischen Gemeinschaften oder in dem in Ausführung dieser Akte harmonisierten innerstaatlichen Recht enthalten sind oder enthalten sein werden.

(12) Das Gemeinschaftsrecht hindert die Mitgliedstaaten nicht daran, ihre Gesetze oder die von den Sozialpartnern abgeschlossenen Tarifverträge auf sämtliche Per-

4) ABl. Nr. L 266 vom 9. Oktober 1980, S. 1.

sonen anzuwenden, die – auch nur vorübergehend – in ihrem Hoheitsgebiet beschäftigt werden, selbst wenn ihr Arbeitgeber in einem anderen Mitgliedstaat ansässig ist. Das Gemeinschaftsrecht verbietet es den Mitgliedstaaten nicht, die Einhaltung dieser Bestimmungen mit angemessenen Mitteln sicherzustellen.

(13) Die Gesetze der Mitgliedstaaten müssen koordiniert werden, um einen Kern zwingender Bestimmungen über ein Mindestmaß an Schutz festzulegen, das im Gastland von Arbeitgebern zu gewährleisten ist, die Arbeitnehmer für eine zeitlich begrenzte Arbeitsleistung in das Hoheitsgebiet eines Mitgliedstaats entsenden, in dem eine Dienstleistung zu erbringen ist. Eine solche Koordinierung kann nur durch Rechtsvorschriften der Gemeinschaft erfolgen.

(14) Ein „harter Kern“ klar definierter Schutzbestimmungen ist vom Dienstleistungserbringer unabhängig von der Dauer der Entsendung des Arbeitnehmers einzuhalten.

(15) In bestimmten Einzelfällen von Montage- und/oder Einbauarbeiten sind die Bestimmungen über die Mindestlohnsätze und den bezahlten Mindestjahresurlaub nicht anzuwenden.

(16) Die Anwendung der Bestimmungen über die Mindestlohnsätze und den bezahlten Mindestjahresurlaub bedarf außerdem einer gewissen Flexibilität. Beträgt die Dauer der Entsendung nicht mehr als einen Monat, so können die Mitgliedstaaten unter bestimmten Bedingungen von den Bestimmungen über die Mindestlohnsätze abweichen oder die Möglichkeit von Abweichungen im Rahmen von Tarifverträgen vorsehen. Ist der Umfang der zu verrichtenden Arbeiten gering, so können die Mitgliedstaaten von den Bestimmungen über die Mindestlohnsätze und den bezahlten Mindestjahresurlaub abweichen.

(17) Die im Gastland geltenden zwingenden Bestimmungen über ein Mindestmaß an Schutz dürfen jedoch nicht der Anwendung von Arbeitsbedingungen, die für die Arbeitnehmer günstiger sind, entgegenstehen.

(18) Es sollte der Grundsatz eingehalten werden, dass außerhalb der Gemeinschaft ansässige Unternehmen nicht besser gestellt werden dürfen als Unternehmen, die im Hoheitsgebiet eines Mitgliedstaats ansässig sind.

(19) Unbeschadet anderer Gemeinschaftsbestimmungen beinhaltet diese Richtlinie weder die Verpflichtung zur rechtlichen Anerkennung der Existenz von Leiharbeitsunternehmen, noch hindert sie die Mitgliedstaaten, ihre Rechtsvorschriften über das Zurverfügungstellen von Arbeitskräften und über Leiharbeitsunternehmen auf Unternehmen anzuwenden, die nicht in ihrem Hoheitsgebiet niedergelassen, dort aber im Rahmen der Erbringung von Dienstleistungen tätig sind.

(20) Diese Richtlinie berührt weder die von der Gemeinschaft mit Drittländern geschlossenen Übereinkünfte noch die Rechtsvorschriften der Mitgliedstaaten, die den Zugang von Dienstleistungserbringern aus Drittländern zu ihrem Hoheitsgebiet betreffen. Ebenso bleiben die einzelstaatlichen Rechtsvorschriften, die die Einreise und den Aufenthalt von Arbeitnehmern aus Drittländern sowie deren Zugang zur Beschäftigung regeln, von dieser Richtlinie unberührt.

(21) Welche Bestimmungen im Bereich der Sozialversicherungsleistungen und -beiträge anzuwenden sind, ist in der Verordnung (EWG) Nr. 1408/71 des Rates vom 14. Juni 1971 zur Anwendung der Systeme der sozialen Sicherheit auf Arbeitnehmer und deren Familien, die innerhalb der Gemeinschaft zu- und abwandern[5)], geregelt.

(22) Diese Richtlinie berührt nicht das Recht der Mitgliedstaaten über kollektive Maßnahmen zur Verteidigung beruflicher Interessen.

(23) Die zuständigen Stellen in den Mitgliedstaaten müssen bei der Anwendung dieser Richtlinie zusammenarbeiten. Die Mitgliedstaaten haben geeignete Maßnahmen für den Fall der Nichteinhaltung dieser Richtlinie vorzusehen.

(24) Es muss sichergestellt werden, dass diese Richtlinie ordnungsgemäß angewandt wird. Hierzu ist eine enge Zusammenarbeit zwischen der Kommission und den Mitgliedstaaten vorzusehen.

(25) Spätestens fünf Jahre nach Annahme dieser Richtlinie hat die Kommission die Anwendung dieser Richtlinie zu überprüfen und, falls erforderlich, Änderungsvorschläge zu unterbreiten.

– HABEN FOLGENDE RICHTLINIE ERLASSEN:

Artikel 1
Gegenstand und Anwendungsbereich

(1) Mit dieser Richtlinie wird der Schutz entsandter Arbeitnehmer während ihrer Entsendung im Verhältnis zur Dienstleistungsfreiheit sichergestellt, indem zwingende Vorschriften in Bezug auf die Arbeitsbedingungen und den Schutz der Gesundheit und Sicherheit der Arbeitnehmer festgelegt werden, die eingehalten werden müssen.

(1 a) Diese Richtlinie berührt in keiner Weise die Ausübung der in den Mitgliedstaaten und auf Unionsebene anerkannten Grundrechte, einschließlich des Rechts oder der Freiheit zum Streik oder zur Durchführung anderer Maßnahmen, die im Rahmen der jeweiligen Systeme der Mitgliedstaaten im Bereich der Arbeitsbeziehungen nach ihren nationalen Rechtsvorschriften und/oder ihren nationalen Gepflogenheiten vorgesehen sind. Sie berührt auch nicht das Recht, im Einklang mit den nationalen Rechtsvorschriften und/oder nationalen Gepflogenheiten Tarifverträge auszuhandeln, abzuschließen und durchzusetzen oder kollektive Maßnahmen zu ergreifen.

(2) Diese Richtlinie gilt nicht für Schiffsbesatzungen von Unternehmen der Handelsmarine.

(3) Diese Richtlinie findet Anwendung, soweit die in Abs. 1 genannten Unternehmen eine der folgenden länderübergreifenden Maßnahmen treffen:

---

5) ABl. Nr. L 149 vom 5. Juli 1971, S. 2. Verordnung zuletzt geändert durch die Verordnung (EG) Nr. 3096/95 (ABl. Nr. L 335 vom 30. Dezember 1995, S. 10).

a) einen Arbeitnehmer in ihrem Namen und unter ihrer Leitung in das Hoheitsgebiet eines Mitgliedstaats im Rahmen eines Vertrags entsenden, der zwischen dem entsendenden Unternehmen und dem in diesem Mitgliedstaat tätigen Dienstleistungsempfänger geschlossen wurde, sofern für die Dauer der Entsendung ein Arbeitsverhältnis zwischen dem entsendenden Unternehmen und dem Arbeitnehmer besteht, oder
b) einen Arbeitnehmer in eine Niederlassung oder ein der Unternehmensgruppe angehörendes Unternehmen im Hoheitsgebiet eines Mitgliedstaats entsenden, sofern für die Dauer der Entsendung ein Arbeitsverhältnis zwischen dem entsendenden Unternehmen und dem Arbeitnehmer besteht, oder
c) als Leiharbeitsunternehmen oder als einen Arbeitnehmer überlassendes Unternehmen einen Arbeitnehmer einem entleihenden Unternehmen überlassen, das seinen Sitz im Hoheitsgebiet eines Mitgliedstaats hat oder dort seine Tätigkeit ausübt, sofern für die Dauer der Entsendung ein Arbeitsverhältnis zwischen dem Leiharbeitsunternehmen oder dem einen Arbeitnehmer zur Verfügung stellenden Unternehmen und dem Arbeitnehmer besteht.

Muss ein Arbeitnehmer, der von einem Leiharbeitsunternehmen oder einem Arbeitnehmer überlassenden Unternehmen einem entleihenden Unternehmen gemäß Buchst. c) überlassen wird, Arbeit im Rahmen der länderübergreifenden Erbringung von Dienstleistungen im Sinne von Buchst. a), b) oder c) im Hoheitsgebiet eines anderen Mitgliedstaats als demjenigen verrichten, in dem der Arbeitnehmer normalerweise entweder für das Leiharbeitsunternehmen oder das Arbeitnehmer zur Verfügung stellende Unternehmen oder das entleihende Unternehmen arbeitet, so gilt der Arbeitnehmer als von dem Leiharbeitsunternehmen oder dem Arbeitnehmer zur Verfügung stellenden Unternehmen, mit dem der Arbeitnehmer in einem Arbeitsverhältnis steht, in das Hoheitsgebiet dieses Mitgliedstaats entsandt. Das Leiharbeitsunternehmen oder das einen Arbeitnehmer zur Verfügung stellende Unternehmen ist als ein Unternehmen im Sinne von Abs. 1 zu betrachten und hält die entsprechenden Bestimmungen dieser Richtlinie und der Richtlinie 2014/67/EU des Europäischen Parlaments und des Rates uneingeschränkt ein.

Das entleihende Unternehmen unterrichtet das Leiharbeitsunternehmen oder das einen Arbeitnehmer überlassende Unternehmen, das den Arbeitnehmer überlassen hat, rechtzeitig vor Beginn der Arbeit nach Unterabs. 2.

(4) Unternehmen mit Sitz in einem Nichtmitgliedstaat darf keine günstigere Behandlung zuteil werden als Unternehmen mit Sitz in einem Mitgliedstaat.

Artikel 2
Begriffsbestimmung

(1) Im Sinne dieser Richtlinie gilt als entsandter Arbeitnehmer jeder Arbeitnehmer, der während eines begrenzten Zeitraums seine Arbeitsleistung im Hoheits-

gebiet eines anderen Mitgliedstaats als demjenigen erbringt, in dessen Hoheitsgebiet er normalerweise arbeitet.

(2) Für die Zwecke dieser Richtlinie wird der Begriff des Arbeitnehmers in dem Sinne verwendet, in dem er im Recht des Mitgliedstaats, in dessen Hoheitsgebiet der Arbeitnehmer entsandt wird, gebraucht wird.

Artikel 3
Arbeits- und Beschäftigungsbedingungen

(1) Die Mitgliedstaaten sorgen dafür, dass unabhängig von dem auf das jeweilige Arbeitsverhältnis anwendbaren Recht die in Artikel 1 Abs. 1 genannten Unternehmen den in ihr Hoheitsgebiet entsandten Arbeitnehmern bezüglich der nachstehenden Aspekte auf der Grundlage der Gleichbehandlung die Arbeits- und Beschäftigungsbedingungen garantieren, die in dem Mitgliedstaat, in dessen Hoheitsgebiet die Arbeitsleistung erbracht wird, festgelegt sind,

- durch Rechts- oder Verwaltungsvorschriften und / oder
- durch für allgemein verbindlich erklärte Tarifverträge oder Schiedssprüche oder durch Tarifverträge oder Schiedssprüche, die anderweitig nach Abs. 8 Anwendung finden:
  a) Höchstarbeitszeiten und Mindestruhezeiten;
  b) bezahlter Mindestjahresurlaub;
  c) Entlohnung, einschließlich der Überstundensätze; dies gilt nicht für die zusätzlichen betrieblichen Altersversorgungssysteme;
  d) Bedingungen für die Überlassung von Arbeitskräften, insbesondere durch Leiharbeitsunternehmen;
  e) Sicherheit, Gesundheitsschutz und Hygiene am Arbeitsplatz;
  f) Schutzmaßnahmen im Zusammenhang mit den Arbeits- und Beschäftigungsbedingungen von Schwangeren und Wöchnerinnen, Kindern und Jugendlichen;
  g) Gleichbehandlung von Männern und Frauen sowie andere Nichtdiskriminierungsbestimmungen;
  h) Bedingungen für die Unterkünfte von Arbeitnehmern, wenn sie vom Arbeitgeber für Arbeitnehmer, die von ihrem regelmäßigen Arbeitsplatz entfernt sind, zur Verfügung gestellt werden;
  i) Zulagen oder Kostenerstattungen zur Deckung von Reise-, Unterbringungs- und Verpflegungskosten für Arbeitnehmer, die aus beruflichen Gründen nicht zu Hause wohnen.

Buchst. i) gilt ausschließlich für die Reise-, Unterbringungs- und Verpflegungskosten, die entsandten Arbeitnehmern entstehen, wenn sie zu und von ihrem regelmäßigen Arbeitsplatz in dem Mitgliedstaat, in dessen Hoheitsgebiet sie entsandt wurden, reisen müssen oder von ihrem Arbeitgeber vorübergehend von diesem regelmäßigen Arbeitsplatz an einen anderen Arbeitsplatz gesandt werden.

Für die Zwecke dieser Richtlinie bestimmt sich der Begriff „Entlohnung" nach den nationalen Rechtsvorschriften und/oder nationalen Gepflogenheiten des Mitgliedstaats, in dessen Hoheitsgebiet der Arbeitnehmer entsandt ist, und umfasst alle die Entlohnung ausmachenden Bestandteile, die gemäß nationalen Rechts- oder Verwaltungsvorschriften oder durch in diesem Mitgliedstaat für allgemeinverbindlich erklärte Tarifverträge oder Schiedssprüche oder durch Tarifverträge oder Schiedssprüche, die nach Abs. 8 anderweitig Anwendung finden, zwingend verbindlich gemacht worden sind.

Unbeschadet des Art. 5 der Richtlinie 2014/67/EU veröffentlichen die Mitgliedstaaten die Informationen über die Arbeits- und Beschäftigungsbedingungen nach den nationalen Rechtsvorschriften und/oder nationalen Gepflogenheiten unverzüglich und in transparenter Weise auf der einzigen offiziellen nationalen Website nach dem genannten Artikel, einschließlich der die Entlohnung ausmachenden Bestandteile gemäß Unterabs. 3 des vorliegenden Absatzes und alle Arbeits- und Beschäftigungsbedingungen gemäß Abs. 1 a des vorliegenden Artikels.

Die Mitgliedstaaten sorgen dafür, dass die auf der einzigen offiziellen nationalen Website bereitgestellten Informationen korrekt und aktuell sind. Die Kommission veröffentlicht auf ihrer Website die Adressen der einzigen offiziellen nationalen Websites.

Ist den Informationen auf der einzigen offiziellen nationalen Website entgegen den Bestimmungen des Art. 5 der Richtlinie 2014/67/EU nicht zu entnehmen, welche Arbeits- und Beschäftigungsbedingungen anzuwenden sind, so wird dieser Umstand gemäß den nationalen Rechtsvorschriften und/oder den nationalen Gepflogenheiten bei der Festlegung der Sanktionen im Falle von Verstößen gegen die gemäß dieser Richtlinie erlassenen nationalen Vorschriften so weit berücksichtigt, wie es für die Gewährleistung ihrer Verhältnismäßigkeit erforderlich ist.

(1 a) In Fällen, in denen die tatsächliche Entsendungsdauer mehr als 12 Monate beträgt, sorgen die Mitgliedstaaten dafür, dass unabhängig von dem auf das jeweilige Arbeitsverhältnis anwendbaren Recht die in Art. 1 Abs. 1 genannten Unternehmen den in ihr Hoheitsgebiet entsandten Arbeitnehmern auf der Grundlage der Gleichbehandlung zusätzlich zu den Arbeits- und Beschäftigungsbedingungen gemäß Abs. 1 des vorliegenden Artikels sämtliche anwendbaren Arbeits- und Beschäftigungsbedingungen garantieren, die in dem Mitgliedstaat, in dessen Hoheitsgebiet die Arbeitsleistung erbracht wird, festgelegt sind

- durch Rechts- oder Verwaltungsvorschriften und/oder
- durch für allgemein verbindlich erklärte Tarifverträge oder Schiedssprüche, oder durch Tarifverträge oder Schiedssprüche, die anderweitig nach Abs. 8 anderweitig Anwendung finden.

Unterabs. 1 des vorliegenden Absatzes findet keine Anwendung auf folgende Aspekte:

a) Verfahren, Formalitäten und Bedingungen für den Abschluss und die Beendigung des Arbeitsvertrags, einschließlich Wettbewerbsverboten;

b) zusätzliche betriebliche Altersversorgungssysteme.

Legt der Dienstleistungserbringer eine mit einer Begründung versehene Mitteilung vor, so verlängert der Mitgliedstaat, in dem die Dienstleistung erbracht wird, den in Unterabs. 1 genannten Zeitraum auf 18 Monate.

Ersetzt ein in Art. 1 Abs. 1 genanntes Unternehmen einen entsandten Arbeitnehmer durch einen anderen entsandten Arbeitnehmer, der die gleiche Tätigkeit am gleichen Ort ausführt, so gilt als Entsendungsdauer für die Zwecke dieses Absatzes die Gesamtdauer der Entsendezeiten der betreffenden einzelnen entsandten Arbeitnehmer.

Der in Unterabs. 4 dieses Absatzes genannte Begriff „gleiche Tätigkeit am gleichen Ort" wird unter anderem unter Berücksichtigung der Art der zu erbringenden Dienstleistung oder der durchzuführenden Arbeit und der Anschrift(en) des Arbeitsplatzes bestimmt.

(1b) Die Mitgliedstaaten bestimmen, dass die in Art. 1 Abs. 3 Buchst. c) genannten Unternehmen den entsandten Arbeitnehmern die Arbeits- und Beschäftigungsbedingungen garantieren, die nach Art. 5 der Richtlinie 2008/104/EG des Europäischen Parlaments und des Rates für Leiharbeitnehmer gelten, die von im Mitgliedstaat der Leistungserbringung niedergelassenen Leiharbeitsunternehmen zur Verfügung gestellt werden.

Das entleihende Unternehmen unterrichtet die in Art. 1 Abs. 3 Buchst. c) genannten Unternehmen über die Arbeits- und Beschäftigungsbedingungen, die in diesem Unternehmen für die Arbeitsbedingungen und die Entlohnung gelten, soweit sie von Unterabs. 1 des vorliegenden Absatzes erfasst sind.

(2) Abs. 1 Unterabs. 1 Buchst. b) und c) gilt nicht für Erstmontage- und/oder Einbauarbeiten, die Bestandteil eines Liefervertrags sind, für die Inbetriebnahme der gelieferten Güter unerlässlich sind und von Facharbeitern und/oder angelernten Arbeitern des Lieferunternehmens ausgeführt werden, wenn die Dauer der Entsendung acht Tage nicht übersteigt.

Dies gilt nicht für die im Anhang aufgeführten Bauarbeiten.

(3) Die Mitgliedstaaten können gemäß ihren üblichen Verfahren und Praktiken nach Konsultation der Sozialpartner beschließen, Abs. 1 Unterabs. 1 Buchst. c) in den in Art. 1 Abs. 3 Buchst. a) und b) genannten Fällen nicht anzuwenden, wenn die Dauer der Entsendung einen Monat nicht übersteigt.

(4) Die Mitgliedstaaten können gemäß ihren Rechtsvorschriften und/oder Praktiken vorsehen, dass durch Tarifverträge im Sinne des Abs. 8 für einen oder mehrere Tätigkeitsbereiche in den in Art. 1 Abs. 3 Buchst. a) und b) genannten Fällen von Abs. 1 Unterabs. 1 Buchst. c) sowie von dem Beschluss eines Mitgliedstaats nach Abs. 3 abgewichen werden kann, wenn die Dauer der Entsendung einen Monat nicht übersteigt.

(5) Die Mitgliedstaaten können in den in Art. 1 Abs. 3 Buchst. a) und b) genannten Fällen eine Ausnahme von Abs. 1 Unterabs. 1 Buchst. b) und c) vorsehen, wenn der Umfang der zu verrichtenden Arbeiten gering ist.

Die Mitgliedstaaten, die von der in Unterabs. 1 gebotenen Möglichkeit Gebrauch machen, legen die Modalitäten fest, denen die zu verrichtenden Arbeiten entsprechen müssen, um als Arbeiten von geringem Umfang zu gelten.

(6) Die Dauer der Entsendung berechnet sich unter Zugrundelegung eines Bezugszeitraums von einem Jahr ab Beginn der Entsendung.

Bei der Berechnung der Entsendungsdauer wird die Dauer einer gegebenenfalls im Rahmen einer Entsendung von einem zu ersetzenden Arbeitnehmer bereits zurückgelegten Entsendungsdauer berücksichtigt.

(7) Die Abs. 1 bis 6 stehen der Anwendung von für die Arbeitnehmer günstigeren Beschäftigungs- und Arbeitsbedingungen nicht entgegen.

Die Entsendungszulagen gelten als Bestandteil der Entlohnung, sofern sie nicht als Erstattung von infolge der Entsendung tatsächlich entstandenen Kosten wie z. B. Reise-, Unterbringungs- und Verpflegungskosten gezahlt werden. Der Arbeitgeber erstattet dem entsandten Arbeitnehmer unbeschadet des Abs. 1 Unterabs. 1 Buchst. h) diese Kosten im Einklang mit den auf das Arbeitsverhältnis des entsandten Arbeitnehmers anwendbaren nationalen Rechtsvorschriften und / oder nationalen Gepflogenheiten.

Legen die für das Arbeitsverhältnis geltenden Arbeits- und Beschäftigungsbedingungen nicht fest, ob und wenn ja welche Bestandteile einer Entsendungszulage als Erstattung von infolge der Entsendung tatsächlich entstandenen Kosten gezahlt werden oder welche Teil der Entlohnung sind, so ist davon auszugehen, dass die gesamte Zulage als Erstattung von infolge der Entsendung entstandenen Kosten gezahlt wird.

(8) Unter „für allgemein verbindlich erklärten Tarifverträgen oder Schiedssprüchen" sind Tarifverträge oder Schiedssprüche zu verstehen, die von allen in den jeweiligen geographischen Bereich fallenden und die betreffende Tätigkeit oder das betreffende Gewerbe ausübenden Unternehmen einzuhalten sind.

Mangels eines Systems zur Allgemeinverbindlicherklärung von Tarifverträgen oder Schiedssprüchen im Sinne des Unterabs. 1 oder zusätzlich zu einem solchen System können die Mitgliedstaaten auch beschließen, Folgendes zugrunde zu legen:

- die Tarifverträge oder Schiedssprüche, die für alle in den jeweiligen geographischen Bereich fallenden und die betreffende Tätigkeit oder das betreffende Gewerbe ausübenden gleichartigen Unternehmen allgemein wirksam sind, und / oder
- die Tarifverträge, die von den auf nationaler Ebene repräsentativsten Organisationen der Tarifvertragsparteien geschlossen werden und innerhalb des gesamten nationalen Hoheitsgebiets zur Anwendung kommen,

sofern deren Anwendung auf in Art. 1 Abs. 1 genannte Unternehmen eine Gleichbehandlung dieser Unternehmen in Bezug auf die in Abs. 1 Unterabs. 1 des vorliegenden Artikels genannten Aspekte und gegebenenfalls bezüglich der den entsandten Arbeitnehmern nach Abs. 1 a des vorliegenden Artikels zu garantierenden

Arbeits- und Beschäftigungsbedingungen mit den im vorliegenden Unterabsatz genannten anderen Unternehmen, die sich in einer vergleichbaren Lage befinden, gewährleistet.

Gleichbehandlung im Sinne dieses Artikels liegt vor, wenn nationale Unternehmen in einer vergleichbaren Lage:

- am betreffenden Ort oder in der betreffenden Sparte hinsichtlich der Aspekte des Abs. 1 Unterabs. 1 des vorliegenden Artikels denselben Anforderungen unterworfen sind, wie die Unternehmen im Sinne des Art. 1 Abs. 1 und gegebenenfalls den entsandten Arbeitnehmern zu garantierenden Arbeits- und Beschäftigungsbedingungen nach Abs. 1 a des vorliegenden Artikels, und
- wenn sie dieselben Anforderungen mit derselben Wirkung erfüllen müssen.

(9) Die Mitgliedstaaten können bestimmen, dass die in Art. 1 Abs. 1 genannten Unternehmen den Arbeitnehmern im Sinne von Art. 1 Abs. 3 Buchst. c) zusätzlich zu den in Abs. 1 b des vorliegenden Artikels genannten Arbeits- und Beschäftigungsbedingungen andere Arbeits- und Beschäftigungsbedingungen garantieren, die für Leiharbeitnehmer in dem Mitgliedstaat gelten, in dem die Arbeitsleistung erbracht wird.

(10) Diese Richtlinie berührt nicht das Recht der Mitgliedstaaten, unter Einhaltung der Verträge auf inländische Unternehmen und Unternehmen aus anderen Mitgliedstaaten in gleicher Weise Arbeits- und Beschäftigungsbedingungen für andere als die in Abs. 1 Unterabs. 1 aufgeführten Aspekte, soweit es sich um Vorschriften im Bereich der öffentlichen Ordnung handelt, anzuwenden.

Artikel 4
Zusammenarbeit im Informationsbereich

(1) Zur Durchführung dieser Richtlinie benennen die Mitgliedstaaten gemäß ihren Rechtsvorschriften und/oder Praktiken ein oder mehrere Verbindungsbüros oder eine oder mehrere zuständige einzelstaatliche Stellen.

(2) Die Mitgliedstaaten sehen die Zusammenarbeit der zuständigen Behörden oder Stellen, einschließlich der öffentlichen Behörden, vor, die entsprechend den einzelstaatlichen Rechtsvorschriften für die Überwachung der in Art. 3 aufgeführten Arbeits- und Beschäftigungsbedingungen, auch auf Unionsebene, zuständig sind. Diese Zusammenarbeit besteht insbesondere darin, begründete Anfragen dieser Behörden oder Stellen zu beantworten, die das länderübergreifende Zurverfügungstellen von Arbeitnehmern betreffen, und gegen offenkundige Verstöße oder mögliche Fälle unzulässiger Tätigkeiten, wie länderübergreifende Fälle von nicht angemeldeter Erwerbstätigkeit und Scheinselbstständigkeit im Zusammenhang mit der Entsendung von Arbeitnehmern, vorzugehen. Verfügt die zuständige Behörde oder Stelle in dem Mitgliedstaat, aus dem der Arbeitnehmer entsandt wird, nicht über die Informationen, um die die zuständige Behörde oder Stelle des Mitgliedstaats, in dessen Hoheitsgebiet der Arbeitnehmer entsandt wird, ersucht hat, so bemüht sie sich, diese Informationen von anderen Behörden oder

Stellen in diesem Mitgliedstaat zu erlangen. Bei anhaltenden Verzögerungen bei der Bereitstellung dieser Informationen an den Mitgliedstaat, in dessen Hoheitsgebiet der Arbeitnehmer entsandt wird, wird die Kommission unterrichtet, die geeignete Maßnahmen ergreift.

(3) Jeder Mitgliedstaat ergreift die geeigneten Maßnahmen, damit die Informationen über die nach Art. 3 maßgeblichen Arbeits- und Beschäftigungsbedingungen allgemein zugänglich sind.

(4) Jeder Mitgliedstaat nennt den anderen Mitgliedstaaten und der Kommission die in Abs. 1 bezeichneten Verbindungsbüros und/oder zuständigen Stellen.

Artikel 5
Überwachung, Kontrolle und Durchsetzung

Der Mitgliedstaat, in dessen Hoheitsgebiet der Arbeitnehmer entsandt wird, und der Mitgliedstaat, aus dem der Arbeitnehmer entsandt wird, sind für die Überwachung, Kontrolle und Durchsetzung der in dieser Richtlinie und der Richtlinie 2014/67/EU festgelegten Verpflichtungen verantwortlich und ergreifen geeignete Maßnahmen für den Fall der Nichteinhaltung dieser Richtlinie.

Die Mitgliedstaaten erlassen Vorschriften über Sanktionen, die bei Verstößen gegen die gemäß dieser Richtlinie erlassenen nationalen Vorschriften zu verhängen sind, und treffen alle für die Anwendung der Sanktionen erforderlichen Maßnahmen. Die vorgesehenen Sanktionen müssen wirksam, verhältnismäßig und abschreckend sein.

Die Mitgliedstaaten stellen insbesondere sicher, dass den Arbeitnehmern und/oder den Arbeitnehmervertretern für die Durchsetzung der sich aus dieser Richtlinie ergebenden Verpflichtungen geeignete Verfahren zur Verfügung stehen.

In dem Fall, dass nach einer von einem Mitgliedstaat gemäß Art. 4 der Richtlinie 2014/67/EU durchgeführten Gesamtbeurteilung festgestellt wird, dass ein Unternehmen fälschlicherweise oder in betrügerischer Absicht den Eindruck erweckt hat, dass die Situation eines Arbeitnehmers in den Anwendungsbereich dieser Richtlinie fällt, stellt dieser Mitgliedstaat sicher, dass der Arbeitnehmer in den Genuss des entsprechenden Rechts und der entsprechenden Gepflogenheiten kommt.

Die Mitgliedstaaten sorgen dafür, dass dieser Artikel nicht dazu führt, dass für den betreffenden Arbeitnehmer ungünstigere Bedingungen gelten als für entsandte Arbeitnehmer.

Artikel 6
Gerichtliche Zuständigkeit

Zur Durchsetzung des Rechts auf die in Art. 3 gewährleisteten Arbeits- und Beschäftigungsbedingungen kann eine Klage in dem Mitgliedstaat erhoben werden, in dessen Hoheitsgebiet der Arbeitnehmer entsandt ist oder war; dies berührt nicht die Möglichkeit, gegebenenfalls gemäß den geltenden internationalen Übereinkommen über die gerichtliche Zuständigkeit in einem anderen Staat Klage zu erheben.

Artikel 7
Durchführung

Die Mitgliedstaaten erlassen die Rechts- und Verwaltungsvorschriften, die erforderlich sind, um dieser Richtlinie spätestens ab dem 16. Dezember 1999 nachzukommen. Sie setzen die Kommission hiervon unverzüglich in Kenntnis.

Wenn die Mitgliedstaaten diese Vorschriften erlassen, nehmen sie in den Vorschriften selbst oder durch einen Hinweis bei der amtlichen Veröffentlichung auf diese Richtlinie Bezug. Die Mitgliedstaaten regeln die Einzelheiten dieser Bezugnahme.

Artikel 8
Überprüfung durch die Kommission

Spätestens zum 16. Dezember 2001 überprüft die Kommission die Anwendung dieser Richtlinie, um dem Rat erforderlichenfalls entsprechende Änderungen vorzuschlagen.

Artikel 9

Diese Richtlinie ist an die Mitgliedstaaten gerichtet.

ANHANG

Die in Art. 3 Abs. 2 genannten Tätigkeiten umfassen alle Bauarbeiten, die der Errichtung, der Instandsetzung, der Instandhaltung, dem Umbau oder dem Abriss von Bauwerken dienen, insbesondere

1. Aushub
2. Erdarbeiten
3. Bauarbeiten im engeren Sinne
4. Errichtung und Abbau von Fertigbauelementen
5. Einrichtung oder Ausstattung
6. Umbau
7. Renovierung
8. Reparatur
9. Abbauarbeiten
10. Abbrucharbeiten
11. Wartung
12. Instandhaltung (Maler- und Reinigungsarbeiten)
13. Sanierung.

Gesetz über zwingende Arbeitsbedingungen für grenzüberschreitend entsandte und für regelmäßig im Inland beschäftigte Arbeitnehmer und Arbeitnehmerinnen (Arbeitnehmer-Entsendegesetz – AEntG)

vom 20. April 2009
(BGBl. I 2009, S. 799)

in der Fassung vom 10. Juli 2020
(BGBl. I 2020, S. 1657)

Abschnitt 1
Zielsetzung

§ 1
Zielsetzung

Ziele des Gesetzes sind die Schaffung und Durchsetzung angemessener Mindestarbeitsbedingungen für grenzüberschreitend entsandte und für regelmäßig im Inland beschäftigte Arbeitnehmer und Arbeitnehmerinnen sowie die Gewährleistung fairer und funktionierender Wettbewerbsbedingungen durch die Erstreckung der Rechtsnormen von Branchentarifverträgen. Dadurch sollen zugleich sozialversicherungspflichtige Beschäftigung erhalten und die Ordnungs- und Befriedungsfunktion der Tarifautonomie gewahrt werden.

Abschnitt 2
Allgemeine Arbeitsbedingungen

§ 2
Allgemeine Arbeitsbedingungen

(1) Die in Rechts- oder Verwaltungsvorschriften enthaltenen Regelungen über folgende Arbeitsbedingungen sind auch auf Arbeitsverhältnisse zwischen einem im Ausland ansässigen Arbeitgeber und seinen im Inland beschäftigten Arbeitnehmern und Arbeitnehmerinnen zwingend anzuwenden:

1. die Entlohnung[1] einschließlich der Überstundensätze ohne die Regelungen über die betriebliche Altersversorgung,

---

1) Siehe TV Mindestlohn, Seiten 84 bis 88.

2. der bezahlte Mindestjahresurlaub,
3. die Höchstarbeitszeiten und Mindestruhezeiten,
4. die Bedingungen für die Überlassung von Arbeitskräften, insbesondere durch Leiharbeitsunternehmen,
5. die Sicherheit, der Gesundheitsschutz und die Hygiene am Arbeitsplatz, einschließlich der Anforderungen an die Unterkünfte von Arbeitnehmern und Arbeitnehmerinnen, wenn sie vom Arbeitgeber für Arbeitnehmer und Arbeitnehmerinnen, die von ihrem regelmäßigen Arbeitsplatz entfernt eingesetzt werden, unmittelbar oder mittelbar, entgeltlich oder unentgeltlich zur Verfügung gestellt werden,
6. die Schutzmaßnahmen im Zusammenhang mit den Arbeits- und Beschäftigungsbedingungen von Schwangeren und Wöchnerinnen, Kindern und Jugendlichen,
7. die Gleichbehandlung der Geschlechter sowie andere Nichtdiskriminierungsbestimmungen und
8. die Zulagen oder die Kostenerstattung zur Deckung der Reise-, Unterbringungs- und Verpflegungskosten für Arbeitnehmer und Arbeitnehmerinnen, die aus beruflichen Gründen von ihrem Wohnort entfernt sind.

(2) Ein Arbeitgeber mit Sitz im Ausland beschäftigt einen Arbeitnehmer oder eine Arbeitnehmerin auch dann im Inland, wenn er ihn oder sie einem Entleiher mit Sitz im Ausland oder im Inland überlässt und der Entleiher den Arbeitnehmer oder die Arbeitnehmerin im Inland beschäftigt.

(3) Abs. 1 Nr. 8 gilt für Arbeitgeber mit Sitz im Ausland, wenn der Arbeitnehmer oder die Arbeitnehmerin

1. zu oder von seinem oder ihrem regelmäßigen Arbeitsort im Inland reisen muss oder
2. von dem Arbeitgeber von seinem oder ihrem regelmäßigen Arbeitsort im Inland vorübergehend zu einem anderen Arbeitsort geschickt wird.

§ 2a
Gegenstand der Entlohnung

Entlohnung im Sinne von § 2 Abs. 1 Nr. 1 sind alle Bestandteile der Vergütung, die der Arbeitnehmer oder die Arbeitnehmerin vom Arbeitgeber in Geld oder als Sachleistung für die geleistete Arbeit erhält. Zur Entlohnung zählen insbesondere die Grundvergütung, einschließlich Entgeltbestandteilen, die an die Art der Tätigkeit, Qualifikation und Berufserfahrung der Arbeitnehmer und Arbeitnehmerinnen und die Region anknüpfen, sowie Zulagen, Zuschläge und Gratifikationen, einschließlich Überstundensätzen. Die Entlohnung umfasst auch Regelungen zur Fälligkeit der Entlohnung einschließlich Ausnahmen und deren Voraussetzungen.

§ 2 b
Anrechenbarkeit von Entsendezulagen

(1) Erhält der Arbeitnehmer oder die Arbeitnehmerin vom Arbeitgeber mit Sitz im Ausland eine Zulage für die Zeit der Arbeitsleistung im Inland (Entsendezulage), kann diese auf die Entlohnung nach § 2 Abs. 1 Nr. 1 angerechnet werden. Dies gilt nicht, soweit die Entsendezulage zur Erstattung von Kosten gezahlt wird, die infolge der Entsendung tatsächlich entstanden sind (Entsendekosten). Als Entsendekosten gelten insbesondere Reise-, Unterbringungs- und Verpflegungskosten.

(2) Legen die für das Arbeitsverhältnis geltenden Arbeitsbedingungen nicht fest, welche Bestandteile einer Entsendezulage als Erstattung von Entsendekosten gezahlt werden oder welche Bestandteile einer Entsendezulage Teil der Entlohnung sind, wird unwiderleglich vermutet, dass die gesamte Entsendezulage als Erstattung von Entsendekosten gezahlt wird.

Abschnitt 3
Tarifvertragliche Arbeitsbedingungen

§ 3
Tarifvertragliche Arbeitsbedingungen

Die Rechtsnormen eines bundesweiten Tarifvertrages finden unter den Voraussetzungen der §§ 4 bis 6 auch auf Arbeitsverhältnisse zwischen einem Arbeitgeber mit Sitz im Ausland und seinen im räumlichen Geltungsbereich dieses Tarifvertrages beschäftigten Arbeitnehmern und Arbeitnehmerinnen zwingend Anwendung, wenn

1. der Tarifvertrag für allgemeinverbindlich erklärt ist oder
2. eine Rechtsordnung nach § 7 oder § 7 a vorliegt.

§ 2 Abs. 2 gilt entsprechend. Eines bundesweiten Tarifvertrages bedarf es nicht, soweit Arbeitsbedingungen im Sinne des § 5 Nr. 2, 3 oder 4 Gegenstand tarifvertraglicher Regelungen sind, die zusammengefasst räumlich den gesamten Geltungsbereich dieses Gesetzes abdecken.

§ 4
Einbezogene Branchen

(1) § 3 Satz 1 Nr. 2 gilt für Tarifverträge

1. des Bauhauptgewerbes oder des Baunebengewerbes im Sinne der Baubetriebe-Verordnung vom 28. Oktober 1980 (BGBl. I S. 2033), zuletzt geändert durch die Verordnung vom 26. April 2006 (BGBl. I S. 1085), in der jeweils geltenden

Fassung einschließlich der Erbringung von Montageleistungen auf Baustellen außerhalb des Betriebssitzes,
2. der Gebäudereinigung,
3. für Briefdienstleistungen,
4. für Sicherheitsdienstleistungen,
5. für Bergbauspezialarbeiten auf Steinkohlebergwerken,
6. für Wäschereidienstleistungen im Objektkundengeschäft,
7. der Abfallwirtschaft einschließlich Straßenreinigung und Winterdienst,
8. für Aus- und Weiterbildungsdienstleistungen nach dem Zweiten oder Dritten Buch Sozialgesetzbuch und
9. für Schlachten und Fleischverarbeitung.

(2) § 3 Satz 1 Nr. 2 gilt darüber hinaus für Tarifverträge aller anderen als der in Abs. 1 genannten Branchen, wenn die Erstreckung der Rechtsnormen des Tarifvertrages im öffentlichen Interesse geboten erscheint, um die in § 1 genannten Gesetzesziele zu erreichen und dabei insbesondere einem Verdrängungswettbewerb über die Lohnkosten entgegen zu wirken.

§ 5
Arbeitsbedingungen

Gegenstand eines Tarifvertrages nach § 3 können sein

1. Mindestentgeltsätze, die nach Art der Tätigkeit, Qualifikation der Arbeitnehmer und Arbeitnehmerinnen und Regionen differieren können, einschließlich der Überstundensätze wobei die Differenzierung nach Art der Tätigkeit und Qualifikation insgesamt bis zu drei Stufen umfassen kann,

1 a. die über Nr. 1 hinausgehenden Entlohnungsbestandteile nach § 2 Abs. 1 Nr. 1,

2. die Dauer des Erholungsurlaubs, das Urlaubsentgelt oder ein zusätzliches Urlaubsgeld,[2)]
3. die Einziehung von Beiträgen und die Gewährung von Leistungen im Zusammenhang mit Urlaubsansprüchen nach Nr. 2 durch eine gemeinsame Einrichtung der Tarifvertragsparteien, wenn sichergestellt ist, dass der ausländische Arbeitgeber nicht gleichzeitig zu Beiträgen zu der gemeinsamen Einrichtung der Tarifvertragsparteien und zu einer vergleichbaren Einrichtung im Staat seines Sitzes herangezogen wird und das Verfahren der gemeinsamen Einrichtung der Tarifvertragsparteien eine Anrechnung derjenigen Leistungen vorsieht, die der ausländische Arbeitgeber zur Erfüllung des gesetzlichen, tarifvertraglichen oder einzelvertraglichen Urlaubsanspruchs seines Arbeitnehmers oder seiner Arbeitnehmerin bereits erbracht hat,
4. die Anforderungen an die Unterkünfte von Arbeitnehmern und Arbeitnehmerinnen, wenn sie vom Arbeitgeber für Arbeitnehmer und Arbeitnehmerinnen,

---

2) Siehe § 8 BRTV, Seiten 257 bis 264.

die von ihrem regelmäßigen Arbeitsplatz entfernt eingesetzt werden, unmittelbar oder mittelbar, entgeltlich oder unentgeltlich zur Verfügung gestellt werden, und

5. Arbeitsbedingungen im Sinne des § 2 Nr. 3 bis 8.

Die Arbeitsbedingungen nach Satz 1 Nr. 1 bis 3 umfassen auch Regelungen zur Fälligkeit entsprechender Ansprüche einschließlich hierzu vereinbarter Ausnahmen und deren Voraussetzungen.

§ 6
Besondere Regelungen

(1) Im Falle eines Tarifvertrages nach § 4 Abs. 1 Nr. 1 findet dieser Abschnitt Anwendung, wenn der Betrieb oder die selbstständige Betriebsabteilung im Sinne des fachlichen Geltungsbereichs des Tarifvertrages überwiegend Bauleistungen gemäß § 101 Abs. 2 des Dritten Buches Sozialgesetzbuch erbringt.

(2) Im Falle eines Tarifvertrages nach § 4 Abs. 1 Nr. 2 findet dieser Abschnitt Anwendung, wenn der Betrieb oder die selbstständige Betriebsabteilung überwiegend Gebäudereinigungsleistungen erbringt.

(3) Im Falle eines Tarifvertrages nach § 4 Abs. 1 Nr. 3 findet dieser Abschnitt Anwendung, wenn der Betrieb oder die selbstständige Betriebsabteilung überwiegend gewerbs- oder geschäftsmäßig Briefsendungen für Dritte befördert.

(4) Im Falle eines Tarifvertrages nach § 4 Abs. 1 Nr. 4 findet dieser Abschnitt Anwendung, wenn der Betrieb oder die selbstständige Betriebsabteilung überwiegend Dienstleistungen des Bewachungs- und Sicherheitsgewerbes oder Kontroll- und Ordnungsdienste erbringt, die dem Schutz von Rechtsgütern aller Art, insbesondere von Leben, Gesundheit oder Eigentum dienen.

(5) Im Falle eines Tarifvertrages nach § 4 Abs. 1 Nr. 5 findet dieser Abschnitt Anwendung, wenn der Betrieb oder die selbstständige Betriebsabteilung im Auftrag eines Dritten überwiegend auf inländischen Steinkohlebergwerken Grubenräume erstellt oder sonstige untertägige bergbauliche Spezialarbeiten ausführt.

(6) Im Falle eines Tarifvertrages nach § 4 Abs. 1 Nr. 6 findet dieser Abschnitt Anwendung, wenn der Betrieb oder die selbstständige Betriebsabteilung gewerbsmäßig überwiegend Textilien für gewerbliche Kunden sowie öffentlich-rechtliche oder kirchliche Einrichtungen wäscht, unabhängig davon, ob die Wäsche im Eigentum der Wäscherei oder des Kunden steht. Dieser Abschnitt findet keine Anwendung auf Wäschereidienstleistungen, die von Werkstätten für behinderte Menschen im Sinne des § 219 des Neunten Buches Sozialgesetzbuch erbracht werden.

(7) Im Falle eines Tarifvertrages nach § 4 Abs. 1 Nr. 7 findet dieser Abschnitt Anwendung, wenn der Betrieb oder die selbstständige Betriebsabteilung überwiegend Abfälle im Sinne des § 3 Abs. 1 Satz 1 des Kreislaufwirtschaftsgesetzes sammelt, befördert, lagert, behandelt, beseitigt oder verwertet oder Dienstleis-

tungen des Kehrens und Reinigens öffentlicher Verkehrsflächen und Schnee- und Eisbeseitigung von öffentlichen Verkehrsflächen einschließlich Streudienste erbringt.

(8) Im Falle eines Tarifvertrages nach § 4 Abs. 1 Nr. 8 findet dieser Abschnitt Anwendung, wenn der Betrieb oder die selbstständige Betriebsabteilung überwiegend Aus- und Weiterbildungsmaßnahmen nach dem Zweiten oder Dritten Buch Sozialgesetzbuch durchführt. Ausgenommen sind Einrichtungen der beruflichen Rehabilitation im Sinne des § 51 Abs. 1 Satz 1 des Neunten Buches Sozialgesetzbuch.

(9) Im Falle eines Tarifvertrages nach § 4 Abs. 1 Nr. 9 findet dieser Abschnitt Anwendung in Betrieben und selbstständigen Betriebsabteilungen, in denen überwiegend geschlachtet oder Fleisch verarbeitet wird (Betriebe der Fleischwirtschaft) sowie in Betrieben und selbstständigen Betriebsabteilungen, die ihre Arbeitnehmer und Arbeitnehmerinnen überwiegend in Betrieben der Fleischwirtschaft einsetzen. Das Schlachten umfasst dabei alle Tätigkeiten des Schlachtens und Zerlegens von Tieren mit Ausnahme von Fischen. Die Verarbeitung umfasst alle Tätigkeiten der Weiterverarbeitung von beim Schlachten gewonnenen Fleischprodukten zur Herstellung von Nahrungsmitteln sowie deren Portionierung und Verpackung. Nicht erfasst ist die Verarbeitung, wenn die Behandlung, die Portionierung oder die Verpackung beim Schlachten gewonnener Fleischprodukte direkt auf Anforderung des Endverbrauchers erfolgt.

(10) Bestimmt ein Tarifvertrag nach den Abs. 1 bis 9 den Begriff des Betriebs oder der selbstständigen Betriebsabteilung, ist diese Begriffsbestimmung maßgeblich.

§ 7
Rechtsverordnung für die Fälle des § 4 Abs. 1

(1) Auf gemeinsamen Antrag der Parteien eines Tarifvertrages im Sinne von § 4 Abs. 1 sowie §§ 5 und 6 kann das Bundesministerium für Arbeit und Soziales durch Rechtsverordnung ohne Zustimmung des Bundesrates bestimmen, dass die Rechtsnormen dieses Tarifvertrages auf alle unter seinen Geltungsbereich fallenden und nicht an ihn gebundenen Arbeitgeber sowie Arbeitnehmer und Arbeitnehmerinnen Anwendung finden, wenn dies im öffentlichen Interesse geboten erscheint, um die in § 1 genannten Gesetzesziele zu erreichen. Satz 1 gilt nicht für tarifvertragliche Arbeitsbedingungen nach § 5 Satz 1 Nr. 1 a.

(2) Kommen in einer Branche mehrere Tarifverträge mit zumindest teilweise demselben fachlichen Geltungsbereich zur Anwendung, hat der Verordnungsgeber bei seiner Entscheidung nach Abs. 1 im Rahmen einer Gesamtabwägung ergänzend zu den in § 1 genannten Gesetzeszielen die Repräsentativität der jeweiligen Tarifverträge zu berücksichtigen. Bei der Feststellung der Repräsentativität ist vorrangig abzustellen auf

1. die Zahl der von den jeweils tarifgebundenen Arbeitgebern beschäftigten unter den Geltungsbereich des Tarifvertrages fallenden Arbeitnehmer und Arbeitnehmerinnen,
2. die Zahl der jeweils unter den Geltungsbereich des Tarifvertrages fallenden Mitglieder der Gewerkschaft, die den Tarifvertrag geschlossen hat.

(3) Liegen für mehrere Tarifverträge Anträge auf Allgemeinverbindlicherklärung vor, hat der Verordnungsgeber mit besonderer Sorgfalt die von einer Auswahlentscheidung betroffenen Güter von Verfassungsrang abzuwägen und die widerstreitenden Grundrechtsinteressen zu einem schonenden Ausgleich zu bringen.

(4) Vor Erlass der Rechtsverordnung gibt das Bundesministerium für Arbeit und Soziales den in den Geltungsbereich der Rechtsverordnung fallenden Arbeitgebern sowie Arbeitnehmern und Arbeitnehmerinnen, den Parteien des Tarifvertrages sowie in den Fällen des Abs. 2 den Parteien anderer Tarifverträge und paritätisch besetzten Kommissionen, die auf der Grundlage kirchlichen Rechts Arbeitsbedingungen für den Bereich kirchlicher Arbeitgeber zumindest teilweise im Geltungsbereich der Rechtsverordnung festlegen, Gelegenheit zur schriftlichen Stellungnahme innerhalb von drei Wochen ab dem Tag der Bekanntmachung des Entwurfs der Rechtsverordnung.

(5) Wird in einer Branche nach § 4 Abs. 1 erstmals ein Antrag nach Abs. 1 gestellt, wird nach Ablauf der Frist nach Abs. 4 der Ausschuss nach § 5 Abs. 1 Satz 1 des Tarifvertragsgesetzes (Tarifausschuss) befasst. Stimmen mindestens vier Ausschussmitglieder für den Antrag oder gibt der Tarifausschuss innerhalb von zwei Monaten keine Stellungnahme ab, kann eine Rechtsverordnung nach Abs. 1 erlassen werden. Stimmen zwei oder drei Ausschussmitglieder für den Antrag, kann eine Rechtsverordnung nur von der Bundesregierung erlassen werden. Die Sätze 1 bis 3 gelten nicht für Tarifverträge nach § 4 Abs. 1 Nrn. 1 bis 8.

§ 7 a
Rechtsverordnung
für die Fälle des § 4 Abs. 2

(1) Auf gemeinsamen Antrag der Parteien eines Tarifvertrages im Sinne von § 4 Abs. 2 und § 5 kann das Bundesministerium für Arbeit und Soziales durch Rechtsverordnung ohne Zustimmung des Bundesrates bestimmen, dass die Rechtsnormen dieses Tarifvertrages auf alle unter seinen Geltungsbereich fallenden und nicht an ihn gebundenen Arbeitgeber sowie Arbeitnehmer und Arbeitnehmerinnen Anwendung finden, wenn dies im öffentlichen Interesse geboten erscheint, um die in § 1 genannten Gesetzesziele zu erreichen und dabei insbesondere einem Verdrängungswettbewerb über die Lohnkosten entgegenzuwirken. Satz 1 gilt nicht für tarifvertragliche Arbeitsbedingungen nach § 5 Satz 1 Nr. 1 a. Eine Rechtsverordnung, deren Geltungsbereich die Pflegebranche (§ 10) erfasst, erlässt das Bundesministerium für Arbeit und Soziales im Einvernehmen mit dem Bun-

desministerium für Gesundheit ohne Zustimmung des Bundesrates. Im Fall einer Rechtsverordnung nach Satz 2 sind auch die in Abs. 1 a genannten Voraussetzungen zu erfüllen und die in § 11 Abs. 2 genannten Gesetzesziele zu berücksichtigen.

(1 a) Vor Abschluss eines Tarifvertrages nach Abs. 1, dessen Geltungsbereich die Pflegebranche erfasst, gibt das Bundesministerium für Arbeit und Soziales auf gemeinsame Mitteilung der Tarifvertragsparteien bekannt, dass Verhandlungen über einen derartigen Tarifvertrag aufgenommen worden sind. Religionsgesellschaften, in deren Bereichen paritätisch besetzte Kommissionen zur Festlegung von Arbeitsbedingungen auf der Grundlage kirchlichen Rechts für den Bereich kirchlicher Arbeitgeber in der Pflegebranche gebildet sind, können dem Bundesministerium für Arbeit und Soziales innerhalb von drei Wochen ab der Bekanntmachung jeweils eine in ihrem Bereich gebildete Kommission benennen, die von den Tarifvertragsparteien zu dem voraussichtlichen Inhalt des Tarifvertrages angehört wird. Die Anhörung erfolgt mündlich, wenn dies die jeweilige Kommission verlangt oder die Tarifvertragsparteien verlangen. Der Antrag nach Abs. 1 erfordert die schriftliche Zustimmung von mindestens zwei nach Satz 2 benannten Kommissionen. Diese Kommissionen müssen in den Bereichen von Religionsgesellschaften gebildet sein, in deren Bereichen insgesamt mindestens zwei Drittel aller in der Pflegebranche im Bereich von Religionsgesellschaften beschäftigten Arbeitnehmer beschäftigt sind. Mit der Zustimmung einer Kommission werden etwaige Mängel im Zusammenhang mit deren Anhörung geheilt.

(2) § 7 Abs. 2 und 3 findet entsprechende Anwendung.

(3) Vor Erlass der Rechtsverordnung gibt das Bundesministerium für Arbeit und Soziales den in den Geltungsbereich der Rechtsverordnung fallenden und den möglicherweise von ihr betroffenen Arbeitgebern sowie Arbeitnehmern und Arbeitnehmerinnen, den Parteien des Tarifvertrages sowie allen am Ausgang des Verfahrens interessierten Gewerkschaften, Vereinigungen der Arbeitgeber und paritätisch besetzten Kommissionen, die auf der Grundlage kirchlichen Rechts Arbeitsbedingungen für den Bereich kirchlicher Arbeitgeber festlegen, Gelegenheit zur schriftlichen Stellungnahme innerhalb von drei Wochen ab dem Tag der Bekanntmachung des Entwurfs der Rechtsverordnung. Die Gelegenheit zur Stellungnahme umfasst insbesondere auch die Frage, inwieweit eine Erstreckung der Rechtsnormen des Tarifvertrages geeignet ist, die in § 1 genannten Gesetzesziele zu erfüllen und dabei insbesondere einem Verdrängungswettbewerb über die Lohnkosten entgegenzuwirken. Soweit der Geltungsbereich der Rechtsverordnung die Pflegebranche erfasst, umfasst die Gelegenheit zur Stellungnahme insbesondere auch die Frage, inwieweit eine Erstreckung der Rechtsnormen des Tarifvertrages geeignet ist, die in § 11 Abs. 2 genannten Gesetzesziele zu erfüllen.

(4) Wird ein Antrag nach Abs. 1 gestellt, wird nach Ablauf der Frist nach Abs. 3 der Ausschuss nach § 5 Abs. 1 Satz 1 des Tarifvertragsgesetzes (Tarifausschuss) befasst. Stimmen mindestens vier Ausschussmitglieder für den Antrag oder gibt

der Tarifausschuss innerhalb von zwei Monaten keine Stellungnahme ab, kann eine Rechtsverordnung nach Abs. 1 erlassen werden. Stimmen zwei oder drei Ausschussmitglieder für den Antrag, kann eine Rechtsverordnung nur von der Bundesregierung erlassen werden.

§ 8
Pflichten des Arbeitgebers zur Gewährung von Arbeitsbedingungen

(1) Arbeitgeber mit Sitz im In- oder Ausland, die unter den Geltungsbereich eines für allgemeinverbindlich erklärten Tarifvertrages nach § 3 Satz 1 Nr. 1 oder einer Rechtsverordnung nach § 7 oder § 7a fallen, sind verpflichtet, ihren Arbeitnehmern und Arbeitnehmerinnen mindestens die in dem Tarifvertrag für den Beschäftigungsort vorgeschriebenen Arbeitsbedingungen zu gewähren sowie einer gemeinsamen Einrichtung der Tarifvertragsparteien die ihr nach § 5 Nr. 3 zustehenden Beiträge zu leisten. Satz 1 gilt unabhängig davon, ob die entsprechende Verpflichtung kraft Tarifbindung nach § 3 des Tarifvertragsgesetzes oder kraft Allgemeinverbindlicherklärung nach § 5 des Tarifvertragsgesetzes oder aufgrund einer Rechtsverordnung nach § 7 oder § 7a besteht.

(2) Ein Arbeitgeber ist verpflichtet, einen Tarifvertrag nach § 3 Satz 1 Nr. 1, soweit er Arbeitsbedingungen nach § 5 Satz 1 Nr. 2 bis 4 enthält, sowie einen Tarifvertrag nach §§ 4 bis 6, der durch Rechtsverordnung nach § 7 oder § 7a auf nicht an ihn gebundene Arbeitgeber sowie Arbeitnehmer und Arbeitnehmerinnen erstreckt wird, auch dann einzuhalten, wenn er nach § 3 des Tarifvertragsgesetzes oder kraft Allgemeinverbindlicherklärung nach § 5 des Tarifvertragsgesetzes an einen anderen Tarifvertrag gebunden ist.

(3) Wird ein Leiharbeitnehmer oder eine Leiharbeitnehmerin vom Entleiher mit Tätigkeiten beschäftigt, die in den Geltungsbereich eines Tarifvertrages nach § 3 Satz 1 Nr. 1, soweit er Arbeitsbedingungen nach § 5 Satz 1 Nr. 2 bis 4 enthält, oder einer Rechtsverordnung nach § 7 oder § 7a fallen, hat der Verleiher zumindest die in diesem Tarifvertrag oder in dieser Rechtsverordnung vorgeschriebenen Arbeitsbedingungen zu gewähren sowie die der gemeinsamen Einrichtung nach diesem Tarifvertrag zustehenden Beiträge zu leisten; dies gilt auch dann, wenn der Betrieb des Entleihers nicht in den fachlichen Geltungsbereich dieses Tarifvertrages oder dieser Rechtsverordnung fällt.

§ 9
Verzicht, Verwirkung

Ein Verzicht auf den aufgrund einer Rechtsverordnung nach § 7 oder § 7a entstandenen Anspruch der Arbeitnehmer und Arbeitnehmerinnen auf Mindestentgeltsätze nach § 5 Satz 1 Nr. 1 ist nur durch gerichtlichen Vergleich zulässig; im Übrigen ist ein Verzicht ausgeschlossen. Die Verwirkung des in Satz 1 genannten Anspruchs ist ausgeschlossen. Ausschlussfristen für die Geltendmachung des in Satz 1 genannten Anspruchs können ausschließlich in dem der Rechtsverordnung nach § 7 oder § 7a zugrunde liegenden Tarifvertrag geregelt werden; die Frist muss mindestens sechs Monate betragen.

Abschnitt 4
Arbeitsbedingungen in der Pflegebranche

§ 10
Anwendungsbereich

Dieser Abschnitt findet Anwendung auf die Pflegebranche. Diese umfasst Betriebe und selbstständige Betriebsabteilungen, die überwiegend ambulante, teilstationäre oder stationäre Pflegeleistungen oder ambulante Krankenpflegeleistungen für Pflegebedürftige erbringen (Pflegebetriebe). Pflegebedürftig sind Personen, die gesundheitlich bedingte Beeinträchtigungen der Selbständigkeit oder der Fähigkeiten aufweisen, deshalb vorübergehend oder auf Dauer der Hilfe durch andere bedürfen und körperliche, kognitive oder psychische Beeinträchtigungen oder gesundheitlich bedingte Belastungen oder Anforderungen nicht selbständig kompensieren oder bewältigen können. Keine Pflegebetriebe im Sinne des Satzes 2 sind Einrichtungen, in denen die Leistungen zur medizinischen Vorsorge, zur medizinischen Rehabilitation, zur Teilhabe am Arbeitsleben oder am Leben in der Gemeinschaft, die schulische Ausbildung oder die Erziehung kranker oder behinderter Menschen im Vordergrund des Zweckes der Einrichtung stehen, sowie Krankenhäuser.

§ 11
Rechtsverordnung

(1) Das Bundesministerium für Arbeit und Soziales kann durch Rechtsverordnung ohne Zustimmung des Bundesrates bestimmen, dass die von der nach § 12 errichteten Kommission vorgeschlagenen Arbeitsbedingungen nach § 5 Nr. 1 und 2 auf alle Arbeitgeber sowie Arbeitnehmer und Arbeitnehmerinnen, die unter den Geltungsbereich einer Empfehlung nach § 12a Abs. 2 fallen, Anwendung finden.

(2) Das Bundesministerium für Arbeit und Soziales hat bei seiner Entscheidung nach Abs. 1 neben den in § 1 genannten Gesetzeszielen die Sicherstellung der Qualität der Pflegeleistung sowie den Auftrag kirchlicher und sonstiger Träger der freien Wohlfahrtspflege nach § 11 Abs. 2 des Elften Buches Sozialgesetzbuch zu berücksichtigen.

(3) Vor Erlass einer Rechtsverordnung gibt das Bundesministerium für Arbeit und Soziales den in den Geltungsbereich der Rechtsverordnung fallenden Arbeitgebern und Arbeitnehmern und Arbeitnehmerinnen sowie den Parteien von Tarif-

verträgen, die zumindest teilweise in den fachlichen Geltungsbereich der Rechtsverordnung fallen, und paritätisch besetzten Kommissionen, die auf der Grundlage kirchlichen Rechts Arbeitsbedingungen für den Bereich kirchlicher Arbeitgeber in der Pflegebranche festlegen, Gelegenheit zur schriftlichen Stellungnahme innerhalb von drei Wochen ab dem Tag der Bekanntmachung des Entwurfs der Rechtsverordnung.

§ 12
Berufung der Kommission

(1) Das Bundesministerium für Arbeit und Soziales beruft eine ständige Kommission, die über Empfehlungen zur Festlegung von Arbeitsbedingungen nach § 12a Abs. 2 beschließt.

(2) Die Kommission wird für die Dauer von fünf Jahren berufen. Das Bundesministerium für Arbeit und Soziales kann die Dauer der Berufung verlängern, wenn die Kommission bereits Beratungen über neue Empfehlungen begonnen, jedoch noch keinen Beschluss über diese Empfehlungen gefasst hat. Die neue Berufung erfolgt in diesem Fall unverzüglich nach der Beschlussfassung, spätestens jedoch drei Monate nach Ablauf der fünfjährigen Dauer der Berufung.

(3) Die Kommission besteht aus acht Mitgliedern. Die Mitglieder nehmen ihre Tätigkeit in der Kommission ehrenamtlich wahr. Sie sind an Weisungen nicht gebunden.

(4) Das Bundesministerium für Arbeit und Soziales benennt acht geeignete Personen als ordentliche Mitglieder sowie acht geeignete Personen als deren Stellvertreter unter Berücksichtigung von Vorschlägen vorschlagsberechtigter Stellen. Vorschlagsberechtigte Stellen sind

1. Tarifvertragsparteien in der Pflegebranche, wobei
   a) in der Pflegebranche tarifzuständige Gewerkschaften oder Zusammenschlüsse von Gewerkschaften sowie
   b) in der Pflegebranche tarifzuständige Vereinigungen von Arbeitgebern oder Zusammenschlüsse von Vereinigungen von Arbeitgebern

   jeweils für zwei ordentliche Mitglieder und zwei Stellvertreter vorschlagsberechtigt sind, und
2. die Dienstnehmerseite und die Dienstgeberseite paritätisch besetzter Kommissionen, die auf der Grundlage kirchlichen Rechts Arbeitsbedingungen für den Bereich kirchlicher Arbeitgeber in der Pflegebranche festlegen, wobei
   a) die Dienstnehmerseite sowie
   b) die Dienstgeberseite

   jeweils für zwei ordentliche Mitglieder und zwei Stellvertreter vorschlagsberechtigt sind.

Vorschlagsberechtigte Stellen, die derselben der in Satz 2 Nr. 1 Buchst. a) bis Nr. 2 Buchst. b) genannten Gruppen angehören, können gemeinsame Vorschläge abgeben.

(5) Das Bundesministerium für Arbeit und Soziales fordert innerhalb einer von ihm zu bestimmenden angemessenen Frist zur Abgabe von Vorschlägen auf. Nach Fristablauf zugehende Vorschläge sind nicht zu berücksichtigen. Das Bundesministerium für Arbeit und Soziales prüft die Vorschläge und kann verlangen, dass für die Prüfung relevante Umstände innerhalb einer von ihm zu bestimmenden angemessenen Frist mitgeteilt und glaubhaft gemacht werden. Nach Fristablauf mitgeteilte oder glaubhaft gemachte Umstände sind nicht zu berücksichtigen.

(6) Überschreitet die Zahl der Vorschläge die Zahl der auf die jeweilige in Abs. 4 Satz 2 genannte Gruppe entfallenden Sitze in der Kommission, entscheidet das Bundesministerium für Arbeit und Soziales, welchen Vorschlägen zu folgen ist. Bei dieser Entscheidung sind zu berücksichtigen

1. im Falle mehrerer Vorschläge von in der Pflegebranche tarifzuständigen Gewerkschaften oder Zusammenschlüssen von Gewerkschaften: deren Repräsentativität,
2. im Falle mehrerer Vorschläge von in der Pflegebranche tarifzuständigen Vereinigungen von Arbeitgebern oder Zusammenschlüssen von Vereinigungen von Arbeitgebern: die Abbildung der Vielfalt von freigemeinnützigen, öffentlichen und privaten Trägern sowie gleichermaßen die Repräsentativität der jeweiligen Vereinigung bzw. des jeweiligen Zusammenschlusses.

Die Repräsentativität einer Gewerkschaft oder eines Zusammenschlusses von Gewerkschaften beurteilt sich nach der Zahl der als Arbeitnehmer in der Pflegebranche beschäftigten Mitglieder der jeweiligen Gewerkschaft oder des jeweiligen Zusammenschlusses und der diesem Zusammenschluss angehörenden Gewerkschaften. Die Repräsentativität einer Vereinigung von Arbeitgebern beurteilt sich nach der Zahl der in der Pflegebranche beschäftigten Arbeitnehmer, deren Arbeitgeber Mitglieder der jeweiligen Vereinigung von Arbeitgebern sind und nach der Art ihrer Mitgliedschaft tarifgebunden sein können. Die Repräsentativität eines Zusammenschlusses von Vereinigungen von Arbeitgebern beurteilt sich nach der Zahl der in der Pflegebranche beschäftigten Arbeitnehmer, deren Arbeitgeber

1. Mitglieder des Zusammenschlusses sind und nach der Art ihrer Mitgliedschaft tarifgebunden sein können oder
2. Mitglieder der diesem Zusammenschluss angehörenden Vereinigungen von Arbeitgebern sind und nach der Art ihrer Mitgliedschaft sowie der Mitgliedschaft der jeweiligen Vereinigung von Arbeitgebern tarifgebunden sein können.

Bei gemeinsamen Vorschlägen im Sinne des Abs. 4 Satz 3 sind die auf die vorschlagsberechtigten Stellen entfallenden maßgeblichen Arbeitnehmerzahlen zu addieren.

(7) Scheidet ein ordentliches Mitglied oder ein Stellvertreter aus, benennt das Bundesministerium für Arbeit und Soziales eine andere geeignete Person. War das Bundesministerium für Arbeit und Soziales mit der Benennung des ausgeschiedenen ordentlichen Mitglieds oder des Stellvertreters dem Vorschlag einer

vorschlagsberechtigten Stelle oder, im Falle eines gemeinsamen Vorschlags nach Abs. 4 Satz 3, vorschlagsberechtigter Stellen gefolgt, so erfolgt auch die neue Benennung unter Berücksichtigung deren Vorschlags. Schlägt die Stelle oder schlagen die Stellen innerhalb einer von dem Bundesministerium für Arbeit und Soziales zu bestimmenden angemessenen Frist keine geeignete Person vor, so entscheidet das Bundesministerium für Arbeit und Soziales über die Benennung. Abs. 5 Satz 3 und 4 gilt entsprechend.

(8) Klagen gegen die Benennung von Mitgliedern durch das Bundesministerium für Arbeit und Soziales haben keine aufschiebende Wirkung.

§ 12 a
Empfehlung von Arbeitsbedingungen

(1) Auf Antrag einer vorschlagsberechtigten Stelle im Sinne des § 12 Abs. 4 Satz 2 nimmt die Kommission Beratungen auf. Hat das Bundesministerium für Arbeit und Soziales bekannt gegeben, dass Verhandlungen über einen Tarifvertrag im Sinne des § 7 a Abs. 1 a Satz 1 aufgenommen worden sind, so können drei Viertel der Mitglieder der Gruppen nach § 12 Abs. 4 Satz 2 Nr. 2 Buchst. a) und b) gemeinsam verlangen, dass Beratungen über neue Empfehlungen frühestens vier Monate nach Ablauf der Frist für die Benennung von Kommissionen nach § 7 a Abs. 1 a Satz 2 aufgenommen oder fortgesetzt werden.

(2) Die Kommission beschließt Empfehlungen zur Festlegung von Arbeitsbedingungen nach § 5 Satz 1 Nr. 1 oder 2. Dabei berücksichtigt die Kommission die in den §§ 1 und 11 Abs. 2 genannten Ziele. Empfohlene Mindestentgeltsätze sollen nach der Art der Tätigkeit oder der Qualifikation der Arbeitnehmer differenzieren. Empfehlungen sollen sich auf eine Dauer von mindestens 24 Monaten beziehen. Die Kommission kann eine Ausschlussfrist empfehlen, die den Anforderungen des § 9 Satz 3 entspricht. Empfehlungen sind schriftlich zu begründen.

(3) Ein Beschluss der Kommission kommt zustande, wenn mindestens drei Viertel der Mitglieder

1. der Gruppen nach § 12 Abs. 4 Satz 2 Nr. 1 Buchst. a) und b),
2. der Gruppen nach § 12 Abs. 4 Satz 2 Nr. 2 Buchst. a) und b),
3. der Gruppen nach § 12 Abs. 4 Satz 2 Nr. 1 Buchst. a) und Nr. 2 Buchst. a) sowie
4. der Gruppen nach § 12 Abs. 4 Satz 2 Nr. 1 Buchst. b) und Nr. 2 Buchst. b)

anwesend sind und zustimmen. Ordentliche Mitglieder können durch ihre jeweiligen Stellvertreter vertreten werden.

(4) Die Sitzungen der Kommission werden von einem oder einer nicht stimmberechtigten Beauftragten des Bundesministeriums für Arbeit und Soziales geleitet. Sie sind nicht öffentlich. Der Inhalt ihrer Beratungen ist vertraulich. Die Kommis-

sion zieht regelmäßig nicht stimmberechtigte Vertreter des Bundesministeriums für Arbeit und Soziales und des Bundesministeriums für Gesundheit zu den Sitzungen hinzu. Näheres ist in der Geschäftsordnung der Kommission zu regeln.

§ 13
Rechtsfolgen

Die Regelungen einer Rechtsverordnung nach § 7a gehen den Regelungen einer Rechtsverordnung nach § 11 vor, soweit sich die Geltungsbereiche der Rechtsverordnungen überschneiden. Unbeschadet des Satzes 1 steht eine Rechtsverordnung nach § 11 für die Anwendung der §§ 8 und 9 sowie der Abschn. 5 und 6 einer Rechtsverordnung nach § 7 gleich.

Abschnitt 4a
Arbeitsbedingungen im Gewerbe des grenzüberschreitenden Straßentransports von Euro-Bargeld

§ 13a
Gleichstellung

Die Verordnung (EU) Nr. 1214/2011 des Europäischen Parlaments und des Rates vom 16. November 2011 über den gewerbsmäßig grenzüberschreitenden Straßentransport von Euro-Bargeld zwischen den Mitgliedstaaten des Euroraums (ABl. L 316 vom 29.11.2011, S. 1) steht für die Anwendung der §§ 8 und 9 sowie der Absch. 5 und 6 einer Rechtsverordnung nach § 7 gleich.

Abschnitt 4b
Zusätzliche Arbeitsbedingungen für länger als zwölf Monate im Inland Beschäftigte von Arbeitgebern mit Sitz im Ausland

§ 13b
Zusätzliche Arbeitsbedingungen

(1) Wird ein Arbeitnehmer oder eine Arbeitnehmerin von einem im Ausland ansässigen Arbeitgeber mehr als zwölf Monate im Inland beschäftigt, so finden auf dieses Arbeitsverhältnis nach zwölf Monaten Beschäftigungsdauer im Inland zu-

sätzlich zu den Arbeitsbedingungen nach den Abschn. 2 bis 4 a alle Arbeitsbedingungen Anwendung, die am Beschäftigungsort in Rechts- und Verwaltungsvorschriften und in allgemeinverbindlichen Tarifverträgen vorgeschrieben sind, nicht jedoch

1. die Verfahrens- und Formvorschriften und Bedingungen für den Abschluss oder die Beendigung des Arbeitsverhältnisses, einschließlich nachvertraglicher Wettbewerbsverbote, und
2. die betriebliche Altersversorgung.

§ 2 Abs. 2 gilt entsprechend.

(2) Gibt der Arbeitgeber vor Ablauf einer Beschäftigungsdauer im Inland von zwölf Monaten eine Mitteilung ab, verlängert sich der Zeitraum, nach dessen Ablauf die in Abs. 1 genannten zusätzlichen Arbeitsbedingungen für die betroffenen Arbeitnehmer oder Arbeitnehmerinnen gelten, auf 18 Monate. Die Mitteilung muss in Textform nach § 126 b des Bürgerlichen Gesetzbuchs gegenüber der zuständigen Behörde der Zollverwaltung in deutscher Sprache erfolgen und folgende Angaben enthalten:

1. Familienname, Vornamen und Geburtsdatum der Arbeitnehmer und Arbeitnehmerinnen,
2. Ort der Beschäftigung im Inland, bei Bauleistungen die Baustelle,
3. die Gründe für die Überschreitung der zwölfmonatigen Beschäftigungsdauer im Inland und
4. die zum Zeitpunkt der Mitteilung anzunehmende voraussichtliche Beschäftigungsdauer im Inland.

Die zuständige Behörde der Zollverwaltung bestätigt den Eingang der Mitteilung.

(3) Das Bundesministerium der Finanzen kann durch Rechtsverordnung im Einvernehmen mit dem Bundesministerium für Arbeit und Soziales ohne Zustimmung des Bundesrates bestimmen,

1. dass, auf welche Weise und unter welchen technischen und organisatorischen Voraussetzungen eine Mitteilung abweichend von Abs. 2 Satz 2 ausschließlich elektronisch übermittelt werden kann und
2. auf welche Weise der Eingang der Mitteilung durch die zuständige Behörde nach Abs. 2 Satz 3 bestätigt wird.

(4) Das Bundesministerium der Finanzen kann durch Rechtsverordnung ohne Zustimmung des Bundesrates die zuständige Behörde nach Abs. 2 bestimmen.

§ 13 c
Berechnung der Beschäftigungsdauer im Inland

(1) Wird der Arbeitnehmer oder die Arbeitnehmerin im Rahmen von Dienst- oder Werkverträgen im Inland beschäftigt, werden zur Berechnung der Beschäf-

tigungsdauer im Inland alle Zeiten berücksichtigt, in denen er oder sie im Rahmen dieser Verträge im Inland beschäftigt wird.

(2) Wird der Arbeitnehmer oder die Arbeitnehmerin in einem Betrieb des Arbeitgebers im Inland oder in einem Unternehmen, das nach § 15 des Aktiengesetzes mit dem Arbeitgeber verbunden ist, im Inland beschäftigt, werden zur Berechnung der Beschäftigungsdauer im Inland alle Zeiten berücksichtigt, in denen er oder sie in dem Betrieb im Inland oder in dem Unternehmen im Inland beschäftigt wird.

(3) Überlässt der im Ausland ansässige Arbeitgeber als Verleiher einen Leiharbeitnehmer oder eine Leiharbeitnehmerin einem Entleiher im Inland, werden zur Berechnung der Beschäftigungsdauer im Inland alle Zeiten berücksichtigt, in denen er oder sie im Rahmen des Überlassungsvertrags im Inland beschäftigt wird. Beschäftigt ein Entleiher mit Sitz im Ausland einen Leiharbeitnehmer oder eine Leiharbeitnehmerin im Inland, gelten die Abs. 1 und 2 entsprechend.

(4) Eine Unterbrechung der Tätigkeiten des Arbeitnehmers oder der Arbeitnehmerin oder des Leiharbeitnehmers oder der Leiharbeitnehmerin im Inland gilt bei der Berechnung der Beschäftigungsdauer im Inland nicht als Beendigung der Beschäftigung im Inland. Zeiten, in denen die Hauptpflichten der Arbeitsvertragsparteien ruhen oder in denen eine Beschäftigung im Ausland stattfindet, werden bei der Berechnung der Beschäftigungsdauer nicht berücksichtigt.

(5) Wird der Arbeitnehmer oder die Arbeitnehmerin im unmittelbaren Anschluss an eine Beschäftigung nach Abs. 1, Abs. 2 oder Abs. 3 weiter gemäß Abs. 1, Abs. 2 oder Abs. 3 im Inland beschäftigt, werden zur Berechnung der Beschäftigungsdauer im Inland die Zeiten der beiden Beschäftigungen zusammengerechnet.

(6) Wird der Arbeitnehmer oder die Arbeitnehmerin im Inland beschäftigt und handelt es sich nicht um eine Beschäftigung nach Abs. 1, Abs. 2 oder Abs. 3, so werden zur Berechnung der Beschäftigungsdauer im Inland alle Zeiten berücksichtigt, in denen er oder sie ununterbrochen im Inland beschäftigt wird.

(7) Ersetzt der Arbeitgeber oder der in Abs. 3 Satz 2 genannte Entleiher mit Sitz im Ausland den im Inland beschäftigten Arbeitnehmer oder die im Inland beschäftigte Arbeitnehmerin durch einen anderen Arbeitnehmer oder eine andere Arbeitnehmerin, der oder die die gleiche Tätigkeit am gleichen Ort ausführt, wird die Beschäftigungsdauer des ersetzten Arbeitnehmers oder der ersetzten Arbeitnehmerin zu der Beschäftigungsdauer des ersetzenden Arbeitnehmers oder der ersetzenden Arbeitnehmerin hinzugerechnet. Die gleiche Tätigkeit im Sinne von Satz 1 liegt vor, wenn der Arbeitnehmer oder die Arbeitnehmerin im Wesentlichen dieselben Aufgaben wie der Arbeitnehmer oder die Arbeitnehmerin wahrnimmt, den oder die er oder sie ersetzt, und wenn diese Aufgaben

1. im Rahmen derselben Dienst- oder Werkverträge ausgeführt werden,
2. bei Tätigkeit in einem Betrieb oder verbundenen Unternehmen des Arbeitgebers in demselben Betrieb oder demselben Unternehmen im Inland ausgeführt werden oder

3. als Leiharbeitnehmer oder Leiharbeitnehmerin bei demselben Entleiher mit Sitz im Inland ausgeführt werden.

Der Arbeitnehmer oder die Arbeitnehmerin übt die Tätigkeit am gleichen Ort im Sinne von Satz 1 aus, wenn er oder sie

1. an derselben Anschrift oder in unmittelbarer Nähe derselben Anschrift wie der Arbeitnehmer oder die Arbeitnehmerin tätig ist, den oder die er oder sie ersetzt, oder
2. im Rahmen derselben Dienst- oder Werkverträge wie der Arbeitnehmer oder die Arbeitnehmerin, den oder die er oder sie ersetzt, an anderen für diese Dienst- oder Werkverträge vorgegebenen Anschriften tätig ist.

Abschnitt 5
Zivilrechtliche Durchsetzung

§ 14
Haftung des Auftraggebers

Ein Unternehmer, der einen anderen Unternehmer mit der Erbringung von Werk- oder Dienstleistungen beauftragt, haftet für die Verpflichtungen dieses Unternehmers, eines Nachunternehmers oder eines von dem Unternehmer oder einem Nachunternehmer beauftragten Verleihers zur Zahlung des Mindestentgelts an Arbeitnehmer oder Arbeitnehmerinnen oder zur Zahlung von Beiträgen an eine gemeinsame Einrichtung der Tarifvertragsparteien nach § 8 wie ein Bürge, der auf die Einrede der Vorausklage verzichtet hat. Das Mindestentgelt im Sinne des Satzes 1 umfasst nur den Betrag, der nach Abzug der Steuern und der Beiträge zur Sozialversicherung und zur Arbeitsförderung oder entsprechender Aufwendungen zur sozialen Sicherung an Arbeitnehmer oder Arbeitnehmerinnen auszuzahlen ist (Nettoentgelt).

§ 15
Gerichtsstand

Arbeitnehmer und Arbeitnehmerinnen, die von Arbeitgebern mit Sitz im Ausland im Geltungsbereich dieses Gesetzes beschäftigt sind oder waren, können eine auf den Zeitraum der Beschäftigung im Geltungsbereich dieses Gesetzes bezogene Klage auf Erfüllung der Verpflichtungen nach den §§ 2, 8, 13 b oder 14 auch vor einem deutschen Gericht für Arbeitssachen erheben. Diese Klagemöglichkeit besteht auch für eine gemeinsame Einrichtung der Tarifvertragsparteien nach § 5 Satz 1 Nr. 3 in Bezug auf die ihr zustehenden Beiträge.

§ 15 a
Unterrichtungspflichten des Entleihers bei grenzüberschreitender Arbeitnehmerüberlassung

(1) Bevor ein Entleiher mit Sitz im Ausland einen Leiharbeitnehmer oder eine Leiharbeitnehmerin im Inland beschäftigt, unterrichtet er den Verleiher hierüber in Textform nach § 126 b des Bürgerlichen Gesetzbuchs.

(2) Bevor ein Entleiher mit Sitz im In- oder Ausland einen Leiharbeitnehmer oder eine Leiharbeitnehmerin eines im Ausland ansässigen Verleihers im Inland beschäftigt, unterrichtet der Entleiher den Verleiher in Textform nach § 126 b des Bürgerlichen Gesetzbuchs über die wesentlichen Arbeitsbedingungen, die im Betrieb des Entleihers für einen vergleichbaren Arbeitnehmer oder eine vergleichbare Arbeitnehmerin des Entleihers gelten, einschließlich der Entlohnung. Die Unterrichtungspflicht gilt nicht, wenn die Voraussetzungen für ein Abweichen vom Gleichstellungsgrundsatz nach § 8 Abs. 2 und 4 Satz 2 des Arbeitnehmerüberlassungsgesetzes vorliegen. § 13 des Arbeitnehmerüberlassungsgesetzes bleibt unberührt.

Abschnitt 6
Kontrolle und Durchsetzung durch staatliche Behörden

§ 16
Zuständigkeit

Für die Prüfung der Einhaltung der Pflichten eines Arbeitgebers nach § 8, soweit sie sich auf die Gewährung von Arbeitsbedingungen nach § 5 Satz 1 Nr. 1 bis 4 beziehen, sind die Behörden der Zollverwaltung zuständig.

§ 17
Befugnisse der Behörden der Zollverwaltung und anderer Behörden

Die §§ 2 bis 6, 14, 15, 20, 22 und 23 des Schwarzarbeitsbekämpfungsgesetzes sind entsprechend anzuwenden mit der Maßgabe, dass

1. die dort genannten Behörden auch Einsicht in Arbeitsverträge, Niederschriften nach § 2 des Nachweisgesetzes und andere Geschäftsunterlagen nehmen können, die mittelbar oder unmittelbar Auskunft über die Einhaltung der Arbeitsbedingungen nach § 8 geben,
2. die nach § 5 Abs. 1 des Schwarzarbeitsbekämpfungsgesetzes zur Mitwirkung Verpflichteten diese Unterlagen vorzulegen haben, und

3. die Behörden der Zollverwaltung zur Prüfung von Arbeitsbedingungen nach § 5 Satz 1 Nr. 4 befugt sind, bei einer dringenden Gefahr für die öffentliche Sicherheit und Ordnung die vom Arbeitgeber zur Verfügung gestellten Unterkünfte für Arbeitnehmer und Arbeitnehmerinnen zu jeder Tages- und Nachtzeit zu betreten.

Die §§ 16 bis 19 des Schwarzarbeitsbekämpfungsgesetzes finden Anwendung. § 6 Abs. 4 des Schwarzarbeitsbekämpfungsgesetzes findet entsprechende Anwendung. Für die Datenverarbeitung, die dem in § 16 genannten Zweck oder der Zusammenarbeit mit den Behörden des Europäischen Wirtschaftsraums nach § 20 Abs. 2 dient, findet § 67 Abs. 3 Nr. 4 des Zehnten Buches Sozialgesetzbuch keine Anwendung. Das Grundrecht der Unverletzlichkeit der Wohnung (Art. 13 des Grundgesetzes) wird durch Satz 1 Nr. 3 eingeschränkt.

§ 18
Meldepflicht

(1) Soweit Arbeitsbedingungen auf das Arbeitsverhältnis Anwendung finden, deren Einhaltung nach § 16 von den Behörden der Zollverwaltung kontrolliert wird, ist ein Arbeitgeber mit Sitz im Ausland, der einen Arbeitnehmer oder eine Arbeitnehmerin oder mehrere Arbeitnehmer oder Arbeitnehmerinnen innerhalb des Geltungsbereichs dieses Gesetzes beschäftigt, verpflichtet, vor Beginn jeder Werk- oder Dienstleistung eine schriftliche Anmeldung in deutscher Sprache bei der zuständigen Behörde der Zollverwaltung vorzulegen, die die für die Prüfung wesentlichen Angaben enthält. Wesentlich sind die Angaben über

1. Familienname, Vornamen und Geburtsdatum der von ihm im Geltungsbereich dieses Gesetzes beschäftigten Arbeitnehmer und Arbeitnehmerinnen,
2. Beginn und voraussichtliche Dauer der Beschäftigung,
3. Ort der Beschäftigung, bei Bauleistungen die Baustelle,
4. Ort im Inland, an dem die nach § 19 erforderlichen Unterlagen bereitgehalten werden,
5. Familienname, Vornamen, Geburtsdatum und Anschrift in Deutschland des oder der verantwortlich Handelnden,
6. Branche, in die die Arbeitnehmer und Arbeitnehmerinnen entsandt werden sollen, und
7. Familienname, Vornamen und Anschrift in Deutschland eines oder einer Zustellungsbevollmächtigten, soweit dieser oder diese nicht mit dem oder der in Nr. 5 genannten verantwortlich Handelnden identisch ist.

Änderungen bezüglich dieser Angaben hat der Arbeitgeber im Sinne des Satzes 1 unverzüglich zu melden.

(2) Der Arbeitgeber hat der Anmeldung eine Versicherung beizufügen, dass er seine Verpflichtungen nach § 8 einhält.

(3) Überlässt ein Verleiher mit Sitz im Ausland einen Arbeitnehmer oder eine Arbeitnehmerin oder mehrere Arbeitnehmer oder Arbeitnehmerinnen zur Arbeitsleistung einem Entleiher, hat der Entleiher unter den Voraussetzungen des Abs. 1 Satz 1 vor Beginn jeder Werk- oder Dienstleistung der zuständigen Behörde der Zollverwaltung eine schriftliche Anmeldung in deutscher Sprache mit folgenden Angaben zuzuleiten:

1. Familienname, Vornamen und Geburtsdatum der überlassenen Arbeitnehmer und Arbeitnehmerinnen,
2. Beginn und Dauer der Überlassung,
3. Ort der Beschäftigung, bei Bauleistungen die Baustelle,
4. Ort im Inland, an dem die nach § 19 erforderlichen Unterlagen bereitgehalten werden,
5. Familienname, Vornamen und Anschrift in Deutschland eines oder einer Zustellungsbevollmächtigten des Verleihers,
6. Branche, in die die Arbeitnehmer und Arbeitnehmerinnen entsandt werden sollen, und
7. Familienname, Vornamen oder Firma sowie Anschrift des Verleihers.

Abs. 1 Satz 3 gilt entsprechend.

(4) Der Entleiher hat der Anmeldung eine Versicherung des Verleihers beizufügen, dass dieser seine Verpflichtungen nach § 8 einhält.

(5) Das Bundesministerium der Finanzen kann durch Rechtsverordnung[3] im Einvernehmen mit dem Bundesministerium für Arbeit und Soziales ohne Zustimmung des Bundesrates bestimmen,

1. dass, auf welche Weise und unter welchen technischen und organisatorischen Voraussetzungen eine Anmeldung, Änderungsmeldung und Versicherung abweichend von Abs. 1 Satz 1 und 3, Abs. 2 und 3 Satz 1 und 2 und Abs. 4 elektronisch übermittelt werden kann,
2. unter welchen Voraussetzungen eine Änderungsmeldung ausnahmsweise entfallen kann, und
3. wie das Meldeverfahren vereinfacht oder abgewandelt werden kann, sofern die entsandten Arbeitnehmer und Arbeitnehmerinnen im Rahmen einer regelmäßig wiederkehrenden Werk- oder Dienstleistung eingesetzt werden oder sonstige Besonderheiten der zu erbringenden Werk- oder Dienstleistungen dies erfordern.

(6) Das Bundesministerium der Finanzen kann durch Rechtsverordnung ohne Zustimmung des Bundesrates die zuständige Behörde nach Abs. 1 Satz 1 und Abs. 3 Satz 1 bestimmen.[4]

---

3) Siehe MiLoMeldV, Seiten 516 bis 518.

4) Siehe AEntGMeldstellV, Seite 560.

§ 19
Erstellen und Bereithalten von Dokumenten

(1) Soweit Arbeitsbedingungen auf das Arbeitsverhältnis anzuwenden sind, deren Einhaltung nach § 16 von den Behörden der Zollverwaltung kontrolliert wird, ist der Arbeitgeber verpflichtet, Beginn, Ende und Dauer der täglichen Arbeitszeit der Arbeitnehmer und Arbeitnehmerinnen und, soweit stundenbezogene Zuschläge zu gewähren sind, unter Angabe des jeweiligen Zuschlags Beginn, Ende und Dauer der Arbeitszeit, die einen Anspruch auf den Zuschlag begründet, spätestens bis zum Ablauf des siebten auf den Tag der Arbeitsleistung folgenden Kalendertages aufzuzeichnen und diese Aufzeichnungen mindestens zwei Jahre beginnend ab dem für die Aufzeichnung maßgeblichen Zeitpunkt aufzubewahren. Satz 1 gilt entsprechend für einen Entleiher, dem ein Verleiher einen Arbeitnehmer oder eine Arbeitnehmerin oder mehrere Arbeitnehmer oder Arbeitnehmerinnen zur Arbeitsleistung überlässt.

(2) Jeder Arbeitgeber ist verpflichtet, die für die Kontrolle von Arbeitsbedingungen, deren Einhaltung nach § 16 von den Behörden der Zollverwaltung kontrolliert wird, erforderlichen Unterlagen im Inland für die gesamte Dauer der tatsächlichen Beschäftigung der Arbeitnehmer und Arbeitnehmerinnen im Geltungsbereich dieses Gesetzes, mindestens für die Dauer der gesamten Werk- oder Dienstleistung, insgesamt jedoch nicht länger als zwei Jahre in deutscher Sprache bereitzuhalten. Auf Verlangen der Prüfbehörde sind die Unterlagen auch am Ort der Beschäftigung bereitzuhalten, bei Bauleistungen auf der Baustelle.

(3) Das Bundesministerium für Arbeit und Soziales kann durch Rechtsverordnung ohne Zustimmung des Bundesrates die Verpflichtungen des Arbeitgebers oder eines Entleihers nach § 18 und den Abs. 1 und 2 hinsichtlich einzelner Branchen oder Gruppen von Arbeitnehmern und Arbeitnehmerinnen einschränken.

(4) Das Bundesministerium der Finanzen kann durch Rechtsverordnung im Einvernehmen mit dem Bundesministerium für Arbeit und Soziales ohne Zustimmung des Bundesrates bestimmen, wie die Verpflichtung des Arbeitgebers, die tägliche sowie die zuschlagsbezogene Arbeitszeit bei ihm beschäftigter Arbeitnehmer und Arbeitnehmerinnen aufzuzeichnen und diese Aufzeichnungen aufzubewahren, vereinfacht oder abgewandelt werden kann, sofern Besonderheiten der zu erbringenden Werk- oder Dienstleistungen oder Besonderheiten der Branche dies erfordern.

§ 20
Zusammenarbeit der in- und ausländischen Behörden

(1) Die Behörden der Zollverwaltung unterrichten die zuständigen örtlichen Landesfinanzbehörden über Meldungen nach § 18 Abs. 1 und 3.

(2) Die Behörden der Zollverwaltung und die übrigen in § 2 des Schwarzarbeitsbekämpfungsgesetzes genannten Behörden dürfen nach Maßgabe der datenschutzrechtlichen Vorschriften auch mit Behörden anderer Vertragsstaaten des Abkommens über den Europäischen Wirtschaftsraum zusammenarbeiten, die diesem Gesetz entsprechende Aufgaben durchführen oder für die Bekämpfung illegaler Beschäftigung zuständig sind oder Auskünfte geben können, ob ein Arbeitgeber seine Verpflichtungen nach § 8 erfüllt. Die Regelungen über die internationale Rechtshilfe in Strafsachen bleiben hiervon unberührt.

(3) Die Behörden der Zollverwaltung unterrichten das Gewerbezentralregister über rechtskräftige Bußgeldentscheidungen nach § 23 Abs. 1 bis 3, sofern die Geldbuße mehr als zweihundert Euro beträgt.

§ 21
Ausschluss von der Vergabe öffentlicher Aufträge

(1) Von der Teilnahme an einem Wettbewerb um einen Liefer-, Bau- oder Dienstleistungsauftrag der in den §§ 99 und 100 des Gesetzes gegen Wettbewerbsbeschränkungen genannten Auftraggeber sollen Bewerber oder Bewerberinnen für eine angemessene Zeit bis zur nachgewiesenen Wiederherstellung ihrer Zuverlässigkeit ausgeschlossen werden, die wegen eines Verstoßes nach § 23 mit einer Geldbuße von wenigstens zweitausendfünfhundert Euro belegt worden sind. Das Gleiche gilt auch schon vor Durchführung eines Bußgeldverfahrens, wenn im Einzelfall angesichts der Beweislage kein vernünftiger Zweifel an einer schwerwiegenden Verfehlung im Sinne des Satzes 1 besteht.

(2) Die für die Verfolgung oder Ahndung der Ordnungswidrigkeiten nach § 23 zuständigen Behörden dürfen öffentlichen Auftraggebern nach § 99 des Gesetzes gegen Wettbewerbsbeschränkungen und solchen Stellen, die von öffentlichen Auftraggebern zugelassene Präqualifikationsverzeichnisse oder Unternehmer- und Lieferantenverzeichnisse führen, auf Verlangen die erforderlichen Auskünfte geben.

(3) Öffentliche Auftraggeber nach Abs. 2 fordern im Rahmen ihrer Tätigkeit beim Gewerbezentralregister Auskünfte über rechtskräftige Bußgeldentscheidungen wegen einer Ordnungswidrigkeit nach § 23 Abs. 1 oder 2 an oder verlangen von Bewerbern oder Bewerberinnen eine Erklärung, dass die Voraussetzungen für einen Ausschluss nach Abs. 1 nicht vorliegen. Im Falle einer Erklärung des Bewerbers oder der Bewerberin können öffentliche Auftraggeber nach Abs. 2 jederzeit zusätzlich Auskünfte des Gewerbezentralregisters nach § 150a der Gewerbeordnung anfordern.

(4) Bei Aufträgen ab einer Höhe von dreißigtausend Euro fordert der öffentliche Auftraggeber nach Abs. 2 für den Bewerber oder die Bewerberin, der oder die den Zuschlag erhalten soll, vor der Zuschlagserteilung eine Auskunft aus dem Gewerbezentralregister nach § 150a der Gewerbeordnung an.

(5) Vor der Entscheidung über den Ausschluss ist der Bewerber oder die Bewerberin zu hören.

§ 22

(weggefallen)

§ 23
Bußgeldvorschriften

(1) Ordnungswidrig handelt, wer vorsätzlich oder fahrlässig

1. entgegen § 8 Abs. 1 Satz 1 oder Abs. 3 eine dort genannte Arbeitsbedingung, deren Einhaltung nach § 16 von den Behörden der Zollverwaltung geprüft wird, nicht oder nicht rechtzeitig gewährt oder einen Beitrag nicht oder nicht rechtzeitig leistet,
2. entgegen § 17 Satz 1 in Verbindung mit § 5 Abs. 1 Satz 1 Nr. 1 und 3 des Schwarzarbeitsbekämpfungsgesetzes eine Prüfung nicht duldet oder bei einer Prüfung nicht mitwirkt,
3. entgegen § 17 Satz 1 in Verbindung mit § 5 Abs. 1 Satz 1 Nr. 2 des Schwarzarbeitsbekämpfungsgesetzes das Betreten eines Grundstücks oder Geschäftsraums nicht duldet,
4. entgegen § 17 Satz 1 in Verbindung mit § 5 Abs. 5 Satz 1 des Schwarzarbeitsbekämpfungsgesetzes Daten nicht, nicht richtig, nicht vollständig, nicht in der vorgeschriebenen Weise oder nicht rechtzeitig übermittelt,
5. entgegen § 18 Abs. 1 Satz 1 oder Abs. 3 Satz 1 eine Anmeldung nicht, nicht richtig, nicht vollständig, nicht in der vorgeschriebenen Weise oder nicht rechtzeitig vorlegt oder nicht, nicht richtig, nicht vollständig, nicht in der vorgeschriebenen Weise oder nicht rechtzeitig zuleitet,
6. entgegen § 18 Abs. 1 Satz 3, auch in Verbindung mit Abs. 3 Satz 2, eine Änderungsmeldung nicht, nicht richtig, nicht vollständig, nicht in der vorgeschriebenen Weise oder nicht rechtzeitig macht,
7. entgegen § 18 Abs. 2 oder 4 eine Versicherung nicht, nicht richtig oder nicht rechtzeitig beifügt,
8. entgegen § 19 Abs. 1 Satz 1, auch in Verbindung mit Satz 2, eine Aufzeichnung nicht, nicht richtig, nicht vollständig oder nicht rechtzeitig erstellt oder nicht oder nicht mindestens zwei Jahre aufbewahrt oder
9. entgegen § 19 Abs. 2 eine Unterlage nicht, nicht richtig, nicht vollständig oder nicht in der vorgeschriebenen Weise bereithält.

(2) Ordnungswidrig handelt, wer Werk- oder Dienstleistungen in erheblichem Umfang ausführen lässt, indem er als Unternehmer einen anderen Unternehmer beauftragt, von dem er weiß oder fahrlässig nicht weiß, dass dieser bei der Erfüllung dieses Auftrags

1. entgegen § 8 Abs. 1 Satz 1 oder Abs. 3 eine dort genannte Arbeitsbedingung, deren Einhaltung nach § 16 von den Behörden der Zollverwaltung geprüft

wird, nicht oder nicht rechtzeitig gewährt oder einen Beitrag nicht oder nicht rechtzeitig leistet oder

2. einen Nachunternehmer einsetzt oder zulässt, dass ein Nachunternehmer tätig wird, der entgegen § 8 Abs. 1 Satz 1 oder Abs. 3 eine dort genannte Arbeitsbedingung, deren Einhaltung nach § 16 von den Behörden der Zollverwaltung geprüft wird, nicht oder nicht rechtzeitig gewährt oder einen Beitrag nicht oder nicht rechtzeitig leistet.

(3) Die Ordnungswidrigkeit kann in den Fällen des Abs. 1 Nr. 1 und des Abs. 2 mit einer Geldbuße bis zu fünfhunderttausend Euro, in den übrigen Fällen mit einer Geldbuße bis zu dreißigtausend Euro geahndet werden.

(4) Verwaltungsbehörden im Sinne des § 36 Abs. 1 Nr. 1 des Gesetzes über Ordnungswidrigkeiten sind die in § 16 genannten Behörden jeweils für ihren Geschäftsbereich.

(5) Für die Vollstreckung zugunsten der Behörden des Bundes und der bundesunmittelbaren juristischen Personen des öffentlichen Rechts sowie für die Vollziehung des Vermögensarrestes nach § 111 e der Strafprozessordnung in Verbindung mit § 46 des Gesetzes über Ordnungswidrigkeiten durch die in § 16 genannten Behörden gilt das Verwaltungs-Vollstreckungsgesetz des Bundes.

Abschnitt 6 a
Arbeits- und Sozialrechtliche Beratung

§ 23 a
Leistungsanspruch

(1) Der Deutsche Gewerkschaftsbund hat für den Aufbau und die Unterhaltung von Beratungsstellen zu arbeits- und sozialrechtlichen Themen sowie für die in diesem Zusammenhang erfolgende Entwicklung und Bereitstellung von Fortbildungsangeboten und Informationsmaterialien einen kalenderjährlichen Anspruch in Höhe von bis zu 3,996 Millionen Euro aus Mitteln des Bundes.

(2) Der Anspruch besteht nur, wenn die Beratung

1. sich an Unionsbürgerinnen und Unionsbürger richtet, die im Rahmen der Arbeitnehmerfreizügigkeit oder als grenzüberschreitend entsandte Arbeitnehmerinnen und Arbeitnehmer im Inland beschäftigt sind, beschäftigt werden sollen oder beschäftigt waren,
2. für die Beratenen unentgeltlich erbracht wird und
3. keine Mitgliedschaft der Beratenen in einer Gewerkschaft voraussetzt.

(3) Beschäftigten aus Drittstaaten erteilen die Beratungsstellen nach Abs. 1 Informationen über bestehende passende Angebote anderer zuständiger Beratungsstellen und verweisen die Drittstaatsangehörigen an diese Beratungsstellen. Ent-

sandte Drittstaatsangehörige können in die Beratung einbezogen werden, wenn ein direkter Sachzusammenhang zu einem von den Beratungsstellen nach den Abs. 1 und 2 bearbeiteten Fall besteht. Ein direkter Sachzusammenhang besteht insbesondere dann, wenn Drittstaatsangehörige und Unionsbürgerinnen oder Unionsbürger vom selben Arbeitgeber entsandt werden.

(4) Der Anspruch besteht der Höhe nach nur, soweit der Deutsche Gewerkschaftsbund einen Eigenanteil zur Finanzierung der Beratungsstellen in Höhe von einem Neuntel der bewilligten Summe leistet. Die Höhe des Eigenanteils wird durch den Leistungsberechtigten im Antrag kenntlich gemacht und direkt in die Finanzierung der Beratungsstellen eingebracht. Wird der Eigenanteil nicht in voller Höhe geleistet, reduziert sich die bereits bewilligte Summe auf das Neunfache des geleisteten Eigenanteils.

(5) Zuständige Behörde für die Gewährung der Leistung ist das Bundesministerium für Arbeit und Soziales. Es entscheidet per Verwaltungsakt über den Antrag des Leistungsberechtigten.

(6) Das Bundesministerium für Arbeit und Soziales führt als zahlenmäßige Kontrolle jährlich mindestens zwei Stichprobenprüfungen und eine vertiefte Prüfung der Mittelverwendung durch. Zur sachlichen Kontrolle reicht der Deutsche Gewerkschaftsbund spätestens drei Monate nach Ende des Leistungszeitraumes einen Ergebnisbericht über Maßnahmen und Aktivitäten im Leistungszeitraum ein.

(7) Auf Antrag und nach vorheriger Zustimmung des Bundesministeriums für Arbeit und Soziales kann eine Weiterleitung der erhaltenen Leistung aufgrund eines privatrechtlichen Vertrages an Dritte erfolgen. Der Leistungsberechtigte bleibt für die zweckentsprechende Verwendung der Leistung verantwortlich und nachweispflichtig.

(8) Der Anspruch besteht erstmals für das Kalenderjahr 2021.

(9) Das Beratungs- und Informationsangebot wird bis zum 31. Dezember 2025 durch das Bundesministerium für Arbeit und Soziales evaluiert.

§ 23 b
Verordnungsermächtigung

Das Bundesministerium für Arbeit und Soziales bestimmt durch Rechtsverordnung, die nicht der Zustimmung des Bundesrates bedarf,

1. das Nähere zur Leistungsgewährung,
2. das Antragsverfahren,
3. die Bedingungen für die Weiterleitung der Leistung an Dritte und das Verfahren zur Weiterleitung der Leistung an Dritte,
4. das Nähere zur Kontrolle der Mittelverwendung.

Abschnitt 7
Schlussvorschriften

§ 24
Sonderregeln für bestimmte Tätigkeiten von Arbeitnehmern und Arbeitnehmerinnen, die bei Arbeitgebern mit Sitz im Ausland beschäftigt sind

(1) Die Arbeitsbedingungen nach § 2 Abs. 1 Nr. 1 und 2, § 5 Satz 1 Nr. 1 bis 3 und § 13b dieses Gesetzes sowie nach § 20 des Mindestlohngesetzes sind auf Arbeitnehmer und Arbeitnehmerinnen, die von Arbeitgebern mit Sitz im Ausland im Inland beschäftigt werden, nicht anzuwenden, wenn

1. die Arbeitnehmer und Arbeitnehmerinnen Erstmontage- oder Einbauarbeiten erbringen, die
   a) Bestandteil eines Liefervertrages sind,
   b) für die Inbetriebnahme der gelieferten Güter unerlässlich sind und
   c) von Facharbeitern oder Facharbeiterinnen oder angelernten Arbeitern oder Arbeiterinnen des Lieferunternehmens ausgeführt werden sowie
2. die Dauer der Beschäftigung im Inland acht Tage innerhalb eines Jahres nicht übersteigt.

Satz 1 gilt nicht für Bauleistungen im Sinne des § 101 Abs. 2 des Dritten Buches Sozialgesetzbuch.

(2) Die Arbeitsbedingungen nach § 2 Abs. 1 Nr. 1 und 2, § 5 Satz 1 Nr. 1 bis 4 und § 13b dieses Gesetzes sowie nach § 20 des Mindestlohngesetzes sind nicht anzuwenden auf Arbeitnehmer und Arbeitnehmerinnen sowie Leiharbeitnehmer und Leiharbeitnehmerinnen, die von Arbeitgebern oder Entleihern mit Sitz im Ausland vorübergehend im Inland beschäftigt werden und, ohne im Inland Werk- oder Dienstleistungen für ihren Arbeitgeber gegenüber Dritten zu erbringen,

1. für ihren Arbeitgeber Besprechungen oder Verhandlungen im Inland führen, Vertragsangebote erstellen oder Verträge schließen,
2. als Besucher an einer Messeveranstaltung, Fachkonferenz oder Fachtagung teilnehmen, ohne Tätigkeiten nach § 2a Abs. 1 Nr. 8 des Schwarzarbeitsbekämpfungsgesetzes zu erbringen,
3. für ihren Arbeitgeber einen inländischen Unternehmensteil gründen oder
4. als Fachkräfte eines international tätigen Konzerns oder Unternehmens zum Zweck der betrieblichen Weiterbildung im inländischen Konzern- oder Unternehmensteil beschäftigt werden.

Vorübergehend ist eine Beschäftigung, wenn der Arbeitnehmer oder die Arbeitnehmerin nicht mehr als 14 Tage ununterbrochen und nicht mehr als 30 Tage innerhalb eines Zeitraums von zwölf Monaten im Inland tätig ist.

§ 25
Übergangsbestimmungen für Langzeitentsendung

(1) Die nach § 13b Abs. 1 vorgeschriebenen Arbeitsbedingungen sind frühestens ab dem 30. Juli 2020 anzuwenden.

(2) Für die Berechnung der Beschäftigungsdauer nach § 13b Abs. 1 werden Zeiten der Beschäftigung im Inland vor dem 30. Juli 2020 mitgezählt. Hat die Beschäftigung im Inland vor dem 30. Juli 2020 begonnen, gilt die Mitteilung nach § 13b Abs. 2 als abgegeben.

§ 26
Übergangsbestimmungen für das Baugewerbe

Die vor dem 30. Juli 2020 ausgesprochene Allgemeinverbindlicherklärung eines Tarifvertrags im Baugewerbe nach § 4 Abs. 1 Nr. 1, § 6 Abs. 2 steht, soweit sie Arbeitsbedingungen nach § 5 Satz 1 Nr. 1 zum Gegenstand hat, für die Anwendung der §§ 8 und 9 sowie des Abschn. 5 einer Rechtsverordnung nach § 7 gleich.

§ 27
Sondervorschrift für den Straßenverkehrssektor

Beschäftigt ein Arbeitgeber mit Sitz im Ausland als Kraftverkehrsunternehmer im Sinne von Art. 2 Nr. 3 in Verbindung mit den Nrn. 1 und 2 der Verordnung (EG) Nr. 1071/2009 des Europäischen Parlaments und des Rates vom 21. Oktober 2009 zur Festlegung gemeinsamer Regeln für die Zulassung zum Beruf des Kraftverkehrsunternehmers und zur Aufhebung der Richtlinie 96/26/EG des Rates (ABl. L 300 vom 14. November 2009, S. 51), die zuletzt durch die Verordnung (EU) Nr. 517/2013 (ABl. L 158 vom 10. Juni 2013, S. 1) geändert worden ist, im Inland einen Arbeitnehmer oder eine Arbeitnehmerin als Fahrer oder Fahrerin oder Beifahrer oder Beifahrerin, so sind die Vorschriften dieses Gesetzes in seiner zuletzt durch Art. 2 Abs. 5 des Gesetzes vom 18. Juli 2017 (BGBl. I S. 2739) geänderten Fassung anzuwenden.

§ 28
Übergangsregelung für die Pflegebranche

Auf eine vor dem 29. November 2019 berufene Kommission sind § 11 Abs. 1, § 12 Abs. 1 bis 6 und § 12a nicht anwendbar. § 12 Abs. 8 ist nur insoweit anwendbar, als die jeweiligen Mitglieder ab dem 29. November 2019 ausscheiden und nach § 12 Abs. 7 benannt werden. Auf diese Kommission sind § 11 Abs. 1 und § 12 in der bis zum Ablauf des 28. November 2019 geltenden Fassung anwendbar.

Verordnung zur Bestimmung der zuständigen Behörde bei Mitteilungen und Anmeldungen nach dem Arbeitnehmer-Entsendegesetz (AEntGMeldstellV)

vom 27. August 2020
(BGBl. I 2020, S. 1976)

Auf Grund des § 13 b Abs. 4 und des § 18 Abs. 6 des Arbeitnehmer-Entsendegesetzes, von denen § 13 b Abs. 4 durch Art. 1 Nr. 11 des Gesetzes vom 10. Juli 2020 (BGBl. I S. 1657) eingefügt worden ist, verordnet das Bundesministerium der Finanzen:

§ 1
Zuständige Behörde

Die Generalzolldirektion ist zuständige Behörde der Zollverwaltung im Sinne von § 13 b Abs. 2 Satz 2 und 3 sowie § 18 Abs. 1 Satz 1 und Abs. 3 Satz 1 des Arbeitnehmer-Entsendegesetzes.

§ 2
Inkrafttreten, Außerkrafttreten

Diese Verordnung tritt am Tag nach der Verkündung in Kraft. Gleichzeitig tritt die Verordnung zur Bestimmung der zuständigen Behörde nach § 18 Abs. 6 des Arbeitnehmer-Entsendegesetzes vom 31. August 2009 (BGBl. I S. 3000), die durch Art. 9 Abs. 16 des Gesetzes vom 3. Dezember 2015 (BGBl. I S. 2178) geändert worden ist, außer Kraft.

Gesetz zur Bekämpfung der Schwarzarbeit und illegalen Beschäftigung

vom 23. Juli 2004
(BGBl. I 2004, S. 1842)

in der Fassung vom 12. Juni 2020
(BGBl. I 2020, S. 1248)

Inhaltsübersicht

Abschnitt 1
Zweck

§ 1
Zweck des Gesetzes

(1) Zweck des Gesetzes ist die Bekämpfung der Schwarzarbeit und illegalen Beschäftigung.

(2) Schwarzarbeit leistet, wer Dienst- oder Werkleistungen erbringt oder ausführen lässt und dabei

1. als Arbeitgeber, Unternehmer oder versicherungspflichtiger Selbstständiger seine sich auf Grund der Dienst- oder Werkleistungen ergebenden sozialversicherungsrechtlichen Melde-, Beitrags- oder Aufzeichnungspflichten nicht erfüllt,
2. als Steuerpflichtiger seine sich auf Grund der Dienst- oder Werkleistungen ergebenden steuerlichen Pflichten nicht erfüllt,
3. als Empfänger von Sozialleistungen seine sich auf Grund der Dienst- oder Werkleistungen ergebenden Mitteilungspflichten gegenüber dem Sozialleistungsträger nicht erfüllt,
4. als Erbringer von Dienst- oder Werkleistungen seiner sich daraus ergebenden Verpflichtung zur Anzeige vom Beginn des selbstständigen Betriebes eines stehenden Gewerbes (§ 14 der Gewerbeordnung) nicht nachgekommen ist

oder die erforderliche Reisegewerbekarte (§ 55 der Gewerbeordnung) nicht erworben hat oder

5. als Erbringer von Dienst- oder Werkleistungen ein zulassungspflichtiges Handwerk als stehendes Gewerbe selbstständig betreibt, ohne in der Handwerksrolle eingetragen zu sein (§ 1 der Handwerksordnung).

Schwarzarbeit leistet auch, wer vortäuscht, eine Dienst- oder Werkleistung zu erbringen oder ausführen zu lassen, und wenn er selbst oder ein Dritter dadurch Sozialleistungen nach dem Zweiten oder Dritten Buch Sozialgesetzbuch zu Unrecht bezieht.

(3) Illegale Beschäftigung übt aus, wer

1. Ausländer und Ausländerinnen als Arbeitgeber unerlaubt beschäftigt oder als Entleiher unerlaubt tätig werden lässt,
2. als Ausländer oder Ausländerin unerlaubt eine Erwerbstätigkeit ausübt,
3. als Arbeitgeber Arbeitnehmer und Arbeitnehmerinnen
   a) ohne erforderliche Erlaubnis nach § 1 Abs. 1 Satz 1 des Arbeitnehmerüberlassungsgesetzes oder
   b) entgegen den Bestimmungen nach § 1 Abs. 1 Satz 5 und 6, § 1 a oder § 1 b des Arbeitnehmerüberlassungsgesetzes

   überlässt oder für sich tätig werden lässt,
4. als Arbeitgeber Arbeitnehmer und Arbeitnehmerinnen beschäftigt, ohne dass die Arbeitsbedingungen nach Maßgabe des Mindestlohngesetzes, des Arbeitnehmer-Entsendegesetzes oder des § 8 Abs. 5 des Arbeitnehmerüberlassungsgesetzes in Verbindung mit einer Rechtsverordnung nach § 3 a Abs. 2 Satz 1 des Arbeitnehmerüberlassungsgesetzes eingehalten werden, oder
5. als Arbeitgeber Arbeitnehmer und Arbeitnehmerinnen zu ausbeuterischen Arbeitsbedingungen beschäftigt.

(4) Die Abs. 2 und 3 finden keine Anwendung für nicht nachhaltig auf Gewinn gerichtete Dienst- oder Werkleistungen, die

1. von Angehörigen im Sinne des § 15 der Abgabenordnung oder Lebenspartnern,
2. aus Gefälligkeit,
3. im Wege der Nachbarschaftshilfe oder
4. im Wege der Selbsthilfe im Sinne des § 36 Abs. 2 und 4 des Zweiten Wohnungsbaugesetzes in der Fassung der Bekanntmachung vom 19. August 1994 (BGBl. I S. 2137) oder als Selbsthilfe im Sinne des § 12 Abs. 1 Satz 2 des Wohnraumförderungsgesetzes vom 13. September 2001 (BGBl. I S. 2376), zuletzt geändert durch Art. 7 des Gesetzes vom 29. Dezember 2003 (BGBl. I S. 3076),

erbracht werden. Als nicht nachhaltig auf Gewinn gerichtet gilt insbesondere eine Tätigkeit, die gegen geringes Entgelt erbracht wird.

Abschnitt 2
Prüfungen

§ 2
Prüfungsaufgaben

(1) Die Behörden der Zollverwaltung prüfen, ob

1. die sich aus den Dienst- oder Werkleistungen ergebenden Pflichten nach § 28 a des Vierten Buches Sozialgesetzbuch erfüllt werden oder wurden,
2. auf Grund der Dienst- oder Werkleistungen oder der Vortäuschung von Dienst- oder Werkleistungen Sozialleistungen nach dem Zweiten oder Dritten Buch Sozialgesetzbuch zu Unrecht bezogen werden oder wurden,
3. die Angaben des Arbeitgebers, die für die Sozialleistungen nach dem Zweiten und Dritten Buch Sozialgesetzbuch erheblich sind, zutreffend bescheinigt wurden,
4. Ausländer und Ausländerinnen
   a) entgegen § 4 a Abs. 4 und 5 Satz 1 und 2 des Aufenthaltsgesetzes beschäftigt oder beauftragt werden oder wurden oder
   b) entgegen § 284 Abs. 1 des Dritten Buches Sozialgesetzbuch beschäftigt werden oder wurden,
5. Arbeitnehmer und Arbeitnehmerinnen
   a) ohne erforderliche Erlaubnis nach § 1 Abs. 1 Satz 1 des Arbeitnehmerüberlassungsgesetzes ver- oder entliehen werden oder wurden und
   b) entgegen den Bestimmungen nach § 1 Abs. 1 Satz 5 und 6, § 1 a oder § 1 b des Arbeitnehmerüberlassungsgesetzes ver- oder entliehen werden oder wurden,
6. die Arbeitsbedingungen nach Maßgabe des Mindestlohngesetzes, des Arbeitnehmer-Entsendegesetzes und des § 8 Abs. 5 des Arbeitnehmerüberlassungsgesetzes in Verbindung mit einer Rechtsverordnung nach § 3 a Abs. 2 Satz 1 des Arbeitnehmerüberlassungsgesetzes eingehalten werden oder wurden,
7. Arbeitnehmer und Arbeitnehmerinnen zu ausbeuterischen Arbeitsbedingungen beschäftigt werden oder wurden und
8. die Arbeitskraft im öffentlichen Raum entgegen § 5 a angeboten oder nachgefragt wird oder wurde.

Zur Erfüllung ihrer Mitteilungspflicht nach § 6 Abs. 1 Satz 1 in Verbindung mit § 6 Abs. 4 Nr. 4 prüfen die Behörden der Zollverwaltung im Rahmen ihrer Prüfungen nach Satz 1 auch, ob Anhaltspunkte dafür bestehen, dass Steuerpflichtige den sich aus den Dienst- oder Werkleistungen ergebenden steuerlichen Pflichten im Sinne von § 1 Abs. 2 Satz 1 Nr. 2 nicht nachgekommen sind. Zur Erfüllung ihrer Mitteilungspflicht nach § 6 Abs. 1 Satz 1 in Verbindung mit § 6 Abs. 4 Nr. 4 und 7 prüfen die Behörden der Zollverwaltung im Rahmen ihrer Prüfungen nach Satz 1 auch, ob Anhaltspunkte dafür bestehen, dass Kindergeldempfänger ihren Mitwirkungspflichten nicht nachgekommen sind.

(2) Die Prüfung der Erfüllung steuerlicher Pflichten nach § 1 Abs. 2 Satz 1 Nr. 2 obliegt den zuständigen Landesfinanzbehörden und die Prüfung der Erfüllung kindergeldrechtlicher Mitwirkungspflichten den zuständigen Familienkassen. Die Behörden der Zollverwaltung sind zur Mitwirkung an Prüfungen der Landesfinanzbehörden und der Familienkassen bei der Bundesagentur für Arbeit berechtigt. Grundsätze der Zusammenarbeit der Behörden der Zollverwaltung mit den Landesfinanzbehörden werden von den obersten Finanzbehörden des Bundes und der Länder im gegenseitigen Einvernehmen geregelt. Grundsätze der Zusammenarbeit der Behörden der Zollverwaltung mit den Familienkassen bei der Bundesagentur für Arbeit werden von den Behörden der Zollverwaltung und den Familienkassen bei der Bundesagentur für Arbeit im Einvernehmen mit den Fachaufsichtsbehörden geregelt.

(3) Die nach Landesrecht für die Verfolgung und Ahndung von Ordnungswidrigkeiten nach diesem Gesetz zuständigen Behörden prüfen, ob

1. der Verpflichtung zur Anzeige vom Beginn des selbstständigen Betriebes eines stehenden Gewerbes (§ 14 der Gewerbeordnung) nachgekommen oder die erforderliche Reisegewerbekarte (§ 55 der Gewerbeordnung) erworben wurde,
2. ein zulassungspflichtiges Handwerk als stehendes Gewerbe selbstständig betrieben wird und die Eintragung in die Handwerksrolle vorliegt.

(4) Die Behörden der Zollverwaltung werden bei den Prüfungen nach Abs. 1 unterstützt von

1. den Finanzbehörden,
2. der Bundesagentur für Arbeit, auch in ihrer Funktion als Familienkasse,
3. der Bundesnetzagentur für Elektrizität, Gas, Telekommunikation, Post und Eisenbahnen,
4. den Einzugsstellen (§ 28 i des Vierten Buches Sozialgesetzbuch),
5. den Trägern der Rentenversicherung,
6. den Trägern der Unfallversicherung,
7. den gemeinsamen Einrichtungen und den zugelassenen kommunalen Trägern nach dem Zweiten Buch Sozialgesetzbuch sowie der Bundesagentur für Arbeit als Verantwortliche für die zentral verwalteten IT-Verfahren nach § 50 Abs. 3 des Zweiten Buches Sozialgesetzbuch,
8. den nach dem Asylbewerberleistungsgesetz zuständigen Behörden,
9. den in § 71 Abs. 1 bis 3 des Aufenthaltsgesetzes genannten Behörden,
10. dem Bundesamt für Güterverkehr,
11. den nach Landesrecht für die Genehmigung und Überwachung des Gelegenheitsverkehrs mit Kraftfahrzeugen nach § 46 des Personenbeförderungsgesetzes zuständigen Behörden,
12. den nach Landesrecht für die Genehmigung und Überwachung des gewerblichen Güterkraftverkehrs zuständigen Behörden,
13. den für den Arbeitsschutz zuständigen Landesbehörden,

14. den Polizeivollzugsbehörden des Bundes und der Länder auf Ersuchen im Einzelfall,
15. den nach Landesrecht für die Verfolgung und Ahndung von Ordnungswidrigkeiten nach diesem Gesetz zuständigen Behörden,
16. den nach § 14 der Gewerbeordnung für die Entgegennahme der Gewerbeanzeigen zuständigen Stellen,
17. den nach Landesrecht für die Überprüfung der Einhaltung der Vergabe- und Tariftreuegesetze der Länder zuständigen Prüfungs- oder Kontrollstellen,
18. den nach Landesrecht für die Entgegennahme der Anmeldung von Prostituierten nach § 3 des Prostituiertenschutzgesetzes und für die Erlaubniserteilung an Prostitutionsgewerbetreibende nach § 12 des Prostituiertenschutzgesetzes zuständigen Behörden,
19. den nach Landesrecht für die Erlaubniserteilung nach § 34 a der Gewerbeordnung zuständigen Behörden und
20. den gemeinsamen Einrichtungen der Tarifvertragsparteien im Sinne des § 4 Abs. 2 des Tarifvertragsgesetzes.

Die Aufgaben dieser Stellen nach anderen Rechtsvorschriften bleiben unberührt. Die Prüfungen können mit anderen Prüfungen der in diesem Absatz genannten Stellen verbunden werden; die Vorschriften über die Unterrichtung und Zusammenarbeit bleiben hiervon unberührt. Verwaltungskosten der unterstützenden Stellen werden nicht erstattet.

§ 2 a
Mitführungs- und Vorlagepflicht von Ausweispapieren

(1) Bei der Erbringung von Dienst- oder Werkleistungen sind die in folgenden Wirtschaftsbereichen oder Wirtschaftszweigen tätigen Personen verpflichtet, ihren Personalausweis, Pass, Passersatz oder Ausweisersatz mitzuführen und den Behörden der Zollverwaltung auf Verlangen vorzulegen:

1. im Baugewerbe,
2. im Gaststätten- und Beherbergungsgewerbe,
3. im Personenbeförderungsgewerbe,
4. im Speditions-, Transport- und damit verbundenen Logistikgewerbe,
5. im Schaustellergewerbe,
6. bei Unternehmen der Forstwirtschaft,
7. im Gebäudereinigungsgewerbe,
8. bei Unternehmen, die sich am Auf- und Abbau von Messen und Ausstellungen beteiligen,
9. in der Fleischwirtschaft,
10. im Prostitutionsgewerbe,

11. im Wach- und Sicherheitsgewerbe.

(2) Der Arbeitgeber hat jeden und jede seiner Arbeitnehmer und Arbeitnehmerinnen nachweislich und schriftlich auf die Pflicht nach Abs. 1 hinzuweisen, diesen Hinweis für die Dauer der Erbringung der Dienst- oder Werkleistungen aufzubewahren und auf Verlangen bei den Prüfungen nach § 2 Abs. 1 vorzulegen.

(3) Die Vorlagepflichten nach den Abs. 1 und 2 bestehen auch gegenüber den nach Landesrecht für die Verfolgung und Ahndung von Ordnungswidrigkeiten nach diesem Gesetz zuständigen Behörden in den Fällen des § 2 Abs. 1 a.

§ 3
Befugnisse bei der Prüfung von Personen

(1) Zur Durchführung der Prüfungen nach § 2 Abs. 1 sind die Behörden der Zollverwaltung und die sie gemäß § 2 Abs. 4 unterstützenden Stellen befugt, Geschäftsräume, mit Ausnahme von Wohnungen, und Grundstücke des Arbeitgebers, des Auftraggebers von Dienst- oder Werkleistungen, des Entleihers sowie des Selbstständigen während der Arbeitszeiten der dort tätigen Personen oder während der Geschäftszeiten zu betreten. Dabei sind die Behörden der Zollverwaltung und die sie gemäß § 2 Abs. 4 unterstützenden Stellen befugt,

1. von den Personen, die in den Geschäftsräumen und auf den Grundstücken tätig sind, Auskünfte über ihre Beschäftigungsverhältnisse oder ihre tatsächlichen oder scheinbaren Tätigkeiten einzuholen und
2. Einsicht in Unterlagen zu nehmen, die von diesen Personen mitgeführt werden und von denen anzunehmen ist, dass aus ihnen Umfang, Art oder Dauer ihrer Beschäftigungsverhältnisse oder ihrer tatsächlichen oder scheinbaren Tätigkeiten hervorgehen oder abgeleitet werden können.

(2) Ist eine Person zur Ausführung von Dienst- oder Werkleistungen bei Dritten tätig, gilt Abs. 1 entsprechend. Bietet eine Person im öffentlichen Raum Dienst- oder Werkleistungen an, gilt Abs. 1 Satz 2 entsprechend.

(3) Zur Durchführung der Prüfungen nach § 2 Abs. 1 sind die Behörden der Zollverwaltung und die sie gemäß § 2 Abs. 4 unterstützenden Stellen befugt, die Personalien zu überprüfen

1. der Personen, die in den Geschäftsräumen oder auf dem Grundstück des Arbeitgebers, des Auftraggebers von Dienst- oder Werkleistungen und des Entleihers tätig sind, und
2. des Selbstständigen.

Sie können zu diesem Zweck die in Satz 1 genannten Personen anhalten, sie nach ihren Personalien (Vor-, Familien- und Geburtsnamen, Ort und Tag der Geburt, Beruf, Wohnort, Wohnung und Staatsangehörigkeit) befragen und verlangen, dass sie mitgeführte Ausweispapiere zur Prüfung aushändigen.

(4) Im Verteidigungsbereich darf ein Betretensrecht nur im Einvernehmen mit dem Bundesministerium der Verteidigung ausgeübt werden.

(5) Die Bediensteten der Zollverwaltung dürfen Beförderungsmittel anhalten. Führer von Beförderungsmitteln haben auf Verlangen zu halten und den Zollbediensteten zu ermöglichen, in das Beförderungsmittel zu gelangen und es wieder zu verlassen. Die Zollverwaltung unterrichtet die Polizeivollzugsbehörden der Länder über groß angelegte Kontrollen.

(6) Die Abs. 1 bis 4 gelten entsprechend für die nach Landesrecht für die Verfolgung und Ahndung von Ordnungswidrigkeiten nach diesem Gesetz zuständigen Behörden zur Durchführung von Prüfungen nach § 2 Abs. 3, sofern Anhaltspunkte dafür vorliegen, dass Schwarzarbeit im Sinne des § 1 Abs. 2 Nr. 4 und 5 geleistet wird.

§ 4
Befugnisse bei der Prüfung von Geschäftsunterlagen

(1) Zur Durchführung der Prüfungen nach § 2 Abs. 1 sind die Behörden der Zollverwaltung und die sie gemäß § 2 Abs. 4 unterstützenden Stellen befugt, Geschäftsräume, mit Ausnahme von Wohnungen, und Grundstücke des Arbeitgebers, des Auftraggebers von Dienst- oder Werkleistungen, des Entleihers sowie des Selbstständigen während der Geschäftszeit zu betreten und dort Einsicht in die Lohn- und Meldeunterlagen, Bücher und andere Geschäftsunterlagen zu nehmen, aus denen Umfang, Art oder Dauer von tatsächlich bestehenden oder vorgespiegelten Beschäftigungsverhältnissen oder Tätigkeiten hervorgehen oder abgeleitet werden können.

(2) Zur Durchführung der Prüfungen nach § 2 Abs. 3 sind die nach Landesrecht für die Verfolgung und Ahndung von Ordnungswidrigkeiten nach diesem Gesetzt zuständigen Behörden befugt, Geschäftsräume und Grundstücke einer selbständig tätigen Person, des Arbeitgebers und des Auftraggebers während der Arbeitszeit der dort tätigen Personen zu betreten und dort Einsicht in Unterlagen zu nehmen, von denen anzunehmen ist, dass aus ihnen Umfang, Art oder Dauer der Ausübung eines Gewerbes, eines Reisegewerbes oder eines zulassungspflichtigen Handwerks oder der Beschäftigungsverhältnisse hervorgehen oder abgeleitet werden können, sofern Anhaltspunkte dafür vorliegen, dass Schwarzarbeit im Sinne des § 1 Abs. 2 Nr. 4 und 5 geleistet wird.

(3) Die Behörden der Zollverwaltung sind zur Durchführung der Prüfungen nach § 2 Abs. 1 befugt, Einsicht in die Unterlagen zu nehmen, aus denen die Vergütung der tatsächlich erbrachten oder vorgetäuschten Dienst- oder Werkleistungen hervorgeht, die natürliche oder juristische Personen oder Personenvereinigungen in Auftrag gegeben haben. Satz 1 gilt im Rahmen der Durchführung der Prüfung nach § 2 Abs. 1 Nr. 4, 5 und 6 entsprechend für Unterlagen, aus denen die Vergütung des Leiharbeitsverhältnisses hervorgeht.

(4) Die Behörden der Zollverwaltung sind zur Durchführung der Prüfungen nach § 2 Abs. 1 befugt, bei dem Auftraggeber, der nicht Unternehmer im Sinne des § 2 des Umsatzsteuergesetzes 1999 ist, Einsicht in die Rechnungen, einen Zahlungsbeleg oder eine andere beweiskräftige Unterlage über ausgeführte Werklieferungen oder sonstige Leistungen im Zusammenhang mit einem Grundstück zu nehmen.

§ 5
Duldungs- und Mitwirkungspflichten

(1) Arbeitgeber, tatsächlich oder scheinbar beschäftigte Arbeitnehmer und Arbeitnehmerinnen, Auftraggeber von Dienst- oder Werkleistungen, tatsächlich oder scheinbar selbstständig tätige Personen und Dritte, die bei einer Prüfung nach § 2 Abs. 1 und 3 angetroffen werden, sowie Entleiher, die bei einer Prüfung nach § 2 Abs. 1 Satz 1 Nr. 5 und 6 angetroffen werden, haben

1. die Prüfung zu dulden und dabei mitzuwirken, insbesondere für die Prüfung erhebliche Auskünfte zu erteilen und die in den §§ 3 und 4 genannten Unterlagen vorzulegen,
2. in den Fällen des § 3 Abs. 1, 2 und 6 sowie des § 4 Abs. 1, 2 und 3 auch das Betreten der Grundstücke und der Geschäftsräume zu dulden und
3. in den Fällen des § 2 Abs. 1 auf Verlangen der Behörden der Zollverwaltung schriftlich oder an Amtsstelle mündlich Auskünfte zu erteilen oder die in den §§ 3 und 4 genannten Unterlagen vorzulegen.

Auskünfte, die die verpflichtete Person oder einen ihrer in § 15 der Abgabenordnung bezeichneten Angehörigen der Gefahr aussetzen würden, wegen einer Straftat oder Ordnungswidrigkeit verfolgt zu werden, können verweigert werden.

(2) Die Behörden der Zollverwaltung sind insbesondere dann befugt, eine mündliche Auskunft an Amtsstelle zu verlangen, wenn trotz Aufforderung keine schriftliche Auskunft erteilt worden ist oder wenn eine schriftliche Auskunft nicht zu einer Klärung des Sachverhalts geführt hat. Über die mündliche Auskunft an Amtsstelle ist auf Antrag des Auskunftspflichtigen eine Niederschrift aufzunehmen. Die Niederschrift soll den Namen der anwesenden Personen, den Ort, den Tag und den wesentlichen Inhalt der Auskunft enthalten. Sie soll von dem Amtsträger, dem die mündliche Auskunft erteilt wird, und dem Auskunftspflichtigen unterschrieben werden. Den Beteiligten ist eine Abschrift der Niederschrift zu überlassen.

(3) Ausländer sind ferner verpflichtet, ihren Pass, Passersatz oder Ausweisersatz und ihren Aufenthaltstitel, ihre Duldung oder ihre Aufenthaltsgestattung den Behörden der Zollverwaltung auf Verlangen vorzulegen und, sofern sich Anhaltspunkte für einen Verstoß gegen ausländerrechtliche Vorschriften ergeben, zur Übermittlung an die zuständige Ausländerbehörde zu überlassen. Werden die Dokumente einbehalten, erhält der betroffene Ausländer eine Bescheinigung, welche

die einbehaltenen Dokumente und die Ausländerbehörde bezeichnet, an die die Dokumente übermittelt werden. Der Ausländer ist verpflichtet, unverzüglich mit der Bescheinigung bei der Ausländerbehörde zu erscheinen. Darauf ist in der Bescheinigung hinzuweisen. Gibt die Ausländerbehörde die einbehaltenen Dokumente zurück oder werden Ersatzdokumente ausgestellt oder vorgelegt, behält die Ausländerbehörde die Bescheinigung ein.

(4) In Fällen des § 4 Abs. 4 haben die Auftraggeber, die nicht Unternehmer im Sinne des § 2 des Umsatzsteuergesetzes 1999 sind, eine Prüfung nach § 2 Abs. 1 zu dulden und dabei mitzuwirken, insbesondere die für die Prüfung erheblichen Auskünfte zu erteilen und die in § 4 Abs. 4 genannten Unterlagen vorzulegen. Abs. 1 Satz 3 gilt entsprechend.

(5) In Datenverarbeitungsanlagen gespeicherte Daten haben der Arbeitgeber und der Auftraggeber sowie der Entleiher im Rahmen einer Prüfung nach § 2 Abs. 1 Nr. 4, 5 und 6 auszusondern und den Behörden der Zollverwaltung auf deren Verlangen auf automatisiert verarbeitbaren Datenträgern oder in Listen zu übermitteln. Der Arbeitgeber und der Auftraggeber sowie der Entleiher im Rahmen einer Prüfung nach § 2 Abs. 1 Nr. 4, 5 und 6 dürfen automatisiert verarbeitbare Datenträger oder Datenlisten, die die erforderlichen Daten enthalten, ungesondert zur Verfügung stellen, wenn die Aussonderung mit einem unverhältnismäßigen Aufwand verbunden wäre und überwiegende schutzwürdige Interessen der betroffenen Person nicht entgegenstehen. In diesem Fall haben die Behörden der Zollverwaltung die Daten zu trennen und die nicht nach Satz 1 zu übermittelnden Daten zu löschen. Soweit die übermittelten Daten für Zwecke der Ermittlung von Straftaten oder Ordnungswidrigkeiten, der Ermittlung von steuerlich erheblichen Sachverhalten oder der Festsetzung von Sozialversicherungsbeiträgen oder Sozialleistungen nicht benötigt werden, sind die Datenträger oder Listen nach Abschluss der Prüfungen nach § 2 Abs. 1 auf Verlangen des Arbeitgebers oder des Auftraggebers zurückzugeben oder die Daten unverzüglich zu löschen.

§ 5a
Unzulässiges Anbieten und Nachfragen der Arbeitskraft

(1) Es ist einer Person verboten, ihre Arbeitskraft als Tagelöhner im öffentlichen Raum aus einer Gruppe heraus in einer Weise anzubieten, die geeignet ist, Schwarzarbeit oder illegale Beschäftigung zu ermöglichen. Ebenso ist es einer Person verboten, ein unzulässiges Anbieten der Arbeitskraft dadurch nachzufragen, dass sie ein solches Angebot einholt oder annimmt.

(2) Die Behörden der Zollverwaltung können eine Person, die gegen das Verbot des unzulässigen Anbietens und Nachfragens der Arbeitskraft verstößt, vorübergehend von einem Ort verweisen oder ihr vorübergehend das Betreten eines Ortes verbieten.

§ 6
Unterrichtung von und Zusammenarbeit mit Behörden im Inland und in der Europäischen Union sowie im Europäischen Wirtschaftsraum

(1) Die Behörden der Zollverwaltung und die sie gemäß § 2 Abs. 4 unterstützenden Stellen sind verpflichtet, einander die für deren Prüfungen erforderlichen Informationen einschließlich personenbezogener Daten und die Ergebnisse der Prüfungen zu übermitteln, soweit deren Kenntnis für die Erfüllung der Aufgaben der Behörden oder Stellen erforderlich ist. Die Behörden der Zollverwaltung einerseits und die Strafverfolgungsbehörden und die Polizeivollzugsbehörden andererseits sind verpflichtet, einander die erforderlichen Informationen einschließlich personenbezogener Daten für die Verhütung und Verfolgung von Straftaten und Ordnungswidrigkeiten, die in Zusammenhang mit einem der in § 2 Abs. 1 genannten Prüfgegenstände stehen, zu übermitteln. An Strafverfolgungsbehörden und Polizeivollzugsbehörden sind darüber hinaus Informationen einschließlich personenbezogener Daten zu übermitteln, sofern tatsächliche Anhaltspunkte dafür vorliegen, dass diese Informationen für die Verhütung und Verfolgung von Straftaten oder Ordnungswidrigkeiten, die nicht in Zusammenhang mit einem der in § 2 Abs. 1 genannten Prüfgegenstände stehen, erforderlich sind.

(2) Die Behörden der Zollverwaltung dürfen zur Wahrnehmung ihrer Aufgaben nach § 2 Abs. 1 sowie zur Verfolgung von Straftaten oder Ordnungswidrigkeiten die Dateisysteme der Bundesagentur für Arbeit über erteilte Arbeitsgenehmigungen-EU und Zustimmungen zur Beschäftigung, über im Rahmen von Werkvertragskontingenten beschäftigte ausländische Arbeitnehmer und Arbeitnehmerinnen sowie über Leistungsempfänger nach dem Dritten Buch Sozialgesetzbuch automatisiert abrufen; die Strafverfolgungsbehörden sind zum automatisierten Abruf nur berechtigt, soweit dies zur Verfolgung von Straftaten oder Ordnungswidrigkeiten erforderlich ist. § 79 Abs. 2 bis 4 des Zehnten Buches Sozialgesetzbuch gilt entsprechend. Die Behörden der Zollverwaltung dürfen, soweit dies zur Verfolgung von Straftaten oder Ordnungswidrigkeiten erforderlich ist, Daten aus den Datenbeständen der Träger der Rentenversicherung automatisiert abrufen; § 150 Abs. 5 Satz 1 des Sechsten Buches Sozialgesetzbuch bleibt unberührt. Die Behörden der Zollverwaltung dürfen, soweit dies zur Vorbereitung und Durchführung von Prüfungen nach § 2 Abs. 1 Satz 1 Nr. 2 und 3 und zur Verhütung und Verfolgung von Straftaten und Ordnungswidrigkeiten, die mit dieser Prüfungsaufgabe zusammenhängen, erforderlich ist, Daten aus folgenden Datenbeständen automatisiert abrufen:

1. die Datenbestände der gemeinsamen Einrichtungen und der zugelassenen kommunalen Träger nach dem Zweiten Buch Sozialgesetzbuch und
2. die Datenbestände der Bundesagentur für Arbeit als verantwortliche Stelle für die zentral verwalteten IT-Verfahren nach § 50 Abs. 3 des Zweiten Buches

Sozialgesetzbuch über Leistungsempfänger nach dem Zweiten Buch Sozialgesetzbuch.

Das Bundesministerium für Arbeit und Soziales wird ermächtigt, durch Rechtsverordnung mit Zustimmung des Bundesrates die Voraussetzungen für das Abrufverfahren nach Satz 4 sowie die Durchführung des Abrufverfahrens festzulegen.

(3) Die Behörden der Zollverwaltung dürfen die beim Bundeszentralamt für Steuern nach § 5 Abs. 1 Nr. 13 des Finanzverwaltungsgesetzes vorgehaltenen Daten abrufen, soweit dies zur Wahrnehmung ihrer Prüfungsaufgaben nach § 2 Abs. 1 oder für die damit unmittelbar zusammenhängenden Bußgeld- und Strafverfahren erforderlich ist. Für den Abruf der nach § 30 der Abgabenordnung dem Steuergeheimnis unterliegenden Daten ist ein automatisiertes Verfahren auf Abruf einzurichten. Die Verantwortung für die Zulässigkeit des einzelnen Abrufs trägt die Behörde der Zollverwaltung, die die Daten abruft. Die abrufende Stelle darf die Daten nach Satz 1 zu dem Zweck verarbeiten, zu dem sie die Daten abgerufen hat. Ist zu befürchten, dass ein Datenabruf nach Satz 1 den Untersuchungszweck eines Ermittlungsverfahrens im Sinne des § 30 Abs. 2 Nr. 1 Buchst. b) der Abgabenordnung gefährdet, so kann die für dieses Verfahren zuständige Finanzbehörde oder die zuständige Staatsanwaltschaft anordnen, dass kein Datenabruf erfolgen darf. § 478 Abs. 1 Satz 1 und 2 der Strafprozessordnung findet Anwendung, wenn die Daten Verfahren betreffen, die zu einem Strafverfahren geführt haben. Weitere Einzelheiten insbesondere zum automatischen Verfahren auf Abruf einschließlich der Protokollierung sowie zum Nachweis der aus den Art. 24, 25 und 32 der Verordnung (EU) 2016/679 des Europäischen Parlaments und des Rates vom 27. April 2016 zum Schutz natürlicher Personen bei der Verarbeitung personenbezogener Daten, zum freien Datenverkehr und zur Aufhebung der Richtlinie 95/46/EG (Datenschutz-Grundverordnung; ABl. L 119 vom 4. Mai 2016, S. 1; L 314 vom 22. November 2016, S. 72; L 127 vom 23. Mai 2018, S. 2) oder § 64 des Bundesdatenschutzgesetzes erforderlichen technischen und organisatorischen Maßnahmen regelt eine Rechtsverordnung des Bundesministeriums der Finanzen, die der Zustimmung des Bundesrates bedarf.

(4) Die Behörden der Zollverwaltung unterrichten die jeweils zuständigen Stellen, wenn sich bei der Durchführung ihrer Aufgaben nach diesem Gesetz Anhaltspunkte ergeben für Verstöße gegen

1. dieses Gesetz,
2. das Arbeitnehmerüberlassungsgesetz,
3. Bestimmungen des Vierten und Siebten Buches Sozialgesetzbuch zur Zahlung von Beiträgen,
4. die Steuergesetze,
5. das Aufenthaltsgesetz,
6. die Mitwirkungspflicht nach § 60 Abs. 1 Satz 1 Nr. 1 und 2 des Ersten Buches Sozialgesetzbuch oder die Meldepflicht nach § 8 a des Asylbewerberleistungsgesetzes,

7. das Bundeskindergeldgesetz,
8. die Handwerks- oder Gewerbeordnung,
9. das Güterkraftverkehrsgesetz,
10. das Personenbeförderungsgesetz,
11. sonstige Strafgesetze,
12. das Arbeitnehmer-Entsendegesetz,
13. das Mindestlohngesetz,
14. die Arbeitsschutzgesetze oder
15. die Vergabe- und Tariftreuegesetze der Länder.

Nach § 5 Abs. 3 Satz 1 in Verwahrung genommene Urkunden sind der Ausländerbehörde unverzüglich zu übermitteln.

(5) Bestehen Anhaltspunkte dafür, dass eine nach § 5 Abs. 3 Satz 1 in Verwahrung genommene Urkunde unecht oder verfälscht ist, ist sie an die zuständige Polizeivollzugsbehörde zu übermitteln.

§ 6a
Übermittlung personenbezogener Daten an Mitgliedstaaten der Europäischen Union

(1) Die Behörden der Zollverwaltung können personenbezogene Daten, die in Zusammenhang mit einem der in § 2 Abs. 1 genannten Prüfgegenstände stehen, zum Zweck der Verhütung von Straftaten an eine für die Verhütung und Verfolgung zuständige Behörde eines Mitgliedstaates der Europäischen Union übermitteln. Dabei ist eine Übermittlung personenbezogener Daten ohne Ersuchen nur zulässig, wenn im Einzelfall die Gefahr der Begehung einer Straftat im Sinne des Art. 2 Abs. 2 des Rahmenbeschlusses 2002/584/JI des Rates vom 13. Juni 2002 über den Europäischen Haftbefehl und die Übergabeverfahren zwischen den Mitgliedstaaten (ABl. L 190 vom 18. Juli 2002, S. 1), der zuletzt durch den Rahmenbeschluss 2009/299/JI (ABl. L 81 vom 27. März 2009, S. 24) geändert worden ist, besteht und konkrete Anhaltspunkte dafür vorliegen, dass die Übermittlung dieser personenbezogenen Daten dazu beitragen könnte, eine solche Straftat zu verhindern.

(2) Die Übermittlung personenbezogener Daten nach Abs. 1 ist nur zulässig, wenn das Ersuchen mindestens folgende Angaben enthält:

1. die Bezeichnung und die Anschrift der ersuchenden Behörde,
2. die Bezeichnung der Straftat, zu deren Verhütung die Daten benötigt werden,
3. die Beschreibung des Sachverhalts, der dem Ersuchen zugrunde liegt,
4. die Benennung des Zwecks, zu dem die Daten erbeten werden,
5. der Zusammenhang zwischen dem Zweck, zu dem die Informationen oder Erkenntnisse erbeten werden, und der Person, auf die sich diese Informationen beziehen,

6. Einzelheiten zur Identität der betroffenen Person, sofern sich das Ersuchen auf eine bekannte Person bezieht, und
7. Gründe für die Annahme, dass sachdienliche Informationen und Erkenntnisse im Inland vorliegen.

(3) Die Datenübermittlung nach Abs. 1 unterbleibt, wenn

1. hierdurch wesentliche Sicherheitsinteressen des Bundes oder der Länder beeinträchtigt würden,
2. die Übermittlung der Daten unverhältnismäßig wäre oder die Daten für die Zwecke, für die sie übermittelt werden sollen, nicht erforderlich sind,
3. die zu übermittelnden Daten bei der ersuchten Behörde nicht vorhanden sind und nur durch das Ergreifen von Zwangsmaßnahmen erlangt werden können oder
4. besondere bundesgesetzliche Verwendungsregelungen entgegenstehen; die Verpflichtung zur Wahrung gesetzlicher Geheimhaltungspflichten oder von Berufs- oder besonderen Amtsgeheimnissen, die nicht auf gesetzlichen Vorschriften beruhen, bleibt unberührt.

(4) Die Übermittlung kann unterbleiben, wenn

1. die Tat, zu deren Verhütung die Daten übermittelt werden sollen, nach deutschem Recht mit einer Freiheitsstrafe von im Höchstmaß einem Jahr oder weniger bedroht ist,
2. die übermittelten Daten als Beweismittel vor einer Justizbehörde verwendet werden sollen,
3. die zu übermittelnden Daten bei der ersuchten Behörde nicht vorhanden sind, jedoch ohne das Ergreifen von Zwangsmaßnahmen erlangt werden können, oder
4. der Erfolg laufender Ermittlungen oder Leib, Leben oder Freiheit einer Person gefährdet würde.

(5) Personenbezogene Daten, die nach dem Rahmenbeschluss 2006/960/JI des Rates vom 18. Dezember 2006 über die Vereinfachung des Austauschs von Informationen und Erkenntnissen zwischen den Strafverfolgungsbehörden der Mitgliedstaaten der Europäischen Union (ABl. L 386 vom 29. Dezember 2006, S. 89, L 75 vom 15. März 2007, S. 26) an die Behörden der Zollverwaltung übermittelt worden sind, dürfen ohne Zustimmung des übermittelnden Staates nur für die Zwecke, für die sie übermittelt wurden, oder zur Abwehr einer gegenwärtigen und erheblichen Gefahr für die öffentliche Sicherheit verwendet werden. Für einen anderen Zweck oder als Beweismittel in einem gerichtlichen Verfahren dürfen sie nur verarbeitet werden, wenn der übermittelnde Staat zugestimmt hat. Bedingungen, die der übermittelnde Staat für die Verarbeitung der Daten stellt, sind zu beachten.

(6) Die Behörden der Zollverwaltung erteilen dem übermittelnden Staat auf dessen Ersuchen zu Zwecken der Datenschutzkontrolle Auskunft darüber, wie die übermittelten Daten verwendet wurden.

(7) Die Abs. 1 bis 6 finden auch Anwendung auf die Übermittlung von personenbezogenen Daten an für die Verhütung und Verfolgung von Straftaten zuständige Behörden eines Schengen-assoziierten Staates im Sinne von § 91 Abs. 3 des Gesetzes über die internationale Rechtshilfe in Strafsachen.

§ 7
Auskunftsansprüche bei anonymen Angeboten und Werbemaßnahmen

Wurden Angebote oder Werbemaßnahmen ohne Angabe von Name und Anschrift veröffentlicht und bestehen in diesem Zusammenhang Anhaltspunkte für Schwarzarbeit oder illegale Beschäftigung nach § 1, so ist derjenige, der das Angebot oder die Werbemaßnahme veröffentlicht hat, verpflichtet, den Behörden der Zollverwaltung Namen und Anschrift des Auftraggebers des Angebots oder der Werbemaßnahme auf Verlangen unentgeltlich mitzuteilen. Soweit Name und Anschrift nicht vorliegen, sind die Daten mitzuteilen, die eine Identifizierung des Auftraggebers ermöglichen. Bei Anhaltspunkten nach § 1 Abs. 2 Satz 1 Nr. 4 oder 5 besteht diese Verpflichtung gegenüber den nach Landesrecht für die Verfolgung und Ahndung von Ordnungswidrigkeiten nach diesem Gesetz zuständigen Behörden.

Abschnitt 3
Bußgeld- und Strafvorschriften

§ 8
Bußgeldvorschriften

(1) Ordnungswidrig handelt, wer

1. a) bis c) (weggefallen)
   d) der Verpflichtung zur Anzeige vom Beginn des selbstständigen Betriebes eines stehenden Gewerbes (§ 14 der Gewerbeordnung) nicht nachgekommen ist oder die erforderliche Reisegewerbekarte (§ 55 der Gewerbeordnung) nicht erworben hat oder
   e) ein zulassungspflichtiges Handwerk als stehendes Gewerbe selbstständig betreibt, ohne in die Handwerksrolle eingetragen zu sein (§ 1 der Handwerksordnung)

   und Dienst- oder Werkleistungen in erheblichem Umfang erbringt oder
2. Dienst- oder Werkleistungen in erheblichem Umfang ausführen lässt, indem er eine oder mehrere Personen beauftragt, von der oder dener er weiß oder fahrlässig nicht weiß, dass die diese Leistungen unter vorsätzlichem Verstoß gegen eine in Nr 1 genannte Vorschrift erbringen.

(2) Ordnungswidrig handelt, wer vorsätzlich oder fahrlässig

1. entgegen § 2a Abs. 1 ein dort genanntes Dokument nicht mitführt oder nicht oder nicht rechtzeitig vorlegt,
2. entgegen § 2a Abs. 2 den schriftlichen Hinweis nicht oder nicht für die vorgeschriebene Dauer aufbewahrt oder nicht oder nicht rechtzeitig vorlegt,
3. entgegen
   a) § 5 Abs. 1 Satz 1 Nr. 1, 2 oder 3 oder
   b) § 5 Abs. 4 Satz 1

   eine Prüfung oder das Betreten eines Grundstücks oder eines Geschäftsraumes nicht duldet oder bei einer Prüfung nicht mitwirkt,
4. entgegen § 5 Abs. 3 Satz 1 ein dort genanntes Dokument nicht oder nicht rechtzeitig vorlegt,
5. entgegen § 5 Abs. 5 Satz 1 Daten nicht, nicht richtig, nicht vollständig, nicht in der vorgeschriebenen Weise oder nicht rechtzeitig übermittelt,
6. entgegen § 5a Abs. 1 Satz 1 seine Arbeitskraft anbietet oder
7. entgegen § 5a Abs. 1 Satz 2 eine Arbeitskraft nachfragt.

(3) Ordnungswidrig handelt, wer als Arbeitgeber eine in § 266a Abs. 2 Nr. 1 oder 2 des Strafgesetzbuches bezeichnete Handlung leichtfertig begeht und dadurch der Einzugsstelle Beiträge des Arbeitnehmers oder der Arbeitnehmerin zur Sozialversicherung einschließlich der Arbeitsförderung oder vom Arbeitgeber zu tragende Beiträge zur Sozialversicherung einschließlich der Arbeitsförderung, unabhängig davon, ob Arbeitsentgelt gezahlt wird, leichtfertig vorenthält.

(4) Ordnungswidrig handelt, wer

1. einen Beleg ausstellt, der in tatsächlicher Hinsicht nicht richtig ist und das Erbringen oder Ausführenlassen einer Dienst- oder Werkleistung vorspiegelt, oder
2. einen in Nr. 1 genannten Beleg in den Verkehr bringt und dadurch Schwarzarbeit im Sinne des § 1 Abs. 2 oder illegale Beschäftigung im Sinne des § 1 Abs. 3 ermöglicht.

(5) Ordnungswidrig handelt, wer eine in Abs. 4 genannte Handlung begeht und

1. aus grobem Eigennutz für sich oder einen anderen Vermögensvorteile großen Ausmaßes erlangt oder
2. als Mitglied einer Bande handelt, die sich zur fortgesetzten Begehung solcher Taten verbunden hat.

(6) Die Ordnungswidrigkeit kann in den Fällen des Abs. 5 mit einer Geldbuße bis zu fünfhunderttausend Euro, in den Fällen des Abs. 4 mit einer Geldbuße bis zu einhunderttausend Euro, in den Fällen des Abs. 1 Nr. 1 Buchst. d) und e), Nr. 2 in Verbindung mit Nr. 1 Buchst. d) und e) sowie in den Fällen des Abs. 3 mit einer Geldbuße bis zu fünfzigtausend Euro, in den Fällen des Abs. 2 Nr. 3 Buchst. a), Nr. 5 und 7 mit einer Geldbuße bis zu dreißigtausend Euro, in den Fällen des Abs. 2 Nr. 1 und 6 mit einer Geldbuße bis zu fünftausend Euro und in den übrigen Fällen mit einer Geldbuße bis zu tausend Euro geahndet werden.

(7) Abs. 1 findet keine Anwendung für nicht nachhaltig auf Gewinn gerichtete Dienst- oder Werkleistungen, die

1. von Angehörigen im Sinne des § 15 der Abgabenordnung oder Lebenspartnern,
2. aus Gefälligkeit,
3. im Wege der Nachbarschaftshilfe oder
4. im Wege der Selbsthilfe im Sinne des § 36 Abs. 2 und 4 des Zweiten Wohnungsbaugesetzes in der Fassung der Bekanntmachung vom 19. August 1994 (BGBl. I S. 2137) oder als Selbsthilfe im Sinne des § 12 Abs. 1 Satz 2 des Wohnraumförderungsgesetzes vom 13. September 2001 (BGBl. I S. 2376), zuletzt geändert durch Artikel 7 des Gesetzes vom 29. Dezember 2003 (BGBl. I S. 3076),

erbracht werden. Als nicht nachhaltig auf Gewinn gerichtet gilt insbesondere eine Tätigkeit, die gegen geringes Entgelt erbracht wird.

(8) Das Bundesministerium der Finanzen wird ermächtigt, durch Rechtsverordnung mit Zustimmung des Bundesrates Vorschriften über Regelsätze für Geldbußen wegen einer Ordnungswidrigkeit nach Abs. 1 oder 2 zu erlassen.

(9) Eine Geldbuße wird in den Fällen des Abs. 3 nicht festgesetzt, wenn der Arbeitgeber spätestens im Zeitpunkt der Fälligkeit oder unverzüglich danach gegenüber der Einzugsstelle

1. schriftlich die Höhe der vorenthaltenen Beiträge mitteilt,
2. schriftlich darlegt, warum die fristgemäße Zahlung nicht möglich ist, obwohl er sich darum ernsthaft bemüht hat, und
3. die vorenthaltenen Beiträge nachträglich innerhalb der von der Einzugsstelle bestimmten angemessenen Frist entrichtet.

§ 9

(weggefallen)

§ 10
Beschäftigung von Ausländern ohne Genehmigung oder ohne Aufenthaltstitel und zu ungünstigen Arbeitsbedingungen

(1) Wer vorsätzlich eine in § 404 Abs. 2 Nr. 3 des Dritten Buches Sozialgesetzbuch bezeichnete Handlung begeht und den Ausländer zu Arbeitsbedingungen beschäftigt, die in einem auffälligen Missverhältnis zu den Arbeitsbedingungen deutscher Arbeitnehmer und Arbeitnehmerinnen stehen, die die gleiche oder eine vergleichbare Tätigkeit ausüben, wird mit Freiheitsstrafe bis zu drei Jahren oder mit Geldstrafe bestraft.

(2) In besonders schweren Fällen des Abs. 1 ist die Strafe Freiheitsstrafe von sechs Monaten bis zu fünf Jahren. Ein besonders schwerer Fall liegt in der Regel vor, wenn der Täter gewerbsmäßig oder aus grobem Eigennutz handelt.

§ 10a
Beschäftigung von Ausländern ohne Aufenthaltstitel, die Opfer von Menschenhandel sind

Mit Freiheitsstrafe bis zu drei Jahren oder mit Geldstrafe wird bestraft, wer entgegen § 4a Abs. 5 Satz 1 des Aufenthaltsgesetzes einen Ausländer beschäftigt und hierbei eine Lage ausnutzt, in der sich der Ausländer durch eine gegen ihn gerichtete Tat eines Dritten nach § 232a Abs. 1 bis 5 oder § 232b des Strafgesetzbuchs befindet.

§ 11
Erwerbstätigkeit von Ausländern ohne Genehmigung oder ohne Aufenthaltstitel in größerem Umfang oder von minderjährigen Ausländern

(1) Wer

1. gleichzeitig mehr als fünf Ausländer entgegen § 284 Abs. 1 des Dritten Buches Sozialgesetzbuch beschäftigt oder entgegen § 4a Abs. 5 Satz 1 des Aufenthaltsgesetzes beschäftigt oder mit Dienst- oder Werkleistungen beauftragt,
2. eine in
   a) § 404 Abs. 2 Nr. 3 des Dritten Buches Sozialgesetzbuch,
   b) § 404 Abs. 2 Nr. 4 des Dritten Buches Sozialgesetzbuch,
   c) § 98 Abs. 2a Nr. 1 des Aufenthaltsgesetzes oder
   d) § 98 Abs. 3 Nr. 1 des Aufenthaltsgesetzes

   bezeichnete vorsätzliche Handlung beharrlich wiederholt oder
3. entegen § 4a Abs. 5 Satz 1 des Aufenthaltsgesetzes eine Person unter 18 Jahren beschäftigt,

wird mit Freiheitsstrafe bis zu einem Jahr oder mit Geldstrafe bestraft.

(2) Handelt der Täter in den Fällen des Abs. 1 Nr. 1, Nr. 2 Buchst. a) oder Buchst. c) oder Nr. 3 aus grobem Eigennutz, ist die Strafe Freiheitsstrafe bis zu drei Jahren oder Geldstrafe.

Abschnitt 4
Ermittlungen

§ 12
Allgemeines zu den Ordnungswidrigkeiten

(1) Verwaltungsbehörden im Sinne des § 36 Abs. 1 Nr. 1 des Gesetzes über Ordnungswidrigkeiten sind

1. (weggefallen)
2. in den Fällen des § 8 Abs. 1 Nr. 1 Buchst. d) und e) und Nr. 2 in Verbindung mit Nr. 1 Buchst. d) und e) die nach Landesrecht zuständige Behörde,
3. in den Fällen des § 8 Abs. 2 die Behörden der Zollverwaltung sowie die nach Landesrecht zuständige Behörde jeweils für ihren Geschäftsbereich,
4. in den Fällen des § 8 Abs. 3 bis 5 die Behörden der Zollverwaltung.

(2) Die Geldbußen fließen in die Kasse der Verwaltungsbehörde, die den Bußgeldbescheid erlassen hat.

(3) Die nach Abs. 2 zuständige Kasse trägt abweichend von § 105 Abs. 2 des Gesetzes über Ordnungswidrigkeiten die notwendigen Auslagen. Sie ist auch ersatzpflichtig im Sinne des § 110 Abs. 4 des Gesetzes über Ordnungswidrigkeiten.

(4) Die Behörden der Zollverwaltung unterrichten das Gewerbezentralregister über rechtskräftige Bußgeldbescheide nach § 8 Abs. 2 Nr. 3 Buchst. a) und Nr. 5 sowie Abs. 3 bis 5, sofern die Geldbuße mehr als zweihundert Euro beträgt.

(5) Nimmt die Staatsanwaltschaft an der Hauptverhandlung nach § 75 Abs. 2 des Gesetzes über Ordnungswidrigkeiten nicht teil, so gibt das Gericht den Behörden der Zollverwaltung Gelegenheit, die Gründe vorzubringen, die aus ihrer Sicht für die Entscheidung von Bedeutung sind. Dies gilt auch, wenn das Gericht erwägt, das Verfahren einzustellen. Der Vertreter der Behörden der Zollverwaltung erhält in der Hauptverhandlung auf Verlangen das Wort. Ihm ist zu gestatten, Fragen an Betroffene, Zeugen und Sachverständige zu richten.

§ 13
Zusammenarbeit in Bußgeldverfahren

(1) Die Behörden der Zollverwaltung arbeiten insbesondere mit den in § 2 Abs. 4 genannten unterstützenden Stellen zusammen.

(2) Ergeben sich für die in § 2 Abs. 4 Nr. 2 bis 20 genannten unterstützenden Stellen im Zusammenhang mit der Erfüllung ihrer gesetzlichen Aufgaben Anhaltspunkte für in § 8 genannte Verstöße, unterrichten sie die für die Verfolgung und Ahndung von Ordnungswidrigkeiten nach diesem Gesetz zuständigen Behörden. § 31 a der Abgabenordnung bleibt unberührt.

(3) Gerichte und Staatsanwaltschaften sollen den nach diesem Gesetz zuständigen Stellen Erkenntnisse übermitteln, die aus ihrer Sicht zur Verfolgung von Ordnungswidrigkeiten nach § 8 erforderlich sind, soweit nicht für das Gericht oder die Staatsanwaltschaft erkennbar ist, dass schutzwürdige Interessen der betroffenen Person oder anderer Verfahrensbeteiligter an dem Ausschluss der Übermittlung überwiegen. Dabei ist zu berücksichtigen, wie gesichert die zu übermittelnden Erkenntnisse sind.

§ 14
Ermittlungsbefugnisse

(1) Die Behörden der Zollverwaltung haben bei der Verfolgung von Straftaten und Ordnungswidrigkeiten, die mit einem der in § 2 Abs. 1 genannten Prüfgegenstände unmittelbar zusammenhängen, die gleichen Befugnisse wie die Polizeivollzugsbehörden nach der Strafprozessordnung und dem Gesetz über Ordnungswidrigkeiten. Ihre Beamten sind insoweit Ermittlungspersonen der Staatsanwaltschaft. In den Dienst der Zollverwaltung übergeleitete Angestellte nehmen die Befugnisse nach Satz 1 wahr und sind insoweit Ermittlungspersonen der Staatsanwaltschaft, wenn sie

1. das 21. Lebensjahr vollendet haben,
2. am 31. Dezember 2003 im Dienst der Bundesanstalt für Arbeit gestanden haben und
3. dort mindestens zwei Jahre lang zur Bekämpfung der Schwarzarbeit oder der illegalen Beschäftigung eingesetzt waren.

(2) Zur Bekämpfung von Schwarzarbeit und illegaler Beschäftigung können die Behörden der Zollverwaltung, die Polizeibehörden und die Landesfinanzbehörden in Abstimmung mit der Staatsanwaltschaft gemeinsame Ermittlungsgruppen bilden.

(3) Die Behörden der Zollverwaltung dürfen bei der Verfolgung von Straftaten nach Abs. 1 erkennungsdienstliche Maßnahmen nach § 81 b der Strafprozessordnung auch zur Vorsorge für künftige Strafverfahren durchführen.

§ 14 a
Selbstständige Durchführung von Ermittlungsverfahren

(1) Die Behörden der Zollverwaltung führen in den Fällen, in denen ihnen die Befugnisse nach § 14 zustehen, die Ermittlungsverfahren nach Maßgabe dieser Vorschrift und in den Grenzen des § 14 b selbstständig durch, wenn die Tat ausschließlich eine Straftat nach § 266 a des Strafgesetzbuches darstellt und die Staatsanwaltschaft die Strafsache an die Behörden der Zollverwaltung abgegeben hat. Die allgemeinen Gesetze über das Strafverfahren sind anzuwenden.

(2) Eine Abgabe durch die Staatsanwaltschaft nach Abs. 1 erfolgt nicht, wenn besondere Umstände es angezeigt erscheinen lassen, dass das Ermittlungsverfahren unter der Verantwortung der Staatsanwaltschaft fortzuführen ist. Dies ist insbesondere der Fall, wenn

1. eine Maßnahme nach den §§ 99, 102, 103 oder 104 der Strafprozessordnung beantragt worden ist,
2. eine Maßnahme nach § 100 a der Strafprozessordnung beantragt worden ist,
3. die Anordnung der Untersuchungshaft nach § 112 der Strafprozessordnung beantragt worden ist,
4. die Strafsache besondere Schwierigkeiten aufweist,
5. der Beschuldigte außer dieser Tat noch einer anderen, prozessual selbstständigen Straftat beschuldigt wird und die Taten in einem einheitlichen Ermittlungsverfahren verfolgt werden sollen,
6. eine Freiheitsstrafe zu erwarten ist, die nicht im Strafbefehlsverfahren festgesetzt werden kann,
7. gegen die folgenden Personen ermittelt wird:
   a) Mitglieder des Europäischen Parlaments, des Deutschen Bundestages oder einer gesetzgebenden Körperschaft eines Landes,
   b) Mitglieder diplomatischer Vertretungen und andere von der inländischen Gerichtsbarkeit befreite Personen,
   c) Mitglieder einer Truppe oder eines zivilen Gefolges eines NATO-Staates oder deren Angehörige,
   d) Personen, die in den Anwendungsbereich des Jugendgerichtsgesetzes fallen, oder
   e) Personen, bei denen Anhaltspunkte dafür vorliegen, dass sie vermindert schuldfähig (§ 21 des Strafgesetzbuches) oder aus psychischen Gründen in ihrer Verteidigung behindert sind, oder
8. ein Amtsträger der Zollverwaltung der Beteiligung verdächtig ist.

(3) Soll nach Abgabe durch die Staatsanwaltschaft nach Abs. 1 eine Maßnahme nach Abs. 2 Satz 2 Nr. 1 oder 2 beantragt werden, so haben die Behörden der Zollverwaltung nicht die Befugnis, bei Gefahr im Verzug selbst Anordnungen vorzunehmen. Soll nach einer Abgabe durch die Staatsanwaltschaft nach Abs. 1 eine Maßnahme nach Abs. 2 Satz 2 Nr. 2 oder 3 beantragt werden oder ergibt sich nachträglich, dass ein Fall des Abs. 2 Satz 2 Nr. 4 bis 8 vorliegt, geben die Behörden der Zollverwaltung die Strafsache an die Staatsanwaltschaft zurück.

(4) Im Übrigen können die Behörden der Zollverwaltung die Strafsache jederzeit an die Staatsanwaltschaft zurückgeben, die Staatsanwaltschaft kann die Strafsache jederzeit wieder an sich ziehen.

§ 14b
Rechte und Pflichten bei der selbstständigen Durchführung von Ermittlungsverfahren

(1) Führen die Behörden der Zollverwaltung das Ermittlungsverfahren nach § 14a selbstständig durch, so nehmen sie die Rechte und Pflichten wahr, die der Staatsanwaltschaft im Ermittlungsverfahren zustehen.

(2) Sie haben nicht die Befugnis, Ermittlungen durch die Behörden und Beamten des Polizeidienstes vornehmen zu lassen.

(3) Bieten die Ermittlungen genügenden Anlass zur Erhebung der öffentlichen Klage, so beantragt die Behörde der Zollverwaltung über die Staatsanwaltschaft bei dem zuständigen Gericht den Erlass eines Strafbefehls, wenn die Strafsache zur Behandlung im Strafbefehlsverfahren geeignet erscheint; andernfalls legt die Behörde der Zollverwaltung die Akten der Staatsanwaltschaft vor.

(4) Hat die Behörde der Zollverwaltung den Erlass eines Strafbefehls beantragt, so nimmt sie die Rechte und Pflichten der Staatsanwaltschaft wahr, solange nicht nach § 408 Abs. 3 Satz 2 der Strafprozessordnung die Hauptverhandlung anberaumt oder Einspruch gegen den Strafbefehl erhoben ist.

(5) Hat die Behörde der Zollverwaltung den Antrag gestellt, eine Einziehung gemäß § 435 der Strafprozessordnung selbstständig anzuordnen oder eine Geldbuße gegen eine juristische Person oder eine Personenvereinigung gemäß § 444 Abs. 3 der Strafprozessordnung selbstständig festzusetzen, so nimmt sie die Rechte und Pflichten der Staatsanwaltschaft wahr, solange die mündliche Verhandlung nicht beantragt oder vom Gericht angeordnet ist.

§ 14c
Sachliche und örtliche Zuständigkeit bei der selbstständigen Durchführung von Ermittlungsverfahren

(1) Sachlich zuständig für die Durchführung des selbstständigen Ermittlungsverfahrens nach § 14a ist das Hauptzollamt.

(2) Örtlich zuständig für die Durchführung des selbstständigen Ermittlungsverfahrens ist das Hauptzollamt,

1. in dessen Bezirk die Straftat begangen oder entdeckt worden ist,
2. das zum Zeitpunkt der Abgabe des Ermittlungsverfahrens durch die Staatsanwaltschaft für die Prüfung gemäß § 2 Abs. 1 zuständig ist oder
3. in dessen Bezirk der Beschuldigte zum Zeitpunkt der Abgabe des Ermittlungsverfahrens seinen Wohnsitz hat; hat der Beschuldigte im räumlichen

Geltungsbereich dieses Gesetzes keinen Wohnsitz, so wird die Zuständigkeit durch den Ort des gewöhnlichen Aufenthalts bestimmt.

Sind nach Satz 1 mehrere Hauptzollämter zuständig, so ist das Hauptzollamt örtlich zuständig, an das die Staatsanwaltschaft das Ermittlungsverfahren abgegeben hat.

(3) Ändert sich in den Fällen des Abs. 2 Satz 1 Nr. 3 der Wohnsitz oder der Ort des gewöhnlichen Aufenthalts des Beschuldigten nach Abgabe des Ermittlungsverfahrens, so ist auch das Hauptzollamt örtlich zuständig, in dessen Bezirk der neue Wohnsitz oder Ort des gewöhnlichen Aufenthalts liegt. Übergibt das nach Abs. 2 örtlich zuständige Hauptzollamt das Ermittlungsverfahren an das nach Satz 1 auch örtlich zuständige Hauptzollamt, so hat es die Staatsanwaltschaft davon in Kenntnis zu setzen.

Abschnitt 5
Datenschutz

§ 15
Allgemeines

Für die Wahrnehmung der Aufgaben nach diesem Gesetz durch die Behörden der Zollverwaltung gelten hinsichtlich der Sozialdaten die Vorschriften des Zweiten Kapitels des Zehnten Buches Sozialgesetzbuch. Diese Aufgaben gelten in datenschutzrechtlicher Hinsicht auch als Aufgaben nach dem Sozialgesetzbuch. Die Vorschriften des Vierten Abschnitts des Ersten Teils der Abgabenordnung zum Steuergeheimnis bleiben unberührt.

§ 16
Zentrales Informationssystem für die Finanzkontrolle Schwarzarbeit

(1) Die Behörden der Zollverwaltung führen ein zentrales Informationssystem für die Finanzkontrolle Schwarzarbeit, in dem die zur Aufgabenerfüllung nach diesem Gesetz erhobenen und übermittelten Daten automatisiert verarbeitet werden.

(2) Im zentralen Informationssystem für die Finanzkontrolle Schwarzarbeit werden folgende Daten gespeichert:

1. Familienname, frühere Namen, Vornamen, Tag und Ort der Geburt einschließlich Bezirk, Geburtsland, Geschlecht, Staatsangehörigkeiten, Wohnanschriften, Familienstand, Berufsbezeichnung, Steuernummer, Personalausweis- und Reisepassnummer, Kontodaten, Sozialversicherungsnummer, bei

Unternehmen Name, Sitz, Rechtsform, Registernummer und -ort, Vertretungsverhältnisse des Unternehmens, Adressdaten, Steuernummer, Betriebsnummer, Kontodaten,
2. die Bezeichnung der aktenführenden Dienststelle der Zollverwaltung und das Aktenzeichen und
3. der Zeitpunkt der Einleitung des Verfahrens, der Zeitpunkt der letzten Verfahrenshandlung und der Zeitpunkt der Erledigung des Verfahrens, jeweils durch die Behörden der Zollverwaltung, sowie der Zeitpunkt und die Art der Erledigung durch das Gericht oder die Staatsanwaltschaft.

Das Bundesministerium der Finanzen kann durch Rechtsverordnung ergänzend weitere Daten bestimmen, soweit diese für die Finanzkontrolle Schwarzarbeit im Rahmen ihrer Aufgaben

1. zur Vorbereitung und Durchführung von Prüfungen nach § 2 Abs. 1, oder
2. zur Verhütung und Verfolgung von Straftaten und Ordnungswidrigkeiten, die mit einem der in § 2 Abs. 1 genannten Prüfgegenstände zusammenhängen,

erforderlich sind.

(3) Im zentralen Informationssystem für die Finanzkontrolle Schwarzarbeit dürfen personenbezogene Daten nur zu folgenden Zwecken verarbeitet werden:

1. zur Vorbereitung und Durchführung von Prüfungen nach § 2 Abs. 1,
2. zur Verhütung und Verfolgung von Straftaten und Ordnungswidrigkeiten, die mit einem der in § 2 Abs. 1 genannten Prüfgegenstände zusammenhängen,
3. zur Besteuerung, soweit sie im Zusammenhang mit der Erbringung von Dienst- oder Werkleistungen steht,
4. zur Erfüllung von Aufgaben, welche den Behörden der Zollverwaltung nach § 5 a des Finanzverwaltungsgesetzes oder § 17 a des Zollverwaltungsgesetzes zugewiesen sind, und
5. zur Fortbildung im Bereich der Finanzkontrolle Schwarzarbeit, soweit die Daten anonymisiert werden.

(4) Die Generalzolldirektion erstellt für die automatisierte Verarbeitung nach Abs. 1 eine Errichtungsanordnung, die der Zustimmung des Bundesministeriums der Finanzen bedarf. In der Errichtungsanordnung sind festzulegen:

1. die Bezeichnung des Verantwortlichen,
2. die Rechtsgrundlage und der Zweck der Verarbeitung,
3. der Personenkreis, über den Daten gespeichert werden,
4. die Art und der Inhalt der gespeicherten personenbezogenen Daten,
5. die Arten der personenbezogenen Daten, die der Erschließung der Sammlung dienen,
6. die Anlieferung oder die Eingabe der gespeicherten Daten,
7. die Voraussetzungen, unter denen gespeicherte personenbezogene Daten an welche Empfänger und in welchen Verfahren übermittelt werden,
8. die Prüffristen und die Speicherungsdauer,

9. die Protokollierung sowie
10. die Verpflichtung zur Erstellung und zur Pflege eines Rollen- und Berechtigungskonzeptes.

Die oder der Bundesbeauftragte für den Datenschutz und die Informationsfreiheit ist vor Erlass der Errichtungsanordnung anzuhören.

§ 17
Übermittlung von Daten aus dem zentralen Informationssystem

(1) Die Übermittlung von Daten aus dem zentralen Informationssystem für die Finanzkontrolle Schwarzarbeit erfolgt auf Ersuchen an

1. (weggefallen)
2. die Staatsanwaltschaften für Zwecke der Strafverfolgung,
3. die Polizeivollzugsbehörden des Bundes und der Länder für die Verhütung und Verfolgung von Straftaten und Ordnungswidrigkeiten, die im Zusammenhang mit einem der in § 2 Abs. 1 genannten Prüfgegenstände stehen,
4. die Finanzbehörden der Länder zur Durchführung eines Steuerstraf- oder Steuerordnungswidrigkeitenverfahrens und für die Besteuerung, soweit die Besteuerung im Zusammenhang mit der Erbringung oder der Vortäuschung der Erbringung von Dienst- oder Werkleistungen steht,
5. die Zentralstelle für Finanztransaktionsuntersuchungen zur Erfüllung ihrer Aufgaben nach § 28 Abs. 1 Satz 2 Nr. 2 des Geldwäschegesetzes,
6. die Bundesagentur für Arbeit zur Durchführung von Ordnungswidrigkeitenverfahren wegen Leistungsmissbrauchs und für die damit zusammenhängende Einstellung der Gewährung von Leistungen nach dem Dritten Buch Sozialgesetzbuch,
7. die Bundesagentur für Arbeit zur Durchführung von Ordnungswidrigkeitenverfahren nach dem Arbeitnehmerüberlassungsgesetz sowie für den Widerruf, die Versagung oder die Versagung der Verlängerung der Erlaubnis im Sinne des § 1 Abs. 1 Satz 1 des Arbeitnehmerüberlassungsgesetzes,
8. die Bundesagentur für Arbeit in ihrer Funktion als Familienkasse zur Durchführung von Steuerstrafverfahren und Ordnungswidrigkeitenverfahren und für die damit zusammenhängende Einstellung der Gewährung von Kindergeldleistungen und des Kinderzuschlags,
9. die gemeinsamen Einrichtungen und die zugelassenen kommunalen Träger nach dem Zweiten Buch Sozialgesetzbuch zur Durchführung von Ordnungswidrigkeitenverfahren wegen Leistungsmissbrauchs und für die damit zusammenhängende Leistungsbearbeitung nach dem Zweiten Buch Sozialgesetzbuch oder
10. die Träger nach dem Zwölften Buch Sozialgesetzbuch zur Durchführung von Ordnungswidrigkeitenverfahren wegen Leistungsmissbrauchs und für die da-

mit zusammenhängende Leistungsbearbeitung nach dem Zwölften Buch Sozialgesetzbuch.

Soweit durch eine Übermittlung von Daten die Gefährdung des Untersuchungszwecks eines Ermittlungsverfahrens zu besorgen ist, kann die für dieses Verfahren zuständige Behörde der Zollverwaltung oder die zuständige Staatsanwaltschaft anordnen, dass keine Übermittlung von Daten erfolgen darf. § 480 Abs. 1 Satz 1 und 2 der Strafprozessordnung findet Anwendung, wenn die Daten Verfahren betreffen, die zu einem Strafverfahren geführt haben.

(2) Die Übermittlung der Daten erfolgt im Wege eines automatisierten Abrufverfahrens oder eines automatisierten Anfrage- und Auskunftsverfahrens, im Fall einer Störung der Datenfernübertragung oder bei außergewöhnlicher Dringlichkeit telefonisch oder durch Telefax. Die beteiligten Stellen haben zu gewährleisten, dass dem jeweiligen Stand der Technik entsprechende Maßnahmen zur Sicherstellung von Datenschutz und Datensicherheit getroffen werden, die insbesondere die Vertraulichkeit und Unversehrtheit der Daten gewährleisten; im Fall der Nutzung allgemein zugänglicher Netze sind dem jeweiligen Stand der Technik entsprechende Verschlüsselungsverfahren anzuwenden. Es gilt § 79 Abs. 2 bis 4 des Zehnten Buches Sozialgesetzbuch.

§ 18
Auskunft an die betroffene Person

Für die Auskunft an die betroffene Person gilt § 83 des Zehnten Buches Sozialgesetzbuch. Die Auskunft bedarf des Einvernehmens der zuständigen Staatsanwaltschaft, wenn sie Daten aus einem Verfahren betrifft, das zu einem Strafverfahren geführt hat.

§ 19
Löschung

Die Daten im zentralen Informationssystem für die Finanzkontrolle Schwarzarbeit und die dazugehörigen Verfahrensakten in Papierform sind nach den Bestimmungen des § 489 der Strafprozessordnung, des § 49c des Gesetzes über Ordnungswidrigkeiten und des § 84 des Zehnten Buches Sozialgesetzbuch zu löschen und zu vernichten, spätestens jedoch

1. ein Jahr nach Ablauf des Kalenderjahres, in dem eine Prüfung nach § 2 ohne Einleitung eines Ermittlungsverfahrens abgeschlossen worden ist,
2. fünf Jahre nach Ablauf des Kalenderjahres, in dem ein Ermittlungsverfahren rechtskräftig abgeschlossen worden ist, oder
3. zwei Jahre nach Ablauf des Kalenderjahres, in dem ein Strafverfahren abgeschlossen worden ist, wenn
   a) die Person, über die Daten nach § 16 gespeichert wurden, von dem betreffenden Tatvorwurf rechtskräftig freigesprochen worden ist,

b) die Eröffnung des Hauptverfahrens unanfechtbar abgelehnt worden ist oder
c) das Verfahren nicht nur vorläufig eingestellt worden ist.

Abschnitt 6
Verwaltungsverfahren, Rechtsweg

§ 20
Entschädigung der Zeugen und Sachverständigen

Werden Zeugen und Sachverständige von den Behörden der Zollverwaltung herangezogen, so erhalten sie auf Antrag in entsprechender Anwendung des Justizvergütungs- und -entschädigungsgesetzes eine Entschädigung oder Vergütung.

§ 21
Ausschluss von öffentlichen Aufträgen

(1) Von der Teilnahme an einem Wettbewerb um einen Liefer-, Bau- oder Dienstleistungsauftrag der in den §§ 99 und 100 des Gesetzes gegen Wettbewerbsbeschränkungen genannten Auftraggeber sollen Bewerber bis zu einer Dauer von drei Jahren ausgeschlossen werden, die oder deren nach Satzung oder Gesetz Vertretungsberechtigte nach

1. § 8 Abs. 1 Nr. 2, §§ 10 bis 11,
2. § 404 Abs. 1 oder 2 Nr. 3 des Dritten Buches Sozialgesetzbuch,
3. §§ 15, 15 a, 16 Abs. 1 Nr. 1, 1 c, 1 d, 1 f oder 2 des Arbeitnehmerüberlassungsgesetzes oder
4. § 266 a Abs. 1 bis 4 des Strafgesetzbuches

zu einer Freiheitsstrafe von mehr als drei Monaten oder einer Geldstrafe von mehr als neunzig Tagessätzen verurteilt oder mit einer Geldbuße von wenigstens zweitausendfünfhundert Euro belegt worden sind. Das Gleiche gilt auch schon vor Durchführung eines Straf- oder Bußgeldverfahrens, wenn im Einzelfall angesichts der Beweislage kein vernünftiger Zweifel an einer schwerwiegenden Verfehlung nach Satz 1 besteht. Die für die Verfolgung oder Ahndung zuständigen Behörden nach Satz 1 Nr. 1 bis 4 dürfen den öffentlichen Auftraggebern nach § 99 des Gesetzes gegen Wettbewerbsbeschränkungen und solchen Stellen, die von öffentlichen Auftraggebern zugelassene Präqualifikationsverzeichnisse oder Unternehmer- und Lieferantenverzeichnisse führen, auf Verlangen die erforderlichen Auskünfte geben. Öffentliche Auftraggeber nach Satz 3 fordern im Rahmen ihrer Tätigkeit Auskünfte *des Gewerbezentralregisters nach § 150 a der Gewer-*

beordnung[1] an oder verlangen vom Bewerber eine Erklärung, dass die Voraussetzungen für einen Ausschluss nach Satz 1 oder 2 nicht vorliegen; auch im Falle einer Erklärung des Bewerbers können öffentliche Auftraggeber Auskünfte *des Gewerbezentralregisters nach § 150a der Gewerbeordnung*[1] jederzeit anfordern. Für den Bewerber, der den Zuschlag erhalten soll, fordert der öffentliche Auftraggeber nach Satz 3 bei Aufträgen ab einer Höhe von 30.000,— € vor Zuschlagserteilung eine Auskunft aus dem *Gewerbezentralregister nach § 150a Gewerbeordnung*[2] an. Der Bewerber ist vor der Entscheidung über den Ausschluss zu hören.

(2) Eine Verfehlung nach Abs. 1 steht einer Verletzung von Pflichten nach § 241 Abs. 2 des Bürgerlichen Gesetzbuchs gleich.

§ 22
Verwaltungsverfahren

Soweit dieses Gesetz nichts anderes bestimmt, gelten die Vorschriften der Abgabenordnung sinngemäß für das Verwaltungsverfahren der Behörden der Zollverwaltung nach diesem Gesetz.

§ 23
Rechtsweg

In öffentlich-rechtlichen Streitigkeiten über Verwaltungshandeln der Behörden der Zollverwaltung nach diesem Gesetz ist der Finanzrechtsweg gegeben.

1) Ab Inkrafttreten der Rechtsverordnung nach § 10 des Wettbewerbsregistergesetzes: *aus dem Wettbewerbsregister*.

2) Ab Inkrafttreten der Rechtsverordnung nach § 10 des Wettbewerbsregistergesetzes: *Wettbewerbsregister*.

▷ Zu ergänzenden Informationen siehe auch www.zoll.de (→ Fachthemen → Arbeit → Bekämpfung der Schwarzarbeit und illegalen Beschäftigung → Aufgaben und Befugnisse).

Berliner Erklärung der Tarifvertragsparteien des Baugewerbes zur Bekämpfung der illegalen Beschäftigung

vom 19. April 2000

Die Tarifvertragsparteien des Baugewerbes sind sich darüber einig, dass die gesetzlichen Instrumente zur Bekämpfung der illegalen Beschäftigung einschließlich der Schwarzarbeit und des Leistungsmissbrauchs verbessert und erweitert werden müssen; sie halten vorrangig die folgenden Schritte für erforderlich:

1. Weiterentwicklung des Sozialversicherungsausweises zu einem fälschungssicheren und elektronisch lesbaren Ausweis (Chipkarte), welcher bei erstmaliger Arbeitsaufnahme sehr kurzfristig auszustellen und bei jeder Tätigkeit auf Baustellen mitzuführen ist;
2. Einrichtung eines Informationsverbundes zwischen der Bundesanstalt für Arbeit, den Hauptzollämtern, den Sozialversicherungsträgern und den Sozialkassen der Bauwirtschaft zum gegenseitigen Datenaustausch und Datenabgleich;
3. Verbesserung der Kontrollen auf den Baustellen durch einen vor Ort durchzuführenden Abgleich der durch den gesamten Informationsverbund zur Verfügung stehenden aktuellen Daten;
4. Einführung eines generellen Steuerabzugsverfahrens des Hauptunternehmers mit einem Steuereinbehaltungsrecht für den Auftraggeber von Bauleistungen.

Die Tarifvertragsparteien werden innerhalb einer Arbeitsgruppe einen entsprechenden Vorschlag unter Berücksichtigung der Durchführbarkeit, Effizienz und Finanzierbarkeit der einzelnen Schritte erarbeiten und diesen gemeinsam gegenüber dem Gesetzgeber, der Bundesregierung und den anderen im In- und Ausland am Baugeschehen beteiligten Wirtschaftszweigen vertreten.

Berlin, den 19. April 2000

Gemeinsame Erklärung zur Durchsetzung und Kontrolle der Mindestlöhne im Baugewerbe

vom 29. Oktober 2003

Die Tarifvertragsparteien werden sich aktiv an der Durchsetzung und Kontrolle der Mindestlöhne beteiligen. Auf der Ebene der zentralen Tarifvertragsparteien wird zeitnah eine Kommission eingesetzt, die unverzüglich ihre Arbeit aufnimmt und Möglichkeiten zur Durchsetzung der Mindestlöhne erarbeitet.

Berlin/Frankfurt a. M., den 29. Oktober 2003

Bündniserklärung des branchenbezogenen Aktionsbündnisses gegen Schwarzarbeit und illegale Beschäftigung in der Bauwirtschaft

vom 13. September 2004

Das Bundesministerium der Finanzen und die drei Tarifvertragsparteien des Baugewerbes schließen sich zu einem branchenbezogenen Aktionsbündnis gegen Schwarzarbeit und illegale Beschäftigung zusammen. Sie sind gemeinsam der Auffassung, dass

- die Schwarzarbeit in Deutschland ein alarmierendes Niveau erreicht hat, durch das speziell gesetzestreue Betriebe und Arbeitnehmer arbeitsintensiver Dienstleistungsbereiche geschädigt werden und nicht weiter hinnehmbare Einnahmeausfälle bei den Sozialkassen und dem Fiskus verursacht werden,
- durch die zunehmende Schwarzarbeit insbesondere in der Bauwirtschaft bereits viele Bauarbeiter ihren Arbeitsplatz verloren haben, weil deutsche Baubetriebe, die sich an Gesetze und Tarifverträge halten, gegenüber der illegalen Niedriglohnkonkurrenz keine faire Chance im Wettbewerb mehr haben.

Unsere Ziele:

- Schaffung eines allgemeinen Bewusstseins für die negativen Folgen von Schwarzarbeit und illegaler Beschäftigung am Bau;
- fairer Wettbewerb unter gleichen Bedingungen statt ruinöse Preiskonkurrenz durch illegale Praktiken;
- ordnungsgemäße Entrichtung der Steuern und der Beiträge zur Sozialversicherung und zu den Sozialkassen der Bauwirtschaft durch alle Unternehmen;
- Einhaltung der Mindestlöhne und des Sozialkassenverfahrens im Baugewerbe;
- konsequenter Gesetzesvollzug bei der Bekämpfung der gewerbsmäßigen Schwarzarbeit.

Unsere Maßnahmen:

Um diese Ziele zu erreichen, werden die Bündnispartner noch enger als bisher zusammenarbeiten. Wir werden dazu insbesondere öffentlich in einem Bündnis gegen Schwarzarbeit und illegale Beschäftigung antreten,

- die Information der Öffentlichkeit über die schädlichen Folgen von Schwarzarbeit und illegaler Beschäftigung sowie über die Folgen von Gesetzesverstößen verstärken,
- den Informationsfluss zwischen den Verbänden und der Finanzkontrolle Schwarzarbeit vor Ort weiter verbessern,
- entsprechende Bündnisse auf regionaler Ebene fördern und
- unter der Leitung des Bundesministeriums der Finanzen einen regelmäßig tagenden Arbeitskreis auf Bundesebene einrichten, der praktische Ansätze zur

verbesserten Bekämpfung der Schwarzarbeit und illegaler Beschäftigung erarbeitet und dazu auch die Wirksamkeit der geltenden gesetzlichen Regelungen erörtert.

Das Bundesministerium der Finanzen wird über diese Bündnisaktivitäten hinaus durch weitere intensive Prüfmaßnahmen in der Bauwirtschaft die Bekämpfung der Schwarzarbeit und illegalen Beschäftigung intensivieren. Dabei werden insbesondere folgende Schwerpunkte im Vordergrund stehen:

- Regelmäßige Kontrollen privater und öffentlicher Baustellen, insbesondere auch vor Beginn und nach Ende der allgemein üblichen Arbeitszeit sowie am Wochenende;
- verstärkte Ausrichtung der Kontrollen auch auf aktuelle Verschleierungsformen gewerbsmäßiger Schwarzarbeit.

Bündnispartner sind:

Zentralverband des Deutschen Baugewerbes (ZDB)

Hauptverband der Deutschen Bauindustrie

Industriegewerkschaft Bauen-Agrar-Umwelt (IG BAU)

Bundesministerium der Finanzen

Übersicht regionaler Bündnisse gegen Schwarzarbeit und illegale Beschäftigung

Bundesland	Abschluss
Bayern	27. Oktober 2004
Berlin	6. Juli 2004
Brandenburg	17. August 2004
Bremen	26. November 2009
Hamburg	31. Juli 2006
Hessen	15. April 2008
Niedersachsen	13. Oktober 2008
Nordrhein-Westfalen	21. November 2008
Rheinland-Pfalz	25. Mai 2005
Sachsen-Anhalt	13. November 2006
Schleswig-Holstein	25. August 2005
Thüringen	5. November 2007

Vereinbarung zur gemeinsamen Bekämpfung von illegaler Beschäftigung und Schwarzarbeit

vom 29. Juli 2005

Aufbauend auf ihrer Berliner Erklärung zur Bekämpfung der illegalen Beschäftigung vom 19. April 2000 sowie ihrer gemeinsamen Erklärung zur Durchsetzung und Kontrolle der Mindestlöhne im Baugewerbe vom 29. Oktober 2003 vereinbaren die Tarifvertragsparteien des Baugewerbes, sich durch folgende Maßnahmen und Gesetzesinitiativen aktiv an der Durchsetzung und Kontrolle der Mindestlöhne sowie des Urlaubskassenverfahrens zu beteiligen:

1. Die Tarifvertragsparteien vereinbaren, dass die Sozialkassen der Bauwirtschaft ihre Betriebsprüfungen/Außenprüfungen mit dem Ziel ausbauen, Verstöße gegen die gesetzliche Verpflichtung zur Zahlung des Mindestlohnes und zur Teilnahme am Urlaubskassenverfahren nach § 1 des Arbeitnehmer-Entsendegesetzes aufzudecken und nach den gesetzlichen Bestimmungen zur Bekämpfung von illegaler Beschäftigung und Schwarzarbeit durch die Finanzkontrolle Schwarzarbeit verfolgen zu lassen.

   Die Sozialkassen werden insbesondere konkreten Hinweisen auf mögliche Verstöße gegen § 1 des Arbeitnehmer-Entsendegesetzes nachgehen.

   Die näheren Einzelheiten werden in den Aufsichtsgremien der Sozialkassen festgelegt.

2. Die Tarifvertragsparteien sehen es darüber hinaus als vorrangig an, die Vorfeldarbeit für eine gezielte Kontrolle und Überprüfung privater und öffentlicher Baustellen durch konkrete Hinweise an die Finanzkontrolle Schwarzarbeit zu verbessern.

   Zu diesem Zweck werden die dem Zentralverband des Deutschen Baugewerbes und die dem Hauptverband der Deutschen Bauindustrie angeschlossenen Mitgliedsverbände sowie die der Industriegewerkschaft Bauen-Agrar-Umwelt angeschlossenen Bezirksverbände aufgefordert, soweit noch nicht geschehen, sich nach dem Vorbild des bundesweiten branchenbezogenen Aktionsbündnisses gegen Schwarzarbeit und illegale Beschäftigung in der Bauwirtschaft zu regionalen Bündnissen gegen Schwarzarbeit zusammenzuschließen.

   Für die Arbeit der regionalen Bündnisse gegen Schwarzarbeit geben die Tarifvertragsparteien folgende Handlungsempfehlungen:

   - Unterstützung der Finanzkontrolle Schwarzarbeit vor Ort;
   - verstärkte Informationsarbeit gegenüber der Öffentlichkeit, gegenüber Arbeitnehmern und Arbeitgebern sowie gegenüber privaten und öffentlichen Auftraggebern über Geltung und Anwendungsbereich der Mindestlohnregelung und des Urlaubskassenverfahrens sowie über die schädlichen Folgen von Illegalität und Schwarzarbeit und die Rechtsfolgen bei Verstößen gegen die zwingenden Mindestarbeitsbedingungen und das Schwarzarbeitsgesetz;

- Erfahrungsaustausch über Baustellenpraktiken, Ausschreibungs- und Submissionsergebnisse.

Die Tarifvertragsparteien werden Muster-Kalkulationen erarbeiten, die von den regionalen Bündnissen gegen Schwarzarbeit ergänzt und weiterentwickelt werden können.

3. Zur Verbesserung des Informationsflusses zwischen den Verbänden und der Finanzkontrolle Schwarzarbeit vor Ort verpflichten sich die Tarifvertragsparteien, das in dem branchenbezogenen Aktionsbündnis bereits entwickelte Meldeformular für Anzeigen bei Verdacht auf Schwarzarbeit flächendeckend an ihre Mitgliedsverbände bzw. Bezirksverbände zu verteilen und diese aufzufordern, entsprechende Meldungen entgegenzunehmen sowie an die Finanzkontrolle Schwarzarbeit weiterzuleiten.[1)]
4. Die Tarifvertragsparteien werden sich gemeinsam dafür einsetzen, dass die für die Arbeit der Finanzkontrolle Schwarzarbeit notwendigen Daten verbunden werden und eine sichere und fälschungssichere Identitätsfeststellung ermöglicht wird. Hierfür fordern die Tarifvertragsparteien eine Mitführungs- und Vorlagepflicht des Personalausweises, Reisepasses oder eines vergleichbaren europäischen Dokuments oder alternativ eine JobCard Bau für alle inländischen und ausländischen Beschäftigten auf Baustellen.

Frankfurt a. M. / Berlin, den 29. Juli 2005

---

1) Das Meldeformular der Sozialpartner wurde von SOKA-BAU als anonymes Online-Meldeformular umgesetzt:
https://www.soka-bau.de/arbeitnehmer/leistungen/mindestlohn/meldeformular

Merkblatt zu den Prüfungen der Finanzkontrolle Schwarzarbeit der Zollverwaltung in der Bauwirtschaft

Stand: März 2016

[...]

Was kontrolliert der Zoll?

Die Beschäftigten der Finanzkontrolle Schwarzarbeit des Zolls prüfen u.a., ob

- Arbeitgeber ihre Beschäftigten korrekt zur Sozialversicherung angemeldet haben,
- trotz abhängiger Beschäftigung eine Selbständigkeit vorgetäuscht wird (Scheinselbständigkeit),
- Sozialleistungen, wie z.B. Arbeitslosengeld I und II, zu Unrecht bezogen werden,
- Arbeitsbescheinigungen oder Nebeneinkommensbescheinigungen richtig ausgestellt wurden,
- Ausländer eine Erwerbstätigkeit nicht ohne erforderliche Erlaubnis ausüben,
- ausländische Arbeitnehmer nicht zu ungünstigeren Arbeitsbedingungen als vergleichbare inländische Arbeitnehmer beschäftigt werden,
- Arbeitsbedingungen eingehalten werden wie z.B. Zahlung des Mindestlohns nach dem Mindestlohngesetz (MiLoG) und des Branchenmindestlohns nach dem Arbeitnehmer-Entsendegesetz (AEntG),
- der Urlaubskassenbeitrag abgeführt wurde,
- gegen das Verbot der gewerbsmäßigen Arbeitnehmerüberlassung im Baugewerbe verstoßen wurde,
- Anhaltspunkte dafür bestehen, dass Steuerpflichtige den sich aus Dienst- oder Werkleistungen ergebenden steuerlichen Pflichten nicht nachkommen wie z.B. Entrichtung der Lohnsteuer und Umsatzsteuer.

Der Zoll prüft dabei unangekündigt und verdachtlos. Er nimmt sich auch zurückliegende Zeiträume vor.

[...]

Unterlagen, die vorgelegt werden müssen

Von Arbeitnehmern und Selbständigen:

- Personalausweis, Pass, Pass- oder Ausweisersatz
- bei Ausländern: Pass, Passersatz, Ausweisersatz, Aufenthaltstitel, Duldung, Aufenthaltsgestattung

Von Arbeitgebern:

Der Zoll ist befugt, Einsicht in die Lohn- und Meldeunterlagen, Bücher und andere Geschäftsunterlagen zu nehmen, aus denen Umfang, Art oder Dauer von Beschäftigungsverhältnissen oder Tätigkeiten hervorgehen oder abgeleitet werden können. Hierzu gehören z. B.

- Nachweise über Meldungen zur Sozialversicherung im Inland und Ausland
- Lohnabrechnungen
- Nachweise über erfolgte Lohnzahlungen (z. B. Quittungen, Lohnzettel)
- Arbeitsverträge bzw. Dokumente, die dem Arbeitsvertrag nach den Regelungen des Heimatlandes entsprechen
- Arbeitszeitnachweise (z. B. Stundenzettel, Anwesenheitslisten, Urlaubslisten etc.)
- Nachweise über steuerfreie Zuschläge
- Konten, Buchungsbelege
- ggf. Verträge mit Subunternehmen
- Werkvertrag mit Leistungsverzeichnis

Arbeitgeber müssen Beginn, Ende und Dauer der täglichen Arbeitszeit der Arbeitnehmer aufzeichnen und diese Aufzeichnungen mindestens zwei Jahre aufbewahren.

Die Beschäftigten des Zolls können sich sämtliche Unterlagen auch am Ort der Beschäftigung vorlegen lassen.

Darüber hinaus hat der Arbeitgeber seine Arbeitnehmer nachweislich und schriftlich auf die Mitführungs- und Vorlagepflicht des Personalausweises, Passes, Pass- oder Ausweisersatzes hinzuweisen. Dieser Hinweis ist für die Dauer der Erbringung der Dienst- oder Werkleistungen aufzubewahren und auf Verlangen vorzulegen.

Ergänzende Unterlagen, die die Prüfung beschleunigen

Von Arbeitnehmern:

- Arbeitsgenehmigung EU
- Nebeneinkommensbescheinigung
- Entsendebescheinigung A 1

Von Arbeitgebern:

- Namenslisten der eingesetzten Arbeitnehmer
- Kopien der Meldungen nach dem MiLoG, AEntG
- Bautagebücher
- Betonlieferscheine

Von ausführenden Unternehmern:

- Unterlagen, die Aufschluss über das Vertragsverhältnis zum Auftraggeber geben

Merkblatt FKS / Baustellenkontrollen

Mögliche Verstöße und rechtliche Folgen

Nichtgewährung des Mindestlohns nach MiLoG, AEntG

- Geldbuße bis zu 500.000,— €

Nichtleistung des Urlaubskassenbeitrages nach AEntG

- Geldbuße bis zu 500.000,— €

Meldepflichten zur Sozialversicherung

- Verletzung der Sofortmeldepflicht: Geldbuße bis zu 25.000,— €
- Vorenthalten von Sozialversicherungsbeiträgen: Freiheitsstrafe bis zu 5 Jahren oder Geldstrafe

Leistungsbezug

- Arbeitnehmer bezieht Sozialleistungen und arbeitet, ohne dies dem Sozialleistungsträger gemeldet zu haben: Freiheitsstrafe bis zu 5 Jahren oder Geldstrafe

Beschäftigung von Ausländern

- Beschäftigung eines Ausländers ohne erforderliche Erlaubnis (Arbeitsgenehmigung-EU/Aufenthaltstitel): Geldbuße bis zu 500.000,— €

Sonstiges

- Verletzung der Melde-, Aufzeichnungs- oder Aufbewahrungspflicht: Geldbuße bis zu 30.000,— €
- Verstoß gegen die Duldungs- und Mitwirkungspflicht bei Prüfungen: Geldbuße bis zu 30.000,— €
- Verstoß gegen die Mitführungs- und Vorlagepflicht von Ausweispapieren: Geldbuße bis zu 5.000,— €
- Unterlassener Hinweis des Arbeitgebers auf die oben genannte Mitführungs- und Vorlagepflicht: Geldbuße bis zu 1.000,— €

[...]

Schlichtungsabkommen für das Baugewerbe in der Bundesrepublik Deutschland

vom 12. März 1979

in der Fassung vom 26. März 1993[1]

Zwischen

dem Zentralverband des Deutschen Baugewerbes e. V.,
Godesberger Allee 99, 53175 Bonn,

dem Hauptverband der Deutschen Bauindustrie e. V.,
Abraham-Lincoln-Straße 30, 65189 Wiesbaden,

und

der Industriegewerkschaft Bau-Steine-Erden,
Bockenheimer Landstraße 73–77, 60325 Frankfurt a. M.,

wird zur Regelung von Gesamtstreitigkeiten folgendes Schlichtungsabkommen geschlossen:

§ 1
Voraussetzungen für die Durchführung eines Schlichtungsverfahrens

(1) Entsteht zwischen den Tarifvertragsparteien des Bundesrahmentarifvertrages für das Baugewerbe ein Streitfall, der zu Kampfmaßnahmen führen kann, so haben die Tarifvertragsparteien innerhalb von vierzehn Kalendertagen in Verhandlungen einzutreten und zu versuchen, zu einer Einigung zu gelangen.

(2) Erklärt eine der streitenden Tarifvertragsparteien der anderen, dass eine Einigung nicht zu erzielen sei, oder lehnt eine dieser Parteien es ab, weiter zu verhandeln, so ist ein Schlichtungsverfahren nach Maßgabe nachstehender Bestimmungen durchzuführen.

§ 2
Zentralschlichtungsstelle

(1) Die Zentralschlichtungsstelle besteht aus einem unparteiischen Vorsitzenden sowie aus je vier Beisitzern der Arbeitgeber- und der Arbeitnehmerseite. Jede Seite bestimmt einen dieser Beisitzer zum Obmann.

---

1) **Hinweis:** Die Tarifvertragsparteien haben vereinbart, dass das Schlichtungsabkommen mit Wirkung vom 1. Februar 1993 auch in den neuen Bundesländern und Berlin-Ost gilt (Abkommen vom 26. März 1993).

(2) Der unparteiische Vorsitzende ist stimmberechtigt.

(3) Auf Antrag einer der Vertragsparteien sind zwei unparteiische Beisitzer mit Stimmrecht hinzuzuziehen, von denen je einer von der Arbeitgeberseite und der Arbeitnehmerseite benannt wird.

§ 3
Berufung des unparteiischen Vorsitzenden

(1) Der unparteiische Vorsitzende wird jeweils auf die Dauer von drei Jahren gemeinsam von den Vertragsparteien berufen.

(2) Einigen sich die Vertragsparteien nicht innerhalb von vierzehn Kalendertagen nach In-Kraft-Treten dieses Abkommens auf die Person des unparteiischen Vorsitzenden, so sind sie verpflichtet, den Präsidenten des Bundesarbeitsgerichts zu bitten, nach Anhörung der Parteien dieses Abkommens einen Unparteiischen zu bestimmen.

(3) Abs. 2 gilt entsprechend, wenn sich die Parteien dieses Abkommens vierzehn Kalendertage vor Ablauf der Amtszeit nicht auf eine Wiederberufung eines Unparteiischen oder die Berufung eines anderen Unparteiischen einigen.

§ 4
Zuständigkeit der Zentralschlichtungsstelle

Die Zentralschlichtungsstelle ist als einzige Instanz zuständig für alle Streitigkeiten zwischen den Tarifvertragsparteien des Bundesrahmentarifvertrages für das Baugewerbe, die zu Kampfmaßnahmen führen können. Sie ist ferner zuständig als Berufungsinstanz gegen Entscheidungen der Schlichtungsstellen der Landesorganisationen der Tarifvertragsparteien des Bundesrahmentarifvertrages des Baugewerbes.

§ 5
Anrufung der Zentralschlichtungsstelle

(1) Die Zentralschlichtungsstelle kann durch eine der Tarifvertragsparteien des Bundesrahmentarifvertrages angerufen werden. Die Anrufung muss schriftlich bei dem Vorsitzenden erfolgen; gleichzeitig ist eine Abschrift des Schreibens den anderen Tarifvertragsparteien des Bundesrahmentarifvertrages für das Baugewerbe zuzuleiten.

(2) Die Zentralschlichtungsstelle hat innerhalb von sieben Kalendertagen nach Anrufung zusammenzutreten.

§ 6
Verhandlung und Beschlussfassung

(1) Die Verhandlungen der Zentralschlichtungsstelle sind nicht öffentlich.

(2) Die Beschlüsse der Zentralschlichtungsstelle werden mit einfacher Mehrheit gefasst. Stimmenthaltungen sind unzulässig.

(3) Die Zentralschlichtungsstelle ist auch dann zur Beschlussfassung berechtigt, wenn die Beisitzer einer Vertragspartei trotz schriftlicher Ladung ohne zwingenden Grund der Sitzung fernbleiben.

§ 7
Verfahren

(1) Die Zentralschlichtungsstelle hat durch Anhörung der Parteien oder deren Vertreter die Streitpunkte und die für ihre Beurteilung wesentlichen Verhältnisse klarzustellen.

(2) Die Zentralschlichtungsstelle hat in jedem Stadium des Verfahrens zu versuchen, eine Einigung der Parteien herbeizuführen.

(3) Kommt eine Einigung zustande, so ist sie in ihrem Wortlaut niederzuschreiben und von den Parteien zu unterzeichnen.

(4) Kommt keine Einigung zustande, so hat die Zentralschlichtungsstelle einen Schiedsspruch zu fällen. Er muss sich auf alle zwischen den Parteien strittigen Fragen erstrecken, vor seiner Verkündung schriftlich abgefasst und von den Mitgliedern der Zentralschlichtungsstelle, die an der Abstimmung teilgenommen haben, unterzeichnet werden.

(5) Im Anschluss an seine Verkündung ist der Schiedsspruch den Parteien auszuhändigen.

(6) Für die Annahme oder Ablehnung des Schiedsspruchs ist den Parteien eine Frist von vierzehn Kalendertagen zu setzen.

(7) Die Erklärung über Annahme oder Ablehnung ist von jeder Partei gegenüber der anderen Partei und dem Vorsitzenden der Zentralschlichtungsstelle abzugeben. Nichtabgabe einer Erklärung innerhalb der gesetzten Frist bedeutet Ablehnung.

(8) Die Annahme des Schiedsspruchs durch beide Parteien hat die Wirkung einer Gesamtvereinbarung.

§ 8
Bindende Wirkung des Schiedsspruchs

Einer Fristsetzung zur Annahme oder Ablehnung des Schiedsspruchs bedarf es nicht, wenn

a) die Parteien vereinbart haben, dass sie ihn im voraus annehmen,

b) er einstimmig gefällt worden ist,

c) er unter Beteiligung unparteiischer Beisitzer gefällt und in ihm zum Ausdruck gebracht worden ist, dass er mit der Stimme des Vorsitzenden, den Stimmen der unparteiischen Beisitzer und mindestens zweier Parteibeisitzer jeder Seite zustande gekommen ist (qualifizierter Schiedsspruch).

§ 9
Scheitern des Schlichtungsverfahrens

Das Schlichtungsverfahren gilt als gescheitert, wenn die Zentralschlichtungsstelle nicht innerhalb einer Frist von vierzehn Kalendertagen nach ihrem ersten Zusammentreten einen Schiedsspruch gefällt hat oder wenn der Schiedsspruch abgelehnt worden ist.

§ 10
Kosten der Zentralschlichtungsstelle

(1) Die Kosten des Schlichtungsverfahrens sowie die aus der Berufung des unparteiischen Vorsitzenden entstandenen Kosten trägt jede Vertragsseite zur Hälfte.

(2) Die aus der Hinzuziehung von Beisitzern entstandenen Kosten trägt die sie bestellende Partei; ebenso trägt jede Partei die Kosten der von ihr geladenen Auskunftspersonen und Sachverständigen.

§ 11
Schlichtungsstellen

(1) Entsteht zwischen den Landesorganisationen der Tarifvertragsparteien des Bundesrahmentarifvertrages für das Baugewerbe ein Streitfall, der zu Kampfmaßnahmen führen kann, so haben die streitenden Landesorganisationen innerhalb von vierzehn Kalendertagen in Verhandlungen einzutreten und zu versuchen, zu einer Einigung zu gelangen.

(2) Erklärt eine der streitenden Tarifvertragsparteien der anderen, dass eine Einigung nicht zu erzielen sei, oder lehnt eine dieser Parteien es ab, weiter zu verhandeln, so ist nach Bildung einer Schlichtungsstelle ein Schlichtungsverfahren durchzuführen. § 2 gilt entsprechend.

§ 12
Berufung des unparteiischen Vorsitzenden der Schlichtungsstelle

Die streitenden Landesorganisationen haben im gegenseitigen Einvernehmen innerhalb von sieben Kalendertagen nach dem in § 11 Abs. 2 Satz 1 gegebenen Zeitpunkt einen unparteiischen Vorsitzenden zu berufen. Geschieht dies innerhalb der Frist nicht, so sind sie verpflichtet, den Präsidenten des jeweils zuständigen Landesarbeitsgerichts zu bitten, nach Anhörung der streitenden Parteien einen Unparteiischen zu bestimmen. Zuständiges Landesarbeitsgericht ist im Gebiet des Freistaates Bayern das Landesarbeitsgericht München, im Land Nordrhein-Westfalen das Landesarbeitsgericht Düsseldorf.

§ 13
Anrufung und Verfahren

(1) Für die Anrufung und das Verfahren vor den Schlichtungsstellen gelten die §§ 5 bis 9 entsprechend.

(2) Die Entscheidungen der Schlichtungsstelle sind schriftlich zu begründen. Dies gilt nicht im Falle des § 8.

§ 14
Berufung gegen die Entscheidung der Schlichtungsstelle

(1) Wird die Entscheidung einer Schlichtungsstelle von einer Partei abgelehnt, so kann die ablehnende Partei innerhalb einer Frist von sieben Kalendertagen nach Zustellung der Ablehnungserklärung an die andere Partei die Durchführung des Berufungsverfahrens vor der Zentralschlichtungsstelle als Berufungsinstanz beantragen.

(2) Der Antrag ist über den Zentralverband des Deutschen Baugewerbes und den Hauptverband der Deutschen Bauindustrie bzw. die Industriegewerkschaft Bau-Steine-Erden, Bundesvorstand, bei dem Vorsitzenden der Zentralschlichtungsstelle zu stellen.

(3) Die antragstellende Partei hat innerhalb von sieben Kalendertagen nach Antragstellung ihren begründeten Berufungsantrag bei dem Vorsitzenden der Zentralschlichtungsstelle einzureichen und gleichzeitig der Gegenpartei eine Abschrift zuzuleiten.

(4) Die Zentralschlichtungsstelle hat innerhalb von sieben Kalendertagen nach Eingang des Berufungsantrags zusammenzutreten.

§ 15
Kosten der Schlichtungsstellen

§ 10 gilt entsprechend.

§ 16
Friedenspflicht

Vor Beginn und während der Dauer von Verhandlungen sowie während des Laufes von Erklärungsfristen sind Durchführung von Urabstimmungen, Streiks, Aussperrungen oder sonstige Kampfmaßnahmen gegeneinander oder gegen Unterorganisationen des anderen Vertragsteils unzulässig. Das gleiche gilt nach Anrufung der Schlichtungsstelle bzw. der Zentralschlichtungsstelle bis zum Abschluss des Schlichtungsverfahrens.

§ 17
Inkrafttreten und Laufdauer

Das Schlichtungsverfahren tritt am 1. April 1979 in Kraft. Es kann mit einer Frist von drei Monaten, erstmals zum 31. März 1982, gekündigt werden. Danach kann es mit der gleichen Frist jeweils zum 30. September gekündigt werden.

Bonn/Wiesbaden/Frankfurt a. M., den 12. März 1979/26. März 1993[2)]

2) Das Abkommen zur räumlichen Ausdehnung und Änderung des Schlichtungsabkommens für das Baugewerbe vom 26. März 1993 ist am 1. Februar 1993 in Kraft getreten.

Verfahren nach dem Schlichtungsabkommen für das Baugewerbe

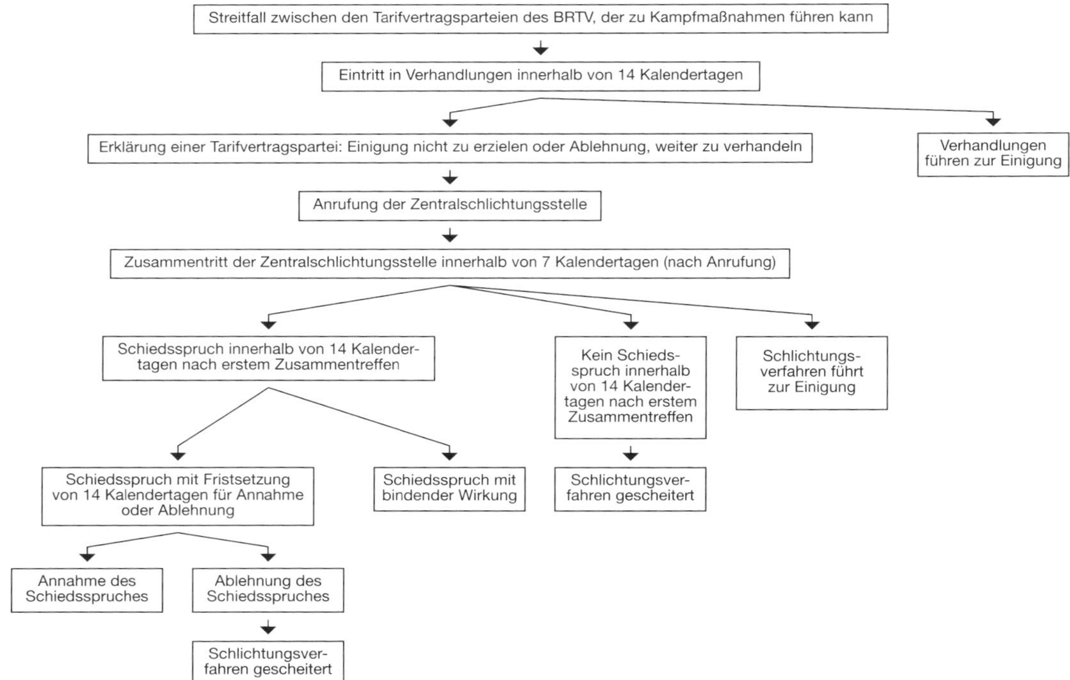
Streitfall zwischen den Tarifvertragsparteien des BRTV, der zu Kampfmaßnahmen führen kann
Eintritt in Verhandlungen innerhalb von 14 Kalendertagen
Erklärung einer Tarifvertragspartei: Einigung nicht zu erzielen oder Ablehnung, weiter zu verhandeln
Verhandlungen führen zur Einigung
Anrufung der Zentralschlichtungsstelle
Zusammentritt der Zentralschlichtungsstelle innerhalb von 7 Kalendertagen (nach Anrufung)
Schiedsspruch innerhalb von 14 Kalendertagen nach erstem Zusammentreffen
Kein Schiedsspruch innerhalb von 14 Kalendertagen nach erstem Zusammentreffen
Schlichtungsverfahren führt zur Einigung
Schiedsspruch mit Fristsetzung von 14 Kalendertagen für Annahme oder Ablehnung
Schiedsspruch mit bindender Wirkung
Schlichtungsverfahren gescheitert
Annahme des Schiedsspruches
Ablehnung des Schiedsspruches
Schlichtungsverfahren gescheitert

Schlichtungsverfahren (seit 2002)

Jahr	Themenschwerpunkte	Schlichter [1]	Abschlussdatum
2002	Lohn, Mindestlohn, Gehalt, BRTV	Dr. Heiner **Geißler**	4. Juli 2002
2003	13. Monatseinkommen		29. Oktober 2003
2007	Lohn, Mindestlohn (West), Gehalt	Wolfgang **Clement**	20. August 2007
2008	Mindestlohn (Ost)		4. Juli 2008
2009	Lohn, Mindestlohn und Gehalt		23. Mai 2009
2011	Lohn, Mindestlohn und Gehalt		28. April 2011
2018	Lohn und Gehalt, 13. Monatseinkommen		1. Juni 2018
2019	Mindestlohn	Prof. Dr. Rainer **Schlegel**	17. Januar 2020
2020	Lohn und Gehalt		17. September 2020

1) Weitere Schlichter waren u. a.: Dr. Hans Eberhard **Apel** (1991 – 1996), Prof. Dr. Kurt Hans **Biedenkopf** (1989 – 1990), Hermann **Höcherl** (1986 – 1988), Prof. Dr. Gerhard Maria **Müller** (1984 – 1986) und Walter **Hesselbach**.

Hinweise zum Tarifvertrags- und Betriebsverfassungsrecht

Die zentralen gesetzlichen Grundlagen des kollektiven Arbeitsrechts finden sich in dem auf den Seiten 609 bis 615 abgedruckten Tarifvertragsgesetz (TVG) und dem auf den Seiten 621 bis 644 auszugsweise abgedruckten Betriebsverfassungsgesetz (BetrVG). Kollektive Regelungen gehen individuellen Regelungen, insbesondere denjenigen des Arbeitsvertrags zwischen Arbeitgeber und Arbeitnehmer, vor – es sei denn, die individuellen Regelungen sind für den Arbeitnehmer günstiger (sogenanntes „**Günstigkeitsprinzip**", siehe § 4 Abs. 3 TVG).

Die wesentlichen rechtlichen Grundlagen über Tarifverträge, u. a. zu Inhalt und Form von Tarifverträgen (wie sie sich in der Tarifsammlung für die Bauwirtschaft finden), zu den Tarifvertragsparteien, zur Tarifgebundenheit und zur Wirkung der Rechtsnormen finden sich in den §§ 1 bis 4 TVG.

Im Betriebsverfassungsgesetz sind für das Verständnis des Verhältnisses von Tarifverträgen und Betriebsvereinbarungen die §§ 77 und 87 BetrVG wesentlich. Betriebsvereinbarungen (§ 77 BetrVG) sind theoretisch zu allen denkbaren Sachverhalten vorstellbar. Allerdings besteht in dem Verhältnis von Betriebsvereinbarungen und Tarifverträgen ein **Tarifvorrang** (§ 77 Abs. 3 BetrVG): *„Arbeitsentgelte und sonstige Arbeitsbedingungen, die durch Tarifvertrag geregelt sind oder üblicherweise geregelt werden, können nicht Gegenstand einer Betriebsvereinbarung sein."* Daher gilt das oben erwähnte Günstigkeitsprinzip nicht im Verhältnis von Tarifverträgen zu Betriebsvereinbarungen.

Bezogen auf die Tarifverträge für die Bauwirtschaft ist hervorzuheben, dass die Tarifvertragsparteien in etlichen Fällen die Regelungskompetenz der Betriebsparteien mit sogenannten **Öffnungsklauseln** wieder eröffnet haben, z. B. in § 7 Abs. 1 TV Lohn/Ost und § 5 Abs. 1 TV Gehalt/Ost (Beschäftigungssicherungsklausel), in § 2 Abs. 1 Unterabs. 2 TV 13. Monatseinkommen, in § 3 Nr. 1.4 BRTV und § 3 Nr. 1.3 RTV Angestellte (Arbeitszeitflexibilisierung).

Betrachtet man die vielen möglichen arbeitsrechtlichen Rechtsquellen, ist die **Rangfolge vom ranghöchsten zum rangniedrigsten Gestaltungsfaktor** vereinfacht folgende:

1. Europarecht
2. Verfassungsrecht
3. Gesetzesrecht (auch Gewohnheitsrecht und Richterrecht)
4. Rechtsverordnungen
5. **Tarifvertragsrecht (Tarifverträge)**
6. **Betriebsverfassungsrecht** (u. a. **Betriebsvereinbarungen**)
7. Arbeitsvertrag
8. Weisungs- und Direktionsrecht des Arbeitgebers

Das bedeutet z. B., dass sich ein Arbeitgeber nicht rechtswirksam durch Ausübung seines Direktionsrechts über eine (ranghöhere) tarifvertragliche Regelung hinwegsetzen kann. Eine wichtige Durchbrechung dieser Normhierarchie folgt allerdings für das Verhältnis zwischen Arbeitsvertrag und Tarifvertrag aus dem oben genannten Günstigkeitsprinzip.

Tarifvertragsgesetz (TVG)

vom 9. April 1949

in der Fassung vom 20. Mai 2020
(BGBl. I 2020, S. 1055)

§ 1
Inhalt und Form des Tarifvertrags

(1) Der Tarifvertrag regelt die Rechte und Pflichten der Tarifvertragsparteien und enthält Rechtsnormen, die den Inhalt, den Abschluss und die Beendigung von Arbeitsverhältnissen sowie betriebliche und betriebsverfassungsrechtliche Fragen ordnen können.

(2) Tarifverträge bedürfen der Schriftform.

§ 2
Tarifvertragsparteien

(1) Tarifvertragsparteien sind Gewerkschaften, einzelne Arbeitgeber sowie Vereinigungen von Arbeitgebern.

(2) Zusammenschlüsse von Gewerkschaften und von Vereinigungen von Arbeitgebern (Spitzenorganisationen) können im Namen der ihnen angeschlossenen Verbände Tarifverträge abschließen, wenn sie eine entsprechende Vollmacht haben.

(3) Spitzenorganisationen können selbst Parteien eines Tarifvertrags sein, wenn der Abschluss von Tarifverträgen zu ihren satzungsgemäßen Aufgaben gehört.

(4) In den Fällen der Abs. 2 und 3 haften sowohl die Spitzenorganisationen wie die ihnen angeschlossenen Verbände für die Erfüllung der gegenseitigen Verpflichtungen der Tarifvertragsparteien.

§ 3
Tarifgebundenheit

(1) Tarifgebunden sind die Mitglieder der Tarifvertragsparteien und der Arbeitgeber, der selbst Partei des Tarifvertrags ist.

(2) Rechtsnormen des Tarifvertrags über betriebliche und betriebsverfassungsrechtliche Fragen gelten für alle Betriebe, deren Arbeitgeber tarifgebunden ist.

(3) Die Tarifgebundenheit bleibt bestehen, bis der Tarifvertrag endet.

§ 4
Wirkung der Rechtsnormen

(1) Die Rechtsnormen des Tarifvertrags, die den Inhalt, den Abschluss oder die Beendigung von Arbeitsverhältnissen ordnen, gelten unmittelbar und zwingend zwischen den beiderseits Tarifgebundenen, die unter den Geltungsbereich des Tarifvertrags fallen. Diese Vorschrift gilt entsprechend für Rechtsnormen des Tarifvertrags über betriebliche und betriebsverfassungsrechtliche Fragen.

(2) Sind im Tarifvertrag gemeinsame Einrichtungen der Tarifvertragsparteien vorgesehen und geregelt (Lohnausgleichskassen, Urlaubskassen usw.), so gelten diese Regelungen auch unmittelbar und zwingend für die Satzung dieser Einrichtung und das Verhältnis der Einrichtung zu den tarifgebundenen Arbeitgebern und Arbeitnehmern.

(3) Abweichende Abmachungen sind nur zulässig, soweit sie durch den Tarifvertrag gestattet sind oder eine Änderung der Regelungen zugunsten des Arbeitnehmers enthalten.

(4) Ein Verzicht auf entstandene tarifliche Rechte ist nur in einem von den Tarifvertragsparteien gebilligten Vergleich zulässig. Die Verwirkung von tariflichen Rechten ist ausgeschlossen. Ausschlussfristen für die Geltendmachung tariflicher Rechte können nur im Tarifvertrag vereinbart werden.

(5) Nach Ablauf des Tarifvertrags gelten seine Rechtsnormen weiter, bis sie durch eine andere Abmachung ersetzt werden.

§ 4a
Tarifkollision

(1) Zur Sicherung der Schutzfunktion, Verteilungsfunktion, Befriedungsfunktion sowie Ordnungsfunktion von Rechtsnormen des Tarifvertrags werden Tarifkollisionen im Betrieb vermieden.

(2) Der Arbeitgeber kann nach § 3 an mehrere Tarifverträge unterschiedlicher Gewerkschaften gebunden sein. Soweit sich die Geltungsbereiche nicht inhaltsgleicher Tarifverträge verschiedener Gewerkschaften überschneiden (kollidierende Tarifverträge), sind im Betrieb nur die Rechtsnormen des Tarifvertrags derjenigen Gewerkschaft anwendbar, die zum Zeitpunkt des Abschlusses des zuletzt abgeschlossenen kollidierenden Tarifvertrags im Betrieb die meisten in einem Arbeitsverhältnis stehenden Mitglieder hat (Mehrheitstarifvertrag); wurden beim Zustandekommen des Mehrheitstarifvertrags die Interessen von Arbeitnehmergruppen, die auch von dem nach dem ersten Halbsatz nicht anzuwendenden Tarifvertrag erfasst werden, nicht ernsthaft und wirksam berücksichtigt, sind auch die Rechtsnormen dieses Tarifvertrags anwendbar. Kollidieren die Tarifverträge erst zu einem späteren Zeitpunkt, ist dieser für die Mehrheitsfeststellung maßgeblich.

Als Betriebe gelten auch ein Betrieb nach § 1 Abs. 1 Satz 2 des Betriebsverfassungsgesetzes und ein durch Tarifvertrag nach § 3 Abs. 1 Nr. 1 bis 3 des Betriebsverfassungsgesetzes errichteter Betrieb, es sei denn, dies steht den Zielen des Abs. 1 offensichtlich entgegen. Dies ist insbesondere der Fall, wenn die Betriebe von Tarifvertragsparteien unterschiedlichen Wirtschaftszweigen oder deren Wertschöpfungsketten zugeordnet worden sind.

(3) Für Rechtsnormen eines Tarifvertrags über eine betriebsverfassungsrechtliche Frage nach § 3 Abs. 1 und § 117 Abs. 2 des Betriebsverfassungsgesetzes gilt Abs. 2 Satz 2 nur, wenn diese betriebsverfassungsrechtliche Frage bereits durch Tarifvertrag einer anderen Gewerkschaft geregelt ist.

(4) Eine Gewerkschaft kann vom Arbeitgeber oder von der Vereinigung der Arbeitgeber die Nachzeichnung der Rechtsnormen eines mit ihrem Tarifvertrag kollidierenden Tarifvertrags verlangen. Der Anspruch auf Nachzeichnung beinhaltet den Abschluss eines die Rechtsnormen des kollidierenden Tarifvertrags enthaltenden Tarifvertrags, soweit sich die Geltungsbereiche und Rechtsnormen der Tarifverträge überschneiden. Die Rechtsnormen eines nach Satz 1 nachgezeichneten Tarifvertrags gelten unmittelbar und zwingend, soweit der Tarifvertrag der nachzeichnenden Gewerkschaft nach Abs. 2 Satz 2 nicht zur Anwendung kommt.

(5) Nimmt ein Arbeitgeber oder eine Vereinigung von Arbeitgebern mit einer Gewerkschaft Verhandlungen über den Abschluss eines Tarifvertrags auf, ist der Arbeitgeber oder die Vereinigung von Arbeitgebern verpflichtet, dies rechtzeitig und in geeigneter Weise bekanntzugeben. Eine andere Gewerkschaft, zu deren satzungsgemäßen Aufgaben der Abschluss eines Tarifvertrags nach Satz 1 gehört, ist berechtigt, dem Arbeitgeber oder der Vereinigung von Arbeitgebern ihre Vorstellungen und Forderungen mündlich vorzutragen.

§ 5
Allgemeinverbindlichkeit

(1) Das Bundesministerium für Arbeit und Soziales kann einen Tarifvertrag im Einvernehmen mit einem aus je drei Vertretern der Spitzenorganisationen der Arbeitgeber und der Arbeitnehmer bestehenden Ausschuss (Tarifausschuss) auf gemeinsamen Antrag der Tarifvertragsparteien für allgemeinverbindlich erklären, wenn die Allgemeinverbindlicherklärung im öffentlichen Interesse geboten erscheint. Die Allgemeinverbindlicherklärung erscheint in der Regel im öffentlichen Interesse geboten, wenn

1. der Tarifvertrag in seinem Geltungsbereich für die Gestaltung der Arbeitsbedingungen überwiegende Bedeutung erlangt hat oder
2. die Absicherung der Wirksamkeit der tarifvertraglichen Normsetzung gegen die Folgen wirtschaftlicher Fehlentwicklung eine Allgemeinverbindlicherklärung verlangt.

(1 a) Das Bundesministerium für Arbeit und Soziales kann einen Tarifvertrag über eine gemeinsame Einrichtung zur Sicherung ihrer Funktionsfähigkeit im Einver-

nehmen mit dem Tarifausschuss auf gemeinsamen Antrag der Tarifvertragsparteien für allgemeinverbindlich erklären, wenn der Tarifvertrag die Einziehung von Beiträgen und die Gewährung von Leistungen durch eine gemeinsame Einrichtung mit folgenden Gegenständen regelt:

1. den Erholungsurlaub, ein Urlaubsgeld oder ein zusätzliches Urlaubsgeld,
2. eine betriebliche Altersversorgung im Sinne des Betriebsrentengesetzes,
3. die Vergütung der Auszubildenden oder die Ausbildung in überbetrieblichen Bildungsstätten,
4. eine zusätzliche betriebliche oder überbetriebliche Vermögensbildung der Arbeitnehmer,
5. Lohnausgleich bei Arbeitszeitausfall, Arbeitszeitverkürzung oder Arbeitszeitverlängerung.

Der Tarifvertrag kann alle mit dem Beitragseinzug und der Leistungsgewährung in Zusammenhang stehenden Rechte und Pflichten einschließlich der dem Verfahren zugrunde liegenden Ansprüche der Arbeitnehmer und Pflichten der Arbeitgeber regeln. § 7 Abs. 2 des Arbeitnehmer-Entsendegesetzes findet entsprechende Anwendung.

(2) Vor der Entscheidung über den Antrag ist Arbeitgebern und Arbeitnehmern, die von der Allgemeinverbindlicherklärung betroffen werden würden, den am Ausgang des Verfahrens interessierten Gewerkschaften und Vereinigungen der Arbeitgeber sowie den obersten Arbeitsbehörden der Länder, auf deren Bereich sich der Tarifvertrag erstreckt, Gelegenheit zur schriftlichen Stellungnahme sowie zur Äußerung in einer mündlichen und öffentlichen Verhandlung zu geben. In begründeten Fällen kann das Bundesministerium für Arbeit und Soziales eine Teilnahme an der Verhandlung mittels Video- oder Telefonkonferenz vorsehen.

(3) Erhebt die oberste Arbeitsbehörde eines beteiligten Landes Einspruch gegen die beantragte Allgemeinverbindlicherklärung, so kann das Bundesministerium für Arbeit und Soziales dem Antrag nur mit Zustimmung der Bundesregierung stattgeben.

(4) Mit der Allgemeinverbindlicherklärung erfassen die Rechtsnormen des Tarifvertrags in seinem Geltungsbereich auch die bisher nicht tarifgebundenen Arbeitgeber und Arbeitnehmer. Ein nach Abs. 1 a für allgemeinverbindlich erklärter Tarifvertrag ist vom Arbeitgeber auch dann einzuhalten, wenn er nach § 3 an einen anderen Tarifvertrag gebunden ist.

(5) Das Bundesministerium für Arbeit und Soziales kann die Allgemeinverbindlicherklärung eines Tarifvertrags im Einvernehmen mit dem in Abs. 1 genannten Ausschuss aufheben, wenn die Aufhebung im öffentlichen Interesse geboten erscheint. Die Abs. 2 und 3 gelten entsprechend. Im übrigen endet die Allgemeinverbindlichkeit eines Tarifvertrags mit dessen Ablauf.

(6) Das Bundesministerium für Arbeit und Soziales kann der obersten Arbeitsbehörde eines Landes für einzelne Fälle das Recht zur Allgemeinverbindlicherklärung sowie zur Aufhebung der Allgemeinverbindlichkeit übertragen.

(7) Die Allgemeinverbindlicherklärung und die Aufhebung der Allgemeinverbindlichkeit bedürfen der öffentlichen Bekanntmachung. Die Bekanntmachung umfasst auch die von der Allgemeinverbindlicherklärung erfassten Rechtsnormen des Tarifvertrages.

§ 6
Tarifregister

Bei dem Bundesministerium für Arbeit und Soziales wird ein Tarifregister geführt, in das der Abschluss, die Änderung und die Aufhebung der Tarifverträge sowie der Beginn und die Beendigung der Allgemeinverbindlichkeit eingetragen werden.

§ 7
Übersendungs- und Mitteilungspflicht

(1) Die Tarifvertragsparteien sind verpflichtet, dem Bundesministerium für Arbeit und Soziales innerhalb eines Monats nach Abschluss kostenfrei die Urschrift oder eine beglaubigte Abschrift sowie zwei weitere Abschriften eines jeden Tarifvertrags und seiner Änderungen zu übersenden; sie haben ihm das Außerkrafttreten eines jeden Tarifvertrags innerhalb eines Monats mitzuteilen. Sie sind ferner verpflichtet, den obersten Arbeitsbehörden der Länder, auf deren Bereich sich der Tarifvertrag erstreckt, innerhalb eines Monats nach Abschluss kostenfrei je drei Abschriften des Tarifvertrags und seiner Änderungen zu übersenden und auch das Außerkrafttreten des Tarifvertrags innerhalb eines Monats mitzuteilen. Erfüllt eine Tarifvertragspartei die Verpflichtungen, so werden die übrigen Tarifvertragsparteien davon befreit.

(2) Ordnungswidrig handelt, wer vorsätzlich oder fahrlässig entgegen Abs. 1 einer Übersendungs- oder Mitteilungspflicht nicht, unrichtig, nicht vollständig oder nicht rechtzeitig genügt. Die Ordnungswidrigkeit kann mit einer Geldbuße geahndet werden.

(3) Verwaltungsbehörde im Sinne des § 36 Abs. 1 Nr. 1 des Gesetzes über Ordnungswidrigkeiten ist die Behörde, der gegenüber die Pflicht nach Abs. 1 zu erfüllen ist.

§ 8
Bekanntgabe des Tarifvertrags

Der Arbeitgeber ist verpflichtet, die im Betrieb anwendbaren Tarifverträge sowie rechtskräftige Beschlüsse nach § 99 des Arbeitsgerichtsgesetzes über den nach § 4a Abs. 2 Satz 2 anwendbaren Tarifvertrag im Betrieb bekanntzumachen.

§ 9
Feststellung der Rechtswirksamkeit

Rechtskräftige Entscheidungen der Gerichte für Arbeitssachen, die in Rechtsstreitigkeiten zwischen Tarifvertragsparteien aus dem Tarifvertrag oder über das Bestehen oder Nichtbestehen des Tarifvertrags ergangen sind, sind in Rechtsstreitigkeiten zwischen tarifgebundenen Parteien sowie zwischen diesen und Dritten für die Gerichte und Schiedsgerichte bindend.

§ 10
Tarifvertrag und Tarifordnungen

(1) Mit dem Inkrafttreten eines Tarifvertrags treten Tarifordnungen, die für den Geltungsbereich des Tarifvertrags oder Teile desselben erlassen worden sind, außer Kraft, mit Ausnahme solcher Bestimmungen, die durch den Tarifvertrag nicht geregelt worden sind.

(2) Das Bundesministerium für Arbeit und Soziales kann Tarifordnungen aufheben; die Aufhebung bedarf der öffentlichen Bekanntmachung.

§ 11
Durchführungsbestimmungen

Das Bundesministerium für Arbeit und Soziales kann unter Mitwirkung der Spitzenorganisationen der Arbeitgeber und der Arbeitnehmer die zur Durchführung des Gesetzes erforderlichen Verordnungen erlassen, insbesonders über

1. die Errichtung und die Führung des Tarifregisters und des Tarifarchivs;
2. das Verfahren bei der Allgemeinverbindlicherklärung von Tarifverträgen und der Aufhebung von Tarifordnungen und Anordnungen, die öffentlichen Bekanntmachungen bei der Antragstellung, der Erklärung und Beendigung der Allgemeinverbindlichkeit und der Aufhebung von Tarifordnungen und Anordnungen sowie die hierdurch entstehenden Kosten;
3. den in § 5 genannten Ausschuss.

§ 12
Spitzenorganisationen

Spitzenorganisationen im Sinne dieses Gesetzes sind – unbeschadet der Regelung in § 2 – diejenigen Zusammenschlüsse von Gewerkschaften oder von Arbeitgebervereinigungen, die für die Vertretung der Arbeitnehmer- oder der Arbeitgeberinteressen im Arbeitsleben des Bundesgebiets wesentliche Bedeutung haben. Ihnen stehen gleich Gewerkschaften und Arbeitgebervereinigungen, die keinem solchen Zusammenschluss angehören, wenn sie die Voraussetzungen des letzten Halbsatzes in Satz 1 erfüllen.

§ 12a
Arbeitnehmerähnliche Personen

(1) Die Vorschriften dieses Gesetzes gelten entsprechend

1. für Personen, die wirtschaftlich abhängig und vergleichbar einem Arbeitnehmer sozial schutzbedürftig sind (arbeitnehmerähnliche Personen), wenn sie auf Grund von Dienst- oder Werkverträgen für andere Personen tätig sind, die geschuldeten Leistungen persönlich und im wesentlichen ohne Mitarbeit von Arbeitnehmern erbringen und
   a) überwiegend für eine Person tätig sind oder
   b) ihnen von einer Person im Durchschnitt mehr als die Hälfte des Entgelts zusteht, das ihnen für ihre Erwerbstätigkeit insgesamt zusteht; ist dies nicht voraussehbar, so sind für die Berechnung, soweit im Tarifvertrag nichts anderes vereinbart ist, jeweils die letzten sechs Monate, bei kürzerer Dauer der Tätigkeit dieser Zeitraum, maßgebend,
2. für die in Nr. 1 genannten Personen, für die die arbeitnehmerähnlichen Personen tätig sind, sowie für die zwischen ihnen und den arbeitnehmerähnlichen Personen durch Dienst- oder Werkverträge begründeten Rechtsverhältnisse.

(2) Mehrere Personen, für die arbeitnehmerähnliche Personen tätig sind, gelten als eine Person, wenn diese mehreren Personen nach der Art eines Konzerns (§ 18 des Aktiengesetzes) zusammengefasst sind oder zu einer zwischen ihnen bestehenden Organisationsgemeinschaft oder nicht nur vorübergehenden Arbeitsgemeinschaft gehören.

(3) Die Abs. 1 und 2 finden auf Personen, die künstlerische, schriftstellerische oder journalistische Leistungen erbringen, sowie auf Personen, die an der Erbringung, insbesondere der technischen Gestaltung solcher Leistungen unmittelbar mitwirken, auch dann Anwendung, wenn ihnen abweichend von Abs. 1 Nr. 1 Buchst. b) erster Halbsatz von einer Person im Durchschnitt mindestens ein Drittel des Entgelts zusteht, das ihnen für ihre Erwerbstätigkeit insgesamt zusteht.

(4) Die Vorschrift findet keine Anwendung auf Handelsvertreter im Sinne des § 84 des Handelsgesetzbuchs.

§ 13
Inkrafttreten

(1) Dieses Gesetz tritt mit seiner Verkündung in Kraft.

(2) Tarifverträge, die vor dem Inkrafttreten dieses Gesetzes abgeschlossen sind, unterliegen diesem Gesetz.

(3) § 4a ist nicht auf Tarifverträge anzuwenden, die am 10. Juli 2015 gelten.

Verordnung zur Durchführung des Tarifvertragsgesetzes

vom 20. Februar 1970
(BGBl. I 1970, S. 193);
Neufassung vom 16. Januar 1989
(BGBl. I 1989, S. 76)

in der Fassung vom 18. Juli 2017
(BGBl. I 2017, S. 2745)

Erster Abschnitt
Tarifausschuss

§ 1

Das Bundesministerium für Arbeit und Soziales errichtet den in § 5 TVG vorgesehenen Ausschuss (Tarifausschuss). Es bestellt für die Dauer von vier Jahren je drei Vertreter der Spitzenorganisationen der Arbeitgeber und der Arbeitnehmer als Mitglieder sowie mindestens je drei weitere als stellvertretende Mitglieder auf Grund von Vorschlägen dieser Organisationen.

§ 2

(1) Die Verhandlungen und Beratungen des Tarifausschusses leitet ein Beauftragter des Bundesministeriums für Arbeit und Soziales. Die Verhandlungen sind öffentlich, die Beratungen nicht öffentlich.

(2) Der Tarifausschuss ist beschlussfähig, wenn alle Mitglieder anwesend sind.

§ 3

(1) Die Beschlüsse des Tarifausschusses bedürfen der Stimmen der Mehrheit seiner Mitglieder. Der Beauftragte des Bundesministeriums für Arbeit und Soziales hat kein Stimmrecht.

(2) Die Beschlüsse des Tarifausschusses sind schriftlich niederzulegen und von den Mitgliedern, die bei dem Beschluss mitgewirkt haben, zu unterschreiben. Ist ein Mitglied verhindert, seine Unterschrift beizufügen, so ist dies von dem lebensältesten Mitglied der Seite, der das verhinderte Mitglied angehört, unter dem Beschluss zu vermerken.

Zweiter Abschnitt
Allgemeinverbindlicherklärung und Aufhebung der Allgemeinverbindlichkeit

§ 4

(1) Das Bundesministerium für Arbeit und Soziales macht einen Antrag auf Allgemeinverbindlicherklärung eines Tarifvertrages im Bundesanzeiger bekannt und weist in der Bekanntmachung darauf hin, dass die Allgemeinverbindlicherklärung mit Rückwirkung ergehen kann. Es bestimmt dabei eine Frist, während der zu dem Antrag schriftlich Stellung genommen werden kann. Die Frist soll mindestens drei Wochen vom Tage der Bekanntmachung an gerechnet betragen. Das Bundesministerium für Arbeit und Soziales teilt den Tarifvertragsparteien und den obersten Arbeitsbehörden der Länder, auf deren Bereich sich der Tarifvertrag erstreckt, den Wortlaut der Bekanntmachung mit.

(2) Abweichend von den Vorschriften des Abs. 1 kann das Bundesministerium für Arbeit und Soziales einen Antrag auf Allgemeinverbindlicherklärung abweisen, wenn die Voraussetzungen des § 5 Abs. 1 TVG offensichtlich nicht vorliegen.

§ 5

Ist ein Antrag auf Allgemeinverbindlicherklärung bekanntgemacht worden, so können Arbeitgeber und Arbeitnehmer, die von der Allgemeinverbindlicherklärung betroffen werden würden, von einer der Tarifvertragsparteien eine Abschrift des Tarifvertrages gegen Erstattung der Selbstkosten verlangen. Ist die Allgemeinverbindlicherklärung eines Änderungstarifvertrages beantragt worden, so ist auch eine Abschrift des geänderten Tarifvertrages zu übersenden. Selbstkosten sind die Papier- und Vervielfältigungs- oder Druckkosten sowie das Übersendungsporto.

§ 6

(1) Das Bundesministerium für Arbeit und Soziales beruft den Tarifausschuss zu einer Verhandlung über den Antrag auf Allgemeinverbindlicherklärung ein und macht den Zeitpunkt der Verhandlung im Bundesanzeiger bekannt. Der Zeitpunkt der Verhandlung muss nach Ablauf der Frist zur Stellungnahme (§ 4 Abs. 1 Satz 2) liegen.

(2) Das Bundesministerium für Arbeit und Soziales gibt den Mitgliedern des Tarifausschusses von den Stellungnahmen Kenntnis.

(3) Den in § 5 Abs. 2 TVG Genannten ist in der Verhandlung Gelegenheit zur Äußerung zu geben; der Tarifausschuss kann Äußerungen anderer zulassen. Die Äußerung in der Verhandlung setzt eine vorherige schriftliche Stellungnahme nicht voraus.

§ 7

Die Allgemeinverbindlicherklärung bedarf des Einvernehmens mit dem Tarifausschuss. Mit der Allgemeinverbindlicherklärung bestimmt das Bundesministerium für Arbeit und Soziales im Benehmen mit dem Tarifausschuss den Zeitpunkt des Beginns der Allgemeinverbindlichkeit. Dieser liegt, sofern es sich nicht um die Erneuerung oder Änderung eines bereits für allgemeinverbindlich erklärten Tarifvertrages handelt, in aller Regel nicht vor dem Tage der Bekanntmachung des Antrages.

§ 8

Das Bundesministerium für Arbeit und Soziales teilt seine Entscheidung über den Antrag den Tarifvertragsparteien, im Falle der Ablehnung auch den Mitgliedern des Tarifausschusses, die bei der Verhandlung über den Antrag mitgewirkt haben, mit. Die ablehnende Entscheidung ist zu begründen.

§ 9

(1) Arbeitgeber und Arbeitnehmer, für die der Tarifvertrag infolge der Allgemeinverbindlicherklärung verbindlich ist, können von einer der Tarifvertragsparteien eine Abschrift des Tarifvertrages gegen Erstattung der Selbstkosten verlangen. § 5 Satz 2 und 3 gilt entsprechend.

(2) Die in Abs. 1 genannten Arbeitgeber haben die für allgemeinverbindlich erklärten Tarifverträge an geeigneter Stelle im Betrieb auszulegen.

§ 10

Erwägt das Bundesministerium für Arbeit und Soziales die Aufhebung der Allgemeinverbindlichkeit eines Tarifvertrages, so gibt es den Tarifvertragsparteien und den obersten Arbeitsbehörden der Länder, auf deren Bereich sich der Tarifvertrag erstreckt, innerhalb einer bestimmten Frist Gelegenheit zur schriftlichen Stellungnahme. § 4 Abs. 1 und die §§ 6 bis 8 gelten sinngemäß.

§ 11

Die Allgemeinverbindlicherklärung, die Rücknahme oder Ablehnung des Antrages auf Allgemeinverbindlicherklärung, die Aufhebung der Allgemeinverbindlichkeit sowie Mitteilungen der Tarifvertragsparteien über das Außerkrafttreten und über die Änderung allgemeinverbindlicher Tarifverträge werden vom Bundesministerium für Arbeit und Soziales im Bundesanzeiger bekanntgemacht. Die Mitteilung über das Außerkrafttreten eines allgemeinverbindlichen Tarifvertrages braucht nicht bekanntgemacht zu werden, wenn der Tarifvertrag nur für eine bestimmte Zeit abgeschlossen war und diese Tatsache mit der Allgemeinverbindlicherklärung bekanntgemacht worden ist.

§ 12

Das Bundesministerium für Arbeit und Soziales kann der obersten Arbeitsbehörde eines Landes für dessen Bereich das Recht zur Allgemeinverbindlicherklärung oder zur Aufhebung der Allgemeinverbindlichkeit eines Tarifvertrages mit regional begrenztem Geltungsbereich übertragen. Die Vorschriften der §§ 1 bis 11 gelten sinngemäß.

Dritter Abschnitt
Aufhebung von Tarifordnungen und Anordnungen

§ 13

Das Bundesministerium für Arbeit und Soziales soll vor der Aufhebung einer Tarifordnung oder einer Anordnung (§ 10 Abs. 2 TVG) die obersten Arbeitsbehörden der Länder, auf deren Bereich sich die Tarifordnung oder Anordnung erstreckt, sowie den Tarifausschuss hören. Es macht die Aufhebung im Bundesanzeiger bekannt.

Vierter Abschnitt
Tarifregister

§ 14

(1) Beim Bundesministerium für Arbeit und Soziales kann ein Tarifarchiv auch in elektronischer Form geführt werden. Die Pflicht zur Übersendung von Tarifverträgen ist auch erfüllt, wenn ein Tarifvertrag als elektronisches Dokument eingereicht wird. Dem elektronischen Dokument ist eine Erklärung beizufügen, dass das elektronisch eingereichte Dokument mit der Urschrift des Tarifvertrages oder seinen Änderungen übereinstimmt, und die Erklärung ist mit einer qualifizierten elektronischen Signatur zu versehen oder mittels Versandart nach § 5 Abs. 5 des De-Mail-Gesetzes zu übersenden. In Schriftform vorliegende Tarifverträge werden seitens des Bundesministeriums für Arbeit und Soziales in eine elektronische, im Volltext durchsuchbare Form umgewandelt.

(2) Bei der Eintragung des Abschlusses von Tarifverträgen in das Tarifregister werden die Tarifverträge durch die Angabe der Tarifvertragsparteien, des Geltungsbereichs sowie des Zeitpunktes ihres Abschlusses und ihres Inkrafttretens bezeichnet.

§ 15

(1) Das Bundesministerium für Arbeit und Soziales benachrichtigt die Tarifvertragsparteien von der Eintragung der Allgemeinverbindlicherklärung, der Aufhe-

bung der Allgemeinverbindlichkeit sowie von der Eintragung ihrer Mitteilungen über das Außerkrafttreten und über die Änderung allgemeinverbindlicher Tarifverträge.

(2) Die Bekanntmachungen nach § 4 Abs. 1 und § 11 sollen im Tarifregister vermerkt werden.

§ 16

Die Einsicht des Tarifregisters sowie der registrierten Tarifverträge ist jedem gestattet. Das Bundesministerium für Arbeit und Soziales erteilt auf Anfrage Auskunft über die Eintragungen. Die Einsichtnahme ist einzuschränken oder zu verwehren, wenn Anhaltspunkte dafür bestehen, dass der betreffende Tarifvertrag Geschäftsgeheimnisse oder personenbezogene Daten beinhaltet.

Fünfter Abschnitt
Kosten

§ 17

Das Verfahren bei der Allgemeinverbindlicherklärung und bei der Beendigung der Allgemeinverbindlichkeit von Tarifverträgen ist kostenfrei.

Sechster Abschnitt
Schlussbestimmungen

§ 18

(1) Diese Verordnung tritt am Tage nach ihrer Verkündung in Kraft.

(2) Die Verordnung zur Durchführung des Tarifvertragsgesetzes vom 7. Juni 1949 (Gesetzblatt der Verwaltung des Vereinigten Wirtschaftsgebietes S. 89), geändert durch die Verordnung zur Änderung der Verordnung zur Durchführung des Tarifvertragsgesetzes vom 12. April 1967 (BGBl. I S. 478), tritt mit Inkrafttreten dieser Verordnung außer Kraft.

Betriebsverfassungsgesetz (BetrVG)

vom 25. September 2001
(BGBl. I 2001, S. 2518)

in der Fassung vom 20. Mai 2020
(BGBl. I 2020, S. 1044)

§ 1
Errichtung von Betriebsräten

(1) In Betrieben mit in der Regel mindestens fünf ständigen wahlberechtigten Arbeitnehmern, von denen drei wählbar sind, werden Betriebsräte gewählt. Dies gilt auch für gemeinsame Betriebe mehrerer Unternehmen.

(2) Ein gemeinsamer Betrieb mehrerer Unternehmen wird vermutet, wenn

1. zur Verfolgung arbeitstechnischer Zwecke die Betriebsmittel sowie die Arbeitnehmer von den Unternehmen gemeinsam eingesetzt werden oder
2. die Spaltung eines Unternehmens zur Folge hat, dass von einem Betrieb ein oder mehrere Betriebsteile einem an der Spaltung beteiligten anderen Unternehmen zugeordnet werden, ohne dass sich dabei die Organisation des betroffenen Betriebs wesentlich ändert.

§ 2
Stellung der Gewerkschaften und Vereinigungen der Arbeitgeber

(1) Arbeitgeber und Betriebsrat arbeiten unter Beachtung der geltenden Tarifverträge vertrauensvoll und im Zusammenwirken mit den im Betrieb vertretenen Gewerkschaften und Arbeitgebervereinigungen zum Wohl der Arbeitnehmer und des Betriebs zusammen.

(2) Zur Wahrnehmung der in diesem Gesetz genannten Aufgaben und Befugnisse der im Betrieb vertretenen Gewerkschaften ist deren Beauftragten nach Unterrichtung des Arbeitgebers oder seines Vertreters Zugang zum Betrieb zu gewähren, soweit dem nicht unumgängliche Notwendigkeiten des Betriebsablaufs, zwingende Sicherheitsvorschriften oder der Schutz von Betriebsgeheimnissen entgegenstehen.

(3) Die Aufgaben der Gewerkschaften und der Vereinigungen der Arbeitgeber, insbesondere die Wahrnehmung der Interessen ihrer Mitglieder, werden durch dieses Gesetz nicht berührt.

§ 3
Abweichende Regelungen

(1) Durch Tarifvertrag können bestimmt werden:

1. für Unternehmen mit mehreren Betrieben
   a) die Bildung eines unternehmenseinheitlichen Betriebsrats oder
   b) die Zusammenfassung von Betrieben,

   wenn dies die Bildung von Betriebsräten erleichtert oder einer sachgerechten Wahrnehmung der Interessen der Arbeitnehmer dient;
2. für Unternehmen und Konzerne, soweit sie nach produkt- oder projektbezogenen Geschäftsbereichen (Sparten) organisiert sind und die Leitung der Sparte auch Entscheidungen in beteiligungspflichtigen Angelegenheiten trifft, die Bildung von Betriebsräten in den Sparten (Spartenbetriebsräte), wenn dies der sachgerechten Wahrnehmung der Aufgaben des Betriebsrats dient;
3. andere Arbeitnehmervertretungsstrukturen, soweit dies insbesondere aufgrund der Betriebs-, Unternehmens- oder Konzernorganisation oder aufgrund anderer Formen der Zusammenarbeit von Unternehmen einer wirksamen und zweckmäßigen Interessenvertretung der Arbeitnehmer dient;
4. zusätzliche betriebsverfassungsrechtliche Gremien (Arbeitsgemeinschaften), die der unternehmensübergreifenden Zusammenarbeit von Arbeitnehmervertretungen dienen;
5. zusätzliche betriebsverfassungsrechtliche Vertretungen der Arbeitnehmer, die die Zusammenarbeit zwischen Betriebsrat und Arbeitnehmern erleichtern.

(2) Besteht in den Fällen des Abs. 1 Nr. 1, 2, 4 oder 5 keine tarifliche Regelung und gilt auch kein anderer Tarifvertrag, kann die Regelung durch Betriebsvereinbarung getroffen werden.

(3) Besteht im Fall des Abs. 1 Nr. 1 Buchst. a) keine tarifliche Regelung und besteht in dem Unternehmen kein Betriebsrat, können die Arbeitnehmer mit Stimmenmehrheit die Wahl eines unternehmenseinheitlichen Betriebsrats beschließen. Die Abstimmung kann von mindestens drei wahlberechtigten Arbeitnehmern des Unternehmens oder einer im Unternehmen vertretenen Gewerkschaft veranlasst werden.

(4) Sofern der Tarifvertrag oder die Betriebsvereinbarung nichts anderes bestimmt, sind Regelungen nach Abs. 1 Nr. 1 bis 3 erstmals bei der nächsten regelmäßigen Betriebsratswahl anzuwenden, es sei denn, es besteht kein Betriebsrat oder es ist aus anderen Gründen eine Neuwahl des Betriebsrats erforderlich. Sieht der Tarifvertrag oder die Betriebsvereinbarung einen anderen Wahlzeitpunkt vor, endet die Amtszeit bestehender Betriebsräte, die durch die Regelungen nach Abs. 1 Nr. 1 bis 3 entfallen, mit Bekanntgabe des Wahlergebnisses.

(5) Die aufgrund eines Tarifvertrages oder einer Betriebsvereinbarung nach Abs. 1 Nr. 1 bis 3 gebildeten betriebsverfassungsrechtlichen Organisationseinheiten gelten als Betriebe im Sinne dieses Gesetzes. Auf die in ihnen gebildeten Arbeitneh-

mervertretungen finden die Vorschriften über die Rechte und Pflichten des Betriebsrats und die Rechtsstellung seiner Mitglieder Anwendung.

§ 4
Betriebsteile, Kleinstbetriebe

(1) Betriebsteile gelten als selbständige Betriebe, wenn sie die Voraussetzungen des § 1 Abs. 1 Satz 1 erfüllen und

1. räumlich weit vom Hauptbetrieb entfernt oder
2. durch Aufgabenbereich und Organisation eigenständig sind.

Die Arbeitnehmer eines Betriebsteils, in dem kein eigener Betriebsrat besteht, können mit Stimmenmehrheit formlos beschließen, an der Wahl des Betriebsrats im Hauptbetrieb teilzunehmen; § 3 Abs. 3 Satz 2 gilt entsprechend. Die Abstimmung kann auch vom Betriebsrat des Hauptbetriebs veranlasst werden. Der Beschluss ist dem Betriebsrat des Hauptbetriebs spätestens zehn Wochen vor Ablauf seiner Amtszeit mitzuteilen. Für den Widerruf des Beschlusses gelten die Sätze 2 bis 4 entsprechend.

(2) Betriebe, die die Voraussetzungen des § 1 Abs. 1 Satz 1 nicht erfüllen, sind dem Hauptbetrieb zuzuordnen.

§ 5
Arbeitnehmer

(1) Arbeitnehmer (Arbeitnehmerinnen und Arbeitnehmer) im Sinne dieses Gesetzes sind Arbeiter und Angestellte einschließlich der zu ihrer Berufsausbildung Beschäftigten, unabhängig davon, ob sie im Betrieb, im Außendienst oder mit Telearbeit beschäftigt werden. Als Arbeitnehmer gelten auch die in Heimarbeit Beschäftigten, die in der Hauptsache für den Betrieb arbeiten. Als Arbeitnehmer gelten ferner Beamte (Beamtinnen und Beamte), Soldaten (Soldatinnen und Soldaten) sowie Arbeitnehmer des öffentlichen Dienstes einschließlich der zu ihrer Berufsausbildung Beschäftigten, die in Betrieben privatrechtlich organisierter Unternehmen tätig sind.

(2) Als Arbeitnehmer im Sinne dieses Gesetzes gelten nicht

1. in Betrieben einer juristischen Person die Mitglieder des Organs, das zur gesetzlichen Vertretung der juristischen Person berufen ist;
2. die Gesellschafter einer offenen Handelsgesellschaft oder die Mitglieder einer anderen Personengesamtheit, soweit sie durch Gesetz, Satzung oder Gesellschaftsvertrag zur Vertretung der Personengesamtheit oder zur Geschäftsführung berufen sind, in deren Betrieben;
3. Personen, deren Beschäftigung nicht in erster Linie ihrem Erwerb dient, sondern vorwiegend durch Beweggründe karitativer oder religiöser Art bestimmt ist;

4. Personen, deren Beschäftigung nicht in erster Linie ihrem Erwerb dient und die vorwiegend zu ihrer Heilung, Wiedereingewöhnung, sittlichen Besserung oder Erziehung beschäftigt werden;
5. der Ehegatte, der Lebenspartner, Verwandte und Verschwägerte ersten Grades, die in häuslicher Gemeinschaft mit dem Arbeitgeber leben.

(3) Dieses Gesetz findet, soweit in ihm nicht ausdrücklich etwas anderes bestimmt ist, keine Anwendung auf leitende Angestellte. Leitender Angestellter ist, wer nach Arbeitsvertrag und Stellung im Unternehmen oder im Betrieb

1. zur selbständigen Einstellung und Entlassung von im Betrieb oder in der Betriebsabteilung beschäftigten Arbeitnehmern berechtigt ist oder
2. Generalvollmacht oder Prokura hat und die Prokura auch im Verhältnis zum Arbeitgeber nicht unbedeutend ist oder
3. regelmäßig sonstige Aufgaben wahrnimmt, die für den Bestand und die Entwicklung des Unternehmens oder eines Betriebs von Bedeutung sind und deren Erfüllung besondere Erfahrungen und Kenntnisse voraussetzt, wenn er dabei entweder die Entscheidungen im Wesentlichen frei von Weisungen trifft oder sie maßgeblich beeinflusst; dies kann auch bei Vorgaben insbesondere aufgrund von Rechtsvorschriften, Plänen oder Richtlinien sowie bei Zusammenarbeit mit anderen leitenden Angestellten gegeben sein.

Für die in Abs. 1 Satz 3 genannten Beamten und Soldaten gelten die Sätze 1 und 2 entsprechend.

(4) Leitender Angestellter nach Abs. 3 Nr. 3 ist im Zweifel, wer

1. aus Anlass der letzten Wahl des Betriebsrats, des Sprecherausschusses oder von Aufsichtsratsmitgliedern der Arbeitnehmer oder durch rechtskräftige gerichtliche Entscheidung den leitenden Angestellten zugeordnet worden ist oder
2. einer Leitungsebene angehört, auf der in dem Unternehmen überwiegend leitende Angestellte vertreten sind, oder
3. ein regelmäßiges Jahresarbeitsentgelt erhält, das für leitende Angestellte in dem Unternehmen üblich ist, oder,
4. falls auch bei der Anwendung der Nr. 3 noch Zweifel bleiben, ein regelmäßiges Jahresarbeitsentgelt erhält, das das Dreifache der Bezugsgröße nach § 18 des Vierten Buches Sozialgesetzbuch überschreitet.

[…]

§ 7
Wahlberechtigung

Wahlberechtigt sind alle Arbeitnehmer des Betriebs, die das 18. Lebensjahr vollendet haben. Werden Arbeitnehmer eines anderen Arbeitgebers zur Arbeitsleistung überlassen, so sind diese wahlberechtigt, wenn sie länger als drei Monate im Betrieb eingesetzt werden.

§ 8
Wählbarkeit

(1) Wählbar sind alle Wahlberechtigten, die sechs Monate dem Betrieb angehören oder als in Heimarbeit Beschäftigte in der Hauptsache für den Betrieb gearbeitet haben. Auf diese sechsmonatige Betriebszugehörigkeit werden Zeiten angerechnet, in denen der Arbeitnehmer unmittelbar vorher einem anderen Betrieb desselben Unternehmens oder Konzerns (§ 18 Abs. 1 des Aktiengesetzes) angehört hat. Nicht wählbar ist, wer infolge strafgerichtlicher Verurteilung die Fähigkeit, Rechte aus öffentlichen Wahlen zu erlangen, nicht besitzt.

(2) Besteht der Betrieb weniger als sechs Monate, so sind abweichend von der Vorschrift in Abs. 1 über die sechsmonatige Betriebszugehörigkeit diejenigen Arbeitnehmer wählbar, die bei der Einleitung der Betriebsratswahl im Betrieb beschäftigt sind und die übrigen Voraussetzungen für die Wählbarkeit erfüllen.

§ 9
Zahl der Betriebsratsmitglieder

Der Betriebsrat besteht in Betrieben mit in der Regel

5 bis 20 wahlberechtigten Arbeitnehmern	aus einer Person,
21 bis 50 wahlberechtigten Arbeitnehmern	aus 3 Mitgliedern,
51 wahlberechtigten Arbeitnehmern bis 100 Arbeitnehmern	aus 5 Mitgliedern,
101 bis 200 Arbeitnehmern	aus 7 Mitgliedern,
201 bis 400 Arbeitnehmern	aus 9 Mitgliedern,
401 bis 700 Arbeitnehmern	aus 11 Mitgliedern,
701 bis 1.000 Arbeitnehmern	aus 13 Mitgliedern,
1.001 bis 1.500 Arbeitnehmern	aus 15 Mitgliedern,
1.501 bis 2.000 Arbeitnehmern	aus 17 Mitgliedern,
2.001 bis 2.500 Arbeitnehmern	aus 19 Mitgliedern,
2.501 bis 3.000 Arbeitnehmern	aus 21 Mitgliedern,
3.001 bis 3.500 Arbeitnehmern	aus 23 Mitgliedern,
3.501 bis 4.000 Arbeitnehmern	aus 25 Mitgliedern,
4.001 bis 4.500 Arbeitnehmern	aus 27 Mitgliedern,
4.501 bis 5.000 Arbeitnehmern	aus 29 Mitgliedern,
5.001 bis 6.000 Arbeitnehmern	aus 31 Mitgliedern,
6.001 bis 7.000 Arbeitnehmern	aus 33 Mitgliedern,
7.001 bis 9.000 Arbeitnehmern	aus 35 Mitgliedern.

In Betrieben mit mehr als 9.000 Arbeitnehmern erhöht sich die Zahl der Mitglieder des Betriebsrats für je angefangene weitere 3.000 Arbeitnehmer um 2 Mitglieder.

[...]

§ 13
Zeitpunkt der Betriebsratswahlen

(1) Die regelmäßigen Betriebsratswahlen finden alle vier Jahre in der Zeit vom 1. März bis 31. Mai statt. Sie sind zeitgleich mit den regelmäßigen Wahlen nach § 5 Abs. 1 des Sprecherausschussgesetzes einzuleiten.

(2) Außerhalb dieser Zeit ist der Betriebsrat zu wählen, wenn

1. mit Ablauf von 24 Monaten, vom Tage der Wahl an gerechnet, die Zahl der regelmäßig beschäftigten Arbeitnehmer um die Hälfte, mindestens aber um fünfzig, gestiegen oder gesunken ist,
2. die Gesamtzahl der Betriebsratsmitglieder nach Eintreten sämtlicher Ersatzmitglieder unter die vorgeschriebene Zahl der Betriebsratsmitglieder gesunken ist,
3. der Betriebsrat mit der Mehrheit seiner Mitglieder seinen Rücktritt beschlossen hat,
4. die Betriebsratswahl mit Erfolg angefochten worden ist,
5. der Betriebsrat durch eine gerichtliche Entscheidung aufgelöst ist oder
6. im Betrieb ein Betriebsrat nicht besteht.

(3) Hat außerhalb des für die regelmäßigen Betriebsratswahlen festgelegten Zeitraums eine Betriebsratswahl stattgefunden, so ist der Betriebsrat in dem auf die Wahl folgenden nächsten Zeitraum der regelmäßigen Betriebsratswahlen neu zu wählen. Hat die Amtszeit des Betriebsrats zu Beginn des für die regelmäßigen Betriebsratswahlen festgelegten Zeitraums noch nicht ein Jahr betragen, so ist der Betriebsrat in dem übernächsten Zeitraum der regelmäßigen Betriebsratswahlen neu zu wählen.

[...]

§ 21
Amtszeit

Die regelmäßige Amtszeit des Betriebsrats beträgt vier Jahre. Die Amtszeit beginnt mit der Bekanntgabe des Wahlergebnisses oder, wenn zu diesem Zeitpunkt noch ein Betriebsrat besteht, mit Ablauf von dessen Amtszeit. Die Amtszeit endet spätestens am 31. Mai des Jahres, in dem nach § 13 Abs. 1 die regelmäßigen Betriebsratswahlen stattfinden. In dem Fall des § 13 Abs. 3 Satz 2 endet die Amtszeit spätestens am 31. Mai des Jahres, in dem der Betriebsrat neu zu wählen ist. In den Fällen des § 13 Abs. 2 Nrn. 1 und 2 endet die Amtszeit mit der Bekanntgabe des Wahlergebnisses des neu gewählten Betriebsrats.

§ 21 a
Übergangsmandat

(1) Wird ein Betrieb gespalten, so bleibt dessen Betriebsrat im Amt und führt die Geschäfte für die ihm bislang zugeordneten Betriebsteile weiter, soweit sie die Voraussetzungen des § 1 Abs. 1 Satz 1 erfüllen und nicht in einen Betrieb eingegliedert werden, in dem ein Betriebsrat besteht (Übergangsmandat). Der Betriebsrat hat insbesondere unverzüglich Wahlvorstände zu bestellen. Das Übergangsmandat endet, sobald in den Betriebsteilen ein neuer Betriebsrat gewählt und das Wahlergebnis bekannt gegeben ist, spätestens jedoch sechs Monate nach Wirksamwerden der Spaltung. Durch Tarifvertrag oder Betriebsvereinbarung kann das Übergangsmandat um weitere sechs Monate verlängert werden.

(2) Werden Betriebe oder Betriebsteile zu einem Betrieb zusammengefasst, so nimmt der Betriebsrat des nach der Zahl der wahlberechtigten Arbeitnehmer größten Betriebs oder Betriebsteils das Übergangsmandat wahr. Abs. 1 gilt entsprechend.

(3) Die Abs. 1 und 2 gelten auch, wenn die Spaltung oder Zusammenlegung von Betrieben und Betriebsteilen im Zusammenhang mit einer Betriebsveräußerung oder einer Umwandlung nach dem Umwandlungsgesetz erfolgt.

[...]

§ 25
Ersatzmitglieder

(1) Scheidet ein Mitglied des Betriebsrats aus, so rückt ein Ersatzmitglied nach. Dies gilt entsprechend für die Stellvertretung eines zeitweilig verhinderten Mitglieds des Betriebsrats.

(2) Die Ersatzmitglieder werden unter Berücksichtigung des § 15 Abs. 2 der Reihe nach aus den nichtgewählten Arbeitnehmern derjenigen Vorschlagslisten entnommen, denen die zu ersetzenden Mitglieder angehören. Ist eine Vorschlagsliste erschöpft, so ist das Ersatzmitglied derjenigen Vorschlagsliste zu entnehmen, auf die nach den Grundsätzen der Verhältniswahl der nächste Sitz entfallen würde. Ist das ausgeschiedene oder verhinderte Mitglied nach den Grundsätzen der Mehrheitswahl gewählt, so bestimmt sich die Reihenfolge der Ersatzmitglieder unter Berücksichtigung des § 15 Abs. 2 nach der Höhe der erreichten Stimmenzahlen.

[...]

§ 30
Betriebsratssitzungen

Die Sitzungen des Betriebsrats finden in der Regel während der Arbeitszeit statt. Der Betriebsrat hat bei der Ansetzung von Betriebsratssitzungen auf die betrieblichen Notwendigkeiten Rücksicht zu nehmen. Der Arbeitgeber ist vom Zeitpunkt der Sitzung vorher zu verständigen. Die Sitzungen des Betriebsrats sind nicht öffentlich.

§ 31
Teilnahme der Gewerkschaften

Auf Antrag von einem Viertel der Mitglieder des Betriebsrats kann ein Beauftragter einer im Betriebsrat vertretenen Gewerkschaft an den Sitzungen beratend teilnehmen; in diesem Fall sind der Zeitpunkt der Sitzung und die Tagesordnung der Gewerkschaft rechtzeitig mitzuteilen.

[...]

§ 33
Beschlüsse des Betriebsrats

(1) Die Beschlüsse des Betriebsrats werden, soweit in diesem Gesetz nichts anderes bestimmt ist, mit der Mehrheit der Stimmen der anwesenden Mitglieder gefasst. Bei Stimmengleichheit ist ein Antrag abgelehnt.

(2) Der Betriebsrat ist nur beschlussfähig, wenn mindestens die Hälfte der Betriebsratsmitglieder an der Beschlussfassung teilnimmt; Stellvertretung durch Ersatzmitglieder ist zulässig.

(3) Nimmt die Jugend- und Auszubildendenvertretung an der Beschlussfassung teil, so werden die Stimmen der Jugend- und Auszubildendenvertreter bei der Feststellung der Stimmenmehrheit mitgezählt.

[...]

§ 37
Ehrenamtliche Tätigkeit, Arbeitsversäumnis

(1) Die Mitglieder des Betriebsrats führen ihr Amt unentgeltlich als Ehrenamt.

(2) Mitglieder des Betriebsrats sind von ihrer beruflichen Tätigkeit ohne Minderung des Arbeitsentgelts zu befreien, wenn und soweit es nach Umfang und Art des Betriebs zur ordnungsgemäßen Durchführung ihrer Aufgaben erforderlich ist.

(3) Zum Ausgleich für Betriebsratstätigkeit, die aus betriebsbedingten Gründen außerhalb der Arbeitszeit durchzuführen ist, hat das Betriebsratsmitglied Anspruch auf entsprechende Arbeitsbefreiung unter Fortzahlung des Arbeitsentgelts. Betriebsbedingte Gründe liegen auch vor, wenn die Betriebsratstätigkeit wegen der unterschiedlichen Arbeitszeiten der Betriebsratsmitglieder nicht innerhalb der persönlichen Arbeitszeit erfolgen kann. Die Arbeitsbefreiung ist vor Ablauf eines Monats zu gewähren; ist dies aus betriebsbedingten Gründen nicht möglich, so ist die aufgewendete Zeit wie Mehrarbeit zu vergüten.

(4) Das Arbeitsentgelt von Mitgliedern des Betriebsrats darf einschließlich eines Zeitraums von einem Jahr nach Beendigung der Amtszeit nicht geringer bemessen werden als das Arbeitsentgelt vergleichbarer Arbeitnehmer mit betriebsüblicher beruflicher Entwicklung. Dies gilt auch für allgemeine Zuwendungen des Arbeitgebers.

(5) Soweit nicht zwingende betriebliche Notwendigkeiten entgegenstehen, dürfen Mitglieder des Betriebsrats einschließlich eines Zeitraums von einem Jahr nach Beendigung der Amtszeit nur mit Tätigkeiten beschäftigt werden, die den Tätigkeiten der in Abs. 4 genannten Arbeitnehmer gleichwertig sind.

(6) Die Abs. 2 und 3 gelten entsprechend für die Teilnahme an Schulungs- und Bildungsveranstaltungen, soweit diese Kenntnisse vermitteln, die für die Arbeit des Betriebsrats erforderlich sind. Betriebsbedingte Gründe im Sinne des Abs. 3 liegen auch vor, wenn wegen Besonderheiten der betrieblichen Arbeitszeitgestaltung die Schulung des Betriebsratsmitglieds außerhalb seiner Arbeitszeit erfolgt; in diesem Fall ist der Umfang des Ausgleichsanspruchs unter Einbeziehung der Arbeitsbefreiung nach Abs. 2 pro Schulungstag begrenzt auf die Arbeitszeit eines vollzeitbeschäftigten Arbeitnehmers. Der Betriebsrat hat bei der Festlegung der zeitlichen Lage der Teilnahme an Schulungs- und Bildungsveranstaltungen die betrieblichen Notwendigkeiten zu berücksichtigen. Er hat dem Arbeitgeber die Teilnahme und die zeitliche Lage der Schulungs- und Bildungsveranstaltungen rechtzeitig bekannt zu geben. Hält der Arbeitgeber die betrieblichen Notwendigkeiten für nicht ausreichend berücksichtigt, so kann er die Einigungsstelle anrufen. Der Spruch der Einigungsstelle ersetzt die Einigung zwischen Arbeitgeber und Betriebsrat.

(7) Unbeschadet der Vorschrift des Abs. 6 hat jedes Mitglied des Betriebsrats während seiner regelmäßigen Amtszeit Anspruch auf bezahlte Freistellung für insgesamt drei Wochen zur Teilnahme an Schulungs- und Bildungsveranstaltungen, die von der zuständigen obersten Arbeitsbehörde des Landes nach Beratung mit den Spitzenorganisationen der Gewerkschaften und der Arbeitgeberverbände als geeignet anerkannt sind. Der Anspruch nach Satz 1 erhöht sich für Arbeitnehmer, die erstmals das Amt eines Betriebsratsmitglieds übernehmen und auch nicht zuvor Jugend- und Auszubildendenvertreter waren, auf vier Wochen. Abs. 6 Satz 2 bis 6 findet Anwendung.

§ 38
Freistellungen

(1) Von ihrer beruflichen Tätigkeit sind mindestens freizustellen in Betrieben mit in der Regel

200 bis	500 Arbeitnehmern	ein Betriebsratsmitglied,
501 bis	900 Arbeitnehmern	2 Betriebsratsmitglieder,
901 bis	1.500 Arbeitnehmern	3 Betriebsratsmitglieder,
1.501 bis	2.000 Arbeitnehmern	4 Betriebsratsmitglieder,
2.001 bis	3.000 Arbeitnehmern	5 Betriebsratsmitglieder,
3.001 bis	4.000 Arbeitnehmern	6 Betriebsratsmitglieder,
4.001 bis	5.000 Arbeitnehmern	7 Betriebsratsmitglieder,
5.001 bis	6.000 Arbeitnehmern	8 Betriebsratsmitglieder,
6.001 bis	7.000 Arbeitnehmern	9 Betriebsratsmitglieder,
7.001 bis	8.000 Arbeitnehmern	10 Betriebsratsmitglieder,
8.001 bis	9.000 Arbeitnehmern	11 Betriebsratsmitglieder,
9.001 bis	10.000 Arbeitnehmern	12 Betriebsratsmitglieder.

In Betrieben mit über 10.000 Arbeitnehmern ist für je angefangene weitere 2.000 Arbeitnehmer ein weiteres Betriebsratsmitglied freizustellen. Freistellungen können auch in Form von Teilfreistellungen erfolgen. Diese dürfen zusammengenommen nicht den Umfang der Freistellungen nach den Sätzen 1 und 2 überschreiten. Durch Tarifvertrag oder Betriebsvereinbarung können anderweitige Regelungen über die Freistellung vereinbart werden.

(2) Die freizustellenden Betriebsratsmitglieder werden nach Beratung mit dem Arbeitgeber vom Betriebsrat aus seiner Mitte in geheimer Wahl und nach den Grundsätzen der Verhältniswahl gewählt. Wird nur ein Wahlvorschlag gemacht, so erfolgt die Wahl nach den Grundsätzen der Mehrheitswahl; ist nur ein Betriebsratsmitglied freizustellen, so wird dieses mit einfacher Stimmenmehrheit gewählt. Der Betriebsrat hat die Namen der Freizustellenden dem Arbeitgeber bekannt zu geben. Hält der Arbeitgeber eine Freistellung für sachlich nicht vertretbar, so kann er innerhalb einer Frist von zwei Wochen nach der Bekanntgabe die Einigungsstelle anrufen. Der Spruch der Einigungsstelle ersetzt die Einigung zwischen Arbeitgeber und Betriebsrat. Bestätigt die Einigungsstelle die Bedenken des Arbeitgebers, so hat sie bei der Bestimmung eines anderen freizustellenden Betriebsratsmitglieds auch den Minderheitenschutz im Sinne des Satzes 1 zu beachten. Ruft der Arbeitgeber die Einigungsstelle nicht an, so gilt sein Einverständnis mit den Freistellungen nach Ablauf der zweiwöchigen Frist als erteilt. Für die Abberufung gilt § 27 Abs. 1 Satz 5 entsprechend.

(3) Der Zeitraum für die Weiterzahlung des nach § 37 Abs. 4 zu bemessenden Arbeitsentgelts und für die Beschäftigung nach § 37 Abs. 5 erhöht sich für Mitglieder des Betriebsrats, die drei volle aufeinanderfolgende Amtszeiten freigestellt waren, auf zwei Jahre nach Ablauf der Amtszeit.

(4) Freigestellte Betriebsratsmitglieder dürfen von inner- und außerbetrieblichen Maßnahmen der Berufsbildung nicht ausgeschlossen werden. Innerhalb eines Jahres nach Beendigung der Freistellung eines Betriebsratsmitglieds ist diesem im Rahmen der Möglichkeiten des Betriebs Gelegenheit zu geben, eine wegen der Freistellung unterbliebene betriebsübliche berufliche Entwicklung nachzuholen. Für Mitglieder des Betriebsrats, die drei volle aufeinanderfolgende Amtszeiten freigestellt waren, erhöht sich der Zeitraum nach Satz 2 auf zwei Jahre.

[...]

§ 40
Kosten und Sachaufwand des Betriebsrats

(1) Die durch die Tätigkeit des Betriebsrats entstehenden Kosten trägt der Arbeitgeber.

(2) Für die Sitzungen, die Sprechstunden und die laufende Geschäftsführung hat der Arbeitgeber in erforderlichem Umfang Räume, sachliche Mittel, Informations- und Kommunikationstechnik sowie Büropersonal zur Verfügung zu stellen.

[...]

§ 42
Zusammensetzung, Teilversammlung, Abteilungsversammlung

(1) Die Betriebsversammlung besteht aus den Arbeitnehmern des Betriebs; sie wird von dem Vorsitzenden des Betriebsrats geleitet. Sie ist nicht öffentlich. Kann wegen der Eigenart des Betriebs eine Versammlung aller Arbeitnehmer zum gleichen Zeitpunkt nicht stattfinden, so sind Teilversammlungen durchzuführen.

(2) Arbeitnehmer organisatorisch oder räumlich abgegrenzter Betriebsteile sind vom Betriebsrat zu Abteilungsversammlungen zusammenzufassen, wenn dies für die Erörterung der besonderen Belange der Arbeitnehmer erforderlich ist. Die Abteilungsversammlung wird von einem Mitglied des Betriebsrats geleitet, das möglichst einem beteiligten Betriebsteil als Arbeitnehmer angehört. Abs. 1 Satz 2 und 3 gilt entsprechend.

[...]

§ 46
Beauftragte der Verbände

(1) An den Betriebs- oder Abteilungsversammlungen können Beauftragte der im Betrieb vertretenen Gewerkschaften beratend teilnehmen. Nimmt der Arbeitge-

ber an Betriebs- oder Abteilungsversammlungen teil, so kann er einen Beauftragten der Vereinigung der Arbeitgeber, der er angehört, hinzuziehen.

(2) Der Zeitpunkt und die Tagesordnung der Betriebs- oder Abteilungsversammlungen sind den im Betriebsrat vertretenen Gewerkschaften rechtzeitig schriftlich mitzuteilen.

[...]

§ 74
Grundsätze für die Zusammenarbeit

(1) Arbeitgeber und Betriebsrat sollen mindestens einmal im Monat zu einer Besprechung zusammentreten. Sie haben über strittige Fragen mit dem ernsten Willen zur Einigung zu verhandeln und Vorschläge für die Beilegung von Meinungsverschiedenheiten zu machen.

(2) Maßnahmen des Arbeitskampfes zwischen Arbeitgeber und Betriebsrat sind unzulässig; Arbeitskämpfe tariffähiger Parteien werden hierdurch nicht berührt. Arbeitgeber und Betriebsrat haben Betätigungen zu unterlassen, durch die der Arbeitsablauf oder der Frieden des Betriebs beeinträchtigt werden. Sie haben jede parteipolitische Betätigung im Betrieb zu unterlassen; die Behandlung von Angelegenheiten tarifpolitischer, sozialpolitischer, umweltpolitischer und wirtschaftlicher Art, die den Betrieb oder seine Arbeitnehmer unmittelbar betreffen, wird hierdurch nicht berührt.

(3) Arbeitnehmer, die im Rahmen dieses Gesetzes Aufgaben übernehmen, werden hierdurch in der Betätigung für ihre Gewerkschaft auch im Betrieb nicht beschränkt.

§ 75
Grundsätze für die Behandlung der Betriebsangehörigen

(1) Arbeitgeber und Betriebsrat haben darüber zu wachen, dass alle im Betrieb tätigen Personen nach den Grundsätzen von Recht und Billigkeit behandelt werden, insbesondere, dass jede Benachteiligung von Personen aus Gründen ihrer Rasse oder wegen ihrer ethnischen Herkunft, ihrer Abstammung oder sonstigen Herkunft, ihrer Nationalität, ihrer Religion oder Weltanschauung, ihrer Behinderung, ihres Alters, ihrer politischen oder gewerkschaftlichen Betätigung oder Einstellung oder wegen ihres Geschlechts oder ihrer sexuellen Identität unterbleibt.

(2) Arbeitgeber und Betriebsrat haben die freie Entfaltung der Persönlichkeit der im Betrieb beschäftigten Arbeitnehmer zu schützen und zu fördern. Sie haben die Selbständigkeit und Eigeninitiative der Arbeitnehmer und Arbeitsgruppen zu fördern.

§ 76
Einigungsstelle

(1) Zur Beilegung von Meinungsverschiedenheiten zwischen Arbeitgeber und Betriebsrat, Gesamtbetriebsrat oder Konzernbetriebsrat ist bei Bedarf eine Einigungsstelle zu bilden. Durch Betriebsvereinbarung kann eine ständige Einigungsstelle errichtet werden.

(2) Die Einigungsstelle besteht aus einer gleichen Anzahl von Beisitzern, die vom Arbeitgeber und Betriebsrat bestellt werden, und einem unparteiischen Vorsitzenden, auf dessen Person sich beide Seiten einigen müssen. Kommt eine Einigung über die Person des Vorsitzenden nicht zustande, so bestellt ihn das Arbeitsgericht. Dieses entscheidet auch, wenn kein Einverständnis über die Zahl der Beisitzer erzielt wird.

(3) Die Einigungsstelle hat unverzüglich tätig zu werden. Sie fasst ihre Beschlüsse nach mündlicher Beratung mit Stimmenmehrheit. Bei der Beschlussfassung hat sich der Vorsitzende zunächst der Stimme zu enthalten; kommt eine Stimmenmehrheit nicht zustande, so nimmt der Vorsitzende nach weiterer Beratung an der erneuten Beschlussfassung teil. Die Beschlüsse der Einigungsstelle sind schriftlich niederzulegen, vom Vorsitzenden zu unterschreiben und Arbeitgeber und Betriebsrat zuzuleiten.

(4) Durch Betriebsvereinbarung können weitere Einzelheiten des Verfahrens vor der Einigungsstelle geregelt werden.

(5) In den Fällen, in denen der Spruch der Einigungsstelle die Einigung zwischen Arbeitgeber und Betriebsrat ersetzt, wird die Einigungsstelle auf Antrag einer Seite tätig. Benennt eine Seite keine Mitglieder oder bleiben die von einer Seite genannten Mitglieder trotz rechtzeitiger Einladung der Sitzung fern, so entscheiden der Vorsitzende und die erschienenen Mitglieder nach Maßgabe des Abs. 3 allein. Die Einigungsstelle fasst ihre Beschlüsse unter angemessener Berücksichtigung der Belange des Betriebs und der betroffenen Arbeitnehmer nach billigem Ermessen. Die Überschreitung der Grenzen des Ermessens kann durch den Arbeitgeber oder den Betriebsrat nur binnen einer Frist von zwei Wochen, vom Tage der Zuleitung des Beschlusses an gerechnet, beim Arbeitsgericht geltend gemacht werden.

(6) Im Übrigen wird die Einigungsstelle nur tätig, wenn beide Seiten es beantragen oder mit ihrem Tätigwerden einverstanden sind. In diesen Fällen ersetzt ihr Spruch die Einigung zwischen Arbeitgeber und Betriebsrat nur, wenn beide Seiten sich dem Spruch im Voraus unterworfen oder ihn nachträglich angenommen haben.

(7) Soweit nach anderen Vorschriften der Rechtsweg gegeben ist, wird er durch den Spruch der Einigungsstelle nicht ausgeschlossen.

(8) Durch Tarifvertrag kann bestimmt werden, dass an die Stelle der in Abs. 1 bezeichneten Einigungsstelle eine tarifliche Schlichtungsstelle tritt.

§ 76a
Kosten der Einigungsstelle

(1) Die Kosten der Einigungsstelle trägt der Arbeitgeber.

[...]

§ 77
Durchführung gemeinsamer Beschlüsse, Betriebsvereinbarungen

(1) Vereinbarungen zwischen Betriebsrat und Arbeitgeber, auch soweit sie auf einem Spruch der Einigungsstelle beruhen, führt der Arbeitgeber durch, es sei denn, dass im Einzelfall etwas anderes vereinbart ist. Der Betriebsrat darf nicht durch einseitige Handlungen in die Leitung des Betriebs eingreifen.

(2) Betriebsvereinbarungen sind von Betriebsrat und Arbeitgeber gemeinsam zu beschließen und schriftlich niederzulegen. Sie sind von beiden Seiten zu unterzeichnen; dies gilt nicht, soweit Betriebsvereinbarungen auf einem Spruch der Einigungsstelle beruhen. Der Arbeitgeber hat die Betriebsvereinbarungen an geeigneter Stelle im Betrieb auszulegen.

(3) Arbeitsentgelte und sonstige Arbeitsbedingungen, die durch Tarifvertrag geregelt sind oder üblicherweise geregelt werden, können nicht Gegenstand einer Betriebsvereinbarung sein. Dies gilt nicht, wenn ein Tarifvertrag den Abschluss ergänzender Betriebsvereinbarungen ausdrücklich zulässt.

(4) Betriebsvereinbarungen gelten unmittelbar und zwingend. Werden Arbeitnehmern durch die Betriebsvereinbarung Rechte eingeräumt, so ist ein Verzicht auf sie nur mit Zustimmung des Betriebsrats zulässig. Die Verwirkung dieser Rechte ist ausgeschlossen. Ausschlussfristen für ihre Geltendmachung sind nur insoweit zulässig, als sie in einem Tarifvertrag oder einer Betriebsvereinbarung vereinbart werden; dasselbe gilt für die Abkürzung der Verjährungsfristen.

(5) Betriebsvereinbarungen können, soweit nichts anderes vereinbart ist, mit einer Frist von drei Monaten gekündigt werden.

(6) Nach Ablauf einer Betriebsvereinbarung gelten ihre Regelungen in Angelegenheiten, in denen ein Spruch der Einigungsstelle die Einigung zwischen Arbeitgeber und Betriebsrat ersetzen kann, weiter, bis sie durch eine andere Abmachung ersetzt werden.

[...]

§ 79
Geheimhaltungspflicht

(1) Die Mitglieder und Ersatzmitglieder des Betriebsrats sind verpflichtet, Betriebs- oder Geschäftsgeheimnisse, die ihnen wegen ihrer Zugehörigkeit zum

Betriebsrat bekannt geworden und vom Arbeitgeber ausdrücklich als geheimhaltungsbedürftig bezeichnet worden sind, nicht zu offenbaren und nicht zu verwerten. Dies gilt auch nach dem Ausscheiden aus dem Betriebsrat. Die Verpflichtung gilt nicht gegenüber Mitgliedern des Betriebsrats. Sie gilt ferner nicht gegenüber dem Gesamtbetriebsrat, dem Konzernbetriebsrat, der Bordvertretung, dem Seebetriebsrat und den Arbeitnehmervertretern im Aufsichtsrat sowie im Verfahren vor der Einigungsstelle, der tariflichen Schlichtungsstelle (§ 76 Abs. 8) oder einer betrieblichen Beschwerdestelle (§ 86).

(2) Abs. 1 gilt sinngemäß für die Mitglieder und Ersatzmitglieder des Gesamtbetriebsrats, des Konzernbetriebsrats, der Jugend- und Auszubildendenvertretung, der Gesamt-Jugend- und Auszubildendenvertretung, der Konzern-Jugend- und Auszubildendenvertretung, des Wirtschaftsausschusses, der Bordvertretung, des Seebetriebsrats, der gemäß § 3 Abs. 1 gebildeten Vertretungen der Arbeitnehmer, der Einigungsstelle, der tariflichen Schlichtungsstelle (§ 76 Abs. 8) und einer betrieblichen Beschwerdestelle (§ 86) sowie für die Vertreter von Gewerkschaften oder von Arbeitgebervereinigungen.

§ 80
Allgemeine Aufgaben

(1) Der Betriebsrat hat folgende allgemeine Aufgaben:

1. darüber zu wachen, dass die zugunsten der Arbeitnehmer geltenden Gesetze, Verordnungen, Unfallverhütungsvorschriften, Tarifverträge und Betriebsvereinbarungen durchgeführt werden;
2. Maßnahmen, die dem Betrieb und der Belegschaft dienen, beim Arbeitgeber zu beantragen;

2a. die Durchsetzung der tatsächlichen Gleichstellung von Frauen und Männern, insbesondere bei der Einstellung, Beschäftigung, Aus-, Fort- und Weiterbildung und dem beruflichen Aufstieg, zu fördern;

2b. die Vereinbarkeit von Familie und Erwerbstätigkeit zu fördern;

3. Anregungen von Arbeitnehmern und der Jugend- und Auszubildendenvertretung entgegenzunehmen und, falls sie berechtigt erscheinen, durch Verhandlungen mit dem Arbeitgeber auf eine Erledigung hinzuwirken; er hat die betreffenden Arbeitnehmer über den Stand und das Ergebnis der Verhandlungen zu unterrichten;
4. die Eingliederung schwerbehinderter Menschen einschließlich der Förderung des Abschlusses von Inklusionsvereinbarungen nach § 166 des Neunten Buches Sozialgesetzbuch und sonstiger besonders schutzbedürftiger Personen zu fördern;
5. die Wahl einer Jugend- und Auszubildendenvertretung vorzubereiten und durchzuführen und mit dieser zur Förderung der Belange der in § 60 Abs. 1 genannten Arbeitnehmer eng zusammenzuarbeiten; er kann von der Jugend- und Auszubildendenvertretung Vorschläge und Stellungnahmen anfordern;

6. die Beschäftigung älterer Arbeitnehmer im Betrieb zu fördern;
7. die Integration ausländischer Arbeitnehmer im Betrieb und das Verständnis zwischen ihnen und den deutschen Arbeitnehmern zu fördern, sowie Maßnahmen zur Bekämpfung von Rassismus und Fremdenfeindlichkeit im Betrieb zu beantragen;
8. die Beschäftigung im Betrieb zu fördern und zu sichern;
9. Maßnahmen des Arbeitsschutzes und des betrieblichen Umweltschutzes zu fördern.

(2) Zur Durchführung seiner Aufgaben nach diesem Gesetz ist der Betriebsrat rechtzeitig und umfassend vom Arbeitgeber zu unterrichten; die Unterrichtung erstreckt sich auch auf die Beschäftigung von Personen, die nicht in einem Arbeitsverhältnis zum Arbeitgeber stehen, und umfasst insbesondere den zeitlichen Umfang des Einsatzes, den Einsatzort und die Arbeitsaufgaben dieser Personen. Dem Betriebsrat sind auf Verlangen jederzeit die zur Durchführung seiner Aufgaben erforderlichen Unterlagen zur Verfügung zu stellen; in diesem Rahmen ist der Betriebsausschuss oder ein nach § 28 gebildeter Ausschuss berechtigt, in die Listen über die Bruttolöhne und -gehälter Einblick zu nehmen. Zu den erforderlichen Unterlagen gehören auch die Verträge, die der Beschäftigung der in Satz 1 genannten Personen zugrunde liegen. Soweit es zur ordnungsgemäßen Erfüllung der Aufgaben des Betriebsrats erforderlich ist, hat der Arbeitgeber ihm sachkundige Arbeitnehmer als Auskunftspersonen zur Verfügung zu stellen; er hat hierbei die Vorschläge des Betriebsrats zu berücksichtigen, soweit betriebliche Notwendigkeiten nicht entgegenstehen.

(3) Der Betriebsrat kann bei der Durchführung seiner Aufgaben nach näherer Vereinbarung mit dem Arbeitgeber Sachverständige hinzuziehen, soweit dies zur ordnungsgemäßen Erfüllung seiner Aufgaben erforderlich ist.

(4) Für die Geheimhaltungspflicht der Auskunftspersonen und der Sachverständigen gilt § 79 entsprechend.

[...]

§ 87
Mitbestimmungsrechte

(1) Der Betriebsrat hat, soweit eine gesetzliche oder tarifliche Regelung nicht besteht, in folgenden Angelegenheiten mitzubestimmen:

1. Fragen der Ordnung des Betriebs und des Verhaltens der Arbeitnehmer im Betrieb;
2. Beginn und Ende der täglichen Arbeitszeit einschließlich der Pausen sowie Verteilung der Arbeitszeit auf die einzelnen Wochentage;
3. vorübergehende Verkürzung oder Verlängerung der betriebsüblichen Arbeitszeit;
4. Zeit, Ort und Art der Auszahlung der Arbeitsentgelte;

5. Aufstellung allgemeiner Urlaubsgrundsätze und des Urlaubsplans sowie die Festsetzung der zeitlichen Lage des Urlaubs für einzelne Arbeitnehmer, wenn zwischen dem Arbeitgeber und den beteiligten Arbeitnehmern kein Einverständnis erzielt wird;
6. Einführung und Anwendung von technischen Einrichtungen, die dazu bestimmt sind, das Verhalten oder die Leistung der Arbeitnehmer zu überwachen;
7. Regelungen über die Verhütung von Arbeitsunfällen und Berufskrankheiten sowie über den Gesundheitsschutz im Rahmen der gesetzlichen Vorschriften oder der Unfallverhütungsvorschriften;
8. Form, Ausgestaltung und Verwaltung von Sozialeinrichtungen, deren Wirkungsbereich auf den Betrieb, das Unternehmen oder den Konzern beschränkt ist;
9. Zuweisung und Kündigung von Wohnräumen, die den Arbeitnehmern mit Rücksicht auf das Bestehen eines Arbeitsverhältnisses vermietet werden, sowie die allgemeine Festlegung der Nutzungsbedingungen;
10. Fragen der betrieblichen Lohngestaltung, insbesondere die Aufstellung von Entlohnungsgrundsätzen und die Einführung und Anwendung von neuen Entlohnungsmethoden sowie deren Änderung;
11. Festsetzung der Akkord- und Prämiensätze und vergleichbarer leistungsbezogener Entgelte, einschließlich der Geldfaktoren;
12. Grundsätze über das betriebliche Vorschlagswesen;
13. Grundsätze über die Durchführung von Gruppenarbeit; Gruppenarbeit im Sinne dieser Vorschrift liegt vor, wenn im Rahmen des betrieblichen Arbeitsablaufs eine Gruppe von Arbeitnehmern eine ihr übertragene Gesamtaufgabe im Wesentlichen eigenverantwortlich erledigt.

(2) Kommt eine Einigung über eine Angelegenheit nach Abs. 1 nicht zustande, so entscheidet die Einigungsstelle. Der Spruch der Einigungsstelle ersetzt die Einigung zwischen Arbeitgeber und Betriebsrat.

§ 88
Freiwillige Betriebsvereinbarungen

Durch Betriebsvereinbarung können insbesondere geregelt werden:

1. zusätzliche Maßnahmen zur Verhütung von Arbeitsunfällen und Gesundheitsschädigungen;

1 a. Maßnahmen des betrieblichen Umweltschutzes;

2. die Errichtung von Sozialeinrichtungen, deren Wirkungsbereich auf den Betrieb, das Unternehmen oder den Konzern beschränkt ist;
3. Maßnahmen zur Förderung der Vermögensbildung;
4. Maßnahmen zur Integration ausländischer Arbeitnehmer sowie zur Bekämpfung von Rassismus und Fremdenfeindlichkeit im Betrieb.

[...]

§ 92
Personalplanung

(1) Der Arbeitgeber hat den Betriebsrat über die Personalplanung, insbesondere über den gegenwärtigen und künftigen Personalbedarf sowie über die sich daraus ergebenden personellen Maßnahmen einschließlich der geplanten Beschäftigung von Personen, die nicht in einem Arbeitsverhältnis zum Arbeitgeber stehen, und Maßnahmen der Berufsbildung anhand von Unterlagen rechtzeitig und umfassend zu unterrichten. Er hat mit dem Betriebsrat über Art und Umfang der erforderlichen Maßnahmen und über die Vermeidung von Härten zu beraten.

(2) Der Betriebsrat kann dem Arbeitgeber Vorschläge für die Einführung einer Personalplanung und ihre Durchführung machen.

(3) Die Abs. 1 und 2 gelten entsprechend für Maßnahmen im Sinne des § 80 Abs. 1 Nrn. 2a und 2b, insbesondere für die Aufstellung und Durchführung von Maßnahmen zur Förderung der Gleichstellung von Frauen und Männern.

§ 92a
Beschäftigungssicherung

(1) Der Betriebsrat kann dem Arbeitgeber Vorschläge zur Sicherung und Förderung der Beschäftigung machen. Diese können insbesondere eine flexible Gestaltung der Arbeitszeit, die Förderung von Teilzeitarbeit und Altersteilzeit, neue Formen der Arbeitsorganisation, Änderungen der Arbeitsverfahren und Arbeitsabläufe, die Qualifizierung der Arbeitnehmer, Alternativen zur Ausgliederung von Arbeit oder ihrer Vergabe an andere Unternehmen sowie zum Produktions- und Investitionsprogramm zum Gegenstand haben.

(2) Der Arbeitgeber hat die Vorschläge mit dem Betriebsrat zu beraten. Hält der Arbeitgeber die Vorschläge des Betriebsrats für ungeeignet, hat er dies zu begründen; in Betrieben mit mehr als 100 Arbeitnehmern erfolgt die Begründung schriftlich. Zu den Beratungen kann der Arbeitgeber oder der Betriebsrat einen Vertreter der Bundesagentur für Arbeit hinzuziehen.

§ 93
Ausschreibung von Arbeitsplätzen

Der Betriebsrat kann verlangen, dass Arbeitsplätze, die besetzt werden sollen, allgemein oder für bestimmte Arten von Tätigkeiten vor ihrer Besetzung innerhalb des Betriebs ausgeschrieben werden.

[...]

§ 95
Auswahlrichtlinien

(1) Richtlinien über die personelle Auswahl bei Einstellungen, Versetzungen, Umgruppierungen und Kündigungen bedürfen der Zustimmung des Betriebsrats. Kommt eine Einigung über die Richtlinien oder ihren Inhalt nicht zustande, so entscheidet auf Antrag des Arbeitgebers die Einigungsstelle. Der Spruch der Einigungsstelle ersetzt die Einigung zwischen Arbeitgeber und Betriebsrat.

(2) In Betrieben mit mehr als 500 Arbeitnehmern kann der Betriebsrat die Aufstellung von Richtlinien über die bei Maßnahmen des Abs. 1 Satz 1 zu beachtenden fachlichen und persönlichen Voraussetzungen und sozialen Gesichtspunkte verlangen. Kommt eine Einigung über die Richtlinien oder ihren Inhalt nicht zustande, so entscheidet die Einigungsstelle. Der Spruch der Einigungsstelle ersetzt die Einigung zwischen Arbeitgeber und Betriebsrat.

(3) Versetzung im Sinne dieses Gesetzes ist die Zuweisung eines anderen Arbeitsbereichs, die voraussichtlich die Dauer von einem Monat überschreitet, oder die mit einer erheblichen Änderung der Umstände verbunden ist, unter denen die Arbeit zu leisten ist. Werden Arbeitnehmer nach der Eigenart ihres Arbeitsverhältnisses üblicherweise nicht ständig an einem bestimmten Arbeitsplatz beschäftigt, so gilt die Bestimmung des jeweiligen Arbeitsplatzes nicht als Versetzung.

[...]

§ 99
Mitbestimmung bei personellen Einzelmaßnahmen

(1) In Unternehmen mit in der Regel mehr als zwanzig wahlberechtigten Arbeitnehmern hat der Arbeitgeber den Betriebsrat vor jeder Einstellung, Eingruppierung, Umgruppierung und Versetzung zu unterrichten, ihm die erforderlichen Bewerbungsunterlagen vorzulegen und Auskunft über die Person der Beteiligten zu geben; er hat dem Betriebsrat unter Vorlage der erforderlichen Unterlagen Auskunft über die Auswirkungen der geplanten Maßnahme zu geben und die Zustimmung des Betriebsrats zu der geplanten Maßnahme einzuholen. Bei Einstellungen und Versetzungen hat der Arbeitgeber insbesondere den in Aussicht genommenen Arbeitsplatz und die vorgesehene Eingruppierung mitzuteilen. Die Mitglieder des Betriebsrats sind verpflichtet, über die ihnen im Rahmen der personellen Maßnahmen nach den Sätzen 1 und 2 bekanntgewordenen persönlichen Verhältnisse und Angelegenheiten der Arbeitnehmer, die ihrer Bedeutung oder ihrem Inhalt nach einer vertraulichen Behandlung bedürfen, Stillschweigen zu bewahren; § 79 Abs. 1 Satz 2 bis 4 gilt entsprechend.

(2) Der Betriebsrat kann die Zustimmung verweigern, wenn

1. die personelle Maßnahme gegen ein Gesetz, eine Verordnung, eine Unfallverhütungsvorschrift oder gegen eine Bestimmung in einem Tarifvertrag oder in einer Betriebsvereinbarung oder gegen eine gerichtliche Entscheidung oder eine behördliche Anordnung verstoßen würde,
2. die personelle Maßnahme gegen eine Richtlinie nach § 95 verstoßen würde,
3. die durch Tatsachen begründete Besorgnis besteht, dass infolge der personellen Maßnahme im Betrieb beschäftigte Arbeitnehmer gekündigt werden oder sonstige Nachteile erleiden, ohne dass dies aus betrieblichen oder persönlichen Gründen gerechtfertigt ist; als Nachteil gilt bei unbefristeter Einstellung auch die Nichtberücksichtigung eines gleich geeigneten befristet Beschäftigten,
4. der betroffene Arbeitnehmer durch die personelle Maßnahme benachteiligt wird, ohne dass dies aus betrieblichen oder in der Person des Arbeitnehmers liegenden Gründen gerechtfertigt ist,
5. eine nach § 93 erforderliche Ausschreibung im Betrieb unterblieben ist oder
6. die durch Tatsachen begründete Besorgnis besteht, dass der für die personelle Maßnahme in Aussicht genommene Bewerber oder Arbeitnehmer den Betriebsfrieden durch gesetzwidriges Verhalten oder durch grobe Verletzung der in § 75 Abs. 1 enthaltenen Grundsätze, insbesondere durch rassistische oder fremdenfeindliche Betätigung, stören werde.

(3) Verweigert der Betriebsrat seine Zustimmung, so hat er dies unter Angabe von Gründen innerhalb einer Woche nach Unterrichtung durch den Arbeitgeber diesem schriftlich mitzuteilen. Teilt der Betriebsrat dem Arbeitgeber die Verweigerung seiner Zustimmung nicht innerhalb der Frist schriftlich mit, so gilt die Zustimmung als erteilt.

(4) Verweigert der Betriebsrat seine Zustimmung, so kann der Arbeitgeber beim Arbeitsgericht beantragen, die Zustimmung zu ersetzen.

§ 100
Vorläufige personelle Maßnahmen

(1) Der Arbeitgeber kann, wenn dies aus sachlichen Gründen dringend erforderlich ist, die personelle Maßnahme im Sinne des § 99 Abs. 1 Satz 1 vorläufig durchführen, bevor der Betriebsrat sich geäußert oder wenn er die Zustimmung verweigert hat. Der Arbeitgeber hat den Arbeitnehmer über die Sach- und Rechtslage aufzuklären.

(2) Der Arbeitgeber hat den Betriebsrat unverzüglich von der vorläufigen personellen Maßnahme zu unterrichten. Bestreitet der Betriebsrat, dass die Maßnahme aus sachlichen Gründen dringend erforderlich ist, so hat er dies dem Arbeitgeber unverzüglich mitzuteilen. In diesem Fall darf der Arbeitgeber die vorläufige personelle Maßnahme nur aufrechterhalten, wenn er innerhalb von drei Ta-

gen beim Arbeitsgericht die Ersetzung der Zustimmung des Betriebsrats und die Feststellung beantragt, dass die Maßnahme aus sachlichen Gründen dringend erforderlich war.

(3) Lehnt das Gericht durch rechtskräftige Entscheidung die Ersetzung der Zustimmung des Betriebsrats ab oder stellt es rechtskräftig fest, dass offensichtlich die Maßnahme aus sachlichen Gründen nicht dringend erforderlich war, so endet die vorläufige personelle Maßnahme mit Ablauf von zwei Wochen nach Rechtskraft der Entscheidung. Von diesem Zeitpunkt an darf die personelle Maßnahme nicht aufrechterhalten werden.

§ 101
Zwangsgeld

Führt der Arbeitgeber eine personelle Maßnahme im Sinne des § 99 Abs. 1 Satz 1 ohne Zustimmung des Betriebsrats durch oder hält er eine vorläufige personelle Maßnahme entgegen § 100 Abs. 2 Satz 3 oder Abs. 3 aufrecht, so kann der Betriebsrat beim Arbeitsgericht beantragen, dem Arbeitgeber aufzugeben, die personelle Maßnahme aufzuheben. Hebt der Arbeitgeber entgegen einer rechtskräftigen gerichtlichen Entscheidung die personelle Maßnahme nicht auf, so ist auf Antrag des Betriebsrats vom Arbeitsgericht zu erkennen, dass der Arbeitgeber zur Aufhebung der Maßnahme durch Zwangsgeld anzuhalten sei. Das Höchstmaß des Zwangsgeldes beträgt für jeden Tag der Zuwiderhandlung 250 €.

§ 102
Mitbestimmung bei Kündigungen

(1) Der Betriebsrat ist vor jeder Kündigung zu hören. Der Arbeitgeber hat ihm die Gründe für die Kündigung mitzuteilen. Eine ohne Anhörung des Betriebsrats ausgesprochene Kündigung ist unwirksam.

(2) Hat der Betriebsrat gegen eine ordentliche Kündigung Bedenken, so hat er diese unter Angabe der Gründe dem Arbeitgeber spätestens innerhalb einer Woche schriftlich mitzuteilen. Äußert er sich innerhalb dieser Frist nicht, gilt seine Zustimmung zur Kündigung als erteilt. Hat der Betriebsrat gegen eine außerordentliche Kündigung Bedenken, so hat er diese unter Angabe der Gründe dem Arbeitgeber unverzüglich, spätestens jedoch innerhalb von drei Tagen, schriftlich mitzuteilen. Der Betriebsrat soll, soweit dies erforderlich erscheint, vor seiner Stellungnahme den betroffenen Arbeitnehmer hören. § 99 Abs. 1 Satz 3 gilt entsprechend.

(3) Der Betriebsrat kann innerhalb der Frist des Abs. 2 Satz 1 der ordentlichen Kündigung widersprechen, wenn

1. der Arbeitgeber bei der Auswahl des zu kündigenden Arbeitnehmers soziale Gesichtspunkte nicht oder nicht ausreichend berücksichtigt hat,
2. die Kündigung gegen eine Richtlinie nach § 95 verstößt,

3. der zu kündigende Arbeitnehmer an einem anderen Arbeitsplatz im selben Betrieb oder in einem anderen Betrieb des Unternehmens weiterbeschäftigt werden kann,
4. die Weiterbeschäftigung des Arbeitnehmers nach zumutbaren Umschulungs- oder Fortbildungsmaßnahmen möglich ist oder
5. eine Weiterbeschäftigung des Arbeitnehmers unter geänderten Vertragsbedingungen möglich ist und der Arbeitnehmer sein Einverständnis hiermit erklärt hat.

(4) Kündigt der Arbeitgeber, obwohl der Betriebsrat nach Abs. 3 der Kündigung widersprochen hat, so hat er dem Arbeitnehmer mit der Kündigung eine Abschrift der Stellungnahme des Betriebsrats zuzuleiten.

(5) Hat der Betriebsrat einer ordentlichen Kündigung frist- und ordnungsgemäß widersprochen, und hat der Arbeitnehmer nach dem Kündigungsschutzgesetz Klage auf Feststellung erhoben, dass das Arbeitsverhältnis durch die Kündigung nicht aufgelöst ist, so muss der Arbeitgeber auf Verlangen des Arbeitnehmers diesen nach Ablauf der Kündigungsfrist bis zum rechtskräftigen Abschluss des Rechtsstreits bei unveränderten Arbeitsbedingungen weiterbeschäftigen. Auf Antrag des Arbeitgebers kann das Gericht ihn durch einstweilige Verfügung von der Verpflichtung zur Weiterbeschäftigung nach Satz 1 entbinden, wenn

1. die Klage des Arbeitnehmers keine hinreichende Aussicht auf Erfolg bietet oder mutwillig erscheint oder
2. die Weiterbeschäftigung des Arbeitnehmers zu einer unzumutbaren wirtschaftlichen Belastung des Arbeitgebers führen würde oder
3. der Widerspruch des Betriebsrats offensichtlich unbegründet war.

(6) Arbeitgeber und Betriebsrat können vereinbaren, dass Kündigungen der Zustimmung des Betriebsrats bedürfen und dass bei Meinungsverschiedenheiten über die Berechtigung der Nichterteilung der Zustimmung die Einigungsstelle entscheidet.

(7) Die Vorschriften über die Beteiligung des Betriebsrats nach dem Kündigungsschutzgesetz bleiben unberührt.

§ 103
Außerordentliche Kündigung und Versetzung in besonderen Fällen

(1) Die außerordentliche Kündigung von Mitgliedern des Betriebsrats, der Jugend- und Auszubildendenvertretung, der Bordvertretung und des Seebetriebsrats, des Wahlvorstands sowie von Wahlbewerbern bedarf der Zustimmung des Betriebsrats.

(2) Verweigert der Betriebsrat seine Zustimmung, so kann das Arbeitsgericht sie auf Antrag des Arbeitgebers ersetzen, wenn die außerordentliche Kündigung un-

ter Berücksichtigung aller Umstände gerechtfertigt ist. In dem Verfahren vor dem Arbeitsgericht ist der betroffene Arbeitnehmer Beteiligter.

(3) Die Versetzung der in Abs. 1 genannten Personen, die zu einem Verlust des Amtes oder der Wählbarkeit führen würde, bedarf der Zustimmung des Betriebsrats; dies gilt nicht, wenn der betroffene Arbeitnehmer mit der Versetzung einverstanden ist. Abs. 2 gilt entsprechend mit der Maßgabe, dass das Arbeitsgericht die Zustimmung zu der Versetzung ersetzen kann, wenn diese auch unter Berücksichtigung der betriebsverfassungsrechtlichen Stellung des betroffenen Arbeitnehmers aus dringenden betrieblichen Gründen notwendig ist.

[...]

§ 106
Wirtschaftsausschuss

(1) In allen Unternehmen mit in der Regel mehr als einhundert ständig beschäftigten Arbeitnehmern ist ein Wirtschaftsausschuss zu bilden. Der Wirtschaftsausschuss hat die Aufgabe, wirtschaftliche Angelegenheiten mit dem Unternehmer zu beraten und den Betriebsrat zu unterrichten.

(2) Der Unternehmer hat den Wirtschaftsausschuss rechtzeitig und umfassend über die wirtschaftlichen Angelegenheiten des Unternehmens unter Vorlage der erforderlichen Unterlagen zu unterrichten, soweit dadurch nicht die Betriebs- und Geschäftsgeheimnisse des Unternehmens gefährdet werden, sowie die sich daraus ergebenden Auswirkungen auf die Personalplanung darzustellen. Zu den erforderlichen Unterlagen gehört in den Fällen des Abs. 3 Nr. 9 a insbesondere die Angabe über den potentiellen Erwerber und dessen Absichten im Hinblick auf die künftige Geschäftstätigkeit des Unternehmens sowie die sich daraus ergebenden Auswirkungen auf die Arbeitnehmer; Gleiches gilt, wenn im Vorfeld der Übernahme des Unternehmens ein Bieterverfahren durchgeführt wird.

(3) Zu den wirtschaftlichen Angelegenheiten im Sinne dieser Vorschrift gehören insbesondere

1. die wirtschaftliche und finanzielle Lage des Unternehmens;
2. die Produktions- und Absatzlage;
3. das Produktions- und Investitionsprogramm;
4. Rationalisierungsvorhaben;
5. Fabrikations- und Arbeitsmethoden, insbesondere die Einführung neuer Arbeitsmethoden;

5 a. Fragen des betrieblichen Umweltschutzes;

6. die Einschränkung oder Stilllegung von Betrieben oder von Betriebsteilen;
7. die Verlegung von Betrieben oder Betriebsteilen;
8. der Zusammenschluss oder die Spaltung von Unternehmen oder Betrieben;

9. die Änderung der Betriebsorganisation oder des Betriebszwecks;
9a. die Übernahme des Unternehmens, wenn hiermit der Erwerb der Kontrolle verbunden ist, sowie
10. sonstige Vorgänge und Vorhaben, welche die Interessen der Arbeitnehmer des Unternehmens wesentlich berühren können.

[…]

§ 119
Straftaten gegen Betriebsverfassungsorgane und ihre Mitglieder

(1) Mit Freiheitsstrafe bis zu einem Jahr oder mit Geldstrafe wird bestraft, wer

1. eine Wahl des Betriebsrats, der Jugend- und Auszubildendenvertretung, der Bordvertretung, des Seebetriebsrats oder der in § 3 Abs. 1 Nr. 1 bis 3 oder 5 bezeichneten Vertretungen der Arbeitnehmer behindert oder durch Zufügung oder Androhung von Nachteilen oder durch Gewährung oder Versprechen von Vorteilen beeinflusst,
2. die Tätigkeit des Betriebsrats, des Gesamtbetriebsrats, des Konzernbetriebsrats, der Jugend- und Auszubildendenvertretung, der Gesamt-Jugend- und Auszubildendenvertretung, der Konzern-Jugend- und Auszubildendenvertretung, der Bordvertretung, des Seebetriebsrats, der in § 3 Abs. 1 bezeichneten Vertretungen der Arbeitnehmer, der Einigungsstelle, der in § 76 Abs. 8 bezeichneten tariflichen Schlichtungsstelle, der in § 86 bezeichneten betrieblichen Beschwerdestelle oder des Wirtschaftsausschusses behindert oder stört, oder
3. ein Mitglied oder ein Ersatzmitglied des Betriebsrats, des Gesamtbetriebsrats, des Konzernbetriebsrats, der Jugend- und Auszubildendenvertretung, der Gesamt-Jugend- und Auszubildendenvertretung, der Konzern-Jugend- und Auszubildendenvertretung, der Bordvertretung, des Seebetriebsrats, der in § 3 Abs. 1 bezeichneten Vertretungen der Arbeitnehmer, der Einigungsstelle, der in § 76 Abs. 8 bezeichneten Schlichtungsstelle, der in § 86 bezeichneten betrieblichen Beschwerdestelle oder des Wirtschaftsausschusses um seiner Tätigkeit willen oder eine Auskunftsperson nach § 80 Abs. 2 Satz 4 um ihrer Tätigkeit willen benachteiligt oder begünstigt.

(2) Die Tat wird nur auf Antrag des Betriebsrats, des Gesamtbetriebsrats, des Konzernbetriebsrats, der Bordvertretung, des Seebetriebsrats, einer der in § 3 Abs. 1 bezeichneten Vertretungen der Arbeitnehmer, des Wahlvorstands, des Unternehmers oder einer im Betrieb vertretenen Gewerkschaft verfolgt.

[…]

Die Förderung der ganzjährigen Beschäftigung in der Bauwirtschaft (Saison-Kurzarbeitergeld)

In der Tarifrunde 2004/2005 haben die Tarifvertragsparteien des Baugewerbes (Hauptverband der Deutschen Bauindustrie, Zentralverband des Deutschen Baugewerbes und Industriegewerkschaft Bauen-Agrar-Umwelt) mit der Vereinbarung zur Weiterentwicklung der Förderung der ganzjährigen Beschäftigung in der Bauwirtschaft vom 29. Juli 2005 Einvernehmen darüber erzielt, *„dass die gesetzlichen und tariflichen Instrumente zur Förderung der ganzjährigen Beschäftigung in der Bauwirtschaft verbessert werden sollten."*

Das daraus in Zusammenarbeit mit dem Gesetzgeber entstandene neue Instrument Saison-Kurzarbeitergeld ist als Sonderform des Kurzarbeitergeldes konzipiert und löst die alte Winterbauförderung mit Inkrafttreten der Neuregelung zum 1. April 2006 ab. Die entsprechenden flankierenden Änderungen des Bundesrahmentarifvertrages für das Baugewerbe (BRTV) sind mit Wirkung zum 1. Juni 2006 in Kraft getreten. Die Winterbeschäftigungs-Umlage ist seit 1. Mai 2006 zu zahlen.

Die maßgeblichen gesetzlichen Bestimmungen zum Saison-Kurzarbeitergeld finden sich in dem Dritten Buch Sozialgesetzbuch – Arbeitsförderung – (SGB III), siehe Seiten 650 bis 659. Arbeitnehmer haben danach in der gesetzlich festgelegten Schlechtwetterzeit vom 1. Dezember bis 31. März Anspruch auf Saison-Kurzarbeitergeld in Höhe von 60 % bzw. 67 % der Nettoentgeltdifferenz, wenn sie einem Betrieb des Baugewerbes angehören, der Arbeitsausfall erheblich ist und die vom Gesetz vorgeschriebenen betrieblichen und persönlichen Voraussetzungen erfüllt sind.

Die Verordnung über die Betriebe des Baugewerbes, in denen die ganzjährige Beschäftigung zu fördern ist (Baubetriebe-Verordnung) vom 28. Oktober 1980 in der Fassung vom 20. Dezember 2011 (siehe Seiten 660 bis 664) legt fest, welche Betriebe dem Baugewerbe zuzuordnen sind.

Der Arbeitsausfall wird als erheblich angesehen, wenn er auf wirtschaftlichen oder witterungsbedingten Gründen oder einem unabwendbaren Ereignis beruht, vorübergehend und nicht vermeidbar ist (§ 101 Abs. 5 Satz 1 SGB III). Als wirtschaftliche Ursache kommt vor allem ein Auftragsmangel in Betracht. Entgegen den Regelungen der alten Winterbauförderung besteht keine Verpflichtung zur Erbringung einer festen Winterausfallgeld-Vorausleistung. Die Unvermeidbarkeit des Arbeitsausfalls erfordert jedoch, im Betrieb alle wirtschaftlich zumutbaren Vorkehrungen zu treffen, um den Eintritt des Arbeitsausfalls zu verhindern. Dazu gehört insbesondere, vorhandene und nicht geschützte Arbeitszeitguthaben bis zur maximalen Höhe von 10 % der Jahresarbeitszeit einzubringen.

Als ergänzende Leistungen zum Saison-Kurzarbeitergeld werden dem gewerblichen Arbeitnehmer für jede in der Schlechtwetterzeit vom Arbeitszeitkonto eingebrachte Stunde Zuschuss-Wintergeld (ZWG) bzw. für jede in der Schlechtwetterzeit gearbeitete Stunde Mehraufwands-Wintergeld (MWG) gezahlt. Als Anreiz zur Nutzung von Arbeitszeitkonten wurde dabei das ZWG von 1,03 € auf 2,50 € erhöht. Das MWG, das in der Zeit vom 15. bis 31. Dezember für bis zu 90 geleistete Stunden sowie im Januar und Februar für je bis zu 180 geleistete Stunden gezahlt wird, beträgt pro Stunde 1,— €. Diese Ansprüche bestehen nur für gewerbliche Arbeitnehmer, die auf einem witterungsabhängigen Arbeitsplatz in Betrieben des Baugewerbes beschäftigt sind und deren Arbeitsverhältnis in der Schlechtwetterzeit nicht aus Witterungsgründen gekündigt werden kann (§ 11 Nr. 2 BRTV).

Arbeitgeber können bei der Inanspruchnahme von Saison-Kurzarbeitergeld als ergänzende Leistung die Erstattung der von Ihnen für gewerbliche Arbeitnehmer gezahlten Sozialversicherungsbeiträge ab der 1. Ausfallstunde geltend machen. Diese werden von der Bundesagentur für Arbeit erstattet (siehe **Abb. 1**).

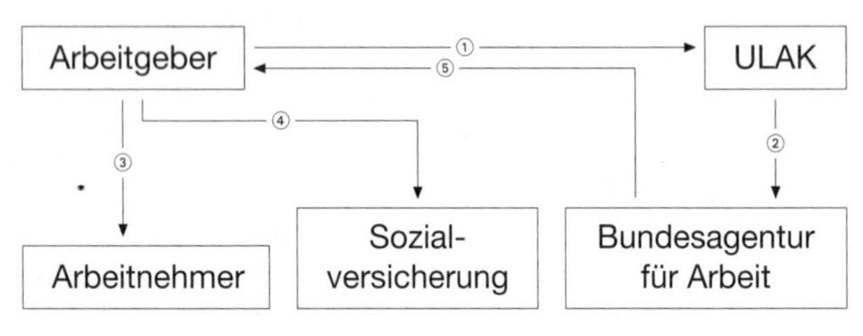

① führt Winterbeschäftigungs-Umlage in Höhe von 2,0 % ab (Arbeitgeberanteil 1,2 %, Arbeitnehmeranteil 0,8 %)
② leitet Winterbeschäftigungs-Umlage weiter
③ zahlt Saison-Kurzarbeitergeld (Saison-Kug), Mehraufwands-Wintergeld (MWG), Zuschuss-Wintergeld (ZWG)
④ zahlt Sozialaufwand bei Saison-Kug
⑤ erstattet Saison-Kug, MWG, ZWG, Sozialaufwand

Abb. 1 Mittelfluss bei der Winterbauförderung

Die Finanzierung der ergänzenden Leistungen für gewerbliche Arbeitnehmer (ZWG, MWG, Sozialaufwandserstattung) erfolgt durch eine branchenspezifische Umlage. Gemäß § 3 Abs. 2 Winterbeschäftigungs-Verordnung (vgl. Seite 666) beträgt die Umlage im Bauhauptgewerbe 2,0 % der Bruttolohnsumme (1,2 % Arbeitgeberanteil, 0,8 % Arbeitnehmeranteil).

§ 175 b SGB III a. F. sah vor, dass nach zweijähriger Anwendung des neuen Instrumentes Saison-Kurzarbeitergeld insbesondere die Wirkungen auf den Arbeitsmarkt und die finanziellen Auswirkungen für die Arbeitslosenversicherung und den Bundeshaushalt untersucht und betrachtet werden sollen.

Die Evaluation hat eine sehr positive Bewertung des Saison-Kurzarbeitergeldes ergeben (vgl. Bericht zu den Wirkungen des Saison-Kurzarbeitergeldes und der damit einhergehenden ergänzenden Leistungen, Bundestags-Drucksache 16/11 487 vom 18. Dezember 2008, sowie die Ergebnisse der „Fortführung und Vertiefung der Evaluation des Saison-Kurzarbeitergeldes" – Schlussbericht 2011 –, abrufbar unter www.iaq.uni-due.de (Website des Institutes Arbeit und Qualifikation/IAQ) → Suche → Suchbegriff: „Saison-Kurzarbeitergeld").

Exkurs: Maßnahmen wegen der Corona-Pandemie

Zur Abfederung der wirtschaftlichen Auswirkungen der Corona-Pandemie wurden insbesondere folgende Änderungen beim Kurzarbeitergeld beschlossen, die auch beim Saison-Kurzarbeitergeld greifen:

- Erhöhung des Leistungssatzes auf 70 %/77 % ab dem 4. Bezugsmonat;
- Erhöhung des Leistungssatzes auf 80 %/87 % ab dem 7. Bezugsmonat;
- Anrechnungsfreiheit von während der Kurzarbeit aufgenommener geringfügiger Beschäftigung.

Diese Maßnahmen sollten zunächst bis Ende 2020 gelten, werden aber bis Ende 2021 verlängert. Für die erhöhten Leistungssätze spielt es keine Rolle, ob Kurzarbeitergeld und/oder Saison-Kurzarbeitergeld bezogen wird – beide Leistungsarten zählen.

Ausführliche Informationen zum Kurzarbeitergeld und den Maßnahmen zur Bewältigung der Corona-Krise finden sich unter:

https://www.arbeitsagentur.de/m/corona-kurzarbeit/

Hinweise zur Teilnahme an der Förderung der ganzjährigen Beschäftigung in der Bauwirtschaft

Mit dem Saison-Kurzarbeitergeld als einem Instrument der Arbeitsförderung sollen in der **Schlechtwetterzeit** (1. Dezember bis 31. März des Folgejahres, § 4 Nr. 6.4 BRTV, § 101 Abs. 1 SGB III) **Beschäftigungsverhältnisse** in der Bauwirtschaft nach Möglichkeit – trotz Auftragsmangels oder witterungstypischer Arbeitsausfälle – **aufrechterhalten** werden. Das Saison-Kurzarbeitergeld verfolgt somit das gleiche Ziel wie das Kurzarbeitergeld, ist jedoch um sogenannte *„ergänzende Leistungen“* (§ 102 SGB III) – das Zuschuss-Wintergeld (§ 102 Abs. 2 SGB III) und das Mehraufwands-Wintergeld (§ 102 Abs. 3 SGB III) für Arbeitnehmer sowie eine Erstattung des Sozialaufwandes (§ 102 Abs. 4 SGB III) des Arbeitgebers – erweitert. Diese ergänzenden Leistungen betreffen nur gewerbliche Arbeitnehmer (Arbeiter) und werden durch eine Branchenumlage, die **Winterbeschäftigungs-Umlage**, in Höhe von 2,0 % der Bruttolohnsumme finanziert (1,2 % Arbeitgeberanteil, 0,8 % Arbeitnehmeranteil).

Höhe der Leistungen

Das **Saison-Kurzarbeitergeld** für Arbeitnehmer beträgt (wie das konjunkturelle Kurzarbeitergeld) 60 % bzw. – für Arbeitnehmer mit mindestens einem Kind – 67 % der pauschalierten Nettoentgeltdifferenz zwischen dem üblichen Entgelt und dem durch die Saison-Kurzarbeit verringerten Entgelt (siehe aber zu erhöhten Leistungssätzen wegen der Corona-Pandemie den Exkurs auf Seite 647). Die Pauschalierung erfolgt dabei mit Hilfe der *„Tabelle zur Berechnung des Kurzarbeitergeldes“* der Bundesagentur für Arbeit (www.arbeitsagentur.de → Formulare → Formulare für Unternehmen → Kurzarbeitergeld → Tabelle zur Berechnung des Kurzarbeitergeldes (Kug 050)), die für jedes Kalenderjahr neu herausgegeben wird und gleichermaßen für das Saison-Kurzarbeitergeld gilt. Im Einzelnen sind zahlreiche Besonderheiten bei der Berechnung zu beachten, die für alle Formen des Kurzarbeitergeldes gelten.

Das **Zuschuss-Wintergeld** an Arbeitnehmer in Höhe von 2,50 € wird für jede aus einem Arbeitszeitkonto zur Vermeidung von Saison-Kurzarbeit eingebrachte Guthabenstunde gewährt (§ 102 Abs. 2 SGB III).

Das **Mehraufwands-Wintergeld** in Höhe von 1,— € (§ 102 Abs. 3 SGB III) wird für jede zwischen dem 15. Dezember und dem 28. bzw. 29. Februar des Folgejahres gearbeitete Stunde geleistet (im Dezember für maximal 90 Stunden, im Januar und Februar für jeweils maximal 180 Stunden).

Der **Sozialaufwandserstattung** an den Arbeitgeber liegen 80 % des Differenzbetrages zwischen dem üblichen und dem durch Saison-Kurzarbeit verringerten Entgelt zugrunde.

Typische Situation

Arbeitsausfälle aus zwingenden Witterungsgründen oder aber aus wirtschaftlichen Gründen veranlassen den Arbeitgeber in der Schlechtwetterzeit zu einer Reduzierung der Arbeitszeiten der Mitarbeiter.

Typischer Ablauf zur Nutzung des Saison-Kurzarbeitergeldes

1. Schritt: **Einführung im Betrieb**

Der Arbeitgeber ordnet für gewerbliche Arbeitnehmer (Arbeiter) in der Schlechtwetterzeit Kurzarbeit an, weil zwingende Witterungsgründe oder wirtschaftliche Gründe dies erfordern (§ 4 Nr. 6.1 BRTV). Besteht ein Betriebsrat, verständigt sich der Arbeitgeber mit dem Betriebsrat über die Einzelheiten. Welche Form der Mitbestimmung zu berücksichtigen ist, muss fallabhängig juristisch geprüft werden. Für Angestellte besteht ein zwingendes Mitbestimmungsrecht des Betriebsrates. Existiert kein Betriebsrat, sind ggf. Einzelvereinbarungen mit den Arbeitnehmern zu treffen. Die Einzelheiten können auch von bestehenden Regelungen im Arbeitsvertrag abhängig sein, sodass auch hier im Zweifel Rechtsrat einzuholen ist.

Entbürokratisierung: **Anzeigeerfordernis ist enfallen**

Die noch bis 31. März 2016 erforderliche *„Anzeige über Arbeitsausfall – Saison-Kurzarbeitergeld“* (mit Formular Kug 301) ist durch Gesetzesänderung zum 1. August 2016 enfallen. **Achtung:** Für konjunkturelles Kurzarbeitergeld außerhalb der Schlechtwetterzeit besteht weiterhin Anzeigepflicht (§ 99 SGB III)!

2. Schritt: **Antrag und Abrechnung**

Bis zum 15. des Folgemonats sollte der Arbeitgeber bei der Agentur für Arbeit einen *„Antrag auf Saison-Kurzarbeitergeld und ergänzende Leistungen“* (www.arbeitsagentur.de → Formulare → Formulare für Unternehmen → Kurzarbeitergeld → Leistungsantrag Saison-Kug (Kug 307)) unter Beifügung einer *„Abrechnungsliste für Saison-Kug und ergänzende Leistungen“* (www.arbeitsagentur.de → Formulare → Formulare für Unternehmen → Kurzarbeitergeld → Abrechnungsliste für Saison-Kug (Kug 308)) stellen, um die Leistungen zeitnah erhalten zu können (§ 323 Abs. 2 Satz 3). Für den *„Antrag auf Saison-Kurzarbeitergeld und ergänzende Leistungen“* gilt eine **Ausschlussfrist von drei Monaten** ab dem Ablauf des Monats, für den die Leistungen begehrt werden (§ 325 Abs. 3 SGB III). Der Arbeitgeber zahlt die Leistungen entsprechend dieser Abrechnungen an die Arbeitnehmer aus und erhält diese von der Agentur für Arbeit erstattet.

Vorschriften in dem Dritten Buch Sozialgesetzbuch – Arbeitsförderung – (SGB III)

vom 24. März 1997
(BGBl. I 1997, S. 594)

in der Fassung vom 14. Juli 2020
(BGBl. I 2020, S. 1683)

[...]

§ 3
Leistungen der Arbeitsförderung

[...]

(3) Leistungen der aktiven Arbeitsförderung sind Ermessensleistungen mit Ausnahme:

[...]

5. des Kurzarbeitergeldes bei Arbeitsausfall,
6. des Wintergeldes,

[...]

(4) Entgeltersatzleistungen sind

[...]

4. Kurzarbeitergeld bei Arbeitsausfall,

[...]

§ 24
Versicherungspflichtverhältnis

[...]

(3) Das Versicherungspflichtverhältnis für Beschäftigte besteht während eines Arbeitsausfalls mit Entgeltausfall im Sinne der Vorschriften über das Kurzarbeitergeld fort.

[...]

§ 95
Anspruch

Arbeitnehmerinnen und Arbeitnehmer haben Anspruch auf Kurzarbeitergeld, wenn

1. ein erheblicher Arbeitsausfall mit Entgeltausfall vorliegt,
2. die betrieblichen Voraussetzungen erfüllt sind,
3. die persönlichen Voraussetzungen erfüllt sind und
4. der Arbeitsausfall der Agentur für Arbeit angezeigt worden ist.

Arbeitnehmerinnen und Arbeitnehmer in Betrieben nach § 101 Abs. 1 Nr. 1 haben in der Schlechtwetterzeit Anspruch auf Kurzarbeitergeld in Form des Saison-Kurzarbeitergeldes.

§ 96
Erheblicher Arbeitsausfall

(1) Ein Arbeitsausfall ist erheblich, wenn

1. er auf wirtschaftlichen Gründen oder einem unabwendbaren Ereignis beruht,
2. er vorübergehend ist,
3. er nicht vermeidbar ist und
4. im jeweiligen Kalendermonat (Anspruchszeitraum) mindestens ein Drittel der in dem Betrieb beschäftigten Arbeitnehmerinnen und Arbeitnehmer von einem Entgeltausfall von jeweils mehr als 10 Prozent ihres monatlichen Bruttoentgelts betroffen ist; der Entgeltausfall kann auch jeweils 100 Prozent des monatlichen Bruttoentgelts betragen.

Bei der Berechnung nach Satz 1 Nr. 4 sind Auszubildende nicht mitzuzählen.

(2) Ein Arbeitsausfall beruht auch auf wirtschaftlichen Gründen, wenn er durch eine Veränderung der betrieblichen Strukturen verursacht wird, die durch die allgemeine wirtschaftliche Entwicklung bedingt ist.

(3) Ein unabwendbares Ereignis liegt insbesondere vor, wenn ein Arbeitsausfall auf ungewöhnlichen, von dem üblichen Witterungsverlauf abweichenden Witterungsverhältnissen beruht. Ein unabwendbares Ereignis liegt auch vor, wenn ein Arbeitsausfall durch behördliche oder behördlich anerkannte Maßnahmen verursacht ist, die vom Arbeitgeber nicht zu vertreten sind.

(4) Ein Arbeitsausfall ist nicht vermeidbar, wenn in einem Betrieb alle zumutbaren Vorkehrungen getroffen wurden, um den Eintritt des Arbeitsausfalls zu verhindern. Als vermeidbar gilt insbesondere ein Arbeitsausfall, der

1. überwiegend branchenüblich, betriebsüblich oder saisonbedingt ist oder ausschließlich auf betriebsorganisatorischen Gründen beruht,
2. durch die Gewährung von bezahltem Erholungsurlaub ganz oder teilweise verhindert werden kann, soweit vorrangige Urlaubswünsche der Arbeitnehmerinnen und Arbeitnehmer der Urlaubsgewährung nicht entgegenstehen, oder

3. durch die Nutzung von im Betrieb zulässigen Arbeitszeitschwankungen ganz oder teilweise vermieden werden kann.

Die Auflösung eines Arbeitszeitguthabens kann von der Arbeitnehmerin oder dem Arbeitnehmer nicht verlangt werden, soweit es

1. vertraglich ausschließlich zur Überbrückung von Arbeitsausfällen außerhalb der Schlechtwetterzeit (§ 101 Abs. 1) bestimmt ist und 50 Stunden nicht übersteigt,
2. ausschließlich für die in § 7c Abs. 1 des Vierten Buches genannten Zwecke bestimmt ist,
3. zur Vermeidung der Inanspruchnahme von Saison-Kurzarbeitergeld angespart worden ist und den Umfang von 150 Stunden nicht übersteigt,
4. den Umfang von 10 Prozent der ohne Mehrarbeit geschuldeten Jahresarbeitszeit einer Arbeitnehmerin oder eines Arbeitnehmers übersteigt oder
5. länger als ein Jahr unverändert bestanden hat.

In einem Betrieb, in dem eine Vereinbarung über Arbeitszeitschwankungen gilt, nach der mindestens 10 Prozent der ohne Mehrarbeit geschuldeten Jahresarbeitszeit für einen unterschiedlichen Arbeitsanfall eingesetzt werden, gilt ein Arbeitsausfall, der im Rahmen dieser Arbeitszeitschwankungen nicht mehr ausgeglichen werden kann, als nicht vermeidbar.

§ 97
Betriebliche Voraussetzungen

Die betrieblichen Voraussetzungen sind erfüllt, wenn in dem Betrieb mindestens eine Arbeitnehmerin oder ein Arbeitnehmer beschäftigt ist. Betrieb im Sinne der Vorschriften über das Kurzarbeitergeld ist auch eine Betriebsabteilung.

§ 98
Persönliche Voraussetzungen

(1) Die persönlichen Voraussetzungen sind erfüllt, wenn

1. die Arbeitnehmerin oder der Arbeitnehmer nach Beginn des Arbeitsausfalls eine versicherungspflichtige Beschäftigung
   a) fortsetzt,
   b) aus zwingenden Gründen aufnimmt oder
   c) im Anschluss an die Beendigung eines Berufsausbildungsverhältnisses aufnimmt,
2. das Arbeitsverhältnis nicht gekündigt oder durch Aufhebungsvertrag aufgelöst ist und
3. die Arbeitnehmerin oder der Arbeitnehmer nicht vom Kurzarbeitergeldbezug ausgeschlossen ist.

(2) Die persönlichen Voraussetzungen sind auch erfüllt, wenn die Arbeitnehmerin oder der Arbeitnehmer während des Bezuges von Kurzarbeitergeld arbeitsunfähig wird, solange Anspruch auf Fortzahlung des Arbeitsentgelts im Krankheitsfalle besteht oder ohne den Arbeitsausfall bestehen würde.

[...]

§ 99
Anzeige des Arbeitsausfalls

(1) Der Arbeitsausfall ist bei der Agentur für Arbeit, in deren Bezirk der Betrieb seinen Sitz hat, schriftlich oder elektronisch anzuzeigen. Die Anzeige kann nur vom Arbeitgeber oder der Betriebsvertretung erstattet werden. Der Anzeige des Arbeitgebers ist eine Stellungnahme der Betriebsvertretung beizufügen. Mit der Anzeige ist glaubhaft zu machen, dass ein erheblicher Arbeitsausfall besteht und die betrieblichen Voraussetzungen für das Kurzarbeitergeld erfüllt sind.

(2) Kurzarbeitergeld wird frühestens von dem Kalendermonat an geleistet, in dem die Anzeige über den Arbeitsausfall bei der Agentur für Arbeit eingegangen ist. Beruht der Arbeitsausfall auf einem unabwendbaren Ereignis, gilt die Anzeige für den entsprechenden Kalendermonat als erstattet, wenn sie unverzüglich erstattet worden ist.

(3) Die Agentur für Arbeit hat der oder dem Anzeigenden unverzüglich einen schriftlichen Bescheid darüber zu erteilen, ob auf Grund der vorgetragenen und glaubhaft gemachten Tatsachen ein erheblicher Arbeitsausfall vorliegt und die betrieblichen Voraussetzungen erfüllt sind.

[...]

§ 101
Saison-Kurzarbeitergeld

(1) Arbeitnehmerinnen und Arbeitnehmer haben in der Zeit vom 1. Dezember bis zum 31. März (Schlechtwetterzeit) Anspruch auf Saison-Kurzarbeitergeld, wenn

1. sie in einem Betrieb beschäftigt sind, der dem Baugewerbe oder einem Wirtschaftszweig angehört, der von saisonbedingtem Arbeitsausfall betroffen ist,
2. der Arbeitsausfall nach Abs. 5 erheblich ist und
3. die betrieblichen Voraussetzungen des § 97 sowie die persönlichen Voraussetzungen des § 98 erfüllt sind.

(2) Ein Betrieb des Baugewerbes ist ein Betrieb, der gewerblich überwiegend Bauleistungen auf dem Baumarkt erbringt. Bauleistungen sind alle Leistungen, die der Herstellung, Instandsetzung, Instandhaltung, Änderung oder Beseitigung

von Bauwerken dienen. Ein Betrieb, der überwiegend Bauvorrichtungen, Baumaschinen, Baugeräte oder sonstige Baubetriebsmittel ohne Personal Betrieben des Baugewerbes gewerblich zur Verfügung stellt oder überwiegend Baustoffe oder Bauteile für den Markt herstellt, sowie ein Betrieb, der Betonentladegeräte gewerblich zur Verfügung stellt, ist kein Betrieb des Baugewerbes.

(3) Erbringt ein Betrieb Bauleistungen auf dem Baumarkt, wird vermutet, dass er ein Betrieb des Baugewerbes im Sinne des Abs. 2 Satz 1 ist. Satz 1 gilt nicht, wenn gegenüber der Bundesagentur nachgewiesen wird, dass Bauleistungen arbeitszeitlich nicht überwiegen.

(4) Ein Wirtschaftszweig ist von saisonbedingtem Arbeitsausfall betroffen, wenn der Arbeitsausfall regelmäßig in der Schlechtwetterzeit auf witterungsbedingten oder wirtschaftlichen Gründen beruht.

(5) Ein Arbeitsausfall ist erheblich, wenn er auf witterungsbedingten oder wirtschaftlichen Gründen oder einem unabwendbaren Ereignis beruht, vorübergehend und nicht vermeidbar ist. Als nicht vermeidbar gilt auch ein Arbeitsausfall, der überwiegend branchenüblich, betriebsüblich oder saisonbedingt ist. Wurden seit der letzten Schlechtwetterzeit Arbeitszeitguthaben, die nicht mindestens ein Jahr bestanden haben, zu anderen Zwecken als zum Ausgleich für einen verstetigten Monatslohn, bei witterungsbedingtem Arbeitsausfall oder der Freistellung zum Zwecke der Qualifizierung aufgelöst, gelten im Umfang der aufgelösten Arbeitszeitguthaben Arbeitsausfälle als vermeidbar.

(6) Ein Arbeitsausfall ist witterungsbedingt, wenn

1. er ausschließlich durch zwingende Witterungsgründe verursacht ist und
2. an einem Arbeitstag mindestens eine Stunde der regelmäßigen betrieblichen Arbeitszeit ausfällt (Ausfalltag).

Zwingende Witterungsgründe liegen nur vor, wenn es aufgrund von atmosphärischen Einwirkungen (insbesondere Regen, Schnee, Frost) oder deren Folgewirkungen technisch unmöglich, wirtschaftlich unvertretbar oder für die Arbeitnehmerinnen und Arbeitnehmer unzumutbar ist, die Arbeiten fortzuführen. Der Arbeitsausfall ist nicht ausschließlich durch zwingende Witterungsgründe verursacht, wenn er durch Beachtung der besonderen arbeitsschutzrechtlichen Anforderungen an witterungsabhängige Arbeitsplätze vermieden werden kann.

(7) Die weiteren Vorschriften über das Kurzarbeitergeld sind mit Ausnahme der Anzeige des Arbeitsausfalls nach § 99 anzuwenden.

§ 102
Ergänzende Leistungen

(1) Arbeitnehmerinnen und Arbeitnehmer haben Anspruch auf Wintergeld als Zuschuss-Wintergeld und Mehraufwands-Wintergeld und Arbeitgeber haben Anspruch auf Erstattung der von ihnen zu tragenden Beiträge zur Sozialversicherung, soweit für diese Zwecke Mittel durch eine Umlage aufgebracht werden.

(2) Zuschuss-Wintergeld wird in Höhe von bis zu 2,50 € je ausgefallener Arbeitsstunde gezahlt, wenn zu deren Ausgleich Arbeitszeitguthaben aufgelöst und die Inanspruchnahme des Saison-Kurzarbeitergeldes vermieden wird.

(3) Mehraufwands-Wintergeld wird in Höhe von 1,— € für jede in der Zeit vom 15. Dezember bis zum letzten Kalendertag des Monats Februar geleistete berücksichtigungsfähige Arbeitsstunde an Arbeitnehmerinnen und Arbeitnehmer gezahlt, die auf einem witterungsabhängigen Arbeitsplatz beschäftigt sind. Berücksichtigungsfähig sind im Dezember bis zu 90, im Januar und Februar jeweils bis zu 180 Arbeitsstunden.

(4) Die von den Arbeitgebern allein zu tragenden Beiträge zur Sozialversicherung für Bezieherinnen und Bezieher von Saison-Kurzarbeitergeld werden auf Antrag erstattet.

(5) Die Abs. 1 bis 4 gelten im Baugewerbe ausschließlich für solche Arbeitnehmerinnen und Arbeitnehmer, deren Arbeitsverhältnis in der Schlechtwetterzeit nicht aus witterungsbedingten Gründen gekündigt werden kann.

[...]

§ 104
Dauer

(1) Kurzarbeitergeld wird für den Arbeitsausfall für eine Dauer von längstens zwölf Monaten von der Agentur für Arbeit geleistet. Die Bezugsdauer gilt einheitlich für alle in einem Betrieb beschäftigten Arbeitnehmerinnen und Arbeitnehmer. Sie beginnt mit dem ersten Kalendermonat, für den in einem Betrieb Kurzarbeitergeld vom Arbeitgeber gezahlt wird.

(2) Wird innerhalb der Bezugsdauer für einen zusammenhängenden Zeitraum von mindestens einem Monat kein Kurzarbeitergeld gezahlt, verlängert sich die Bezugsdauer um diesen Zeitraum.

(3) Sind seit dem letzten Kalendermonat, für den Kurzarbeitergeld gezahlt worden ist, drei Monate vergangen und liegen die Voraussetzungen für einen Anspruch auf Kurzarbeitergeld erneut vor, beginnt eine neue Bezugsdauer.

(4) Saison-Kurzarbeitergeld wird abweichend von den Abs. 1 bis 3 für die Dauer des Arbeitsausfalls während der Schlechtwetterzeit von der Agentur für Arbeit geleistet. Zeiten des Bezugs von Saison-Kurzarbeitergeld werden nicht auf die Bezugsdauer für das Kurzarbeitergeld angerechnet. Sie gelten nicht als Zeiten der Unterbrechung im Sinne des Abs. 3.

§ 105
Höhe

Das Kurzarbeitergeld beträgt

1. für Arbeitnehmerinnen und Arbeitnehmer, die beim Arbeitslosengeld die Voraussetzungen für den erhöhten Leistungssatz erfüllen würden, 67 Prozent,
2. für die übrigen Arbeitnehmerinnen und Arbeitnehmer 60 Prozent

der Nettoentgeltdifferenz im Anspruchszeitraum.

[...]

§ 323
Antragserfordernis

(1) Leistungen der Arbeitsförderung werden auf Antrag erbracht. Arbeitslosengeld gilt mit der persönlichen Arbeitslosmeldung als beantragt, wenn die oder der Arbeitslose keine andere Erklärung abgibt. Leistungen der aktiven Arbeitsförderung können auch von Amts wegen erbracht werden, wenn die Berechtigten zustimmen. Die Zustimmung gilt insoweit als Antrag.

(2) Kurzarbeitergeld, Leistungen zur Förderung der Teilnahme an Transfermaßnahmen und ergänzende Leistungen nach § 102 sind vom Arbeitgeber schriftlich oder elektronisch unter Beifügung einer Stellungnahme der Betriebsvertretung zu beantragen. Der Antrag kann auch von der Betriebsvertretung gestellt werden. Für den Antrag des Arbeitgebers auf Erstattung der Sozialversicherungsbeiträge für die Bezieherinnen und Bezieher von Kurzarbeitergeld gilt Satz 1 entsprechend mit der Maßgabe, dass die Erstattung ohne Stellungnahme des Betriebsrates beantragt werden kann. Mit einem Antrag auf Saison-Kurzarbeitergeld oder ergänzende Leistungen nach § 102 sind die Namen, Anschriften und Sozialversicherungsnummern der Arbeitnehmerinnen und Arbeitnehmer mitzuteilen, für die die Leistung beantragt wird. Saison-Kurzarbeitergeld oder ergänzende Leistungen nach § 102 sollen bis zum 15. des Monats beantragt werden, der dem Monat folgt, in dem die Tage liegen, für die die Leistungen beantragt werden.

§ 324
Antrag vor Leistung

(1) Leistungen der Arbeitsförderung werden nur erbracht, wenn sie vor Eintritt des leistungsbegründenden Ereignisses beantragt worden sind. Zur Vermeidung unbilliger Härten kann die Agentur für Arbeit eine verspätete Antragstellung zulassen.

(2) Berufsausbildungsbeihilfe, Ausbildungsgeld und Arbeitslosengeld können auch nachträglich beantragt werden. Kurzarbeitergeld, die Erstattung der Sozial-

versicherungsbeiträge für die Bezieherinnen und Bezieher von Kurzarbeitergeld und ergänzende Leistungen nach § 102 sind nachträglich zu beantragen.

[...]

§ 325 Wirkung des Antrages

(1) Berufsausbildungsbeihilfe und Ausbildungsgeld werden rückwirkend längstens vom Beginn des Monats an geleistet, in dem die Leistungen beantragt worden sind.

(2) Arbeitslosengeld wird nicht rückwirkend geleistet. Ist die zuständige Agentur für Arbeit an einem Tag, an dem die oder der Arbeitslose Arbeitslosengeld beantragen will, nicht dienstbereit, so wirkt ein Antrag auf Arbeitslosengeld in gleicher Weise wie eine persönliche Arbeitslosmeldung zurück.

(3) Kurzarbeitergeld, die Erstattung von Sozialversicherungsbeiträgen für Bezieherinnen und Bezieher von Kurzarbeitergeld und ergänzende Leistungen nach § 102 sind für den jeweiligen Kalendermonat innerhalb einer Ausschlussfrist von drei Kalendermonaten zu beantragen; die Frist beginnt mit Ablauf des Monats, in dem die Tage liegen, für die die Leistungen beantragt werden.

(4) (weggefallen)

(5) Leistungen zur Förderung der Teilnahme an Transfermaßnahmen sind innerhalb einer Ausschlussfrist von drei Monaten nach Ende der Maßnahme zu beantragen.

[...]

§ 328 Vorläufige Entscheidung

(1) Über die Erbringung von Geldleistungen kann vorläufig entschieden werden, wenn

1. die Vereinbarkeit einer Vorschrift dieses Buches, von der die Entscheidung über den Antrag abhängt, mit höherrangigem Recht Gegenstand eines Verfahrens bei dem Bundesverfassungsgericht oder dem Gerichtshof der Europäischen Gemeinschaften ist,
2. eine entscheidungserhebliche Rechtsfrage von grundsätzlicher Bedeutung Gegenstand eines Verfahrens beim Bundessozialgericht ist oder
3. zur Feststellung der Voraussetzungen des Anspruchs einer Arbeitnehmerin oder eines Arbeitnehmers auf Geldleistungen voraussichtlich längere Zeit erforderlich ist, die Voraussetzungen für den Anspruch mit hinreichender Wahr-

scheinlichkeit vorliegen und die Arbeitnehmerin oder der Arbeitnehmer die Umstände, die einer sofortigen abschließenden Entscheidung entgegenstehen, nicht zu vertreten hat.

Umfang und Grund der Vorläufigkeit sind anzugeben. In den Fällen des Satzes 1 Nr. 3 ist auf Antrag vorläufig zu entscheiden.

(2) Eine vorläufige Entscheidung ist nur auf Antrag der berechtigten Person für endgültig zu erklären, wenn sie nicht aufzuheben oder zu ändern ist.

(3) Auf Grund der vorläufigen Entscheidung erbrachte Leistungen sind auf die zustehende Leistung anzurechnen. Soweit mit der abschließenden Entscheidung ein Leistungsanspruch nicht oder nur in geringerer Höhe zuerkannt wird, sind auf Grund der vorläufigen Entscheidung erbrachte Leistungen zu erstatten; auf Grund einer vorläufigen Entscheidung erbrachtes Kurzarbeitergeld und Wintergeld ist vom Arbeitgeber zurückzuzahlen.

(4) Abs. 1 Satz 1 Nr. 3 und Satz 2 und 3, Abs. 2 sowie Abs. 3 Satz 1 und 2 sind für die Erstattung von Arbeitgeberbeiträgen zur Sozialversicherung entsprechend anwendbar.

[...]

§ 354
Grundsatz

Die Mittel für die ergänzenden Leistungen nach § 102 werden einschließlich der Verwaltungskosten und der sonstigen Kosten, die mit der Gewährung dieser Leistungen zusammenhängen, in den durch Verordnung nach § 109 Abs. 3 bestimmten Wirtschaftszweigen durch Umlage aufgebracht. Die Umlage wird unter Berücksichtigung von Vereinbarungen der Tarifvertragsparteien der Wirtschaftszweige von Arbeitgebern oder gemeinsam von Arbeitgebern sowie Arbeitnehmerinnen und Arbeitnehmern aufgebracht und getrennt nach Zweigen des Baugewerbes und weiteren Wirtschaftszweigen abgerechnet.

§ 355
Höhe der Umlage

Die Umlage ist in den einzelnen Zweigen des Baugewerbes und in weiteren Wirtschaftszweigen, die von saisonbedingtem Arbeitsausfall betroffen sind, monatlich nach einem Prozentsatz der Bruttoarbeitsentgelte der dort beschäftigten Arbeitnehmerinnen und Arbeitnehmer, die ergänzende Leistungen nach § 102 erhalten können, zu erheben. Die Verwaltungskosten und die sonstigen Kosten können pauschaliert und für die einzelnen Wirtschaftszweige im Verhältnis der Anteile an den Ausgaben berücksichtigt werden.

§ 356
Umlageabführung

(1) Die Arbeitgeber führen die Umlagebeträge über die gemeinsame Einrichtung ihres Wirtschaftszweiges oder über eine Ausgleichskasse ab. Dies gilt auch, wenn die Umlage gemeinsam von Arbeitgebern sowie Arbeitnehmerinnen und Arbeitnehmern aufgebracht wird; in diesen Fällen gelten § 28e Abs. 1 Satz 1 und § 28g des Vierten Buches entsprechend. Kosten werden der gemeinsamen Einrichtung oder der Ausgleichskasse nicht erstattet. Die Bundesagentur kann mit der gemeinsamen Einrichtung oder der Ausgleichskasse ein vereinfachtes Abrechnungsverfahren vereinbaren und dabei auf Einzelnachweise verzichten.

(2) Umlagepflichtige Arbeitgeber, auf die die Tarifverträge über die gemeinsamen Einrichtungen oder Ausgleichskassen keine Anwendung finden, führen die Umlagebeträge unmittelbar an die Bundesagentur ab. Sie haben der Bundesagentur die Mehraufwendungen für die Einziehung pauschal zu erstatten.

[…]

Verordnung über die Betriebe des Baugewerbes, in denen die ganzjährige Beschäftigung zu fördern ist (Baubetriebe-Verordnung)

vom 28. Oktober 1980
(BGBl. I 1980, S. 2033)

in der Fassung vom 20. Dezember 2011
(BGBl. I 2011, S. 2854)

§ 1
Zugelassene Betriebe

(1) Die ganzjährige Beschäftigung im Baugewerbe ist durch das Saison-Kurzarbeitergeld in Betrieben und Betriebsabteilungen zu fördern, die gewerblich überwiegend Bauleistungen (§ 101 Abs. 2 des Dritten Buches Sozialgesetzbuch) erbringen.

(2) Betriebe und Betriebsabteilungen im Sinne des Abs. 1 sind solche, in denen insbesondere folgende Arbeiten verrichtet werden (Bauhauptgewerbe):

1. Abdichtungsarbeiten gegen Feuchtigkeit;
2. Aptierungs- und Drainierungsarbeiten, wie z. B. das Entwässern von Grundstücken und urbar zu machenden Bodenflächen, einschließlich der Grabenräumungs- und Faschinierungsarbeiten, des Verlegens von Drainagerohrleitungen sowie des Herstellens von Vorflut- und Schleusenanlagen;

2a. Asbestsanierungsarbeiten an Bauwerken und Bauwerksteilen;

3. Bautrocknungsarbeiten, das sind Arbeiten, die unter Einwirkung auf das Gefüge des Mauerwerks der Entfeuchtung dienen, auch unter Verwendung von Kunststoffen oder chemischen Mitteln sowie durch Einbau von Kondensatoren;
4. Beton- und Stahlbetonarbeiten einschließlich Betonschutz- und Betonsanierungsarbeiten sowie Armierungsarbeiten;
5. Bohrarbeiten;
6. Brunnenbauarbeiten;
7. chemische Bodenverfestigungen;
8. Dämm-(Isolier-)Arbeiten (das sind z. B. Wärme-, Kälte-, Schallschutz-, Schallschluck-, Schallverbesserungs-, Schallveredelungsarbeiten) einschließlich Anbringung von Unterkonstruktionen sowie technischen Dämm-(Isolier-)Arbeiten, insbesondere an technischen Anlagen und auf Land-, Luft- und Wasserfahrzeugen;

9. Erdbewegungsarbeiten, das sind z. B. Wegebau-, Meliorations-, Landgewinnungs-, Deichbauarbeiten, Wildbach- und Lawinenverbau, Sportanlagenbau sowie Errichtung von Schallschutzwällen und Seitenbefestigungen an Verkehrswegen;
10. Estricharbeiten, das sind z. B. Arbeiten unter Verwendung von Zement, Asphalt, Anhydrit, Magnesit, Gips, Kunststoffen oder ähnlichen Stoffen.
11. Fassadenbauarbeiten;
12. Fertigbauarbeiten: Einbauen oder Zusammenfügen von Fertigbauteilen zur Erstellung, Instandsetzung, Instandhaltung oder Änderung von Bauwerken; ferner das Herstellen von Fertigbauteilen, wenn diese zum überwiegenden Teil durch den Betrieb, einen anderen Betrieb desselben Unternehmens oder innerhalb von Unternehmenszusammenschlüssen – unbeschadet der Rechtsform – durch den Betrieb mindestens eines beteiligten Gesellschafters zusammengefügt oder eingebaut werden; nicht erfasst wird das Herstellen von Betonfertigteilen, Holzfertigteilen zum Zwecke des Errichtens von Holzfertigbauwerken und Isolierelementen in massiven, ortsfesten und auf Dauer eingerichteten Arbeitsstätten nach Art stationärer Betriebe; § 2 Nr. 12 bleibt unberührt;
13. Feuerungs- und Ofenbauarbeiten;
14. Fliesen-, Platten- und Mosaik-Ansetz- und Verlegearbeiten;

14a. Fugarbeiten an Bauwerken, insbesondere Verfugung von Verblendmauerwerk und von Anschlüssen zwischen Einbauteilen und Mauerwerk sowie dauerelastische und dauerplastische Verfugungen aller Art;

15. Glasstahlbetonarbeiten sowie Vermauern und Verlegen von Glasbausteinen;
16. Gleisbauarbeiten;
17. Herstellen von nicht lagerfähigen Baustoffen, wie z. B. Beton- und Mörtelmischungen (Transportbeton und Fertigmörtel), wenn mit dem überwiegenden Teil der hergestellten Baustoffe die Baustellen des herstellenden Betriebes, eines anderen Betriebes desselben Unternehmens oder innerhalb von Unternehmenszusammenschlüssen – unbeschadet der Rechtsform – die Baustellen des Betriebes mindestens eines beteiligten Gesellschafters versorgt werden;
18. Hochbauarbeiten;
19. Holzschutzarbeiten an Bauteilen;
20. Kanalbau- (Sielbau-) Arbeiten;
21. Maurerarbeiten;
22. Rammarbeiten;
23. Rohrleitungsbau-, Rohrleitungstiefbau-, Kabelleitungstiefbauarbeiten und Bodendurchpressungen;
24. Schachtbau- und Tunnelbauarbeiten;
25. Schalungsarbeiten;
26. Schornsteinbauarbeiten;

27. Spreng-, Abbruch- und Enttrümmerungsarbeiten; nicht erfasst werden Abbruch- und Abwrackbetriebe, deren überwiegende Tätigkeit der Gewinnung von Rohmaterialien oder der Wiederaufbereitung von Abbruchmaterialien dient;
28. Stahlbiege- und -flechtarbeiten, soweit sie zur Erbringung anderer baulicher Leistungen des Betriebes oder auf Baustellen ausgeführt werden;
29. Stakerarbeiten;
30. Steinmetzarbeiten;
31. Straßenbauarbeiten, das sind z. B. Stein-, Asphalt-, Beton-, Schwarzstraßenbauarbeiten, Pflasterarbeiten aller Art, Fahrbahnmarkierungsarbeiten; ferner Herstellen und Aufbereiten des Mischgutes, wenn mit dem überwiegenden Teil des Mischgutes der Betrieb, ein anderer Betrieb desselben Unternehmens oder innerhalb von Unternehmungszusammenschlüssen – unbeschadet der Rechtsform – der Betrieb mindestens eines beteiligten Gesellschafters versorgt wird;
32. Straßenwalzarbeiten;
33. Stuck-, Putz-, Gips- und Rabitzarbeiten einschließlich des Anbringens von Unterkonstruktionen und Putzträgern;
34. Terrazzoarbeiten;
35. Tiefbauarbeiten;
36. Trocken- und Montagebauarbeiten (z. B. Wand- und Deckeneinbau und -verkleidungen) einschließlich des Anbringens von Unterkonstruktionen und Putzträgern;
37. Verlegen von Bodenbelägen in Verbindung mit anderen baulichen Leistungen;
38. Vermieten von Baumaschinen mit Bedienungspersonal, wenn die Baumaschinen mit Bedienungspersonal zur Erbringung baulicher Leistungen eingesetzt werden;

38 a. Wärmedämmverbundsystemarbeiten;

39. Wasserwerksbauarbeiten, Wasserhaltungsarbeiten, Wasserbauarbeiten (z. B. Wasserstraßenbau, Wasserbeckenbau, Schleusenanlagenbau);
40. Zimmerarbeiten und Holzbauarbeiten, die im Rahmen des Zimmergewerbes ausgeführt werden;
41. Aufstellen von Bauaufzügen.

(3) Betriebe und Betriebsabteilungen im Sinne des Abs. 1 sind auch

1. Betriebe, die Gerüste aufstellen (Gerüstbauerhandwerk);
2. Betriebe des Dachdeckerhandwerks.

(4) Betriebe und Betriebsabteilungen im Sinne des Abs. 1 sind ferner diejenigen des Garten- und Landschaftsbaues, in denen folgende Arbeiten verrichtet werden:

1. Erstellung von Garten-, Park- und Grünanlagen, Sport- und Spielplätzen sowie Friedhofsanlagen;

2. Erstellung der gesamten Außenanlagen im Wohnungsbau, bei öffentlichen Bauvorhaben, insbesondere an Schulen, Krankenhäusern, Schwimmbädern, Straßen-, Autobahn-, Eisenbahn-Anlagen, Flugplätzen, Kasernen;
3. Deich-, Hang-, Halden- und Böschungsverbau einschließlich Faschinenbau;
4. ingenieurbiologische Arbeiten aller Art;
5. Schutzpflanzungen aller Art;
6. Drainierungsarbeiten;
7. Meliorationsarbeiten;
8. Landgewinnungs- und Rekultivierungsarbeiten.

(5) Betriebe und Betriebsabteilungen im Sinne des Abs. 1 sind von einer Förderung der ganzjährigen Beschäftigung durch das Saison-Kurzarbeitergeld ausgeschlossen, wenn sie zu einer abgrenzbaren und nennenswerten Gruppe gehören, bei denen eine Einbeziehung nach den Abs. 2 bis 4 in der Schlechtwetterzeit nicht zu einer Belebung der wirtschaftlichen Tätigkeit oder zu einer Stabilisierung der Beschäftigungsverhältnisse der von saisonbedingten Arbeitsausfällen betroffenen Arbeitnehmer führt.

§ 2
Ausgeschlossene Betriebe

Nicht als förderfähige Betriebe im Sinne des § 1 Abs. 1 anzusehen sind Betriebe

1. des Bauten- und Eisenschutzgewerbes;
2. des Betonwaren und Terazzowaren herstellenden Gewerbes, soweit nicht in Betriebsabteilungen nach deren Zweckbestimmung überwiegend Bauleistungen im Sinne des § 1 Abs. 1 und 2 ausgeführt werden;
3. der Fassadenreinigung;
4. der Fußboden- und Parkettlegerei;
5. des Glaserhandwerks;
6. des Installationsgewerbes, insbesondere der Klempnerei, des Klimaanlagenbaues, der Gas-, Wasser-, Heizungs-, Lüftungs- und Elektroinstallation, sowie des Blitzschutz- und Erdungsanlagenbaues;
7. des Maler- und Lackiererhandwerks, soweit nicht überwiegend Bauleistungen im Sinne des § 1 Abs. 1 und 2 ausgeführt werden;
8. der Naturstein- und Naturwerksteinindustrie und des Steinmetzhandwerks;
9. der Nassbaggerei;
10. des Kachelofen- und Luftheizungsbaues;
11. der Säurebauindustrie;
12. des Schreinerhandwerks sowie der holzbe- und -verarbeitenden Industrie einschließlich der Holzfertigbauindustrie, soweit nicht überwiegend Fertigbau-, Dämm-(Isolier-), Trockenbau- und Montagebauarbeiten oder Zimmerarbeiten ausgeführt werden;

13. des reinen Stahl-, Eisen-, Metall- und Leichtmetallbaues sowie des Fahrleitungs-, Freileitungs-, Ortsnetz- und Kabelbaues;
14. und Betriebe, die Betonentladegeräte gewerblich zur Verfügung stellen.

§ 3

(weggefallen)

§ 4
Inkrafttreten, Außerkrafttreten

Diese Verordnung tritt am 1. November 1980 in Kraft.

Erläuterungen zur Baubetriebe-Verordnung

Die Baubetriebe-Verordnung regelt, welche Betriebe von den Vorschriften über das Saison-Kurzarbeitergeld im SGB III, den bauspezifischen Vorschriften des Arbeitnehmerüberlassungsgesetzes und den Vorschriften des Arbeitnehmer-Entsendegesetzes erfasst werden.

Rechtsgrundlage für den Erlass dieser Rechtsverordnung ist § 109 Abs. 2 SGB III.

Verordnung über ergänzende Leistungen zum Saison-Kurzarbeitergeld und die Aufbringung der erforderlichen Mittel zur Aufrechterhaltung der Beschäftigung in den Wintermonaten (Winterbeschäftigungs-Verordnung)

vom 26. April 2006
(BGBl. I 2006, S. 1086)

in der Fassung vom 24. Juni 2013
(BGBl. I 2013, S. 1681)

§ 1
Leistungen

(1) Gewerbliche Arbeitnehmer von Betrieben

1. des Baugewerbes (§ 1 Abs. 2 der Baubetriebe-Verordnung),
2. des Gerüstbauerhandwerks (§ 1 Abs. 3 Nr. 1 der Baubetriebe-Verordnung),
3. des Dachdeckerhandwerks (§ 1 Abs. 3 Nr. 2 der Baubetriebe-Verordnung),
4. des Garten- und Landschaftsbaus (§ 1 Abs. 4 der Baubetriebe-Verordnung)

erhalten entsprechend bestehenden Vereinbarungen der Tarifvertragsparteien ergänzende Leistungen nach § 102 des Dritten Buches Sozialgesetzbuch.

(2) In Betrieben nach Abs. 1 Nr. 1, 3 und 4 werden ergänzende Leistungen nach § 102 Abs. 2 bis 4 des Dritten Buches Sozialgesetzbuch gewährt. Das Zuschuss-Wintergeld beträgt 2,50 € je Stunde.

(3) In Betrieben nach Abs. 1 Nr. 2 werden ergänzende Leistungen nach § 102 Abs. 2 und 3 des Dritten Buches Sozialgesetzbuch gewährt. Das Zuschuss-Wintergeld beträgt 1,03 € je Stunde.

§ 2
Umlage

Die Mittel für die ergänzenden Leistungen sowie die Verwaltungskosten und sonstigen Kosten, die mit der Gewährung der ergänzenden Leistungen zusammenhängen, werden durch Umlage in den Betrieben nach § 1 Abs. 1 aufgebracht.

§ 3
Höhe und Aufbringung der Umlage

(1) Die Umlage beträgt in Betrieben

1. des Baugewerbes (§ 1 Abs. 2 der Baubetriebe-Verordnung) 2 Prozent,
2. des Gerüstbauerhandwerks (§ 1 Abs. 3 Nr. 1 der Baubetriebe-Verordnung) 1 Prozent,
3. des Dachdeckerhandwerks (§ 1 Abs. 3 Nr. 2 der Baubetriebe-Verordnung) 2 Prozent,
4. des Garten- und Landschaftsbaus (§ 1 Abs. 4 der Baubetriebe-Verordnung) 1,85 Prozent

der umlagepflichtigen Bruttoarbeitsentgelte der gewerblichen Arbeitnehmer.

(2) Die Umlage wird in Betrieben

1. nach Abs. 1 Nr. 1 anteilig durch die Arbeitgeber in Höhe von 1,2 Prozent und durch die Arbeitnehmer in Höhe von 0,8 Prozent aufgebracht; der Arbeitgeber hat den gesamten Umlagebetrag abzuführen,
2. nach Abs. 1 Nr. 2 allein durch die Arbeitgeber aufgebracht,
3. nach Abs. 1 Nr. 3 anteilig durch die Arbeitgeber in Höhe von 1,7 Prozent und durch die Arbeitnehmer in Höhe von 0,8 Prozent aufgebracht; der Arbeitgeber hat den gesamten Umlagebetrag abzuführen,
4. nach Abs. 1 Nr. 4 anteilig durch die Arbeitgeber in Höhe von 1,05 Prozent und durch die Arbeitnehmer in Höhe von 0,8 Prozent aufgebracht; der Arbeitgeber hat den gesamten Umlagebetrag abzuführen.

(3) Das umlagepflichtige Bruttoarbeitsentgelt ist der für die Berechnung der Lohnsteuer zugrunde zu legende und in die Lohnsteuerkarte oder die Lohnsteuerbescheinigung einzutragende Bruttoarbeitslohn einschließlich der Sachbezüge, die nicht pauschal nach § 40 des Einkommensteuergesetzes versteuert werden. Bei der Berechnung der umlagepflichtigen Bruttoarbeitsentgelte der Arbeitnehmer werden die nach den §§ 40 a, 40 b und 52 Abs. 52 a des Einkommensteuergesetzes pauschal zu versteuernden Bruttoarbeitsentgelte berücksichtigt. Nicht berücksichtigt werden

1. der Beitrag zu einer Gruppen-Unfallversicherung,
2. die Anteile an der Finanzierung einer tariflichen Zusatzrente im Sinne des § 1 des Betriebsrentengesetzes,
3. in Betrieben nach Abs. 1 Nr. 1 das tarifliche 13. Monatseinkommen oder betriebliche Zahlungen mit gleichem Charakter, Urlaubsabgeltungen und Abfindungen wegen einer vom Arbeitgeber veranlassten oder gerichtlich ausgesprochenen Auflösung des Arbeitsverhältnisses und
4. in Betrieben nach Abs. 1 Nr. 2 das 13. Monatseinkommen oder betriebliche Zahlungen mit gleichem Charakter.

Umlagepflichtiges Bruttoarbeitsentgelt ist bei Arbeitnehmern, die nicht dem deutschen Lohnsteuerrecht unterliegen, der Bruttoarbeitslohn einschließlich der Sachbezüge nach Satz 1, der bei Anwendung des deutschen Lohnsteuerrechts als Bruttoarbeitslohn gelten würde.

§ 4
Einzugsstellen

Die Bundesagentur für Arbeit (Bundesagentur) gibt im Bundesanzeiger bekannt, über welche gemeinsamen Einrichtungen oder Ausgleichskassen (Einzugstellen) der Arbeitgeber die Umlagebeträge abführt und mit welchen Einzugsstellen sie ein vereinfachtes Abrechnungsverfahren vereinbart hat.

§ 5
Zahlung

(1) Die Umlagebeträge sind am 15. des Monats fällig, der dem Monat folgt, für den das Arbeitsentgelt zu zahlen ist. Umlagebeträge sind rechtzeitig gezahlt, wenn sie bis zu dem genannten Zeitpunkt bei den Einzugsstellen eingegangen sind.

(2) Die Einzugsstellen führen die eingezogene Umlage bis zum 20. des Monats oder entsprechend dem zwischen ihnen und der Bundesagentur vereinbarten vereinfachten Abrechnungsverfahren an die Bundesagentur ab.

(3) In Betrieben nach § 1 Abs. 1 Nr. 1

1. tritt an die Stelle der in Abs. 1 genannten Fälligkeit der 20. des Monats, der dem Monat folgt, für den das Arbeitsentgelt zu zahlen ist;
2. können Umlagebeträge in Abrechnungsintervallen bis zu längstens sechs Monaten gezahlt werden, wenn von dem umlagepflichtigen Arbeitgeber im Rahmen der Beitragsentrichtung zu den Einzugsstellen längere Abrechnungsintervalle in Anspruch genommen werden; in diesen Fällen tritt an die Stelle der in Nr. 1 genannten Fälligkeit der Zahlung die für die Beitragsentrichtung zu den Einzugsstellen sich ergebende Fälligkeit; können längere Abrechnungsintervalle vom Arbeitgeber gegenüber den Einzugsstellen nicht mehr in Anspruch genommen werden, gilt wieder die Fälligkeit nach Nr. 1.

(4) Arbeitgebern des Baugewerbes werden entrichtete Umlagebeträge, die auf Zeiten einer Beschäftigung von gewerblichen Arbeitnehmern auf Baustellen außerhalb des Geltungsbereiches des Dritten Buches Sozialgesetzbuch entfallen, auf Antrag für jeweils ein Kalenderjahr erstattet. Der Antrag ist innerhalb einer Ausschlussfrist von drei Kalendermonaten zu stellen; die Frist beginnt mit Ablauf des Kalenderjahres, in dem die Zeiten nach Satz 1 liegen. Ein zu erstattender Arbeitnehmeranteil steht dem Arbeitnehmer zu.

(5) Im Übrigen gelten die Vorschriften des Dritten und des Vierten Buches Sozialgesetzbuch über das Entstehen und die Fälligkeit der Beitragsansprüche, die Erhebung von Säumniszuschlägen, die Verjährung von Beitragsansprüchen, die Beitragserstattung und die Erhebung der Einnahmen, den Beitragsnachweis und die Berechnung und Zahlung des Gesamtsozialversicherungsbeitrags entspre-

chend, soweit diese auf die Beiträge zur Arbeitsförderung anzuwenden sind und die Besonderheiten der Umlage nicht entgegenstehen.

§ 6
Melde- und Auskunftspflicht

(1) Der Arbeitgeber hat Beginn und Ende der Umlagepflicht der Bundesagentur unverzüglich zu melden. Die Meldepflicht besteht nicht, soweit der Arbeitgeber die Umlagebeträge über eine Einzugsstelle abführt und die Bundesagentur mit dieser Einzugsstelle ein vereinfachtes Abrechnungsverfahren vereinbart hat.

(2) Die Bundesagentur kann verlangen, dass der Arbeitgeber die Höhe der umlagepflichtigen Bruttoarbeitsentgelte seiner Arbeitnehmer, die ergänzende Leistungen erhalten können, und die Höhe der fälligen Umlagebeträge monatlich unter Verwendung des von der Bundesagentur vorgesehenen Vordrucks meldet.

(3) Der Arbeitgeber und die Einzugsstelle haben der Bundesagentur über alle Tatsachen Auskunft zu geben, die für die Einziehung der Umlage erheblich sind. Die Bundesagentur ist berechtigt, Grundstücke und Geschäftsräume des Arbeitgebers während der Geschäftszeit zu betreten und dort Einsicht in Geschäftsbücher, Geschäfts-, Lohn- oder vergleichbare Unterlagen zu nehmen, soweit dies für die Einziehung der Umlage erforderlich ist.

§ 7
Zuständigkeit

(1) Die Umlagebeträge sind an die Einzugsstellen der Wirtschaftszweige abzuführen, in denen die Winterbeschäftigung gefördert wird. Dies gilt auch für Unternehmen, deren Hauptbetriebsitz nicht im Geltungsbereich des Dritten Buches Sozialgesetzbuch liegt. In den Fällen des § 356 Abs. 2 Satz 1 des Dritten Buches Sozialgesetzbuch bestimmt die Bundesagentur durch Bekanntmachung im Bundesanzeiger, an welche Dienststellen die Umlage abzuführen ist.

(2) Zuständig für die Erstattung der Umlagebeträge nach § 5 Abs. 4 sind die Stellen, die für die Umlageerhebung gemäß Abs. 1 zuständig sind.

(3) Für die Meldungen nach § 6 Abs. 1 und 2 gilt Abs. 1 entsprechend.

§ 8
Erstattung von Mehraufwendungen

(1) Die Pauschale nach § 356 Abs. 2 Satz 2 des Dritten Buches Sozialgesetzbuch wird in Höhe von 10 Prozent des Umlagesatzes nach § 3 erhoben, wenn dieser mindestens 1,5 Prozent beträgt. Ist der Umlageprozentsatz geringer, beträgt die Pauschale 15 Prozent.

(2) Für die Erstattung der Mehraufwendungen an die Bundesagentur gelten die Vorschriften für den Einzug der Umlage entsprechend.

§ 9
Verwaltungskosten

(1) Die im Zusammenhang mit der Gewährung der ergänzenden Leistungen und dem Einzug der zur Finanzierung dieser Leistungen erhobenen Umlage entstehenden Verwaltungskosten sind der Bundesagentur von den Wirtschaftszweigen, in denen diese Leistungen in Anspruch genommen werden können, pauschaliert zu erstatten.

(2) Sie werden für diese Wirtschaftszweige im Verhältnis der Anteile an den Ausgaben getrennt festgestellt.

(3) Im Jahr 2006 werden von Betrieben nach § 1 Abs. 1 Nr. 1 die anteilig zu den Ausgaben für die ergänzenden Leistungen nach § 102 des Dritten Buches Sozialgesetzbuch berechneten Verwaltungskosten bis zu einer Höhe von 24 Mio. € erstattet; ab dem Jahr 2007 werden anteilige Verwaltungskosten bis maximal 17,5 Mio. € erstattet.

§ 10
Inkrafttreten, Außerkrafttreten

Diese Verordnung tritt am 1. Mai 2006 in Kraft.

Gesetz zur Regelung der Arbeitnehmerüberlassung (Arbeitnehmerüberlassungsgesetz)

vom 3. Februar 1995
(BGBl. I 1995, S. 158)

in der Fassung vom 13. März 2020
(BGBl. I 2020, S. 493)

§ 1 Arbeitnehmerüberlassung, Erlaubnispflicht

(1) Arbeitgeber, die als Verleiher Dritten (Entleihern) Arbeitnehmer (Leiharbeitnehmer) im Rahmen ihrer wirtschaftlichen Tätigkeit zur Arbeitsleistung überlassen (Arbeitnehmerüberlassung) wollen, bedürfen der Erlaubnis. Arbeitnehmer werden zur Arbeitsleistung überlassen, wenn sie in die Arbeitsorganisation des Entleihers eingegliedert sind und seinen Weisungen unterliegen. Die Überlassung und das Tätigwerdenlassen von Arbeitnehmern als Leiharbeitnehmer ist nur zulässig, soweit zwischen dem Verleiher und dem Leiharbeitnehmer ein Arbeitsverhältnis besteht. Die Überlassung von Arbeitnehmern ist vorübergehend bis zu einer Überlassungshöchstdauer nach Abs. 1 b zulässig. Verleiher und Entleiher haben die Überlassung von Leiharbeitnehmern in ihrem Vertrag ausdrücklich als Arbeitnehmerüberlassung zu bezeichnen, bevor sie den Leiharbeitnehmer überlassen oder tätig werden lassen. Vor der Überlassung haben sie die Person des Leiharbeitnehmers unter Bezugnahme auf diesen Vertrag zu konkretisieren.

(1 a) Die Abordnung von Arbeitnehmern zu einer zur Herstellung eines Werkes gebildeten Arbeitsgemeinschaft ist keine Arbeitnehmerüberlassung, wenn der Arbeitgeber Mitglied der Arbeitsgemeinschaft ist, für alle Mitglieder der Arbeitsgemeinschaft Tarifverträge desselben Wirtschaftszweiges gelten und alle Mitglieder auf Grund des Arbeitsgemeinschaftsvertrages zur selbständigen Erbringung von Vertragsleistungen verpflichtet sind. Für einen Arbeitgeber mit Geschäftssitz in einem anderen Mitgliedstaat des Europäischen Wirtschaftsraumes ist die Abordnung von Arbeitnehmern zu einer zur Herstellung eines Werkes gebildeten Arbeitsgemeinschaft auch dann keine Arbeitnehmerüberlassung, wenn für ihn deutsche Tarifverträge desselben Wirtschaftszweiges wie für die anderen Mitglieder der Arbeitsgemeinschaft nicht gelten, er aber die übrigen Voraussetzungen des Satzes 1 erfüllt.

(1 b) Der Verleiher darf denselben Leiharbeitnehmer nicht länger als 18 aufeinander folgende Monate demselben Entleiher überlassen; der Entleiher darf den-

selben Leiharbeitnehmer nicht länger als 18 aufeinander folgende Monate tätig werden lassen. Der Zeitraum vorheriger Überlassungen durch denselben oder einen anderen Verleiher an denselben Entleiher ist vollständig anzurechnen, wenn zwischen den Einsätzen jeweils nicht mehr als drei Monate liegen. In einem Tarifvertrag von Tarifvertragsparteien der Einsatzbranche kann eine von Satz 1 abweichende Überlassungshöchstdauer festgelegt werden. Im Geltungsbereich eines Tarifvertrages nach Satz 3 können abweichende tarifvertragliche Regelungen im Betrieb eines nicht tarifgebundenen Entleihers durch Betriebs- oder Dienstvereinbarung übernommen werden. In einer auf Grund eines Tarifvertrages von Tarifvertragsparteien der Einsatzbranche getroffenen Betriebs- oder Dienstvereinbarung kann eine von Satz 1 abweichende Überlassungshöchstdauer festgelegt werden. Können auf Grund eines Tarifvertrages nach Satz 5 abweichende Regelungen in einer Betriebs- oder Dienstvereinbarung getroffen werden, kann auch in Betrieben eines nicht tarifgebundenen Entleihers bis zu einer Überlassungshöchstdauer von 24 Monaten davon Gebrauch gemacht werden, soweit nicht durch diesen Tarifvertrag eine von Satz 1 abweichende Überlassungshöchstdauer für Betriebs- oder Dienstvereinbarungen festgelegt ist. Unterfällt der Betrieb des nicht tarifgebundenen Entleihers bei Abschluss einer Betriebs- oder Dienstvereinbarung nach Satz 4 oder Satz 6 den Geltungsbereichen mehrerer Tarifverträge, ist auf den für die Branche des Entleihers repräsentativen Tarifvertrag abzustellen. Die Kirchen und die öffentlich-rechtlichen Religionsgesellschaften können von Satz 1 abweichende Überlassungshöchstdauern in ihren Regelungen vorsehen.

(2) Werden Arbeitnehmer Dritten zur Arbeitsleistung überlassen und übernimmt der Überlassende nicht die üblichen Arbeitgeberpflichten oder das Arbeitgeberrisiko (§ 3 Abs. 1 Nr. 1 bis 3), so wird vermutet, dass der Überlassende Arbeitsvermittlung betreibt.

(3) Dieses Gesetz ist mit Ausnahme des § 1 b Satz 1, des § 16 Abs. 1 Nr. 1 f und Abs. 2 bis 5 sowie der §§ 17 und 18 nicht anzuwenden auf die Arbeitnehmerüberlassung

1. zwischen Arbeitgebern desselben Wirtschaftszweiges zur Vermeidung von Kurzarbeit oder Entlassungen, wenn ein für den Entleiher und Verleiher geltender Tarifvertrag dies vorsieht,
2. zwischen Konzernunternehmen im Sinne des § 18 des Aktiengesetzes, wenn der Arbeitnehmer nicht zum Zweck der Überlassung eingestellt und beschäftigt wird,

2 a. zwischen Arbeitgebern, wenn die Überlassung nur gelegentlich erfolgt und der Arbeitnehmer nicht zum Zweck der Überlassung eingestellt und beschäftigt wird,

2 b. zwischen Arbeitgebern, wenn Aufgaben eines Arbeitnehmers von dem bisherigen zu dem anderen Arbeitgeber verlagert werden und auf Grund eines Tarifvertrages des öffentlichen Dienstes
   a) das Arbeitsverhältnis mit dem bisherigen Arbeitgeber weiter besteht und
   b) die Arbeitsleistung zukünftig bei dem anderen Arbeitgeber erbracht wird,

2c. zwischen Arbeitgebern, wenn diese juristische Personen des öffentlichen Rechts sind und Tarifverträge des öffentlichen Dienstes oder Regelungen der öffentlich-rechtlichen Religionsgesellschaften anwenden, oder
3. in das Ausland, wenn der Leiharbeitnehmer in ein auf der Grundlage zwischenstaatlicher Vereinbarungen begründetes deutsch-ausländisches Gemeinschaftsunternehmen verliehen wird, an dem der Verleiher beteiligt ist.

§ 1 a
Anzeige der Überlassung

(1) Keiner Erlaubnis bedarf ein Arbeitgeber mit weniger als 50 Beschäftigten, der zur Vermeidung von Kurzarbeit oder Entlassungen an einen Arbeitgeber einen Arbeitnehmer, der nicht zum Zweck der Überlassung eingestellt und beschäftigt wird, bis zur Dauer von zwölf Monaten überlässt, wenn er die Überlassung vorher schriftlich der Bundesagentur für Arbeit angezeigt hat.

(2) In der Anzeige sind anzugeben
1. Vor- und Familiennamen, Wohnort und Wohnung, Tag und Ort der Geburt des Leiharbeitnehmers,
2. Art der vom Leiharbeitnehmer zu leistenden Tätigkeit und etwaige Pflicht zur auswärtigen Leistung,
3. Beginn und Dauer der Überlassung,
4. Firma und Anschrift des Entleihers.

§ 1 b
Einschränkungen im Baugewerbe

Arbeitnehmerüberlassung nach § 1 in Betriebe des Baugewerbes für Arbeiten, die üblicherweise von Arbeitern verrichtet werden, ist unzulässig. Sie ist gestattet
a) zwischen Betrieben des Baugewerbes und anderen Betrieben, wenn diese Betriebe erfassende, für allgemeinverbindlich erklärte Tarifverträge dies bestimmen,
b) zwischen Betrieben des Baugewerbes, wenn der verleihende Betrieb nachweislich seit mindestens drei Jahren von denselben Rahmen- und Sozialkassentarifverträgen oder von deren Allgemeinverbindlichkeit erfasst wird.

Abweichend von Satz 2 ist für Betriebe des Baugewerbes mit Geschäftssitz in einem anderen Mitgliedstaat des Europäischen Wirtschaftsraumes Arbeitnehmerüberlassung auch gestattet, wenn die ausländischen Betriebe nicht von deutschen Rahmen- und Sozialkassentarifverträgen oder für allgemeinverbindlich erklärten Tarifverträgen erfasst werden, sie aber nachweislich seit mindestens drei Jahren überwiegend Tätigkeiten ausüben, die unter den Geltungsbereich derselben Rahmen- und Sozialkassentarifverträge fallen, von denen der Betrieb des Entleihers erfasst wird.

[…]

§ 12
Rechtsbeziehungen zwischen Verleiher und Entleiher

(1) Der Vertrag zwischen dem Verleiher und dem Entleiher bedarf der Schriftform. Wenn der Vertrag und seine tatsächliche Durchführung einander widersprechen, ist für die rechtliche Einordnung des Vertrages die tatsächliche Durchführung maßgebend. In der Urkunde hat der Verleiher zu erklären, ob er die Erlaubnis nach § 1 besitzt. Der Entleiher hat in der Urkunde anzugeben, welche besonderen Merkmale die für den Leiharbeitnehmer vorgesehene Tätigkeit hat und welche berufliche Qualifikation dafür erforderlich ist sowie welche im Betrieb des Entleihers für einen vergleichbaren Arbeitnehmer des Entleihers wesentlichen Arbeitsbedingungen einschließlich des Arbeitsentgelts gelten; Letzteres gilt nicht, soweit die Voraussetzungen der in § 8 Abs. 2 und 4 Satz 2 genannten Ausnahme vorliegen.

(2) Der Verleiher hat den Entleiher unverzüglich über den Zeitpunkt des Wegfalls der Erlaubnis zu unterrichten. In den Fällen der Nichtverlängerung (§ 2 Abs. 4 Satz 3), der Rücknahme (§ 4) oder des Widerrufs (§ 5) hat er ihn ferner auf das voraussichtliche Ende der Abwicklung (§ 2 Abs. 4 Satz 4) und die gesetzliche Abwicklungsfrist (§ 2 Abs. 4 Satz 4 letzter Halbsatz) hinzuweisen.

(3) (weggefallen)

[…]

§ 16
Ordnungswidrigkeiten

(1) Ordnungswidrig handelt, wer vorsätzlich oder fahrlässig

1. entgegen § 1 einen Leiharbeitnehmer einem Dritten ohne Erlaubnis überlässt,

1 a. einen ihm von einem Verleiher ohne Erlaubnis überlassenen Leiharbeitnehmer tätig werden lässt,

1 b. entgegen § 1 Abs. 1 Satz 3 einen Arbeitnehmer überlässt oder tätig werden lässt,

1 c. entgegen § 1 Abs. 1 Satz 5 eine dort genannte Überlassung nicht, nicht richtig oder nicht rechtzeitig bezeichnet,

1 d. entgegen § 1 Abs. 1 Satz 6 die Person nicht, nicht richtig oder nicht rechtzeitig konkretisiert,

1 e. entgegen § 1 Abs. 1 b Satz 1 einen Leiharbeitnehmer überlässt,

1 f. entgegen § 1 b Satz 1 Arbeitnehmer überlässt oder tätig werden lässt,

2. einen ihm überlassenen ausländischen Leiharbeitnehmer, der einen erforderlichen Aufenthaltstitel nach § 4 a Abs. 5 Satz 1 des Aufenthaltsgesetzes, eine

Erlaubnis oder Berechtigung nach § 4a Abs. 5 Satz 2 in Verbindung mit Abs. 4 des Aufenthaltsgesetzes, eine Aufenthaltsgestattung oder eine Duldung, die zur Ausübung der Beschäftigung berechtigen, oder eine Genehmigung nach § 284 Abs. 1 des Dritten Buches Sozialgesetzbuch nicht besitzt, tätig werden lässt,

2a. eine Anzeige nach § 1a nicht richtig, nicht vollständig oder nicht rechtzeitig erstattet,

[...]

(2) Die Ordnungswidrigkeit nach Abs. 1 Nr. 1 bis 1f, 6 und 11 bis 18 kann mit einer Geldbuße bis zu dreißigtausend Euro, die Ordnungswidrigkeit nach Abs. 1 Nr. 2, 7a, 7b und 8a mit einer Geldbuße bis zu fünfhunderttausend Euro, die Ordnungswidrigkeit nach Abs. 1 Nr. 2a, 3, 9 und 10 mit einer Geldbuße bis zu zweitausendfünfhundert Euro, die Ordnungswidrigkeit nach Abs. 1 Nr. 4, 5, 6a und 8 mit einer Geldbuße bis zu tausend Euro geahndet werden.

[...]

§ 20
Evaluation

Die Anwendung dieses Gesetzes ist im Jahr 2020 zu evaluieren.

Gesetz zur Verbesserung der betrieblichen Altersversorgung (Betriebsrentengesetz – BetrAVG)

vom 19. Dezember 1974
(BGBl. I 1974, S. 3610)

in der Fassung vom 12. Juni 2020
(BGBl. I 2020, S. 1248)

§ 1 Zusage des Arbeitgebers auf betriebliche Altersversorgung

(1) Werden einem Arbeitnehmer Leistungen der Alters-, Invaliditäts- oder Hinterbliebenenversorgung aus Anlass seines Arbeitsverhältnisses vom Arbeitgeber zugesagt (betriebliche Altersversorgung), gelten die Vorschriften dieses Gesetzes.[1] Die Durchführung der betrieblichen Altersversorgung kann unmittelbar über den Arbeitgeber oder über einen der in § 1 b Abs. 2 bis 4 genannten Versorgungsträger erfolgen. Der Arbeitgeber steht für die Erfüllung der von ihm zugesagten Leistungen auch dann ein, wenn die Durchführung nicht unmittelbar über ihn erfolgt.

(2) Betriebliche Altersversorgung liegt auch vor, wenn

1. der Arbeitgeber sich verpflichtet, bestimmte Beiträge in eine Anwartschaft auf Alters-, Invaliditäts- oder Hinterbliebenenversorgung umzuwandeln (beitragsorientierte Leistungszusage),
2. der Arbeitgeber sich verpflichtet, Beiträge zur Finanzierung von Leistungen der betrieblichen Altersversorgung an einen Pensionsfonds, eine Pensionskasse oder eine Direktversicherung zu zahlen und für Leistungen zur Altersversorgung das planmäßig zuzurechnende Versorgungskapital auf der Grundlage der gezahlten Beiträge (Beiträge und die daraus erzielten Erträge), mindestens die Summe der zugesagten Beiträge, soweit sie nicht rechnungsmäßig für einen biometrischen Risikoausgleich verbraucht wurden, hierfür zur Verfügung zu stellen (Beitragszusage mit Mindestleistung),

---

1) Siehe Tarifvertrag über eine Zusatzrente im Baugewerbe (TV TZR), Seiten 398 bis 405, mit Einschränkungen der Anwendung des BetrAVG nach § 10 TV TZR sowie Tarifvertrag über eine zusätzliche Altersversorgung im Baugewerbe (TZA Bau), Seiten 412 bis 426, mit Einschränkungen der Anwendbarkeit des BetrAVG nach § 27 TZA Bau; vgl. insoweit die Tariföffnungsklausel in § 19 BetrAVG.

2 a. der Arbeitgeber durch Tarifvertrag oder auf Grund eines Tarifvertrages in einer Betriebs- oder Dienstvereinbarung verpflichtet wird, Beiträge zur Finanzierung von Leistungen der betrieblichen Altersversorgung an einen Pensionsfonds, eine Pensionskasse oder eine Direktversicherung nach § 22 zu zahlen; die Pflichten des Arbeitgebers nach Abs. 1 Satz 3, § 1 a Abs. 4 Satz 2, den §§ 1 b bis 6 und 16 sowie die Insolvenzsicherungspflicht nach dem Vierten Abschnitt bestehen nicht (reine Beitragszusage),

3. künftige Entgeltansprüche in eine wertgleiche Anwartschaft auf Versorgungsleistungen umgewandelt werden (Entgeltumwandlung) oder

4. der Arbeitnehmer Beiträge aus seinem Arbeitsentgelt zur Finanzierung von Leistungen der betrieblichen Altersversorgung an einen Pensionsfonds, eine Pensionskasse oder eine Direktversicherung leistet und die Zusage des Arbeitgebers auch die Leistungen aus diesen Beiträgen umfasst; die Regelungen für Entgeltumwandlung sind hierbei entsprechend anzuwenden, soweit die zugesagten Leistungen aus diesen Beiträgen im Wege der Kapitaldeckung finanziert werden.

§ 1 a[2)]

Anspruch auf betriebliche Altersversorgung durch Entgeltumwandlung

(1) Der Arbeitnehmer kann vom Arbeitgeber verlangen, dass von seinen künftigen Entgeltansprüchen bis zu 4 vom Hundert der jeweiligen Beitragsbemessungsgrenze in der allgemeinen Rentenversicherung durch Entgeltumwandlung für seine betriebliche Altersversorgung verwendet werden. Die Durchführung des Anspruchs des Arbeitnehmers wird durch Vereinbarung geregelt. Ist der Arbeitgeber zu einer Durchführung über einen Pensionsfonds oder eine Pensionskasse (§ 1 b Abs. 3) oder über eine Versorgungseinrichtung nach § 22 bereit, ist die betriebliche Altersversorgung dort durchzuführen; andernfalls kann der Arbeitnehmer verlangen, dass der Arbeitgeber für ihn eine Direktversicherung (§ 1 b Abs. 2) abschließt. Soweit der Anspruch geltend gemacht wird, muss der Arbeitnehmer jährlich einen Betrag in Höhe von mindestens einem Hundertsechzigstel der Bezugsgröße nach § 18 Abs. 1 des Vierten Buches Sozialgesetzbuch für seine betriebliche Altersversorgung verwenden. Soweit der Arbeitnehmer Teile seines regelmäßigen Entgelts für betriebliche Altersversorgung verwendet, kann der Arbeitgeber verlangen, dass während eines laufenden Kalenderjahres gleich bleibende monatliche Beträge verwendet werden.

(1 a) Der Arbeitgeber muss 15 Prozent des umgewandelten Entgelts zusätzlich als Arbeitgeberzuschuss an den Pensionsfonds, die Pensionskasse oder die Direktversicherung weiterleiten, soweit er durch die Entgeltumwandlung Sozialversicherungsbeiträge einspart.

---

2) Anwendung in § 10 TV TZR und in § 27 TZA Bau ausgeschlossen.

(2) Soweit eine durch Entgeltumwandlung finanzierte betriebliche Altersversorgung besteht, ist der Anspruch des Arbeitnehmers auf Entgeltumwandlung ausgeschlossen.

(3) Soweit der Arbeitnehmer einen Anspruch auf Entgeltumwandlung für betriebliche Altersversorgung nach Abs. 1 hat, kann er verlangen, dass die Voraussetzungen für eine Förderung nach den §§ 10a, 82 Abs. 2 des Einkommensteuergesetzes erfüllt werden, wenn die betriebliche Altersversorgung über einen Pensionsfonds, eine Pensionskasse oder eine Direktversicherung durchgeführt wird.

(4) Falls der Arbeitnehmer bei fortbestehendem Arbeitsverhältnis kein Entgelt erhält, hat er das Recht, die Versicherung oder Versorgung mit eigenen Beiträgen fortzusetzen. Der Arbeitgeber steht auch für die Leistungen aus diesen Beiträgen ein. Die Regelungen über Entgeltumwandlung gelten entsprechend.

§ 1b
Unverfallbarkeit und Durchführung der betrieblichen Altersversorgung

(1) Einem Arbeitnehmer, dem Leistungen aus der betrieblichen Altersversorgung zugesagt worden sind, bleibt die Anwartschaft erhalten, wenn das Arbeitsverhältnis vor Eintritt des Versorgungsfalls, jedoch nach Vollendung des 21. Lebensjahres endet und die Versorgungszusage zu diesem Zeitpunkt mindestens drei Jahre bestanden hat (unverfallbare Anwartschaft). Ein Arbeitnehmer behält seine Anwartschaft auch dann, wenn er aufgrund einer Vorruhestandsregelung ausscheidet und ohne das vorherige Ausscheiden die Wartezeit und die sonstigen Voraussetzungen für den Bezug von Leistungen der betrieblichen Altersversorgung hätte erfüllen können. Eine Änderung der Versorgungszusage oder ihre Übernahme durch eine andere Person unterbricht nicht den Ablauf der Fristen nach Satz 1. Der Verpflichtung aus einer Versorgungszusage stehen Versorgungsverpflichtungen gleich, die auf betrieblicher Übung oder dem Grundsatz der Gleichbehandlung beruhen. Der Ablauf einer vorgesehenen Wartezeit wird durch die Beendigung des Arbeitsverhältnisses nach Erfüllung der Voraussetzungen der Sätze 1 und 2 nicht berührt. Wechselt ein Arbeitnehmer vom Geltungsbereich dieses Gesetzes in einen anderen Mitgliedstaat der Europäischen Union, bleibt die Anwartschaft in gleichem Umfange wie für Personen erhalten, die auch nach Beendigung eines Arbeitsverhältnisses innerhalb des Geltungsbereichs dieses Gesetzes verbleiben.

(2) Wird für die betriebliche Altersversorgung eine Lebensversicherung auf das Leben des Arbeitnehmers durch den Arbeitgeber abgeschlossen und sind der Arbeitnehmer oder seine Hinterbliebenen hinsichtlich der Leistungen des Versicherers ganz oder teilweise bezugsberechtigt (Direktversicherung), so ist der Arbeitgeber verpflichtet, wegen Beendigung des Arbeitsverhältnisses nach Erfüllung der in Abs. 1 Satz 1 und 2 genannten Voraussetzungen das Bezugsrecht

nicht mehr zu widerrufen. Eine Vereinbarung, nach der das Bezugsrecht durch die Beendigung des Arbeitsverhältnisses nach Erfüllung der in Abs. 1 Satz 1 und 2 genannten Voraussetzungen auflösend bedingt ist, ist unwirksam. Hat der Arbeitgeber die Ansprüche aus dem Versicherungsvertrag abgetreten oder beliehen, so ist er verpflichtet, den Arbeitnehmer, dessen Arbeitsverhältnis nach Erfüllung der in Abs. 1 Satz 1 und 2 genannten Voraussetzungen geendet hat, bei Eintritt des Versicherungsfalles so zu stellen, als ob die Abtretung oder Beleihung nicht erfolgt wäre. Als Zeitpunkt der Erteilung der Versorgungszusage im Sinne des Abs. 1 gilt der Versicherungsbeginn, frühestens jedoch der Beginn der Betriebszugehörigkeit.

(3) Wird die betriebliche Altersversorgung von einer rechtsfähigen Versorgungseinrichtung durchgeführt, die dem Arbeitnehmer oder seinen Hinterbliebenen auf ihre Leistungen einen Rechtsanspruch gewährt (Pensionskasse und Pensionsfonds), so gilt Abs. 1 entsprechend. Als Zeitpunkt der Erteilung der Versorgungszusage im Sinne des Abs. 1 gilt der Versicherungsbeginn, frühestens jedoch der Beginn der Betriebszugehörigkeit.

(4) Wird die betriebliche Altersversorgung von einer rechtsfähigen Versorgungseinrichtung durchgeführt, die auf ihre Leistungen keinen Rechtsanspruch gewährt (Unterstützungskasse), so sind die nach Erfüllung der in Abs. 1 Satz 1 und 2 genannten Voraussetzungen und vor Eintritt des Versorgungsfalles aus dem Unternehmen ausgeschiedenen Arbeitnehmer und ihre Hinterbliebenen den bis zum Eintritt des Versorgungsfalles dem Unternehmen angehörenden Arbeitnehmern und deren Hinterbliebenen gleichgestellt. Die Versorgungszusage gilt in dem Zeitpunkt als erteilt im Sinne des Abs. 1, von dem an der Arbeitnehmer zum Kreis der Begünstigten der Unterstützungskasse gehört.

(5) Soweit betriebliche Altersversorgung durch Entgeltumwandlung einschließlich eines möglichen Arbeitgeberzuschusses nach § 1 a Abs. 1 a erfolgt, behält der Arbeitnehmer seine Anwartschaft, wenn sein Arbeitsverhältnis vor Eintritt des Versorgungsfalles endet; in den Fällen der Abs. 2 und 3

1. dürfen die Überschussanteile nur zur Verbesserung der Leistung verwendet,
2. muss dem ausgeschiedenen Arbeitnehmer das Recht zur Fortsetzung der Versicherung oder Versorgung mit eigenen Beiträgen eingeräumt und
3. muss das Recht zur Verpfändung, Abtretung oder Beleihung durch den Arbeitgeber ausgeschlossen werden.

Im Fall einer Direktversicherung ist dem Arbeitnehmer darüber hinaus mit Beginn der Entgeltumwandlung ein unwiderrufliches Bezugsrecht einzuräumen.

[...]

§ 17
Persönlicher Geltungsbereich

(1) Arbeitnehmer im Sinne der §§ 1 bis 16 sind Arbeiter und Angestellte einschließlich der zu ihrer Berufsausbildung Beschäftigten; ein Berufsausbildungsverhältnis steht einem Arbeitsverhältnis gleich. Die §§ 1 bis 16 gelten entsprechend für Personen, die nicht Arbeitnehmer sind, wenn ihnen Leistungen der Alters-, Invaliditäts- oder Hinterbliebenenversorgung aus Anlass ihrer Tätigkeit für ein Unternehmen zugesagt worden sind. Arbeitnehmer im Sinne von § 1 a Abs. 1 sind nur Personen nach den Sätzen 1 und 2, soweit sie aufgrund der Beschäftigung oder Tätigkeit bei dem Arbeitgeber, gegen den sich der Anspruch nach § 1 a richten würde, in der gesetzlichen Rentenversicherung pflichtversichert sind.

(2) Die §§ 7 bis 15 gelten nicht für den Bund, die Länder, die Gemeinden sowie die Körperschaften, Stiftungen und Anstalten des öffentlichen Rechts, bei denen das Insolvenzverfahren nicht zulässig ist, und solche juristische Personen des öffentlichen Rechts, bei denen der Bund, ein Land oder eine Gemeinde kraft Gesetzes die Zahlungsfähigkeit sichert.

(3) Gesetzliche Regelungen über Leistungen der betrieblichen Altersversorgung werden unbeschadet des § 18 durch die §§ 1 bis 16 und 26 bis 30 nicht berührt.

[...]

§ 18 a
Verjährung

Der Anspruch auf Leistungen aus der betrieblichen Altersversorgung verjährt in 30 Jahren.[3] Ansprüche auf regelmäßig wiederkehrende Leistungen unterliegen der regelmäßigen Verjährungsfrist nach den Vorschriften des Bürgerlichen Gesetzbuchs.

§ 19
Allgemeine Tariföffnungsklausel

(1) Von den §§ 1 a, 2, 2 a Abs. 1, 3 und 4, § 3, mit Ausnahme des § 3 Abs. 2 Satz 3, von den §§ 4, 5, 16, 18 a Satz 1, §§ 27 und 28 kann in Tarifverträgen abgewichen werden.

(2) Die abweichenden Bestimmungen haben zwischen nichttarifgebundenen Arbeitgebern und Arbeitnehmern Geltung, wenn zwischen diesen die Anwendung der einschlägigen tariflichen Regelung vereinbart ist.

---

3) Anwendung in § 27 TZA Bau ausgeschlossen.

(3) Im Übrigen kann von den Bestimmungen dieses Gesetzes nicht zuungunsten des Arbeitnehmers abgewichen werden.

§ 20
Tarifvertrag und Entgeltumwandlung; Optionssysteme

(1) Soweit Entgeltansprüche auf einem Tarifvertrag beruhen, kann für diese eine Entgeltumwandlung nur vorgenommen werden, soweit dies durch Tarifvertrag vorgesehen oder durch Tarifvertrag zugelassen ist.

(2) In einem Tarifvertrag oder auf Grund eines Tarifvertrages in einer Betriebs- oder Dienstvereinbarung kann geregelt werden, dass der Arbeitgeber für alle Arbeitnehmer oder für eine Gruppe von Arbeitnehmern des Unternehmens oder einzelner Betriebe eine automatische Entgeltumwandlung einführt, gegen die der Arbeitnehmer ein Widerspruchsrecht hat (Optionssystem). Das Angebot des Arbeitgebers auf Entgeltumwandlung gilt als vom Arbeitnehmer angenommen, wenn er nicht widersprochen hat und das Angebot

1. in Textform und mindestens drei Monate vor der ersten Fälligkeit des umzuwandelnden Entgelts gemacht worden ist und
2. deutlich darauf hinweist,
   a) welcher Betrag und welcher Vergütungsbestandteil umgewandelt werden sollen und
   b) dass der Arbeitnehmer ohne Angabe von Gründen innerhalb einer Frist von mindestens einem Monat nach dem Zugang des Angebots widersprechen und die Entgeltumwandlung mit einer Frist von höchstens einem Monat beenden kann.

Nichttarifgebundene Arbeitgeber können ein einschlägiges tarifvertragliches Optionssystem anwenden oder auf Grund eines einschlägigen Tarifvertrages durch Betriebs- oder Dienstvereinbarung die Einführung eines Optionssystems regeln; Satz 2 gilt entsprechend.

§ 21
Tarifvertragsparteien

(1) Vereinbaren die Tarifvertragsparteien eine betriebliche Altersversorgung in Form der reinen Beitragszusage, müssen sie sich an deren Durchführung und Steuerung beteiligen.

(2) Die Tarifvertragsparteien sollen im Rahmen von Tarifverträgen nach Abs. 1 bereits bestehende Betriebsrentensysteme angemessen berücksichtigen. Die Tarifvertragsparteien müssen insbesondere prüfen, ob auf der Grundlage einer Betriebs- oder Dienstvereinbarung oder, wenn ein Betriebs- oder Personalrat nicht besteht, durch schriftliche Vereinbarung zwischen Arbeitgeber und Arbeitneh-

mer, tarifvertraglich vereinbarte Beiträge für eine reine Beitragszusage für eine andere nach diesem Gesetz zulässige Zusageart verwendet werden dürfen.

(3) Die Tarifvertragsparteien sollen nichttarifgebundenen Arbeitgebern und Arbeitnehmern den Zugang zur durchführenden Versorgungseinrichtung nicht verwehren. Der durchführenden Versorgungseinrichtung dürfen im Hinblick auf die Aufnahme und Verwaltung von Arbeitnehmern nichttarifgebundener Arbeitgeber keine sachlich unbegründeten Vorgaben gemacht werden.

(4) Wird eine reine Beitragszusage über eine Direktversicherung durchgeführt, kann eine gemeinsame Einrichtung nach § 4 des Tarifvertragsgesetzes als Versicherungsnehmer an die Stelle des Arbeitgebers treten.

§ 22
Arbeitnehmer und Versorgungseinrichtung

(1) Bei einer reinen Beitragszusage hat der Pensionsfonds, die Pensionskasse oder die Direktversicherung dem Versorgungsempfänger auf der Grundlage des planmäßig zuzurechnenden Versorgungskapitals laufende Leistungen der betrieblichen Altersversorgung zu erbringen. Die Höhe der Leistungen darf nicht garantiert werden.

(2) Die auf den gezahlten Beiträgen beruhende Anwartschaft auf Altersrente ist sofort unverfallbar. Die Erträge der Versorgungseinrichtung müssen auch dem ausgeschiedenen Arbeitnehmer zugutekommen.

(3) Der Arbeitnehmer hat gegenüber der Versorgungseinrichtung das Recht,

1. nach Beendigung des Arbeitsverhältnisses
   a) die Versorgung mit eigenen Beiträgen fortzusetzen oder
   b) innerhalb eines Jahres das gebildete Versorgungskapital auf die neue Versorgungseinrichtung, an die Beiträge auf der Grundlage einer reinen Beitragszusage gezahlt werden, zu übertragen,
2. entsprechend § 4 a Auskunft zu verlangen und
3. entsprechend § 6 vorzeitige Altersleistungen in Anspruch zu nehmen.

(4) Die bei der Versorgungseinrichtung bestehende Anwartschaft ist nicht übertragbar, nicht beleihbar und nicht veräußerbar. Sie darf vorbehaltlich des Satzes 3 nicht vorzeitig verwertet werden. Die Versorgungseinrichtung kann Anwartschaften und laufende Leistungen bis zu der Wertgrenze in § 3 Abs. 2 Satz 1 abfinden; § 3 Abs. 2 Satz 2 gilt entsprechend.

(5) Für die Verjährung der Ansprüche gilt § 18 a entsprechend.

§ 23
Zusatzbeiträge des Arbeitgebers

(1) Zur Absicherung der reinen Beitragszusage soll im Tarifvertrag ein Sicherungsbeitrag vereinbart werden.

(2) Bei einer reinen Beitragszusage ist im Fall der Entgeltumwandlung im Tarifvertrag zu regeln, dass der Arbeitgeber 15 Prozent des umgewandelten Entgelts zusätzlich als Arbeitgeberzuschuss an die Versorgungseinrichtung weiterleiten muss, soweit der Arbeitgeber durch die Entgeltumwandlung Sozialversicherungsbeiträge einspart.

§ 24
Nichttarifgebundene Arbeitgeber und Arbeitnehmer

Nichttarifgebundene Arbeitgeber und Arbeitnehmer können die Anwendung der einschlägigen tariflichen Regelung vereinbaren.

§ 25
Verordnungsermächtigung

Das Bundesministerium für Arbeit und Soziales wird ermächtigt, im Einvernehmen mit dem Bundesministerium der Finanzen durch Rechtsverordnung Mindestanforderungen an die Verwendung der Beiträge nach § 1 Abs. 2 Nr. 2a festzulegen. Die Ermächtigung kann im Einvernehmen mit dem Bundesministerium der Finanzen auf die Bundesanstalt für Finanzdienstleistungsaufsicht übertragen werden. Rechtsverordnungen nach den Sätzen 1 und 2 bedürfen nicht der Zustimmung des Bundesrates.

§ 26

Die §§ 1 bis 4 und 18 gelten nicht, wenn das Arbeitsverhältnis oder Dienstverhältnis vor dem Inkrafttreten des Gesetzes beendet worden ist.

§ 26a
Übergangsvorschrift zu § 1a Abs. 1a

§ 1a Abs. 1a gilt für individual- und kollektivrechtliche Entgeltumwandlungsvereinbarungen, die vor dem 1. Januar 2019 geschlossen worden sind, erst ab dem 1. Januar 2022.

[…]

§ 30d
Übergangsregelung zu § 18

(1) Ist der Versorgungsfall vor dem 1. Januar 2001 eingetreten oder ist der Arbeitnehmer vor dem 1. Januar 2001 aus dem Beschäftigungsverhältnis bei einem öffentlichen Arbeitgeber ausgeschieden und der Versorgungsfall nach dem 31. Dezember 2000 und vor dem 2. Januar 2002 eingetreten, sind für die Berechnung der Voll-Leistung die Regelungen der Zusatzversorgungseinrichtungen

nach § 18 Abs. 1 Satz 1 Nr. 1 und 2 oder die Gesetze im Sinne des § 18 Abs. 1 Satz 1 Nr. 3 sowie die weiteren Berechnungsfaktoren jeweils in der am 31. Dezember 2000 und vor dem 2. Januar 2002 geltenden Fassung maßgebend; § 18 Abs. 2 Nr. 1 Buchst. b) bleibt unberührt. Die Steuerklasse III/0 ist zugrunde zu legen. Ist der Versorgungsfall vor dem 1. Januar 2001 eingetreten, besteht der Anspruch auf Zusatzrente mindestens in der Höhe, wie er sich aus § 18 in der Fassung vom 16. Dezember 1997 (BGBl. I S. 2998) ergibt.

(2) Die Anwendung des § 18 ist in den Fällen des Abs. 1 ausgeschlossen, soweit eine Versorgungsrente der in § 18 Abs. 1 Satz 1 Nr. 1 und 2 bezeichneten Zusatzversorgungseinrichtungen oder eine entsprechende Leistung aufgrund der Regelungen des Ersten Ruhegeldgesetzes, des Zweiten Ruhegeldgesetzes oder des Bremischen Ruhelohngesetzes bezogen wird, oder eine Versicherungsrente abgefunden wurde.

(2a) Für Personen, deren Beschäftigungsverhältnis vor dem 1. Januar 2002 vor Eintritt des Versorgungsfalls geendet hat und deren Anwartschaft nach § 1b fortbesteht, haben die in § 18 Abs. 1 Satz 1 Nr. 1 und 2 bezeichneten Zusatzversorgungseinrichtungen bei Eintritt des Versorgungsfalls nach dem 1. Januar 2002 die Anwartschaft für Zeiten bis zum 1. Januar 2002 nach § 18 Abs. 2 unter Berücksichtigung des § 18 Abs. 5 zu ermitteln.

(3) Für Arbeitnehmer im Sinne des § 18 Abs. 1 Satz 1 Nr. 4, 5 und 6 in der bis zum 31. Dezember 1998 geltenden Fassung, für die bis zum 31. Dezember 1998 ein Anspruch auf Nachversicherung nach § 18 Abs. 6 entstanden ist, gilt Abs. 1 Satz 1 für die aufgrund der Nachversicherung zu ermittelnde Voll-Leistung entsprechend mit der Maßgabe, dass sich der nach § 2 zu ermittelnde Anspruch gegen den ehemaligen Arbeitgeber richtet. Für den nach § 2 zu ermittelnden Anspruch gilt § 18 Abs. 2 Nr. 1 Buchst. b) entsprechend; für die übrigen Bemessungsfaktoren ist auf die Rechtslage am 31. Dezember 2000 abzustellen. Leistungen der gesetzlichen Rentenversicherung, die auf einer Nachversicherung wegen Ausscheidens aus einem Dienstordnungsverhältnis beruhen, und Leistungen, die die zuständige Versorgungseinrichtung aufgrund von Nachversicherungen im Sinne des § 18 Abs. 6 in der am 31. Dezember 1998 geltenden Fassung gewährt, werden auf den Anspruch nach § 2 angerechnet. Hat das Arbeitsverhältnis im Sinne des § 18 Abs. 9 bereits am 31. Dezember 1998 bestanden, ist in die Vergleichsberechnung nach § 18 Abs. 9 auch die Zusatzrente nach § 18 in der bis zum 31. Dezember 1998 geltenden Fassung einzubeziehen.

§ 30e

(1) § 1 Abs. 2 Nr. 4 zweiter Halbsatz gilt für Zusagen, die nach dem 31. Dezember 2002 erteilt werden.

(2) § 1 Abs. 2 Nr. 4 zweiter Halbsatz findet auf Pensionskassen, deren Leistungen der betrieblichen Altersversorgung durch Beiträge der Arbeitnehmer und Arbeitgeber gemeinsam finanziert und die als beitragsorientierte Leistungszusa-

ge oder als Leistungszusage durchgeführt werden, mit der Maßgabe Anwendung, dass dem ausgeschiedenen Arbeitnehmer das Recht zur Fortführung mit eigenen Beiträgen nicht eingeräumt werden und eine Überschussverwendung gemäß § 1b Abs. 5 Nr. 1 nicht erfolgen muss. Wird dem ausgeschiedenen Arbeitnehmer ein Recht zur Fortführung nicht eingeräumt, gilt für die Höhe der unverfallbaren Anwartschaft § 2 Abs. 5 entsprechend. Für die Anpassung laufender Leistungen gelten die Regelungen nach § 16 Abs. 1 bis 4. Die Regelung in Abs. 1 bleibt unberührt.

§ 30f

(1) Wenn Leistungen der betrieblichen Altersversorgung vor dem 1. Januar 2001 zugesagt worden sind, ist § 1b Abs. 1 mit der Maßgabe anzuwenden, dass die Anwartschaft erhalten bleibt, wenn das Arbeitsverhältnis vor Eintritt des Versorgungsfalles, jedoch nach Vollendung des 35. Lebensjahres endet und die Versorgungszusage zu diesem Zeitpunkt

1. mindestens zehn Jahre oder
2. bei mindestens zwölfjähriger Betriebszugehörigkeit mindestens drei Jahre

bestanden hat; in diesen Fällen bleibt die Anwartschaft auch erhalten, wenn die Zusage ab dem 1. Januar 2001 fünf Jahre bestanden hat und bei Beendigung des Arbeitsverhältnisses das 30. Lebensjahr vollendet ist. § 1b Abs. 5 findet für Anwartschaften aus diesen Zusagen keine Anwendung.

(2) Wenn Leistungen der betrieblichen Altersversorgung vor dem 1. Januar 2009 und nach dem 31. Dezember 2000 zugesagt worden sind, ist § 1b Abs. 1 Satz 1 mit der Maßgabe anzuwenden, dass die Anwartschaft erhalten bleibt, wenn das Arbeitsverhältnis vor Eintritt des Versorgungsfalls, jedoch nach Vollendung des 30. Lebensjahres endet und die Versorgungszusage zu diesem Zeitpunkt fünf Jahre bestanden hat; in diesen Fällen bleibt die Anwartschaft auch erhalten, wenn die Zusage ab dem 1. Januar 2009 fünf Jahre bestanden hat und bei Beendigung des Arbeitsverhältnisses das 25. Lebensjahr vollendet ist.

(3) Wenn Leistungen der betrieblichen Altersversorgung vor dem 1. Januar 2018 und nach dem 31. Dezember 2008 zugesagt worden sind, ist § 1b Abs. 1 Satz 1 mit der Maßgabe anzuwenden, dass die Anwartschaft erhalten bleibt, wenn das Arbeitsverhältnis vor Eintritt des Versorgungsfalls, jedoch nach Vollendung des 25. Lebensjahres endet und die Versorgungszusage zu diesem Zeitpunkt fünf Jahre bestanden hat; in diesen Fällen bleibt die Anwartschaft auch erhalten, wenn die Zusage ab dem 1. Januar 2018 drei Jahre bestanden hat und bei Beendigung des Arbeitsverhältnisses das 21. Lebensjahr vollendet ist.

§ 30g

(1) § 2a Abs. 2 gilt nicht für Beschäftigungszeiten vor dem 1. Januar 2018. Für Beschäftigungszeiten nach dem 31. Dezember 2017 gilt § 2a Abs. 2 nicht, wenn

das Versorgungssystem vor dem 20. Mai 2014 für neue Arbeitnehmer geschlossen war.

(2) § 2 Abs. 5 gilt nur für Anwartschaften, die auf Zusagen beruhen, die nach dem 31. Dezember 2000 erteilt worden sind. Im Einvernehmen zwischen Arbeitgeber und Arbeitnehmer kann § 2 Abs. 5 auch auf Anwartschaften angewendet werden, die auf Zusagen beruhen, die vor dem 1. Januar 2001 erteilt worden sind.

(3) § 3 findet keine Anwendung auf laufende Leistungen, die vor dem 1. Januar 2005 erstmals gezahlt worden sind.

§ 30 h

§ 20 Abs. 1 gilt für Entgeltumwandlungen, die auf Zusagen beruhen, die nach dem 29. Juni 2001 erteilt werden.

[…]

§ 32

Dieses Gesetz tritt vorbehaltlich des Satzes 2 am Tag nach seiner Verkündung in Kraft. Die §§ 7 bis 15 treten am 1. Januar 1975 in Kraft.

Gesetz zur Sicherung der Sozialkassenverfahren im Baugewerbe (Sozialkassenverfahrensicherungsgesetz – SokaSiG)

vom 16. Mai 2017
(BGBl. I 2017, S. 1210)

§ 1
Berufsbildung im Baugewerbe[1]

[…]

§ 2
Zusätzliche Altersversorgung im Baugewerbe[2]

[…]

§ 3
Urlaubsregelungen für das Baugewerbe[3]

[…]

§ 4
Urlaubsregelung für das Baugewerbe in Bayern[4]

[…]

---

1) Mit Inkrafttreten des BBTV vom 28. September 2018 zum 1. Januar 2019 hat § 1 nur noch für die Vergangenheit Relevanz.

2) Mit Inkrafttreten des TZA Bau vom 28. September 2018 zum 1. Januar 2019 hat § 2 nur noch für die Vergangenheit Relevanz.

3) Mit Inkrafttreten des BRTV vom 28. September 2018 zum 1. Januar 2019 hat § 3 nur noch für die Vergangenheit Relevanz.

4) Mit Inkrafttreten des TV Urlaub/Bayern vom 28. September 2018 zum 1. Januar 2019 hat § 4 nur noch für die Vergangenheit Relevanz.

§ 5
Berufsbildungsverfahren im Berliner Baugewerbe

Die Rechtsnormen des Tarifvertrags über das Verfahren für die Berufsbildung im Berliner Baugewerbe gelten in der aus der **Anlage 24**[5] ersichtlichen Fassung vom 10. Dezember 2002 in seinem Geltungsbereich für alle Arbeitgeber und Arbeitnehmer für den Zeitraum vom 1. Januar 2006 bis zur Beendigung des Tarifvertrags.

§ 6
Sozialaufwandserstattung

Die Rechtsnormen des Tarifvertrags über Sozialaufwandserstattung im Berliner Baugewerbe – gewerbliche Arbeitnehmer – gelten in der aus der **Anlage 25**[6] ersichtlichen Fassung vom 17. Dezember 2002 in seinem Geltungsbereich für alle Arbeitgeber und Arbeitnehmer für den Zeitraum vom 1. Januar 2006 bis zur Beendigung des Tarifvertrags.

§ 7
Sozialkassenverfahren im Baugewerbe[7]

[...]

§ 8
Meldeverfahren im Berliner Baugewerbe

Die Rechtsnormen des Tarifvertrags über zusätzliche Angaben im arbeitnehmerbezogenen Meldeverfahren im Berliner Baugewerbe gelten in der aus der **Anlage 36**[8] ersichtlichen Fassung vom 19. Mai 2006 in seinem Geltungsbereich für alle Arbeitgeber und Arbeitnehmer für den Zeitraum vom 1. Januar 2007 bis zur Beendigung des Tarifvertrags.

§ 9
Beendigung des Tarifvertrags

(1) Ein Tarifvertrag endet im Sinne dieses Gesetzes, wenn er gekündigt, aufgehoben, geändert oder durch einen anderen Tarifvertrag ganz oder teilweise abgelöst wird.

(2) Die oberste Arbeitsbehörde des Bundes macht die Beendigung des Tarifvertrags im Bundesanzeiger bekannt.

---

5) Anlage 24 nicht abgedruckt – Tarifvertrag siehe Seiten 458 bis 461.
6) Anlage 25 nicht abgedruckt – Tarifvertrag siehe Seiten 462 bis 464.
7) Mit Inkrafttreten des VTV vom 28. September 2018 (siehe Seiten 432 bis 456) zum 1. Januar 2019 hat § 7 nur noch für die Vergangenheit Relevanz.
8) Anlage 36 nicht abgedruckt – Tarifvertrag siehe Seiten 467 und 468.

§ 10
Anwendungsbereich

(1) Die tarifvertraglichen Rechtsnormen, auf die in den §§ 1 bis 8 verwiesen wird, gelten nicht für Betriebe und selbständige Betriebsabteilungen, die die Maßgaben der **Anlage 37**[9] erfüllen.

(2) Arbeitnehmer im Sinne der §§ 1 bis 8 sind die unter den persönlichen Geltungsbereich des jeweiligen Tarifvertrags fallenden Personen.

§ 11
Geltung der tarifvertraglichen Rechtsnormen

Die tarifvertraglichen Rechtsnormen, auf die in den §§ 1 bis 8 verwiesen wird, gelten unabhängig davon, ob die Tarifverträge wirksam abgeschlossen wurden.

§ 12
Zivilrechtliche Durchsetzung

Auf die Verpflichtung zur Zahlung von Beiträgen zum Urlaubskassenverfahren an die Urlaubs- und Lohnausgleichskasse der Bauwirtschaft findet Abschnitt 5 des Arbeitnehmer-Entsendegesetzes[10] entsprechende Anwendung.

§ 13
Verhältnis zur Allgemeinverbindlichkeit nach dem Tarifvertragsgesetz

Die Allgemeinverbindlichkeit tarifvertraglicher Rechtsnormen nach dem Tarifvertragsgesetz bleibt unberührt.

§ 14
Inkrafttreten

Dieses Gesetz tritt am Tag nach der Verkündung in Kraft.[11]

---

9) Anlage 37 siehe Tarifsammlung für die Bauwirtschaft 2018/2019, Seite 671 ab *„(1) Diese Allgemeinverbindlicherklärung erstreckt sich nicht ...“* (in Anlage 37: *„Diese Rechtsnormen erstrecken sich nicht ...“*) bis Seite 685 *„2. im Fahrleitungs-, Freileitungs- Ortsnetz und Kabelbau tätig sind.“*.

10) §§ 14, 15 AEntG siehe Seite 549.

11) Das Gesetz trat am 25. Mai 2017 in Kraft; es ist arbeits- und verfassungsrechtlich nicht zu beanstanden (zuletzt: Bundesverfassungsgericht, Beschlüsse vom 11. August 2020, Az. 1 BvR 2654/17 u. a.).

Bekanntmachung über die Allgemeinverbindlicherklärung eines Tarifvertrags für das Baugewerbe

vom 7. Mai 2019[1]

Auf Grund des § 5 Abs. 1a in Verbindung mit den Abs. 2 und 7 des Tarifvertragsgesetzes, dessen Abs. 1a durch Art. 5 Nr. 1 Buchst. b) des Gesetzes vom 11. August 2014 (BGBl. I S. 1348) eingefügt und dessen Abs. 7 durch Art. 5 Nr. 1 Buchst. d) des Gesetzes vom 11. August 2014 (BGBl. I S. 1348) geändert worden ist, wird auf gemeinsamen Antrag der Tarifvertragsparteien und im Einvernehmen mit dem Tarifausschuss der

Tarifvertrag über das Sozialkassenverfahren im Baugewerbe (VTV) vom 28. September 2018

– kündbar mit Frist von sechs Monaten jeweils zum Jahresende, erstmals zum 31. Dezember 2021 –

abgeschlossen zwischen der Industriegewerkschaft Bauen-Agrar-Umwelt, Bundesvorstand, Olof-Palme-Straße 19, 60439 Frankfurt am Main, einerseits, sowie dem Zentralverband des Deutschen Baugewerbes e.V., Kronenstraße 55–58, 10117 Berlin, und dem Hauptverband der Deutschen Bauindustrie e.V., Kurfürstenstraße 129, 10785 Berlin, andererseits,

mit Wirkung vom **1. Januar 2019**

mit den unten näher bezeichneten Einschränkungen und den dort aufgeführten Hinweisen für allgemeinverbindlich erklärt.

Geltungsbereich des Tarifvertrags

Räumlich:

Das Gebiet der Bundesrepublik Deutschland.

Betrieblich:

Der betriebliche Geltungsbereich ist in der **Anlage**[2] (§ 1 Abs. 2 des Tarifvertrags) abgedruckt.

Persönlich:

Erfasst werden

1. gewerbliche Arbeitnehmer,
2. Angestellte, die eine nach den Vorschriften des Sechsten Buches Sozialgesetzbuch – Gesetzliche Rentenversicherung – (SGB VI) versicherungspflichtige Tätigkeit ausüben,

---

1) Bundesanzeiger AT 17.05.2019 B1 vom 17. Mai 2019.

2) Seite 706.

3. dienstpflichtige Arbeitnehmer, die bis zur Einberufung zur Ableistung ihrer gesetzlichen Dienstpflicht eine nach den Vorschriften des SGB VI versicherungspflichtige Tätigkeit ausgeübt haben,
4. Auszubildende, die in einem anerkannten Ausbildungsverhältnis im Sinne des Berufsbildungstarifvertrages ausgebildet werden und eine nach den Vorschriften des SGB VI versicherungspflichtige Tätigkeit ausüben.

Nicht erfasst werden die unter § 5 Abs. 2 Nrn. 1 bis 4 und Abs. 3 des Betriebsverfassungsgesetzes fallenden Personen sowie Angestellte, die eine geringfügige Beschäftigung im Sinne des § 8 des Vierten Buches Sozialgesetzbuch (SGB IV) ausüben.

Die Allgemeinverbindlicherklärung des Tarifvertrags ergeht mit folgenden Maßgaben:

1. Einschränkungen der Allgemeinverbindlicherklärung auf Antrag

1) Diese Allgemeinverbindlicherklärung erstreckt sich nicht auf Betriebe und selbständige Betriebsabteilungen mit Sitz im Inland, die unter einen der in **Anhang 1** abgedruckten fachlichen Geltungsbereiche der am 1. Januar 2003 geltenden Mantel- oder Rahmentarifverträge
   - der holz- und kunststoffverarbeitenden Industrie,
   - der Sägeindustrie und übrigen Holzbearbeitung,
   - der Steine- und Erden-Industrie,
   - der Mörtelindustrie,
   - der Transportbetonindustrie,
   - der chemischen oder kunststoffverarbeitenden Industrie oder
   - der Metall- und Elektroindustrie

   fallen.
2) Abs.1 gilt für Betriebe und selbständige Betriebsabteilungen mit Sitz im Inland,
   1. die unmittelbar oder mittelbar Mitglied
      - des Hauptverbands der Holz und Kunststoffe verarbeitenden Industrie und verwandter Industriezweige e. V.,
      - der Vereinigung Deutscher Sägewerksverbände e. V.,
      - der Sozialpolitischen Arbeitsgemeinschaft Steine und Erden,
      - des Bundesverbands der Deutschen Mörtelindustrie e. V.,
      - des Bundesverbands der Deutschen Transportbetonindustrie e. V.,
      - des Bundesarbeitgeberverbands Chemie e. V.,
      - der Verbände der kunststoffverarbeitenden Industrie oder
      - eines in **Anhang 2** genannten Arbeitgeberverbands im Gesamtverband der Arbeitgeberverbände der Metall- und Elektro-Industrie e. V. (Gesamtmetall) oder

- eines ihrer Mitgliedsverbände sind. Wurde die Mitgliedschaft bis zum 1. Juli 1999 (Stichtag) erworben, wird unwiderlegbar vermutet, dass die Voraussetzungen des Abs. 1 erfüllt sind;

2. die
   a) nachweislich als Niederlassung eines Betriebs nach Abs. 1 (Stammbetrieb), der bereits vor dem Stichtag unmittelbar oder mittelbar Mitglied eines der in Nr. 1 genannten Verbände war, nachgegründet worden sind,
   b) überwiegend solche Tätigkeiten ausführen, die zum fachlichen Geltungsbereich der in Abs. 1 genannten Tarifverträge gehören, und
   c) die Mitgliedschaft in einem der in Nr. 1 genannten Verbände erworben haben;

   wenn diese Betriebe nachweislich zu drei Viertel ihrer betrieblichen Arbeitszeit für den Stammbetrieb tätig sind, wird unwiderlegbar vermutet, dass sie unter einen der fachlichen Geltungsbereiche der in Abs. 1 genannten Tarifverträge fallen;
3. die, ohne selbst Mitglied in einem der Verbände nach Nr. 1 zu sein,
   a) nachweislich als Niederlassung eines Stammbetriebs, der bereits vor dem Stichtag unmittelbar oder mittelbar Mitglied eines der in Nr. 1 genannten Verbände war, nachgegründet worden sind,
   b) unter einen der fachlichen Geltungsbereiche der in Abs. 1 genannten Tarifverträge fallen und
   c) zumindest zu drei Viertel der betrieblichen Arbeitszeit für ihren Stammbetrieb tätig sind.

3) Für Betriebe und selbständige Betriebsabteilungen mit Sitz im Inland, die bereits seit einem Jahr Fertigbauarbeiten ausführen, gilt die Ausnahme gemäß Abs. 1, wenn sie unmittelbar oder mittelbar Mitglied eines der in Abs. 2 Nr. 1 genannten Verbände geworden sind.

4) Diese Allgemeinverbindlicherklärung erstreckt sich nicht auf Betriebe und selbständige Betriebsabteilungen mit Sitz im Inland,
   1. die von einem der Rahmentarifverträge für die gewerblichen Arbeitnehmer im Maler- und Lackiererhandwerk in der Bundesrepublik Deutschland bzw. im Saarland oder deren Allgemeinverbindlicherklärung erfasst werden und überwiegend Tätigkeiten ausüben, die im fachlichen Geltungsbereich des Rahmentarifvertrags für die gewerblichen Arbeitnehmer im Maler- und Lackiererhandwerk in der Bundesrepublik Deutschland in der Fassung vom 6. April 2005 bzw. des Rahmentarifvertrags für die gewerblichen Arbeitnehmer des Maler- und Lackiererhandwerks im Saarland in der Fassung vom 6. Dezember 2005 (**Anhang 3 Abschn. I**) genannt sind;
   2. die ganz oder teilweise Bauwerke, Bauwerksteile oder einzelne Elemente aus Mauerwerk, Beton, Stahlbeton, Eisen, Stahl oder sonstigen Bau-

stoffen, technische Anlagen abbrechen, demontieren, sprengen, Beton schneiden, sägen, bohren, pressen, soweit sie unmittelbar oder mittelbar tarifgebundenes Mitglied im Deutschen Abbruchverband e. V., im Fachverband Betonbohren und -sägen Deutschland e. V. oder im Abbruchverband Nord e. V. sind;

3. die unmittelbar oder mittelbar Mitglied des Bundesverbands Garten-, Landschafts- und Sportplatzbau e. V. sind, vom Bundesrahmentarifvertrag für gewerbliche Arbeitnehmer im Garten-, Landschafts- und Sportplatzbau vom 20. Dezember 1995 erfasst werden und überwiegend folgende Tätigkeiten ausüben:
   a) Herstellen und Unterhalten von Außenanlagen in den Bereichen des privaten und öffentlichen Wohnungsbaus (Hausgärten, Siedlungsgrün, Dach- und Terrassengärten u. Ä.), der öffentlichen Bauten (Schulen, Krankenhäuser, Verwaltungsgebäude, Kasernen u. Ä.), des kommunalen Grüns (städtische Freiräume, Grünanlagen, Parks, Friedhöfe u. Ä.) und des Verkehrsbegleitgrüns (Straßen, Schienenwege, Wasserstraßen, Flugplätze u. Ä.) sowie von Bauwerksbegrünungen im Außen- und Innenbereich,
   b) Herstellen und Unterhalten von Sport- und Spielplätzen, Außenanlagen an Schwimmbädern, Freizeitanlagen u. Ä., von landschaftsgärtnerischen Sicherungsbauwerken in der Landschaft mit lebenden und nicht lebenden Baustoffen sowie von vegetationstechnischen Baumaßnahmen zur Landschaftspflege und zum Umweltschutz, ferner Drän-, Landgewinnungs- und Rekultivierungsarbeiten,

   wenn im Betrieb oder in der selbständigen Betriebsabteilung kalenderjährlich mindestens zu 20 Prozent der betrieblichen Gesamtarbeitszeit Grünarbeiten ausgeführt werden;
4. die als tarifgebundenes Lohnunternehmen in der Land- und Forstwirtschaft überwiegend landwirtschaftliche Flächen drainieren, soweit sie von dem Bundesrahmentarifvertrag für die Arbeitnehmerinnen und Arbeitnehmer der land- und forstwirtschaftlichen Lohnunternehmen in der Bundesrepublik Deutschland vom 10. Januar 2003 erfasst werden;
5. die unmittelbar oder mittelbar tarifgebundenes Mitglied des Bundesverbands Holz und Kunststoff sind (Mitgliedschaft) und von einem Rahmen- oder Manteltarifvertrag dieses Verbands oder eines seiner Mitgliedsverbände erfasst werden und überwiegend Tätigkeiten ausüben, die zum in **Anhang 3 Abschn. II** aufgeführten fachlichen Geltungsbereich gehören (Fachlichkeit); wurde die Mitgliedschaft bis zum 30. Juni 2014 (Stichtag) erworben, wird unwiderlegbar vermutet, dass überwiegend Tätigkeiten ausgeübt werden, die in Anhang 3 Abschn. II aufgeführt sind.
6. die unmittelbar oder mittelbar tarifgebundenes Mitglied des Bundesverbands Metall – Vereinigung Deutscher Metallhandwerke sind (Mitgliedschaft) und von einem Mantel- oder Rahmentarifvertrag dieses Verbands

oder eines seiner Mitgliedsverbände erfasst werden und überwiegend Tätigkeiten ausüben, die zum in **Anhang 3 Abschn. III** aufgeführten fachlichen Geltungsbereich gehören (Fachlichkeit); wurde die Mitgliedschaft bis zum 30. Juni 2014 (Stichtag) erworben, wird unwiderlegbar vermutet, dass überwiegend Tätigkeiten ausgeübt werden, die in Anhang 3 Abschn. III aufgeführt sind;

7. die unmittelbar oder mittelbar tarifgebundenes Mitglied des Zentralverbands Sanitär Heizung Klima sind (Mitgliedschaft) und von einem Mantel- oder Rahmentarifvertrag dieses Verbands oder eines seiner Mitgliedsverbände erfasst werden und überwiegend Tätigkeiten ausüben, die zum in **Anhang 3 Abschn. IV** aufgeführten fachlichen Geltungsbereich gehören (Fachlichkeit); wurde die Mitgliedschaft bis zum 30. Juni 2014 (Stichtag) erworben, wird unwiderlegbar vermutet, dass überwiegend Tätigkeiten ausgeübt werden, die in Anhang 3 Abschn. IV aufgeführt sind;
8. die unmittelbar oder mittelbar tarifgebundenes Mitglied des Zentralverbands der Deutschen Elektro- und Informationstechnischen Handwerke sind (Mitgliedschaft) und von einem Mantel- oder Rahmentarifvertrag dieses Verbands oder eines seiner Mitgliedsverbände erfasst werden und überwiegend Tätigkeiten ausüben, die zum in **Anhang 3 Abschn. V** aufgeführten fachlichen Geltungsbereich gehören (Fachlichkeit); wurde die Mitgliedschaft bis zum 30. Juni 2014 (Stichtag) erworben, wird unwiderlegbar vermutet, dass überwiegend Tätigkeiten ausgeübt werden, die in Anhang 3 Abschn. V aufgeführt sind.

5) Diese Allgemeinverbindlicherklärung erstreckt sich nicht auf Betriebe und selbständige Betriebsabteilungen von Arbeitgebern mit Sitz im Ausland, wenn sie überwiegend Tätigkeiten ausüben, die in den vorstehenden Absätzen oder in Anhang 1 oder Anhang 3 dieser Allgemeinverbindlicherklärung aufgeführt sind, soweit aufgrund der Ausübung dieser Tätigkeiten ein in einem vorstehenden Absatz oder in Anhang 1 oder Anhang 3 genannter fachlicher Geltungsbereich eröffnet ist.

2. Weitere Einschränkungen der Allgemeinverbindlicherklärung

Soweit Bestimmungen der Tarifvertrags auf Bestimmungen anderer Tarifverträge verweisen, erfasst die Allgemeinverbindlicherklärung die verweisenden Bestimmungen nur, wenn und soweit die in Bezug genommenen tariflichen Regelungen ihrerseits für allgmeinverbindlich erklärt sind.

3. Die Allgemeinverbindlicherklärung ergeht mit den Hinweisen

a) § 23 des Tarifvertrags über das Sozialkassenverfahren schließt nicht die Möglichkeit aus, gegebenenfalls gemäß der Verordnung (EU) Nr. 1215/2012 des Europäischen Parlaments und des Rates vom 12. Dezember 2012 über die gerichtliche Zuständigkeit und die Anerkennung und Vollstreckung von

Entscheidungen in Zivil- und Handelssachen in einem anderen Staat Klage zu erheben.

b) Bei der Anwendung des § 19 Abs. 1 und 2 des Tarifvertrags über das Sozialkassenverfahren sind die zwingenden Vorschriften des Versicherungsaufsichtsgesetzes und des Aktiengesetzes zu beachten.

Der Tarifvertrag ist in der **Anlage** abgedruckt.

Arbeitgeber und Arbeitnehmer, für die der Tarifvertrag infolge der Allgemeinverbindlicherklärung verbindlich ist, können von einer der Tarifvertragsparteien eine Abschrift des Tarifvertrags gegen Erstattung der Selbstkosten (Papier- und Vervielfältigungs- oder Druckkosten sowie das Übersendungsporto) verlangen.

Berlin, den 7. Mai 2019

III a 6-31241-Ü-14 b/80

Anhang 1

Fachliche Geltungsbereiche

Die maßgebenden fachlichen Geltungsbereiche von Tarifverträgen nach Abs. 1 der Einschränkung der Allgemeinverbindlicherklärung auf Antrag sind nachstehend abgedruckt. Als Betriebe im Sinne dieses Anhangs gelten in jedem Fall auch selbständige Betriebsabteilungen.

I. Holz- und kunststoffverarbeitende Industrie

Für Betriebe, Hilfs- und Nebenbetriebe sowie selbständige Betriebsabteilungen der holz- und kunststoffverarbeitenden Industrie, des Serienmöbelhandwerks, der Sperrholz-, Faser- und Spanplattenindustrie, Kunststoffprodukte herstellende Betriebe sowie Betriebe, die anstelle oder in Verbindung mit Holz andere Werkstoffe oder Kunststoffe verarbeiten, wie z.B. Betriebe zur Herstellung nachstehender Erzeugnisse einschließlich Vertrieb und Montage:

1. Kasten- und Sitzmöbel aller Art, Polstermöbel, Polstergestelle, Matratzen und Matratzenrahmen, Tische, Kleinmöbel und Beleuchtungskörper,
2. Büro-, Schul-, Industrie- und Labormöbel, Kühlmöbel und -einrichtungen,
3. Holzgehäuse und Holzkästen aller Art, z.B. für Uhren, Rundfunk- und Fernsehapparate, Plattenspieler, Tonbandgeräte, Telefon-, fotografische Apparate, Besteckkästen,
4. Innenausbau, Wohnungs-, Büro-, Industrie- und Ladeneinrichtungen, Bad- und Saunaeinrichtungen, Solarien, Regale, Schiffsinnenausbauten, Verkleidungen und Vertäfelungen aller Art, Herstellung und Montage von Schalldichtungen (zur Dämpfung und Isolierung), akustische Ausbauten und Auskleidung von Räumen,

5. Türen, Tore, Fenster, Rollläden, Jalousien, Rollos, Verdunkelungsanlagen, Klappläden, Treppen, Aufzüge, Fassadenelemente, Raumtrennprodukte, Fertigbau- und andere Bauteile, Zäune aller Art,
6. Holzhäuser, Fertighäuser, Wohnwagen, Hallen, Baracken, Verkaufs- und Messestände, Bühnen, Holzsilos, Gewächshäuser, Frühbeetfenster, Telefonzellen und Ingenieurkonstruktionen,
7. Musikinstrumente, z. B. Klaviere, Flügel, Harmonien, Orgeln, Akkordeons, Musikboxen, Streich-, Blas- und Zupfinstrumente und deren Bestandteile,
8. Särge, Grabkreuze,
9. Holzwerkzeuge, Werkbänke, Hobelbänke, Werkzeugschränke, Schutzvorrichtungen und Arbeitsschutzartikel,
10. Maßstäbe, Rechenschieber, Büro-, Mal-, Schreib-, Zeichengeräte, Webschützen, Spulen, Zigarrenwickelformen, Stiele, Rundstäbe, Spunde und Siebe,
11. Drechsler- und Holzbildhauerarbeiten aller Art, Holz-, Elfenbein- und Bernsteinschnitzereien, Devotionalien, Holzmosaik und Intarsien,
12. Leisten und Rahmen aller Art,
13. Schuhleisten, Schuhspanner, Holzschuhe, Pantoffelhölzer, Absätze und Schuhteile,
14. Haus- und Küchengeräte, Kleiderbügel, Etuis und Behälter aller Art, Spielwaren, sonstige Holz- und Kunststoffwaren,
15. Turn- und Sportgeräte, Kegelbahnen, Segelflugzeuge,
16. Stöcke, Peitschen, Schirmgriffe, optische Brillengestelle,
17. Kabeltrommeln, Kisten, Kistenteile, Paletten, Zigarrenkisten, Koffer und Kofferteile,
18. Fässer, Fassdauben, Fassteile, Packfässer, Kübel und Bottiche,
19. Holzwolle, Holzspankörbe, Holzdraht, Holzstifte, Holzspulen, Holzspäne, Knöpfe,
20. Bürsten, Besen und Pinsel, Bürstenhölzer, Borsten-, Haar- und Faserstoffzurichtereien, Kämme,
21. Natur-, Presskorkwaren, Kronenverschlüsse, Holzmehl, Schicht- und Pressholz,
22. Parketthölzer, Rohfriese, Fußbodendielen, Holzpflaster und Schindeln,
23. Korbmöbel, Korbwaren, Stuhlrohr,
24. Sperrholz-, Holzfaser-, Holzspan- und Kunststoffplatten,
25. Veredelung von Holz- und Schnitzstoffwaren, Polier-, Lackier-, Beiz- und Furnierwerkstätten sowie Betriebe für Vergolderei und Grundierarbeiten,
26. Bau von Fahrzeugen, Fahrzeugteilen und Booten, Holzbiegereien,
27. Herstellung von Modellen aller Art,
28. Verlegung von Parkett und anderen Fußböden,
29. Kunststoffspritzereien und -extrusionen,
30. Folien und sonstige Verpackungen, Kassetten,
31. Schaumstoffe,

32. Rohre, Schläuche, Ummantelungen aus Kunststoff,
33. Boden- und Wandbeläge.
34. Als Nebenbetriebe
    a) Sägewerke,
    b) Spalt- und Hobelwerke,
    c) Sperrholz-, Spanplatten- und Furnierwerke,
    d) Holzlagerplätze,
    e) Holzimprägnieranlagen.

II. Sägeindustrie und übrige Holzbearbeitung

Für die nachstehenden Betriebe und selbständigen Betriebsabteilungen der Sägeindustrie, übrigen holzbearbeitenden Industrie und verwandter Wirtschaftszweige

A. Sägewerke, -spaltwerke, Hobelwerke, Holzimprägnierwerke zur Herstellung insbesondere von:
   - Schnitthölzern, Hobelwaren, Leisten aller Art,
   - Rohfriesen, Parketthölzern,
   - Kanteln, Rundstäben, Klötzen,
   - Holzschindeln,
   - Schwellen,
   - Masten, Telegrafenstangen, Pfählen jeglicher Art,
   - sowie zur Imprägnierung vorstehender und sonstiger Holzbearbeitungs- und -verarbeitungserzeugnisse.

B. Übrige holzbearbeitende Industrie zur Herstellung insbesondere von:
   - Furnieren,
   - Tischlerplatten u. Ä.,
   - Sperrholz, Spanplatten, Faserplatten, Dämmplatten, Kunststoffplatten, beschichteten und vergüteten Platten aller Art und Paneelen,
   - Presshölzern,
   - Schalungsplatten,
   - Kistenteilen (Einzelteilen einschließlich anderen Verpackungsmaterials), Kisten, Harassen, Containern, Paletten, Kabeltrommeln, Holzfassteilen (Fassdauben), Packfässern, Kübeln, Bottichen, Holzspankörben, Holzspanschachteln u. Ä.,
   - Holzzäunen, Holzpflaster,
   - Holzspänen, Hackschnitzeln,
   - Holzwolle, Holzdraht, Holzstiften,
   - vorgefertigten Holzbauteilen, Leimbauteilen u. Ä. sowie von Bauelementen,
   - Silos für Landwirtschaft und Industrie, Tribünen, Holzrohren, einfachen Holzkonstruktionen, land-, forst- und gartenwirtschaftlichen Bauteilen sowie deren Montage,

- Fertighäusern, Holzhäusern, Baracken, Hallen, Messebauten und deren Montage,
- Grabkreuzen u. Ä.,
- Spaltholz, Brennholz, Holzkohle u. Ä.

C. Verwandte Wirtschaftszweige, insbesondere:
- Holzhandlungen und Holzimporteure (Rundholz, Schnittholz, Hobelware, Leisten u. Ä., Platten, Zäune, Pfähle und andere Holzerzeugnisse jeglicher Art sowie Kunststoffe),
- Holzlager- und Holzsammelplätze, Holzumschlagsplätze, auf denen Holz bearbeitet und/oder zugerichtet wird, Handels- und Aufbereitungsbetriebe für Grubenholz, Faserholz, Zellstoffholz, Papierholz u. Ä.,
- Betriebe zur Herstellung von Holzwaren, soweit diese nicht von anderen tariflichen Regelungen erfasst werden.

D. Angeschlossene Nebenbetriebe bzw. Betriebsabteilungen, insbesondere:
- Holzbauabteilungen,
- Sargfabrikation,
- Fenster und Türen,
- Kunststoffverwendende und -verarbeitende Abteilungen,
- Verpackungsbetriebe.

E. Betriebe oder Betriebsabteilungen, die anstelle von oder in Verbindung mit Holz in vorstehenden Fällen A bis D Kunststoffe oder andere Werkstoffe verarbeiten.

III. Steine- und Erdenindustrie

1. Alle Unternehmen, die Steine, Erden und artverwandte Baustoffe gewinnen, herstellen, be- und verarbeiten oder vertreiben.
2. Alle gemischten Betriebe, sofern sie überwiegend Steine, Erden und artverwandte Baustoffe gewinnen, herstellen, be- und verarbeiten oder vertreiben.
3. Alle selbständigen Betriebsabteilungen in fachfremden Betrieben, in denen Steine, Erden und artverwandte Baustoffe hergestellt, gewonnen, be- und verarbeitet oder vertrieben werden.
4. Betriebe, die gewerbsmäßig Recycling-Baustoffe aus Baumischabfällen, Straßenaufbruch, Bauschutt oder Bodenaushub herstellen, be- und verarbeiten oder vertreiben.
5. Alle in den Nrn. 1 bis 4 genannten Unternehmen zugehörigen Betriebe.

IV. Transportbeton

Betriebe, die gewerbsmäßig Transportbeton, Werk-Frischmörtel und Werk-Frischestrich herstellen und vertreiben, sowie Betriebe, die Transportbeton mittels Pumpen fördern.

V. Mörtelindustrie

Betriebe, die gewerbsmäßig Werk-Trockenmörtel, Werk-Frischmörtel und Werk-Estrich herstellen und vertreiben.

VI. Chemische Industrie

Für Betriebe und Verkaufsunternehmen der chemischen Industrie und verwandten Industrien einschließlich ihrer Hilfs- und Nebenbetriebe, Forschungsstellen, Verwaltungsstellen, Auslieferungslager und Verkaufsstellen, für Chemie- und Mineralöl-Handelsunternehmen, für Unternehmen des Chemie-Anlagenbaus, für Büros und Unternehmen zur chemisch-technischen Beratung und zur Konstruktion und Instandhaltung chemischer Anlagen sowie für chemische Laboratorien und Untersuchungsanstalten.

Zur chemischen Industrie gehören insbesondere folgende Produktionsgebiete:

1. Grundchemikalien,
2. Stickstoff und Stickstoffverbindungen,
3. Stickstoff- und Phosphordüngemittel und deren Weiterverarbeitung,
4. Verdichten, Verflüssigen und Abfüllen von technischen Gasen, Trockeneis,
5. Natürliche und synthetische Farbstoffe und deren Weiterverarbeitung,
6. Buntstifte und Pastellkreiden,
7. Lösungsmittel und Weichmacher,
8. Lacke, Firnisse, Polituren,
9. Spreng- und Zündstoffe, Munition, Feuerwerk und sonstige Zündwaren, Kollodiumwolle,
10. Arzneimittel einschließlich medizinischem Verbands-, Prothesen- und Nahtmaterial,
11. Biochemische und gentechnische Erzeugnisse,
12. Pflanzenschutz-, Schädlingsbekämpfungs- und Desinfektionsmittel,
13. Ätherische Öle und Riechstoffe, chemische Backhilfs- und Konservierungsmittel, Aromastoffe,
14. Fotochemikalien, Fotopapiere, Herstellung und Verwendung von lichtempfindlichem Material wie z. B. Polymerfilm und vorbeschichtete Druckplatten,
15. Filme und deren technische Bearbeitung, fotografische, elektrochemische und magnetische Materialien einschließlich Geräte zur Aufzeichnung, Speicherung, Auswertung und Wiedergabe von Informationen, die im Verbund mit den vorgenannten Produkten vertrieben werden, Kopieren,
16. Chemische Umwandlung von Kohle, Erdgas, Erdöl sowie Erdölprodukten einschließlich Destillation, Raffination, Crackung, Hydrierung, Oxidierung, Vergasung sowie Weiterverarbeitung der Umwandlungsprodukte, Transport, Umschlag und Lagerung von Erdöl und Umwandlungsprodukten,
17. Ruß,
18. Holzverkohlung,

19. Seifen, Waschmittel, Kosmetika,
20. Leime, Kitte, Klebstoffe, Klebebänder, Gelatine,
21. Wachse und Kerzen, Stearin und Olein,
22. Schuh-, Leder- und Fußbodenpflegemittel, Putzmittel,
23. Technische Öle und Fette,
24. Chemische Hilfsmittel aller Art wie z.B. Textilhilfsmittel, Lederhilfsmittel, Gerbstoffauszüge, Gerbereichemikalien und chemische Hilfsmittel für andere Industrien,
25. Kunststoffe einschließlich Schaumstoffe, Pressmassen und Datenträger sowie deren Weiterverarbeitung,
26. Chemiefasern und deren Weiterverarbeitung im eigenen Betrieb,
27. Chemiefolien einschließlich künstliche Därme, transparentes Material und Magnetbänder sowie deren Bearbeitung,
28. Chemisch-technische Artikel wie Glühstrümpfe, chemische Papiere, Gießereihilfsmittel, Elektroden, elektrische und galvanische Kohle, Asbestwaren sowie chemisch-technischer Laborbedarf einschließlich Hilfsmittel zur Analyse und Diagnose, Halbleiterfertigung unter Verwendung chemischer Verfahren und deren Weiterverarbeitung im eigenen Betrieb,
29. Elektromagnetische Erzeugnisse und deren Weiterverarbeitung im eigenen Betrieb,
30. Synthetische anorganische Rohstoffe und deren Weiterverarbeitung,
31. Chemische Baustoffe, Faserzement, chemische Bautenschutz-, Holzschutz- und Feuerschutzmittel, Dämm- und Isolierstoffe sowie deren Weiterverarbeitung,
32. Imprägnieren, soweit es sich nicht um Nebenarbeiten der Holzindustrie handelt,
33. Natürlicher und synthetischer Kautschuk, Latex, Nachfolgeprodukte sowie deren Weiterverarbeitung,
34. Wiedergewinnung von Kautschuk und Vulkanisieren,
35. Linoleum, Kunstleder, Guttapercha- und Balatawaren und ähnliche Stoffe,
36. Nichteisen- und Edelmetalle und deren Weiterverarbeitung im eigenen Betrieb,
37. Ferrolegierungen und Siliziumverbindungen mit Metallen, Schleifmittel, synthetische Edelsteine,
38. Gasschutz- und Atemschutzgeräte,
39. Dach- und Dichtungsbahnen und deren Weiterverarbeitung,
40. Chemische Büroartikel wie Farbbänder, Kohlepapier, Dauerschablonen, Tinten und Tuschen,
41. Naturharzverarbeitung,
42. Holzverzuckerung,
43. Tierkörperverwertung,

44. Kernchemie einschließlich Herstellung, Aufarbeitung und Entsorgung von Brennelementen und Brennstoffen,
45. Urankonzentrate,
46. Anwendung von Umwelttechnologien einschließlich Entsorgung von Abfällen durch biologische, chemische, physikalische und thermische Behandlung, Entsorgungsanlagen für Sonderabfälle, Wiederverwertung, und Rückgewinnung von Reststoffen wie z. B. Pyrolyse,
47. Chemische Synthese jeder Art.

VII. Kunststoffverarbeitende Industrie

Für Betriebe der Kunststoffbe- und -verarbeitenden Industrie einschließlich ihrer Hilfs- und Nebenbetriebe, Werkstätten und Zweigniederlassungen.

VIII. Metall- und Elektroindustrie

Für alle Betriebe der Eisen-, Metall- und Elektroindustrie; darunter fallen – ohne Rücksicht auf die verarbeiteten Grundstoffe – insbesondere folgende Fachzweige:

1. Eisen- und Stahlerzeugung (einschließlich -halbzeugwerke), NE-Metallerzeugung (einschließlich -halbzeugwerke), Eisen-, Stahl- und Tempergießereien, NE-Metallgießerei, Ziehereien und Kaltwalzwerke, Stahlverformung, Oberflächenveredelung und Härtung, Schlosserei, Schweißerei, Schleiferei und Schmiederei, Stahl- und Leichtmetallbau, Maschinenbau, Straßenfahrzeugbau, Schiffbau, Luftfahrzeugbau, Elektrotechnik, Feinmechanik und Optik, Herstellung und Reparatur von Uhren, Herstellung von Eisen-, Blech- und Metallwaren; nur soweit sie aus Metall gefertigt sind: Herstellung von Musikinstrumenten, Sportgeräten, Spiel- und Schmuckwaren;
2. Metall-Filterbau, Elektronik, Steuerungs-, Regel- und Messtechnik, Verfahrenstechnik, Atomphysik, Kerntechnik und Strahlentechnik;
3. Verwaltungen, Niederlassungen, Forschungs- und Entwicklungsbetriebe, Konstruktionsbüros, Montagestellen sowie alle Hilfs- und Nebenbetriebe vorgenannter Fachzweige und Betriebe, die über keine eigene Produktionsstätte verfügen, jedoch Montagen ausführen, die dem fachlichen Geltungsbereich entsprechen.

Für alle außerbetrieblichen Arbeitsstellen (Montagen) der Eisen-, Metall- und Elektroindustrie einschließlich des Fahrleitungs-, Freileitungs-, Ortsnetz- und Kabelbaus mit Ausnahme des Zentralheizungs- und Lüftungsbaus sowie der Arbeitsstellen auf Schiffen auf Fahrt.

Anhang 2

Liste der Mitgliedsverbände von Gesamtmetall

in der Fassung vom 1. Februar 2006

– Verband der Bayerischen Metall- und Elektro-Industrie e. V.

- BayMe – Bayerischer Unternehmensverband Metall und Elektro e. V.
- METALL NRW, Verband der Metall- und Elektro-Industrie Nordrhein-Westfalen e. V.
- Verband der Sächsischen Metall- und Elektro-Industrie e. V.
- Verband der Metall- und Elektro-Industrie in Berlin und Brandenburg e. V.
- Verband der Metall- und Elektro-Industrie in Thüringen e. V.
- Verband der Metall- und Elektro-Unternehmen Hessen e. V.
- NORDMETALL, Verband der Metall- und Elektro-Industrie e. V.
- Verband der Metall- und Elektro-Industrie Sachsen-Anhalt e. V.
- SÜDWESTMETALL, Verband der Metall- und Elektroindustrie Baden-Württemberg e. V.
- Verband der Metallindustriellen Niedersachsens e. V.
- METALL UNTERWESER, Verband der Metall- und Elektro-Industrie e. V.
- NORD-WEST-METALL, Verband der Metallindustriellen des Nordwestlichen Niedersachsens e. V.
- PFALZMETALL, Verband der Pfälzischen Metall- und Elektroindustrie e. V.
- Verband der Metall- und Elektroindustrie Rheinland-Rheinhessen e. V.
- Verband der Metall- und Elektroindustrie des Saarlandes e. V.
- Unternehmensverband Saarland e. V., Gruppe der Mitglieder aus der Branche der Metall- und Elektroindustrie
- Verband der Metall- und Elektroindustrie Osnabrück-Emsland e. V.
- Unternehmensverband Südwest e. V., Unternehmen der Metall- und Elektroindustrie
- Allgemeiner Arbeitgeberverband Thüringen e. V., Gruppe Metall- und Elektroindustrie
- AGV Nord – Allgemeiner Verband der Wirtschaft Norddeutschlands e. V., Fachgruppe Metall und Elektro

Anhang 3

Fachliche Geltungsbereiche

Die nach Abs. 4 Nr. 1 sowie den Nrn. 5 bis 8 der Einschränkung der Allgemeinverbindlicherklärung auf Antrag maßgebenden fachlichen Geltungsbereiche sind nachstehend abgedruckt. Als Betrieb im Sinne dieses Anhangs gelten auch selbständige Betriebsabteilungen.

Abschnitt I

Maler- und Lackiererhandwerk

1. Alle Betriebe des Maler- und Lackiererhandwerks. Dies sind Betriebe und selbständige Betriebsabteilungen, die Maler-, Lackierer-, Tüncher-, Weißbinder-, Schildermaler-, Fahrzeug- und Metalllackierer-, Gerüstbau-, Entrostungs- und

Eisenanstrich-, Wärmedämmverbundsystem-, Betonschutz-, Oberflächensanierungs-, Asbestbeschichtungs-, Fahrbahnmarkierungs- sowie Bodenbeschichtungs- und -belagsarbeiten ausführen. Mit Betonschutz- und Oberflächensanierungsarbeiten sind nicht gemeint Arbeiten zur Beseitigung statisch bedeutsamer Betonschäden; mit Asbestbeschichtungen sind nicht gemeint Arbeiten, die im Zusammenhang mit anderen Asbestsanierungsarbeiten erfolgen. Zu den Bodenbeschichtungs- und -belagsarbeiten gehören nicht das Verlegen von Bodenbelägen in Verbindung mit anderen baulichen Leistungen sowie Estrich-, Fliesen-, Platten-, Mosaikansetz- und -verlege- und Terrazzoarbeiten.

2. Die in Abs. 1 genannten Betriebe und selbständigen Betriebsabteilungen fallen grundsätzlich als Ganzes unter diesen Tarifvertrag. Von diesem Tarifvertrag werden auch selbständige Betriebsabteilungen in fachfremden Betrieben erfasst, soweit sie Arbeiten der in Abs. 1 genannten Art ausführen.
3. Werden in Betrieben nach Abs. 1 in selbständigen Abteilungen andere Arbeiten ausgeführt, so werden diese Abteilungen dann nicht von diesem Tarifvertrag erfasst, wenn ein speziellerer Tarifvertrag sie in seinen Geltungsbereich einbezieht.
4. Nicht erfasst werden Betriebe des Baugewerbes. Dies gilt nicht für Betriebe bzw. selbständige Betriebsabteilungen, die Arbeiten im Sinne der Abs. 5 bis 7 ausführen und unter den dort genannten Voraussetzungen von diesem Tarifvertrag erfasst werden.
5. Nicht erfasst werden
   a) Entrostungs- und Eisenanstricharbeiten,
   b) Asbestbeschichtungsarbeiten

   ausführende Betriebe bzw. selbständige Betriebsabteilungen, die mittelbar oder unmittelbar Mitglied des Hauptverbands der Deutschen Bauindustrie e. V. oder des Zentralverbands des Deutschen Baugewerbes e. V. sind.
6. Betriebe bzw. selbständige Betriebsabteilungen, die
   a) Wärmedämmverbundsystemarbeiten,
   b) Betonschutz- und Oberflächensanierungsarbeiten,
   c) Bodenbeschichtungs- und -belagsarbeiten oder
   d) Fahrbahnmarkierungsarbeiten

   überwiegend bzw. zusammen mit anderen in Abs. 1 genannten Tätigkeiten überwiegend ausüben, werden nur erfasst, wenn sie mittelbar oder unmittelbar Mitglied des Hauptverbands Farbe, Gestaltung, Bautenschutz – Bundesinnungsverband des deutschen Maler- und Lackiererhandwerks sind.
7. Putz-, Stuck- und dazugehörige Hilfsarbeiten ausführende Betriebe bzw. selbständige Betriebsabteilungen, die ihren Sitz in den Handwerkskammerbezirken Wiesbaden, Rhein-Main, Mainz, Erfurt, Suhl, Gera, Coburg, Oberfranken, Mittelfranken und Unterfranken haben, werden dann von diesem Tarifvertrag erfasst, wenn

a) die Putz-, Stuck- und dazugehörigen Hilfsarbeiten arbeitszeitlich nicht überwiegend ausgeführt werden und
b) ohne Berücksichtigung der Putz-, Stuck- und dazugehörigen Hilfsarbeiten von den verbleibenden Tätigkeiten der arbeitszeitliche Anteil der Tätigkeiten, die zum Geltungsbereich dieses Tarifvertrags rechnen, den Anteil der Tätigkeiten, die zum Baugewerbe rechnen, überwiegen.

8. Nicht erfasst werden Betriebe und selbständige Betriebsabteilungen des Gerüstbaugewerbes, deren Tätigkeit sich überwiegend auf die gewerbliche Erstellung von Gerüsten erstreckt.

Abschnitt II

Tischler- und Schreinerhandwerk

Alle Betriebe und ihnen gleich stehende Betriebsabteilungen der Anlage A Nr. 27 (Tischler/Schreinerhandwerk), Anlage B Abschn. 2 Nr. 24 (Einbau von genormten Baufertigteilen) und der Anlage B Abschn. 2 Nr. 50 (Bestattungsgewerbe) der Handwerksordnung (HwO), soweit diese Tätigkeiten zu mindestens 20 % – wenn arbeitszeitlich überwiegend Holztreppen hergestellt oder diese selbst hergestellten Erzeugnisse eingebaut werden, zu mindestens 50 % – der Arbeitszeit der gewerblichen Arbeitnehmer von einschlägig im Berufsfeld Holz fachlich qualifizierten Arbeitnehmern (Tischler-/Schreinergesellen, Holzmechaniker oder gleichwertige Qualifikation sowie Holzfachwerker) ausgeführt oder von einer in demselben Berufsfeld besonders qualifizierten Person (Tischler-/Schreinermeister, Holzingenieur oder gleichwertige Qualifikation sowie Tischler/Schreiner mit einer Ausübungsberechtigung nach den §§ 7a, 7b HwO oder einer Ausnahmebewilligung nach § 8 HwO) geleitet oder überwacht werden. Ist der Betriebsinhaber Tischler-/Schreinergeselle oder Holzmechaniker und arbeitet arbeitszeitlich überwiegend wie ein gewerblicher Arbeitnehmer, ist dessen Arbeitszeit bei der Berechnung des Arbeitszeitanteils der gewerblichen Arbeitnehmer nach Satz 1 zu berücksichtigen.

Darunter fallen insbesondere Betriebe und selbstständige Betriebsabteilungen, die folgende Tätigkeiten ausüben:

- Möbel und Inneneinrichtungen für und Innenausbau von z.B. Läden, Gaststätten, Büros, Hotels, Schulen, Krankenhäusern, Kindergärten, Banken, sowie Spiel- und Sportgeräte, Gehäuse, Vorrichtungen und Modelle, Messebauten, Innen- und Außentüren, Fenster, Treppen, Böden, Trennwände, Wand- und Deckenverkleidungen, Fassaden abschließende Bauelemente, Wintergärten, Trockenbauten, Fahrzeugein- und -ausbauten planen, konstruieren, rationell fertigen, montieren, einbauen oder instand halten unter Verwendung unterschiedlicher Materialien wie insbesondere von Holz, Holzwerkstoffen, Kunststoffen, Glas, Metall, Stein, Werkstoffen für den Trockenbau, Belag- und Verbundwerkstoffen,
- Produkte und Objekte einbauen, montieren, instand halten, warten oder restaurieren,

- montagefertige Teile und Erzeugnisse, insbesondere Rollläden, Schattierungs- und Belüftungssysteme, Schließ- und Schutzsysteme für Bauelemente, Anbauten und Wintergärten einbauen, montieren und instand halten,
- Dienst- und Serviceleistungen ausführen wie Schlüssel- und Notdienste, Bestattungen und Überführung Verstorbener durchführen, Hinterbliebene beraten, Trauerfeiern organisieren oder Behördengänge abwickeln.

Abschnitt III

Metallbauerhandwerk

Betriebe des Metallbauerhandwerks; darunter fallen Betriebe, die Stahl- und Metallbaukonstruktionen, Fördersysteme, Konstruktionen des Anlagenbaus sowie Schließ- und Sicherungssysteme entwerfen, planen, herstellen, montieren, in Betrieb nehmen, umbauen und instand halten unter Einbeziehung von steuerungstechnischen Systemen und deren Schnittstellen. Das sind Betriebe, die insbesondere

1. Verbindungen an Bauwerken und Konstruktionen unter Berücksichtigung von Befestigungsverfahren, Befestigungselementen, lösbaren und unlösbaren Befestigungssystemen, insbesondere Schweiß- und Klebeverbindungen sowie des Montageuntergrunds planen und herstellen,
2. Metallarbeiten entwerfen, zeichnerisch darstellen, modellieren, berechnen, herstellen, montieren und instand halten,
3. Schmiedetechniken, insbesondere manuelles und maschinelles Schmieden und Treiben ausführen,
4. Anlagen und Bauteile unter Berücksichtigung des Denkmalschutzes restaurieren und rekonstruieren,
5. Metalloberflächen schützen, farblich gestalten und veredeln,
6. Befestigungstechniken, insbesondere unter Berücksichtigung bautechnischer Erfordernisse und des Denkmalschutzes ausführen,
7. Spiel- und Sportgeräte, Gehäuse, Vorrichtungen, Messebauten, Innen- und Außentüren, Fenster, Treppen, Böden, Trennwände, Wand- und Deckenverkleidungen, Fassaden abschließende Bauelemente und Wintergärten planen, konstruieren, fertigen, einbauen oder instand halten.

Abschnitt IV

Installateur- und Heizungsbauer-,
Klempner-, Ofen- und Luftheizungsbauer- sowie
Behälter- und Apperatebauer-Handwerk

Betriebe des Installateur- und Heizungsbauer-, Klempner-, Ofen- und Luftheizungsbauer- sowie Behälter- und Apparatebauer-Handwerks; darunter fallen insbesondere Betriebe, die folgende Tätigkeiten ausführen:

1. Planung und Bau von Rohrleitungsanlagen, ausgenommen Fernleitungen, aus allen zugelassenen Werkstoffen für Gase, Wasser, Abwasser und chemische Flüssigkeiten,
2. Verlegung und Anschluss von Rohren für Tankstellen,
3. Eindeckung von Dachflächen und Verkleidung von Decken- und Wandflächen mit Blech, Metall-Verbundwerkstoffen und Kunststoffen, einschließlich des Anbringens aller funktionsbedingten Schichten sowie der Trag- und Befestigungskonstruktionen,
4. Ausführung von Arbeiten aus Stabstahl, Profilstahl, Blech, Metall-Verbundwerkstoffen und Kunststoffen an Bauwerken, insbesondere an Anlagen zur Innen- und Außenentwässerung,
5. Entwurf und Herstellung von gebrauchs- und kunsthandwerklichen Gegenständen sowie von Bauteilen aus Blech, Metall-Verbundwerkstoffen und Kunststoffen, insbesondere von Verkleidungen für Rohrleitungen und Behälter, von Leitungen für lufttechnische Anlagen und für Förder- und Transportanlagen,
6. Planung und Herstellung von Rohren, Rohrleitungen und Formstücken für feste, flüssige und gasförmige Stoffe im gesamten Druck- und Temperaturbereich,
7. Planung und Bau von Kaminen für offenes Feuer,
8. Planung und Bau von Kachelgrundöfen, von Kachelherden und von transportablen keramischen Dauerbrandöfen und Herden.

Abschnitt V

Elektrohandwerk

Alle Betriebe oder selbstständigen Betriebsabteilungen, die mit der handwerksmäßigen Installation, Wartung oder Instandhaltung von elektro- und informationstechnischen Anlagen und Geräten einschließlich elektrischer Antriebe, Leitungen, Kommunikations- und Datennetze sowie mit dem Fahrleitungs-, Freileitungs-, Ortsnetz- und Kabelbau befasst sind bzw. – bezogen auf diese Tätigkeiten – entsprechende Dienstleistungen einschließlich damit zusammenhängender baulicher Nebenpflichten im Sinne von § 5 HwO anbieten, sofern dem Betrieb nicht nachgewiesen wird, dass die baulichen Tätigkeiten inklusive dieser baulichen Nebenpflichten kalenderjährlich mehr als 50 % der betrieblichen Gesamtarbeitszeit betragen.

Bauliche Nebenpflichten im Sinne von § 5 HwO können insbesondere im Zusammenhang mit folgenden elektrohandwerklichen Dienstleistungen anfallen:

1. Kabel- und Leitungsinstallationen innerhalb und außerhalb von Gebäuden,
2. Photovoltaik- und Solarmontagen auf Gebäuden und Freiflächen,
3. Öffentlichen Beleuchtungsinstallationen bzw. Elektroinstallationen auf Masten,
4. Erstellung und Montage von Anlagen zur Energieerzeugung,

5. Erstellung und Montage von Infrastruktur E-Mobilität einschließlich Energieverteilernetze,
6. Erstellung und Montage von Kabel- und Leitungstrassen einschließlich ihrer Trägersysteme in und außerhalb von Gebäuden,
7. Erstellung und Montage von elektrischen Brandschutzsystemen,
8. Erstellung und Montage von Kabelschächten und -kanälen, Legen von Erdkabeln,
9. Erstellung und Montage elektrotechnischer Fertigteilbauten (z. B. Trafo- und Netzverteilstationen),
10. Geothermie- und Luftwärmepumpeninstallationen,
11. Fahrweg-Elektrotechnik einschließlich Signalanlagen und sonstiger Elektroinstallationen (z. B. Weichenheizungen),
12. Verkehrsleit- und Signaltechnik,
13. Erstellung und Montage elektrischer Licht- und Werbeanlagen an und außerhalb von Gebäuden,
14. Elektroinstallationen im Laden- und Einrichtungsbau,
15. Modernisierung von Elektrospeicher-Heizanlagen,
16. Installation elektrischer Fußbodenheizungen,
17. Elektroinstallationen bei Blockheizkraftwerken, Brennstoffzellen und Batteriespeicheranlagen.

Anlage

Rechtsnormen des Tarifvertrags über das Sozialkassenverfahren im Baugewerbe (VTV)

vom 28. September 2018

...[3)]

3) Hier abgedruckt auf den Seiten 432 bis 456.

Bekanntmachung über die Allgemeinverbindlicherklärung eines Tarifvertrags für das Baugewerbe

vom 7. Mai 2019[1]

Auf Grund des § 5 Abs. 1 in Verbindung mit den Abs. 2 und 7 des Tarifvertragsgesetzes, dessen Abs. 1 durch Art. 5 Nr. 1 Buchst. a) und d) des Gesetzes vom 11. August 2014 (BGBl. I S. 1348) geändert worden ist, wird auf gemeinsamen Antrag der Tarifvertragsparteien und im Einvernehmen mit dem Tarifausschuss der

Bundesrahmentarifvertrag für das Baugewerbe (BRTV) vom 28. September 2018

– kündbar mit Frist von 6 Monaten jeweils zum 31. Dezember –

abgeschlossen zwischen der Industriegewerkschaft Bauen-Agrar-Umwelt, Bundesvorstand, Olof-Palme-Straße 19, 60439 Frankfurt am Main, einerseits, sowie dem Zentralverband des Deutschen Baugewerbes e. V., Kronenstraße 55–58, 10117 Berlin, und dem Hauptverband der Deutschen Bauindustrie e. V., Kurfürstenstraße 129, 10785 Berlin, andererseits,

mit Wirkung vom **1. Januar 2019**

mit den unten näher bezeichneten Einschränkungen und dem dort aufgeführten Hinweis für allgemeinverbindlich erklärt.

Geltungsbereich des Tarifvertrags

Räumlich:

Das Gebiet der Bundesrepublik Deutschland.

Betrieblich:

Der betriebliche Geltungsbereich ist in der **Anlage** abgedruckt (§ 1 Abs. 2 des Tarifvertrags).

Persönlich:

Gewerbliche Arbeitnehmer (Arbeiter), die eine nach den Vorschriften des Sechsten Buches Sozialgesetzbuch – Gesetzliche Rentenversicherung – (SGB VI) versicherungspflichtige Tätigkeit ausüben.

Die Allgemeinverbindlicherklärung des Tarifvertrags ergeht mit folgenden Einschränkungen und Hinweis:

1. Einschränkung der Allgemeinverbindlicherklärung auf Antrag

Die Allgemeinverbindlicherklärung wird gemäß den Maßgaben in der Bekanntmachung über die Allgemeinverbindlicherklärung eines Tarifvertrags für

1) Bundesanzeiger AT 17.05.2019 B2 vom 17. Mai 2019.

das Baugewerbe (VTV) vom 7. Mai 2019 (BAnz AT 17.05.2019 B1)[2] eingeschränkt.

2. **Weitere Einschränkungen der Allgemeinverbindlicherklärung**

   Soweit Bestimmungen des Tarifvertrags auf Bestimmungen anderer Tarifverträge verweisen, erfasst die Allgemeinverbindlicherklärung die verweisenden Bestimmungen nur, wenn und soweit die in Bezug genommenen tariflichen Regelungen ihrerseits für allgemeinverbindlich erklärt sind.

3. **Die Allgemeinverbindlicherklärung ergeht mit dem Hinweis**

   § 8 Ziff. 16 des Tarifvertrags schließt nicht die Möglichkeit aus, gegebenenfalls gemäß der Verordnung (EU) Nr. 1215/2012 des Europäischen Parlaments und des Rates vom 12. Dezember 2012 über die gerichtliche Zuständigkeit und die Anerkennung und Vollstreckung von Entscheidungen in Zivil- und Handelssachen in einem anderen Staat Klage zu erheben.

Der Tarifvertrag ist in der **Anlage** abgedruckt.

Arbeitgeber und Arbeitnehmer, für die der Tarifvertrag infolge der Allgemeinverbindlicherklärung verbindlich ist, können von einer der Tarifvertragsparteien eine Abschrift des Tarifvertrags gegen Erstattung der Selbstkosten (Papier- und Vervielfältigungs- oder Druckkosten sowie das Übersendungsporto) verlangen.

Berlin, den 7. Mai 2019
III a 6-31241-Ü-14 b/78

Anlage

Rechtsnormen des Bundesrahmentarifvertrags für das Baugewerbe (BRTV)

vom 28. September 2018

...[3]

2) Hier abgedruckt auf den Seiten 689 bis 706.

3) Der Tarifvertrag ist auf den Seiten 227 bis 267 abgedruckt.

Bekanntmachung über die Allgemeinverbindlicherklärung eines Tarifvertrags für das Baugewerbe

vom 7. Mai 2019[1)]

Auf Grund des § 5 des Tarifvertragsgesetzes (TVG) wird auf gemeinsamen Antrag der Tarifvertragsparteien und im Einvernehmen mit dem Tarifausschuss

der Tarifvertrag über die Berufsbildung im Baugewerbe (BBTV) vom 28. September 2018

– kündbar mit Frist von sechs Monaten jeweils zum 30. Juni –

abgeschlossen zwischen der Industriegewerkschaft Bauen-Agrar-Umwelt, Bundesvorstand, Olof-Palme-Straße 19, 60439 Frankfurt am Main, einerseits, sowie dem Zentralverband des Deutschen Baugewerbes e. V., Kronenstraße 55–58, 10117 Berlin, und dem Hauptverband der Deutschen Bauindustrie e. V., Kurfürstenstraße 129, 10785 Berlin, andererseits,

mit Wirkung vom **1. Januar 2019**

mit den unten näher bezeichneten Einschränkungen für allgemeinverbindlich erklärt.

Die Allgemeinverbindlicherklärung hinsichtlich der §§ 6, 10, 12 bis 15 des Tarifvertrags erfolgt auf Grund des § 5 Abs. 1 in Verbindung mit den Abs. 2 und 7 TVG, dessen Abs. 1 und 7 durch Art. 5 Nr. 1 Buchst. a) und d) des Gesetzes vom 11. August 2014 (BGBl. I S. 1348) geändert worden ist.

Im Übrigen erfolgt die Allgemeinverbindlicherklärung auf Grund des § 5 Abs. 1 a in Verbindung mit den Abs. 2 und 7 TVG, dessen Abs. 1 a durch Art. 5 Nr. 1 Buchst. b) des Gesetzes vom 11. August 2014 (BGBl. I S. 1348) eingefügt und dessen Abs. 7 durch Art. 5 Nr. 1 Buchst. d) des Gesetzes vom 11. August 2014 (BGBl. I S. 1348) geändert worden ist.

Geltungsbereich des Tarifvertrags

Räumlich:

Das Gebiet der Bundesrepublik Deutschland.

Betrieblich:

Betriebe, die unter den betrieblichen Geltungsbereich des Tarifvertrags über das Sozialkassenverfahren im Baugewerbe (VTV) in der jeweils geltenden Fassung fallen (Baubetriebe).

---

1) Bundesanzeiger AT 17.05.2019 B3 vom 17. Mai 2019.

Persönlich:

Erfasst werden Auszubildende, die

1. erstmals in einem staatlich anerkannten Ausbildungsberuf im Sinne des § 4 des Berufsbildungsgesetzes (BBiG) oder des § 25 der Handwerksordnung (HwO) – auch nach vorangegangener beruflicher Tätigkeit – ausgebildet werden (Erstausbildung),
2. nach vorangegangener abgeschlossener Berufsausbildung auch im Baugewerbe und gegebenenfalls anschließender beruflicher Tätigkeit in einem weiteren staatlich anerkannten Ausbildungsberuf im Sinne des § 4 BBiG oder des § 25 HwO ausgebildet werden (Zweitausbildung).

In den Fällen, in denen die Voraussetzungen des Satzes 1 nicht erfüllt sind und eine Teilnahme an Maßnahmen der beruflichen Umschulung nach den §§ 58, 67 BBiG oder nach den §§ 42e, 42n HwO erfolgt, sowie für Auszubildende, die mit dem Ziel ausgebildet werden, eine nicht nur vorübergehende berufliche Tätigkeit außerhalb des räumlichen Geltungsbereichs dieses Tarifvertrags auszuüben, gelten lediglich die Abschn. I und V.

Die Allgemeinverbindlicherklärung des Tarifvertrags ergeht mit folgenden Einschränkungen:

1. Einschränkungen der Allgemeinverbindlicherklärung auf Antrag

Die Allgemeinverbindlicherklärung wird gemäß den Maßgaben in der Bekanntmachung über die Allgemeinverbindlicherklärung eines Tarifvertrags für das Baugewerbe (VTV) vom 7. Mai 2019 (BAnz AT 17.05.2019 B1)[2] eingeschränkt.

2. Weitere Einschränkungen der Allgemeinverbindlicherklärung

Soweit Bestimmungen des Tarifvertrags auf Bestimmungen anderer Tarifverträge verweisen, erfasst die Allgemeinverbindlicherklärung die verweisenden Bestimmungen nur, wenn und soweit die in Bezug genommenen tariflichen Regelungen ihrerseits für allgemeinverbindlich erklärt sind.

Der Tarifvertrag ist in der **Anlage** abgedruckt.

Arbeitgeber und Arbeitnehmer, für die der Tarifvertrag infolge der Allgemeinverbindlicherklärung verbindlich ist, können von einer der Tarifvertragsparteien eine Abschrift des Tarifvertrags gegen Erstattung der Selbstkosten (Papier- und Vervielfältigungs- oder Druckkosten sowie das Übersendungsporto) verlangen.

Berlin, den 7. Mai 2019
IIIa 6-31241-Ü-14b/79

---

2) Hier abgedruckt auf den Seiten 689 bis 706.

Anlage

Rechtsnormen des Tarifvertrags über die Berufsbildung im Baugewerbe (BBTV)

vom 28. September 2018

...[3]

3) Die Fassung der Allgemeinverbindlicherklärung ist in der Tarifsammlung für die Bauwirtschaft 2019/2020 abgedruckt (Seiten 663 bis 680); der Tarifvertrag in der Fassung des Änderungstarifvertrages vom 24. August 2020 ist auf den Seiten 370 bis 389 abgedruckt.

Bekanntmachung über die Allgemeinverbindlicherklärung eines Tarifvertrags für das Baugewerbe

vom 7. Mai 2019[1)]

Aufgrund des § 5 Abs. 1 a in Verbindung mit den Abs. 2 und 7 des Tarifvertragsgesetzes, dessen Abs. 1 a durch Art. 5 Nr. 1 Buchst. b) des Gesetzes vom 11. August 2014 (BGBl. I S. 1348) eingefügt und dessen Abs. 7 durch Art. 5 Nr. 1 Buchst. d) des Gesetzes vom 11. August 2014 (BGBl. I S. 1348) geändert worden ist, wird auf gemeinsamen Antrag der Tarifvertragsparteien und im Einvernehmen mit dem Tarifausschuss der

Tarifvertrag über eine zusätzliche Altersversorgung im Baugewerbe (TZA Bau) vom 28. September 2018

– kündbar erstmals zum 31. Dezember 2020 –

abgeschlossen zwischen der Industriegewerkschaft Bauen-Agrar-Umwelt, Olof-Palme-Straße 19, 60439 Frankfurt am Main, einerseits, sowie dem Zentralverband des Deutschen Baugewerbes e. V., Kronenstraße 55–58, 10117 Berlin, und dem Hauptverband der Deutschen Bauindustrie e. V., Kurfürstenstraße 129, 10785 Berlin,

mit Wirkung vom **1. Januar 2019** mit den unten näher bezeichneten Einschränkungen für allgemeinverbindlich erklärt.

Geltungsbereich des Tarifvertrags

Räumlich:

Das Gebiet der Bundesrepublik Deutschland.

Betrieblich:

Betriebe, die unter den betrieblichen Geltungsbereich des Tarifvertrags über das Sozialkassenverfahren im Baugewerbe (VTV) in der jeweils geltenden Fassung fallen, sowie im Land Berlin Betriebe, die Betonwaren, Betonfertigteile und Betonwerkstein einschließlich Terrazzowaren herstellen.

Persönlich:

Erfasst werden

1. gewerbliche Arbeitnehmer,
2. Angestellte mit Ausnahme der in § 5 Abs. 2 Nr. 1 bis 4 und Abs. 3 des Betriebsverfassungsgesetzes fallenden Personen und der geringfügig Beschäftigten im Sinne von § 8 des Vierten Buches Sozialgesetzbuch,

---

1) Bundesanzeiger AT 17.05.2019 B4 vom 17. Mai 2019.

3. Auszubildende im Sinne von § 1 Abs. 3 Satz 1 des Tarifvertrags über die Berufsbildung im Baugewerbe (BBTV) in der jeweils geltenden Fassung.

Die Allgemeinverbindlicherklärung des Tarifvertrags ergeht mit folgenden Maßgaben:

1. Einschränkungen der Allgemeinverbindlicherklärung auf Antrag

Die Allgemeinverbindlicherklärung wird gemäß den Maßgaben in der Bekanntmachung über die Allgemeinverbindlicherklärung eines Tarifvertrags für das Baugewerbe (VTV) vom 7. Mai 2019 (BAnz AT 17.05.2019 B1)[2] eingeschränkt.

2. Weitere Einschränkungen der Allgemeinverbindlicherklärung

Soweit Bestimmungen des Tarifvertrags auf Bestimmungen anderer Tarifverträge verweisen, erfasst die Allgemeinverbindlicherklärung die verweisenden Bestimmungen nur, wenn und soweit die in Bezug genommenen tariflichen Regelungen ihrerseits für allgemeinverbindlich erklärt sind.

Der Tarifvertrag ist in der **Anlage** abgedruckt.

Arbeitgeber und Arbeitnehmer, für die der Tarifvertrag infolge der Allgemeinverbindlicherklärung verbindlich ist, können von einer der Tarifvertragsparteien eine Abschrift des Tarifvertrags gegen Erstattung der Selbstkosten (Papier- und Vervielfältigungs- oder Druckkosten sowie das Übersendungsporto) verlangen.

Berlin, den 7. Mai 2019
III a 6-31241-Ü-14 b/81

Anlage

Rechtsnormen des Tarifvertrags über eine zusätzliche Altersversorgung im Baugewerbe (TZA Bau)

vom 28. September 2018

…[3]

---

2) Hier abgedruckt auf den Seiten 689 bis 706.

3) Der Tarifvertrag ist auf den Seiten 412 bis 426 abgedruckt.

Übersicht über die für allgemeinverbindlich erklärten überregionalen Tarifverträge im Baugewerbe (Stand: 15. Oktober 2020)

lfd. Nr.	Tarifvertrag	Allgemeinverbindlich mit Wirkung vom
1	Tarifvertrag über die Gewährung vermögenswirksamer Leistungen zugunsten der gewerblichen Arbeitnehmer im Baugewerbe vom 24. August 2020	*beantragt*
2	Tarifvertrag über die Gewährung vermögenswirksamer Leistungen für die Angestellten und Poliere des Baugewerbes vom 24. August 2020	*beantragt*
3	Tarifvertrag zur Regelung der Mindestlöhne im Baugewerbe (TV Mindestlohn) vom 17. Januar 2020	1. April 2020 bis 31. Dezember 2020
4	Tarifvertrag über das Sozialkassenverfahren im Baugewerbe (VTV) vom 28. September 2018	1. Januar 2019
5	Bundesrahmentarifvertrag für das Baugewerbe (BRTV) vom 28. September 2018	1. Januar 2019
6	Tarifvertrag über die Berufsbildung im Baugewerbe (BBTV) vom 28. September 2018 in der Fassung vom 24. August 2020	*beantragt*
7	Tarifvertrag über eine zusätzliche Altersversorgung im Baugewerbe (TZA Bau) vom 28. September 2018	1. Januar 2019

▷ Siehe auch **Handbuch des Personalrechts für den Baubetrieb** (13. Auflage), Stichworte: *Allgemeinverbindlichkeit von Tarifverträgen, Bautarifverträge*.

Tarifliche Ausschlussfristen

Tarifvertrag	Anspruch	Norm	Frist
Bundesrahmentarifvertrag für das Baugewerbe (BRTV)	alle beiderseitigen Ansprüche aus dem Arbeitsverhältnis und solche, die mit ihm in Verbindung stehen	§ 14 Nr. 1 BRTV	2 Monate
	Arbeitszeitguthaben bei Ausscheiden des Arbeitnehmers		6 Monate
	zweite Stufe der Ausschlussfrist	§ 14 Nr. 2 Satz 1 BRTV	2 Monate nach Ablehnung oder Fristablauf
	Zahlungsansprüche des Arbeitnehmers, die während eines Kündigungsschutzprozesses fällig werden und von seinem Ausgang abhängen	§ 14 Nr. 2 Satz 2 BRTV	2 Monate nach rechtskräftiger Beendigung des Kündigungsschutzverfahrens
Tarifvertrag zur Regelung der Mindestlöhne im Baugewerbe im Gebiet der Bundesrepublik Deutschland (TV Mindestlohn)	Ansprüche auf den Mindestlohn	§ 2 Abs. 5 TV Mindestlohn	6 Monate gerichtliche Geltendmachung
Rahmentarifvertrag für die Angestellten und Poliere des Baugewerbes (RTV Angestellte)	alle beiderseitigen Ansprüche aus dem Arbeitsverhältnis und solche, die mit ihm in Verbindung stehen	§ 13 Nr. 1 RTV Angestellte	2 Monate
	Arbeitszeitguthaben bei Ausscheiden des Arbeitnehmers		6 Monate
	zweite Stufe der Ausschlussfrist	§ 13 Nr. 2 Satz 1 RTV Angestellte	2 Monate nach Ablehnung oder Fristablauf
	Zahlungsansprüche des Arbeitnehmers, die während eines Kündigungsschutzprozesses fällig werden und von seinem Ausgang abhängen	§ 13 Nr. 2 Satz 2 RTV Angestellte	2 Monate nach rechtskräftiger Beendigung des Kündigungsschutzverfahrens
Tarifvertrag über die Berufsbildung im Baugewerbe (BBTV)	Ansprüche aus dem Ausbildungsverhältnis und solche, die mit ihm in Verbindung stehen	§ 16 Abs. 1 Satz 1 BBTV	3 Monate nach Beendigung des Ausbildungsverhältnisses
	Urlaubsabgeltungsanspruch (§ 14 Abs. 2 BBTV)	§ 16 Abs. 1 Satz 2 BBTV	bis zum 30. September des auf das Auslernjahr folgenden Kalenderjahres
	zweite Stufe der Ausschlussfrist	§ 16 Abs. 2 BBTV	2 Monate nach Ablehnung oder Fristablauf

Tarifliche und gesetzliche Kündigungsfristen

I.
Gewerbliche Arbeitnehmer[1]

Betriebszugehörigkeit[2]	Kündigungsfrist[3]
bis zu 6 Monaten	6 Werktage
nach 6 Monaten	12 Werktage
nach Übernahme aus dem Ausbildungsverhältnis	12 Werktage
3 Jahre	1 Monat zum Monatsende
5 Jahre	2 Monate zum Monatsende
8 Jahre	3 Monate zum Monatsende
10 Jahre	4 Monate zum Monatsende
12 Jahre	5 Monate zum Monatsende
15 Jahre	6 Monate zum Monatsende
20 Jahre	7 Monate zum Monatsende

1) Die in § 11 Nr. 1 des Bundesrahmentarifvertrages für das Baugewerbe (BRTV) geregelten Kündigungsfristen gelten aufgrund der Allgemeinverbindlichkeit des BRTV für die Arbeitsverhältnisse aller gewerblichen Arbeitnehmer des Bauhauptgewerbes.

2) Bei der Berechnung der Beschäftigungsdauer werden Zeiten eines vorangegangenen Berufsausbildungsverhältnisses nicht berücksichtigt (§ 11 Nr. 1.2 Satz 2 BRTV). Zeiten unterbrochener Betriebszugehörigkeit werden zusammengerechnet, wenn die Unterbrechung nicht vom Arbeitnehmer veranlasst wurde und wenn sie nicht länger als 6 Monate gedauert hat (§ 11 Nr. 1.2 Satz 3 BRTV).

3) Die Kündigungsfristen von 6 oder 12 Werktagen gemäß § 11 Nr. 1.1 BRTV gelten sowohl für die arbeitgeber- als auch für die arbeitnehmerseitige Kündigung. Die tariflichen Kündigungsfristen gemäß § 11 Nr. 1.2 Satz 1 BRTV für Arbeitsverhältnisse, die mindestens drei Jahre bestanden haben, binden nur den Arbeitgeber.

II.
Angestellte und Poliere

Art der Beschäftigung/ Betriebszugehörigkeit	Kündigungsfrist[4]
Aushilfe	
bis zu 1 Monat	3 Tage[5]
über 1 Monat	4 Wochen zum 15. oder letzten Tag des Monats
Probezeit (bis zu höchstens 6 Monaten zulässig)	2 Wochen
Betriebszugehörigkeit	
bis zu 2 Jahren	4 Wochen zum 15. oder letzten Tag des Monats
2 Jahre	1 Monat zum Monatsende
5 Jahre	2 Monate zum Monatsende
8 Jahre	3 Monate zum Monatsende
10 Jahre	4 Monate zum Monatsende
12 Jahre	5 Monate zum Monatsende
15 Jahre	6 Monate zum Monatsende
20 Jahre	7 Monate zum Monatsende

4) Die gesetzlichen Kündigungsfristen gemäß § 622 Abs. 2 BGB für Arbeitsverhältnisse, die mindestens 2 Jahre bestanden haben, binden nur den Arbeitgeber.
5) Diese Frist beruht auf § 11 Nr. 1.4 RTV Angestellte; die übrigen Fristen ergeben sich aus § 622 BGB.

▷ Siehe auch Leitfaden **Das Arbeitsverhältnis im Baugewerbe** (6. Auflage), Kapitel 2 *Beendigung des Arbeitsverhältnisses/Kündigung*.

Gesetzliche Feiertage

Nach der Zuständigkeitsverteilung im Grundgesetz (Art. 70) gehört das Feiertagsrecht zum Recht der Länder, jedoch nicht ausschließlich. Kraft Bundesrecht ist der Tag der Deutschen Einheit am 3. Oktober Feiertag. Die sonstigen Feiertage sind in den jeweiligen Landesgesetzen über die Sonn- und Feiertage festgelegt.

Kirchliche Feiertage sind Festtage, die in den Ländergesetzen ausdrücklich aufgezählt sind und einen beschränkten staatlichen Schutz genießen (beispielsweise Mariä Himmelfahrt, Reformationsfest). Dieser äußert sich im Arbeitsrecht insbesondere darin, dass die **bekenntniszugehörigen Arbeitnehmer** das Recht haben, der Arbeit fernzubleiben bzw. am Gottesdienst teilzunehmen, wobei jedoch betriebliche Notwendigkeiten zu berücksichtigen sind und gegebenenfalls einer Arbeitsbefreiung entgegenstehen. Ein Anspruch auf Ersatz des Vergütungsausfalls besteht nicht.

An den regional nicht einheitlichen Feiertagen haben die Mitglieder der jeweiligen religiösen Minderheit einen Anspruch auf unbezahlte ganztägige Freistellung an einem Feiertag ihrer Religionsgemeinschaft (Beispiel: In einem Territorium mit überwiegend evangelischer Bevölkerung haben katholische Arbeitnehmer an Fronleichnam und Allerheiligen Anspruch auf unbezahlte ganztägige Freistellung, wenn dort der Reformationstag und der Buß- und Bettag als gesetzliche Feiertage gelten).

Im gesamten Gebiet des Landes **Berlin** gelten aufgrund des Gesetzes über die Vereinheitlichung des Berliner Landesrechts vom 28. September 1990 (GVBl. S. 2119) die bisherigen West-Berliner Feiertagsregelungen. Im Jahr 2019 wurde der Internationale Frauentag (8. März) im Land Berlin als dort erster landesspezifischer gesetzlicher Feiertag (jährlich wiederkehrend) und im Jahr 2020 einmalig das Ende des Zweiten Weltkriegs (8. Mai) festgelegt.

Im Jahr 2017 wurde der Reformationstag (31. Oktober) erstmals – einmalig – bundesweit zum gesetzlichen Feiertag. Nachfolgend beschlossen Schleswig-Holstein, Hamburg, Bremen und Niedersachsen die Beibehaltung.

Zu gesetzlichen Feiertagen in einzelnen Bundesländern siehe Übersicht über die gesetzlichen Feiertage, Seiten 719 und 720.

Übersicht über die gesetzlichen Feiertage

▽ Feiertag	▽ 2020	▽ 2021	Baden-Württemberg	Bayern	Berlin	Brandenburg	Bremen	Hamburg	Hessen	Mecklenburg-Vorpommern	Niedersachsen	Nordrhein-Westfalen	Rheinland-Pfalz	Saarland	Sachsen	Sachsen-Anhalt	Schleswig-Holstein	Thüringen
Neujahr	1.1.	1.1.	■	■	■	■	■	■	■	■	■	■	■	■	■	■	■	■
Heilige Drei Könige	6.1.	6.1.	■	■												■		
Internationaler Frauentag	8.3.	8.3.			③													
Karfreitag, Ostern	10.4., 12. und 13.4.	2.4., 4. und 5.4.	■	■	■	■	■	■	■	■	■	■	■	■	■	■	■	■
Tag der Arbeit	1.5.	1.5.	■	■	■	■	■	■	■	■	■	■	■	■	■	■	■	■
Ende des 2. Weltkriegs	8.5.	—			■													
Christi Himmelfahrt	21.5.	13.5.	■	■	■	■	■	■	■	■	■	■	■	■	■	■	■	■
Pfingsten	31.5. und 1.6.	23. und 24.5.	■	■	■	■	■	■	■	■	■	■	■	■	■	■	■	■
Fronleichnam	11.6.	3.6.	■	■					■			■	■	■	④			⑤
Augsburger Friedensfest	8.8.	8.8.		①														
Mariä Himmelfahrt	15.8.	15.8.		②										■				⑥
Tag der Deutschen Einheit	3.10.	3.10.	■	■	■	■	■	■	■	■	■	■	■	■	■	■	■	■
Reformationstag	31.10.	31.10.				■	■	■		■	■				■	■	■	■
Allerheiligen	1.11.	1.11.	■	■								■	■	■				⑥
Buß- und Bettag	18.11.	17.11.													■			⑥
Weihnachten	25. und 26.12.	25. und 26.12.	■	■	■	■	■	■	■	■	■	■	■	■	■	■	■	■

Fußnoten/Legende siehe nächste Seite.

(1) Auf das Augsburger Stadtgebiet beschränkter gesetzlicher Feiertag.
(2) Gesetzlicher Feiertag nur in den Gemeinden mit überwiegend katholischer Bevölkerung (dokumentiert durch das Bayerische Landesamt für Statistik aufgrund der Regelung in Art. 1 Abs. 1 Nr. 2, Abs. 3 des Bayerischen Feiertagsgesetzes).
(3) Erstmals ab 2019 in Berlin aufgrund des § 1 Abs. 1 Nr. 2 des Gesetzes über die Sonn- und Feiertage der Stadt Berlin.
(4) Nur in einigen Gemeinden und Ortsteilen des Landkreises Bautzen (geregelt in der Verordnung des Sächsischen Staatsministeriums des Innern über den regionalen Feiertag Fronleichnam).
(5) Nur im Landkreis Eichsfeld, in den Eichsfelder Ortschaften des Unstrut-Hainich-Kreises und in Teilen des Wartburgkreises (dokumentiert im Merkblatt zu § 10 Abs. 1 des Thüringer Feiertagsgesetzes).
(6) Religiöser, nicht gesetzlicher Feiertag (§ 3 Thüringer Feiertagsgesetz).

Tarifvertragliche Zuschläge für Arbeiten an Feiertagen, Heiligabend und Silvester

☐ gesetzliche Feiertage (**bundeseinheitlich**) / tarifvertragliche Zuschläge

Feiertag	**Zuschläge** [v. H.] **§ 3 Nr. 6 BRTV**		**Zuschläge** [v. H.] **§ 4 Nr. 1 ZusatzTV Feuerungsbau**		
	Montag – Samstag	Sonntag	Montag – Freitag	Samstag	Sonntag
Neujahr	200	75	200	150	200
Karfreitag	200	—	200	—	—
Ostersonntag	—	200	—	—	200
Ostermontag	200	—	200	—	—
Tag der Arbeit	200	200	200	150	200
Christi Himmelfahrt	200	—	200	—	—
Pfingstsonntag	—	200	—	—	200
Pfingstmontag	200	—	200	—	—
Tag der Deutschen Einheit	200	75	200	150	200
Heiligabend	—	75	75	75	75
1. Weihnachtsfeiertag	200	200	200	150	200
2. Weihnachtsfeiertag	200	75	200	150	200
Silvester	—	75	75	75	75

☐ gesetzliche Feiertage (**landesspezifisch**) / tarifvertragliche Zuschläge

Feiertag	**Zuschläge** [v. H.] **§ 3 Nr. 6 BRTV**		**Zuschläge** [v. H.] **§ 4 Nr. 1 ZusatzTV Feuerungsbau**		
	Montag – Samstag	Sonntag	Montag – Freitag	Samstag	Sonntag
Heilige Drei Könige	200	75	200	150	200
Internationaler Frauentag	200	75	200	150	200
Fronleichnam	200	—	200	—	—
Augsburger Friedensfest	200	75	200	150	200
Mariä Himmelfahrt	200	75	200	150	200
Reformationstag	200	75	200	150	200
Allerheiligen	200	75	200	150	200
Buß- und Bettag	200	—	200	—	—

Notizen

Stichwortverzeichnis

(Zahlen = Seitenzahlen)

Ang = Angestellte
Arb = gewerbliche Arbeitnehmer
Pol = Poliere

A

B

C

D

E

F

I

K

L

M

N

O

P

Q

R

S

T

U

V

W

Z

Notizen

Notizen

Notizen

Notizen

(Telefax-) **Bestellschein**

Hiermit bestelle(n) ich (wir)

_____ Exemplar(e) **Das Arbeitsverhältnis im Baugewerbe**

Praxis- und anwendungsorientierte Erläuterungen

480 Seiten, 6. Auflage, 2020, € 45,20 *), brosch., ISBN 978-3-87199-231-5

*) Ladenpreis (gebunden), inkl. Mehrwertsteuer, versandkostenfreie Lieferung (innerhalb Deutschlands).

Vor- und Nachname

Firma (optional)

Straße und Hausnummer

Postleitzahl Ort

E-Mail (-Adresse) Datum Unterschrift

Direktbestellung unter

Telefon +49-(0)6071-820940

Telefax +49-(0)6071-820947

(vertrieb@elsner.de)

Otto Elsner Verlagsgesellschaft
mbH & Co. KG

Postfach 1362 | Industriestr. 30
64803 Dieburg | 64807 Dieburg

https://www.**elsner**.de